全本全注全译丛书

中华经典名著

白云◎译注

史通 上

中华书局

图书在版编目（CIP）数据

史通/白云译注. —北京：中华书局，2014.7（2024.11 重印）
（中华经典名著全本全注全译丛书）
ISBN 978-7-101-10073-0

Ⅰ.史… Ⅱ.白… Ⅲ.①史学理论-中国-唐代②《史通》-译文③《史通》-注释 Ⅳ.K092.42

中国版本图书馆 CIP 数据核字（2014）第 066216 号

书　　名	史通（全二册）
译 注 者	白　云
丛 书 名	中华经典名著全本全注全译丛书
文字编辑	宋凤娣
责任编辑	王守青
装帧设计	毛　淳
责任印制	韩馨雨
出版发行	中华书局
	（北京市丰台区太平桥西里 38 号　100073）
	http://www.zhbc.com.cn
	E-mail:zhbc@zhbc.com.cn
印　　刷	北京中科印刷有限公司
版　　次	2014 年 7 月第 1 版
	2024 年 11 月第 9 次印刷
规　　格	开本/880×1230 毫米　1/32
	印张 29½　字数 600 千字
印　　数	29001-31000 册
国际书号	ISBN 978-7-101-10073-0
定　　价	82.00 元

目录

上册

前言

梁启超说："中国于各种学问，唯史学最为发达；史学在世界各国中，唯中国为最发达。"（《中国历史研究法·过去之中国史学界》）中国史籍范围之广、种类之多、内容之富、材料之详、史料价值之高，都是世界上罕见的。从《尚书》《春秋》出现算起，有近三千年史书编纂的历史，而且绵延不断，历代王朝，无不有史。然而，关于史学自身的自觉的理论反思和系统总结，却直到唐代才真正出现。唐代刘知幾所撰《史通》是我国第一部史学理论著作，也是我国历史上第一部史学史，首次对初唐以前史学进行了全面而详细的总结和批评，是中国古代史学理论发展史上的一座丰碑。

一

刘知幾（661—721），字子玄，人称刘子玄，徐州彭城（今江苏徐州）人。生于唐高宗龙朔元年（661），死于唐玄宗开元九年（721）。是盛唐时期著名的史学家，一生经历了唐高宗、武则天、唐中宗、唐睿宗、唐玄宗五个皇帝，而主要生活在武则天时代，介于"贞观之治"与"开元盛世"之间，这是一个政治、文化空前嬗变的历史时代。

刘知幾出身于书香门第、世代官宦之家，家学渊源深厚。从祖父刘胤之，是当时知名的学者。与当时的官宦学者信都丞孙万寿、唐初著名史家宗正卿李百药等是至交好友。唐高祖武德时期,任信都令,政声良好。唐高宗时期,任著作郎、弘文馆学士,与当时著名的史家国子祭酒令狐德棻、著作郎杨仁卿等修撰国史和《贞观实录》,授封阳城县男,是一位很有素养的史学家。父亲刘藏器,是一位正直贤能、才学出众的官员兼学者,擅长文章辞赋,文学、经学造诣深厚,《全唐文》中收录了他《恤刑》《刑法得失》和《往代为刑是非》等三篇对策。从父刘延祐,举进士,有文采,善著诗文,颇得为官之道。《新唐书》有专传。刘知幾的长兄知柔、次兄知章也对他影响极大。尤其长兄知柔,长刘知幾十三岁,性格内向,勤俭朴实,喜清静,善辞章,闻名于世。担任过州长史、刺史、户部侍郎、国子司业、鸿胪卿、尚书右丞、工部尚书、东都留守等职,死后被追赠为太子少保,谥号曰文,是刘知幾治学、为人的榜样。

父辈们的教诲、兄长的感召以及整个家庭文化氛围的浸染,使刘知幾"幼喜诗赋"、"初好文笔"。大约十一岁时,父亲刘藏器便给他讲授《古文尚书》,希望他能精此一经,以此名家。但《尚书》毕竟只是春秋以前历代史官所收藏政府文件以及政治论文的汇编,语词艰涩,枯燥难懂,不便讽诵。刘知幾对此毫无兴趣,虽经父亲的严格督教,仍难有长进。但当父亲给兄长们讲授《春秋左氏传》(《左传》)时,刘知幾常常放下《尚书》去偷听,被书中精彩的历史故事和父亲的生动讲述深深吸引,许多内容都能了然于心,从此对《左传》产生了浓厚兴趣。而且常常在父亲讲读后,又私下讲给兄长们听,引起了父亲的注意。父亲刘藏器便转而给他讲授《左传》,一年时间讲解记诵全部完毕。

从十二岁起,刘知幾便开始广泛接触历史典籍,增长了知识,拓宽了视野,激发了求知欲,加深了对历史的了解和对史学的兴趣,养成了强烈的批判精神。到十七岁时,已把唐朝以前的历史著作全读了一遍。

高宗永隆元年(680),二十岁的刘知幾中进士,任获嘉县(今属河南)主簿,掌管文字档案。他做此小官,不求升迁达十九年,一心研究史学。往来于长安、洛阳之间,借阅公私藏书,尽情阅览,官位虽未升迁,学术成就却越来越大。三十九岁(武后圣历二年,699年)调京城长安,任定王府仓曹,参与编纂《三教珠英》一千三百卷。四十二岁(武后长安二年,702年)任著作佐郎,始为史官,后又转任左史,兼修国史,参与撰修起居注及唐史。四十八岁(唐中宗景龙二年,708年),求罢史职,迁秘书少监,又掌修史之事。当时,由于权贵控制史馆,史官无著述自由,凡事皆需仰承监修旨意,刘知幾颇不得志,只好"退而私撰《史通》,以见其志",想借厘定群史、商榷史篇,独创一家之学,抗议史馆垄断史学。景龙四年(710),《史通》撰成,时年五十岁。

此后,刘知幾名声大起,升任太子左庶子,兼崇文馆学士,加银青光禄大夫。唐玄宗时,又迁为左散骑常侍,修史如故。从四十二岁开始,他官职屡迁,但却一直兼任史职,其间只暂时去职。刘知幾的一生,从十一岁开始至去世,五十年中一直都在学习和研究历史。他担任史官之职长达二十年,任史官期间与朱敬则等撰《唐书》八十卷,还撰写过《则天实录》、《中宗实录》、《睿宗实录》等。主要代表作《史通》,对初唐以前史学进行了系统的理论总结。

开元九年(721),刘知幾长子刘贶触犯法律而被治罪流放。刘知幾替子申辩,触怒了皇帝(唐玄宗),被贬为安州都督府别驾(安州在今湖北安陆,别驾为正四品下,属于副职或虚职)。刘知幾时年六十一岁,从长安长途跋涉两三千公里去安州任职,远离京师,旅途劳累,心情苦闷,到安州不久便去世了。

刘知幾有子六人,皆学有专长,博通经史,善于著作,名重一时。长子刘贶,博通经学、史学、天文、律历、音乐、数学等,官至起居郎,修国史,为朝廷史官,著有《六经外传》三十七卷、《续说苑》十卷等多种。次子刘𫗧,官至右补阙,集贤殿学士,掌修国史,也为朝廷史官,著《史例》三卷、《传记》三卷等多种。三子刘汇,历任给事中、尚书右丞、左散骑常侍、荆南长沙节度等,有文集三卷。四子刘秩,官至国子祭酒,著有《政典》三十五卷、《止戈记》七卷、《至德新议》十二卷、《指要》三卷等。五子刘速,历任京兆功曹参军事、右补阙,著有论述六经的《六说》六卷等。六子刘迥,历任谏议大夫、给事中,有文集五卷等。

二

《史通》全书共二十卷,原为五十二篇,今存四十九篇,正文八万三千多字,原注九千多字,总计九万余字,分为内、外篇。内篇为主,外篇为辅。

"内篇"十卷三十六篇,另有《体统》、《纰缪》、《弛张》三篇亡佚,仅存篇目。三十六篇依次是:《六家》、《二体》、《载言》、《本纪》、《世家》、《列传》、《表历》、《书志》、《论赞》、《序例》、《题目》、《断限》、《编次》、《称谓》、《采撰》、《载文》、《补注》、《因习》、《邑里》、《言语》、《浮词》、《叙事》、《品藻》、《直书》、《曲笔》、《鉴识》、《探赜》、《摸拟》、《书事》、《人物》、《核才》、《序传》、《烦省》、《杂述》、《辨职》、《自叙》。

"外篇"十卷十三篇。依次为:《史官建置》、《古今正史》、《疑古》、《惑经》、《申左》、《点烦》、《杂说上》、《杂说中》、《杂说下》、《〈汉书·五行志〉错误》、《〈五行志〉杂驳》、《暗惑》、《忤时》。

概括地说,"内篇"主要讲历史编纂学,是《史通》的主要内容、主要贡献。各篇之间联系紧密,内部形成了一个有机的系统。"外篇"主要讲史官和史书的沿革,杂评过去史书的优劣得失。各篇之间无关联,无系统,似杂论。

具体而言,《史通》现存四十九篇的基本内容大体可归为五个方面:一是厘清史学发展之历史。其中,《六家》、《二体》,从史书的内容和形式上阐述史学的起源;《史官设置》、《古今正史》勾勒史学发展大势,《杂述》篇概括史学的多途发展。二是讨论史书表现形式的基本理论,而以纪传体史书的结构、体例为主。包括《载言》、《本纪》、《世家》、《列传》、《表历》、《书志》、《论赞》、《序例》、《题目》、《断限》、《编次》、《称谓》、《序传》等篇。三是关于史书编撰方法和文字表述要求的理论。包括《采撰》、《载文》、《补注》、《因习》、《邑里》、《言语》、《浮词》、《叙事》、《核才》、《烦省》等篇。四是关于历史认识和撰述原则的理论。包括《品藻》、《直书》、《曲笔》、《鉴识》、《探赜》、《摸拟》、《书事》、《人物》、《点烦》(对《叙事》的补充)等篇。五是阐说作者经历、撰述旨趣和史学社会功用。包括《辨职》、《自叙》、《忤时》三篇。

总体上看，《史通》第一次对中国古代史学作了比较全面而详尽的理论总结，不仅评论初唐以前历史著作的优劣得失，对史官建置、史书源流、史学性质、史书体裁、史学功能、修史态度、历史文学等各方面作出了总结，而且提出了史家的任务和史学的发展方向，特别强调史家素养的培养。《史通》代表了先秦至唐代中国史学理论发展的最高峰。

三

《史通》对史学的总结虽主要在历史编纂学方面，但涉及历史学的方方面面，蕴含着博大而精深的史学思想，举其要者如下。

其一，"辨其指归，殚其体统"。这是刘知幾撰写《史通》的目的所在。《原序》云："尝以载削余暇，商榷史篇，下笔不休，遂盈筐箧。于是区分类聚，编而次之。"《自叙》篇又云："其于史传也，尝欲自班、马已降，讫于姚、李、令狐、颜、孔诸书，莫不因其旧义，普加厘革。"所谓"商榷史篇"、"普加厘革"，就是要把司马迁、班固以来直到当时学者姚思廉、李延寿、令狐德棻、颜师古、孔颖达等人撰写的史书，按照《春秋》的原则和方法，全部加以厘定和评论。目的是"辨其指归，殚其体统"，即辨明史学的目的和功能（"史义"），阐述撰史的方法和原则（"史法"）。之所以这样做，是因为当时修史之人不遵古法、为义不纯、为例不纯，所以要用《史通》来辨明史义、阐明史法。而《史通》一书虽以讨论史学问题为主，却广泛涉及其他理论问题，探讨了治国经邦之道，阐发了人伦道德准则，囊括了社会、历史、人生各种问题，涵盖了古今治道的方方面面，从扬雄《法言》到刘勰《文心雕龙》的各种理论认识均已融会贯通。与夺、褒贬、鉴诫、讽刺，无所不有，使《史通》具有深刻的批判意识，翔实全面的批评内容，深远的批评意义，丰富的新见解、新认识。《史通》全书无一篇不是围绕"辨其指归，殚其体统"而具体展开论述的。这表明了史家刘知幾具有深刻的史学意识和深沉的社会责任感。

其二，"多讥往哲，喜述前非"。这是刘知幾本人对《史通》史学批评特点的概括。"讥往哲，述前非"，即对前人的批判和总结。作为我国历史上第一部史学评论专著，《史通》对初唐以前的史家、史著、史学方法、史学活动、史学观念等进行了全面的批判总结，阐发了丰富的史学理论。以史家而言，刘知幾对上自被尊为圣人的孔子，下自几乎与自己同时代的史学家共计约二百六十多人提出了批评，这些史家包括圣人孔子、亚圣孟子、著名史学家司马迁、班固、陈寿、范晔等，以及众多的一般史学家；就史著而论，《史通》涉及《尚书》、《春秋》直到唐代的历史著作三百四十二部，对每一部著作都有精到的分析评论，尤其对《尚书》、《春秋》、《左传》、《史记》、《汉书》等名著的批评详尽透彻。如《疑古》篇共提出十个疑问，两个针对《论语》，八个针对《尚书》，无一例外都是指陈其记载不实；《惑经》篇，指出《春秋》"其所未谕者有十二"、"其所虚美者五焉"，同样批评记载不实；《六家》篇对六家流别及其史著的考鉴评析，《二体》篇对编年体、纪传体著作优长和短缺的探析，《申左》篇对"《左氏》之义有三长，而二传之义有五短"的申辩，《古今正史》篇对历代编年体、纪传体史著的逐一评述等等，《史通》通篇都是对历代史家和史著的评论。从内容上看，《史通》所论包括史书内容、撰述方法、体裁体例、文字表述、撰述原则、史学功能、史家修养、史学批评范畴、史学批评方法等诸多内容。

"多讥往哲，喜述前非"的批评实践，体现了刘知幾实事求是的批判精神，反映了刘知幾对以往史学的深入思考，蕴涵着刘知幾丰富而深刻的理论认识。清代黄叔琳《史通训故补》评论其"上下数千年，贯穿数万卷。心细而眼明，舌长而笔辣"，准确揭示了刘知幾的史学批判精神和

《史通》的史学批评特点。

其三，"六家二体"。这是刘知幾关于体裁体例的理论。《六家》篇把古代史籍分为记言体(《尚书》家)、记事体(《春秋》家)、编年体(《左传》家)、国别体(《国语》家)、通代纪传体(《史记》家)、断代纪传体(《汉书》家)六家，一一考镜其源流发展、宗旨意趣和利弊得失，认为六家已经穷尽了古往今来的史籍。但又指出："朴散淳销，时移世异，《尚书》等四家，其体久废，所可祖述者，唯《左氏》及《汉书》二家而已。"(《六家》)于是专立《二体》详为讨论。"二体"是指编年体和纪传体，《二体》篇全面比较了编年体和纪传体的优劣长短，认为"二体"各有其美，很难分出高下，"欲废其一，固亦难矣"，当"并行于世"。后来的历代历史著述都不能超出"二体"(《二体》)。《二体》之下，又着重对其中的纪传体之体例和结构作了深入细致的剖析。

此外，刘知幾认为"六家"、"二体"演变发展到近古，主要是在魏晋南北朝时期，又出现了"十流"，即偏记、小录、逸事、琐言、郡书、家史、别传、杂记、地理书、都邑簿。刘知幾视"六家"、"二体"为正史，而对于近古出现的"十流"则视为"史氏流别"，归入"杂史"。并肯定其"能与正史参行"，"斯道渐烦"(《杂述》)。这是一种发展变易的通变眼光和通识意识。首先，由"六家"而"二体"，再到"十流"，集中反映了刘知幾的"通识"观念、"通变"思想，他看到了时代进步对史书体裁体例发展变化的影响。其次，"六家"、"二体"、"十流"，构成了《史通》在宏观方面的史书体裁体例的理论体系。再次，"六家"、"二体"实际上蕴含了刘知幾"经史同源"的重要思想认识。刘知幾以"六家"、"二体"论史，可见《尚书》、《春秋》、《左传》这些著作不仅是经书，也是史书。在他眼里，《尚书》、《春秋》既是经学之源，又是史学之源，《史记》、《汉书》就是从《尚书》、《春秋》那里发展而来的。同时，也明白无误地告诉人们这样一个客观存在的事实：史学不再是经学的附庸，已经从经学中独立出来，成为与经学并行的学科。这充分体现了刘知幾实事求是的治学态度和敢于创新的理论勇气,对后世经史关系理论的深入探讨有着重要影响。当然,刘知幾将唐以前的史书体裁体例笼统地归入"六家"、"二体",一方面太过于武断和绝对,"六家"、"二体"实难涵盖史体之大全;另一方面,分类上比较含混,分类标准也不统一,比如《春秋》、《左传》都是编年体,却被各自分为一家。有按事类分、按体裁分、按体例分等不同标准。

其四,"五志三科"。这是刘知幾对史书撰述内容的把握,是对东汉荀悦和晋朝干宝关于"立典有五志"的继承和发展。东汉末期的史家荀悦提出:"夫立典有五志焉:一曰达道义,二曰彰法式,三曰通古今,四曰著功勋,五曰表贤能。于是天人之实、事物之宜,粲然显著,罔不备矣。"(《汉纪·高祖皇帝纪》)晋朝史家干宝发展了荀悦的"五志",认为"体国经野之言则书之,用兵征伐之权则书之,忠臣、烈士、孝子、贞妇之节则书之,文诰专对之辞则书之,才力技艺殊异则书之"。刘知幾综合和继承荀悦、干宝之论,提出还应"广以三科","一曰叙沿革,二曰明罪恶,三曰旌怪异。何者?礼仪用舍,节文升降则书之;君臣邪僻,国家丧乱则书之;幽明感应,祸福萌兆则书之"。认为将"三科"同"五志"结合起来,史官所记述的内容就不会有缺漏了,撰写史书必须从这些方面入手(《书事》)。以"五志三科"来概括史书撰述的内容,既表明了刘知幾的远见卓识,对史书的内容提出了更广泛的认识;又反映出刘知幾难以超脱封建等级名分的束缚。

其五,"博采善择"。这是刘知幾关于历史撰述方法的理论。他认为,撰写历史著作必须"博采",做到"征求异说,采撷群言",这样才能成"一家之言",流传千古。就像"珍裘以众腋成温,广厦以群材合构"一样,《左传》之所以能够广包各国史事,记载详细,是因为当时有《周志》、《晋乘》、《楚杌》等各国历史资料供左丘明广泛搜采。《史记》、《汉书》之所以"能取信一时,擅名千载",成为千古名著,是因为"马迁《史记》,采《世本》、《国语》、《战国策》、《楚汉春秋》。至班固《汉书》,则全同太史。自太初以后,又杂引刘氏《新序》、《说苑》、《七略》之辞",都是博采史料的缘故(《采撰》)。

　　然而,光有"博采"还不行,还必须"善择"。"多闻,择其善者而从之","学者博闻,盖在择之而已"(《杂述》)。对于博采得来的资料,必须"别加研核"、"练其得失,明其真伪",择善而从。如果不认真鉴别、辨明真伪、择善而从,许多讹言、传闻、鬼怪、虚美之辞,就会被当做实录而用,导致"是非无定"。"慎择"、"善择"实在太重要了。史家撰史,首先必须"博采",其次要"择善而从",二者缺一不可。博采是基础,无博采便无善择;善择是关键,无善择,博采就失去了方向。只有把博采同善择结合起来,才能"取信一时,擅名千载"。

　　其六,"叙事为先,简要为主"。这是刘知幾关于史书文字表述的理论。刘知幾认为,一部优秀的历史著作,首先要做到清清楚楚、明明白白地记述历史事实。这是最起码、最基本的要求。五经、三史就是这方面的典范著作。但是,仅把史事叙述清楚,还不能算优秀的历史著作,优秀的历史著作还必须具有简明扼要的特点。即"国史之美者,以叙事为工;而叙事之工者,以简要为主"。记事务在简要,贵在节省文字,"文约而事丰",以最少的文字去反映丰富的史实,这才是最优秀的历史著作。所以,具体叙事时要遵循四种方式:直接记述人物的才能与德行;只记载人物事迹;借精彩的言论来表达史事;借论赞而补充史事。这四种形式也不能面面俱到,必须灵活运用,否则仍然难免文字繁芜之弊。具体省文之法有二:"一曰省句,二曰省字"。"省句为易,省字为难",语不在多而在精。刘知幾还在更深的层次上提出了简要的要求,即"用晦之道","省字约文,事溢于句外","能略小存大,举重明轻,一言而巨细咸该,片语而洪纤靡漏"(《叙事》)。

　　其七,"直书与曲笔"。这是刘知幾关于史书撰述原则的理论。刘知幾"贵直贱曲",专立《直书》、《曲笔》二篇详作论述。强调"良史以实录直书为贵","善恶必书,斯为实录"(《惑经》)。明确指出"善恶必书"才称得上是实录,而只有"实录直书"才称得上是良史。在刘知幾看来,史书要发挥借鉴、垂训作用,直书不隐是不可或缺的。他赞扬董狐、赵盾、南史的"良直",批评《尚书》《春秋》的"讳饰",感叹直书实录之"难遇"。慨然坚持"事皆不谬,言必近真"(《言语》)的"直书",一方面要求史家要能摆脱权贵的干扰,独立撰史,"宁为兰摧玉折,不作瓦砾长存。若南、董之仗气直书,不避强御;韦、崔之肆情奋笔,无所阿容"(《直书》);另一方面,要求史家要摆脱个人主观情感的干扰,客观真实地记载历史,不虚美、不隐恶,"爱而知其丑,憎而知其善"(《惑经》)。痛斥史家曲从权贵或个人情感而修史。斥之为"记言之奸贼,载笔之凶人",完全可以把这些曲笔之徒拉到闹市区枭首示众,或是投畀豺虎之口。他一再提醒史家:"盖史之为用也,记功司过,彰善瘅恶,得失一朝,荣辱千载",必须真实客观地记载历史。坚决反对史臣"爱憎由己,高下在心"、"曲笔阿时"、"谀言媚主"。刘知幾"贵直贱曲"、"实录直书"的精神和理论,在中国史学发展上影响深远,受到了历代学者的普遍重视。

其八,"史才三长"。这是刘知幾关于史家修养的理论。《史通》里没有明确提出史家三长的话,但"史才三长"的思想实贯穿《史通》全篇,是刘知幾史学理论的灵魂和精髓。刘知幾的史才论,详见新、旧《唐书》本传和《唐会要》卷六十三。"才"是组织史料和表达的能力,包括对文献的驾驭能力,对史书体裁、体例运用的能力和文字表述能力等;"学"是指读书搜集史料的学问,渊博的学识;"识"是见解,对史事的见解、鉴别判断能力,尤其强调"好是正直,善恶必书","史识"中已含有"德"的内涵。刘知幾认为,作为一个优秀的史学家,才、学、识三长缺一不可。如果一个史家掌握了丰富的历史知识、具有了渊博的学问("学"),却缺乏运用这些知识和学问来研究历史的能力("才"),是不可能撰写出有价值的历史著作的,就好像有了良田百顷、黄金满筐,却交给一个愚笨的人去经营管理,始终不可能生财。反之,如果一个史家具有很强的能力("才"),却缺乏必要的历史知识和学问("学"),也没有办法写出有价值的历史著作,就好像一个思维敏捷、技艺高超得像能工巧匠公输班一样的人,没有材料和工具,他也不可能建造起房屋来。同样,当一个史学家拥有渊博的学问("学"),又具有很强的能力("才")时,但如果缺乏"好是正直,善恶必书"的治史精神("识"),也不可能成就真实可信的历史著作。刘知幾把才、学、识三者结合成一个整体看待,在中国史学发展史上前无古人。他的这一理论认识影响深远,其影响所及,甚至超出了史学范围。清代诗人、诗歌评论家袁枚(1716—1798)就曾说:"作史三长:才、学、识,缺一不可。余谓诗亦如之,而识最为先。非识,则才与学俱误用矣。"(《随园诗话》卷三)清代章学诚提出了"史德"来补充和丰富刘知幾"史学三长"论的内涵,形成"史学四长说";近代梁启超在《中国历史研究法补编》一书中专辟《史家的四长》,从理论上和方法上对"史家的四长"作了详细论述,赋予其新的意义和新的解释。才、学、识、德的史家修养论,是今天治史者当认真学习和借鉴、高度重视并自觉进行修炼的品格。

其九,"生人之急务,国家之要道"。这是刘知幾关于史学功用的认识。他在《直书》、《曲笔》、《辨职》、《自叙》、《史官建置》等篇都讲到史学功用问题。《直书》云"史之为务,申以劝诫,树之风声";《曲笔》讲"盖史之为用也,记功司过,彰善瘅恶,得失一朝,荣辱千载"。而尤其在《辨职》、《史官建置》篇论述最详。他认为,假如历来没有史书也缺史官,那么即使像尧、舜这样的圣人和夏桀、商纣王这样的暴君,死了以后,坟土未干,就会善恶难分、美丑难辨了。反之,因为有了史官和史书,古人虽然早已离去,但其事如在,皎同星汉。人们不用走出家门,坐在家里翻阅史书,就可以"神交万古"、"穷览千载",进而产生"见贤而思齐,见不贤而内自省"的启迪和教育作用。所以刘知幾感叹:"史之为用,其利甚博,乃生人之急务,为国家之要道。"(《史官建置》)刘知幾详细论述了史官、史书(竹帛)的客观作用,论述了后人研读史书以达到认识客观历史的目的;更为重要的是,从中受到教育和启示,产生"思齐"和"内自省"的愿望和行动;尤为难得的是,刘知幾把史学的功用提到了"生人之急务"、"国家之要道"的高度来认识,已经超出他自己所说的"劝善惩恶"的范围了。

在《辨职》篇中,刘知幾又从史学批评的角度,指出了史学功用的三个层次:即"彰善贬恶,不避强御"是最高的层次,是一种崇高的献身精神;"编次勒成,郁为不朽"是第二个层次,使历史著作传世不朽,产生长久的历史影响;"高才博学,名重一时"是第三个层次,即史家要在所处的时代发挥积极的社会作用。这既反映了史学对社会的多重作用,更充分显示了刘知幾的史学价值观。

作为中国古代真正意义上的史学批评著作,在《史通》中刘知幾还提出了许多重要的史学批评范畴,如文与质(文采与内容)、文与史(文学与史学)、直与曲(直书与曲笔)、简与繁、晦与显、创与循、名与实、才学识等;灵活运用了丰富多样的史学批评方法,如原始察终、求名责实、比较评论、区分类聚等等。

当然,刘知幾《史通》的局限性也是明显的:他一方面反复强调史家和史著要"审实"、"故实"、"摭实"、"寻其实",指责史家和史著的"失实"、"不实",确保"实录史学";另一方面又要求史学必须"激扬名教",所谓"史氏有事涉君亲,必言多隐讳,虽直道不足,而名教存焉"。从而构成了刘知幾史学批评的双重原则。"求实录"与"扬名教"的矛盾,正是刘知幾史学思想的局限性。

无疑,刘知幾的《史通》构建了一套较完整的史学批评理论体系,刘知幾是一位真正的史学批评大师。在史书内容、撰述方法、体裁体例、文字表述、撰述原则、史学功能、史家修养、史学批评范畴、史学批评方法等诸多方面,都提出了重要的理论认识,迄今仍有重要的现实意义,值得认真学习、研究、总结和借鉴。

四

《史通》自问世起,即对当代及后世都产生了广泛而深刻的影响。

但由于《史通》是一部具有强烈批判意识的史学理论著作，也就注定了《史通》坎坷的命运。刘知幾的好友、著名史学家徐坚认为："居史职者，宜置此书于座右。"（《旧唐书·刘子玄传》）推崇《史通》，充分认识到此书的思想价值、理论价值。刘知幾去世几年后，唐玄宗敕河南府抄写《史通》进呈朝廷，阅后大加赞赏，《史通》开始流传于世。

《史通》问世一百八十余年后，唐末柳璨于唐昭宗光化三年（900）写成《史通析微》一书，从维护儒家经学传统和正统史学思想的立场出发，对《史通》的诸多观点大加批判，把《史通》看成一部反传统的著作。这说明《史通》在唐代已经流传，而柳璨的观点则在当时广泛影响了人们对《史通》认识。

五代末，刘昫等撰《旧唐书》，未曾著录《史通》；北宋欧阳修、宋祁撰《新唐书》著录了《史通》，却把它和《文心雕龙》等一起附列于集部"总集类"，并讥其"工诃古人而拙于用己"；北宋仁宗时期，王尧臣奉命编纂宫廷藏书目录《崇文总目》，于"杂史"类著录了《史通》。均说明对《史通》的性质和归属仍不清楚。南宋晁公武撰《郡斋读书志》，首次将《史通》列入"史评类"，其性质和归属方才得以确认。此时上距《史通》写成已经有四百五十多年。

从宋人对《史通》的著录看，宋元时期肯定有版本流传，但宋元刻本已不可见，流传至今的最早刊本是明刻宋本，即嘉靖十四年（1535）的陆深刻本，上距《史通》成书已有八百多年。而后又有万历五年（1577）的张之象刻本；万历三十年（1602）的张鼎思刻本（源于陆深刻本）。李维桢在张鼎思刻本的基础上进行评论，乃有《史通评释》刻本。明代研究《史通》的著作还有陆深《史通会要》三卷、郭孔延《史通评释》二十卷、陈继儒《史通订注》、王维俭《史通训诂》二十卷等。陆深对《史通》的选编进行评论；李维桢、郭孔延是《史通》的最早训释者；陈继儒、王维俭则侧重于《史通》的文字校释和梳理。其中，郭孔延《史通评释》最能代表明代学者对《史通》的认识和评价。

　　清代学者的《史通》研究更为深入，代表性成果有黄叔琳《史通训故补》二十卷、浦起龙《史通通释》二十卷、《史通校正》一卷、纪昀《史通削繁》四卷、四库馆臣对诸家《史通》研究著作所作的提要和评论等。黄叔琳对《史通》的理论价值给予了更多的肯定，揭示了《史通》的理论特点和批判特色，可视为刘知幾的知音。以纪昀为首的四库馆臣对《史通》的评价认识，代表了当时的官方态度，即在学术上充分肯定，在思想上则严厉批判，以维护正统史学。浦起龙的成果则代表了清代学者研究《史通》的最高成就，其《史通通释》对《史通》阐述的史书体例、史学方法、史家修养、史官制度、修史态度等进行了全面、深入、客观、公允的评析，肯定了《史通》的批评意识和批判精神，表彰了《史通》对后世史学的深远影响，赞扬了刘知幾直笔实录的史家风范等。浦起龙也因此而遭到正统学派四库馆臣的责难。

　　进入二十世纪以来，《史通》的研究愈加深入、广泛，尤其是中国史学史学科确立以来。粗略统计，截至2013年底，研究论文有近三百篇（包括海外学者）；研究著作多达二十余种，其中注释类著作有：程千帆《史通笺记》、张振佩《史通笺注》、陈汉章《史通补释》、杨明照《史通通释补》、赵吕甫《史通新校注》、姚松与朱恒夫《史通全译》、侯昌吉与钱安琪《史通选译》、刘占召《史通评注》等。研究类著作有：吕思勉《史通评》、傅振伦《刘知幾年谱》、周品英《刘知幾年谱》、刘汉之《刘子玄年谱》、张舜徽《史通平议》、许冠三《刘知幾的实录史学》、许凌云《刘知幾评传》、张三夕《批判史学的批判——刘知幾及其〈史通〉研究》、赵俊《〈史通〉理论体系研究》、赵俊与任宝菊《刘知幾评传——史学批评第一人》、曾凡英《史家龟鉴：〈史通〉与中国文化》、马铁浩《〈史通〉与先唐典籍》、马铁浩《〈史通〉引书考》、王嘉川《清前〈史通〉学研究》等。这些著作，或校勘整理《史通》的文字，或解绎疏通《史通》的史实典故，或揭示阐发《史通》的理论成就，或梳理概括《史通》的研究及流传，或稽考论列《史通》的引书论书等等，充分展示了学者们对刘知幾及其《史通》研究的新成果，为当今中国史学史学科的建设和史学理论学科的发展提供了有益的借鉴，也为更好地继承《史通》这份优秀史学理论遗产提供了新的认识基础。

这次注译《史通》，采用浦起龙《史通通释》求放心斋刻本为底本，此本刻于乾隆十七年(1752)，浦起龙将明清各种版本疏而汇之，博采众长，予以互正，对《史通》订讹补遗，虽有臆改缺陷，但广为学界熟知，流传较广。1978年，上海古籍出版社出版王煦华校点《史通通释》，又作了详细校勘，并改正了许多引书上的错误，书末附录陈汉章《史通补释》、杨明照《史通通释补》、罗常培《史通增释序》，是为目前最为通行的版本。

注译中参照了今人程千帆先生的《史通笺记》、张振佩先生的《史通笺注》、赵吕甫先生的《史通新校注》、姚松与朱恒夫先生的《史通全译》；并广泛借鉴了前哲时俊的相关《史通》研究成果，同时，也融入了自己多年学习研读《史通》的点滴体会。在此，一并向《史通》研究的前贤和学界师友们致以诚挚的敬意和谢意！还要感谢王本业、张信丽、俞宏杏、曹姗姗、陈文祥、张云洁、吴俊颖等同志，他们或帮助处理文稿，或帮助核校文字，付出了辛苦的劳动。至于本书中存在的缺陷、不足和问题，则当由笔者全权负责，祈望学界师友和读者朋友们批评斧正！

白　云

2014 年 2 月 20 日于昆明一得斋

原 序

　　长安二年①，余以著作佐郎兼修国史②，寻迁左史③，于门下撰起居注④。会转中书舍人⑤，暂停史任，俄兼领其职。今上即位⑥，除著作郎、太子中允、率更令⑦，其兼修史皆如故。又属大驾还京⑧，以留后在东都。无几，驿征入京，专知史事⑨，仍迁秘书少监⑩。自惟历事二主⑪，从宦两京⑫，遍居司籍之曹⑬，久处载言之职⑭。昔马融三入东观⑮，汉代称荣；张华再典史官⑯，晋朝称美。嗟予小子，兼而有之。是用职思其忧，不遑启处⑰。尝以载削余暇⑱，商榷史篇，下笔不休，遂盈筐箧⑲。于是区分类聚，编而次之。

【注释】

①长安：武则天年号，公元701—705年。

②著作佐郎：官名。《旧唐书·职官志》载唐秘书省下设二局：著作局和太史局。著作局设著作郎二人，掌修碑志、祝文、祭文等。著作佐郎为其副职，官阶从六品上。著作局不负史任，故言刘知幾以著作佐郎身份兼修国史。

③寻迁左史：不久升为左史。寻，不久。迁，升迁。左史，古史官

名。从周代开始，即有"左史记言，右史记事"之说。唐高宗和武则天时，曾两度将起居郎改名为左史。武则天长安三年（703），刘知幾被升任为左史（起居郎），故云"于门下撰起居注"。

④门下：门下省的简称。唐代中央设三省：尚书省、中书省、门下省。门下省负责审诏疏奏之事，起居郎（左史）为门下省僚属。起居注：皇帝生活起居和言行的原始记录。周代以左史、右史负责记录，汉代以宫中女史负责，晋代改由著作郎负责，北魏始置起居内史和修起居注，唐代则在门下省设起居郎、于中书省设起居舍人。

⑤会转中书舍人：正赶上按资历升为中书舍人。转，一指调任它职，品秩不变；一指按一定次序升转它职，品秩有变化。刘知幾以左史（起居郎）升任中书舍人，品秩由从六品上升为正五品上。

⑥今上：指唐中宗李显。长安五年（705）春正月，张柬之等讨乱，逼武则天退位，中宗复位，恢复唐国号，改元神龙。

⑦太子中允、率更令：皆为太子东宫属官。太子中允，职掌为辅助左庶子侍从赞相，驳正启奏，正五品下。率更令，掌宗族次序、礼乐、刑罚及漏刻之政令等，从四品上。

⑧大驾还京：指唐中宗复位后于次年（706）十月由东都洛阳驾还西京长安。

⑨专知史事：专掌史事。知，掌管，主管。

⑩秘书少监：秘书省属官。秘书省专掌国家经籍图书、国史实录，长官为秘书监，秘书少监为其副职，从四品上。

⑪惟：思量，考虑。二主：指武后、中宗。

⑫两京：即东都洛阳和西京长安。

⑬司籍之曹：掌管文书典籍的机构。刘知幾历任起居郎、中书舍人、著作佐郎、著作郎、秘书少监等职，故有"遍居司籍之曹"之说。

⑭载言之职:指史官之职。

⑮马融三入东观:马融(79—166),字季长,东汉右扶风茂陵(今陕西兴平)人。东汉名将马援的从孙,著名经学家,尤长于古文经学。他设帐授徒,门人常有千人之多,卢植、郑玄都是其门徒。于安帝永初四年(110)拜为校书郎中,在东观典校秘书。因触忤邓太后,遭禁锢。邓太后死后,安帝亲政,诏还郎署。安帝死,北乡侯即位时,融以病去职,为郡功曹。桓帝时,为南郡太守,复拜议郎,重入东观著述。故有"三入东观"之说。事见《后汉书》本传。

⑯张华再典史官:张华(232—300),字茂先,魏晋间人,仕魏为佐著作郎。入晋,官至司徒,但仍领著作之职,故云"再典史官"。事见《晋书》本传。

⑰是用职思其忧,不遑启处:意为身任史职而担心不称职,不敢稍作休息。职,应当,必须。思,通"司",职掌,指身任史职。遑,闲暇。启,跪。处,居。

⑱载削:指修撰史书。

⑲箧(qiè):箱子。

【译文】

　　长安二年,我以著作佐郎的身份兼修国史,不久升任左史,在门下省修撰起居注。正赶上按资历升转为中书舍人,便暂时停了修史的职责,接着又兼领修史的职务。当今皇上即位,我被授予著作郎、太子中允、率更令等职,但兼任修史的职责不变。后又碰到皇帝大驾还西京长安,我以留守官员的身份留在东都洛阳。没多久,朝廷以驿马传递征召我入京,专门职掌修史,同时迁转秘书少监。我自思量:在两位君主身边任过职,在两个京城都做过官,掌管文书典籍的机构都呆过,长期担任史官的职务。过去马融三次入东观任职,在汉代被当做荣耀;张华再次担任史官,在晋朝受到赞美。可叹我这样的小子,兼有两人的经历。

因此时时担忧自己身任史职而不称职,不敢有时间稍作休息。我曾经用编撰史书的闲暇,探讨史书编撰的相关问题,下笔不能停止,就有了满筐满箱的积累。于是把他们分门别类,编撰成为一书。

　　昔汉世诸儒,集论经传,定之于白虎阁,因名曰《白虎通》[1]。予既在史馆而成此书,故便以《史通》为目。且汉求司马迁后,封为史通子[2],是知史之称通,其来自久。博采众议,爰定兹名。凡为廿卷,列之如左,合若干言。于时岁次庚戌,景龙四年仲春之月也[3]。

【注释】

[1]《白虎通》:东汉章帝建初四年(79),诏令诸儒在白虎观讲论五经异同,作《白虎议奏》。后又命班固撰集其事,成《白虎通义》。《隋书·经籍志》称《白虎通》,《新唐书·艺文志》称《白虎通义》,今存。

[2]史通子:《汉书·司马迁传》:"宣帝时,迁外孙平通侯杨恽祖述其书,遂宣布焉。王莽时,求封迁后,为史通子。"

[3]景龙:唐中宗年号,公元707—710年。仲春之月:即二月。

【译文】

当年汉代众多儒生,集中在一起讨论经传的异同,定稿于白虎观,所以书名就叫《白虎通》。我既然在史馆完成此书,所以就以《史通》为书名。而且汉寻找司马迁的后代,封为史通子,由此可知史之称通,由来已久。广采众人的意见,于是定下这个书名。总共二十卷,列其如下,合计若干言。这是庚戌年,即景龙四年二月。

内篇　六家第一

【题解】

本篇是刘知幾对隋唐以前史书体裁体例的全面总结,也是全书开宗明义的总纲。

刘知幾认为,古代史学是发展变化的,史书体裁体例在不断演进,他把古代史籍分为记言体(《尚书》家)、记事体(《春秋》家)、编年体(《左传》家)、国别体(《国语》家)、通代纪传体(《史记》家)、断代纪传体(《汉书》家)六家,并一一考镜其源流发展、宗旨意趣和利弊得失。指出这六家已经穷尽了古往今来的史籍,但随着社会的发展,只剩下二家了,于是专立《二体》篇详为讨论。《二体》篇全面比较了编年体和纪传体的优劣长短,紧接其后,又以多篇着重对"二体"中的纪传体之体例和结构作了深入细致的剖析。而"六家"、"二体"演变发展到近古,主要是在魏晋南北朝时期,又出现了"十流"。故又设《杂述》篇详论"十流",将其视为"史氏流别",归入"杂史"。

由"六家"而"二体",再到"十流",集中反映了刘知幾的"通识"观念,"通变"意识,也反映了《史通》内篇结构严密、秩序井然、体系完整,构成了《史通》在宏观方面的史书体裁体例的理论体系,是研读《史通》的一根主线。

"六家"蕴含了刘知幾"经史同源"的重要思想认识。《尚书》、《春秋》、《左传》这些著作不仅是经书，也是史书，这种认识贯穿《史通》全书。《尚书》、《春秋》既是经学之源，又是史学之源，史学不再是经学的附庸，已经从经学中独立出来，成为与经学并行的学科。这充分体现了刘知幾实事求是的治学态度和敢于创新的理论勇气，对后世经史关系理论的深入探讨有着重要影响。

当然，刘知幾将隋唐以前史书笼统归入"六家"，也有其局限，一则太过武断和绝对，"六家"实难涵盖史体之大全；二则分类上比较含混，分类标准也不统一。比如《春秋》、《左传》都是编年体，却被各自分为一家。有按事类分、按体裁分、按体例分等不同标准。

自古帝王编述文籍，《外篇》言之备矣①。古往今来，质文递变②，诸史之作，不恒厥体③。榷而为论④，其流有六：一曰《尚书》家，二曰《春秋》家，三曰《左传》家，四曰《国语》家，五曰《史记》家，六曰《汉书》家。今略陈其义，列之于后。

【注释】

①《外篇》：指本书《外篇》中的《史官建置》、《古今正史》二篇。

②质文递变：指时代风尚交替变化，有时崇尚质朴，有时崇尚文采。质，质朴。文，文采。

③厥（jué）：代词，相当于"其"。

④榷（què）：约略，大约。

【译文】

自古以来历代帝王编撰文献典籍的情况，《外篇》中已经谈得很详备了。古往今来，崇尚质朴与讲求文采的风气递相变化，各种历史著作，其著述体例也不能固定不变化。总体看来，它们的流派可分为六家：一是《尚书》家，二是《春秋》家，三是《左传》家，四是《国语》家，五是《史记》家，六是《汉书》家。现在概略地陈述它们的情况，分列在后面。

　　《尚书》家者，其先出于太古。《易》曰："河出《图》，洛出《书》，圣人则之。"①故知《书》之所起远矣。至孔子观书于周室，得虞、夏、商、周四代之典，乃删其善者②，定为《尚书》百篇③。孔安国曰④："以其上古之书，谓之《尚书》。"《尚书璇玑钤》曰⑤："尚者，上也。上天垂文象⑥，布节度⑦，如天行也⑧。"王肃曰⑨："上所言，下为史所书，故曰《尚书》也。"推此三说，其义不同。盖《书》之所主，本于号令，所以宣王道之正义⑩，发话言于臣下，故其所载，皆典、谟、训、诰、誓、命之文⑪。至如《尧》、《舜》二典直序人事，《禹贡》一篇唯言地理，《洪范》总述灾祥，《顾命》都陈丧礼，兹亦为例不纯者也⑫。

【注释】

①河出《图》，洛出《书》，圣人则之：语见《易·系辞上》。相传伏羲时，有龙马出现在黄河里，背负图形，伏羲根据它画成八卦。大禹时，有神龟出现在洛水里，背负图书，大禹把这些图书编成九类，即《尚书·洪范九畴》，称为"洛书"。刘知幾把河图、洛书附会为《尚书》的起源。则，效法，学习。

②删其善者：选择其中保存完好的。删，节取，采取。

③《尚书》百篇：《尚书》是儒家经典之一，相传原有三千二百四十篇，经孔子整理，始定为百篇，起于尧，讫于秦缪公。秦始皇焚书后，西汉初仅存二十九篇，因用汉代通行文字写定，史称《今文尚书》。另有汉武帝时从孔子故居的墙壁中得到一部《尚书》，比今文多出十六篇，因以先秦文字写成，史称《古文尚书》。西晋末年

大乱,今、古文《尚书》相继失传,东晋初豫章内史梅赜献出一部有孔安国作传作序的古文《尚书》,世称《孔传古文尚书》,分四十六卷,计五十八篇,其中有三十三篇内容与《今文尚书》相同,经明、清学者考定,断为伪书。现通行的《尚书》是今文与伪古文的合编本。

④孔安国(约前156—前74):西汉经学家,武帝时博士,孔子第十二世孙。《汉书》有传。

⑤《尚书璇玑钤》:西汉末,经师好以神学迷信附会儒家经典,其所作之书称"纬书",有《易纬》、《书纬》、《诗纬》、《礼纬》、《乐纬》、《孝经纬》、《春秋纬》等七种。《尚书璇玑钤》是《尚书纬》的一种,原书已佚。

⑥垂:显现。文象:指日月星辰等自然现象。

⑦布:设立,实施。节度:法令制度。

⑧天行:天体的运行。

⑨王肃(195—256):字子雍,东海郯(tán,今山东郯城北)人,三国时魏国著名经学家,著《春秋外传章句》二十二卷,已佚。《三国志》有传。

⑩王道:儒家称帝王以仁义治理天下为王道。正义:正确。

⑪典、谟、训、诰、誓、命:皆为《尚书》中的文体。如《尧典》、《皋陶谟》、《伊训》、《大诰》、《汤誓》、《顾命》等。典,是追述圣王的言事。表示尊敬尊重的意思。谟,与"谋"通,即谋议之义。训,是教诲的意思。诰,即告谕,是执政者对臣民的号令,或者上级对下级的指示。誓,是约束的意思,多指征发、交战的誓师词。命,即"令",是命令之词,为君对臣发布的使命文告。

⑫为例不纯:刘知幾认为《尚书》家是记言体,但其中《尧》、《舜》二典,直接叙述人事;《禹贡》一篇,只是谈论地理;《洪范》集中记述灾祥;《顾命》全部陈述丧礼,这些都是体例不纯的表现。后世史

学家多不同意刘知幾"为例不纯"之说。

【译文】

《尚书》这一家，它的源头出自远古。《易》上说："黄河中浮出《图》，洛水中浮出《书》，圣人都效法它们。"由此可知《尚书》的起源很久远了。到孔子在周王室查阅各种文献图书，得到虞、夏、商、周四代的珍贵典籍，就节取其中保存完好的篇章，编订为《尚书》一百篇。孔安国说："因为它是记载上古历史的书，所以称作《尚书》。"《尚书璇玑钤》上说："尚，就是上。上天在运行中显出文明物象，颁布法度原则，就好像自然界的运行一样。"王肃说："上面帝王所说的话，被下面史官记下，所以叫《尚书》。"推究这三种说法，它们的含义不相同。大概《尚书》的主要内容，依据的帝王的号令，是用来传播圣王治理天下的正确原则，并对臣下发布讲话，所以《尚书》中所载录的，都是典、谟、训、诰、誓、命这类文体。至于其中的《尧》、《舜》二典，直接叙述人事；《禹贡》一篇，只讲述九州地理；《洪范》篇集中记述灾祥；《顾命》篇全讲丧礼，这些都是其体例不纯的表现。

又有《周书》者①，与《尚书》相类，即孔氏刊约百篇之外，凡为七十一章。上自文、武②，下终灵、景③。甚有明允笃诚④，典雅高义；时亦有浅末恒说，滓秽相参，殆似后之好事者所增益也。至若《职方》之言⑤，与《周官》无异⑥；《时训》之说⑦，比《月令》多同⑧。斯百王之正书⑨，《五经》之别录者也⑩。

【注释】

①《周书》：《逸周书》的简称，是记载周代历史的先秦典籍。唐、宋人多以为出于汲冢，故又称《汲冢周书》。明丁黼认为是秦汉传

世旧本,非出汲冢。原有七十一篇,今存六十一篇。

②文、武:指周文王、周武王。

③灵、景:指周灵王、周景王。

④允:信,可靠。笃:厚道。诚:诚实。

⑤《职方》:指《逸周书》的《职方解》,记载周朝四方山川地理、经济风俗等。

⑥《周官》:《周礼》本名。所谓"与《周官》无异",是指《逸周书·职方解》与《周礼·夏官司马下·职方氏》基本相同,清人姚际恒借此认为《职方解》是后人抄袭《周礼》中文字而成。

⑦《时训》:即《逸周书》的《时训解》,主要记载天象、时令节气的变化。

⑧《月令》:《礼记》篇名。《礼记》也是儒家经典之一,详于古代礼仪制度。《逸周书·时训解》实为《礼记·月令》的节文。故言二者"无异"。

⑨百王:历代帝王。正书:旧称经史为正书,以表明其地位重要。

⑩《五经》:儒家的五部经典著作,即《易》、《诗》、《书》、《礼》、《春秋》。

【译文】

又有叫《周书》的,和《尚书》相类似,是孔子编定《尚书》百篇以外的文献,总共为七十一章。上起自文王、武王,下终于灵王、景王。内容明确可靠,浑厚真实,文辞典雅,义理高深;但不时也有肤浅陈旧的说法,糟粕污秽掺杂其中,大概像是后来好事的人所增补的。至于像其中《职方》篇的言辞,和《周礼》没什么区别;《时训》篇的说法,跟《月令》大多相同。这是历代帝王的经史,《五经》以外的同类记载。

自宗周既殒①,《书》体遂废,迄乎汉、魏,无能继者。至晋广陵相鲁国孔衍②,以为国史所以表言行,昭法式,至于人理常事,不足备列。乃删汉、魏诸史,取其美词典言,足为龟镜者③,定以篇第,纂成一家。由是有《汉尚书》、《后汉尚书》、《汉魏尚书》④,凡为二十六卷。至隋秘书监太原王劭⑤,又录开皇、仁寿时事⑥,编而次之,以类相从,各为其目,勒成《隋书》八十卷。寻其义例,皆准《尚书》。

【注释】

①宗周:本为王都。此代指周王朝。因为周王室为天下诸侯的宗主,所以周王朝又称宗周。殒:衰落,灭亡。

②孔衍(268—320):字舒元,孔子后裔,东晋经学家,著述达百余万言。东晋元帝时官安东参军、中书郎等。王敦专权,出为广陵郡(今江苏扬州)相。《晋书》有传。

③龟镜:即借鉴、资鉴。古人将龟视为灵物,故用龟甲占卜以预卜吉凶。

④《汉尚书》、《后汉尚书》、《汉魏尚书》:皆为孔衍著作。《隋书·经籍志》仅著录《魏尚书》八卷。《旧唐书·经籍志》著录“《汉尚书》十卷,《后汉尚书》六卷”。《新唐书·艺文志》著录“《后魏尚书》十四卷”。

⑤王劭:生卒年不详。字君懋,太原(今山西太原西南)人,少时即以好学博物见称,历任隋著作佐郎、秘书少监等,掌修国史,有《隋书》八十卷、《齐志》二十卷,《北史》、《隋书》均有传。

⑥开皇、仁寿:隋文帝杨坚年号,分别为公元581—600年、公元601—604年。

【译文】

自从周朝灭亡后,《尚书》的这种体裁就被废弃了,直到汉、魏,也没有能够继承这一体裁的人。到了晋代的广陵郡相鲁国孔衍,认为国史是用来表彰嘉言懿行，显示法度威严的，至于社会人生的日常琐事，不必全部罗列。于是他删节汉、魏时期各种史书，选择语言典雅词句优美、足以提供后世借鉴的文章诰令，确定篇章次第，纂录成一家之言。因此就有了《汉尚书》、《后汉尚书》、《汉魏尚书》等，共计二十六卷。到隋朝的秘书少监太原人王劭，又选录开皇、仁寿年间的史事，编次整理，分类编辑，分别加上题目，撰成《隋书》八十卷。考察一下它们的体例，全都依照《尚书》。

　　原夫《尚书》之所记也，若君臣相对，词旨可称，则一时之言，累篇咸载。如言无足纪，语无可述，若此故事，虽有脱略，而观者不以为非。爰逮中叶①，文籍大备，必翦截今文，摹拟古法，事非改辙，理涉守株②。故舒元所撰《汉》、《魏》等书③，不行于代也。若乃帝王无纪，公卿缺传，则年月失序，爵里难详，斯并昔之所忽，而今之所要。如君懋《隋书》④，虽欲祖述商、周，宪章虞、夏，观其所述，乃似《孔子家语》、临川《世说》⑤，可谓画虎不成，反类犬也。故其书受嗤当代，良有以焉。

【注释】

①爰：发语词。逮：到。中叶：中期。此约指秦汉以后，南北朝以前。

②守株：即"守株待兔"。以此比喻墨守成规而不知变通。故事见《韩非子·五蠹》。

③舒元：孔衍字。即上文述及作《汉尚书》、《后汉尚书》、《汉魏尚书》的作者。

④君懋：王劭字。

⑤《孔子家语》：孔子后裔及门人所撰之作。《汉书·艺文志》著录
　《孔子家语》二十七卷。原书已佚。今本十卷四十四篇，长期被
　视为伪书，认为是三国王肃伪撰。1973 年河北定县八角廊汉墓
　竹简和 1977 年安徽阜阳双古堆汉墓竹简均证实该书并非伪作，
　它的原型在汉初已存在。临川《世说》：即南朝宋临川王刘义庆
　编撰的《世说新语》。原为八卷，今传本三卷，各分上下。主要记
　载东汉至东晋士大夫的言行逸事，分德行、言语、政事、文学等三
　十六门。

【译文】

　推究《尚书》的记载，如果是君臣之间的对答，辞义值得称道，那么即便是一时的言谈，也连篇累牍地全部记载下来。如果言谈不值得记载，语词无可记述，像这样的旧事，即使有所脱漏，读者也不会认为不好。等到到了中叶，文书典籍大大完备，这时还一定要剪裁今天的文辞，去模仿古代的笔法，就是于事理不知变通，一味墨守成规了。所以孔舒元所编撰的《汉尚书》、《汉魏尚书》等书，就不流行于后代。假如帝王没有本纪，公卿缺少列传，就会使年月失去时间顺序，官爵乡里难以清楚，这些都是以往所忽略，而今天所重视的。如王君懋的《隋书》，虽然想要遵循商、周，效法虞、夏，但看他的著述体制，却倒像《孔子家语》、临川王的《世说新语》，可以说是"画虎不成反像狗"了。所以他的书受到当代人的讥笑，确有其原因啊。

　《春秋》家者①，其先出于三代。案《汲冢琐语》记太丁时事②，目为《夏殷春秋》③。孔子曰："疏通知远④，《书》教也。""属辞比事⑤，《春秋》之教也。"知《春秋》始作，与《尚书》同时。《琐语》又有《晋春秋》，记献公十七年事。《国语》云：晋羊舌肸习于春秋，悼公使傅其太子。《左传》昭二年，晋韩宣

子来聘⑥，见《鲁春秋》曰："周礼尽在鲁矣。"斯则春秋之目，事匪一家⑦。至于隐没无闻者，不可胜载。又案《竹书纪年》，其所纪事皆与《鲁春秋》同。孟子曰⑧："晋谓之乘，楚谓之梼杌，而鲁谓之春秋⑨，其实一也。"然则乘与纪年、梼杌⑩，其皆春秋之别名者乎！故《墨子》曰"吾见百国春秋"，盖皆指此也。

【注释】

①《春秋》：儒家经典之一，为孔子删修《鲁春秋》而成，是中国现存最早的编年体史书。记载了鲁隐公元年（前722）至鲁哀公十四年（前481）共二百四十二年间的重要史事，文辞简约，隐含褒贬，刘知幾视之为记事史的代表。

②《汲冢琐语》：西晋武帝咸宁五年（279），一说太康二年（281），汲郡（今河南汲县西南）人不（fōu）准发掘战国时魏襄王墓（一说安釐王冢），得竹书数十车，经当时著名学者荀勖、束皙整理成书，共七十五篇，十万余字，后人称"汲冢书"。其中有《琐语》十一篇，为战国时诸国卜梦妖怪相书。今佚。太丁：又名文丁，商代第二十九位君主，在位十三年。

③《夏殷春秋》：《汲冢琐语》的篇名，《汲冢琐语》分别按年代和国别而标目为夏、殷、晋春秋等以记事。

④疏通：通达，融会贯通。知远：了解深远之事。

⑤属辞：遣词造句，运用文辞。比事：排比史事。

⑥韩宣子（？—前514）：春秋时期晋国大夫，姬姓，韩氏，名起，谥号"宣"，史称"韩宣子"。聘：春秋战国时诸侯之间、诸侯与天子之间互派使者访问。

⑦匪：同"非"。

⑧孟子(约前372—前289)：名轲，字子舆，鲁国邹人，古代思想家、教育家，被认为是孔子学说的继承人，有"亚圣"之称。著有《孟子》，为儒家经典之一。

⑨乘、梼杌(táo wù)、春秋：分别为春秋时晋国、楚国、鲁国的史书别名。语出《孟子·离娄下》。

⑩纪年：即《竹书纪年》，汲冢书中有纪年十三篇，因记于竹简上，故称《竹书纪年》。原书已佚，今本系后人辑佚之作。

【译文】

《春秋》这一家，它的源头出自夏、商、周三代。考查《汲冢琐语》记录太丁时的事情，被称为《夏殷春秋》。孔子说："使人融会贯通明了远古的事情，是《尚书》的功能。""使人知道运用文辞排列史事，是《春秋》的功能。"可知《春秋》的出现，和《尚书》同时。《琐语》中又有《晋春秋》，记载晋献公十七年的史事。《国语》说：晋国羊舌肸通晓《春秋》，晋悼公让他当太子的老师。《左传》昭公二年，记载晋国韩宣子来访问，见到鲁国的编年史《鲁春秋》，说："周礼都在鲁国了。"这样看来，用"春秋"这名称的，不只是一家。至于湮没无闻的，更是不计其数。又考查《竹书纪年》，它所记载的史事都与《鲁春秋》相同。孟子说："晋国称之为乘，楚国称之为梼杌，而鲁国称之为春秋，它们的实质是一样的。"既然如此，那么乘和纪年、梼杌，这些都是春秋的别名吧！所以《墨子》说"我见过百国春秋"，大概就是指这些吧。

逮仲尼之修《春秋》也，乃观周礼之旧法，遵鲁史之遗文①；据行事②，仍人道③；就败以明罚，因兴以立功；假日月而定历数④，藉朝聘而正礼乐⑤；微婉其说，志晦其文⑥；为不刊之言⑦，著将来之法⑧，故能弥历千载⑨，而其书独行。

【注释】

①遵:遵从,依据。

②行事:人物之活动。

③仍:遵循。人道:指君臣、父子等伦理观念。

④历数:即历法,观测天象以推算年时节候的方法。

⑤藉:凭借。朝聘:古代诸侯定期朝见天子。

⑥微婉其说,志晦其文:即评说语言委婉,记事文义含蓄。意指孔子修《春秋》常以委婉的言词来记载鲁国国君的过失。《左传》成公十四年:"《春秋》之称,微而显,志而晦,婉而成章。"

⑦刊:修改,刊改。古代文书刻写在竹简上,有错就削去,叫做"刊"。

⑧著:确立。

⑨弥历:经历。

【译文】

到孔子修纂《春秋》,就考察周代礼仪的旧法,遵循鲁国史书的遗文;依据人物的作为,遵从做人的伦理观念;述败亡以明示贬责,因兴盛以树立功绩;依据日月岁时以推定天道运行规律,通过定期朝见天子以校正礼乐制度;评说时语言委婉,记事时文义含蓄;成为了不可更改的言论,确立了后世遵奉的原则,所以能够经历千年,而此书依然流行于世。

又案儒者之说《春秋》也,以事系日,以日系月;言春以包夏,举秋以兼冬,年有四时,故错举以为所记之名也①。苟如是,则晏子、虞卿、吕氏、陆贾②,其书篇第,本无年月,而亦谓之"春秋",盖有异于此者也。

【注释】

①错举：交错列举。

②晏子(前 578—前 500)：名婴，字平仲，春秋时齐国大夫，政治家、外交家，《史记》有传。有《晏子春秋》，又称《晏子》，旧题晏婴撰。虞卿：战国时人，生卒年不详。游说之士，曾任赵国上卿，后不得志而离开赵国，著书八篇，称《虞氏春秋》，书今佚。《史记》有传。吕氏：即吕不韦(？—前 235)，战国末期卫国濮阳(今河南濮阳西南)人，经商为业，因拥立秦庄襄王有功，被任为秦相，曾命宾客编著《吕氏春秋》，汇集先秦各派学说，分八览、六论、十二纪，故又称《吕览》，是研究先秦政治、学术思想的重要资料。秦始皇即位，吕不韦遭放逐，畏罪自杀。《史记》有传。陆贾：生卒年不详。汉初政论家，楚人，有重要政论著作《新语》十二篇。曾协助刘邦平定天下，拜为太中大夫，《史记》、《汉书》均有传。所作《楚汉春秋》九篇，记述楚汉相争及汉惠、文二帝时事，已佚。

【译文】

再考察儒家学者们的解说《春秋》，认为圣人把事件记录在发生的时日下，把日记录在相应的月份里；说春用来包括夏，举秋用来兼顾冬，一年有四时，所以交错列举作为所要记述的名称。如果是这样，那么晏子、虞卿、吕氏、陆贾等人，他们所撰著作的篇章次序，本来没有年月，但也称作"春秋"，大概就名不符实了。

至太史公著《史记》①，始以天子为本纪，考其宗旨，如法《春秋》②。自是为国史者，皆用斯法。然时移世异，体式不同。其所书之事也，皆言罕褒讳，事无黜陟③，故马迁所谓整齐故事耳④，安得比于《春秋》哉！

【注释】

①太史公：指司马迁。

②法：效法，学习。

③黜陟：意为升降。原指进退人才，降官为黜，升官为陟。此指记
事时的贬抑和褒扬。

⑤整齐故事：语见《史记·太史公自序》："余所谓述故事，整齐其世
传，非所谓作也。而君比之于《春秋》，谬矣。"表明司马迁继承了
孔子"述而不作"的思想。故事，即旧事。

【译文】

　　到司马迁著《史记》，开始把天子的事迹写为本纪，考查本纪的宗旨，就像效法过去的《春秋》。自此编撰国史的人都用这种方法。然而时代不同，社会在变化，体裁体例也不尽相同。他们所记载的史事，都是语言很少赞美讳饰，事情没有贬抑褒扬。所以正如司马迁所说只是整理旧事而已，怎能和《春秋》相比呢！

　　《左传》家者①，其先出于左丘明。孔子既著《春秋》②，而丘明受经作传。盖传者，转也，转受经旨，以授后人。或曰传者，传也③，所以传示来世。案孔安国注《尚书》，亦谓之传，斯则传者，亦训释之义乎。观《左传》之释经也，言见经文而事详传内，或传无而经有，或经阙而传存。其言简而要，其事详而博，信圣人之羽翮④，而述者之冠冕也⑤。

【注释】

①《左传》：《春秋左氏传》的简称，先秦重要史籍，也是儒家经典之
一，相传为左丘明所作。其内容与《春秋》互为表里，《春秋》只记
事目，而《左传》详述事之原委，严格以《春秋》的年、时、月、日为

序，被刘知幾视为编年史的代表。

②既：已经，以后。

③传者，传也：即传（zhuàn）就是传（chuán），传给后人看。

④羽翮（hé）：鸟羽的茎，引申为翅膀。

⑤冠冕：古代帝王、官员所戴的帽子。此比喻居于首位。

【译文】

《左传》这一家，它最先出自左丘明。孔子著《春秋》以后，左丘明传授《春秋》经而为它作传。传，就是转，把所接受的经文意旨，用来转授给后人。又有人说传，就是传授，用来传示给后世。根据孔安国注《尚书》，也称为传，那么传，也就是解释的意思了。查看《左传》解释《春秋》经，言辞见于经文而事情详于《传》内，有时传里没有的而经文有，有时经文缺略的而传里保存。《左传》言词简明而切要，记事详细而广博，确实是圣人的羽翼辅助，著述中的第一等著作。

逮孔子云没，经传不作。于时文籍，唯有《战国策》及《太史公书》而已①。至晋著作郎鲁国乐资②，乃追采二史，撰为《春秋后传》。其书始以周贞王续前传鲁哀公后，至王赧入秦，又以秦文王之继周，终于二世之灭，合成三十卷。当汉代史书，以迁、固为主，而纪传互出，表志相重，于文为烦，颇难周览。至孝献帝③，始命荀悦撮其书为编年体④，依《左传》著《汉纪》三十篇。自是每代国史，皆有斯作，起自后汉，至于高齐⑤。如张璠、孙盛、干宝、徐广、裴子野、吴均、何之元、王劭等⑥，其所著书，或谓之"春秋"，或谓之"纪"，或谓之"略"，或谓之"典"，或谓之"志"。虽名各异，大抵皆依《左传》以为的准焉。

【注释】

①《战国策》：简称《国策》，为战国时游说之士的谋略和言词的汇编。记春秋以后至楚汉之兴的约 250 年间的史事。西汉末刘向编订，三十三卷。《太史公书》：司马迁的《史记》本名。

②乐资：晋人，生平不详。曾任著作郎，掌修国史。撰《春秋后传》三十一卷（一说三十卷），已佚。

③孝献帝：东汉献帝刘协（181—234），公元 189—220 年在位。

④荀悦（148—209）：字仲豫，颍川颍阴（今河南许昌）人，东汉末政论家、史学家。官至秘书监、侍中。受命改编《汉书》，成《汉纪》三十卷，另撰《申鉴》五篇等。《后汉书》有传。

⑤高齐：指南北朝时高氏的北齐政权，都邺城（今河南安阳北），历七帝二十八年（550—577）。

⑥张璠（fán）：北齐安定（今甘肃泾川）人，曾任北齐秘书郎，著《后汉纪》三十卷，未完成。孙盛（约 302—374）：字安国，东晋史学家，中都（今山西平遥西南）人，博学，好言名理。曾任著作佐郎、秘书监等职，著有《晋阳秋》三十二卷，有“良史”之称。书已佚。又著《魏氏春秋》二十卷，亦佚。《晋书》有传。干宝（？—336）：字令升，东晋河西新蔡（今河南新蔡）人，东晋史学家、文学家。曾任著作郎，领国史修撰，著《晋纪》二十卷，记晋宣帝司马懿至愍帝司马业五十三年间史事，书早佚。《晋书》有传。徐广（351 或 352—425）：字野民，东晋东莞（今山东莒县）人，曾任秘书郎、著作郎，撰《晋纪》四十六卷，今佚。《晋书》、《南史》、《宋书》均有传。裴子野（469—530）：字几原，南朝河东闻喜（今山西闻喜）人。少好学，善属文。梁武帝时任著作郎兼中书通事舍人，因其曾祖著名史学家裴松之曾续修何承天《宋史》未成，于是续撰《宋略》二十卷，今佚。又撰《齐梁春秋》，未成。有文集二十卷，亦佚。《南史》、《梁书》均有传。吴均（469—520）：字叔庠，南朝吴

兴故鄣(今浙江安吉)人，梁武帝时私撰编年史《齐春秋》三十卷，遭梁武帝嫉恨，焚稿罢官。又撰《通史》，起三皇，迄萧齐，未成而卒。《南史》、《梁书》均有传。何之元(？—593)：南朝陈庐江灊(qián，今安徽霍山东北)人。幼好学，有才思。曾撰《梁典》三十卷，记梁武帝至敬帝时事，书今佚。《南史》、《陈书》均有传。

【译文】

到孔子去世后，经和解释经的传都不再出现了。当时的历史典籍，只有《战国策》和《太史公书》罢了。到了晋朝的著作郎鲁国人乐资，才收采上述二史的资料，撰成《春秋后传》。此书从周贞王开始，连接《左传》鲁哀公之后，直到周王赧入秦，又以秦文王接续周代，终止于秦二世的灭亡，共计编成三十卷。汉代的史书，以司马迁《史记》、班固《汉书》为主，但纪和传互相重复，表和志相互重出，文字繁多，很难全部阅读。到汉献帝时，才命荀悦抄撮二书而改写成编年体，依照《左传》体式著成《汉纪》三十篇。从此每代的国史，都有这种著作，起自东汉，直到高氏北齐。如张璠、孙盛、干宝、徐广、裴子野、吴均、何之元、王劭等，他们所著的史书，有的叫"春秋"，有的叫"纪"，有的叫"略"，有的叫"典"，有的叫"志"。虽然名称各不相同，但大致都是依照《左传》作为标准。

《国语》家者^①，其先亦出于左丘明。既为《春秋内传》^②，又稽其逸文^③，纂其别说，分周、鲁、齐、晋、郑、楚、吴、越八国事，起自周穆王，终于鲁悼公，别为《春秋外传国语》，合为二十一篇。其文以方《内传》，或重出而小异。然自古名儒贾逵、王肃、虞翻、韦曜之徒^④，并申以注释，治其章句，此亦《六经》之流^⑤，《三传》之亚也^⑥。

【注释】

①《国语》：我国现存最早的国别史，有《春秋外传》之称（与《左传》相对而称），记周、鲁、齐、晋、郑、楚、吴、越八国史事，起自周穆王十二年（前990），迄于周贞定王十六年（前453），作者迄今尚无定论，一般以为是左丘明所作。刘知幾将《国语》视为国别史的代表。

②《春秋内传》：即《左传》。

③稽：考查。

④贾逵（30—101）：字景伯，扶风平陵（今陕西咸阳西北）人，东汉著名的古文经学家。博通群经，尤精《左传》、《国语》，著有《左氏传解诂》三十篇、《国语解诂》二十一篇，皆佚。事见《后汉书·贾逵传》。虞翻（164—233）：字仲翔，会稽余姚（今属浙江余姚）人，三国吴经学家。撰有《春秋外传国语注》二十一卷，今佚。韦曜（204—273）：即韦昭，《三国志》为避司马昭名讳而改。字弘嗣，三国吴国吴郡云阳（今江苏丹阳）人。官至太子中庶子，封陵亭侯，常领左国史。著《国语注》二十二卷，为现存最早的《国语》注本。《三国志》有传。

⑤《六经》：即《易》、《书》、《诗》、《礼》、《乐》、《春秋》六部儒家经典。

⑥《三传》：即《春秋左氏传》、《春秋公羊传》、《春秋穀梁传》。

【译文】

《国语》这一家，最早也出自左丘明。左丘明著《春秋内传》之后，又考查那些剩下的资料，编纂别的说法，分记周、鲁、齐、晋、郑、楚、吴、越八国的史事，起于周穆王，止于鲁悼公，另外撰成《春秋外传国语》，合计二十一篇。此书和《内传》相比，有的地方重复而略有差异。然而自古以来的名儒贾逵、王肃、虞翻、韦曜这些人，都一一加以注释，探究它的章句，这也是《六经》的支流，地位仅次于《三传》的著作。

暨纵横互起①，力战争雄，秦兼天下，而著《战国策》。其篇有东西二周、秦、齐、燕、楚、三晋、宋、卫、中山②，合十二国，分为三十三卷。夫谓之"策"者，盖录而不序，故即简以为名。或云，汉代刘向以战国游士为之策谋③，因谓之《战国策》。

【注释】

①纵横：即合纵、连横。此指战国时游说之士在六国兼并战争中提出的两种不同战略，合纵即主张联合众弱以抗强秦，连横即主张事强秦而攻众弱。

②三晋：春秋末晋国的卿韩、赵、魏三家分晋，形成了战国时的韩、赵、魏三国，所以称为三晋。

③刘向（约前77—前6）：字子政，沛（今江苏沛县）人。西汉著名经学家、目录学家。治《春秋穀梁传》，曾任谏大夫、宗正等。成帝时，任光禄大夫，曾奉命校理皇家藏书，撰成《别录》，是我国最早的目录学著作。著有《新序》、《说苑》、《列女传》等。《汉书》有传。

【译文】

到了战国合纵、连横竞相兴起，各国尽力争战竞相称雄，秦国最后兼并天下，因而著有《战国策》。它的篇目有东西二周、秦、齐、燕、楚、三晋、宋、卫、中山，共十二国，分为三十三卷。之所以称作"策"，大概是因为只记事情而不按时代编排，所以就按照简策来命名。也有人说，汉代刘向认为它是战国游说之士策谋的计略，所以称它为《战国策》。

至孔衍，又以《战国策》所书，未为尽善。乃引太史公所记，参其异同，删彼二家①，聚为一录，号为《春秋后语》②。除二周及宋、卫、中山，其所留者，七国而已。始自秦孝公③，终于楚、汉之际，比于《春秋》，亦尽二百三十余年行事。始衍撰《春秋时国语》④，复撰《春秋后语》，勒成二书，各为十卷。今行于世者，唯《后语》存焉。按其书序云："虽左氏莫能加。"世人皆尤其不量力⑤，不度德。寻衍之此义，自比于丘明者，当谓《国语》，非《春秋传》也⑥。必方以类聚，岂多嗤乎！

【注释】

①二家：指《战国策》和《史记》。

②《春秋后语》：《旧唐书·经籍志》著录孔衍撰《春秋后国语》十卷。今佚。

③秦孝公：名渠梁，战国时秦国君主之一，在位二十四年（前361—前338）。曾任用商鞅进行变法，为秦统一六国奠定了基础。

④《春秋时国语》：孔衍撰，《隋书·经籍志》著录作《春秋国语》十卷，《旧唐书·经籍志》著录作《春秋时国语》十卷。今佚。

⑤尤：责怪，责备。

⑥《春秋传》：即《春秋左氏传》。

【译文】

到了孔衍，又认为《战国策》所写的东西，不算尽善尽美。就引据司马迁的记载，参考它们的异同，节取《战国策》和《史记》二书，合为一书，称为《春秋后语》。删除了二周和宋、卫、中山等国，所保留下来的，只有七国罢了。起自秦孝公，止于楚汉相争之时，比照《春秋》，也总括了二百三十多年间的史事。当初孔衍写了《春秋时国语》，而后又写了《春秋后语》，编成两本书，各为十卷。现在流行于世的，只有《春秋后语》了。查此书的《序》说："即使是左丘明也不能超过本书。"世人都责备他不衡量自己的才力,不考虑自己的德行。推究一下孔衍的意图,是把自己比做左丘明,应该是指左氏的《国语》,而不是《春秋左氏传》。如果真是这样以同类相比,又怎能多加讥笑呢?

当汉氏失驭,英雄角力①。司马彪又录其行事②,因为《九州春秋》,州为一篇,合为九卷。寻其体统③,亦近代之《国语》也。

【注释】

①英雄角力:当指汉末自张角黄巾起义后,先后出现袁绍、曹操、刘备、孙权等割据争雄的局面。角力,拼命相争。

②司马彪(? —306):字绍统,河内温县(今河南温县西)人,西晋宗室,史学家、文学家。晋武帝时任秘书郎、秘书丞、散骑侍郎等职。曾撰《续汉书》八十篇,存八志三十卷,为刘昭取以补入范晔《后汉书》。又撰《九州春秋》十卷,记东汉末年豪强争雄之事,已佚。

③体统:指体例。

【译文】

在汉朝失去控制,英雄拼争的时候,司马彪又记录当时的事迹,撰成《九州春秋》,每州为一篇,共为九卷。考查一下它的体例,也就是近代的《国语》。

自魏都许、洛①,三方鼎峙;晋宅江、淮②,四海幅裂。其君虽号同王者,而地实诸侯。所在史官,记其国事,为纪传者则规模班、马③,创编年者则议拟荀、袁④。于是《史》、《汉》之体大行,而《国语》之风替矣。

【注释】

①魏都许、洛：指三国曹魏政权先后以许昌（今河南许昌）、洛阳（今河南洛阳）为都。

②晋宅江、淮：指东晋政权都金陵（今江苏南京），以江、淮流域为其统治地域。

③规模班、马：模拟班固《汉书》、司马迁《史记》。

④议拟荀、袁：仿效荀悦、袁宏。袁宏（328—376），字彦伯，阳夏（今河南太康）人，东晋文学家、史学家，事见《晋书·袁宏传》。袁宏曾仿荀悦《汉纪》而著《后汉纪》，八年不成，后得张璠《后汉纪》增补而成，共三十卷，今存。此书和荀悦《汉纪》均为编年体史书。

【译文】

自从曹魏先后建都许昌、洛阳，魏、蜀、吴三方鼎立对峙；东晋安居江、淮流域，天下分裂割据。各国君主虽然名义上同帝王一样，但拥有的疆土实际上与诸侯一样。各国的史官，记载国史，写纪传体的都仿照司马迁、班固，写编年体的都仿效荀悦、袁宏。于是《史记》、《汉书》的体例大行于世，而《国语》的体例却衰微了。

　　《史记》家者①，其先出于司马迁②。自《五经》间行，百家竞列，事迹错糅③，前后乖舛④。至迁乃鸠集国史⑤，采访家人⑥，上起黄帝，下穷汉武，纪传以统君臣，书表以谱年爵，合百三十卷。因鲁史旧名⑦，目之曰《史记》。自是汉世史官所续，皆以《史记》为名。迄乎东京著书⑧，犹称《汉记》⑨。

【注释】

①《史记》：原名《太史公书》，西汉司马迁撰，我国第一部纪传体通史。记传说中的黄帝到汉武帝太初年间史事，首尾近三千年。

分为十二本纪、十表、八书、三十世家、七十列传,五十二万六千五百字,一百三十篇。在史学史和文学史上都有很高地位。刘知幾将其作为通代纪传体的代表。

②司马迁(前145或前135—?):字子长,夏阳(今陕西韩城)人,西汉著名史学家、文学家、思想家。继任父职,为西汉太史令,后因替投降匈奴的李陵辩护而获罪下狱,受腐刑。出狱后任中书令,发愤著述成《太史公书》。《汉书》有传。

③错糅:交错杂乱。

④乖舛(chuǎn):矛盾,错乱。

⑤鸠集:综合汇聚。

⑥家人:指一般平民,民间。

⑦鲁史旧名:刘知幾认为鲁史旧名"史记"。其实,"史记"是古代史籍载记的通称,如鲁《春秋》可说是鲁史记,而非《春秋》旧名《史记》。

⑧东京:东汉的代称。东汉都洛阳,在西汉都城长安之东,故称东京。

⑨《汉记》:指《东观汉记》,东汉班固、刘珍、蔡邕等撰,原称《汉记》,《隋书·经籍志》始定名《东观汉记》。

【译文】

《史记》这一家,最先出自司马迁。自从《五经》中断流行,诸子百家竞相兴起,事迹交错混杂,前后矛盾抵牾。到司马迁才搜集历代国史,采访私家著述,上起黄帝,下终汉武,用纪、传来统领帝王、大臣,以书、表编排年月爵位,共一百三十卷。沿袭鲁国史书的旧名,称之为《史记》。从此汉代史官所撰续作,都以"史记"为名。直到东汉时著述史书,仍然称作《汉记》。

至梁武帝①,又敕其群臣,上自太初②,下终齐室③,撰成

《通史》六百二十卷④。其书自秦以上，皆以《史记》为本，而别采他说，以广异闻；至两汉已还，则全录当时纪传，而上下通达，臭味相依⑤；又吴、蜀二主皆入世家，五胡及拓拔氏列于《夷狄传》⑥。大抵其体皆如《史记》，其所为异者，唯无表而已。其后元魏济阴王晖，又著《科录》二百七十卷⑦，其断限亦起自上古，而终于宋年。其编次多依放《通史》⑧，而取其行事尤相似者，共为一科，故以《科录》为号。皇家显庆中⑨，符玺郎陇西李延寿抄撮近代诸史⑩，南起自宋，终于陈，北始自魏，卒于隋，合一百八十篇，号曰《南、北史》⑪。其君臣流别，纪传群分，皆以类相从，各附于本国。凡此诸作，皆《史记》之流也。

【注释】

①梁武帝(464—549)：南朝梁第一代君主，名萧衍，公元502—549年在位，执政期间，政治腐败。但颇注重文化事业，自身长于文学，精通乐律，擅长书法。

②太初：此指远古之初，并非汉武帝年号之太初。《梁书·吴均传》记载及《隋书·经籍志》著录，均云《通史》记事起自三皇。

③齐室：指南朝萧齐政权(479—502)。

④《通史》六百二十卷：据《梁书·吴均传》及《武帝纪》记载，此书先由吴均撰，草成本纪、世家，吴均去世后，列传由别人续撰，至武帝太清三年(549)基本完成，武帝亲撰序赞，全书共六百卷(一说六百二十卷)。书今佚。

⑤臭味相依：即同类相从，指把性质相同的事迹汇编在一起。

⑥五胡：指东晋时统治我国北方地区的匈奴、鲜卑、羯(jié)、氐(dī)、羌五个少数民族。拓拔：指鲜卑族的拓跋部，南北朝时在我国北

方建立了北魏政权。

⑦元魏济阴王晖，又著《科录》二百七十卷：王晖，指元魏宗室元晖。《北史》本传载其"雅好文学，招集儒士崔鸿等撰录百家要事，以类相从，名为《科录》，凡二百七十卷，上起伏羲，迄于晋，凡十四代"。书今佚。其人非魏济阴王元晖业。二人名字仅差一字，刘知幾这里搞错了。《四库提要》："而自以元晖之《科录》为魏济阴王晖业作。"

⑧依放：依仿。放，通"仿"。

⑨皇家：指唐代。显庆：唐高宗李治年号，公元 656—661 年。

⑩李延寿：生卒年不详。字遐龄，世居相州（今河南安阳），唐贞观中任崇贤馆学士，参与修撰《五代史志》和《晋书》。后历任御史台主簿、符玺郎。著有《南史》八十卷、《北史》一百卷、《太宗政典》三十卷。新、旧两《唐书》有传。

⑪《南、北史》：指《南史》和《北史》，皆李延寿撰。属于后世"二十四史"中的两部。

【译文】

　　至梁武帝，又敕令群臣编撰历史，上自远古，下至南朝萧齐，撰成《通史》六百二十卷。此书自秦朝以前，都取《史记》为依据，又广泛采录别的说法，以扩充新奇见闻；到两汉以后，则全部抄录当时的纪传，且使之上下连贯相通，以类相从；又把吴、蜀二主都并入世家，五胡及拓跋氏列入《夷狄传》。其体例大致如同《史记》，其中所不同的，只是无表而已。之后元魏济阴王元晖，又著《科录》二百七十卷，它的断限也起自上古，而终于南朝刘宋。它的编排方法大多依照《通史》，并把那些事迹特别相似的合为一科，所以用《科录》作为名称。本朝显庆年间，符玺郎陇西人李延寿抄撮近代各家史书，南朝始自宋，终于陈；北朝始自魏，终于隋，共一百八十篇，称作《南、北史》。此书对于君臣的安排，设纪传以区分，都把同类排列在一起，各自列在本国名下。所有这几种著作，都是《史记》这一流派。

　　寻《史记》疆宇辽阔①，年月遐长，而分以纪传，散以书表。每论国家一政，而胡、越相悬②；叙君臣一时，而参、商是隔③。此其为体之失者也。兼其所载，多聚旧记，谓采《国语》、《世本》、《国策》等。时采杂言，故使览之者事罕异闻，而语饶重出。此撰录之烦者也。况《通史》以降，芜累尤深，遂使学者宁习本书，而怠窥新录。且撰次无几，而残缺遽多，可谓劳而无功，述者所宜深诫也。

【注释】

①寻：推寻，推究。

②胡、越相悬：比喻相差太远。胡，古代常指北方少数民族。越，指南方少数民族。

③参（shēn）、商是隔：与"胡、越相悬"同理，借喻人物不能相遇。参、商，皆星宿名。参星在西方，商星在东方，一出一没，两不相见。

【译文】

　　探究《史记》所载历史疆域广大辽阔，时间久远，却又用纪、传、书、表把它们分开。每每论述国家一时的政事，却如同胡、越两地相距遥远；每每叙述同时的君臣，却好像参、商二星出没不同时。这就是此书体例上的不足之处。加之它所记载的，多是搜集旧有的记载，说的是采集《国语》、《世本》、《战国策》等书。间或采录各种杂说，因此使阅览它的人很少知道不同的史事见闻，而且语言多次重复出现。这是此书撰录中的繁杂之处。何况自《通史》以后，繁琐芜杂更加严重，致使研习历史的人宁愿习读原书，也不愿阅读新编撰的通史著作。而且编撰好没多久，就有了许多残缺，可说是劳而无功，这是著述者所应当引以为戒的。

　　《汉书》家者①，其先出于班固②。马迁撰《史记》，终于今上③。自太初已下④，阙而不录。班彪因之⑤，演成《后记》，以续前编。至子固，乃断自高祖⑥，尽于王莽⑦，为十二纪、十志、八表、七十列传，勒成一史，目为《汉书》。昔虞、夏之典，商、周之诰，孔氏所撰，皆谓之"书"。夫以"书"为名，亦稽古之伟称。寻其创造，皆准子长，但不为"世家"，改"书"曰"志"而已。自东汉以后，作者相仍，皆袭其名号，无所变革，唯《东观》曰"记"⑧，《三国》曰"志"⑨。然称谓虽别，而体制皆同。

【注释】

①《汉书》：东汉班固撰，我国第一部纪传体断代史。详细记载了汉高祖元年（前206）到王莽地皇四年（23）共二百三十年的历史。从此确立了"皇朝史"（正史）的编纂格局。

②班固（32—92）：字孟坚，扶风安陵（今陕西咸阳）人。东汉史学家、文学家。初因续作父亲遗稿《史记后传》，被告私改国史，被捕入狱，其弟班超上书极力辩白，得释，任兰台令史，不久升为校书郎，奉诏撰修国史，继续完成父亲遗稿。约经二十余年基本修成《汉书》，开创了"包举一代"的纪传体断代史，文辞典雅，叙事详赡。后因受大将军窦宪牵连入狱，死于狱中，未完成的八表和《天文志》由其妹班昭及同郡人马续奉诏完成。班固著作还有《白虎通义》及《两都赋》等多种。《后汉书》有传。

③今上：指汉武帝。此为借用司马迁《史记》中的原话。

④太初：汉武帝第七个年号，公元前104—前101年。

⑤班彪（3—54）：字叔皮，东汉史学家，班固之父。他不满意司马迁之后续作《史记》的诸家著述，曾撰《史记后传》六十五篇，与《史记》相接，直接成为班固撰《汉书》的重要基础。

⑥高祖：即汉高祖刘邦（前256—前195），汉朝开国者，公元前206—前195年在位。

⑦王莽（前45—23）：字巨君，西汉外戚。成帝时封新都侯，后毒死平帝，自称"假皇帝"。公元8年正式称帝，改国号为"新"。地皇四年(23)绿林军攻入长安，王莽被杀。

⑧《东观》曰"记"：指《东观汉记》。

⑨《三国》曰"志"：指《三国志》，为纪传体断代分国史，西晋陈寿撰。共六十五卷，魏、蜀、吴三国分书，有纪、传而无表、志。南朝宋裴松之为之作注，保存史料丰富。

【译文】

《汉书》这一家，它最早出自班固。司马迁撰述《史记》，止于汉武帝时期。自汉武帝太初以下，空缺而没有记载。班彪因袭《史记》，推演成《后记》，来接续《史记》。到他的儿子班固，就断限起自汉高祖，终止于王莽，写成十二纪、十志、八表、七十列传，编撰成一部史书，名为《汉书》。从前虞、夏的典，商、周的诰，以及孔子所编撰的，都称作"书"。用"书"来命名，也是考查古代而得的美好名称。探究《汉书》的编撰，都依准司马迁《史记》，只是不设"世家"，改"书"为"志"罢了。从东汉以后，作史者相继效仿，都袭用它的名称，没有什么变革，只有《东观》称"记"，《三国》称"志"。虽然称呼有区别，但体裁都一样。

历观自古，史之所载也，《尚书》记周事，终秦穆①，《春秋》述鲁文，止哀公②，《纪年》不逮于魏亡③，《史记》唯论于汉始。如《汉书》者，究西都之首末④，穷刘氏之废兴，包举一代，撰成一书。言皆精炼，事甚该密⑤，故学者寻讨，易为其功。自尔迄今，无改斯道。

【注释】

①秦穆：指秦穆公，名任好，秦国君主，春秋五霸之一，公元前659—前621年在位。

②哀公：指鲁哀公，春秋鲁国最后一位君主，公元前494—前467年在位。

③《纪年》：指《竹书纪年》。不逮：不及，不到。

④西都：指西汉。西汉都长安，位于东汉都城洛阳的西边，后人因此以"西都"或"西京"代指西汉。

⑤该：通"賅"，完备，详尽。

【译文】

考察自古以来，史书所记载的，《尚书》记载周代的史事，终止于秦穆公，《春秋》记述鲁国的史事，终止于鲁哀公，《竹书纪年》所记不到魏国灭亡，《史记》只记述到汉代开始。像《汉书》就不同了，探究了西汉历史的始末，穷尽了刘氏王朝的兴废，统括一代王朝，撰述成一书。语言精练，记事详备，因此学者钻研探讨，容易收到功效。自那时到今天，都不能改变这种体例。

于是考兹六家，商榷千载，盖史之流品①，亦穷之于此矣。而朴散淳销，时移世异，《尚书》等四家②，其体久废，所可祖述者③，唯《左氏》及《汉书》二家而已。

【注释】

①流品：流派，类别。

②四家：指《尚书》、《春秋》、《国语》、《史记》。

③祖述：效仿，学习。

【译文】

在此考察了这六家，商讨了上千年，大概史书的类别，也就是这些了。然而淳朴的风气消失了,时代变迁社会不同了,《尚书》等四家,它们的体例久已废弃,所能仿效遵循的,只有《左传》和《汉书》两家罢了。

内篇　二体第二

【题解】

二体，指编年体和纪传体，分别以《左传》和《汉书》为代表。《二体》继上篇《六家》而进一步论述史体。刘知幾在本篇中，全面比较论述了编年体和纪传体的优劣长短，认为二体互有得失，"角力争先，欲废其一，固亦难矣"，当"并行于世"。刘知幾将二体视为古代史学的主流和正宗，反对"唯守一家"的做法。对后世史学产生了重大影响。

刘知幾认为，编年体之长：一是按照时间顺序叙述历史，能将"中国外夷，同年共世"之事完备加以记载，使人一目了然；二是"理尽一言，语无重出"，能避免叙述上和评论上的前后重复，节省大量的篇幅。短处是：在内容取舍上存在着巨细失当、主次不分的缺陷，难以做到详略得当。所论编年体的长处十分恰切，但其短则并非编年体史书所普遍存在的现象。编年体史书的最大缺陷在于一事而隔越数卷，首尾难稽。

纪传体的长处是纪、传、表、志各有分工，综合运用，多角度多层次全方位地反映历史，能做到"显隐必该，洪纤靡失"，颇为详尽。短处在于：一事而分在数篇，既彼此重复，又相互脱节；编排上不规范；互见屡出。刘知幾关于纪传体之长和一事而分在数篇之论，称得上真知灼见。但屈、贾同传与曹、荆并编，归长属短，学界尚有分歧意见。至于互见之法，则有意识地把一个人物的生平事迹或一桩历史事件的始末经过，分散在两篇当中参错互见，可使当篇叙事主干清晰，枝叶分明，并能突出人物特点和性格，学界多持此种看法。因此，认识刘知幾之论，应持辩证态度。

　　三、五之代①，书有典、坟②，悠哉邈矣③，不可得而详。自唐、虞以下迄于周④，是为《古文尚书》⑤。然世犹淳质，文从简略，求诸备体，固已阙如。既而丘明传《春秋》⑥，子长著《史记》⑦，载笔之体⑧，于斯备矣。后来继作，相与因循，假有改张，变其名目，区域有限，孰能逾此！盖荀悦、张璠，丘明之党也；班固、华峤⑨，子长之流也。惟此二家，各相矜尚⑩，必辨其利害，可得而言之。

【注释】

①三、五之代：即传说中的三皇五帝时代。

②典、坟：即《五典》、《三坟》，传说中我国最古的典籍。《史通·古今正史》引伪孔安国《尚书序》："伏羲、神农、黄帝之书，谓之《三坟》，言大道也；少昊、颛顼、高辛、唐、虞之书，谓之《五典》，言常道也。"

③悠、邈：同义词，遥远，悠远。

④唐、虞：指唐尧、虞舜。尧帝曾封于唐地，故称陶唐氏或唐尧；舜是古部落有虞氏的首领，故称有虞氏或虞舜。

⑤《古文尚书》：刘知幾所言《古文尚书》，是指东晋梅赜所献的伪《尚书》。他认为唐、虞、夏、商、周的历史都记载在这部书中。

⑥丘明传(zhuàn)《春秋》：指左丘明解释《春秋》而撰《左传》。刘知幾认为《左传》是解释和阐述《春秋》的。传，指注释或解释经义的文字，此处作动词用，指解释、阐述。

⑦子长：即司马迁。

⑧载笔之体：指历史著作的体裁。载笔，即记事，此指史书。

⑨华峤(? —293)：字叔骏，西晋平原高唐(今山东禹城西南)人，官至秘书监，加散骑常侍。撰《汉后书》九十七卷，为纪传体史书，记东汉光武帝至汉献帝间史事。

⑩矜尚：夸耀，争出人上。

【译文】

三皇、五帝时代，书籍有《三坟》、《五典》，已经很久远了，无法弄清它们的详细内容。从唐尧、虞舜以下直到周朝，这就有了《古文尚书》。但当时世风仍淳朴古质，文风也随之崇尚简略，要索求完备的史书体裁，原本就很缺乏。此后左丘明阐述《春秋》而作《左传》，司马迁著《史记》，历史著作的体裁，到这时就完备了。后来继之而起的著作，互相因循，即使有改动变化，也仅仅变换一下各自的书名篇目，变化范围本来就有限，谁能超越他们呢！大致上说，荀悦、张璠，是左丘明的追随者；班固、华峤，属于司马子长的流派。只是编年、纪传这两大家，各自夸耀称赞自家，如果一定要分辨他们的利弊得失，是能够谈一谈的。

夫《春秋》者①，系日月而为次，列时岁以相续②，中国外夷，同年共世，莫不备载其事，形于目前。理尽一言，语无重出。此其所以为长也。至于贤士贞女，高才俊德，事当冲要者③，必盱衡而备言④；迹在沉冥者⑤，不枉道而详说。如绛县之老⑥，杞梁之妻⑦，或以酬晋卿而获记，或以对齐君而见录。其有贤如柳惠⑧，仁若颜回⑨，终不得彰其名氏，显其言行。故论其细也，则纤芥无遗⑩；语其粗也，则丘山是弃。此其所以为短也。

【注释】

①《春秋》：此指《春秋左氏传》，即《左传》。宋程大昌《考古质疑》和清人浦起龙都认为是指《左传》。

②系日月而为次，列时岁以相续：此二句即杜预《春秋序》中所说《春秋》的记事方法"以事系日，以日系月，以月系时，以时系年"。

③事当冲要者：指事情涉及国政的。冲要，指军事上和交通上重要的地方，此指国政。

④盱(xū)衡而备言：比喻大加张扬地详细记载。盱衡，举目扬眉。盱，张目，睁大眼睛。衡，眉毛上扬。

⑤沉冥(chén míng)：隐晦，与"冲要"相对。此指无关国政的琐事。

⑥绛县之老：春秋时晋国绛县(今山西翼城东南)的一位老人。为谋生而去参加修筑杞城(今山东安丘东北)。有人怀疑他的年龄，他说自己生于正月甲子朔，已过了四百四十五个甲子(六十日轮一次甲子)。主事官吏上报，师旷推算他已经七十三岁。当权的大夫赵武得知后，召见了他，向他谢过，赐他衣食，并让他担任晋国国君的"复陶"(主衣之官)。赵武，晋卿，故云"酬晋卿而获记"。事见《左传·襄公三十年》。

⑦杞梁之妻：杞梁名殖，春秋时齐国大夫。跟随庄公攻莒，被俘身死。庄公归国途中遇到杞梁妻孟姜，便派人在郊外慰问她，她辞而不受。庄公只得亲自到她家去吊问。故云杞梁妻因"对齐君而见录"。事见《左传·襄公二十三年》。

⑧柳惠：即柳下惠(前720—前621)，春秋时鲁国大夫展禽，封邑在柳下，谥"惠"，故称柳下惠，有坐怀不乱的美德，是著名的贤人。《左传·僖公二十六年》和《左传·文公二年》均有展禽事迹的记载，刘知幾说"终不得彰其名氏"欠妥。

⑨颜回(前521—前481)：字子渊，又名颜渊，春秋鲁国人，孔子的得意弟子，以德行著称。早卒。其事迹不见于《春秋》、《左传》，故

刘知幾云不得"显其言行"。

⑩纤芥：比喻细微的事物。纤，细小。芥，小草。

【译文】

像《左传》这样的史书，记录日月作为编排顺序，标列季节和年份来使前后连接，中原国家与边疆各部族，在同一年同一时期的史事，无不完备记载，呈现在读者眼前。一句话就能讲清楚道理，语言没有重复出现的现象。这是它的长处。至于贤能的士人、贞烈的女子，才华出众的人、品德美好的人，如果他们的事迹与国政有关，必定大加张扬地完备加以记载；如果他们的事迹与国政关系不大，就不迂回迁就地去详细叙述。如绛县的老翁、杞梁的妻子，或因为酬答当权的晋国国卿赵武而获得记述，或因为对答了齐国国君而被记录。其中有贤如柳下惠这样的贤人，仁如颜回那样的仁人，却始终未得表彰他们的姓名，显扬他们的言行。所以，要论编年体史书的细致，就连最细微的事情都不遗漏；要说起编年体史书的粗疏，就连山丘这样重大的事情都给丢弃。这正是它的短处。

《史记》者，纪以包举大端①，传以委曲细事②，表以谱列年爵③，志以总括遗漏，逮于天文、地理、国典、朝章，显隐必该④，洪纤靡失⑤。此其所以为长也。若乃同为一事，分在数篇，断续相离，前后屡出，于《高纪》则云语在《项传》⑥，于《项传》则云事具《高纪》。又编次同类，不求年月，后生而擢居首帙⑦，先辈而抑归末章，遂使汉之贾谊将楚屈原同列⑧，鲁之曹沫与燕荆轲并编⑨。此其所以为短也。

【注释】

①纪以："以纪"的倒装句。以下"传以"、"表以"、"志以"同理。纪、

传、表、志，是纪传体史书的基本体例。大端：大方面，主要方面。

②委曲细事：详细记载事情的原委和底细。委曲，用作动词。

③谱列：分类编排记录。

④该：同"赅"，完备。

⑤洪纤靡失：大事小事都不遗漏。洪，大。纤，小。靡失，不遗漏。

⑥《高纪》：即《史记·高祖本纪》。《项传》：即《史记·项羽本纪》。刘知幾认为项羽入本纪不妥，故云《项传》。

⑦擢(zhuó)居首帙：提升到卷首。擢，提升。首帙，卷首。

⑧贾谊(前200—前168)：洛阳(今河南洛阳)人，汉代著名的政论家、文学家。文帝时任博士，迁太中大夫。曾多次上疏议论时政，遭权臣所忌，被贬为长沙王太傅。因其被谤、被贬谪的经历与战国时期楚国的屈原相似，故司马迁将二人同传。贾谊著有《陈政事疏》、《过秦论》等重要政论文章。今人辑有《贾谊集》，包含《新书》十卷。

⑨曹沫：即曹刿，春秋时鲁国武士，著名军事理论家。前684年曾随鲁庄公战于长勺(今山东莱芜东北)，大败来犯的齐兵。前681年，齐君与鲁君会于柯(今山东阳谷东北)，曹刿持剑相从，挟持齐君订立盟约，收回失地。荆轲(？—前227)：姜姓，庆氏。卫国人，战国末期著名刺客。后游燕国，燕太子丹尊以为上卿，为复秦仇派他去刺杀秦王政，失败而死。司马迁认为曹沫与荆轲都是著名的刺客，并编入《刺客列传》。

【译文】

像《史记》这样的史书，用本纪来包举朝廷大事，用列传来记载事情的底细和原委，用表格形式来标列年代和爵位，用志来包罗纪传的遗漏，以至于天文、地理、国家法典、朝廷规章，明显的和隐晦的都必定完备记载，重要的和次要的都不遗漏。这是它的长处。至于同一件事，会分散在数篇之中，断断续续彼此分离，前前后后多次出现。在《高祖本纪》里涉及项羽的事，就说记载在《项羽本纪》中；在《项羽本纪》里涉及高祖的事，又说事在《高祖本纪》里。还有，编排同类的人物，不讲求年代的先后顺序，后生的反而提到了卷首，前辈反而压到了篇末，于是致使西汉贾谊与战国楚国的屈原同列在一传，春秋鲁国的曹沫与战国燕国的荆轲同编在一篇。这是它的短处。

　　考兹胜负，互有得失。而晋世干宝著书①，乃盛誉丘明而深抑子长，其义云：能以三十卷之约，括囊二百四十年之事②，靡有遗也。寻其此说，可谓劲挺之词乎？案春秋时事，入于左氏所书者，盖三分得其一耳。丘明自知其略也，故为《国语》以广之。然《国语》之外，尚多亡逸，安得言其括囊靡遗者哉？向使丘明世为史官，皆仿《左传》也，至于前汉之严君平、郑子真③，后汉之郭林宗、黄叔度④，晁错、董生之对策⑤，刘向、谷永之上书⑥，斯并德冠人伦⑦，名驰海内，识洞幽显，言穷军国。或以身隐位卑，不预朝政；或以文烦事博，难为次序。皆略而不书，斯则可也。必情有所吝，不加刊削，则汉氏之志传百卷⑧，并列于十二纪中，将恐碎琐多芜，阗单失力者矣⑨。故班固知其若此，设纪传以区分，使其历然可观，纲纪有别。荀悦厌其迂阔，又依左氏成书，翦截班史，篇才三十，历代褒之，有逾本传⑩。

【注释】

①干宝（？—336）：字令升，新蔡（今河南新蔡）人。西晋末为佐著作郎，东晋初领国史。著有《晋纪》二十卷，以编年体形式记载司马懿至愍帝共五十三年史事，被称为良史。

②括囊(náng)：包罗。

③严君平、郑子真：均为西汉时隐士。严君平(前86—前10)，本姓庄，《汉书》避明帝讳，改为严。名遵，蜀人。西汉末在成都卖卜为生，日阅数人，得百钱足以自养，便闭门给弟子讲授《老子》，著有《老子指归》。扬雄少时曾向他问学。郑子真，生卒年不详。名朴，谷口(今陕西礼泉东北)人，成帝时，大将军王凤仰慕他的品行高洁，礼聘他做官，被他拒绝。

④郭林宗、黄叔度：均为东汉时名士。郭林宗(128—169)，名泰，太原介休(今属山西)人。东汉末太学生首领，反对宦官专权，拒绝官府征召。在家乡闭门教书，有弟子数千，故党锢事起，他得以幸免。黄叔度，生卒年不详。名宪，汝南慎阳(今河南正阳北)人。以德行闻名，不应官府征召，深得郭林宗称赞。

⑤晁错(前200—前154)：西汉政论家。颍川(今河南禹州)人，官至御史大夫。曾上书言兵事、守边备塞、劝农力本等当世急务。诏举贤良文学之士，对策者百余人，晁错为高第，建议削藩，遭诸侯王憎恨，前154年，吴、楚等七国以"清君侧"为名发动叛乱，景帝只好杀了晁错。董生：即董仲舒(前179—前104)，广川(今河北枣强东)人。哲学家，今文经学大师，专治《春秋公羊传》。孝景帝时为博士，武帝时举贤良文学之士，他以"天人三策"来对策，建议"罢黜百家，独尊儒术"，为汉武帝所采纳。著有《春秋繁露》。

⑥谷永(？—前9)：字子云，西汉长安(今陕西西安)人，博通经书，官至大司农。曾多次上疏论时政得失，言辞直切，有名当时。有文集五卷。

⑦德冠人伦：品德超群。人伦，指人类。

⑧汉氏之志传：指班固《汉书》。

⑨阑单失力：指松散无力。阑单，即"阑殚"，叠韵联绵词，力尽疲乏

　　的样子。单,同"弹"。

　　⑩逾:超过。本传:指《汉书》。

【译文】

　　考察这两种体裁的长短,它们互有得失。而晋朝干宝著《晋纪》时,竟大大称赞左丘明而深深贬抑司马迁。其大意是说:《左传》能用三十卷的简短篇幅,包罗二百四十年的史事,而且没有遗漏。探究一下他这种说法,能说是强劲有力、令人信服的论断吗? 考察春秋时期发生的史事,列入左氏所记载的,大致占三分之一罢了。左丘明也清楚《左传》的简略,所以又编撰《国语》来扩充它。然而,《国语》记载之外,还有很多缺漏,怎么能说《左传》包罗无遗了呢? 假设左丘明世世代代担任史官,全都仿照《左传》撰写编年史,以至于前汉的隐士严君平、郑子真,后汉的名士郭林宗、黄叔度,晁错、董仲舒回答帝王询问的对策,刘向、谷永的上书,这些都是德行超群、声名传布天下的人物,他们的才识能洞察一切,他们的言论能说透治理军国大政的道理。他们有的因为自身隐遁,地位卑微,不参与朝政;有的因为文章冗长,事迹广博,难以进行编排,全都省略而不记载,这是可以理解的。而如果在感情上有所吝惜,不加以删削,那么将使《汉书》的志和列传一百卷,全部列入十二帝纪中,恐怕就会琐碎而杂乱无章,支离破碎而松散无力了。班固知道结果会像这样,所以设立纪、传来加以区分,使它们清晰可观,纲目有别。荀悦讨厌班固的编排迂远而不切实际,又依照《左传》另成一书,剪裁班固《汉书》编成《汉纪》,才三十篇,历代称赞他这部新著,认为它超过了《汉书》。

　　然则班、荀二体,角力争先①,欲废其一,固亦难矣。后来作者,不出二途②。故晋史有王、虞③,而副以干《纪》④;《宋书》有徐、沈⑤,而分为裴《略》⑥。各有其美,并行于世。异夫令升之言⑦,唯守一家而已。

【注释】

①角(jué)力：较量力气。角，较量。

②二途：指编年体、纪传体两种编纂形式。

③王、虞：即王隐、虞预，均为东晋时人。王隐，生卒年不详。晋陈郡(今河南淮阳)人，元帝太兴初召为著作郎，著《晋书》八十九卷，纪传体。虞预(约285—340)，字叔宁，东晋会稽余姚(今浙江余姚)人，先后任佐著作郎、秘书丞、著作郎、散骑常侍，著《晋书》四十四卷，纪传体。唐代贞观年间重修《晋书》后，王、虞二书均失传。

④副(pì)：析，分。干《纪》：指干宝的《晋纪》，为编年体晋史。

⑤徐、沈：即徐爰、沈约。徐爰(394—475)，字长玉，南朝宋南琅玡开阳(今江苏句容)人，孝武帝时领著作郎，撰成《宋书》六十五卷，纪传体，已佚。沈约(441—513)，字休文，南朝梁吴兴(今浙江湖州)人，官至中书令。精于文史，有感徐爰所撰《宋书》多非实录，故在此基础上撰成《宋书》一百卷，为今"二十四史"之一。

⑥裴《略》：即裴子野《宋略》。裴子野(469—530)，字几原，南朝梁河东闻喜(今属山西)人，裴松之曾孙，官至兵部校尉。梁武帝时任著作郎，掌修国史及起居注。曾祖裴松之于宋文帝时奉命续修何承天《宋史》，未成而卒。裴子野继承曾祖遗志，撰成《宋略》二十卷，编年体，今佚。

⑦异夫：感叹词"奇怪啊"。令升：干宝字。

【译文】

既然如此，那么班固、荀悦为代表的纪传、编年两种史书体裁，互相较量争高低，想废弃其中一种，确实很难。后来的著史者，超不出编年、纪传这两种途径。所以晋朝的国史有王隐、虞预先后写成纪传体《晋书》，又有干宝的编年体《晋纪》来相配；《宋书》有徐爰、沈约先后写成的纪传体宋史，却又分出了裴子野的编年体《宋略》。它们各自有其优点，一起流传于世。干宝的说法真是奇怪啊，他只是墨守编年一家罢了。

内篇　载言第三

【题解】

本篇主要讨论纪传体史书如何记载人物言论的问题。

刘知幾认为，"左史记言，右史记事"是上古时代的记事方法，左丘明《左传》则开"言事相兼"的传统。纪传体史书应该既记言，又记事。但《史记》、《汉书》等纪传体史书，为求繁富，缺少剪裁，以至于"方述一事，得其纪纲，而隔以大篇，分其次序"。在记事之中加入大量的文辞，导致史事割裂，前后不连贯，影响读者阅读。甚至有些列传几乎全篇是传主的言论，没有事迹可言。对此，刘知幾提出应当发挥纪传体分类记述的优势，在纪、传、表、志之外再列一个类目"书"，专收"人主之制、册、诰、令，群臣之章、表、移、檄"和诗歌、辞赋。是一个很好的建议。

刘知幾增设"书"部的建议，并未被后世纪传体史书所采纳，更因唐宋以来，文辞日繁，"书"部难以容纳。直至章学诚《方志立三书议》提出"仿文苑、文选之体而作文征"，可谓师承了刘知幾的首创之议。近代以来方志，多遵循章学诚之说。

刘知幾还指出"前史之所未安，后史之所宜革"，史书的编撰不应该墨守成规，应随时易变。有积极的意义。

古者言为《尚书》，事为《春秋》，左右二史，分尸其职①。

盖桓、文作霸②，纠合同盟③，春秋之时，事之大者也，而《尚书》阙纪。秦师败绩，缪公诚誓④，《尚书》之中，言之大者也，而《春秋》靡录，此则言、事有别，断可知矣。

【注释】

①尸：执掌，主持。

②桓：指齐桓公(？—前643)，姜姓，名小白。春秋五霸之首，公元前685—前643年在位。文：指晋文公(前697或前671—前628)。姬姓，名重耳。践土之盟后被尊为霸主，开创晋国长达百年的霸业，与齐桓公并称"齐桓晋文"。

③纠：纠集，纠合，集合。

④秦师败绩，缪公诚誓：缪公，即秦穆公(？—前621)，任用百里奚等贤臣开地千里，称霸西戎，为春秋五霸之一。晋文公死后，穆公伐郑，次年晋败秦于殽，穆公作《秦誓》。

【译文】

上古时候记言的书是《尚书》，记事的书是《春秋》，左史和右史，分别执掌记言和记事的职责。齐桓公、晋文公称霸，纠合同盟，在春秋时期是重要的事件，但是《尚书》却没有记载。秦军战败，秦穆公立《秦誓》，在《尚书》之中，这是记言的重要表现，但《春秋》却没有收录，记言和记事有区别，由此断然可知了。

　　逮左氏为书①，不遵古法，言之与事，同在传中。然而言事相兼，烦省合理，故使读者寻绎不倦②，览讽忘疲③。

【注释】

①逮：到，及。

②寻绎：推求，研习。

③讽：诵读。

【译文】

到左丘明著书，不遵从古代的做法，记言和记事，一同写在《左传》中。然而记言和记事相互兼顾，详略得当，所以使读者研习得孜孜不倦，诵读得忘了疲惫。

至于《史》、《汉》则不然，凡所包举，务存恢博①，文辞入记，繁富为多。是以《贾谊》、《晁错》、《董仲舒》、《东方朔》等传②，唯止录言，罕逢载事。夫方述一事③，得其纪纲，而隔以大篇，分其次序④。遂令披阅之者，有所懵然⑤。后史相承，不改其辙⑥，交错分扰，古今是同。

【注释】

①恢博：丰富，广博。

②东方朔（前154—前93）：字曼倩，平原郡厌次县（今山东德州）人。善诙谐，辩答敏捷。汉武帝侍臣，著有《答客难》、《非有先生论》等，《史记》、《汉书》有传。曾任常侍郎、太中大夫等职。

③方：正在，将要。

④次序：史事的发展进程。

⑤懵然：无知，不明白。

⑥辙：原指车轮压出的印迹，此指模式。

【译文】

到了《史记》、《汉书》就不是这样，凡是所能包括的，务求丰富广博，记载人物的文章言辞，以繁富为美。所以贾谊、晁错、董仲舒、东方朔等人的传中，只是记录他们的言辞，很少记载他们的事迹。正要叙述一件事,只得其大概,却被大段文章辞赋隔断,割裂了史事发展的顺序。所以使阅读的人,有些懵然不知。后来的史书一脉相承,不改变这种模式,记言与记事交错混杂,古今都是这样。

案迁、固列君臣于纪传,统遗逸于表志①,虽篇名甚广而言无独录。愚谓凡为史者,宜于表志之外,更立一"书"。若人主之制、册、诰、令②,群臣之章、表、移、檄③,收之纪传,悉入书部,题为"制册"、"章表书",以类区别。他皆放此。亦犹志之有"礼乐志"、"刑法志"者也。又诗人之什④,自成一家。故风、雅、比、兴⑤,非《三传》所取⑥。自六义不作⑦,文章生焉。若韦孟讽谏之诗⑧,扬雄出师之颂⑨,马卿之书封禅⑩,贾谊之论过秦⑪,诸如此文,皆施纪传。窃谓宜从古诗例,断入"书"中,亦犹《舜典》列《元首之歌》⑫,《夏书》包《五子之咏》者也⑬。夫能使史体如是,庶几《春秋》、《尚书》之道备矣。

【注释】

①遗逸:遗漏,此指纪、传所列史事以外的事。

②制、册、诰、令:古时的文体,天子专用的发布法令命令的文体名称。

③章、表、移、檄:朝廷大臣所用的公文文体名称。章,即奏章,臣子上奏皇帝称章。表,大臣有所陈请叫表。移,官府之间的交涉性文书。檄,用于征召、声讨或晓谕的文书。

④什:篇什,篇章。

⑤风、雅、比、兴:《诗经》中的诗歌类别和主要表现手法。风,指国风,即各国民歌。雅,是朝廷的乐歌,分大雅和小雅,古代的诗体。比、兴,比喻、象征,《诗经》的两种表现手法。

⑥《三传》:即"春秋三传",《公羊传》《穀梁传》《左氏传》。

⑦六义:指风、雅、颂三种诗歌类别和赋、比、兴三种表现手法。

⑧韦孟(前228?—前156):西汉彭城(今江苏徐州)人,楚元王孙刘戊荒淫无道,参与吴王刘濞作乱,韦孟做《讽谏诗》,讽刺其事。

⑨扬雄(前53—18):西汉官吏,蜀郡成都(今四川成都)人。汉赋四大家之一,文学家、思想家。著有《法言》《太玄》。浦起龙《史通通释》认为《出师颂》作者为史孝山,此处误。

⑩马卿:指司马相如(约前179—前117),字长卿,蜀郡成都(今四川成都)人。善文章辞赋,著有《大人赋》《子虚赋》《上林赋》,《汉书·司马相如传》载有其《封禅书》。

⑪贾谊之论过秦:指贾谊的著名政论文《过秦论》。

⑫《元首之歌》:《尚书》中的一段歌咏。出伪《古文尚书·虞书·益稷谟》,载今文尚书《皋陶谟》。

⑬《五子之咏》:即伪《古文尚书·夏书·五子之歌》。夏代太康失政,醉心游乐,他的五个弟弟等待他打猎归来而唱的歌。

【译文】

司马迁、班固列君臣的事迹于纪和传,纪传遗漏的统括于表和志,虽然篇名范围很广泛,但言论没有单独成篇。我认为但凡著史书的人,应当在表、志之外,再设立一部分"书"。如君主的制、册、诰、令,大臣们的章、表、移、檄,收入纪、传中的,全部并入书部,命名为《制册书》《章表书》,按类别互相区别。其他的都仿照这样做。就像志中有"礼乐志"、"刑法志"一样。其次,诗人们的诗篇,自成一家。所以风、雅、比、兴,不是《三传》所选取的范围。自从赋诗言志不再出现,文章就产生了。如韦孟的《讽谏诗》,扬雄的《出师颂》,司马相如的《封禅书》,贾谊的《过秦论》,诸如此类的文章,都收录到了纪、传里。我认为应该遵从古史著录诗歌的成例,把这些文章从列传中截出收入"书"中,就像《舜典》收录《元首之歌》,《夏书》包含《五子之咏》那样。假如能够使史书体裁像这样，差不多《春秋》、《尚书》的方法也就完备了。

昔干宝议撰晋史，以为宜准丘明，其臣下委曲，仍为谱注①。于时议者，莫不宗之②。故前史之所未安，后史之所宜革。是用敢同有识，爰立兹篇，庶世之作者③，睹其利害。如谓不然，请俟来哲④。

【注释】

①谱注：谱表。按干宝的议论已失传。

②宗：以……为宗。引申为尊奉。

③庶：希望。

④俟：等待。

【译文】

从前干宝建议修撰晋史，认为应该以左丘明《左传》为标准，那些大臣们的琐事，仍然记入谱、表。当时的社会舆论，没有不尊奉这种观点的。所以说前代史书中不妥当的地方，正是后代史书应当改革的。因此冒昧地附和有识之士，写下了这篇文章，希望世上著史的人，看到这样做的利与弊。如果认为不恰当，请等待将来的高明之人。

内篇　本纪第四

【题解】

本纪简称纪,是纪传体史书中一个重要的组成部分,其原则是按编年的体例记载帝王的事迹。从《本纪》篇开始到《书志》篇,刘知幾主要论述了纪传体史书中各个组成部分的编撰原则及编撰得失。在本篇中,刘知幾比较全面地论述了本纪的体例、涵义以及部分正史中帝王本纪的得失。

刘知幾认为本纪开始于司马迁的《史记》,此后的历代正史都采用本纪这种体例来记载帝王的事迹。但是史书中有许多违背这一原则的现象:如《史记》把周、秦先世历史列入《本纪》,把不是帝王的项羽列入《本纪》;陆机《晋书》把晋代的三祖列入《本纪》,并且不采用编年的记述形式;魏澹的《后魏书》、李百药的《北齐书》记载了天子以外的事迹等等,这些都是违背《本纪》体例的表现。

学界对刘知幾所论有不同意见,一是认为刘知幾对《史记》列项羽为本纪的指责不妥。秦朝灭亡,天下逐鹿,项羽实力最强,是实际上的最高当权者,司马迁为项羽立本纪,符合历史事实。二是认为本纪只当记天子行事、体现正统僭伪不妥。后人多认为,立本纪不是为了分辨尊卑,而是为了区别经纬,是借天子纪年来记国之大事。

刘知幾之论,是其"求名责实"所致,凡事总是先定其名,再责其实,即总是先确立一个标准，界定其内涵、性质，然后再以此为尺度去衡量评论对象，检验其是否名副其实，强求事实迁就概念，拘守类例、拘泥于成法，缺少灵活变通，甚至根据后代史著的情况来指责前代史著，恰恰未能很好地理解司马迁的通变思想。

　　昔汲冢竹书是曰《纪年》①，《吕氏春秋》肇立纪号②。盖纪者，纲纪庶品③，网罗万物。考篇目之大者，其莫过于此乎？及司马迁之著《史记》也，又列天子行事，以本纪名篇。后世因之，守而勿失。譬夫行夏时之正朔④，服孔门之教义者⑤，虽地迁陵谷⑥，时变质文⑦，而此道常行，终莫之能易也。

【注释】

　①《纪年》：即《竹书纪年》，是春秋战国时期晋国、魏国史官所记之史书，书中记述了夏、商、周三朝的历史，是我国迄今所知的最古老的一部编年体通史。

　②《吕氏春秋》：简称《吕览》，是秦国丞相吕不韦主编的一部古代百科全书式的著作。此书共有十二纪、八览、六论，共十二卷。刘知幾认为《吕氏春秋》是用"纪"名书的开始。肇：开始。

　③纲纪：统率。庶品：众多的品类。

　④正朔：一年的第一天。正，一年之始。朔，一月之始。古代改朝换代，往往要重定正朔，以表示新王朝"应天承运"。夏代历法以孟春之月（相当于今农历正月）为正，平旦（天明）为朔。汉武帝以后，历代奉行夏历。

　⑤服孔门之教义：信服孔子创立的儒家学说。

　⑥地迁陵谷：丘陵变成峡谷。

⑦时变质文：质实变成文采。

【译文】

过去汲郡墓中得到的竹书称为《竹书纪年》，《吕氏春秋》开始创立"纪"的名称。所谓"纪"，就是统率众多的品类，包罗万物。考察史书篇目中最大的，没有超过"纪"的吧？到司马迁著《史记》，又按年月排列帝王的事迹，用"本纪"作为篇名。后世因循这种做法，坚守而没有废弃。就好像奉行夏代历法的正朔，信服孔子创立的儒家学说一样，即使地貌由丘陵变成了峡谷，世风由质朴变成了文采，但"本纪"的原则却一直遵行，始终没有改变。

然迁之以天子为本纪，诸侯为世家，斯诚谠矣①。但区域既定②，而疆理不分③，遂令后之学者罕详其义。案姬自后稷至于西伯④，嬴自伯翳至于庄襄⑤，爵乃诸侯，而名隶本纪。若以西伯、庄襄以上，别作周、秦世家，持殷纣以对武王⑥，拔秦始以承周赧⑦，使帝王传授，昭然有别，岂不善乎？必以西伯以前，其事简约，别加一目，不足成篇。则伯翳之至庄襄，其书先成一卷，而不共世家等列，辄与本纪同编⑧，此尤可怪也。项羽僭盗而死⑨，未得成君，求之于古，则齐无知、卫州吁之类也⑩。安得讳其名字，呼之曰王者乎？春秋吴、楚僭拟，书如列国。假使羽窃帝名，正可抑同群盗，况其名曰西楚，号止霸王者乎？霸王者，即当时诸侯。诸侯而称本纪，求名责实，再三乖谬。

【注释】

①谠（dǎng）：正确的，恰当的。

②区域：即门类，这里指纪传体的本纪、世家、表、志等体例。

③疆理：界限。

④姬：周王朝的姓，此代指周朝。后稷：周的始祖名弃，因他教民农耕有功，舜封之于邰（今陕西武功），赐姓姬。西伯：即周文王姬昌。商纣时期文王为西伯侯，建国于岐山下。他修治内政，发展农业，并先后征服昆夷、黎等国，天下诸侯多归从。其子武王得天下后，追尊他为文王。

⑤伯翳：嬴姓始祖，因辅佐禹治水有功，舜赐嬴姓。庄襄：即秦庄襄王（前281—前247），名子楚，秦始皇之父。曾在赵国邯郸作人质，后在吕不韦的帮助下成为秦国国君。其子秦始皇称皇帝后，追封其为太上皇。

⑥殷纣：即商纣王，名帝辛。商朝第三十代君主，执政后荒淫无道，后为周武王所败，自焚而死。武王：即周武王姬发，西周开国君主，周文王次子。他于公元前11世纪消灭商朝，夺取全国政权，建立了西周王朝。死后谥号"武"，史称周武王。

⑦秦始（前259—前210）：即秦始皇，名嬴政。前247年继庄襄王为秦王。前221年，灭六国，统一全国，推行专制主义中央集权制，自称"始皇帝"。因为其对中国和世界历史均产生了深远而重大的影响，被明代思想家李贽誉为"千古一帝"。周赧：即周赧王，姬姓，名延，东周的末代天子，前314—前256年在位。周王室分为东西周后，周赧王寄居西周，前256年为秦昭王所灭，西周亡，赧王卒。

⑧辄：总是。

⑨项羽（前232—前202）：名籍，字羽，下相（今江苏宿迁）人，秦末反秦义军的领袖，自号"西楚霸王"。秦亡，与刘邦争夺天下，败死。

⑩齐无知：春秋时齐国公子。生卒年不详。鲁庄公八年冬，襄公打猎回来，途中被杀。无知被拥立为君主，次年春被雍廪所杀。卫州吁：春秋时卫国公子。生卒年不详。鲁隐公四年春州吁杀卫

桓公自立为君,同年九月州吁被卫人杀死于濮城。刘知幾认为《史记》不应将项羽、齐无知、卫州吁看作帝王,列入本纪。

【译文】

然而司马迁把天子写为本纪,把诸侯列为世家,这是十分恰当的。但本纪、世家、列传等门类已经确定,而界限却不分明,这就使得后世的学者很少能明白它们的含义。考查姬姓从周的始祖弃到西伯文王,嬴氏自秦的始祖伯翳到秦庄襄王,他们的爵位都是诸侯,而《史记》却将他们列入本纪。如果周文王、秦庄襄王以上,另外作《周世家》、《秦世家》,用商纣王来接续周武王,以秦始皇来承接周赧王,使帝王的传承接续,分辨得清清楚楚,岂不是更好吗?如果非认为西伯以前,事迹简略,另外加上一名目,不足以单独成篇。那么伯翳到秦庄襄王的事迹,《史记》已先写成一卷,却不把它与世家同列,而是与本纪同编,这种做法是十分奇怪的。项羽超越本分盗用名号而死去,未能成为君王,与古人相比,他不过是齐国无知、卫国州吁之类的人物。怎能避讳他的名字,尊称他为"王"呢?春秋时期吴、楚都曾自称为王,但书中记载它们如同诸侯列国。假使项羽窃用帝王名号称王,也只能把他降同群盗看待,何况项羽只称"西楚",号也只是"霸王"呢?所谓霸王,也就是指当时的诸侯。写诸侯王而称为本纪,根据名称来推求事实,实在是错之又错。

盖纪之为体,犹《春秋》之经,系日月以成岁时,书君上以显国统[①]。曹武虽曰人臣[②],实同王者,以未登帝位,国不建元。陈《志》权假汉年[③],编作《魏纪》,亦犹《两汉书》首列秦、莽之正朔也。后来作者,宜准于斯。而陆机《晋书》[④],列纪三祖[⑤],直序其事,竟不编年。年既不编,何纪之有?夫位终北面[⑥],一概人臣,傥追加大号[⑦],止入传限,是以弘嗣吴史[⑧],不纪孙和[⑨],缅求故实[⑩],非无往例。逮伯起之次《魏书》⑪,乃编景穆于本纪⑫,以庆园虚谥⑬,间厕武、昭⑭,欲使百世之中,若为鱼贯。

【注释】

①国统:皇位世代相承的系统。

②曹武(155—220):即魏武帝曹操。字孟得,谯(今安徽亳州)人。曹操曾经讨伐董卓,击败袁绍,统一了北方。并在北方广泛屯田,兴修水利,以丞相的官位"挟天子以令诸侯",但是他自己并未称帝。其子曹丕称帝后,追称他为武帝。

③陈《志》:指陈寿的《三国志》。

④陆机(261—303):字士衡,吴郡吴县(今江苏苏州)人,西晋文学家、史学家。曾任成都王司马颖的平原内史,人称陆平原。后受谗为司马颖所杀。著晋史《晋纪》四卷,已亡佚。今存诗百余首,文学论文《文赋》一篇。《晋书》有传。

⑤三祖:指西晋武帝所追尊的宣帝司马懿、景帝司马师、文帝司马昭。

⑥位终北面:古时君王坐北而面南,臣子则面向北而朝,故对未即帝位者称"位终北面"。

⑦傥:即"倘",假如。大号:指帝王的谥号。

⑧弘嗣:即韦曜,字弘嗣,见《六家》篇"国语家"注。

⑨孙和(224—253):字子孝,孙权的儿子,曾被立为太子,后因事被废为长沙王。其子孙皓继位后,追尊孙和为文皇帝。

⑩缅求:远求。故实:过去的史实。

⑪伯起(505—572):即魏收,字伯起,巨鹿下曲阳(今河北平乡)人。曾任北齐中书令兼著作郎。撰《魏书》一百三十卷。

⑫景穆:北魏拓跋晃谥号。拓跋晃(428—451),北魏太武帝拓跋焘长子,立为皇太子,未即位而死。其子拓跋濬即位,追尊为景穆

皇帝。景穆只是虚谥，刘知幾认为不应列入帝纪。

⑬戾园：汉武帝太子刘据，因巫蛊事被害。其孙即位为宣帝后追
　　谥他为"戾"，并置园邑为"戾园"。因未即位而卒，故称"虚
　　谥"。

⑭厕：安置。武、昭：汉武帝刘彻、汉昭帝刘弗陵。

【译文】

　　本纪的体例，就像《春秋》的经，记上月日而成为年岁四时，书写君王来彰显皇位世代相续的系统。曹操虽说只是臣子，实则如同君王，因为未登皇位，没有建立新政权。所以陈寿《三国志》暂且借用汉朝帝王的年号，编成《魏纪》，就像《两汉书》开头列秦二世、王莽的纪年一样。后来的作者，应当以此为准。然而陆机的《晋书》，列司马懿、司马师、司马昭三祖为本纪，直接叙述他们的事迹，竟然不按编年的形式记述。既然不按编年记述，又哪来的"纪"呢？凡地位最后面北称臣的，终究是臣子，倘若死后追尊有谥号的，也只能收入列传。因此韦昭的《吴书》，不为孙和立纪，追溯前代的情况，不是没有先例。到魏收编撰《魏书》，就把景穆帝列入本纪，把汉太子刘据虚谥"戾"，放置在汉武帝、汉昭帝二纪之间，想让百世之中，帝王世系依次首尾相接。

　　又纪者，既以编年为主，唯叙天子一人。有大事可书者，则见之于年月；其书事委曲，付之列传。此其义也。如近代述者魏著作、李安平之徒①，其撰《魏》、《齐》二史，魏彦渊撰《后魏书》，李百药撰《北齐书》。于诸帝篇，或杂载臣下，或兼言他事，巨细毕书，洪纤备录②。如彦渊帝纪载沙苑之捷③，百药帝纪述淮南之败是也④。全为传体，有异纪文，迷而不悟，无乃太甚。世之读者，幸为详焉。

【注释】

①魏著作：指魏澹(580—645)，字彦渊，历仕北齐、北周，入隋，为著
作郎。隋文帝杨坚认为魏收的《魏书》褒贬失实，诏魏澹另撰魏
史。魏澹《魏书》深得文帝赞赏，书已亡佚。李安平(565—648)：
即李百药，字重规，唐定州安平(今河北饶阳)人，唐朝史学家，官
至中书舍人等职。贞观三年，奉诏修史，以父李德林所撰《齐史》
为基础，兼采他书，成《北齐书》五十卷。

②洪：大。纤：小，细小。

③沙苑之捷：魏澹书已不可考。但魏收《魏书》卷十二《东魏孝静
纪》和《周书》卷二《文帝纪下》均于帝纪中记涉宇文泰大破高欢
于沙苑之事，拟因魏澹之旧。

④淮南之败：《北齐书》于《神武帝纪》、《文宣帝纪》中多次记载北齐
与梁争战于淮南事。

【译文】

另外，本纪既然以编年为主，只是专门记载天子一人的事迹。有大
事可叙述的，就记载在相应的年月下；关于事情的详细原委，则写入列
传中。这就是纪传体的原则。如近代著史的学者魏澹、李百药之类，他
们编撰《后魏书》、《北齐书》二史，魏澹撰《后魏书》，李百药撰《北齐书》。在各帝
王的本纪之中，有的夹杂记载大臣的事迹，有的夹杂记载其他的事情，
事无巨细都书写，大事小事都完备记录。如魏彦渊书中帝纪记载沙苑之捷，李
百药书中帝纪记述淮南之败就是。全是列传的体例，与本纪的体例不符，迷惑
而不觉悟，岂不是太过分了。后世的读者，但愿能详细分辨清楚。

内篇　世家第五

【题解】

本篇上接《本纪》进一步讨论纪传体史书的体例。"世家"是用以记载诸侯世系的一种传记。刘知幾在本篇中论述了世家名目创立的缘起，世家的撰写原则以及《史记》中撰写这一类目时存在的问题，进而说明《汉书》改《史记》之"世家"为"列传"的必要性。

刘知幾认为，世家所记，本为"开国承家，世代相续"者，其体例和记天子的本纪相似。《史记》辟世家一目，原为适应春秋战国时诸侯割据之客观情势。但《史记》中却存在违背这一原则的现象：如把不是诸侯的陈胜列入世家，把三晋和田齐成为诸侯之前的祖先列入世家，把不同于先秦诸侯的汉代诸侯列入世家等等。正是因为《史记》世家中存在着这样的缺陷，所以刘知幾认为《汉书》取消"世家"归入"列传"是一种必然的趋势。

刘知幾所论，仍然犯了"循名责实"的毛病，他所确定的世家之义例，未必合乎司马迁立世家之本意。司马迁立世家，意在记录诸侯世系和那些贡献突出的历史人物，所以孔子、陈胜等皆列入世家。这也是司马迁通变思想的体现之一。

自有王者，便置诸侯，列以五等[①]，疏为万国[②]。当周之东迁③，王室大坏④，于是礼乐征伐自诸侯出⑤。迄乎秦世，分为七雄。司马迁之记诸国也，其编次之体，与本纪不殊⑥。盖欲抑彼诸侯，异乎天子，故假以他称，名为世家。

【注释】

①五等：中国古代分封制时代的五等爵位，即公、侯、伯、子、男五等。《礼记·王制》云："王者之制禄爵，公、侯、伯、子、男，凡五等。"

②疏：分，分封。

③周之东迁：周幽王十二年（前771），申侯和缯国、犬戎人共同攻打镐京，幽王被杀。太子宜臼即位，即平王。因镐京残破，迁都雒邑（今河南洛阳）。后人将平王东迁后称东周，此前称西周。

④坏：衰败。

⑤礼乐征伐自诸侯出：语出《论语·季氏》："天下无道，则礼乐征伐自诸侯出。"指国家大权落入诸侯之手。

⑥与本纪不殊：与本纪没有什么不同。

【译文】

自从有了称王之人，便开始设置诸侯，列为五等爵位：公、侯、伯、子、男，分封为各个诸侯国。周朝东迁之时，王室极为衰败，国家大权落入了诸侯之手。直到秦王朝建立，天下分为齐、楚、燕、赵、韩、魏、秦七雄。司马迁记载各个诸侯国，所采用的体例，与本纪没有什么不同。大概想抑制一下诸侯的地位，使他们与天子不同，因此借用其他的称呼，命名为"世家"。

案世家之为义也①，岂不以开国承家②，世代相续？至如陈胜起自群盗③，称王六月而死，子孙不嗣，社稷靡闻④，无世可传,无家可宅⑤,而以世家为称,岂当然乎? 夫史之篇目,皆迁所创,岂以自我作故⑥,而名实无准。

【注释】

①案:考查,核实。

②开国承家:语出《易·师》:"上六大君有命,开国承家。"开,创建。承,接续。

③陈胜(? —前208):字涉,秦阳城(今河南方城)人。秦朝末年反秦起义军的首领之一,与吴广一同在大泽乡(今安徽宿州)率众起兵,成为反秦起义军的先驱。不久后在陈郡称王,建立张楚政权。后为秦将章邯所败,退兵城父(今安徽蒙城),被其驾车人所害。群盗:历代统治者称农民起义军为"盗"。

④社稷靡闻:未曾建国称帝。社稷,国家的代称。靡,没有。

⑤家:古代卿大夫的统治区域。宅:住所。

⑥自我作故:不守前人例规,由我创始。故,故事,前人的典章制度。

【译文】

考查世家的含义,难道不是创建国家,世世代代相延续吗? 至于像陈胜起家于盗贼,称王六个月就死了,子孙后代没有继承王位,也未曾建国称帝。无世系可传继,无领地可居住,而司马迁却用世家称呼他,难道是应当的吗? 史书的篇目称呼,都是司马迁所创立的,难道是他不守前人陈例而自己创立篇目,以致名称与实际不相符。

　　且诸侯、大夫,家国本别①。三晋之与田氏②,自未为君而前,齿列陪臣③,屈身藩后④,而前后一统,俱归世家⑤。使君臣相杂,升降失序,何以责季孙之八佾舞庭⑥,管氏之三归反坫⑦？又列号东帝⑧，抗衡西秦，地方千里，高视六国，而没其本号，唯以田完制名⑨，谓《田完世家》也。求之人情，孰谓其可？

【注释】

①家国：三代之时，天子封给诸侯的领土叫"国"，诸侯分封给大夫的领土叫"家"。

②田氏：指战国时田和。其先世为齐国（姜氏）的卿大夫，前386年田和取代姜氏而统治齐国（田齐）。

③齿列：排列。陪臣：卿大夫。

④藩后：诸侯王。

⑤俱归世家：指《史记》中把三晋史事和田齐史事都归入"世家"，列了《韩世家》、《赵世家》、《魏世家》、《田敬仲完世家》。

⑥佾（yì）：古代乐舞行列，每行八人称为"佾"。周制，天子八佾，诸侯六佾，大夫四佾，士二佾。

⑦三归反坫（diàn）：言管仲奢侈而僭越诸侯礼法。三归，储藏钱财的库房。反坫，饮完酒后把酒杯倒置在土台之上，为诸侯之间饮酒的礼节。

⑧东帝：公元前288年10月，秦昭王在宜阳（今河南宜阳）自称"西帝"，而尊齐湣王为"东帝"，以便迫使他国共伐赵，瓦解六国合纵抗秦之势。

⑨田完：田齐始祖。本姓陈，春秋时期陈厉公之子，陈宣公时避宫廷之祸而流亡齐国，卒后谥号为敬仲。

【译文】

　　况且诸侯、大夫，家和国本来就不同。春秋时韩、魏、赵和田氏，在没成为国君之前，地位都排列在卿大夫之列，屈身在诸侯王之后。而《史记》中前后一致，统统归入世家。以致君臣相互混杂，升降失去次序,凭什么指责季孙氏以卿大夫身份僭用天子乐舞,凭什么指责管仲奢侈而僭越诸侯礼法呢?还有,齐王被尊为东帝,其势力足以抗衡西秦,地域方圆千里,地位高比六国,但《史记》淹没它的本号,只用田完来命名,指《田敬仲完世家》。以人之常情来衡量,谁能说可以呢?

　　当汉氏之有天下也,其诸侯与古不同。夫古者诸侯,皆即位建元,专制一国,绵绵瓜瓞①,卜世长久②。至于汉代则不然。其宗子称王者③,皆受制京邑④,自同州郡;异姓封侯者,必从宦天朝⑤,不临方域⑥。或传国唯止一身,或袭爵才经数世,虽名班胙土⑦,而礼异人君,必编世家,实同列传。而马迁强加别录,以类相从,虽得画一之宜,讵识随时之义⑧?

【注释】

①绵绵瓜瓞(dié):形容子孙繁衍不绝。绵绵,连续不断。瓞,小瓜。

②卜世:通过占卜预测传国的世数。

③宗子:皇族弟子。

④制:控制,领导。京邑:京城,指中央政权。

⑤天朝:皇朝,指中央政权。

⑥临:到。方域:地方行政区域,指受封的领域。

⑦班:分发,分赐。胙(zuò)土:古代天子分封诸侯时,各赐以国名,就是诸侯的氏。胙,赐,分封。

⑧讵(jù):岂,哪里。随时之义:顺应时代的要求。

【译文】

　　当汉朝统一天下时,汉代的诸侯与古代不同。古代的诸侯,都称帝建号,各自统治一个国家,他们的子孙后代繁衍不绝,并通过占卜来预测传世的长久。至于汉代则不是这样。皇室弟子称王的，都要受制于中央，自然同州郡一样；异姓封侯的，必定任职于朝廷，不君临封地。他们有的相传仅只一代，有的承袭也只有几世，虽然名义上受封爵获得了封赐领土，但是礼仪上却与古代诸侯王不同，把他们编为世家，实质上却同于列传。然而司马迁却强行别立一目来记录他们的事迹，按类别相编排，虽然有整齐划一的益处，哪里认识到顺应时代变化而变化呢？

　　盖班《汉》知其若是，厘革前非。至如萧、曹茅土之封①，荆、楚葭莩之属②，并一概称传，无复世家，事势当然，非矫枉也③。自兹已降，年将四百。及魏有中夏④，而扬、益不宾⑤，终亦受屈中朝⑥，见称伪主。为史者必题之以纪，则上通帝王；榜之以传⑦，则下同臣妾⑧。梁主敕撰《通史》⑨，定为吴、蜀世家。持彼僭君，比诸列国，去太去甚⑩，其得折中之规乎！次有子显《齐书》，北编《魏虏》⑪；牛弘《周史》⑫，南记萧詧⑬。考其传体，宜曰世家。但近古著书，通无此称。用使马迁之目⑭，湮没不行；班固之名，相传靡易者矣。

【注释】

①萧、曹：即萧何、曹参。萧何（约前257—前193），西汉沛（今江苏丰县）人，"汉初三杰"之一。辅佐刘邦平定天下，创立汉初的典章法令，功居第一，封酂侯、安平侯。曹参（？—前190），字敬伯，沛（今江苏丰县）人。秦二世元年（前209），曹参跟随刘邦在沛县起兵反秦。刘邦称帝后，对有功之臣，论功行赏，曹参功居第二，赐爵平阳侯，汉惠帝时官至丞相。是继萧何后的汉代第二位相国。茅土之封：封为诸侯。古代天子分封诸侯时，取四方泥土，包以白茅草，进行祭祀土神的仪式。

②荆、楚葭莩(jiā fú)之属：汉初刘邦分封其兄贾为荆王，泽为燕王，其弟交为楚王。葭莩，初生芦苇秆内的薄膜，古代用以比喻关系淡薄、疏远的亲族。

③矫：纠正。枉：弯曲。

④魏：曹魏，起于文帝曹丕黄初元年(220)，迄于元帝曹奂咸熙二年(265)。中夏：中原。

⑤扬：古代九州之一，这里指吴国。益：古代九州之一，这里指蜀国。宾：宾服，归顺。

⑥屈：降服。中朝：中央王朝，这里指曹魏、西晋。

⑦榜：标示。

⑧臣妾：古代将俘虏降为奴仆，男的叫"臣"，女的叫"妾"。

⑨梁主敕撰《通史》：指南朝梁武帝萧衍下令撰写的《通史》。详见《六家》篇"史记家"注。

⑩去太去甚：放弃过分的做法。太、甚，过分之意。太，通"泰"。语出《老子·无为》："圣人去甚、去奢、去泰。"

⑪子显《齐书》，北编《魏虏》：子显《齐书》，即萧子显的《南齐书》。萧子显(489—537)，字景阳，梁南兰陵(今江苏常州)人，南朝梁史学家、文学家。历任太子中舍人、国子博士、侍中、吏部尚书等职，后迁吴兴太守。著有《齐书》六十卷，北宋以后称《南齐书》。其中将北朝元魏事编为《魏虏传》。

⑫牛弘《周史》：即牛弘的《周史》。牛弘(545—610)，字里仁，安定鹑觚(今甘肃灵台)人。隋文帝时，授散骑常侍、秘书监。因"献书"建议晋爵奇章郡公。后拜礼部尚书。炀帝时，任上大将军、右光禄大夫。撰《周史》十八卷，未成。

⑬萧詧(chá，519—562)：字理孙，梁昭明太子萧统第三子。由于对萧纲、萧绎为帝不满，投靠西魏，受封梁王，并帮助北魏杀死梁元帝萧绎，称帝于江陵，即后梁，在位八年(555—562)。牛弘《周

史》把他列为《萧詧传》。

⑭用使马迁之目：指使用司马迁《史记》的世家为名称。用使，采用，使用。目，名称。

【译文】

班固《汉书》知道这个道理，便改革了前人的错误。以至像萧何、曹参这样的异姓分封，荆王、楚王这样关系疏远的皇室亲族，《汉书》都一概称传，不再列世家。这是事势发展的必然，并非矫枉过正。从此以后，将近四百年。到曹魏统一了中原，而吴、蜀两国不归顺，但最终还是降服了，被称为伪主。著史之人如果把吴、蜀两国列入本纪，其地位就与帝王相同；如果把他们列入列传中，其地位如同臣妾。梁武帝下令撰写《通史》，把两国定为吴世家、蜀世家。将他们僭越之君的身份，等同于古代的诸侯列国，放弃过分的做法，这是符合折中的原则的！接着有萧子显撰《齐书》，把北魏政权编为《魏虏传》；牛弘撰《周史》，记载南方政权为《萧詧传》。考察他们的体例，应当称作世家。但是近古以来所著史书，都不再用这样的称呼。因此司马迁创立的《世家》类目，被淹没而不通行了；而班固《汉书》纪、传的名称，却沿用至今而不改。

内篇　列传第六

【题解】

　　列传是纪传体史书最重要的内容之一。纪传体，顾名思义，以纪、传为主体。本篇论述了列传的起源、含义、列传与本纪的区别，列传的编撰体例以及前代纪传体史书中列传处理的得失。

　　刘知幾认为，列传首创于司马迁《史记》，此后被历代纪传体史书所沿用。列传和本纪都是记载历史人物的体例，本纪是以编年的形式来记载帝王的事迹，而列传则是用来记载人臣事迹的，不必编年。本纪犹如《春秋》之经，列传犹如《春秋》之传；《春秋》则传以解经，《史》、《汉》则传以释纪。列传的任务是"列事"、"释纪"。但纪传体史书中多有不符合这一标准的现象：如《史记》把项羽列入本纪，叙事君臣交杂，实际只是列传；《后汉书》把后妃列为本纪，其实也是列传；《三国志》用列传记载孙吴、刘蜀的帝王，而实际上是本纪。纪、传混淆不清。刘知幾对纪、传的体例之区分是谨严的，但他所确定的列传的体例原则却未必尽合前代史家的著史本意。

　　刘知幾还指出，在传体相同的前提下，编撰方法可以不同，如合传、寄传、附传等，充分肯定了《史》、《汉》创立的"合传"和"附传"形式。强调立传宜严，传文宜简。具有积极的学术意义。

　　夫纪传之兴，肇于《史》、《汉》。盖纪者，编年也；传者，列事也。编年者，历帝王之岁月①，犹《春秋》之经；列事者，录人臣之行状②，犹《春秋》之传。《春秋》则传以解经，《史》、《汉》则传以释纪。

【注释】

①历：逐个记载。

②行状：毕生言行事迹。

【译文】

　　纪传之体的兴起，开始于《史记》、《汉书》。所谓纪，就是编年；所谓传，就是列举事迹。所谓编年，就是按年份逐个记载帝王的事迹，就好像《春秋》的经文一样；所谓列事，就是记录臣子毕生的言行事迹，就好像《春秋》的传文一样。《春秋》是用传来解释经，《史记》、《汉书》是用传来解释纪。

　　寻兹例草创，始自子长，而朴略犹存①，区分未尽。如项王宜传，而以本纪为名，非惟羽之僭盗②，不可同于天子；且推其序事，皆作传言，求谓之纪，不可得也。或曰：迁纪五帝、夏、殷，亦皆列事而已。子曾不之怪，何独尤于《项纪》哉③？对曰：不然。夫五帝之与夏、殷也，正朔相承，子孙递及，虽无年可著，纪亦何伤！如项羽者，事起秦余④，身终汉始，殊夏氏之后羿⑤，似黄帝之蚩尤⑥。譬诸闰位⑦，容可列纪⑧；方之骈拇⑨，难以成编。且夏、殷之纪，不引他事。夷、齐谏周⑩，实当纣日，而析为列传，不入殷篇。《项纪》则上下同载，君臣交杂，纪名传体，所以成嗤。

【注释】

①朴略:质朴简略,言初具规模。

②僭(jiàn):超越本分。

③尤:责怪。

④秦余:秦末。

⑤后羿:古代传说中的神箭手,是火神祝融后裔,精于射箭。夏禹五世孙相为帝时,后羿篡位,国号有穷,以寒浞(zhuó)为相。后寒浞杀后羿称帝,不久即被夏遗臣伯靡所杀,并立相之子少康为帝,有穷亡。

⑥黄帝:少典之子,本姓公孙,出生成长于陕西姬水,居轩辕之丘,故号轩辕氏。以土德王,土色黄,故曰黄帝。蚩(chī)尤:上古时代九黎族部落酋长,中国神话中的武战神。曾与炎帝大战,大败炎帝,于是炎帝与黄帝一起联合起来在涿鹿战蚩尤,蚩尤战败,后被杀。

⑦闰位:非正统的帝位。

⑧容:或许,也许。

⑨骈(pián)拇:足的大拇指和第二指相连成一指,这里比喻项羽与秦、汉不能视为同时并立的帝统。

⑩夷:即伯夷,伯夷为商末孤竹君之长子。齐:即叔齐,商末孤竹君少子。孤竹君立次子叔齐为继承人。孤竹君死后,叔齐让位于伯夷。伯夷不受,兄弟相偕去周,投奔西伯(周文王)。西伯死后,武王东进伐纣,伯夷和叔齐叩马力谏武王罢兵以救殷,不成。武王灭殷后,他们逃到首阳山(今甘肃渭源),不食周粟,饥饿而死。

【译文】

考察列传这种体例的创立,开始于司马迁的《史记》,但当时质朴简略的痕迹还在,类目的区分还不完善。例如项羽应当采用列传,而司马迁以本纪为名，不仅仅是项羽超越本分盗用王号，不能和天子相同；而且推究《项羽本纪》叙事的方式，都是用列传的语言，要寻求它称为纪的缘由，完全找不到。有人说：司马迁为五帝、夏、殷作本纪，也都是列出事迹而已。你都不觉得奇怪，为何唯独责怪《项羽本纪》呢？回答说：不是这样的。五帝和夏、殷时代，历法纪年相互连续，子孙后代相互延续，虽然没有年号可以编排，用纪命名又有什么妨害！但如项羽，事迹开始于秦末，生命终止于汉初，与夏代的后羿不同，反类似于黄帝时的蚩尤。后羿是非正统的天子，或可列入本纪；但蚩尤却和正统皇帝并存，难以列入本纪。而且夏、殷的本纪，只记帝王事迹不记其他事情。例如伯夷、叔齐谏劝周武王的事，发生在商纣王统治时期，而司马迁分出此事写成列传，不编入《殷本纪》。但《项羽本纪》却上下同样记载，君臣事迹交杂一起，名为本纪实则列传，所以成为受嘲笑的对象。

夫纪传之不同，犹诗赋之有别①，而后来继作，亦多所未详。案范晔《汉书》记后妃六宫②，其实传也，而谓之为纪；陈寿《国志》载孙、刘二帝③，其实纪也，而呼之曰传。考数家之所作，其未达纪传之情乎④？苟上智犹且若斯，则中庸故可知矣。

【注释】

①犹：如同，好像。

②范晔（398—445）：字蔚宗，南朝宋顺阳（今河南淅川）人，著名史学家。范晔博涉经史，善为文章。曾删定《东观汉记》以后诸汉史，撰成《后汉书》九十篇。《汉书》：指范晔《后汉书》。《后汉书》是继《史记》、《汉书》之后又一部私人撰写的重要史籍。与《史记》、《汉书》、《三国志》并称为"前四史"。

③陈寿《国志》：指陈寿的《三国志》，详见《六家》篇"汉书家"注。

　孙：孙权。刘：刘备。

④达：通晓。情：情况，指纪和传的体例。

【译文】

　　本纪与列传的不同，就好比诗与赋的区别，但是后来续作的史书，大多没能详究两者的区别。考察范晔《后汉书》记载后妃六宫事迹，实质上是列传，却称之为本纪；陈寿《三国志》记载孙权、刘备二位皇帝的事迹，实际上是本纪的规模，却称之为列传。考察众多史家所作的纪传史，他们并未真正通晓本纪和列传的区别和特征吧？如果睿智聪明的学者还尚且这样，那么智慧一般的人当然就可想而知了。

　　又传之为体，大抵相同，而述者多方，有时而异。如二人行事，首尾相随，则有一传兼书，包括令尽①。若陈馀、张耳合体成篇②，陈胜、吴广相参并录是也③。亦有事迹虽寡④，名行可崇⑤，寄在他篇，为其标冠。若商山四皓⑥，事列王阳之首⑦；庐江毛义⑧，名在刘平之上是也⑨。

【注释】

①令：使，使得。尽：完全，全部。

②陈馀（？—前204）：大梁（今河南开封）人。张耳（？—前202）：大梁（今河南开封）人。二人为刎颈之交，共同参加秦末农民起义军。《史记》、《汉书》皆将二人合传。

③陈胜：详见《世家》篇注。吴广（？—前208）：字叔，秦阳夏（今河南太康）人。与陈胜同为秦末农民起义领袖，后被部将所杀害。

④寡：稀少。

⑤崇：推崇，尊重。

⑥商山四皓：秦汉之间的四位隐士，避秦乱而躲避在商山，年皆八十余，故称四皓。

⑦王阳：即王吉（？—前48），字子阳，西汉琅玡皋虞（今山东即墨）人。少年好学，官至博士谏大夫，为官清廉。事见《汉书·王吉传》。

⑧毛义：生卒年不详。字少节，东汉庐江（今安徽境内）人。自幼丧父，母子相依为命。家境贫寒，以孝行为时人所尊敬。事迹记载在《后汉书·刘平传》之传首。

⑨刘平：生卒年不详。字公子，彭城（今江苏徐州）人，东汉循吏。任官全椒县长吏时，能实施一些改良措施，以至"狱无系囚"。

【译文】

还有，列传作为一种体例，大体相同，但撰述方法多样，时常会产生差异。如果二人的行为事迹，首尾相随，就用一传兼记二人，把二人事迹全部包罗进去。就像陈馀、张耳合传成篇，陈胜、吴广交错记录一样。也有些人事迹虽然很少，但名望、品行值得推崇，就寄传在别人的篇章中，作为该篇之首。像商山四皓，他们的事迹列在《王阳传》之首；庐江的毛义，事迹记载在《刘平传》之上就是。

自兹已后，史氏相承，述作虽多，斯道都废。其同于古者，唯有附出而已①。寻附出之为义，攀列传以垂名②，若纪季之入齐③，颛臾之事鲁④，皆附庸自托⑤，得厕朋流⑥。然世之求名者，咸以附出为小。盖以其因人成事⑦，不足称多故也⑧。窃以书名竹素⑨，岂限详略，但问其事竟如何耳。借如召平、纪信、沮授、陈容⑩，或运一异谋⑪，树一奇节⑫，并能传之不朽，人到于今称之。岂假编名作传，然后播其遗烈也⑬！嗟乎！自班、马以来，获书于国史者多矣。其间则有生无令闻⑭,死无异迹⑮,用使游谈者靡征其事⑯,讲习者罕记其名,而虚班史传,妄占篇目。若斯人者,可胜纪哉！古人以没而不朽为难⑰,盖为此也。

【注释】

①附出:指纪传体史书中列传的附传。

②攀:依附。

③纪季:纪侯之弟。纪季曾将酅(xī)邑送给齐国,自求为附庸。纪,春秋时国名,在今山东寿光南。

④颛臾(zhuān yú):春秋时鲁国的附属国,在今山东费县西。事:臣服。

⑤附庸:周朝五等爵封地之多少是按爵级高低颁赐,子、男皆五十里,不够五十里的封国叫做“附庸”。托:依靠。

⑥厕:置身于。

⑦因人成事:语出《史记·平原君虞卿列传》:“公等碌碌,所谓因人成事者也。”指坐享成果。

⑧不足:不值得。称:称赞。多:夸奖。

⑨竹:古代写书的简策。素:古代写书的帛。

⑩召平:生卒年不详。秦广陵(今江苏扬州)人。秦朝东陵侯,秦亡后居住长安城东侧种瓜维持生计。事见《史记·萧相国世家》和《汉书·萧何传》。纪信(？—前204):字成,巴郡阆中(今四川西充)人。是“楚汉之争”时保护刘邦有功的著名将领。事见《史记·高祖本纪》和《汉书·项籍传》。沮授(？—200):广平(今河北鸡泽东)人,东汉末年袁绍帐下谋士。官渡之战时袁绍大败,沮授被曹操所获,誓死不降,被曹操处死。事见《后汉书·袁绍传》。陈容:东汉末人,生卒年不详。魏将臧洪的部属,后被袁绍俘获,与臧洪一道慷慨就死。事见《三国志·魏书·臧洪传》。

⑪异：奇异的。谋：策略，计策。

⑫节：节操。

⑬遗：遗留下来的。烈：事迹。

⑭令：美好。闻：名誉。

⑮异：奇特，特殊。迹：功业。

⑯游谈：高谈阔论。靡：无。征：援引。

⑰没而不朽：人虽死而名长存。

【译文】

自此之后，史家们相互沿袭，著述虽多，但这个原则全被废弃了。与古代相同的，只有列传的附传而已。探究附传的用意，是依附列传来垂名后世，就好像纪季投靠齐国，颛臾归附鲁国一样，都是附庸大国作为依靠，而得以置身于同类之中。但世上追求名望的人，都以依附为低微。大概因为依附者坐享他人成果，不值得称赞的缘故吧。我认为史书留名，岂能局限于记载的详细与简略，而应当追问其事迹究竟是怎样的。譬如召平、纪信、沮授、陈容这些人，有的运用了奇异的谋略，有的树立了不寻常的节操，都能流传不朽，人们到今天还在称颂他们。难道是借助为他们编名作传，然后才流传他们的英名事迹吗？可叹啊！从司马迁、班固以来，被记载于国史的人很多。其中有生前没有好名声，死后没有奇特功业之人。使得高谈阔论之人无法征引他们的事迹，讲习之人很少能记住他们的名字，然而枉自在史书中给这些人立传，非分占有了史书的篇目。像这样的人，能够记得完吗！古人把死而不朽作为难事，大概就是因为如此。

内篇　表历第七

【题解】

本篇讨论纪传体史书中"表"的起源、作用以及该不该设表的问题。

刘知幾认为，司马迁《史记》仿照《周谱》而作了十表，此后《汉书》、《东观汉记》等均沿袭此例。但表列于本纪、列传之间，不仅妨碍读者阅读，而且表的内容实已包含在本纪、列传等部类中，岂不"烦费"、"无用"。同时又认为，《史记》的《列国年表》和《十六国春秋》所附的年表，有利于直观反映割据分裂的列国情况，有存在的价值。而当国家一统时则无需用表。

刘知幾尤其严厉批评了班固《汉书·古今人表》，认为《汉书》本是断代为史，其《古今人表》则"上自庖牺，下穷嬴氏，不言汉事，而编入《汉书》"，不懂剪裁，违背史例。客观而言，班固既断汉为书，宣扬汉德，又"旁贯五经，上下洽通"，断中寓通，往往根据实际需要突破汉代的限制，尤其在表、志中体现得最为突出。《古今人表》便是其例证。其他如《异姓诸侯王表》、《诸侯王表》、《百官公卿表》，以及《律历志》、《礼乐志》、《刑法志》、《食货志》、《天文志》、《五行志》、《地理志》、《沟洫志》、《艺文志》等都是其例。

一部完整的纪传体史书，理应纪、传、表、志俱全，但"二十六史"中缺表者多达十六部，如《三国志》、《后汉书》、《晋书》、《隋书》等均未立表。究其原因，一是因史家对史表认识不一，有人称赞，有人反对。如郑樵赞扬《史记》一书"功在十表"，章学诚甚至认为："班氏《古今人表》，史家诟詈，几如众射之的；仆细审之，岂惟不可轻訾，乃大有关系之作，史家必当奉为不祧之宗。"而刘知幾总体上对史表持否定态度，认为著史当以文字立义，而不宜用"表历"排列。二是制表难度较大。写好纪、传相对较易，而作好志、表甚难。志、表用言尚简，又要求立义深远，自然难为。加之，编制史表必须有充足的资料以资利用，没有勤奋搜索材料、认真整理文献的刻苦精神以及甘坐冷板凳的吃苦精神，是难以作出史表的。刘知幾对史表的认识，应作具体分析。

　　盖谱之建名①，起于周代，表之所作，因谱象形②。故桓君山有云③："太史公《三代世表》旁行邪上④，并效周谱。"此其证欤？

【注释】

①谱：按类编排的表，是系统排列史事的记录。

②因谱象形：根据谱的形式来作表。

③桓君山（前23—50）：名谭，字君山，沛国相（今安徽淮北）人，东汉著名哲学家。历官议郎、给事中。时光武帝迷信谶纬，桓谭极言其妄，被贬六安郡丞，病死途中。著有《新论》二十九卷。

④旁行（háng）：表的横格，行。邪上：表的纵格，列。邪，通"斜"。

【译文】

　　大体谱的创立，始于周代，表的创作，是根据谱的形式制成。所以桓君山说："太史公的《三代世表》纵横成行，都是效仿周谱体式。"这就是证据吧？

夫以表为文^①，用述时事，施彼谱牒^②，容或可取，载诸史传，未见其宜。何则？《易》以六爻穷变化^③，《经》以一字成褒贬^④，《传》包五始^⑤，《诗》含六义^⑥。故知文尚简要，语恶烦芜，何必款曲重沓^⑦，方称周备。

【注释】

①以表为文：使用表格形式来反映历史。

②谱牒：记载某一宗族主要成员世系及其事迹的体裁。

③《易》：即《周易》。爻（yáo）：组成八卦的长短横线。长横线（阳爻）与短横线（阴爻）的不同组合，形成不同的卦，表示不同的变化。每卦用六爻组成。古代某些思想家用卦爻相互排列组合不同来说明事物的矛盾错综转化。

④《经》：指《春秋》。

⑤《传》：指《公羊传》。五始：即公羊派经学家所说的《春秋》章法。即元者，气之始；春者，四时之始；王者，受命之始；正月者，政教之始；公即位者，一国之始。

⑥《诗》：即《诗经》。六义：指风、雅、颂三种诗歌类别和赋、比、兴三种表现手法。见《载言》篇注。

⑦款曲：同"委曲"，委婉曲折之意。重沓：语多之意。

【译文】

以表格形式作为文章，来叙述当时的情况，用在谱牒上，或许是可取的，但把表的记载形式用在史传中，却未见得适宜。为什么呢？《周易》用六爻的不同组合来穷尽事物的变化，《春秋》用一字的不同选择来表达褒贬判断，《公羊传》包括"五始"，《诗经》包含"六义"。因此可知文章崇尚简要，语言厌恶繁杂，何必要详尽重复，才称周详完备呢？

　　观马迁《史记》则不然矣①。天子有本纪，诸侯有世家，公卿以下有列传，至于祖孙昭穆②，年月职官，各在其篇，具有其说，用相考核，居然可知。而重列之以表，成其烦费，岂非谬乎？且表次在篇第，编诸卷轴③，得之不为益，失之不为损。用使读者莫不先看本纪，越至世家④，表在其间，缄而不视⑤，语其无用，可胜道哉！

【注释】

①观：查看，考察。

②昭穆：古代宗庙墓葬制度，始祖庙居中，以下按父子之辈分排列为昭穆，昭居左，穆居右。

③卷轴：泛指史书。古代将文字书于绢帛之上，然后以一根竹、木、骨之类的轴卷起，故以卷轴泛称史书。

④越：越过。

⑤缄：掩盖，裹着。

【译文】

仔细考察司马迁的《史记》却不是这样。天子有本纪记载，诸侯有世家记载，公卿以下有列传记载，至于祖孙宗庙墓葬制度，年月职官，各自在相应的篇章中，都各自有所记述，互相考察核实，很容易了解事实真相。却用表格来重列它们，形成了繁琐浪费，岂不是荒谬吗？况且表列于篇目，编入史书篇章中，有表没有什么好处，无表也没有什么损失。因此使读者莫不先看本纪，再跳到世家，表在本纪和世家之间，读者往往越过不看，说起表的无用之处，能说得完吗！

　　既而班、《东》二史①，《东》谓《东观汉记》。各相祖述，迷而不悟，无异逐狂②。必曲为铨择③，强加引进，则列国年表或可存焉。何者？当春秋、战国之时，天下无主，群雄错峙，各自年世。若申之于表以统其时④，则诸国分年，一时尽见。如两汉御历⑤，四海成家，公卿既为臣子，王侯才比郡县，何用表其年数以别于天子者哉！

【注释】

①班、《东》二史：指班固《汉书》和《东观汉记》。见《六家》篇注。

②逐狂：不辨是非地追随别人。

③曲：委曲，有勉强的意思。铨择：选择。

④申：表述，反映。

⑤御历：统治。

【译文】

随后《汉书》、《东观汉记》两部史书，《东》指《东观汉记》。各自相继效法司马迁，沉迷其中而不觉悟，无异于不辨是非地追随别人。如果一定要勉强在各种表中作出选择，强行把它引入史书，那么列国年表或许可以保留。为什么呢？因为春秋战国之时，天下没有统一的君王，列国群雄相互对峙，各自有自己的纪年。如果用表统一编排来反映当时的情形，那么各国所处的年代，便可一目了然。而像两汉统治时期，天下共为一家，公卿已经是臣子，王侯等同于郡县，何必用表来标明他们的年数以示区别于天子呢！

又有甚于斯者。异哉，班氏之《人表》也①！区别九品②，网罗千载，论世则异时，语姓则他族。自可方以类聚，物以群分，使善恶相从，先后为次，何藉而为表乎③？且其书上自庖牺④，下穷嬴氏⑤，不言汉事，而编入《汉书》，鸠居鹊巢⑥，茑施松上⑦，附生疣赘⑧，不知翦截，何断而为限乎？

【注释】

①班氏之《人表》：指班固《汉书·古今人表》。

②九品：即《汉书·古今人表》区别秦之前的人物分为上上、上中、上下、中上、中中、中下、下上、下中、下下，共九等。

③藉：同"借"。

④庖牺：即伏羲，古代传说中的部落酋长，创造了八卦，教民渔猎。

⑤嬴氏：秦的族姓，这里指秦王朝。

⑥鸠居鹊巢：比喻安置不当。语出《诗·国风·召南·鹊巢》："维鹊有巢，维鸠居之。"

⑦茑（niǎo）施松上：语出《诗·小雅·頍弁》："茑与女萝，施于松柏。"茑，一种寄生植物。

⑧附生疣（yóu）赘：语出《庄子·骈拇》："附赘县疣。"疣赘，皮肤上生的一种肉赘，俗称瘊子。

【译文】

还有比这更过分的。太奇怪啦，班固的《古今人表》！划分人物为九等，网罗上下千百年，按年代说他们不同时，按姓氏说他们不同族。本来可人以类聚，物以群分，使善恶以类相从，以时代先后作为次序，又何必借助于表呢？并且《古今人表》所记上起伏羲，下终秦朝，不谈汉代的事情，却将它编入《汉书》。就好比鸠占了鹊巢，茑寄生在松上，人身上多出来的赘疣一样，不懂得剪裁，又怎么确定断限呢？

　　至法盛书载《中兴》①，改表为注，名目虽巧，芜累亦多。当晋氏播迁②，南据扬、越③，魏宗勃起④，北雄燕、代，其间诸伪，十有六家，不附正朔⑤，自相君长。崔鸿著表⑥，颇有甄明⑦，比于《史》、《汉》群篇，其要为切者矣⑧。

【注释】

①法盛书载《中兴》：即何法盛所撰《晋中兴书》七十八卷。何法盛，南朝宋人，孝武帝刘骏时曾任奉朝请、湘东太守，并在东宫校订图书。著有《晋中兴书》七十八卷，记东晋一代事迹。新、旧两《唐书》有著录，今已佚。或云其书并非自撰，系窃取郗绍所作。

②晋氏：指东晋王朝。播迁：迁移。

③扬：扬州。越：越州。

④魏：指北魏。

⑤附：归顺。正朔：指东晋、西晋王朝。

⑥崔鸿(478—525)：字彦鸾，清河鄃县(今山东平原西南)人，北魏著名史学家。官至中散大夫、黄门侍郎、加散骑常侍、齐州大中正等，著有《十六国春秋》一百零二卷，已佚。

⑦甄(zhēn)明：界限清晰。甄，区别，区分。

⑧要：概括，指表的内容。切：切合。

【译文】

到何法盛的《晋中兴书》，把表改为注，名称虽然巧妙，但芜杂累赘也很多。当东晋王朝迁都建康(今江苏南京)，占据了南方的扬州、越州，北魏崛起，称雄于北方燕、代，其间各种伪政权，共计一十六家，这些政权都不归顺晋朝，各自立为君王。崔鸿著《十六国年表》，将其界限区分得很清楚，与《史记》、《汉书》的各表相比，其内容更为贴切。

若诸子小说，编年杂记，如韦昭《洞纪》、陶弘景《帝代年历》①，皆因表而作，用成其书。既非国史之流，故存而不述。

【注释】

①韦昭：详见《六家》篇"国语家"注。陶弘景(456—536)：字通明，号华阳隐居，南朝丹阳秣陵(今江苏南京)人。隐居句容县句曲

山中，后佐梁武帝夺位，参与机密，人称"山中宰相"。陶弘景好著书，尤精阴阳五行、医术本草，著有《帝王年历》五卷，已佚。

【译文】

至于像诸子小说，编年杂记，如韦昭的《洞纪》、陶弘景的《帝代年历》，都是承袭表而创作成书。这些都不是国史一类的书，因此这里存而不论。

内篇　书志第八

【题解】

本篇主要讨论纪传体史书中的书志。书志始自司马迁《史记》"八书"，分类记载历代典章制度。班固《汉书》继出，改"书"为"志"，总设"十志"。此后历代因袭仿作，名目虽不同，但宗旨不变。

刘知幾在本篇总序中分析了书志的起源、作用、名称变化以及前代纪传体史书中书志存在的问题。在此基础上，重点论述了应当删除《天文志》、《艺文志》、《五行志》，并增补《都邑志》、《氏族志》、《方物志》。

刘知幾从断代史的立场出发，认为天文古今没有变化，《艺文志》罗列历代典籍，《五行志》把天道与人事进行牵强附会的联系，都是重复记载，应该删除。如果定要保留，也只能记载当代的事，即《天文志》只应记载当时与人事有关的天象，《艺文志》只录近代典籍，《五行志》只保留当代确有征验的占卜。刘知幾强调记当代、记变化、记与人事有关的事，有一定的积极意义，但又不免狭隘和失误。后世学者多有批评。

刘知幾主张增设《都邑志》、《氏族志》、《方物志》。认为《都邑志》通过记载历代宫室建筑的变化，不但保留了建筑史料，而且体现了政权的兴衰；《氏族志》可以反映历代氏族的兴衰演变；《方物志》可以反映各地的物产情况。后世学者一般认为，这并非刘知幾的创见，因为前代史书中的《地理》、《官氏》中已经反映了这几方面的内容，而《氏族志》更是魏晋以来门阀观念的产物。但后代史书仍对刘知幾的意见有所采纳,如《新唐书·地理志》在志首概述唐两京宫观苑囿的情况,志中又兼载各地的物产名目;《新唐书·宰相世系表》中罗列世家大姓的源流发展等;郑樵《通志》设《氏族略》、《都邑略》、《昆虫草木略》等,都反映了刘知幾增设三志建议对后世的影响。

夫刑法、礼乐、风土、山川,求诸文籍,出于《三礼》①。及班、马著史,别裁书志②。考其所记,多效《礼经》。且纪传之外,有所不尽,只字片文,于斯备录。语其通博,信作者之渊海也③。

【注释】

①出于《三礼》:《三礼》,指《周礼》、《仪礼》《礼记》三部儒家经典著作。关于书、志体例的起源,郑樵《通志》认为出于《尔雅》,洪饴孙《史目表》认为出于《世本》,章学诚《文史通义》认为出于《官礼》(即《周礼》),张舜徽《史通平议》认为出于《尚书》,范文澜《文心雕龙注》也认为出于《尚书》。

②别裁书志:即《史记》设"八书"、《汉书》设"十志"。

③渊海:深渊和大海,比喻事物汇聚之所。

【译文】

刑法、礼乐、风土、山川,考查文献典籍,出于《三礼》。到司马迁著《史记》、班固著《汉书》,另外设立书志一类。考查书志所记载内容,大多是效仿《礼经》。而且在纪、传之外,有一些记载不了的,只是一些只言片语,可在书、志中详细载录。从它的通博来说,确实体现了作者才识的深广博大。

原夫司马迁曰书,班固曰志,蔡邕曰意①,华峤曰典②,张勃曰录③,何法盛曰说④。名目虽异,体统不殊。亦犹楚谓之梼杌,晋谓之乘,鲁谓之春秋,其义一也。

【注释】

①蔡邕曰意:蔡邕(133—192),字伯喈,东汉陈留郡(今河南开封)人。少博学,好辞章,精音律,工书画。灵帝时官郎中,曾校订六经文字,立碑于太学门外。董卓召为祭酒,迁中郎将。董卓败,死狱中。著作有《独断》、《琴操》等。《后汉书·蔡邕传》云:"邕前在东观,与卢植、韩说等撰补《后汉记》,会遭事流离,不及得成,因上书自陈奏所著《十意》。"李贤注:"犹前书十志也。"郑樵《通志·总序》曰:"志之大原起于《尔雅》,司马迁曰'书',班固曰'志',蔡邕曰'意',华峤曰'典',张勃曰'录',何法盛曰'说'。"

②华峤曰典:华峤,详见《二体》篇注。《晋书·华表传附峤传》:"初峤以汉纪烦秽,慨然有改作之意……遍观秘籍,遂就其绪。起于光武,终于孝献,一百九十五年,为帝纪十二卷、皇后纪二卷、十典十卷、传七十卷及三谱、序传、目录凡九十七卷……又改志为典。"

③张勃曰录:张勃,西晋时人,生卒年不详。著有《吴录》三十卷,见《隋书·经籍志》、《旧唐书·经籍志》、《新唐书·艺文志》等著录。但《水经注》、《文选》李善注、《初学记》、《艺文类聚》、《太平御览》、《太平寰宇记》等书都引有《吴录·地理志》文。又吴曾《能改斋漫录》卷十五《石首鱼》条有"予偶读张勃《吴录·地理志》"。可知张勃《吴录》中之书志仍称志。刘知幾此说有误。

④何法盛曰说:《隋书·经籍志》正史类著录"宋湘东太守何法盛《晋中兴书》七十八卷"。详见《表历》篇注。又《陈书·何之元传》云:"唯何法盛晋书变帝纪为帝典"。钱大昕《十驾斋养新录

余录》卷中《何法盛书》又云："何法盛《晋中兴书》,名目与诸史异:本纪曰典、表曰注、志曰说、列传曰录、论曰叙。"所著《晋中兴书》被后世称为"十八家晋书"之一,已佚。

【译文】

推究起来,司马迁称书,班固称志,蔡邕称意,华峤称典,张勃称录,何法盛称说。名称虽然各不相同,体例却没有区别。就像古代楚国的史书称梼杌,晋国的史书称乘,鲁国的史书称春秋一样,它们都是编年体史书。

于其编目①,则有前曰《平准》,后云《食货》②;古号《河渠》,今称《沟洫》③;析《郊祀》为《宗庙》④,分《礼乐》为《威仪》⑤;《悬象》出于《天文》⑥,《郡国》生于《地理》⑦。如斯变革,不可胜计,或名非而物是,或小异而大同。但作者爱奇,耻于仍旧,必寻源讨本,其归一揆也。

【注释】

①目:原作"次",据浦起龙《史通通释》改。

②前曰《平准》,后云《食货》:西汉有官名平准令,掌各地物产之购销。《史记》有《平准书》,叙述汉初至武帝时的经济发展情况及经济政策。《汉书》则将《史记》之《平准书》改为《食货志》。

③古号《河渠》,今称《沟洫》:即《史记》有《河渠书》,记述河道和水利设施。《汉书》将《史记》之《河渠书》改为《沟洫志》。

④析《郊祀》为《宗庙》:《汉书》有《郊祀志》,记祭祀诸神和祖先的活动及仪式。司马彪《续汉书》(书志部分被刘昭采入《后汉书》)改《郊祀志》为《祭祀志》,其子目有"郊"、"宗庙"等,故云"析《郊祀》为《宗庙》"。

⑤分《礼乐》为《威仪》：《史记》有《礼书》、《乐书》，记述古代礼、乐制度。《汉书》则合二为一，改名《礼乐志》。司马彪《续汉书》从礼乐中分出威仪部分，名《礼仪志》。

⑥《悬象》出于《天文》：何法盛《晋中兴书》有《悬象说》，内容即前史之《天文志》。故云"《悬象》出于《天文》"。

⑦《郡国》生于《地理》：《汉书》有《地理志》，司马彪《续汉书》改称《郡国志》。

【译文】

关于书志的编目，则有前面叫《平准书》，后面叫《食货志》；古代称《河渠书》，今天称《沟洫志》；从《郊祀志》中分出《宗庙志》，从《礼乐志》中分出《威仪志》；何法盛《晋中兴书》之《悬象说》出于前史之《天文志》，司马彪《续汉书》之《郡国志》本出自《汉书》之《地理志》。像这样的变革，数不胜数。有的是名称不同而实质一样，有的则是小异而大同。只不过是作者爱好新奇，耻于沿用旧的称呼而已，如果一定要寻根问底，它们的宗旨是一样的。

　　若乃《五行》、《艺文》，班补子长之阙①；《百官》、《舆服》，谢拾孟坚之遗②。王隐后来，加以《瑞异》③；魏收晚进，弘以《释老》④。斯则自我作故，出乎胸臆，求诸历代，不过一二者焉。

【注释】

①《五行》、《艺文》，班补子长之阙：《史记》创"八书"来记典章制度，但其中没有《五行》、《艺文》之目。而《汉书》改"书"为"志"，共"十志"，其中有《五行志》、《艺文志》，故云"班补子长之阙"。

②《百官》、《舆服》，谢拾孟坚之遗：谢，谢承（182—254）。字伟平，三国会稽山阴（今浙江绍兴）人，吴大帝孙权谢夫人之弟。著《后汉书》一百三十卷，早佚。今人辑本中无《百官》、《舆服》二志。

现存史书中首见《百官》、《舆服》二志者，为范晔《后汉书》（补自司马彪《续汉书》）。而司马彪《续汉书·百官志序》曰："唯班固著《百官公卿表》，记汉承秦置官本末，讫于王莽，差有条贯，然皆孝武奢广之事，又职分未悉。世祖节约之制，宜为常宪，故依其官簿，粗注职分，以为《百官志》。凡置官之本及中兴所省，无因复见者，既在《汉书·百官表》，不复悉载。"可知《百官志》本于《汉书·百官公卿表》。《舆服志》则系据三国时魏董巴之《大汉典服志》所编。刘知幾此论不确。

③王隐后来，加以《瑞异》：《隋书·经籍志》著录王隐撰《晋书》八十六卷，已佚。《北堂书钞》、《太平御览》等有引王隐《晋书·石瑞志》，汤球辑王隐《晋书》分作《石瑞》和《瑞异》二志。王隐《晋书》有《瑞异志》当可信。

④弘以《释老》：指魏收《魏书》有《释老志》，专记佛教、道教的情况。

【译文】

至于《五行志》、《艺文志》，是班固补上了司马迁的空缺；《百官志》、《舆服志》，是谢承捡拾了班固的遗漏。王隐是后来出生的人，又增加了《瑞异志》；魏收是晚进之辈，更补作了《释老志》。这些都是自创成例，出于自己的见解，推究历代，不过一两人而已。

大抵志之为篇，其流十五六家而已。其间则有妄入编次，虚张部帙^①，而积习已久，不悟其非。亦有事应可书，宜别标篇题^②，而古来作者，曾未觉察。今略陈其义，列于下云。以上书志序。

【注释】

①部帙（zhì）：即卷册。帙，书一函称一帙。

②别标篇题：浦起龙《史通通释》作"宜别标题"，无"篇"字。卢文弨
　《史通拾补》云："宋有'篇'字。"张之象刻本有，兹据改。

【译文】

　　大体书中有志这一类目，也就是十五六家罢了。其中却有一些虚妄编入书中，白白增加了书的卷册，但此积习由来已久，便察觉不到它的错误。还有一些事情本应记载，且当另外标注题目，但古往今来的作者，都未曾察觉。现在简略陈述它们的情况，列举如下。以上是书志序。

　　夫两曜百星①，丽于玄象②，非如九州万国③，废置无恒。故海田可变，而景纬无易④。古之天犹今之天也，今之天即古之天也，必欲刊之国史⑤，施于何代不可也？

【注释】

①两曜（yào）百星：即日月星辰。两曜，指日、月。百星，泛指众星。
②丽：附着。玄象：即"悬象"，指天。
③九州：古史传说禹分天下为九州，具体名称说法不一，但大同小异。如《尚书·禹贡》九州即：翼、豫、雍、扬、兖、徐、梁、青、荆。《尔雅·释地》九州为：翼、豫、雍、荆、扬、兖、徐、幽、营。万国：指诸侯封国。
④景：指太阳。纬：古代称行星为纬。
⑤刊：记载。

【译文】

　　日月众星，依附在天上，不像地上的诸侯封国，废除和设置变化无常。所以沧海桑田可以转变，而太阳星辰不会变化。古代的天就像今天的天，今天的天就是古代的天，如果一定要载入国史，放在哪一代不可以呢？

　　但《史记》包括所及，区域绵长，故书有《天官》[①]，读者竟忘其误[②]，榷而为论，未见其宜。班固因循，复以天文作志[③]，志无汉事而隶入《汉书》，寻篇考限[④]，睹其乖越者矣[⑤]。降及有晋，迄于隋氏，或地止一隅，或年才二世，而彼苍列志[⑥]，其篇倍多，流宕忘归，不知纪极[⑦]。方于《汉史》，又孟坚之罪人也。

【注释】

①《天官》：指《史记·天官书》。官，星官。古人认为星座也有尊卑之别，与人间官职等级相类似。天文有五官，故称天官。

②读者竟忘其误：后人认为刘知幾本意是以班固《汉书》作为断代史，立《天文志》不当，而非以司马迁为误。赵吕甫《史通新校注》引向宗鲁文认为"读者……其宜"三句应移至"乖越者矣"句下。

③班固因循，复以天文作志：《汉书》有《天文志》，但非班固所作，而出马续之手。见《六家篇》"《汉书》家"段注。

④限：断限。

⑤乖：错乱。越：不切实际。

⑥彼苍：指天。语出《诗·秦风·黄鸟》："彼苍者天，歼我良人。"

⑦纪极：止境。语出《左传》文公十八年："聚敛积实，不知纪极。"

【译文】

　　只是《史记》所包括的事情，时间范围长远，所以有《天官书》，读者竟然忘记了它的失误，推究起来，未见得恰当。班固因循司马迁，又给天文作了《志》，志中没有汉代的事却归入《汉书》，考察它的篇章断限，就可看出它的错乱而不切实际。等到晋代，甚至直到隋朝，有的地域偏于一隅，有的时间只有二世，而都给天作了《天文志》，篇幅成倍地增多，游离忘返，不知止境。比之于《汉书》，又是班孟坚的罪人了。

窃以国史所书，宜述当时之事。必为志而论天象也，但载其时彗孛氛祲①，薄食晦明②，裨灶、梓慎之所占③，京房、李郃之所候④。至如荧惑退舍，宋公延龄⑤，中台告坼，晋相速祸⑥，星集颍川而贤人聚⑦，月犯少微而处士亡⑧，如斯之类，志之可也。若乃体分濛澒⑨，色著青苍，丹曦、素魄之躔次⑩，黄道、紫宫之分野⑪，既不预于人事，辄编之于策书，故曰刊之国史，施于何代不可也。其间唯有袁山松、沈约、萧子显、魏收等数家⑫，颇觉其非，不遵旧例。凡所记录，多合事宜。寸有所长，贤于班、马远矣。以上《天文志》。

【注释】

①彗孛（bèi）氛祲（jìn）：不祥的天象和气象。彗孛，即彗星。氛祲，古人认为的一种不祥之气，即妖气。

②薄食晦明：日、月食以及阴晴明暗。薄，靠近，迫近。晦，昏暗，夜。明，光明，日出。

③裨灶、梓慎：春秋时两位星象家。《左传》昭公十七年记载："有星孛于大辰"，裨灶、梓慎据此预测出宋、卫、陈、郑四国将在同一天有火灾。

④京房（前77—前37）：字君明，西汉东郡顿丘（今河南清丰西南）人。《易》学家，律学家，开创《易》学"京氏学"。曾多次根据星象预测国家即将发生的大事，所言屡中。后被权臣石显诬陷杀害。《汉书》有传。李郃（hé）：生卒年不详。字孟节，南郑（今属陕西）人，东汉术士。善占星。事见《后汉书·方术传》。

⑤荧惑退舍，宋公延龄：荧惑，火星别名。舍，长度单位，相当于三十华里。古时行军，日行三十里而驻扎下称一舍。春秋宋景公时，荧惑守心（心，宋国分野），景公忧惧，召司星官子韦问吉凶。

子韦说:"祸当及君,但可移祸于相。"景公道:"相是治国的重臣,不能死。"子韦说:"可移祸于民。"景公道:"民死了,我为谁的君主呢?"子韦说:"可移祸年辰。"景公道:"年辰不好,民将受饥而死,谁要我当君主?"子韦再拜而贺曰:"你这三句有大德的话,天必三赏,荧惑今晚定移动三舍。星移动一舍相当七年,你将延寿二十一年。"荧惑果真移动了三舍。见《吕氏春秋·季夏纪》、《淮南子·道应训》、《史记·宋微子世家》。

⑥ 中台告坼(chè),晋相速祸:中台,星名,为三台星之一,古时用以比拟三公(司马、司徒、司空)。坼,分裂。速,招致。西晋永康元年(300)三月,中台星坼(分裂),占星官说台星失常,三公有祸。当月赵王伦叛乱,司空张华被杀。故云"晋相速祸"。事见《晋书·天文志》。

⑦ 星集颍川而贤人聚:颍川,地名,今河南禹州。东汉名士颍川人陈寔及其诸子皆以德行著称。某日,陈寔率诸子去拜会另一大名士荀淑,荀淑领诸子作陪。一时群贤毕集。故云"贤人聚"。事见《世说新语·德行篇》。刘孝标注引檀道鸾《续晋阳秋》:"于时德星聚。太史奏:五百里贤人聚。"

⑧ 月犯少微而处士亡:少微,星名,又称"处士星"。东晋士人谢敷,隐居太平山,征召为博士,不就。当时天象有月犯少微星,占之,云有处士当亡,不久敷死。见《世说新语·栖逸篇》刘孝标注引《续晋阳秋》。

⑨ 濛凘(hòng):古人认为宇宙未形成前的混沌状态。

⑩ 丹曦、素魄之躔(chán)次:即日月运行的轨迹。丹曦,日。素魄,月。躔次,日月星辰运行的轨迹。

⑪ 黄道:《史记·天官书》:"日月五星所行之道曰黄道。"紫宫:星座名,即北极紫薇宫,又称紫微垣。古代天文学家把天体恒星分为三垣,北极周围的叫紫微垣,对应于人间的帝王之所。分野:古

代星占术语。把天上的众星分为若干个星区，叫分星，并对应地上的州县，叫分野，进而根据天象的变化来预测人间的吉凶。

⑫袁山松(? —401)：东晋陈郡阳夏(今河南太康)人，博学能文，曾官吴郡太守。著有《后汉书》百卷，已佚，今有辑佚本。《晋书·袁环传》附山松传。沈约，有《宋书·天文志》记曹魏至刘宋间事；萧子显，有《南齐书·天文志》记齐高祖至齐郁林王间事；魏收，有《魏书·天象志》记事始于魏太祖。除《宋书》因欲补前史之缺而追记前代外，其他皆限于当代，故刘知幾下文云"凡所记录，多合事宜"。

【译文】

我认为国史所记载的，只应记述当时的事情。如果一定要作《志》来论述天象，只要记载当时的彗星、妖气，日月食以及其阴晴明暗变化，禅灶、梓慎的占卜，京房、李郃的占候。至于荧惑退移三舍，使宋景公寿命延长；中台星分裂，晋朝宰相招致祸害；德星聚颍川而地上群贤毕至，月亮进犯少微星座而处士谢敷死亡，如此一类的事情，记载下来是可以的。至于像天体初分时的混沌状态，天色的发青变黑，日月的运行轨迹，黄道、紫微的界限分野等，既然不关涉人事，却要编入史书之中，所以我说"载入国史，放在哪一代不可以呢？"其中只有袁山松、沈约、萧子显、魏收等数家，发觉这样做的错误，不再遵循旧有体例。他们所记录的，大多合乎事宜。正所谓寸有所长，他们比班固、司马迁好多了。以上是《天文志》。

伏羲已降，文籍始备①。逮于战国，其书五车②，传之无穷，是曰不朽。夫古之所制，我有何力，而班《汉》定其流别，编为《艺文志》③。论其妄载，事等上篇。《续汉》已还，祖述不暇④。夫前志已录，而后志仍书，篇目如旧，频烦互出，何异以水济水，谁能饮之者乎⑤？

【注释】

①文籍:书籍,典籍。备:齐备,完备。

②其书五车:形容书籍之多。语出《庄子·天下》:"惠施多方,其书五车。"

③《艺文志》:即《汉书·艺文志》,根据刘歆《七略》改编,除将《七略·辑略》分散于其他六略外,其余部分几乎同原著。

④《续汉》已还,祖述不暇:余嘉锡《目录学发微·目录学源流考》上篇云:"今司马彪《续汉志》尚存,并无《艺文志》,则此'续汉'二字,盖泛指诸家《后汉书》言之。"陈汉章《史通补释》云:"今二十四史,自《汉·艺文志》后,直至《隋书》始有《经籍志》,《续汉书》无之。据《广弘明集》引《七录》序,知袁山松《后汉书》亦有《艺文志》,刘氏所见《后汉书》及诸家《晋书》,当更有之。故云'祖述不暇'。"彭啸咸《史通增释》云:"此条所论虽以《艺文志》为主,然上文云'论其妄载,事等上篇',则已绾合《天文志》矣。自此至'亦复加阔眉以半额者矣'一节,即承上文,兼论二志,非单论艺文也。《续汉书》有《天文志》,故知幾举为祖述之首。"

⑤以水济水,谁能饮之:语出《左传》昭公二十年,齐晏子答景公问语,是齐晏子论和、同之语。谓和者如羹,同者"若以水济水,谁能食之"。原文"饮"作"食"。

【译文】

伏羲以后,文献典籍才开始齐备。到了战国,书籍多了起来,流传以至无穷无尽,这就叫做不朽。古代人的著作,我有什么功劳,而班固《汉书》划定了它们的源流派别,编为《艺文志》。要说起它的虚妄之处,基本情况等同上篇《天文志》。从《续汉书》以来,效法班固的人不断。前代史书《艺文志》中已经著录的,后代史书《艺文志》依旧著录,篇目和过去一样,多次重复出现,这和用清水来给清水调味一样,谁能饮用呢?

　　且《汉书》之志天文、艺文也，盖欲广列篇名，示存书体而已。文字既少，披阅易周①，故虽乖节文②，而未甚秽累③。既而后来继述，其流日广。天文则星占、月会、浑图、周髀之流④，艺文则四部、《七录》、《中经》、秘阁之辈⑤，莫不各逾三箧⑥，自成一家。史臣所书，宜其辍简⑦。而近世有著《隋书》者，乃广包众作，勒成二志⑧，骋其繁富，百倍前修⑨。非唯循覆车而重轨⑩，亦复加阔眉以半额者矣⑪。

【注释】

①披阅：翻阅。周：遍，详尽。

②节：简略，精练。

③秽：芜杂。累：繁多。

④星占：古代通过星宿的变动来预测人事吉凶的活动。月会：通过观察月亮和星辰的遭遇会合来预测吉凶。浑图：即浑天说，中国古代的一种宇宙结构学说。《隋书》、《晋书》等皆有记述。《隋书·天文志》："天地之体状如鸟卵，天包地外，犹壳之裹黄，周旋无端，其形浑浑然。故曰浑天。"周髀（bì）：即盖天说，中国古代的另一种宇宙结构学说。认为天如一拱形盖子，罩于大地之上。《隋书·天文志》："盖天之说，即周髀是也……周人志之，故曰周髀。"

⑤四部：古代的一种图书分类方法。西晋荀勖编《中经新簿》，最早以甲（经）、乙（子）、丙（史）、丁（集）四部来著录图书，经、史正式分家，史书开始摆脱附庸于经学的地位，成为了一门独立的学科。东晋李充著《晋元帝四部书目》，重编四部秩序，"五经为甲部，史记为乙部，诸子为丙部，诗赋为丁部"，将史书提至仅次于经书的第二位，史学地位因此而确立下来。《隋书·经籍志》按

经、史、子、集四部名称和顺序著录图书,遂成定例,历经宋元明清而不改。《七录》:南朝梁阮孝绪所著目录学著作,将图书分为内篇五录(经典录、记传录、子兵录、文集录、术技录),外篇二录(佛法录、仙道录)。已佚。《中经》:又称《中经簿》,三国魏郑默所撰目录学著作。荀勖即在此基础上撰成《中经新簿》,形成四部分类法。秘阁:朝廷藏书之所,一般都要编著藏书目录。

⑥逾:超过。箧(qiè):箱子,此指书箱。《汉书·张汤传附张安世传》:"上(汉武帝)行幸河东,尝亡书三箧,诏问莫能知,唯安世识之。"

⑦辍简:中止写作。此指不编《艺文志》。

⑧二志:指《隋书》中之《天文志》、《经籍志》。

⑨前修:前贤,前人。

⑩循覆车而重轨:语出《说苑·善说篇》:"魏公乘不仁引《周书》曰:'前车覆,后车戒。'"重轨,重蹈覆辙。

⑪复加阔眉以半额:东汉虎贲中郎将马廖上疏明德皇后,引长安谚语:"城中好高髻,四方高一尺。城中好广眉,四方且半额。城中好大袖,四方全匹帛。"比喻书籍日渐增多,史志目录篇幅将越来越大。见《后汉书·马援传》。

【译文】

而且《汉书》把天文、艺文立为志,大概是要广泛罗列篇名,以表示留下史书的各种体例而已。文字不多,阅览一遍容易,所以虽然背离了文字的精简,却也不感到芜杂累赘。紧接其后续作的著述,分类不断扩大。天文一门就有星占、月会、浑图、周髀等类;艺文一门就有四部、《七录》、《中经》、秘阁之分,无不超过三箱书籍,自成一家。史官们所编撰的史书,应当停止编写《艺文志》。而近代有人编著《隋书》,却广泛搜罗各家的著作,编成《天文》、《经籍》二志,任其冗杂繁富,百倍地超过前人。不但重蹈前人的覆辙,而且篇幅不当,就像学着别人画宽眉,竟占了半个额头。

　　但自史之立志，非复一门，其理有不安，多从沿革。唯艺文一体，古今是同，详求厥义^①，未见其可。愚谓凡撰志者，宜除此篇。必不能去，当变其体。近者宋孝王《关东风俗传》亦有《坟籍志》^②，其所录皆邺下文儒之士^③，雠校之司。所列书名，唯取当时撰者。习兹楷则，庶免讥嫌。语曰："虽有丝麻，无弃菅蒯^④。"于宋生得之矣。以上《艺文志》。

【注释】

①厥：同"其"。

②宋孝王《关东风俗传》：宋孝王，曾任北齐北平王文学。因求入文林馆任职未成，便著《朝士别录》二十卷，讥讽掌权大臣。北周灭齐，孝王更广采见闻，增此书至三十卷，改名为《关东风俗传》。《北齐书》作者称其"言多妄谬，篇第冗杂，无著述体"。书早佚。事见《北齐书》、《北史·宋隐传》。

③邺下：邺城，今河南安阳北。北齐都城。

④虽有丝麻，无弃菅蒯（jiān kuǎi）：语出《左传》成公九年。比喻虽有好东西，差的也不可随意抛弃。菅蒯，为丛生山野水边之草本类植物，仅可编鞋织席。

【译文】

但自从史书设立志这一门类，已经不止一种，其中有些不很合理的地方，大多有所革新。只有艺文志的体例，古今一样，认真推究它的意义，却不见得合理。我认为凡是编撰志的，应当除去这一篇。如果一定不能除去，也应当改造它的体例。近代宋孝王的《关东风俗传》也有《坟籍志》，它所记录的都是北齐都城邺下的文人儒士，校理图书的机构。

所列出的书名,只著录当代人所撰写的。以学习他为楷模,或许就可免受讥笑。谚语说:"虽有丝和麻,不弃菅和蒯。"用来评价宋孝王是很恰当啊。以上是《艺文志》。

　　夫灾祥之作①,以表吉凶。此理昭昭,不易诬也。然则麒麟斗而日月蚀,鲸鲵死而彗星出②,河变应于千年③,山崩由于朽壤④。又语曰:"太岁在酉,乞浆得酒;太岁在巳,贩妻鬻子。⑤"则知吉凶递代,如盈缩循环⑥,此乃关诸天道,不复系乎人事。

【注释】

①作:兴起,发生。

②麒麟斗而日月蚀,鲸鲵(ní)死而彗星出:语出《淮南子·天文训》:"麒麟斗而日月蚀,鲸鲵死而彗星出……人主之情,上通于天……四时者,天之吏也;日月者,天之使也;星辰者,天之期也;虹霓彗星者,天之忌也。"麒麟,传说中的独角兽,古人认为它是一种瑞兽。鲸鲵,传说中的大鱼。

③河变应于千年:王子年《拾遗记》:"丹丘千年一烧,黄河千年一清。"

④山崩由于朽壤:语出《左传》成公五年:"梁山崩……曰:山有朽壤而崩。"朽壤,坏土层。

⑤"太岁"四句:语出《意林》、《袁子正书》。《太平御览》卷三五引袁准《袁子正书》:"语曰:'岁在辛酉,乞浆得酒。'"又卷十七引《袁子正书》:"语曰:'岁在申酉,乞浆得酒。'"《续博物志》卷一:"太岁在巳,贩妻鬻(yù)子。"太岁,古代天文学中假设的星名,以反向的岁星(木星)运行轨迹为其轨迹,把周天分为十二等份,称十

二次或十二辰，以十二地支命名，太岁每年移动一次，就以所在该次的地支记年。星占者认为太岁的位置和人间的吉凶、年景的丰歉有关系。鬻，卖。

⑥盈：增长。缩：萎缩。

【译文】

天灾与祥瑞的发生，表示着人世的吉凶。这个道理很明白，不容易欺骗人。然而地上麒麟斗而天上日月食，地上鲸鲵死而天上彗星出，黄河水清而应了"千年一清"的预言，梁山崩塌缘于土层风化。还有谚语说："太岁在酉，讨喝的能得酒；太岁在巳，卖妻室卖儿女。"由此可知吉凶递相变化，如同月亮的圆缺循环，都是关涉天道，而与人事无关。

　　且周王决疑，龟焦蓍折①，宋皇誓众，竿坏幡亡②，枭止凉师之营③，鹏集贾生之舍④。斯皆妖灾著象，而福禄来钟⑤，愚智不能知，晦明莫之测也。然而古之国史，闻异则书，未必皆审其休咎，详其美恶也。故诸侯相赴，有异不为灾，见于《春秋》，其事非一。

【注释】

①周王决疑，龟焦蓍(shī)折：周武王伐纣，遇大雷雨，旗鼓毁折，让散宜生占卜，"钻龟，龟不兆；下占于地，数蓍，蓍交而折"。姜太公认为："龟者枯骨，蓍者折草，何足以辨吉凶？"见《太平御览》卷三二八引《太公兵法》。龟，用来占卜的龟甲。蓍，即蓍草，一种用来占卜的草。

②宋皇誓众，竿坏幡亡：东晋末，刘裕率军镇压孙恩、卢循起义，军行至左里，所持麾（军旗）竿折断，幡落江中。大家都很害怕，以为不吉利。刘裕欢笑道："往年覆舟之战，幡竿亦折，今者复然，

贼必破矣。"遂进攻栅，卢循败走。事见《宋书·武帝纪》上。

③枭(xiāo)止凉师之营：六国前凉以谢艾为中坚将军，配以步骑五千进攻后赵麻秋。军队驻扎在振武，夜有二枭在军营中鸣叫，谢艾道："枭，邀也。六博得枭者胜。今枭鸣牙中，克敌之兆。"于是出战，大败敌军。枭，鸟名，俗称猫头鹰，过去认为枭食母，视为恶鸟。故以枭鸣为恶兆。事见《晋书·张轨传附张重华传》。

④鵩集贾生之舍：汉代贾谊贬谪为常沙王傅时，有鵩鸟飞入他的馆舍，时俗认为是不祥之兆，贾谊因此作《鵩鸟赋》以自广。次年，贾谊即被征召入京。鵩，类似于枭，为不祥之鸟。事见《史记·贾谊传》。

⑤斯皆妖灾著象，而福禄来钟：指上述四事，皆是凶兆得福，故下文云"不能知"、"莫之测"。

【译文】

况且周武王用占卜方式来决定是否继续攻打商纣王时，龟甲焦毁，蓍草折断；南朝宋武帝誓师攻打卢循时，旗杆折断，旗帜落江；前凉谢艾攻打后赵时，枭鸟落在军营中鸣叫；贾谊被贬谪为常沙王傅时，有鵩鸟飞入他的住所。这些都是有不祥的征兆，而结果都是福禄来临，这是愚者与智者都不能预知的，黑暗与光明都无法推测的。然而古代的国史，是听到奇异之事就记录下来，不一定都要审核它是吉是凶，弄清它是善是恶。所以诸侯之间相互通告本国的死丧祸福，出现了异常迹象却没有形成灾难，这样的事见于《春秋》记载的，远不止一件。

泊汉兴①，儒者乃考《洪范》以释阴阳②。其事也如江璧传于郑客，远应始皇③；卧柳植于上林，近符宣帝④。门枢白发，元后之祥⑤；桂树黄雀，新都之谶⑥。举夫一二，良有可称。至于蜚蜮蠓螽⑦，震食崩坼⑧，陨霜雨雹，大水无冰，其所证明,实皆迂阔。故当春秋之世,其在于鲁也,如有旱雩舛候⑨,螟螣伤苗之属⑩,是时或秦人归襚⑪,或毛伯赐命⑫,或滕、邾入朝⑬,或晋、楚来聘⑭。皆持此恒事,应彼咎征,昊穹垂谪⑮,厥罚安在? 探赜索隐⑯,其可略诸。

【注释】

①洎(jì):及,到。

②考《洪范》以释阴阳:汉代夏侯始昌以及刘向的《尚书洪范五行传论》把阴阳五行学说与《尚书·洪范》篇联系起来作解说。事见《汉书·五行志》序。

③江璧传于郑客,远应始皇:秦始皇三十六年,有郑客从关东夜过华阴道,有人持璧拦住他说:"替我献给滈池君。今年祖龙死。"郑客将璧献给朝廷,却正是八年前秦始皇渡江时落入江中的。次年七月,始皇死。事见《汉书·五行志》中之上(原出《史记·秦始皇本纪》)。

④卧柳植于上林,近符宣帝:西汉昭帝元凤三年(前78),皇家园林上林苑中有倒地僵死的柳树复活生出枝叶,有虫在叶子上吃出文字:"公孙病已立。"眭孟据此推测,将有故废之家公孙氏,从民间受命为天子者。眭孟以妖言惑众被杀。后来果然昭帝兄卫太子之孙被立为帝,是为宣帝。宣帝本名病已。见《汉书·五行志》中之下。

⑤门枢白发,元后之祥:西汉哀帝建平四年(前3),关东以至京城一带百姓传行据说是西王母所写的文字,称西王母通告百姓:凡佩此书者可以不死,如果不信,看门枢下当有白发。后来哀帝亡,成帝母王太后(即元后)临朝,王莽当政,诛灭丁、傅,故云"元后之祥"。门枢,即门斗。见《汉书·哀帝纪》及《汉书·五行志》下之上。

⑥桂树黄雀，新都之谶(chèn)：《汉书·五行志》中记载：西汉"成帝时歌谣又曰：'邪径败良田，谗口乱善人，桂树华不实，黄爵巢其颠。故为人所羡，今为人所怜。'桂赤色，象汉家，华不实，无继嗣也。王莽自谓黄象，黄爵巢其颠也。"意为汉祚已绝，王莽代兴，建立新朝。谶，谶语，事后能应验的话。

⑦蜚(fěi)蜮(yù)蟓(yuàn)螽(zhōng)：皆为害虫。蜚，臭恶之虫，害人衣物。蜮，传说中的一种能含沙射人致死的水虫。蟓、螽，皆为蝗虫的一种。时人认为出现这类虫害，都是人们的过错造成的。

⑧震食崩坼：指地震、日月食、山崩、地裂之类自然灾害。

⑨旱雩(yú)舛(chuǎn)候：指天旱求雨，节候错乱。雩，祭祀求雨。舛，错乱。

⑩螟螣(téng)：两种残食禾苗的害虫。

⑪秦人归襚(suì)：鲁文公九年，秦国派使者来鲁国，追吊已死去多年的鲁僖公以及鲁庄公之妾成风。言尊鲁。事见《左传》鲁文公九年。归，赠送。襚，死者用的衣被。

⑫毛伯赐命：鲁文公即位时，周襄王派毛伯来赐公命。《左传》文公元年："天王使毛伯来锡公命。"杜预注：诸侯即位，天子赐命。

⑬滕、邾入朝：春秋时期，滕侯朝鲁五次，邾子朝鲁十一次。滕、邾，均为春秋时小国。

⑭晋、楚来聘：春秋时期，晋聘问鲁十一次，楚聘问鲁三次。

⑮昊穹：即苍天。

⑯赜(zé)：精微，深奥。

【译文】

到了汉代兴起，儒生们考证《洪范》来解释阴阳学说。这一类事如郑客传送江璧，应验了秦始皇之死；上林苑中枯倒的柳树复活重生，应验了汉宣帝即位。"门枢白发"的传说，应验了汉元后干政；"桂树黄雀"

的民谣,应验了新都侯王莽即位。列举的这一二事例,颇有值得称许之处。至于出现蜚、蜮、蟓、螽之类的小害虫,地震、日月食、山崩、地裂,落霜、下冰雹,发大水、冬天不结冰等自然灾害,它们所能证明的东西,实在是迂远不切实际。所以,春秋时代,在鲁国国内,如果有干旱求雨、节候错乱、蝗虫伤害庄稼之类的事出现,这时或者有强大的秦国来追吊鲁僖公,或者有周天子派毛伯来赐命鲁文公即位,或者有滕国、邾国来朝见,或者有晋国、楚国来访问。都是以这些正常而又平常的事件,来应验那些灾祸的征兆,上天降下的责罚,究竟在哪里呢? 探究深奥隐秘的事理,大概可以省去吧。

　　且史之记载,难以周悉。近者宋氏,年唯五纪①,地止江、淮,书满百篇②,号为繁富。作者犹广之以《拾遗》③,加之以《语录》④。况彼《春秋》之所记也,二百四十年行事,夷夏之国尽书,而《经传集解》卷才三十⑤。则知其言所略,盖亦多矣。而汉代儒者,罗灾眚于二百年外⑥,讨符会于三十卷中⑦,安知事有不应于人,应而人失其事? 何得苟有变而必知其兆者哉!

【注释】

①五纪:十二年为一纪,五纪即六十年。南朝宋自高祖永初元年(420)代晋称帝,至顺帝升明三年(479)为萧齐所代,历年六十。

②书满百篇:指沈约《宋书》一百卷。

③《拾遗》:即《宋拾遗》十卷,梁少府卿谢绰撰。《隋书·经籍志》史部杂史类有著录。今佚。

④《语录》:即《宋齐语录》十卷,孔思尚撰。新旧两《唐志》皆有著录。今佚。

　⑤《经传集解》：即晋杜预撰《春秋左氏经传集解》，三十卷。

　⑥罗：网罗，搜罗。眚(shěng)：灾祸，过错。

　⑦讨：索取，援引。符会：符命，指儒学方士附会解释君权授命于天的祥瑞征兆。

【译文】

　　况且史书的记载，很难做到详备周全。近代刘宋，时间只有六十年，地域只限于江、淮一带，沈约《宋书》却有百卷之多，号称丰富。学者们尚且还以《宋拾遗》来加以扩充，用《宋齐语录》来进行增补。何况《春秋》所记载的，包括了二百四十年的史事，记载了中原和蛮夷的历史，而《经传集解》的卷数只有三十。由此可知它所省略的事件，大概也有很多了。而汉代的儒学之士，搜罗了二百年之外的自然界大灾小祸，援引天授君权的祥瑞征兆于三十卷之中，怎知有些征兆并未应验于人事，有些征兆应验了但人们却不知道有这事？哪里有一旦人事有变化就一定能知道它的征兆呢！

　　若乃采前文而改易其说，谓王札子之作乱①，**在彼成年**；《春秋》成公元年二月，无冰。董仲舒以为其时王札子杀召伯、毛伯②。案今《春秋经》，札子杀毛伯事在宣十五年，非成公时。**夏徵舒之构逆**③，**当夫昭代**④；《春秋》昭公九年，陈灾。董仲舒以为楚严王为陈讨夏徵舒⑤，因灭陈，陈之臣子毒恨，故致火灾。案楚严王之灭陈，在宣十一年，如昭九年所灭者，乃楚灵王时。且庄王卒，恭王立；恭王卒，康王立；康王卒，夹敖立；夹敖卒，灵王立。相去凡五世。**楚严作霸，荆国始僭称王**⑥；《春秋》桓公三年，日有食之，既。京房《易传》以为后楚严称王，兼地千里。案自武王始僭号，历文、成、穆三王，始至于严。然则楚之称王已四世矣，何得言严始称哉！又鲁桓薨后，世历严、闵、釐、文、宣，凡五君而楚严作霸，安有桓三年日食而应之邪？**高宗谅阴**⑦，**亳**

都实生桑榖⑧；《书序》曰："伊陟相太戊⑨，亳有桑榖共生。"刘向以为殷道衰，高宗承弊而起，尽谅阴之哀，天下应之。既获显荣，怠于政事，而国将危亡，故桑榖之异见。案太戊崩，其后嗣有仲丁、河亶甲、祖乙、盘庚，凡历五世，始至武丁，即高宗是也。桑榖自太戊时生，非高宗事。高宗又本不都于亳。**晋悼临国，六卿专政⑩，以君事臣**；董仲舒以为成公十七年六月甲戌朔，日有食之，时宿在毕⑪，晋国象也。晋厉公诛四大夫，四大夫欲杀厉公。后莫敢责大夫，六卿遂相与比周专晋，国君还事之。案《春秋》成公十二月丁巳朔，日食，非是六月。**鲁僖末年，三桓世官⑫，杀嫡立庶⑬**。《春秋》釐公三十三年十二月，陨霜，不杀草。刘向以为是时公子遂专权，三桓始世官，向又曰：嗣君微，失秉事之象也。又釐公二十九年秋，大雨雹。刘向以为釐公末年信用公子遂，专权自恣，至于杀君，故阴胁阳之象见。釐公不悟，遂终专权。后二年，杀子赤，立宣公。案此事乃文公末世，不是釐公时也。遂即东门襄仲。赤，文公太子，即恶也。**斯皆不凭章句，直取胸怀，或以前为后，以虚为实。移的就箭⑭，曲取相谐；掩耳盗钟⑮，自云无觉。讵知后生可畏⑯，来者难诬者邪！**

【注释】

①王札子：即王子捷。姬姓，名捷。

②召伯、毛伯：皆为周大夫。

③夏徵舒：春秋时陈国大夫，鲁宣公十年（前599）杀陈灵公。次年，楚庄王伐陈，杀夏徵舒。

④昭代：即鲁昭公时代。鲁昭公九年（前533），楚灵王灭陈。

⑤楚严王：即楚庄王，《汉书》避汉明帝刘庄讳而改为严。

⑥荆国：即楚国。

⑦高宗：指殷商高宗武丁。谅阴：古代礼制，遭父母丧，孝子在墓侧

筑草庐守丧三年，不说话，谓之谅阴。谅阴也称谅闇。《礼记·丧服四制》：“《书》曰：‘高宗谅闇，三年不言。’善之也。”

⑧亳(bó)：商都，今河南曹县南。穀(gǔ)：一种落叶乔木，与桑相似，又名楮。

⑨伊陟：商代名相伊尹之子。太戊：商代第九位君主。

⑩晋悼临国，六卿专政：晋悼公统治的时代，六卿专政。晋悼，春秋时晋悼公，前573年继厉公为晋君。六卿，即范氏、中行氏、智氏、韩、赵、魏。韩、赵、魏三家分晋前，六卿共同执掌政权。

⑪毕：星宿名，二十八宿之一。

⑫三桓世官：三桓世袭为卿。三桓，春秋鲁国大夫孟(仲)孙氏、叔孙氏、季孙氏。都是鲁桓公的后代，故称三桓。鲁文公死后，三桓势力强大，分领三军，掌握了鲁国的政权。

⑬杀嫡立庶：杀了嫡子而立庶子为君。嫡，本指正妻，此指正妻所生的儿子，即嫡子。庶，与嫡相对的旁支、支族。封建时代，君王死后，应由嫡长子继位。鲁文公死后，本应嫡长子恶(即赤)继位，但襄仲子(公子遂)杀恶而立文公次妃所生子，是为宣公。

⑭移的就箭：移动靶子去接箭。的，目标，靶子。

⑮掩耳盗钟：语出《淮南子·说山训》：“范氏之败，有窃其钟负而走者，枪然有声，惧人闻之，遽掩其耳。憎人闻之则可也，自掩其耳悖矣。”成语“掩耳盗铃”即源于此，比喻自欺欺人。

⑯讵(jù)：岂，怎。

【译文】

至于说到采取前代的史书却改变它的说法，如说王札子作乱，在成公时代；《春秋》记载成公元年二月，无冰。董仲舒认为当时王札子杀了召伯、毛伯。考查现存《春秋经》，王札子杀毛伯的事发生在宣公十五年，不是成公时代。**夏徵舒谋反，在昭公时代；**《春秋》记载昭公九年，陈国发生火灾。董仲舒认为楚严王为陈国讨伐夏徵舒，接着灭了陈国，引起陈国臣民的怨恨，所以导致火灾。考察楚严王灭陈的事，发生在宣公十一年，如果是昭公九年所灭，便是楚灵王时代。况且庄王死，恭王立；恭王死，康王立；康王死，夹敖立；夹敖死，灵王立。相差了共五代。**楚严王争霸，荆国开始超越本分称王**；《春秋》记载桓公三年，发生日全食。京房的《易传》认为是后来楚严王称王，兼并土地达到千里的征兆。考查楚武王开始僭立王号，历经文、成、穆三王，才到严王。那么楚称王已经历了四代，怎么能说严王开始称王呢！再说鲁桓公去世后，鲁国又经历了严、闵、釐、文、宣共五个君王才到楚严王争霸，怎能说桓公三年日食应了这件事呢？**商高宗谅阴，亳都桑树、穀树生长在一起**；《尚书序》上说："伊陟为太戊的宰相时，亳出现了桑、穀共生的现象。"刘向认为殷代道德败坏，高宗在这种局面下，能够尽谅阴之哀，使天下响应。而他获得显荣之后，懈怠于政事，国家面临危亡，所以桑、穀共生的异常情况出现。考查殷商自太戊死后，相继继承王位的有仲丁、河亶甲、祖乙、盘庚，共经过五世，才到武丁，也就是高宗。桑、穀共生是太戊时，不是高宗时的事。再说高宗都城根本就不在亳。**晋悼公统治的时代，六卿专政，君主侍奉大臣**；董仲舒认为成公十七年六月甲戌朔日，出现日食，正处在毕宿，象征晋国。晋厉公想诛杀四大夫，四大夫想要杀掉晋厉公。后来的君主没有敢责罚大夫的，六卿于是相互勾结，在晋国专权，国君反过来侍奉他们。考查《春秋》成公十七年十二月丁巳朔，出现日食，不是六月。**鲁僖公末年，三桓世代为官，杀了鲁文公嫡子恶而立庶子为君**。《春秋》记载釐公三十三年十二月，落霜，却没伤害草。刘向认为当时公子遂专权，三桓才开始世代为官。刘向又说：继位的君主软弱，是不能主持政事的象征。还有釐公二十九年秋，下大冰雹。刘向认为釐公末年信任并重用公子遂，专权而任意妄为，以至于杀了国君，所以阴气压制阳气的现象出现。釐公未能觉悟，使公子遂最终专权。两年后，杀了嫡子赤，立宣公为君。考查这件事是发生在文公末年，不是釐公时候。遂就是东门襄仲。赤，文公太子，也就是恶。这些都不是根据古书原文，直接出自自己心中所想，或者把前面的事当成后来的事，把虚假的事当成真实的事。移动靶子去接箭，牵强附会地使它们一致；堵住耳朵盗钟，自以为别人听不到。哪里知道后生可畏，后来的人难以欺骗呢！

又品藻群流[①]，题目庶类[②]，谓莒为大国[③]，菽为强草[④]，鹙著青色[⑤]，负蠜非中国之虫[⑥]，《春秋》严公二十九年，有蜚[⑦]。刘歆以为蜚[⑧]，负蠜也。刘向以为非中国所有。南越盛暑，男女同川浴，淫风所生。是时严公取齐淫女为夫人，既入，淫于两叔，故蜚至。案负蠜，中国所生，不独出南越⑨。**鹳鹆为夷狄之鸟**⑩。《春秋》昭公二十五年，鹳鹆来巢。刘向以为夷狄之禽。案鹳鹆，中国皆有，唯不逾济水耳。事见《周官》。**如斯诡妄，不可殚论。而班固就加纂次，曾靡铨择，因以五行编而为志，不亦惑乎**？

【注释】

①品藻：品评，鉴定，评论。

②庶类：万物，万类。

③莒(jǔ)：春秋时小国，在今山东莒县境内。

④菽(shū)：大豆的禾苗。

⑤鹙(qiū)：水鸟名，一名鹈鹕(tí hú)。

⑥负蠜(fán)：虫名，一作"负盘"，即蟑螂。一说即蚱蜢。

⑦蜚(fēi)：俗名臭虫。

⑧刘歆(? —23)：字子骏，刘向子，西汉古文经学派的开创者，目录学家、天文学家。曾协助父亲刘向校理秘阁群书，撰成《七略》。倡古文经学，王莽执政时，立古文经博士，歆为"国师"。后谋诛王莽，事泄自杀。著有《三统历谱》，今佚。《汉书》有传。

⑨"案负蠜"三句：事见《汉书·五行志》中之下。颜师古注云："蜚者，中国所有，非南越之虫。未详向所说。"

⑩鹳鹆(qú yù)：鸟名，一作"鸲鹆"，俗称八哥。

【译文】

还有品评各种流派，论定各类事物，说莒国是大国，菽是强健的植物，鹈鹕鸟是青色的，蟑螂不是中国的虫，《春秋》上说，严公二十九年，出现蜚。刘歆认为蜚就是负蠜。刘向认为不是中国所产。南越天气炎热，男女同在河中沐浴，淫风由此产生。这时严公娶了齐国淫荡之女为夫人，娶回后，与严公的两个弟弟淫乱，所以蜚就来了。考查负蠜，是中原所产生的，不仅仅出自南越。鹳鹆是偏远地区的鸟。《春秋》上说,昭公二十五年,鹳鹆来筑巢。刘向认为是夷狄地区之鸟类。考查鹳鹆,中原都有,只是不越过济水罢了。事情见于《周官》。像这一类荒诞之事,无法说尽。而班固对这些进行编排,没有进行核实选择,就根据五行编为《五行志》,不也是糊涂了吗?

　　且每有叙一灾,推一怪,董、京之说,前后相反;向、歆之解,父子不同。桓公三年,日有食之。董仲舒、刘向以为鲁、宋杀君,易许田;刘歆以为晋曲沃庄伯杀晋侯;京房以为后楚严称王,兼地千里也。又:严公七年,夜中星陨如雨。刘向以为夜中者,即中国也;刘歆以为昼象中国,夜象夷狄。严公十七年秋,有蜮①。刘向又以为蜮生南越;刘歆以为盛暑蜮所生,非自越来也。遂乃双载其文,两存厥理。言无准的②,事益烦费,岂所谓撮其机要,收彼菁华者哉③!

【注释】

①蜮(yù):食禾苗的害虫。

②准的:标准,尺度。

③菁华:精华。

【译文】

　　而且,每每有叙述同一灾害,推论同一怪异,董仲舒、京房的说法,前后相反;刘向、刘歆的解释,父子不同。桓公三年,出现日食。董仲舒、刘向认为是鲁国、宋国人杀了君主,换了许田;刘歆则认为是晋国曲沃庄伯杀了晋侯;京房则认为是后来楚严称王,兼并土地千里。还有:严公七年,半夜陨星坠落如雨。刘向认为半夜象征中国;刘歆则认为白昼象征中国,夜里象征夷狄。严公十七年秋,有蜮。刘向又认为蜮生于南越;刘歆则认为蜮是盛夏所生,不是从南越来的。于是就把两种说法一并载入,两种解释一并保存。所论没有个标准,事情就更加繁杂,这难道是所谓的摘取了它们的要点,吸收了它们的精华吗!

　　自汉中兴已还，迄于宋、齐，其间司马彪、臧荣绪、沈约、萧子显相承载笔①，竞志五行。虽未能尽善，而大较多实。何者？如彪之徒，皆自以名惭汉儒，才劣班史，凡所辩论，务守常途。既动遵绳墨②，故理绝河汉③。兼以古书从略，求征应者难该；近史尚繁，考祥符者易洽。此昔人所以言有乖越，后进所以事反精审也。

【注释】

①其间司马彪、臧荣绪、沈约、萧子显相承载笔：指司马彪《续汉书·五行志》，被刘昭补入范晔《后汉书》；沈约《宋书·五行志》五卷；萧子显《南齐书·五行志》一卷；臧荣绪《晋书·五行志》。臧荣绪（415—488），南朝齐史学家，东莞莒（今山东莒县）人。曾删取王隐、何法盛的晋史，撰成《晋书》一百一十卷。是唐初流传的十八家《晋书》中最完善的。唐贞观年间重修《晋书》，即以此书为主要依据。书今佚。《南齐书》、《南史》皆有传。

②绳墨：本指木工打直线的墨线。借指规矩或法度。

③理绝河汉：绝不作夸大之言。《庄子·逍遥游》："吾闻言于接舆，大而无当，往而不返，吾惊怖其言，犹河汉而无极也。"

【译文】

　　自从汉代中兴以来，直到宋、齐，这中间司马彪、臧荣绪、沈约、萧子显相继著述，竞相作《五行志》。虽然未能尽善尽美，但大多是实在的。为什么呢？如司马彪之类的人，都自认为名气赶不上汉代儒士，才学比班固拙劣，凡是有所辨析讨论，都务求循守常规。既然行为循规蹈矩，所以论理绝无夸大之言。加上古史记载依从简略，寻求对应的征兆和事实难以完备；近代史籍追求繁富，考证相符的征兆和事实容易做到。这就是古人所言乖谬不一，后人反而精审确切的原因。

　　然则天道辽远，裨灶焉知①？日蚀不常，文伯所对②。至如梓慎之占星象，赵达之明风角③，单飏识魏祚于黄龙④，董养征晋乱于苍鸟⑤，斯皆肇彰先觉⑥，取验将来，言必有中，语无虚发。苟志之竹帛⑦，其谁曰不然。若乃前事已往，后来追证，课彼虚说，成此游词，多见其老生常谈，徒烦翰墨者矣。

【注释】

①裨灶焉知：《左传》昭公十八年记载：春秋时，宋、卫、陈、郑皆发生火灾。裨灶曰："不用吾言，郑又将火。"……子产曰："天道远，人道迩，非所及也，何以知之。灶焉知天道？是亦多言矣，岂不或信？"

②日蚀不常，文伯所对：《左传》昭公七年："十一月，晋侯谓伯瑕（士文伯）曰：'吾所问日食从矣，可常乎？'对曰：'不可，六物（岁时日月星辰）不同，民心不壹，事序不类，官职不则，同始异终，胡可常也？'"

③赵达：三国时人，生卒年不详。精于推算之术。《三国志·吴书》有传。风角：古代的一种占候之术，以五音占风而定吉凶。

④单飏识魏祚于黄龙：单飏，字武宣，山阳湖陆（今山东鱼台）人。生卒年不详。精通天文历算术，历官太史令、汉中太守、尚书等职。汉灵帝熹平末年，有黄龙现于谯郡，有人问是何征兆，飏曰："其国当有王者兴，不及五十年，龙当复见。"到汉献帝建安二十五年（220）春，黄龙又出现在谯郡。当年冬天，魏受禅。事见《后汉书·单飏传》。祚，皇位。

⑤董养征晋乱于苍鸟：董养，字仲道，陈留浚仪（今河南开封）人。（怀帝）永嘉中，洛城东北步广里中地陷，有二鹅出焉，其苍者飞

去,白者不能飞。养闻叹曰:"昔周时所盟会狄泉,即此地也。今有二鹅,苍者胡象,白者国家之象,其可尽言乎!"顾谓谢鲲、阮孚曰:"《易》称知机其神乎,君等可深藏矣。"乃与妻荷担入蜀,莫知所终。

⑥肇彰先觉:事情发生之前就已经明白和觉悟。肇,初始。彰,明白。

⑦志之竹帛:记载在史书上。志,记载。竹帛,指史书。

【译文】

然而天道遥远,禅灶如何知道? 日食不常有,文伯这样回答晋侯。至于梓慎的占星象,赵达的精于风角,单飏从黄龙出现预知曹魏有帝王之命,董养据苍鹅飞而推测晋朝将危乱,这些都是事情发生之前就已觉察和明白,用来验证后来的事,所言必中,语无虚发。如果把它们记入史书,谁能说不对呢。假若前面的事已经发生,后来再追溯证明,考核那些虚妄的说法,形成荒诞不实之词,大多为老生常谈,白白浪费笔墨了。

子曰:"盖有不知而作之者,我无是也。"①又曰:"君子于其所不知,盖阙如也②。"又曰:"知之为知之,不知为不知,是知也。"③呜呼! 世之作者,其鉴之哉! 谈何容易,驷不及舌④,无为强著一书⑤,受嗤千载也。以上《五行志》。

【注释】

①盖有不知而作之者,我无是也:语出《论语·述而》。

②君子于其所不知,盖阙如也:语出《论语·子路》。

③知之为知之,不知为不知,是知也:语出《论语·为政》。

④驷不及舌:即一言既出,驷马难追。语出《论语·颜渊》。

⑤强著一书:语出杨脩《答临淄侯笺》:"脩家子云(扬雄字),老不晓

事，强著一书，悔其少作。"

【译文】

孔子说："大概有一种自己不懂却妄自著述的人，我不是这样的人。"又说："君子对于自己所不了解的，大概就不乱说吧。"还说："知道就是知道，不知道就是不知道，这是真正的智慧。"唉！世上著书立说的人，应该以此为鉴啊！事情做起来不像说起来容易，一言既出驷马难追，不要勉强著一本书，而千百年受人嗤笑啊！以上是五行志。

或以为天文、艺文，虽非《汉书》所宜取，而可广闻见，难为删削也。对曰：苟事非其限，而越理成书①，自可触类而长，于何不录？又有要于此者，今可得而言焉。夫圆首方足②，含灵受气③，吉凶形于相貌，贵贱彰于骨法，生人之所欲知也。四支六府④，痾瘵所缠⑤，苟详其孔穴⑥，则砭灼无误⑦，此养生之尤急也。且身名并列，亲疏自明，岂可近昧形骸⑧，而远求辰象⑨！既天文有志，何不为人形志乎？茫茫九州，言语各异，大汉辎轩之使⑩，译导而通，足以验风俗之不同，示皇威之广被。且事当炎运⑪，尤相关涉，《尔雅》释物⑫，非无往例。既艺文有志，何不为方言志乎？但班固缀孙卿之词以序《刑法》⑬，探孟轲之语用裁《食货》⑭，《五行》出刘向《洪范》⑮，《艺文》取刘歆《七略》，因人成事，其目遂多。至若许负《相经》、扬雄《方言》⑯，并当时所重，见传流俗。若加以二志，幸有其书，何独舍诸？深所未晓。

【注释】

①越：超越。理：界限。

②圆首方足：指人类。古人认为天圆地方，人为天地所生，故人首圆而人足方。语见《大戴礼记·曾子天圆》。

③含：包含。灵：精神意志。气：精神状态。

④四支六府：指人的肢体和器官。支，通"肢"。府，通"腑"。六府，指心、肺、胃、肠、肝、肾。

⑤痾（ē）、瘵（zhài）：皆指病痛。缠：缠绕，指患病。

⑥孔穴：指穴位，针灸扎针的部位。

⑦砭灼：针灸。

⑧昧：茫然，不清楚。形骸：人的躯体。

⑨辰象：天象。

⑩輶（yóu）轩之使：使臣。輶轩，使臣所乘坐的轻车。此指西汉张骞等通西域的使节。

⑪炎运：指汉朝。汉朝以火德王天下，故称"炎运"。

⑫《尔雅》：中国古代最早的一部百科式辞典。托名周公所撰，实为汉初学者缀辑周、汉诸书旧文增益而成，是考证、研究古代词语和名物的重要资料。释物：解释名物。

⑬孙卿（约前313—前238）：即荀子，名况，战国时期的思想家、教育家，儒家思想的代表人物。时人尊之荀卿，汉代为避宣帝（名询）讳，改称孙卿。赵国人，游学于齐。三为祭酒，为齐稷下学派的代表。后遭谗去齐赴楚，被任为兰陵（今山东苍山境内）令。著书终老此地。他主张礼制和法制相结合，主张"法后王"。其理论、言行大多记载于《荀子》一书中。《汉书·刑法志》刑法部分多有取裁。

⑭探孟轲之语用裁《食货》：指《汉书·食货志》上卷多采纳孟子美化井田制的言论。

⑮《五行》出刘向《洪范》：指《汉书·五行志》出自刘向《洪范五行传论》。见于《汉书·刘向传》。

⑯许负《相经》：许负，西汉温县（今河南温县）人，生卒年不详。精于历算相法。《通志·艺文略》著录其《相书》三卷。《宋史·艺文志》著录许负《相诀》三卷。《唐日本国见在书目》著录许负《相男女经》三卷。扬雄《方言》：扬雄（前53—18），字子云。西汉文学家、语言学家。蜀郡成都（今四川成都）人。长于辞赋，博通群籍，多识古文奇字。其《方言》十三卷，全名《輶轩使者绝代语译别国方言》，搜集了古今各地同义词语，分别注明通行范围，是研究古汉语发展演变的重要资料。

【译文】

有人以为天文志、艺文志，虽然不是《汉书》所应当采取的，但可以扩充人们的知识，难以删除。我要说：假如事物不顾范围，而超越界限地写作成书，那就可以每一类事物都延伸下去，有什么不可记录呢？还有比这更重要的，今天应当说一说。人体圆头方脚，内含万物之灵外受天地之气，吉凶表现在相貌上，贵贱表现在精神上，这是世人所想要知道的。人的四肢六腑，是疾病纠缠之处，如果弄清它们的穴位所在，针灸治疗就不会有误，这是有关养生的最要紧之事。而且身和名并列，关系亲疏自然明白，怎么可以对自己身体不了解，却去探求遥远的天象呢！既然天文有志，为什么不作《人形志》呢？茫茫九州大地，言语各自不同，大汉朝派使者轻车出使，通过翻译介绍而使语言相通，足以验证各地风俗的不同，显示汉皇声威的普照。而且事情发生在汉代，尤其有关，《尔雅》用方言解释万物，不是没有前例。既然艺文有志，为什么不作《方言志》？班固连缀荀卿的言辞而写成《刑法志》，寻求孟轲的语句而剪裁成《食货志》，《五行志》出自刘向的《洪范五行传论》，《艺文志》取材于刘歆的《七略》，根据他人成果而写成，所以篇目才会这么多。至于像许负的《相经》、扬雄的《方言》，都是在当时人们所重视的，在社会上广为流传。如果要加上《人形》、《方言》二志，庆幸还有《相经》、《方言》这两部书，为何偏偏把它们舍弃了呢？让人深深不解。

　　历观众史，诸志列名，或前略而后详，或古无而今有。虽递补所阙①，各自以为工，榷而论之②，皆未得其最。

【注释】

①递：相继。

②榷(què)：大概，总括。

【译文】

　　纵观历代各种史书，各种志的名目设立，有的是前代简略而后出的详细，有的是古代没有而后代才有。虽然相继增补了前代的缺漏，各自以为自己比前人细致，但总括起来看，都没有做到尽善尽美。

　　盖可以为志者，其道有三焉：一曰都邑志，二曰氏族志，三曰方物志。何者？京邑翼翼，四方是则①；千门万户②，兆庶仰其威神；虎踞龙蹯③，帝王表其尊极④。兼复土阶卑室，好约者所以安人；阿房、未央⑤，穷奢者由其败国。此则其恶可以诫世，其善可以劝后者也。且宫阙制度⑥，朝廷轨仪⑦，前王所为，后王取则。故齐府肇建，诵魏都以立宫⑧；代国初迁，写吴京而树阙⑨。故知经始之义⑩，卜揆之功⑪，经百王而不易，无一日而可废也。至如两汉之都咸、洛⑫，晋、宋之宅金陵⑬，魏徙伊、瀍⑭，齐居漳、滏⑮，隋氏二世，分置两都⑯，此并规模宏远，名号非一。凡为国史者，宜各撰都邑志，列于舆服之上。

【注释】

①京邑翼翼，四方是则：语出《诗•商颂•殷武》："商邑翼翼，四方

之极。"《后汉书·樊准传》引作："京师冀冀,四方是则。"《毛传》:
"商邑,京师也。"翼翼,气象雄伟的样子。则,标准。

②千门万户:语出《文选》班固《西都赋》:"张千门而立万户。"此指
汉西京长安。

③虎踞龙蟠:语出张勃《吴录》引虞溥《江表传》:"钟山龙蟠,石头虎
踞。"此指东晋以及南朝都城建邺(南京)。

④表:表示,显示。尊:尊严。

⑤阿房、未央:阿房宫、未央宫。阿房宫为秦宫,未央宫为汉宫。二
宫皆规模宏大,竭尽奢华。

⑥宫阙:即宫殿。阙,皇宫门前两边的牌楼。

⑦轨仪:法度和仪式。

⑧齐府肇建,诵魏都以立宫:北齐文宣帝天保九年(558),在邺下
(今河南安阳北)营建三台,大修宫室。文宣帝高洋登上三台,大
宴群臣,并命吟诗诵赋。见《北齐书·文宣帝纪》。邺下本为东
魏都城,故云"诵魏都以立宫"。

⑨代国初迁,写吴京而树阙:北魏孝文帝拓跋宏太和十七年(493)
确定迁都洛阳,命董爵等主办改建事宜。此前,曾派蒋少游出使
南齐,摹绘其宫苑建筑图样,作为营建洛阳宫殿的蓝本。南齐都
建邺(今南京),故称"写吴京"。事见《魏书·孝文纪》下、《南
史·崔祖思传》。代国,北魏初期国号。树阙,营建宫殿。

⑩经始:开始测量营建。

⑪卜揆:古代营建城市或房舍之前,必须占吉凶。揆,衡量,计算。
功:工程。

⑫咸、洛:即咸阳、洛阳。此处刘知幾以咸阳代指长安。

⑬金陵:南京。

⑭魏徙伊、瀍(chán):指北魏迁都洛阳。洛阳在伊、瀍二水之间。

⑮齐居漳、滏(fǔ):指北齐定都邺。邺位于漳水之南。滏水古为漳

水的支流。

⑯两都：隋都长安，又以洛阳为东都，故称"两都"。

【译文】

大概可以写成志的，有三个方面：一是都邑志，二是氏族志，三是方物志。为什么呢？殷商都邑气势雄伟，是四面八方的准则；汉都长安千门万户，亿兆黎民仰慕它的神威；石城龙蟠虎踞，帝王借以显示尊严的崇高。再说简陋的土阶草房，好节俭的君主靠它来安抚百姓；奢华的阿房宫、未央宫，穷奢极欲的帝王因它而国家败亡。由此可知都邑建设中的恶可以警戒世人，都邑建设中的善可以劝勉后代。而且宫殿的规格模式，朝廷的法度仪式，往往前代的帝王所制定，被后代的帝王所遵循。所以北齐开始营建都城时，根据曹魏的都城来营建宫室；北魏起初迁都时，摹绘南齐的京城来营建宫殿。由此可知当初规划营建时的用意，卜择地测量时的工程，历经百代帝王而不改变，没有一天是可以废弃的。至于两汉分别建都长安、洛阳，东晋、刘宋以金陵为都，北魏迁都于伊水、瀍水之间的洛阳，北齐定都漳水、滏水之滨的邺城，隋朝的两代君主，分开设置了两个都城，这些都邑都是规模宏大深远，名目多种多样。凡是撰述国史的人，应该分别撰写《都邑志》，列在《舆服志》的前面。

　　金石、草木、缟纻、丝枲之流①，鸟兽、虫鱼、齿革、羽毛之类，或百蛮攸税②，或万国是供，《夏书》则编于《禹贡》，《周书》则托于《王会》③。亦有图形九牧之鼎④，列状四荒之经⑤。观之者擅其博闻，学之者骋其多识。自汉氏拓境⑥，无国不宾⑦，则有邛竹传节，蒟酱流味⑧，大宛献其善马⑨，条支致其巨雀⑩。爰及魏、晋，迄于周、隋，咸亦逖迩来王，任土作贡⑪。异物归于计吏⑫，奇名显于职方⑬。凡为国史者，宜各撰方物志，列于食货之首。

【注释】

①缟(gǎo):白色绢。纻(zhù):纻麻纤维织成的布。枲(xǐ):麻。

②攸:遥远。税:贡赋。

③《王会》:《逸周书》篇名。其内容主要记述周成王时,社会安定,
　　八方远近部落、民族遣使来朝、贡献方物的情况。所列各部以及
　　方物名称甚多,对研究少数民族史有重要的史料价值。

④图形九牧之鼎:传说禹收九牧(九州)之金,铸成九鼎,象征九州。
　　鼎上铸有各地的方物形象。见《左传》宣公三年王孙满答楚庄王
　　问鼎。

⑤列状四荒之经:《山海经》有《大荒东经》、《大荒南经》、《大荒西
　　经》、《大荒北经》,故云"四荒之经"。

⑥拓境:开拓边疆。

⑦宾:归服,顺服。

⑧邛竹传节,蒟(jǔ)酱流味:语出左思《蜀都赋》:"邛杖传节于大夏
　　之邑,蒟酱流味于番禺之乡。"邛竹,一种产于筇都(今四川西昌)
　　的竹子,节长,可作手杖,因其以节为贵,故云"传节"。蒟酱,一
　　种主要产于番禺(今广东东南部)的果酱,色如桑葚。

⑨大宛:汉代西域国名,产良马。

⑩条支:古代西域国名,产一种飞禽名大雀,据说其卵大如瓮。

⑪任土作贡:语出《尚书·禹贡序》:"禹别九州,随山浚川,任土作
　　贡。"指以各地出产的物品进贡纳赋。

⑫计吏:掌管赋税的官吏。

⑬职方:古代掌管地图及四方职贡的官吏。

【译文】

　　金石、草木、丝织品、麻之类,鸟兽、虫鱼、象牙、皮革、羽毛之类,这
些有的是远方各少数民族缴纳的赋税,有的是边远国家所进献的贡品,
《夏书》把它们编在《禹贡》里,《周书》把它们附在《王会》中。也有把方

物形象画在用九州贡来的铜所铸的鼎上,把状貌写在《山海经》的《大荒经》里。阅览它的人可以借此使自己见闻广博,学习它的人可以借此使自己知识丰富。自从汉代开拓边疆,没有一个国家不归顺,就有以节著称的邛竹,以味美闻名的蒟酱,大宛献来他们的良马,条支送上他们的大雀。到了魏、晋,直到北周、隋朝,也都是远近来朝,以各地所出产的物品进贡纳赋。珍奇的物品归计吏保管,奇异的名字由职方注明。凡是撰述国史的人,应该分别撰写《方物志》,列在《食货志》的前面。

　　帝王苗裔,公侯子孙,余庆所钟①,百世无绝。能言吾祖,郯子见师于孔公②;不识其先,籍谈取诮于姬后③。故周撰《世本》④,式辨诸宗;楚置三闾,实掌王族⑤。逮乎晚叶⑥,谱学尤烦。用之于官,可以品藻士庶;施之于国,可以甄别华夷。自刘、曹受命,雍、豫为宅⑦,世胄相承,子孙蕃衍。及永嘉东渡⑧,流寓扬、越;代氏南迁⑨,革夷从夏⑩。于是中朝江左,南北混淆;华壤边民⑪,虏汉相杂。隋有天下,文轨大同;江外、山东⑫,人物殷凑⑬。其间高门素族⑭,非复一家;郡正州曹⑮,世掌其任。凡为国史者,宜各撰氏族志,列于百官之下。

【注释】

①余庆:享不尽的福。庆,福庆,吉庆。钟:聚集。

②能言吾祖,郯子见师于孔公:春秋鲁昭公十七年,郯子朝鲁,鲁大夫叔孙昭子问少皞氏为何以鸟名作官名?郯子回答说:"吾祖也,我知之……我高祖少皞挚之立也,凤鸟适至,故纪于鸟,为鸟师而鸟名。"孔子听说后,便拜郯子为师。事见《左传》昭公十七年。

③不识其先,籍谈取诮于姬后:春秋鲁昭公十五年,晋国籍谈出使周,周王责备晋国不纳贡,籍谈则以周无赏赐相辩解,于是周王历数晋国所受周王室赏赐的情况,并责备籍谈说:"汝司典之后也,何故忘之?""籍父其无后乎? 数典而忘其祖。"籍谈无言可对。事见《左传》昭公十五年。

④《世本》:先秦史书。记录黄帝以来至战国末的姓氏源流、生活生产用具的发明创造以及邑居等情况。司马迁著《史记》时借鉴了其体例。《汉书·艺文志》著录其书十五篇,《隋书·经籍志》未见著录,知唐初即已散佚。清代以来有辑本多种。

⑤楚置三闾,实掌王族:《通释》引王逸《离骚注》:"屈原与楚同姓,仕于怀王,为三闾大夫。三闾之职,掌王族三姓:曰昭、屈、景。屈原序其谱属,率其贤良,以厉国士。"

⑥晚叶:晚近,近代。

⑦雍、豫:此指曹魏政权、刘备政权。雍,雍州,今陕西一带,三国时曹魏统治的地区。豫,豫州,今河南一带,刘备曾任豫州牧。

⑧永嘉东渡:永嘉为西晋怀帝的年号,公元307—313年。永嘉五年(311)匈奴军队攻入洛阳,杀晋太子及王公百官三万余人,晋怀帝被俘,史称"永嘉之乱"。316年,在长安即位的晋愍帝司马邺亦被匈奴俘虏,西晋亡。次年,司马睿在建康(今南京)即帝位,是为东晋。

⑨代氏南迁:指北魏鲜卑拓跋氏政权从平城(今山西大同)迁都洛阳。

⑩革夷从夏:指北魏孝武帝改革主张用汉姓、说汉语、穿汉服等。

⑪华壤:指中原地区。

⑫江外:即江南,此指南朝诸政权。山东:指北朝诸政权。

⑬殷:众多。凑:聚集。

⑭高门:贵戚,世族。素族:庶族地主阶层。

⑮郡正州曹：州、郡负责根据门第出身品评人物的官员。

【译文】

帝王的后代，公侯的子孙，享受先人的福泽，世代延续不断。由于能说自己祖先的由来，郯子被孔子拜为师；由于不了解自己祖先的事，籍谈被姬姓后人嘲笑。所以周朝编撰《世本》，以辨明各个宗族世姓；楚国设立三闾大夫，实际掌管各个王族。到了近代，家谱之学尤为盛行。对于官员来说，可以用它来品评鉴定士族和庶族；对于国家而言，可以用它来甄别华夏族和少数民族。自从刘备、曹操领受天命，以雍州、豫州为统治地区，世代相承，子孙繁衍。到了晋代永嘉东渡长江，寄居扬州、越州，北魏南迁洛阳，改革少数民族传统而追随华夏文化。从此北方和江南，南北混淆；中原腹地和边境地区，汉族和少数民族相互杂居。隋朝统治天下，文化制度统一；南朝与北朝，名人云聚荟萃。其中名门望族，不止一家一族；州、郡掌管品评人才的官吏，世代掌管他们的职权。凡是撰述国史的人，应该各自编撰《氏族志》，列在《百官志》的后面。

盖自都邑以降，氏族而往，实为志者所宜先，而诸史竟无其录。如休文《宋籍》①，广以《符瑞》；伯起《魏篇》②，加之《释老》。徒以不急为务，曾何足云。惟此数条，粗加商略，得失利害，从可知矣。庶夫后来作者，择其善而行之。以上杂志。

【注释】

①休文《宋籍》：指沈约《宋书》。休文，沈约的字。

②伯起《魏篇》：指魏收《魏书》。伯起，魏收的字。

【译文】

从《都邑志》以下，《氏族志》以上，实在是编写史志的人所应当优先考虑的，但各种史书竟然都没有这些内容。像沈约的《宋书》，增加了《符瑞志》；魏收的《魏书》，补充了《释老志》。只是以无关紧要的事为重，哪里值得一谈。仅仅举出以上几条，粗粗加以探讨，志体的得失利害，借此可以了解了。大概后来的作者，可以从中选取一些好的方面去做。以上是杂志。

　　或问曰：子以都邑、氏族、方物宜各纂次，以志名篇。夫史之有志，多凭旧说，苟世无其录，则阙而不编，此都邑之流所以不果列志也。对曰：案帝王建国①，本无恒所，作者记事，亦在相时。远则汉有《三辅典》②，近则隋有《东都记》③。于南则有宋《南徐州记》、《晋宫阙名》④，于北则有《洛阳伽蓝记》、《邺都故事》⑤。盖都邑之事，尽在是矣。谱牒之作，盛于中古。汉有赵岐《三辅决录》⑥，晋有挚虞《族姓记》⑦。江左有两王《百家谱》⑧，中原有《方司殿格》⑨。盖氏族之事，尽在事矣。自沈莹著《临海水土》⑩，周处撰《阳羡风土》⑪，厥类众夥，谅非一族。是以《地理》为书，陆澄集而难尽⑫；《水经》加注，郦元编而不穷⑬。盖方物之事，尽在是矣。凡此诸书，代不乏作，必聚而为志，奚患无文⑭？譬夫涉海求鱼，登山采木⑮，至于鳞介修短⑯，柯条巨细⑰，盖在择之而已。苟为鱼人、匠者，何虑山海之贫馨哉⑱？以上杂志。

【注释】

①建国：此指建都。

②《三辅典》：浦起龙《通释》："隋、唐二志俱无"三辅典"之名，疑即谓《三辅黄图》也。汉人撰，亡撰人名。其书所载，皆都城、宫苑、

辟雍、明堂、宗庙、郊社、库厩、桥陵之属，与所引正合。"《旧唐书·经籍志》著录《三辅黄图》一卷。已佚，今有辑校本。三辅，古都长安周围。西汉时本指治理京畿地区的三位官员（京兆尹、左冯翊、右扶风），后指这三位官员所管辖的地区，在今陕西中部。

③《东都记》：新、旧《唐志》均著录邓行俨《东都记》三十卷。《旧唐书·邓世隆传》："采隋代旧事，撰为《东都记》三十卷。"世隆即行俨。又《隋书·宇文恺传》："撰《东都图记》二十卷。"抑或指是书。

④《南徐州记》：二卷，南朝宋山谦之撰，《隋书·经籍志》有著录，今佚。《晋宫阙名》：作者及卷次不详。《文选》李善注以及唐、宋类书多有引用，一作《晋宫阁记》。

⑤《洛阳伽蓝记》：五卷，北魏杨衒之（一作阳衒之）撰。记述北魏时期洛阳城内外佛寺兴隆的景况，保存了重要的历史地理资料。《邺都故事》：黄叔琳《史通训故补》以为即《唐志》著录之马温《邺都故事》二卷。张振佩《史通笺注》疑为《隋志》著录之晋陆翽《邺中记》）。

⑥赵岐：字邠卿，东汉长陵（今陕西咸阳）人，生卒年不详。汉献帝时曾任太常，以廉直疾恶闻名。著《三辅决录》，主要记述东汉京城一带的人物，定其贤愚善否，无所依违，故曰"决录"。

⑦挚虞（？—311）：字仲治，西晋长安（今陕西西安）人。武帝泰始中举贤良，累官至太常卿。曾将古代文章分类编集为《文章流别集》，并撰《文章流别志论》。撰有《三辅决录注》、《族姓昭穆记》。《族姓记》：疑为《族姓昭穆》十卷。《晋书·挚虞传》记述挚虞有感于汉末战乱，各种谱录大多亡佚，以至于子孙不能语其先祖，故撰《族姓昭穆》十卷。

⑧两王《百家谱》：指王俭《百家集谱》十卷、王僧孺《百家谱》三十卷。

⑨《方司殿格》：各本原作《方思殿格》。《新唐书·艺文志》谱牒类

著录《后魏方司格》一卷。此书最早见于《旧唐书·经籍上》卷四六志第二六。

⑩沈莹(？—280)：三国吴人，曾任左将军、丹阳太守。著《临海水土异物志》一卷。《隋志》、新旧《唐志》均有著录。书名亦作《临海水土物志》，已佚。临海，今浙江绍兴一带。

⑪周处撰《阳羡风土》：周处(238—297)，字子隐，晋义兴阳羡(今江苏宜兴南)人，官至御史中丞，著有《阳羡风土记》三卷。书今佚。《晋书》有传。

⑫陆澄(425—494)：字彦深，南朝齐吴郡(今江苏苏州)人，精于地理方物研究，曾汇聚自《山海经》以下一百六十家的地理著作，编为《地理书》一百四十九卷。《南齐书》有传。

⑬郦元(466或470—527)：即郦道元，字善长，北魏范阳涿鹿(今河北涿州)人。地理学家、散文家。曾官御史中尉、治书御史、辅国将军等，执法严峻。《魏书》、《北史》并有传。撰有《水经注》四十卷，名为注《水经》，实则以《水经》为纲，广泛增补，注文为原文二十倍，故自成巨著，是6世纪前我国最全面而系统的综合性地理著作，史料价值和文学价值极高。

⑭奚：何，怎么。患：担心。

⑮涉海求鱼，登山采木：语出《抱朴子·外篇·钧世》："古书虽多，未必尽美，要当以为学者之山渊，使属笔者得采伐、渔猎其中。"

⑯鳞：指鱼类。介：龟鳖类。修：长。

⑰柯条：指树枝。

⑱贫罄：穷尽。

【译文】

或许有人要问：你认为都邑、氏族、方物应该分别编撰，用"志"称呼它们。大凡史书的志，多是依凭旧有的论述，假如世上没有的记载，也就空缺而不编述，这是都邑等类所以没有列入志的原因。我认为：考查帝王营建的都城，本来就没有恒定的地点，作者记叙事情，也应当根据当时的情况。从远处说汉代有《三辅典》，从近处说隋代有《东都记》。在南朝有宋的《南徐州记》、《晋宫阙名》，在北朝则有《洛阳伽蓝记》、《邺都故事》。大概有关都邑的情况，都在这里了。谱牒的编撰，兴盛于中古。汉代有赵岐的《三辅决录》，晋代有挚虞的《族姓记》。江南有二王的《百家谱》，中原有《方司殿格》。大概有关氏族的情况，都在这里了。自从沈莹著《临海水土》，周处撰《阳羡风土》，这一类著述众多，想必不只一两种。所以陆澄以"地理"类汇编书籍，难以尽收；郦道元为《水经》无数倍地加注，也难以穷尽。大概有关方物的情况，都在这里了。如此一类的书籍，每一朝代都不乏著述，如果一定要把它们汇聚起来编撰成志，怎么会担心没有材料呢？就如同到大海里去捕鱼，到深山去伐木，至于鱼长鳖短，干粗枝细，完全在于如何选择罢了。假如是打鱼的、伐木的，又何必担心山上无木可伐、海里无鱼可取呢？以上杂志。

内篇　论赞第九

【题解】

本篇讨论纪传体史书中论赞的起源、名称的变化、撰写的目的、原则以及历代史书中论赞内容的得失。

刘知幾认为，论赞起源于《左传》"君子曰"，继而司马迁《史记》以"太史公曰"发论，置之篇末，概述篇旨，补充史料。而后班固称"赞"，荀悦称"论"，《东观汉记》称"序"，谢承称"诠"，陈寿称"评"，甚至直接以"史臣"发论等等，名称各异，但本意是一致的。所以总称为"论赞"。

论赞的目的是"辩疑惑，释凝滞"，使"事无重出，文省可知"。但后世的论赞之文，往往脱离《左传》和司马迁的本意，不仅文辞浮靡，而且褒贬失实；不仅有论，而且论后又有赞，繁琐冗长。更有甚者，或用韵文写论赞，或摘录纪传内容，或妄加文饰。刘知幾所论，多得后世学者的肯定。浦起龙称"刘说之当理也"，纪昀认为"此篇持论极精核"，张舜徽也认为"知幾此篇持论，大体精核。实为箴盲起废、惩前毖后之言"。

客观地看，论赞在纪传体文献中虽然不是一个独立的部分，但却是一个颇具特色的体例，已经成为了纪传体史书中不可分割的组成部分。论赞具有提要钩玄、归纳总结、揭示篇旨、增补资料、扩大新知、总结经验，以及帮助读者理解史书，了解史书作者的思想、观点、学术水平等重要功能，是我国古代历史评论和史学批评的一个重要内容和基本形式，应当引起人们的重视和研究。

　　《春秋左氏传》每有发论①，假"君子"以称之②。二《传》云"公羊子"、"穀梁子"，《史记》云："太史公"。既而班固曰"赞"，荀悦曰"论"，《东观》曰"序"，谢承曰"诠"，陈寿曰"评"③，王隐曰"议"，何法盛曰"述"，扬雄曰"撰"，刘昞曰"奏"④，袁宏、裴子野自显姓名，皇甫谧、葛洪列其所号⑤。史官所撰，通称史臣。其名万殊，其义一揆⑥。必取便于时者，则总归论赞焉。

【注释】

①《春秋左氏传》：即《左传》。

②假：假借，借助。

③陈寿（233—297）：字承祚，巴西安汉（今四川南充）人，西晋史学家。四十八岁开始撰写《三国志》，统揽全局地记叙了魏蜀吴三国分立的史事，是我国古代第一部纪传体断代分国史。

④刘昞：生卒年不详。字延明，西凉武昭王李暠时为儒林学士，感于《史记》、《汉书》、《后汉书》文字繁复，删为《三史略记》，八十四卷，书已佚。

⑤皇甫谧（215—282）：字士安，自号玄晏先生，安定朝那（今甘肃平凉）人，编撰了《历代帝王世纪》、《高士传》、《逸士传》、《列女传》、《元晏先生集》等书，在医学史和文学史上都负有盛名。葛洪（284—364或363）：字稚川，自号抱朴子，丹阳句容（今江苏句容）人。东晋道教学者、著名炼丹家、医药学家。著有《神仙传》、《抱朴子》、《肘后备急方》、《西京杂记》等。史著有《史记钞》、《汉书钞》、《后汉书钞》等。

⑥一揆(kuí)：一致，一样。

【译文】

《春秋左氏传》每次发表议论，都假借"君子"来表达。《公羊传》、《穀梁传》称"公羊子"、"穀梁子"，《史记》称"太史公"。然后班固称为"赞"，荀悦称为"论"，《东观汉记》称为"序"，谢承称为"诠"，陈寿称为"评"，王隐称为"议"，何法盛称为"述"，扬雄称为"撰"，刘昞称为"奏"，袁宏、裴子野显示自己的姓名来发论，皇甫谧、葛洪列出自己的名号来称呼。史官修撰的史书，通称为"史臣"。虽然它们的名称多种多样，本意却是一致的。一定要取个便于当时人们叙述的名目，就可以总称为论赞。

　　夫论者，所以辩疑惑，释凝滞。若愚智共了①，固无俟商榷。丘明"君子曰"者，其义实在于斯。司马迁始限以篇终，各书一论。必理有非要，则强生其文，史论之烦，实萌于此。夫拟《春秋》成史，持论尤宜阔略②。其有本无疑事，辄设论以裁之，此皆私徇笔端③，苟炫文彩，嘉辞美句，寄诸简册，岂知史书之大体，载削之指归者哉④？

【注释】

①了(liǎo)：明白。

②阔略：简明扼要。

③私徇：即"徇私"，屈从私情。

④载削：修撰史书。载，记载。削，笔削，舍弃。指归：原则，宗旨。

【译文】

　　所谓论，是用来辨明疑惑，解释难以弄清的史实。如果所有的人都明白，当然就没有必要再讨论了。左丘明的"君子曰"，其本质意义就在于此。司马迁开始限定在各篇之末,各发表一段议论。如果事理上不是非有必要,就会勉强发表议论,史论的繁杂,正是萌芽于此。仿照《春秋》撰成史书,发论尤其应简明扼要。其中本无疑惑的事,动辄发表评论来评判,这是私自放纵笔端,苟且炫耀文采,把美妙漂亮的词句,写入史册,哪里能知道史书的重要原则、编撰史书的宗旨呢?

必寻其得失,考其异同,子长淡泊有味①,承祚偄缓不切②,贤才间出,隔世同科③。孟坚辞惟温雅,理多惬当。其尤美者,有典诰之风④,翩翩奕奕,良可咏也。仲豫义理虽长,失在繁富。自兹以降,流宕忘返⑤,大抵皆华多于实,理少于文,鼓其雄辞,夸其俪事。必择其善者,则干宝、范晔、裴子野是其最也,沈约、臧荣绪、萧子显抑其次也,孙安国都无足采⑥,习凿齿时有可观⑦。若袁彦伯之务饰玄言⑧,谢灵运之虚张高论⑨,玉卮无当⑩,曾何足云!王劭志在简直,言兼鄙野,苟得其理,遂忘其文。观过知仁,斯之谓矣。大唐修《晋书》,作者皆当代词人,远弃史、班,近宗徐、庾⑪。夫以饰彼轻薄之句,而编为史籍之文,无异加粉黛于壮夫,服绮纨于高士者矣⑫。

【注释】

①淡泊有味:诸本原作"淡泊无味"。赵吕甫《史通新校注》据向宗鲁、顾千里说法和上下文的意思校改为"淡泊有味",今据改。淡泊,纯美的意思。有味,意味深长。

②承祚:陈寿字。偄(ruǎn)缓:舒缓。偄,懦弱。

③同科:相同的品味,认同。科,品类。

④典、诰:都是上古史书,指代上古史书典雅简洁的文风。

⑤宕(dàng)：恣意放荡，此指文风随意。

⑥孙安国：即孙盛，字安国。

⑦习凿齿(？—383)：字彦威，东晋著名文学家、史学家。襄阳(今湖北襄阳)人，著有《汉晋春秋》，记自东汉光武帝至西晋愍帝二百八十一年间历史，史料价值较高。所记三国史事，以蜀汉为正统。

⑧袁彦伯：即袁宏，字彦伯。

⑨谢灵运(385—433)：陈郡阳夏(今河南太康)人。南北朝时期的著名诗人，山水诗派的开创者，主要成就在山水诗。曾奉敕修《晋书》。

⑩玉卮无当：语见《韩非子·外储说右上》。比喻事物尽管外表华美，但若不切实际，终是无用，就像没有底的玉杯一样。卮，古代酒器。当，底。

⑪徐、庾：指徐陵和庾信。齐梁时期的代表作家，文风绮艳浮靡，人称徐庾体。

⑫绮纨：华丽的丝织品。

【译文】

　　倘若一定要探讨它们的得失，考辨它们的异同，司马迁的评论醇厚而有深意，陈寿的评论漂亮舒缓而不浮躁，贤德之才陆续出现，不同的时代有相同的看法。班固文辞温婉雅致，说理恰如其分。其中特别精妙的，具有上古典语的风范，文采翩翩高洁明了，确实值得诵读。荀悦的史论虽义理突出，但缺失在文辞繁复。自此以后，史论流于随意而不知收束，大致都是华丽繁富多于实在，义理少而文采多，卖弄其雄辩的文辞，炫耀骈俪的文采。如果一定要选出其中好的，那么干宝、范晔、裴子野是最优秀的，沈约、臧荣绪、萧子显则次之。孙安国完全没有可取之处，习凿齿偶尔有值得一读之处。像袁宏致力于妆点深奥的句子，谢灵运空谈高论，就像没有底的华美玉杯，不值得一提。王劭追求简洁坦诚，言语中带有浅陋粗野，如果想表达一些道理，就会忘记了文采。考查一个人的过失就知道他的为人，说的就是这个道理。大唐重修《晋书》，作者都是唐代的文学之士，远离了司马迁、班固的宗旨，宗奉近代徐陵、庾信的文风。用那种经过粉饰的轻浮浅薄文辞，来编著形成史著的文字，这无异于让壮汉涂脂抹粉，让清高脱俗的隐士穿上华丽的花绸衣服。

　　史之有论也，盖欲事无重出，文省可知。如太史公曰：观张良貌如美妇人①；项羽重瞳，岂舜苗裔②。此则别加他语，以补书中，所谓事无重出者也。又如班固赞曰：石建之浣衣③，君子非之；杨王孙裸葬④，贤于秦始皇远矣。此则片言如约⑤，而诸义甚备，所谓文省可知者也。及后来赞语之作，多录纪传之言，其有所异，唯加文饰而已。至于甚者，则天子操行，具诸纪末，继以论曰，接武前修⑥。纪论不殊，徒为再列。

【注释】

①张良貌如美妇人：张良（约前250—前186），字子房，汉高祖刘邦的谋臣，与韩信、萧何合称为"汉初三杰"。《史记·留侯世家》太史公曰："余以为其人计魁梧奇伟，至见其图，状貌如妇人好女。"

②项羽重瞳，岂舜苗裔：《史记·项羽本纪》曰："周生曰'舜目盖重瞳子'，又闻项羽亦重瞳子。羽岂其苗裔邪？"苗裔，后裔，后代。

③石建之浣衣：石建为石奋长子，他兄弟四人皆官至两千石，虽年老已白首，仍每五天为其父浣洗内衣，大孝。语见《汉书·万石君传》。

④杨王孙裸葬：《汉书·杨王孙传》载：杨王孙学黄老之术，临死前

嘱咐儿子:"吾欲裸葬,以反吾真。"其子遵照父亲的遗愿,是
为孝。

⑤片言:一字半句。约:简约。

⑥接武:继承。武,脚印。

【译文】

史书中有论赞,是希望记事不重复出现,文字简省而含义兼备。如
《史记》太史公曰:看张良相貌像个美丽的女子;项羽有双瞳仁,难道是
舜帝的后裔。这是另外增加言论,来补充史书记载的不详,就是所谓事
情不重复的例子。又比如班固"赞曰":石建年老头白而仍为父亲洗衣,
君子们批评他;杨王孙要求死后裸身下葬,比秦始皇贤德多了。这就是
片言只语貌似简约,而多种意思都包含了,也就是所谓文字简省而含义
兼备了。到了后来论赞的创作,更多的是摘录纪传之中的内容,如果有
所不同,只是增加了文字上的粉饰罢了。更有甚者,天子的品德行为,
已详记于本纪之末,再接着用论曰,重复前面的内容。本纪和论赞没有
区别,徒劳地再重复。

马迁《自序》传后①,历写诸篇,各叙其意。既而班固变
为诗体②,号之曰述。范晔改彼述名,呼之以赞。寻述赞为
例,篇有一章,事多者则约之使少③,理寡者则张之令大④,名
实多爽⑤,详略不同。且欲观人之善恶,史之褒贬,盖无假于
此也。

【注释】

①《自序》传:司马迁《史记》有《太史公自序》,叙述各篇大意和撰述
　宗旨。

②诗体:班固《汉书》仿照《史记》体例在序传后历述各篇要义,仿照

诗歌形式,为四言句。

③约:删削。

④张:夸大,扩大。

⑤爽:违背,不和。

【译文】

司马迁在《自序》篇后,一一列出各篇篇目,叙述各篇的大意。紧接着班固改变为诗体形式,叫做"述"。范晔改变"述"的名称,称之为"赞"。推究述、赞的体例,每篇都有一章,史事多的就简省一些使篇幅变少;义理少的就扩充一些让篇幅扩大,名称与内容大多不相符合,详与略不尽相同。而且想要考查人的善恶,史书的褒与贬,大概不需借助这种做法。

然固之总述合在一篇,使其条贯有序,历然可阅。蔚宗《后书》①,实同班氏,乃各附本事②,书于卷末,篇目相离,断绝失次。而后生作者不悟其非,如萧、李《南、北齐史》,大唐新修《晋史》,皆依范《书》误本,篇终有赞。夫每卷立论,其烦已多,而嗣论以赞,为黩弥甚。亦犹文士制碑,序终而续以铭曰;释氏演法③,义尽而宣以偈言④。苟撰史若斯,难以议夫简要者矣。

【注释】

①蔚宗:范晔字。《后书》:即《后汉书》。

②本事:本书各篇大意。

③释氏演法:释迦牟尼讲演佛法。此泛指佛教徒说法。释氏,释迦牟尼。

④偈(jì)言:即偈语。佛教徒演法、阐述教义完了以后,要唱一段韵

文作为结束语，就是偈语。偈语或四字一句，或六字一句，或八
字一句。一般为四句整齐的韵文。

【译文】

然而，班固总汇论赞在同一篇中，使它条理连贯并然有序，清晰可
读。范晔《后汉书》，实质上和班固《汉书》相同，但各自附录各篇大意，
写在各卷的末尾，篇章和内容相互分离，联系断绝，失去了次序。而后
来的作者不能领悟范晔的失误，就像萧子显、李百药的《南、北齐史》，大
唐创新编修的《晋书》，都继承了范晔《后汉书》的错误，每篇末尾都有
赞。每一卷都设立"论"，已经够繁琐了，接着"论"又写"赞"，冗繁更加
严重。这就像文士之作碑文，叙述到最后还要续上"铭曰"；就像佛教徒
说法，佛理讲完后又以偈语作结束。如果撰写史书如此，就难以讨论简
要的话题了。

　　至若与夺乖宜①，是非失中，如班固之深排贾谊②，范晔
之虚美隗嚣③，陈寿谓诸葛不逮管、萧④，魏收称尔朱可方伊、
霍⑤，或言伤其实，或拟非其伦。必备加击难，则五车难尽⑥。
故略陈梗概，一言以蔽之。

【注释】

①与夺：取舍，此指评价。宜：适宜，恰当。

②班固之深排贾谊：《汉书·贾谊传》中班固斥责贾谊在处理匈奴
　问题上提出五饵、三表的计策粗陋。

③范晔之虚美隗嚣（wěi xiāo）：隗嚣（？—33），字季孟，天水成纪（今
　甘肃秦安）人，王莽时起兵陇西，初附刘玄，又投刘秀。《后汉
　书·隗嚣传》评价他有死士之节，只是时运不济。

④陈寿谓诸葛不逮管、萧：陈寿《三国志·蜀书·诸葛亮传》认为诸

葛亮有治国之才,但是应变将略,不如管仲、萧何。

⑤魏收称尔朱可方伊、霍:尔朱,即尔朱荣,后魏人。魏收撰成《魏书》一百三十篇,记载了鲜卑拓跋部早期至东魏被北齐取代这一阶段的历史。《魏书·尔朱荣传》评价尔朱荣对抗外族可与伊尹和霍光相提并论。

⑥五车:形容书多。"五车难尽"犹言"罄竹难书"。

【译文】

至于评价不恰当,是非褒贬失公允,例如班固深深地贬斥贾谊,范晔极力地夸大美化隗嚣,陈寿说诸葛亮不及管仲、萧何,魏收说尔朱荣可以与伊尹、霍光并称,有的评价言过其实,有的评价类比不当。如果一定要倍加批评指责的话,那么用五车书也难说尽。所以只能大略地陈述梗概,用一句话来概括了。

内篇　序例第十

【题解】

本篇专论史书的序和例。前三段论序,后三段论例。

序,是阐述作者写作意图的文字,有总序和篇序,本篇所论主要指篇序,篇序主要阐明该篇的主题、范围、宗旨等。刘知幾强调,序很必要,否则难以明了作者的意图和文章的深意,如《尚书》、《诗经》之有序。刘知幾认为,《史记》、《汉书》的篇序也是序的典范,但从《后汉书》起开始背离上古的传统,篇篇有序,炫耀文采,后世史书又相互模仿,陈陈相因,缺乏新意。

例,即史书的编撰体例,指史书编写的原则和方法。刘知幾把史例看得和国家大法同等重要,认为"史之有例,犹国之有法。国无法,则上下靡定。史无例,则是非莫准"。进而批评了史书中有例不依的现象,强调例不可破,法不可违。刘知幾的史例论十分重要,但未免拘泥、刻板,有局限性。清代章学诚则提出"史不拘例"、"因事命篇",既要讲求体例,又不能拘泥于体例,贯串着尊重传统而又不拘泥于传统的创新精神,意义重大。

孔安国有云:序者,所以叙作者之意也。窃以《书》列典谟,《诗》含比兴,若不先叙其意,难以曲得其情①。故每篇有序,敷畅厥义②。降逮《史》、《汉》③,以记事为宗,至于表志杂传,亦时复立序。文兼史体,状若子书,然可与诰誓相参,风雅齐列矣④。

【注释】

①情:写作目的和意图。

②敷畅厥义:阐明文章的主旨。敷,陈述。畅,通晓。厥,通"其"。

③逮:到,及。

④诰誓、风雅:都是古代的文体,这里指代上古史书的文风。

【译文】

孔安国曾经说过:序,是用来叙述作者的用意的。我认为《尚书》中列有典谟的篇章,《诗经》中含有比兴的手法,如不事先叙述作者的用意,就很难了解其中隐含的意思。所以孔安国所传《古文尚书》每篇有序,以阐明文章的主旨。到了《史记》、《汉书》,以记历史事迹为宗旨,至于表、志和列传,也时常有序。行文兼有史书的体例,看起来又好像子书,但是可以和古代的诰誓相媲美,可以同风雅相并称。

迨华峤《后汉》,多同班氏。如《刘平》、《江革》等传,其序先言孝道,次述毛义养亲。此则《前汉·王贡传》体,其篇以四皓为始也①。峤言辞简质,叙致温雅,味其宗旨,亦孟坚之亚欤?

【注释】

①四皓:即商山四皓,是秦末汉初隐居在陕西商山深处的四位白发皓须、德高望重、品行高洁的老者。分别是甪里先生周术,东园公唐秉,绮里季吴实,夏黄公崔广。

【译文】

　　到华峤的《后汉书》，大多和班固相同。例如《刘平》、《江革》等传，序言先讲孝道，然后叙述毛义孝奉母亲的故事。这就是《汉书·王贡传》的体例，篇中以四皓的故事为起首。华峤的文字简洁质朴，叙述温和雅致，品味他的宗旨，可以算班固第二吧？

　　爰泊范晔，始革其流，遗弃史才，矜炫文彩①。后来所作，他皆若斯。于是迁、固之道忽诸②，微婉之风替矣。若乃《后妃》、《列女》、《文苑》、《儒林》，凡此之流，范氏莫不列序。夫前史所有，而我书独无，世之作者，以为耻愧，故上自《晋》、《宋》，下及《陈》、《隋》，每书必序，课成其数。盖为史之道，以古传今，古既有之，今何为者？滥觞肇迹③，容或可观；累屋重架，无乃太甚。譬夫方朔始为《客难》，续以《宾戏》、《解嘲》④；枚乘首唱《七发》⑤，加以《七章》、《七辩》。音辞虽异，旨趣皆同。此乃读者所厌闻，老生之恒说也。

【注释】

　　①矜：自夸。

　　②忽诸：忽然而亡。

　　③滥觞：开始，发源。肇（zhào）：开始。

　　④方朔始为《客难》，续以《宾戏》、《解嘲》：方朔，指东方朔，字曼倩，一生著述甚丰，著《答客难》表达怀才不遇的苦闷之情。班固仿作《宾戏》。扬雄仿作《解嘲》。

　　⑤枚乘（？—前140）：字叔，西汉著名文学家，因在七国叛乱前后两次上谏吴王而显名。文学上的主要成就是辞赋，《汉书·艺文志》著录"枚乘赋九篇"。今存《七发》一篇，为汉赋的代表作，以

致形成了"七体"这一文体。下文《七章》、《七辩》等即受此影响。《汉书》有传。

【译文】

到了范晔，开始变革这一传统，遗弃史家的史才，炫耀文采。此后所作的序，全都如此。于是司马迁、班固的原则丢失了，婉转简洁的文风衰弃了。比如《后妃传》、《列女传》、《文苑传》、《儒林传》，凡是这一类的列传，范晔没有不写序的。以前的史著已有，而我的史书中却没有，当时的作者，莫不以此为耻辱和羞愧。所以上到《晋书》、《宋书》，下到《陈书》、《隋书》，每书都有序，按成例凑足篇数。大概修撰史书的方法，是从古代传承到现代，古时候就有了，现在的人怎么办呢？初创首倡者，或许值得一读；而叠床架屋地繁复写序，恐怕太过分了。例如东方朔第一个作《客难》，接着班固续作《宾戏》、扬雄再续作《解嘲》；枚乘最先作《七发》，后来又有人续作了《七章》、《七辩》。语词虽然不同，旨趣却都一样。这是读者所厌恶听到的，是老生之常谈。

夫史之有例，犹国之有法。国无法，则上下靡定；史无例，则是非莫准。昔夫子修经，始发凡例①；左氏立传，显其区域②。科条一辨③，彪炳可观④。降及战国，迄乎有晋，年逾五百，史不乏才，虽其体屡变，而斯文终绝⑤。唯令升先觉⑥，远述丘明，重立凡例，勒成《晋纪》。邓、孙已下，遂蹑其踪⑦。史例中兴，于斯为盛。若沈《宋》之志序，萧《齐》之序录，虽皆以序为名，其实例也。必定其臧否⑧，徵其善恶，干宝、范晔，理切而多功，邓粲、道鸾⑨，词烦而寡要，子显虽文伤蹇踬⑩，而义甚优长。斯一二家，皆序例之美者。

【注释】

①夫子修经,始发凡例:陈汉章《史通补释》引《春秋序》云:"其发凡以言例,皆经国之常制,周公之垂法,史书之旧章,仲尼从而修之,以成一经之通体。"

②区域:界限,范围。

③科条:分类整理的条款、条目。

④彪炳:文采焕发。

⑤斯文:修纂史书的方法。

⑥令升:干宝字。详见《六家》篇"《左传》家"段注。

⑦蹑:追踪,跟随,轻步行走的样子。

⑧臧否(pǐ):褒贬,批评得失。

⑨邓粲(càn):东晋史学家,生卒年不详。长沙(今湖南长沙)人,曾任荆州刺史桓冲别驾,著《晋纪》10 篇,《晋书》有传。道鸾:即檀道鸾,字万安,南朝宋高平金乡(今山东金乡)人。曾任永嘉太守,撰《续晋阳秋》20 卷,今已佚。

⑩蹇踬(jiǎn zhì):文辞滞涩,不通畅。

【译文】

史书有体例,就像是国家有法律一样。国家没有法律,上下等级就无法确定;史书没有体例,是非评价就没有了准则。从前孔夫子修订《春秋》经,开始设立凡例;左丘明著《左传》,显现了史书的撰述范围。体例条目清楚,文采清晰可见。到了战国时代,直到晋朝,时间过了五百年,史学人才辈出,虽然史书的体例多次变更,但是这样的修撰方式已经灭绝了。只有晋朝干宝最先觉察,追循远古的左丘明,重新确立修史凡例,撰成《晋纪》一书。邓粲、孙盛以后,就追随了他的踪迹。史书体例的复兴,在这个时期最繁盛。像沈约《宋书》中的"志序",萧子显《南齐书》中的"序录",虽然都是用"序"来命名,实质都是讲体例。如果非要评定它们的优劣,评价它们的好坏,干宝、范晔,说理恳切而意义精深；邓粲、檀道鸾，文辞繁琐而缺少重点；萧子显虽文辞不够顺畅，但说理特别透彻。这一二家，都是序例中比较优秀的。

　　夫事不师古，匪说攸闻，苟模楷曩贤①，理非可讳。而魏收作例，全取蔚宗，贪天之功以为己力，异夫范依叔骏②，班习子长。攘袂公行③，不陷穿窬之罪也④？

【注释】

①曩(nǎng)贤：过去的贤能之人，先贤。指过去优秀的史家。曩，过去的，以往的。

②叔骏：华峤字。

③攘袂(mèi)：挽起袖子，意为奋起的样子。

④穿窬(yú)：凿穿或爬越墙壁进行盗窃，本文引申为剽窃。窬，小门洞。

【译文】

　　做事不师法古人，是没有听说过的，假如以先贤作为榜样，按理上说不应该隐讳。但魏收所作序例，完全抄袭范晔，贪图前人的功绩以作为自己的功劳，这不同于范晔依据华峤，班固学习司马迁（是公开进行剽窃）。挽起袖子公开行事，岂不是陷入剽窃之罪了吗？

　　盖凡例既立，当与纪传相符。案皇朝《晋书》例云："凡天子庙号①，唯书于卷末。"依检孝武崩后，竟不言庙曰烈宗。又案百药《齐书》例云："人有本字行者，今并书其名。"依检如高慎、斛律光之徒②，多所仍旧，谓之仲密、明月。此并非言之难，行之难也。又《晋》《齐》史例皆云："坤道卑柔③，中宫不可为纪④，今编同列传，以戒牝鸡之晨⑤。"窃惟录皇后者既为传体，自不可加以纪名。二史之以后为传，虽云允惬，而解释非理,成其偶中。所谓画蛇而加足⑥,反失杯中之酒也。至于题目失据,褒贬多违,斯并散在诸篇,此可得而略矣!

【注释】

①庙号:中国古代帝王死后在太庙里立室奉祀时追尊的名号。

②高慎:生卒年不详。字仲密,渤海蓨县(今河北景县)人。魏中兴初,除沧州刺史、东南道行台尚书。太昌初,迁光州刺史、加骠骑大将军,仪同三司。斛律光(515—572):字明月。朔州(今山西朔州)人,高车族,北齐名将。初任都督,善骑射,有"落雕都督"之誉。后拜大将军、太傅、右丞相,封咸阳王。

③坤道:谓妇女。

④中官:即皇后。

⑤牝鸡之晨:即牝鸡司晨,指母鸡报晓。牝鸡,母鸡。

⑥画蛇而加足:即画蛇添足。此比喻晋、齐史例录皇后为传体的有关解释是多此一举。

【译文】

凡例既然已经确定,就应该与纪、传相符合。考查唐朝官修《晋书》凡例说:"凡是天子的庙号,只写在每卷的末尾。"依此对照晋孝武帝死后,竟然不说他的庙号叫烈宗。又考查李百药《北齐书》凡例说:"有本名和字的人,现在一律写他的名。"依此检查如高慎、斛律光,大多依照旧有习惯,称他们为仲密、明月。这些都不是说起来困难,而是做起来困难。再比如《晋书》、《北齐书》的序例都说:"妇女柔弱卑下,皇后也不可作纪,现在编撰如同列传,是用来戒除皇后专权。"我认为记录皇后事迹既然用了列传的体例,自然不能加上纪的名称。这两部史书将皇后写入列传,虽说公允恰当,但解释并不合理,只是碰巧罢了。这正是俗话说的"画蛇添足",反而丢失了杯中的酒了。至于说题目缺乏依据,褒贬多有不当,这些都是散见于各篇之中,这里就省略了。

内篇　题目第十一

【题解】

本篇专论史书的题目问题，包括全书总名和篇名。刘知幾认为书名体现了全书的体例，编年体史书多名为"纪"，如《汉纪》《后汉纪》。纪传体史书多名为"书"，如《汉书》《后汉书》。史书的题目应该与内容相符合。他批评了后世的史家往往追求新奇，出现体例与题目不相符合的现象。

关于篇名，刘知幾认为古人修史，篇名总是随事立号，没有固定的范本。总的来说篇名应该做到简明扼要，符合当时的历史事实。本篇批评了司马迁《史记》记皇后事迹于《外戚世家》和班固《古今人表》只有古没有今的现象，认为名实不相符。

刘知幾主张用载记的形式记录非正统王朝的事迹，应该与正统朝的臣子有所区别。赞扬《东观汉记》和唐修《晋书》的做法是善于学习古人的典范。

刘知幾重点批评了自范晔以后史家写篇名重复啰唆的做法。如《后汉书》在传目中罗列全部传主的姓名，《魏书》在传主前加"僭"、"伪"、"岛夷"、"索虏"等，都不合乎体例要求。

上古之书有三坟、五典、八索、九丘①，其次有春秋、尚书、梼杌、志乘②。自汉已下,其流渐繁,大抵史名多以书、记、纪、略为主。后生祖述,各从所好,沿革相因,循环递习。盖区域有限,莫逾于此焉。

【注释】

①三坟、五典:孔颖达疏引孔安国《尚书序》:"伏羲、神农、黄帝之书,谓之《三坟》,言大道也;少昊、颛顼、高辛、唐、虞之书,谓之《五典》,言常道也。"八索:传说中的古书名,孔颖达疏引孔安国《尚书序》:"八卦之说,谓之八索。索,求其义也。"后世多以指称古代典籍或八卦之说。九丘:传说中的古书名,与八索并称。后世又以九州之地谓之九丘,《尚书序》:"九州之地,谓之《九丘》。丘,聚也。言九州所有,土地所生,风气所宜,皆聚此书也。"

②春秋、尚书、梼杌(táo wù)、志乘(shèng):春秋战国时代各国的编年史书。

【译文】

上古的史书有三坟、五典、八索、九丘,其次春秋战国时有春秋、尚书、梼杌、志乘。从汉代以后,史书的流派逐渐繁多,大体史书名称多以书、记、纪、略为主。后人多遵循效法前人,各自凭自己的喜好,沿用革新前代,往复互相学习。大概史书的范围有限,没有超过这几种的。

至孙盛有《魏氏春秋》,孔衍有《汉魏尚书》,陈寿、王劭曰志①,何之元、刘璠曰典。此又好奇厌俗,习旧捐新,虽得稽古之宜,未达从时之义。

【注释】

①陈寿、王劭曰志:指陈寿《三国志》、王劭《齐志》。

【译文】

到孙盛有《魏氏春秋》,孔衍有《汉魏尚书》,陈寿、王劭称史书为"志",何之元、刘璠称为"典"。这又是喜欢新奇厌恶世俗,因袭旧有的而丢弃新的,虽然具有考绩古史的意义,却不符合顺应时代的原则。

　　榷而论之,其编年月者谓之纪,列纪传者谓之书,取顺于时,斯为最也。夫名以定体,为实之宾,苟失其途,有乖至理①。案吕、陆二氏②,各著一书,唯次篇章,不系时月。此乃子书杂记,而皆号曰春秋③。鱼豢、姚察著魏、梁二史④,巨细毕载,芜累甚多,而俱榜之以略,考名责实,奚其爽欤⑤!

【注释】

①至理:根本原则,根本法则。

②吕、陆二氏:指吕不韦、陆贾,分别著有《吕氏春秋》、《楚汉春秋》。

③"此乃子书杂记"二句:中国古代典籍分为经、史、子、集四部。子部专列诸子百家及艺术、谱录等书。此指吕陆二书只是子书、杂记,不是史书,完全是冒用"春秋"之名。春秋,春秋战国时期诸侯列国编年史的通称。

④鱼豢(huàn):三国时魏京兆(今陕西西安)人,生卒年不详。私撰《魏略》,为记载曹魏事的纪传体史书,今有辑本。姚察(533—606):字伯审,吴兴武康(今浙江湖州)人。南朝史学家,历经梁、陈、隋三朝,于陈任秘书监、领大著、吏部尚书等职。于隋任秘书丞,奉命修撰梁、陈二史,未成而卒。临终遗命其子姚思廉续撰而成。

⑤奚其:疑问词,何其,何等。

【译文】

仔细推究起来，那些按年月记录史事的称为"纪"，罗列人物传记的称为"书"，按照顺应时代说，这是最规范的。名称用来确定体例，是依附于实际内容的，如果失去这个方法，就会违背根本原则。查吕不韦《吕氏春秋》、陆贾《楚汉春秋》，各著了一部书，只编排篇章，没有列出时间顺序。这只是子书杂记，但都题名"春秋"。鱼豢、姚察撰《魏略》、《梁后略》二史，大事小事都载入书中，杂乱累赘之处很多，却都以"略"标榜，根据名称来考察实际内容，是何等的矛盾啊！

　　若乃史传杂篇①，区分类聚，随事立号，谅无恒规。如马迁撰皇后传，而以外戚命章。案外戚凭皇后以得名，犹宗室因天子而显称，若编皇后而曰外戚传，则书天子而曰宗室纪，可乎？班固撰《人表》，以古今为目。寻其所载也，皆自秦而往，非汉之事，古诚有之，今则安在？子长《史记》别创八书，孟坚既以汉为书，不可更标书号，改书为志，义在互文②。而何氏《中兴》易志为记③，此则贵于革旧，未见其能取新。

【注释】

①若乃：至于。

②互文：也叫互辞，是古诗文中常采用的一种修辞方法。即"参互成文，含而见文"。指有上下文义之间的互相交错、互相渗透、互相阐发、互相补充。

③何氏《中兴》：指何法盛《晋中兴书》。

【译文】

至于说要把史书中的杂篇，区别开来按类编排，根据具体内容设立名称，想来也没有常规。如司马迁撰写皇后的传记，而用"外戚"来命名。外戚凭借皇后才可以显名声，就像宗室凭借天子而被人称道。假如编皇后事迹而称"外戚传"，那么叙述天子事迹就当称"宗室纪"了，可以吗？班固撰写《人表》，用"古今"来标目。考察他所记载的内容，都是秦朝以前的人，不是汉朝的史事，"古"确实是有了，"今"又在哪里呢？司马迁《史记》创立了"八书"，班固既然把汉史改为"书"，就不能再标"书"为篇名，改"书"为"志"，意义在于互相配合。但何法盛的《晋中兴书》改"志"为"说"，这是重在改革旧名称，却看不出他能创新。

　　夫战争方殷，雄雌未决，则有不奉正朔①，自相君长。必国史为传，宜别立科条。至如陈、项诸雄，寄编汉籍；董、袁群贼，附列《魏志》。既同臣子之例，孰辨彼此之殊？唯《东观》以平林、下江诸人列为载记②。顾后来作者，莫之遵效。逮《新晋》始以十六国主持载记表名③，可谓择善而行，巧于师古者矣。

【注释】

①正朔：一年的第一天为正，一月的第一天为朔。古时改朝换代，新王朝常重定正朔。正朔就是正统的意思。

②载记：史书体裁之一，专门记载不属于正统王朝的割据政权的事迹。

③《新晋》：即唐贞观年间下诏重修的《晋书》，房玄龄等修，有载记三十卷，记述十六国史事。因对已有的十八家晋书不满而重新修，故称《新晋》。

【译文】

当战争正在激烈进行，胜负尚未分出之时，就有不遵奉朝廷正朔，自立为王的。如果国史一定要为他们立传,最好另外设立条目。至于像陈涉、项羽这样的豪强,编写在汉朝的史著中;董卓、袁绍这群乱臣贼子,附记在《三国志》的《魏书》中。既然和臣子同样体例,谁能辨别他们彼此的区别?只有《东观汉记》把王莽末年的平林、下江的事迹列入载记。看一看后来的作者,没有遵从效法的。直到唐重修《晋书》才把十六国史事用载记作为名称,可以说是择善而施行,善于师法古人的了。

观夫旧史列传,题卷靡恒①。文少者则具出姓名,若司马相如、东方朔是也。字烦者唯书姓氏,若毋将、盖、陈、卫、诸葛传是也②。必人多而姓同者,则结定其数,若二袁、四张、二公孙传是也③。如此标格④,足为详审。

【注释】

①靡恒:没有常规,没有定规。

②毋将、盖、陈、卫、诸葛传:《汉书》卷七十七是盖(gě)宽饶、诸葛丰、刘辅、郑崇、孙宝、毋将隆、何并等,无陈、卫两姓。

③二袁:袁绍、袁术。四张:张扬、张燕、张绣、张鲁。二公孙:公孙瓒、公孙度。《三国志·魏书》卷六将二袁合为一传;卷八将四张二公孙合为一传。

④标格:规范,标写格式。

【译文】

纵观旧史书的列传,每卷标题没有定规。文字少的就全部列出姓名,如《司马相如传》、《东方朔传》就是这样。文字多的就只写姓氏,如《汉书·盖诸葛刘郑孙毋将何传》就是这样的。如果多人同姓的,就算定同姓数目,如《二袁传》、《四张二公孙传》。像这样的标题格式,足够详细明了了。

至范晔举例，始全录姓名，历短行于卷中，丛细字于标外，其子孙附出者，注于祖先之下，乃类俗之文案孔目、药草经方，烦碎之至，孰过于此？窃以《周易》六爻[1]，义存象内[2]；《春秋》万国，事具传中[3]。读者研寻，篇终自晓，何必开帙解带[4]，便令昭然满目也。

【注释】

①《周易》六爻（yáo）：周易的卦象。

②象：指《周易》中的《象传》，为解释卦、爻之辞。又称《易大传》。

③传：指解释《春秋》微言大义的书。

④帙：书套，书衣。

【译文】

到了范晔设立凡例，才开始全部记录姓名，选择一短行写出主要人物，用小字列出标题以外的人物。其中子孙附带写出的，就标注在祖先的名下，就像一般公文条目、药草方子，琐碎至极，谁能超过这些？我认为《周易》六爻，深意蕴含在《象传》里；《春秋》记录各国史事，具体史实都详记在《左传》中。读者研讨搜寻，看完以后就自然知晓，没有必要一打开书，就要一目了然。

自兹已降，多师蔚宗。魏收因之，则又甚矣。其有魏世邻国编于魏史者，于其人姓名之上，又列之以邦域，申之以职官，至如江东帝王，则云僭晋司马睿、岛夷刘裕[1]，河西酋长则云私署凉州牧张寔、私署凉王李暠[2]。此皆篇中所具，又于卷首具列。必如收意，使其撰《两汉书》、《三国志》，题诸盗贼传，亦当云僭西楚霸王项羽、伪宁朔王隗嚣。自余陈涉、张步、刘璋、袁术，其位号皆一一具言，无所不尽者也。

【注释】

①司马睿（276—323）：字景文，东晋王朝的开国皇帝。因其在王朝贵族和江东大族的支持下称晋王，继而即帝位为晋元帝，故称"僭晋"。岛夷刘裕（363—422）：字德舆，南北朝时期宋朝的建立者，史称宋武帝。南北朝时南书谓北为"索虏"，北书指南为"岛夷"，故称岛夷刘裕。

②张寔（shí，271—320）：字安逊，十六国时期前凉政权的建立者。李暠（hào，351—417）：字玄盛，十六国时期西凉政权的建立者。

【译文】

自此以后，学者们大多师法范晔。魏收因袭范晔，却又因袭过头。其中有魏的邻国史事被编入《魏书》的，在他们的姓名之前，又要标列城邦地域，标明所任官职，比如江东地区的皇帝，就称"僭晋司马睿"、"岛夷刘裕"，河西地区的首领就称"私署凉州牧张寔"、"私署凉王李暠"。这些都是文中已经写到的，却又在卷首一一列出。假如依照魏收的做法，让他来编撰《两汉书》、《三国志》，标列各个盗贼传，就应当叫僭西楚霸王项羽、伪宁朔王隗嚣。其余如陈涉、张步、刘璋、袁术，他们的职位字号都要一一列出来，没有不完备的。

盖法令滋章①，古人所慎。若范、魏之裁篇目，可谓滋章之甚者乎？苟忘彼大体，好兹小数，难与议夫"婉而成章"、"一字以为褒贬"者矣②。

【注释】

①滋章：语出《老子》"法令滋彰，盗贼多有"。繁密的意思。

②一字以为褒贬：即春秋笔法，左丘明评价《春秋》"微而显，志而晦，婉而成章，尽而不污，惩恶而劝善，非贤人谁能修之？"意在说明用词简洁、婉转地表达对君主或人事的褒贬态度。

【译文】

大体法令繁密，是古人所谨慎的。像范晔、魏收裁定的篇目，可以说是繁细至极了吧？如果忘记了编撰的大原则，偏好琐细的篇目，就很难和他们讨论"婉而成章"、"一个字就寓含了对史事的褒贬"的问题了。

内篇　断限第十二

【题解】

　　断限是史书编纂的体例问题，即史书的上限、下限，通史、断代史都必须规定史书应包括的范围。在本篇中，刘知幾批评了种种有违史书断限的现象。如《汉书》的表志尤其是《古今人表》超出了汉代范围，沈约《宋书》的八志上续《史记》《汉书》、唐修《隋书》的志包罗五代（梁、陈、齐、周、隋）。又如陈寿把不是三国时人的董卓等列入《三国志》，魏收把年代不相接、地域不相邻的政权列入《魏书》，都违背了断限原则。

　　刘知幾认为断限的原则是简省，一则断限要严，二则不重复前人，如班固《汉书·艺文志》"首全写《禹贡》一篇"，无疑是画蛇添足。

　　刘知幾的主张有积极意义，史书编纂必须注意断限。但《宋书》、《隋书》等突破了断限限制，正是为弥补前代史书缺史志的缺憾，这对于史料保存具有重大意义。所以后世学者对刘知幾的认识也多有批评。

　　夫书之立约①，其来尚矣②。如尼父之定《虞书》也③，以舜为始，而云"粤若稽古帝尧"④；丘明之传鲁史也，以隐为先⑤，而云"惠公元妃孟子"⑥。此皆正其疆里，开其首端。因有沿革，遂相交互，事势当然，非为滥轶也⑦。过此已往，可谓狂简不知所裁者焉⑧。

【注释】

①约：约束，范围，断限。

②尚：久远。

③尼父：指孔子。《虞书》：即《虞夏书》之省称，《尚书》的一部分，包括《尧典》、《皋陶谟》、《禹贡》等篇。

④粤若稽古帝尧：《尚书·尧典》篇的首句。意为考查古代的帝尧。粤若，发语词。

⑤隐：即鲁隐公息姑。在位十一年（前722—前712年）。

⑥惠公元妃孟子：《春秋》记事起自鲁隐公元年（前722），左丘明《左传》则在隐公元年之前追述隐公之父惠公、嫡母孟子卒、继室声子生隐公等事。

⑦滥：泛滥。轶：超越。

⑧狂简不知所裁：指简单粗率而不懂剪裁。语出《论语·公冶长》："子在陈曰：'归与，归与！吾党之小子狂简，斐然成章，不知所以裁之。'"

【译文】

史书定立断限，由来已久。如孔子修订《虞书》，以舜为起首，却说"考查古代帝尧"；左丘明为鲁史作《传》，以鲁隐公为起首，却说"惠公的元妃孟子"。这都是划定史书的范围，从头说起。因为有所沿革，就会有所交叉，这是事情发展的必然，并非漫无界限。超过这样的界限，就可以说是粗疏而不懂裁剪了。

　　夫子曰①："不在其位，不谋其政②。"若《汉书》之立表志，其殆侵官离局者乎③？考其滥觞所出，起于司马氏。案马《记》以史制名，班《书》持汉标目。《史记》者，载数千年之事，无所不容；《汉书》者，纪十二帝之时，有限斯极。固既分迁之记,判其去取,纪传所存,唯留汉日;表志所录,乃尽犠年④,举一反三,岂宜若是? 胶柱调瑟⑤,不亦谬欤! 但固之蹐驳⑥,既往不谏⑦,而后之作者,咸习其迷⑧。《宋史》则上括魏朝⑨,《隋书》则仰包梁代⑩。求其所书之事,得十一于千百。一成其例,莫之敢移;永言其理,可为叹息!

【注释】

①夫:浦起龙《史通通释》注云:"一作'又'。"象本、黄本均作"又"。

②不在其位,不谋其政:语出《论语·泰伯》。此借指史著记事应当严守范围。

③侵官:指超越职权范围,侵犯别人掌管之事。离局:离开自己的职守,即擅离职守。

④犠年:伏犠的时代。犠,指伏犠氏。

⑤胶柱调瑟:语出《盐铁论·相刺篇》:"胶柱而调瑟,固而难合矣。"《史记·蔺奢传》记蔺相如论赵奢之子赵括只知读书而不知变通之辞作"胶柱鼓瑟"。这里比喻墨守成规,不知变通。

⑥蹐(chuǎn)驳:杂乱。

⑦既往不谏:语出《论语·微子》:"往者不可谏。"又《论语·八佾》:"成事不说,遂事不谏,既往不咎。"指过去的事情已无可挽回。

⑧迷:迷途,迷误。

⑨《宋史》则上括魏朝:指沈约《宋书》的志多有述魏晋事者。其《志序》云:"《魏书》阙志……自魏至宋,宜入今书。"

⑩《隋书》则仰包梁代:唐贞观年间,诏修梁、陈、齐、周、隋五史,五史成而皆无志,故又令于志宁、李淳风等人修《五代史志》,编入《隋书》。故刘知幾认为不合体例。

【译文】

孔夫子说："不在其位,不谋其政。"像《汉书》中设立表志,也算是侵犯别人范围、擅离职守了吧?考查其源头,起源于司马迁。司马迁《史记》以"史"作为书名,班固《汉书》用"汉"标立题目。《史记》一书,记载了数千年的史事,无所不包;《汉书》,记载了汉朝十二代帝王的事迹,就有这样一个极限。班固已经分割了司马迁所记史事,确定取舍,纪传所保留的,只有汉代的史事;表志所采录的,却直到伏羲时代,举一而反三,难道可以这样?墨守成规,不知变通,岂不是谬误吗?但班固的驳杂,是过去的事已无可挽回了,而后代的作者,却沿袭他的迷误。《宋史》上含魏代,《隋书》包罗梁朝。考查所记载之事,只占全书的百分之一。但已经形成的先例,就没有人敢改变;长时间形成的合理之举,让人为之叹息!

当魏武乘时拨乱①,电扫群雄,锋镝之所交②,网罗之所及者,盖唯二袁、刘、吕而已③。若进鸩行弑④,燃脐就戮⑤,总关王室⑥,不涉霸图⑦,而陈寿《国志》引居传首。夫汉之董卓,犹秦之赵高⑧,昔车令之诛,既不列于《汉史》,何太师之毙⑨,遂独刊于《魏书》乎?兼复臧洪、陶谦、刘虞、孙瓒生于季末⑩,自相吞噬。其于曹氏也,非唯理异犬牙⑪,固亦事同风马⑫,汉典所具⑬,而魏册仍编⑭,岂非流宕忘归,迷而不悟者也?

【注释】

①魏武:即魏武帝曹操。拨乱:治乱。

②镝(dí):箭头。

③二袁、刘、吕:指袁绍、袁术、刘表、吕布。

④进鸩行弑(shì)：指董卓用鸩酒毒害东汉少帝刘辩。弑，臣下杀害
　君主或子女杀害父母称弑。

⑤燃脐就戮：董卓被杀死后，暴尸于市，守尸者在他的脐上方上灯
　芯，利用他体内的油脂点火，燃烧数日方熄。

⑥王室：此指东汉政权。

⑦霸图：指曹操。

⑧赵高(? —前207)：秦始皇时任中车府令。秦始皇死时，与丞相
　李斯谋杀秦始皇之长子扶苏及大将蒙恬，立二世胡亥，继又杀李
　斯及胡亥。后被孺子婴所杀。

⑨太师：指董卓(? —192)。董卓挟持汉献帝西迁长安时，自称为
　太师。

⑩臧洪：生卒年不详。汉末琅玡太守张超功曹。曹操攻打张超，臧
　洪因袁绍拒绝求救而结怨，后为袁绍所杀。陶谦(132—194)：汉
　末为徐州刺史，参与镇压黄巾军。后为曹操所败。刘虞(? —
　193)：字伯安，汉末任幽州牧，董卓擅权时，袁绍曾企图拥立他来
　抵抗董卓，刘虞不许，后为公孙瓒所杀。孙瓒：即公孙瓒(? —
　199)，字伯珪，初任辽东涿令，多次被乌桓族所败。后因杀刘虞，
　虞之部属联合袁绍兵共击之，兵败自杀。《后汉书》、《三国志》皆
　有传。

⑪犬牙：语出《汉书·文帝纪》。此比喻事理交错。

⑫风马："风马牛不相及"的省称，不相干的意思。语出《左传》僖公
　四年："(齐)遂伐楚，楚子使与师言曰：'君处北海，寡人处南海，
　唯是风马牛不相及也。'"

⑬汉典：指《后汉书》。典，典册，指史书。

⑭魏册：指《三国志·魏书》。册，典册，指史书。

【译文】

当年魏武帝顺应时局拨乱反正，扫荡群雄，锋芒所向，战火所及，只

有袁绍、袁术、刘表、吕布而已。至于董卓用鸩酒毒害东汉少帝刘辩,死后被暴尸燃脐,完全关乎东汉政权,而与曹操无关,但陈寿《三国志》却把他放在列传之首。汉代的董卓,犹如秦代的赵高,过去秦代中车府令赵高被诛的事,既然不列入汉史,为什么汉代太师董卓毙命的事,就偏偏记载于《魏书》中呢?再有臧洪、陶谦、刘虞、公孙瓒生于汉末,各自互相吞并。他们对于曹氏,不但事理上毫无共通之处,事情本来也就风马牛不相及,《后汉书》已有详细记载,而《三国志·魏书》仍然编入,岂不是任意而为不知收束,执迷而不知觉悟吗?

　　亦有一代之史,上下相交,若已见它记,则无宜重述。故子婴降沛①,其详取验于《秦纪》;伯符死汉,其事断入于《吴书》②。沈录金行,上羁刘主③;魏刊水运,下列高王④。唯蜀与齐各有国史,越次而载⑤,孰曰攸宜?

【注释】

①子婴降沛:赵高杀秦二世,立其兄子子婴,称秦王。沛公(刘邦)率兵西进,攻至秦都咸阳西南的霸上,子婴被迫投降。事见《史记·秦始皇本纪》。《史记·高祖本纪》也有简略记载。

②伯符死汉,其事断入于《吴书》:孙策字伯符,汉末初附袁术,袁术称帝,转附曹操,封吴侯。建安五年(200),曹操与袁绍战于官渡,孙策密谋袭击许昌以迎汉帝,军未发而被人暗杀。孙策死于汉代,但《后汉书》无传,其事却载于《三国志·吴书》。

③沈录金行,上羁刘主:指沈约撰《晋书》,却记录了蜀汉之主。金行,指晋代,按五行说,晋为金德,尚白。但蜀汉亡于司马氏,沈约《晋书》当有所述及,故刘知幾有此讥评。

④魏刊水运,下列高王:指魏收著《魏书》,却记载了北齐高欢、高

澄、高洋等事迹。《魏书·律历志》以元魏为水德,建元为壬子,壬子属北方,水运的正位,建元与运次密合。以此说明北齐直接上承魏统。故刘知幾说"越次而载"。高王,指北齐文宣帝高洋,在位十年(550—559)。

⑤越次:超越各政权实际接续的次序。

【译文】

　　也有记载一个朝代的史书,涉及前后朝代交叉之事,如果已经见于别的史书,就不应重复叙述。所以秦子婴投降沛公,详情见于《史记·秦始皇本纪》;孙伯符死于汉代,其事迹却归入《三国志·吴书》中记载。沈约撰著《晋书》,却上录蜀汉之主;魏收编撰《魏书》,下列北齐之王。而蜀汉和北齐各有自己的国史,沈、魏越过次序记载史事,谁能说这是恰当的呢?

　　自五胡称制①,四海殊宅②。江左既承正朔③,斥彼魏胡,故氏、羌有录④,索虏成传⑤。魏本出于杂种⑥,窃亦自号真君⑦。其史党附本朝,思欲凌驾前作,遂乃南笼典午⑧,北吞诸伪⑨,比于群盗,尽入传中。但当有晋元、明之时,中原秦、赵之代⑩,元氏膜拜稽首⑪,自同臣妾,而反列之于传,何厚颜之甚邪!又张、李诸姓,据有凉、蜀⑫,其于魏也,校年则前后不接,论地则参商有殊,何预魏氏而横加编载?

【注释】

①五胡:指十六国时期统治者族属匈奴、鲜卑、羯、氐、羌。

②殊宅:指割据分裂。殊,不同。宅,驻地。

③江左:指东晋、南朝。

④氐、羌有录:十六国中,氐族所建国有前秦、后凉,羌族所建国有

后秦。《南齐书·氏羌传》、《宋书·氏胡传》记载了氏、羌的事迹。

⑤索虏成传:《宋书》有《索虏传》记载北魏事。因北方民族多编发为辫,故以"索"称。另,《南齐书》有《虏传》。

⑥杂种:指古代散居我国北方的各少数民族部落,古称"杂种胡"。北魏的鲜卑族是其中一种。故云"魏本出于杂种"。

⑦自号真君:公元440年,北魏世祖太武帝拓跋焘改年号为"太平真君"。

⑧南笼典午:指魏收《魏书》列有《僭晋司马睿传》等记载东晋诸帝事迹。典午,指晋朝。晋朝皇帝为司马氏,司、典都是掌管之意,意义相同,而马配天干地支为午,故称司马为典午。

⑨诸伪:指北方除元魏之外的其他少教民族政权,包括匈奴、羯、氏、羌等。《魏书》皆有传。

⑩但当有晋元、明之时,中原秦、赵之代:指氏族苻氏建前秦、匈奴刘氏建前赵、羯族石氏建后赵,立国时间相当于东晋元帝(317—322)、明帝(323—325)时代。

⑪膜拜:古代的拜礼。行礼时,两手放在额上,长时间下跪叩头。稽首:古代跪拜礼,跪拜时额头须着地。

⑫张、李诸姓,据有凉、蜀:张指汉族人张寔,于公元314年建立前凉,占据凉州,公元376年亡国。李指益州賨(cóng)族人李雄,其父李特于公元304年建立成汉,占据成都,国亡于公元347年。

【译文】

自从五胡称王,天下分裂割据。江南政权继承正统以后,排斥北魏、五胡,所以有记录北方诸政权的《氏羌传》、《氏胡传》,有记载北魏政权的《索虏传》。北魏本出自北方杂种胡,私下自称"太平真君"。它的史书偏袒本朝,企图凌驾前代诸史,于是南面包容晋朝,北面统括各个伪政权,把它们比作群盗,全部写入僭伪类传记之中。但正当晋代元帝、明帝时代，恰是中原的前后秦、前后赵之代，元魏对它们顶礼膜拜，把自己当作臣妾，却反被列于正传之中，是何等的厚颜无耻啊！又有张寔、李雄等政权，占据了凉州、蜀州，对于北魏来说，论年代则前后不相衔接，论地域则如参商相隔遥远，与元魏有何相干而妄加编载呢？

　　夫《尚书》者，七经之冠冕①，百氏之襟袖②。凡学者必先精此书，次览群籍。譬夫行不由径③，非所闻焉。修国史者，若旁采异闻，用成博物，斯则可矣。如班《书·地理志》，首全写《禹贡》一篇。降为后书，持续前史。盖以水济水，床上施床，徒有其烦，竟无其用，岂非惑乎？昔春秋诸国，赋诗见意，《左氏》所载，唯录章名。如地理为书，论自古风俗，至于夏世，宜云《禹贡》已详，何必重述古文，益其辞费也？

【注释】

①七经：指《诗》、《书》、《礼》、《乐》、《易》、《春秋》及《左传》。一说有《论语》无《左传》。

②百氏：百代，历代。襟袖：犹如领袖，比喻重要。

③行不由径：语出《论语·雍也》，意指不走邪路。此比喻读书应先读正书。

【译文】

《尚书》，是七经之首要，是历代百家的领袖。凡是为学的人必须先精通此书，其次再遍览各种典籍。就好像走路不从正路，从来没有听说过。修撰国史的人，如果广泛搜采不同见闻，用来编撰博物志，这是可以的。如班固《汉书·地理志》，开头全抄《禹贡》一篇。作为后来的史书，是接续前代史书的。如果水里加水，床上加床，白白地增加繁琐，终究没什么用处，岂不是很混乱吗？过去春秋各国，用赋诗来表达思想，

《左传》记载这些事时，只记录下篇名。像记载地理的书志，论述自古以来的风俗，直到夏代，应当说《禹贡》记载已很详尽，又何必重新复述古文，增加书中的累赘呢？

若夷狄本系种落所兴，北貊起自淳维①，南蛮出于槃瓠②，高句丽以鳖桥获济③，吐谷浑因马斗徙居④。诸如此说，求之历代，何书不有？而作之者曾不知前撰已著，后修宜辍⑤，遂乃百世相传，一字无改。盖骈指在手，不加力于千钧；附赘居身，非广形于七尺⑥。为史之体，有若于斯，苟滥引它事，丰其部帙，以此称博，异乎吾党所闻。

【注释】

①北貊(mò)起自淳维：北貊，古代中原地区对北方某些少数民族的污蔑性称呼，此指匈奴。貊，野兽名。《史记·匈奴传》：“匈奴，其先祖夏后氏之苗裔也，曰淳维。”

②南蛮出于槃瓠：南蛮，古代中原地区对南方少数民族的污蔑性称呼。传说古帝高辛氏曾把女儿许配他的爱犬槃瓠，生六男六女，自相配偶，子孙繁衍，号称南蛮。见《后汉书·南蛮传》。《南史·夷貊传》亦有类似记载。

③高句丽以鳖桥获济：传说高句丽祖先朱蒙之母为河伯女，被夫余国王幽禁室内，因受日光照耀而生一卵，一男破卵而出，长大后自名朱蒙。因其非人所生，遭到追杀，朱蒙逃命途中被一大河阻隔，鱼鳖浮出水为其搭桥，得以渡河，并定居纥升骨城，号高句丽。见《魏书·高句丽传》。《南史·高句丽传》也有记载。

④吐谷浑因马斗徙居：传说辽东鲜卑族人奕洛韩有二子，长名吐谷浑，次名若洛廆。各自建成部落，廆因二部落之马相斗而大怒，

　　吐谷浑于是远走阴山，自称慕容氏。见《宋书·鲜卑吐谷浑传》。
《魏书》、《晋书》也有《吐谷浑传》记载其事。

⑤辍：停止。

⑥非广形于七尺：语出《淮南子·精神训》："吾生也有七尺之形，吾
　　死也有一棺之土也。"

【译文】

　　至于夷狄本是种族部落所发展起来的，北貊起源于淳维，南蛮出自
于槃瓠，高句丽因鳖桥得以渡水，吐谷浑为马相斗而迁居。诸如此类的
传说，查考历代，哪代史书没有？但撰写史书的人不知道前人已写，后
代修撰时应该放弃，于是百代相互传抄，一字不改。多长一个指头在
手，不会使手上的力气增加；多生一个瘤子在身，不能让人的形体变长。
修史的体裁体例，与此相似，如果滥引别的事情，来增加书的篇幅，因此
而号称广博，太奇怪了！我们从没有听说过。

　　陆士衡有云①："虽有爱而必捐②。"善哉斯言，可谓达作
者之致矣。夫能明彼断限，定其折中③，历选自古，唯萧子显
近诸。然必谓都无其累④，则吾未之许也。

【注释】

①士衡：陆机的字。

②虽有爱而必捐：语出陆机《文赋》："苟伤廉而愆义，亦虽爱而必
　　捐。"捐，抛弃，取消。

③折中：适中，恰当。此指判断事物的标准。

④累：毛病，缺陷。

【译文】

　　陆机曾说过："虽有可爱之处也一定要舍弃。"这话说得太好了，可
以说是真正懂得作者的用意了。能够懂得修史的断限，确定修史准则

的，纵观自古以来史书，只有萧子显的《南齐书》比较接近。但一定要说全无一点毛病，则是我不能赞同的。

内篇　编次第十三

编次，关乎著书的组织和布局。本篇主要讨论纪传体史书的组织布局。纪传体史书一般都有纪、传、表、志等类目，编次布局问题更为突出。刘知幾总结了《史记》、《汉书》以来，纪传史存在体统不一、名目相违、善恶混淆、尊卑颠倒、归类不当等现象。

刘知幾认为，《史记·龟策列传》记述卜筮之事，不宜归入记人为主的列传；《汉书》把本应列入儒林的刘向、刘歆与身为藩王的楚元王刘交及其子孙合传，归类不当；《后汉书》把更始帝刘玄降到列传之中，光武帝刘秀列于本纪之首，名实相违；《三国志·蜀书》首先标列益州二牧刘焉、刘璋，其次才列先主刘备，尊卑颠倒，等等。这些认识不尽都合理，后人也多有不同意见。但他主张归类要恰当、编排要合理、师古不泥、择善而行等，对后世史书编纂是有积极意义的。

昔《尚书》记言，《春秋》记事，以日月为远近，年世为前后，用使阅之者雁行鱼贯①，皎然可寻。至马迁始错综成篇，区分类聚。班固踵武②，仍加祖述③。于其间则有统体不一④，名目相违⑤，朱紫以之混淆，冠履于焉颠倒，盖可得而言者矣。

【注释】

①雁行鱼贯:语出《文选》鲍照《代出自蓟北门行》:"雁行缘石径,鱼贯度飞梁。"此指史书编纂条理井然有序。

②踵武:紧随其后,指继承前人的事业。踵,追随。武,足迹。

③祖述:效法,学习。

④统体:体统,体例,体制。

⑤名目相违:指篇名与内容互相抵牾。

【译文】

过去《尚书》记言,《春秋》记事,依照日月的远近、年代的先后进行编排,因而使阅读史书的读者,按照编排次序依次阅读,清晰明白地深入寻讨。到了司马迁才交错综合成书,按类分合。班固紧随其后,仍然加以效仿。这中间就有一些体例不一致,篇名与内容互相抵牾,以致善恶混淆、头尾颠倒,大概可以来说一说吧。

　　寻子长之列传也,其所编者唯人而已矣。至于龟策异物①,不类肖形②,而辄与黔首同科③,俱谓之传,不其怪乎?且龟策所记,全为志体,向若与八书齐列④,而定以书名,庶几物得其朋⑤,同声相应者矣。

【注释】

①龟策:即龟甲和蓍草,是古人用来占卜吉凶的用具。《史记》有《龟策列传》。

②肖形:指人类。

③黔首:平民。此泛指人。

④八书:指司马迁《史记》中专门记载国典朝章的"八书",即《礼书》、《乐书》、《律书》、《历书》、《天官书》、《封禅书》、《河渠书》、

《平准书》。班固《汉书》改"书"为"志",而后历代不断有变化。
参见《书志》篇。

⑤庶几:或许,大概。

【译文】

考查司马迁《史记》的列传,所编入的只是人物而已。至于龟甲蓍草一类的奇物,不同于人类,却把它们与人物同编在一类,都称之为传,这不是很奇怪吗?况且《龟策列传》所记载的,完全是志的体例,如果与八书并列,以"书"命名,或许就物归合理,呼应得当了。

孟坚每一姓有传,多附出余亲①。其事迹尤异者,则分入它部。故博陆、去病昆弟非复一篇②,外戚、元后妇姑分为二录③。至如元王受封于楚④,至孙戊而亡。案其行事,所载甚寡,而能独载一卷者,实由向、歆之助耳⑤。但交封汉始,地启列藩;向居刘末,职才卿士⑥。昭穆既疏⑦,家国又别。适使分楚王子孙于高、惠之世,与荆、代并编⑧;析刘向父子于元、成之间,与王、京共列⑨。方于诸传,不亦类乎?

【注释】

①余亲:指传主的子孙后裔。

②博陆、去病:指西汉重臣霍光及其兄名将霍去病。博陆,古地名,今河北蠡县南,汉武帝封霍光博陆侯,故此代指霍光。去病,即霍去病(前140—前117),以抗击匈奴立下赫赫战功,被封为骠骑将军。《汉书》中将其与卫青合传。

③外戚:帝王的母族和妻族,此指汉宣帝刘询的皇后。元后:汉元帝刘奭(shì)的皇后。元后与宣后是儿媳妇与婆婆的关系。妇,儿媳。姑,丈夫的母亲。《汉书》将后妃列入《外戚传》,而元后因

是王莽之姑母，事迹重要，单列为《元后传》。

④元王：即楚元王刘交，刘邦之少弟。汉高祖刘邦封刘交为元王于楚，刘交的孙子刘戊和吴王叛乱，兵败自杀，封国亡绝。

⑤向、歆：即刘向及其子刘歆。刘向为刘交四世孙。《汉书·楚元王传》为刘交及其子孙与刘向父子合传。而向、歆传占传文的五分之四。

⑥卿士：古代官名，泛指卿、大夫、士，位在诸侯之下，为诸侯所封，其领地及政权称家。

⑦昭穆：古代宗法制度。宗庙次序，始祖居中，以下父子递为昭穆，昭左穆右。此指世系。

⑧荆、代：指荆王刘贾、代王刘仲。贾、仲与高祖皆兄弟行，且同在一传。故云"并编"。

⑨王、京：指王式、京房。《汉书》京房有两传，一入儒林，儒林中另有王式。

【译文】

　　班孟坚的《汉书》常常每一姓都有列传，且多附记其余亲属。其中事迹特别突出的，就分记到其他传里。所以霍光、霍去病兄弟不在一篇，《外戚传》、《元后传》婆媳分成两篇记录。至于像楚元王刘交受封在楚，到他的孙子刘戊而封国亡绝。考查他们的事迹，所能记载的很少，却能单独列为《楚元王传》一卷，其实是因为刘向、刘歆的传附在里面的缘故。但刘交受封在汉朝初年，封国列于藩王之列；刘向生活在西汉末年，职位才是卿士。世代已经很疏远，国和家爵位又不同。假使把楚元王子孙分出记在汉高祖、汉惠帝时代，与荆王刘贾、代王刘仲编在一起；把刘向父子分出记在汉元帝、汉成帝之间，与王式、京房共编在一起。与其他各传相比，不就类似了吗？

　　又自古王室虽微，天命未改，故台名逃责①，尚曰周王；

君未系颈②,且云秦国。况神玺在握,火德犹存③,而居摄建年,不编《平纪》之末;孺子主祭,咸书《莽传》之中④。遂令汉余数岁⑤,湮没无睹,求之正朔,不亦厚诬?

【注释】

①台名逃责:东周末代帝王周赧王为诸侯所凌迫,又无法偿还富豪的欠债,就躲避到台上去,人称其台为逃债台。见《史记·周本纪》张守节正义引《帝王世纪》。责,通"债"。

②君未系颈:公元前207年10月,刘邦率军攻至霸上,秦王子婴被迫乘素车白马,颈系丝带,请降。事见《史记·秦始皇本纪》。

③火德:指汉朝。刘向、刘歆父子依五行相生相胜推定汉朝为火德,其色尚赤。而秦为金德,其色尚白。火胜金,所以汉必代秦。

④"而居"四句:汉平帝死,王莽为了篡夺政权,选广戚侯刘婴为太子,自己摄行皇帝之事,改元居摄。其后又改朝为新,自为皇帝。《汉书·平帝纪》后未为孺子婴立纪,其废立等事均载于《王莽传》。主祭,主持刘氏宗庙祭祀,即继承汉王朝君统。

⑤汉余数岁:指平帝死后的居摄元年(6)到王莽称帝的始建国元年(9)之间的三年。

【译文】

还有,自古王室虽然衰微,但天命未改,所以周赧王躲入逃债台,尚且还称周王;秦王子婴未系颈投降,仍然称秦国。何况玉玺在握,汉代还存在,而居摄年间之事,未编入《平帝纪》之后;子婴继承帝位之事,全写在《王莽传》中。于是使西汉末数年间的史事,湮没无闻,按正朔来要求,不是太荒谬了吗?

当汉氏之中兴也,更始升坛改元,寒暑三易①。世祖称臣北面^②,诚节不亏。既而兵败长安,祚归高邑^③,兄亡弟及^④,历数相承。作者乃抑圣公于传内^⑤,登文叔于纪首,事等跻僖^⑥,位先不窋。夫《东观》秉笔^⑦,容或谄于当时,后来所修^⑧,理当刊革者也^⑨。

【注释】

①更始升坛改元,寒暑三易:王莽地皇四年(23),刘玄称帝,改元更始,至公元25年光武帝即位,前后三年。

②世祖:东汉光武帝刘秀庙号。北面:古代帝王面南而坐,臣子朝见则北面。光武帝初为更始帝的太常偏将军,故云"称臣北面"。

③兵败长安,祚归高邑:指更始三年(25),刘玄与赤眉军战于长安,兵败投降。刘秀军行至鄗(今河北柏乡),即皇帝位,改元建武,改鄗为高邑。故称"祚归高邑"。

④兄亡弟及:刘玄为刘秀族兄,故云"兄亡弟及"。

⑤圣公:刘玄字。

⑥事等跻僖:指春秋时期鲁国国君在太庙祭祀,把庶出而又继闵公而立的鲁僖公位升在上面。又把周文王、周武王的位置放在他们祖先不窋(zhù)的前面。刘知幾认为有违礼制。事见《左传》文公二年。

⑦《东观》:指《东观汉记》中的《世祖本纪》。秉笔:执笔,指撰写。

⑧后来所修:指范晔撰写的《后汉书》。

⑨刊革:改变。

【译文】

当汉朝中兴的时候,更始帝刘玄登基改元,在位三年。当时世祖光武帝北面称臣,为臣的礼节没有亏缺。接着刘玄兵败长安,帝位归了刘秀,兄长失去帝位而弟弟继承,帝王的次第相继承袭。《后汉书》作者范晔居然把刘玄降到列传之中,提升光武帝刘秀于本纪之首,事情如同鲁国在太庙祭祀时把僖公升到闵公之上，《史记》把周文王、周武王放在不窋之前。《东观汉记》这样撰写，或许是迎合当时的权势者，后来所修撰的前代史，理应进行改革纠正。

　　盖逐兔争捷①，瞻乌靡定②，群雄僭盗，为我驱除。是以史传所分，真伪有别，陈胜、项籍见编于高祖之后，隗嚣、孙述不列于光武之前③。而陈寿《蜀书》首标二牧④，次列先主，以继焉、璋。岂以蜀是伪朝，遂乃不遵恒例。但鹏、鷃一也⑤，何大小之异哉？

【注释】

①逐兔争捷：《吕氏春秋·慎世篇》引《慎子》："今一兔走，百人逐之，非一兔足为百人分之也，由未定。"意谓众人追逐野兔，谁得未定。比喻群雄争夺天下，时局难定。

②瞻乌靡定：语出《诗·小雅·正月》："瞻乌爰止，于谁之屋。"意为乌停留何处，不能确知。比喻天下大乱，民无居所。

③陈胜、项籍见编于高祖之后，隗嚣、孙述不列于光武之前：班固《汉书》把陈胜、项羽编在《高帝纪》之后，范晔《后汉书》把隗嚣、孙述二人的传列于《光武帝纪》之后。刘知幾认为都不妥。孙述，即公孙述，字子阳，王莽末起兵据汉中，自称益州牧，后自立为蜀王，公元25年称帝，号成家。后为光武帝击败诛杀。

④二牧：指刘备占领益州前之益州牧刘焉、刘璋。刘璋为刘焉之子。

⑤鹏、鷃：语见《庄子·逍遥游》："有鸟焉，其名为鹏，背若泰山，翼若垂天之云，扶摇羊角而上者九万里，绝云气，负青天，然后图南，且适南冥也。斥鷃笑之曰：'我腾跃而上者不过数仞，而下翱翔蓬

蒿之间,此亦云飞之至也,而彼且奚适也。'此大小之辨也。"借以说明国有大小之分,体例则应该一致。

【译文】

正当天下纷争、鹿死谁手、乌落谁家时局未定时,群雄僭越称王,排除异己。所以史传的分类,真伪有所区别,《汉书》把陈胜、项羽编在高祖之后,《后汉书》不把隗嚣、公孙述列于光武之前。而陈寿《三国志·蜀书》首先标列益州二牧刘焉、刘璋,其次才列先主刘备,以继刘焉、刘璋之后。难道因为蜀国是非正统王朝,于是就不遵照常规?但鹏鸟、鹪雀一样是鸟,为什么大鸟和小鸟就要不一样对待呢?

　　《春秋》嗣子谅闇①,未逾年而废者,既不成君,故不别加篇目。是以鲁公十二②,恶、视不预其流③。及秦之子婴④,汉之昌邑⑤,咸亦因胡亥而得记,附孝昭而获闻⑥。而吴均《齐春秋》乃以郁林为纪⑦,事不师古,何滋章之甚欤!

【注释】

①谅闇:即"谅阴",居丧的意思。

②鲁公十二:指春秋时期的鲁国国君隐、桓、庄、闵、僖、文、宣、成、襄、昭、定、哀十二公。

③恶、视不预其流:鲁文公十八年二月,文公卒,太子恶继位。十月,鲁大夫襄仲欲立宣公,遂杀恶及其同母弟视。《春秋》记述恶之死,因讳弑,写作"子卒"。又因其居丧不到一年而废,故不与十二公并列。

④秦之子婴:秦二世胡亥被赵高所杀,公子婴立为秦王,仅四十六天即降于刘邦。故《史记》将其事附见于《秦始皇本纪》之二世皇帝胡亥之后。

⑤汉之昌邑：指汉昌邑王贺。汉昭帝死，无嗣，霍光迎立贺即帝位，仅二十六天，因其淫乱而废，另立戾太子之孙刘询为帝，是为汉宣帝。

⑥附孝昭而获闻：孝昭，汉昭帝刘弗陵，汉武帝之子，在位十三年（前86—前74）。昌邑王贺之事，附载于其父《昌邑王传》中，其废立事见《汉书·宣帝纪》首，刘知幾所言有误。

⑦郁林为纪：南齐郁林王萧昭业，武帝之孙。公元493年8月，武帝死，昭业即帝位，次年七月为镇军萧鸾所杀。吴均《齐春秋》已佚，萧子显《南齐书》有《郁林王纪》。

【译文】

《春秋》中各国继位者守丧，未满一年而被废的，既然没有成为国君，所以不再另外为他们增加篇目。正因如此鲁国十二公，恶、视不在其中。到秦代的公子婴，汉代的昌邑王贺，都因为秦二世胡亥而得以记载，因为附在汉昭帝后面而使人知晓。而吴均《齐春秋》却把郁林王列入本纪，行事不遵从古人，是何等的自作主张啊！

　　观梁、唐二朝，撰《齐》、《隋》两史，东昏犹在，而遽列和年①；炀帝未终，而已编《恭纪》②。原其意旨③，岂不以和为梁主所立，恭乃唐氏所承，所以黜永元而尊中兴，显义宁而隐大业。苟欲取悦当代，遂乃轻侮前朝。行之一时，庶叶权道④；播之千载，宁为格言！

【注释】

①东昏犹在，而遽列和年：东昏，南齐东昏侯萧宝卷，明帝萧鸾子。永泰元年（498）七月明帝死，东昏侯即位，次年改元永元。永元三年（501）十月被杀。事见《南齐书·东昏侯纪》。和帝萧宝融，

明帝之子，永元三年三月在荆州被梁王萧衍等拥立为帝，建元中兴，次年三月禅位于萧衍。故公元501年三月至十月间有永元、中兴二年号。而《南齐书·和帝纪》在这年三月以后即以中兴纪年。故下文云"黜永元而尊中兴"。

②炀帝未终，而已编《恭纪》：隋炀帝建元大业，在位十四年，大业十三年（617）十一月，隋炀帝出巡江都，李渊入京师，立代王侑为帝，是为恭帝，改元义宁，并尊隋炀帝为太上皇。恭帝在位仅一年。但《隋书·恭帝纪》不用大业年号，而用义宁年号。故下文云"显义宁而隐大业"。

③原：推测。

④庶：庶几，大致，大概。叶（xié）：符合。权：灵活。道：方法。

【译文】

查看梁、唐二代，修撰有《齐书》、《隋书》二史，东昏侯尚在，就以和帝年号记事；隋炀帝未终，事情就已编入《恭帝纪》。推测他们的用意，难道不就是因为和帝是梁主所拥立，恭帝为唐代所承袭，所以就贬黜永元年号而尊崇中兴年号，彰显义宁年号而隐藏大业年号。想要讨得当朝权势的欢心，于是就轻慢前朝。通行于一时，或许符合暂时的要求；要流传千年，岂能成为公认的准则！

　　寻夫本纪所书，资传乃显①；表志异体，不必相涉。旧史以表志之帙介于纪传之间，降及蔚宗，肇加厘革②，沈、魏继作③，相与因循。既而子显《齐书》、颖达《隋史》④，不依范例，重遵班法。盖择善而行，何有远近；闻义不徙⑤，是吾忧也。

【注释】

①资：借助。

②降及蔚宗，肇加厘革：蔚宗，范晔字。范晔著《后汉书》，完成纪、
　　传后，即已入狱，志未完成。刘昭作注时取司马昭《续汉书》八志
　　补入，即今传《后汉书》之志。

③沈、魏继作：指沈约《宋书》和魏收《魏书》。

④颖达：孔颖达，字仲达，冀州衡水（今河北衡水）人，唐代著名经学
　　家、史学家。唐贞观年间，受命与颜师古修隋代之史，作三志、五
　　十列传。又诏于志宁等撰《五代史志》，单独刊行，后附《隋
　　书》中。

⑤义：指好榜样、好办法。徙：改变。

【译文】

探究本纪所记的内容，须借助列传才能清楚；表志的体例不同，不
必互相牵涉。旧时的史书把表志的卷帙放在纪和传之间，到了范晔，才
开始进行改革，沈约、魏收相继修史，互相因袭。后来萧子显的《齐书》、
孔颖达的《隋书》，不再依照范晔体例，重新遵从班固的做法。选择好的
就去实行，何必有年代远近之分；知道有正确的而仍不改变陈规，这是
我所忧虑的。

　　若乃先黄、老而后《六经》①，后外戚而先夷狄②；老子与
韩非并列③，贾谊将荀彧同编④；《孙弘传赞》⑤，宜居《武》、
《宣》《纪》末；宗庙迭毁⑥，枉入《玄成传》终。如斯舛谬⑦，不
可胜纪。今略其尤甚者耳，故不复一一而详之。

【注释】

①先黄、老而后《六经》：班固《汉书·司马迁传》赞曰："又其是非颇
　　谬于圣人，论大道则先黄、老而后《六经》。"这是班固对司马迁
　　《史记》的指责。

②后外戚而先夷狄：指班固《汉书》把《外戚传》列在《匈奴》、《西域》等传之后。

③老子与韩非并列：指《史记》以老、庄、申、韩合传。老子约与孔子同时，而韩非则为战国末人，前后相距二百多年，故刘知幾认为不该并列。而司马迁之本意在于其"皆原于道德"，故合传。刘知幾在《品藻》篇又说他们的著作都以"子"命名，合在一起合适，前后矛盾。

④贾诩(xǔ)将荀彧(yù)同编：指陈寿《三国志·魏书》将贾诩、荀彧合传。两人都是曹操的谋臣，但德行品格不同。贾诩依附董卓党羽，董卓败亡，又劝李傕、郭汜西攻长安，为董卓报仇。荀彧不赞同曹操称魏公，加九锡，忧郁而死。刘知幾认为二人合传"舛谬"。

⑤《孙弘传赞》：指《汉书》公孙弘等传之赞语，历述武帝、宣帝时得人之盛。刘知幾认为应该写在《武帝纪》、《宣帝纪》的后面。

⑥宗庙迭毁：指《汉书·韦贤传附玄成传》最后记述了诸郡国所立太祖、太宗、世宗等庙的罢毁诏议。

⑦舛谬：错误，错乱。

【译文】

至于说到《史记》先谈黄、老而后论《六经》，《汉书》把《外戚传》放到了《匈奴》《西域》等夷狄传后面；《史记》把老子和韩非并列同一传中，《三国志》将贾诩与荀彧合传；《汉书》的《公孙弘传赞》，应当放到《武帝纪》、《宣帝纪》之后；汉朝宗庙屡次罢毁的诏令奏议，错误地收入《玄成传》的最后。像这一类的错乱谬误，无法完全记录下来。现在只略举其中特别突出的罢了，所以不再一一地详细述说。

内篇　称谓第十四

【题解】

本篇主要讨论史书的称谓问题。刘知幾认为，称谓关乎名与实，十分重要。他批评了历代史书中存在的君王、僭盗不分，庙号、谥号泛滥，代称、论赞用语不当等种种现象。之所以存在这些问题，是因为撰史者受所处时代观念的限制而难以做到公正无私，甚至有意偏袒；对待史料不能辨别是非，沿袭史料；追求文辞华美、好奇求异等。进而提出，凡称帝的应当列入本纪，独立成篇，如更始帝；称谓中应寓褒贬之义，不能尊卑不分；称谓没有定规，应根据实际情况而定，如十六国虽然称帝，但实同王者，应一律称王，不宜称帝，也不能称盗；对待三国帝王，应一视同仁，不宜偏袒等等。这些主张，都是很中肯的，多得后人好评。但刘知幾批评司马迁《史记》为项羽立本纪，真伪不分，使后人迷惑，以致谬误流传等，也多被后人异议。

孔子曰："唯名不可以假人①。"又曰："名不正则言不顺"，"必也正名乎！②"是知名之折中③，君子所急④。况复列之篇籍，传之不朽者邪！昔夫子修《春秋》，吴、楚称王，而仍旧曰子。此则褒贬之大体，为前修之楷式也⑤。

【注释】

①唯名不可以假人：语出《左传》成公二年："仲尼闻之曰：'惜也，不如多与之邑，唯器与名不可以假人。'"器，象征身份地位的车服，指权力地位。名，名分，称号。假，借。

②"名不"二句：语出《论语·子路》："必也正名乎……名不正则言不顺，言不顺则事不成。"言不顺，即说话不顺当、不合理。

③折中：适当，准确。

④急：紧要，急迫。

⑤楷式：楷则，楷模。

【译文】

孔子说："只有名分不能借给人。"又说："称呼不当则言语不能顺当"，"一定要纠正名分上的称呼！"由此可知称谓的准确适当，是君子首先要解决的问题。更何况要列入史籍，传它到永久呢！过去孔夫子修《春秋》，吴国、楚国的君主已经称王而书中仍旧称"子"。这就是史书寓含褒贬的大原则，被先贤们引为楷则范式。

马迁撰《史记》，项羽僭盗而纪之曰王①，此则真伪莫分，为后来所惑者也。自兹已降，讹谬相因，名讳所施，轻重莫等。至如更始中兴汉室，光武所臣，虽事业不成，而历数终在。班、范二史，皆以刘玄为目②，不其慢乎？

【注释】

①项羽僭盗而纪之曰王：指《史记·项羽本纪》中称项羽为项王。

②班、范二史，皆以刘玄为目：指班固《汉书》、范晔《后汉书》都立《刘玄传》而不是《更始帝纪》。

【译文】

司马迁撰写《史记》,项羽僭越名分称王而立为本纪称"王",这就是真假不分,使后人迷惑。从此以后,谬误相沿流传,给帝王所加的名称,轻重不一。如更始帝中兴汉朝,光武帝向其称臣,虽然帝业未成,而历法纪元终归是实际存在。但班固、范晔二人的史书都以刘玄为篇目,不是太轻慢了吗?

古者二国争盟,晋、楚并称侯伯①;七雄力战,齐、秦俱曰帝王。其间虽胜负有殊,大小不类,未闻势穷者即为匹庶②,为屈者乃成寇贼也。至于近古则不然,当汉氏云亡,天下鼎峙,论王道则曹逆而刘顺③,语国祚则魏促而吴长④。但以地处函夏⑤,人传正朔,度长絜短,魏实居多。二方之于上国⑥,亦犹秦缪、楚庄,与文、襄而并霸⑦。蜀昭烈主可比秦缪公,吴大帝可比楚庄王。逮作者之书事也,乃没吴、蜀号谥,呼权、备姓名,谓鱼豢、孙盛等。方于魏邦,悬隔顿尔⑧,惩恶劝善,其义安归?

【注释】

①侯:诸侯。伯:同"霸",霸主,盟主。

②匹:匹夫。庶:百姓。

③王道:此指正统、正朔。

④国祚:立国的年数。

⑤函夏:意即中国、中原地区。

⑥二方:指蜀、吴。上国:指曹魏。

⑦文、襄:指晋文公、宋襄公。

⑧悬隔顿尔:立即这样悬殊。顿尔,立即如此。

【译文】

古时候二国争夺盟主地位，晋、楚同称侯伯；七雄争战，齐、秦都称帝王。他们虽然有胜负之分，国家有大小不等，没听说衰亡的就成了平民百姓，失败的就成了盗贼。到了近代却不这样，当汉代败亡，三国鼎立之时，论治理天下之道则曹魏悖逆而刘蜀顺合，论立国年数则曹魏短促而孙吴长久。但如果按地域处于华夏中心、君位传于正统，衡量比较起来，曹魏确实占据了优势。蜀、吴二国对于魏国，也就像秦穆公、楚庄王与晋文公、宋襄公共同称霸。蜀昭烈主刘备可比作秦穆公，吴大帝孙权可比作楚庄王。到修史的人著史时，就隐藏了吴、蜀的帝号谥号，直呼孙权、刘备的姓名，是说鱼豢的《魏略》、孙盛的《魏氏春秋》等。和魏国相比较，悬殊顿时如此，史书惩恶而劝善，它的原则该如何体现？

续以金行版荡①，戎、羯称制②，各有国家，实同王者。晋世臣子党附君亲，嫉彼乱华，比诸群盗。此皆苟徇私忿③，忘夫至公。自非坦怀爱憎，无以定其得失。至萧方等始存诸国名谥④，僭帝者皆称之以王。此则赵犹人君，加以主号⑤；杞用夷礼，贬同子爵⑥。变通其理，事在合宜，小道可观，见于萧氏者矣。

【注释】

①金行：指晋朝，晋五行属金。版荡：一作"板荡"。《板》、《荡》本为《诗·大雅》篇名，内容为讥刺周厉王无道，国家败坏。后常以"板荡"指政局变乱或社会动荡。

②戎、羯：指五胡。五胡为匈奴、鲜卑、羯、氐、羌，这里举戎、羯以统五胡。

③徇：顺从，遵从。

④萧方等(528—549)：字实相，梁元帝萧绎长子，曾邀集当时学者注解《后汉书》未成，后撰《三十国春秋》三十一卷，今佚。

⑤赵犹人君，加以主号：指赵武灵王曾自号主父。

⑥杞用夷礼，贬同子爵：《春秋》僖公二十七年："杞子来朝。"《左传》："杞桓公来朝，用夷礼，故曰子。"杞桓公本为伯爵，却降一等称子爵。

【译文】

接着西晋政权崩溃，五胡称帝，各自建立国家，其实同于诸侯王。晋代臣子偏袒君主，忌恨五胡搅乱华夏，把他们视同盗贼。这都是无原则地顺从自己的私愤，忘记了根本的共同规则。如果不是坦然无私爱憎分明，就无法确定是非得失。到了萧方等《三十国春秋》保留了各国的帝号谥号，超越本分称帝的都称之为王。这就如同赵武灵王犹如国君，书中却加上"主"的称号；杞桓公朝见天子用夷人之礼，《春秋》中贬称子爵。变通的根本原则，在于记事安排处理得当，虽小技艺也有可取之处，正见证于萧氏这里。

古者天子庙号，祖有功而宗有德①，始自三代，迄于两汉，名实相允，今古共传。降及曹氏，祖名多滥，必无惭德，其唯武王②。故陈寿《国志》独呼武曰祖，至于文、明③，但称帝而已。自晋已还，窃号者非一。如成、穆两帝④，刘、萧二明⑤，梁简文兄弟⑥，兼言孝元帝也，齐武成昆季⑦，兼文宣、孝昭也，斯或承家之僻王，或亡国之庸主，不谥灵缪⑧，为幸已多，犹曰祖宗，孰云其可？而史臣载削，曾无辨明，每有所书，必存庙号，何以申劝沮之义⑨，杜渝滥之源者乎⑩？

【注释】

①祖有功而宗有德：语出《汉书·贾谊传》载："礼，祖有功而宗有德。"意谓有功者庙号方可为"祖"，有德者庙号方可为"宗"。

②武王：指曹操。曹丕称帝后，追尊曹操为武皇帝，庙号太祖。

③文、明：指魏文帝曹丕、魏明帝曹睿。

④成、穆两帝：指东晋成帝司马衍，庙号显宗；穆帝司马聃，庙号孝宗。

⑤刘、萧二明：指南朝宋明帝刘彧，庙号太宗；南朝齐明帝萧鸾，庙号高宗。

⑥梁简文兄弟：指南朝梁简文帝萧纲，庙号太宗；孝元帝萧绎，萧纲之弟，因有复辟之功，庙号世祖。

⑦齐武成昆季：指北齐文宣帝高洋，高欢第二子，夺取东魏政权，改国号为齐，在位十年（550—559），庙号显祖；孝昭帝高演，高欢第六子，在位二年（560—561），庙号肃宗；武成帝高湛，高欢第九子，在位五年（561—565），庙号世祖。

⑧灵缪：皆为谥名，为恶谥。《谥周书·谥法解》："不勤成名（任性而为，不见贤思齐）曰灵"、"好祭鬼怪曰灵"、"乱而不损曰灵"、"名与实爽（违背）曰缪"。

⑨沮：阻止。

⑩杜：杜绝。渝滥：泛滥。

【译文】

古时候天子的庙号，有功的称祖有德的称宗，从三代开始，直到两汉，庙号和人物行事相符，古今流传。到了曹魏，称祖的多而泛滥，一定要说无愧于这一庙号的，大概只有魏武帝。所以陈寿《三国志》只称武帝为祖，至于文帝、明帝，只称皇帝而已。从晋代以来，窃取庙号的不止一人。如晋朝的成、穆二帝，刘宋、萧齐的两个明帝，梁朝的简文帝兄弟，兼指孝元帝。北齐武成帝兄弟，兼指文宣帝、孝昭帝。这些有的是继承祖上基业的邪僻之王,有的是亡国的昏庸之主,不取谥号为灵、缪,已经万幸了,还要称祖、称宗,谁能说这合适呢?但史臣编撰史书时,不曾加以分辨,每写一个帝王,必定保留他的庙号,如何来申明劝勉和贬责的原则,杜绝弄虚作假泛滥的源头呢?

　　又位乃人臣,迹参王者,如周之亶父、季历①,晋之仲达、师、昭②,追尊建名,比诸天子,可也。必若当涂所出③,宦官携养④,帝号徒加,人望不惬⑤。故《国志》所录,无异匹夫,应书其人,直云皇之祖考而已。至如元氏,起于边朔⑥,其君乃一部之酋长耳。道武追崇所及,凡二十六君⑦。自开辟以来,未之有也。而《魏书·序纪》⑧,袭其虚号,生则谓之帝,死则谓之崩,何异沐猴而冠⑨,腐鼠称璞者矣⑩!

【注释】

①亶(dǎn)父:即古公亶父,周文王的祖父。原居幽,因受戎、狄的侵扰,率部落迁往岐山下定居。设置官吏,开垦荒地,建筑城郭,发展生产,使周族强盛起来。周人追尊为太公王。事见《史记·周本纪》。季历:古公亶父幼子,继亶父为部落酋长,多次率部战胜周围的少数民族部落,被商王朝命为牧师,成为西方最强大的方伯。周人追尊为王季。

②仲达、师、昭:指司马懿、司马师、司马昭。司马懿(179—251),字仲达,三国魏时,以抗击吴、蜀,远征辽东有功,封太傅,实际掌握了魏政权。其孙司马炎建晋朝后,追谥为宣帝。司马师(208—255),字子元,懿长子,司马懿死后,继任魏大将军,专国政。晋追谥为景帝。司马昭(211—265),字子上,懿次子,兄司马师死后,继任魏大将军,专国政,晋追谥为文帝。

③当涂：汉代谶纬之词，指曹魏。《后汉书·袁术传》："又少见谶书，言'代汉者当涂高'。"李贤注云："当涂高者，魏也。"

④宦官携养：指曹操之祖父曹腾、父曹嵩。曹腾为东汉大宦官，曹嵩是其养子。曹魏追尊曹腾为高皇帝、曹嵩为太皇帝。

⑤望：威望，威信。惬：满意。

⑥朔：北方。此指元氏鲜卑拓跋部兴起于平城一带。

⑦二十六君：一作"二十八君"。今依《魏书·序纪》校改。《魏书·序纪》历述道武帝拓跋珪追崇为帝王者共二十六人。

⑧《魏书·序纪》：即今本《魏书》帝纪的首卷为《序纪》，追叙道武帝拓跋珪之先世二十六人。

⑨沐猴而冠：《史记·项羽本纪》："说者曰：人言楚人沐猴而冠耳，果然。"张晏《集解》曰："沐猴，猕猴也。"意为猕猴戴上帽子，不能成为人，徒具人形而已。

⑩腐鼠称璞：古代郑国人称未经琢磨的玉为璞，周人称未经腊制的鼠肉为朴。周人带朴到郑叫卖，郑人以为璞，视之，乃鼠也。见《战国策·秦策三》。

【译文】

还有，有些人地位是臣子，事迹可与王同列，如周代的古公亶父、季历，晋朝之司马懿、司马师、司马昭，死后追尊名号，按皇帝对待，是可以的。而像曹魏的先辈，为宦官所领养，白白地追尊帝号，声望不能让人满意。所以《三国志》所记载的，无异于普通人，需要写到其人，直接称皇帝的祖父、父亲而已。至于像元氏拓跋部，起于北方边远之地，其君主不过是一个部落的酋长罢了。道武帝拓跋珪追尊帝号所涉及的，共有二十六代君主。自开天辟地以来，都不曾有过。而《魏书·序纪》，袭称这些虚有的尊号，记他们生前就称帝，记他们死就称崩，这与沐猴而冠、腐鼠称璞有什么两样！

　　夫历观自古,称谓不同,缘情而作,本无定准。至若诸侯无谥者,战国已上谓之今王;天子见黜者,汉、魏已后谓之少帝。周衰有共和之相①,楚弑有郏敖之主②,赵佗而曰尉佗③,英布而曰鲸布④,豪杰则平林、新市⑤,寇贼则黄巾、赤眉⑥,园、绮友朋,共云四皓,奋、建父子⑦,都称万石。凡此诸名,皆出当代,史臣编录,无复张弛⑧。盖取叶随时⑨,不藉稽古。及后来作者,颇慕斯流,亦时采新名,列成篇题。音第。若王《晋》之《处士》、《寒俊》⑩,沈《宋》之《二凶》、《索虏》,即其事也。唯魏收远不师古,近非因俗,自我作故,无所宪章。其撰《魏书》也,乃以平阳王为出帝⑪,司马氏为僭晋,桓、刘已下⑫,通曰岛夷。夫其谄齐则轻抑关右⑬,党魏则深诬江外⑭,爱憎出于方寸,与夺由其笔端,语必不经⑮,名惟骇物⑯。昔汉世原涉大修坟墓,乃开道立表,署曰南阳阡,欲以继迹京兆,齐声曹尹,而人莫之肯从,但云原氏阡而已⑰。故知事非允当,难以遵行。如收之苟立诡名⑱,不依故实,虽复刊诸竹帛,终罕传于讽诵也。

【注释】

①共和之相:旧说由于周公、召公共同执政,故称"共和"。一说周厉主出奔后,共伯和代理政事,故称"共和"。周厉王时,公元前841年,奴隶和自由民暴动,厉王逃跑,到公元前827年宣王执政,总计十四年,号共和。

②郏(jiá)敖之主:《左传》昭公元年载,楚公子围缢杀楚王,葬之于郏(今河南郏县),谓之郏敖。敖,楚国君死后无谥号的称敖。

③赵佗:真定(今河北正定)人,秦二世时,南海尉任嚣病将死,召龙

川令赵佗代行尉事。嚣死，佗自立为南粤楚王，自号武帝。《史记·南越尉佗传》称"南越王尉佗"。

④英布(?—前196)：汉六(今安徽六安)人，曾犯法被黥面，故又称黥布。秦末率骊山刑徒起事，归项羽，楚汉相争时，归刘邦。后因见韩信、彭越被汉高祖所杀，起兵反，兵败被杀。事见《史记·黥布传》。

⑤平林、新市：平林，指平林兵，为新莽末绿林起义军的一支，以平林人陈牧、廖湛为首，在平林起义，称平林兵。新市，指新市兵，是新莽末年绿林农民起义军的一支，以王匡、王凤为首。王匡、王凤都是新市人，因称新市兵。

⑥黄巾、赤眉：黄巾，指黄巾军，是东汉末年巨鹿人张角所领导的起义军队，由于头裹黄巾，故称黄巾军。赤眉，指赤眉军，指新莽末以樊崇等为首的农民起义军。因以赤色涂眉为标志，故称赤眉军。

⑦奋、建父子：即石奋、石建父子。

⑧张弛：改变。

⑨叶(xié)：契合。

⑩《处士》：原作"十士"，今依赵吕甫《史通新校注》、程千帆《史通笺记》改。

⑪以平阳王为出帝：平阳王即北魏孝武帝元修，普泰二年(532)，高欢率兵入洛阳，拥立其为帝，永熙三年(534)，在高欢威逼下，西奔长安，投靠宇文泰。《魏书》有《出帝平阳王修纪》。

⑫桓、刘：即桓玄、刘裕。

⑬诣齐则轻抑关右：公元535年，宇文泰于长安立元宝炬为帝，史称西魏。高欢在洛阳立元善见为帝，史称东魏。魏收修《魏书》时在北齐，因北齐承接东魏帝统，所以《魏书》以东魏为正统，对西魏诸帝不立纪。关右，指西魏。

⑭江外：指江南的东晋、刘宋。

⑮经：正常。

⑯骇：惊骇。物：众人。

⑰"昔汉世原涉大修坟墓"数句：原涉，字巨先，其父为哀帝时南阳
　　太守。汉武帝时，有京兆尹曹某葬在茂陵，老百姓称其墓道为
　　"京兆阡"。原涉的父亲死后，他试图成为第二个曹某，于是买地
　　开路立表，署其墓道曰"南阳阡"，人们则称"原氏阡"。事见《汉
　　书·原涉传》。

⑱诡名：怪异的名称。

【译文】

纵观自古以来史书，称谓不同，根据实情而定，本无一定之规。至
于诸侯无谥号的，战国以前称之为"今王"；天子被废除的，汉魏以后称
之为"少帝"。周代衰微之际有"共和"现象，楚王被杀有"郏敖"之称，赵
佗称"尉佗"，英布称"黥布"，豪杰则有平林、新市，贼寇则有黄巾、赤眉，
东园公、绮里季等四人友好，合称"四皓"；石奋、石建父子，都称为"万
石"。凡是这一类名号，都是出自当时，史臣编录史书时，不再作改变。
大概契合当时情况，不必查考古事。到后来的作史者，颇为喜爱这种做
法，也不时地采用新的名称，列成篇题。音第，次第的意思。如王隐《晋书》
中的《处士传》、《寒俊传》，沈约《宋书》中的《二凶传》、《索虏传》，就是这
样。只有魏收远不师法古人，近不依据习俗，自我作故，无所继承。他
撰写《魏书》，就把平阳王称作"出帝"，称司马氏的东晋为"僭晋"，把桓
玄、刘裕开始的南朝，统统称为"岛夷"。讨好北齐而轻视贬抑关右的西
魏，偏袒元魏就诬蔑江南的晋、宋，爱憎出于私心，取舍任凭随意下笔，
说事必定荒诞不经，称谓只能惊骇众人。过去汉代的原涉大修坟墓，开
墓道立墓表，题墓道名为"南阳阡"，想以此来继承"京兆阡"，同曹尹齐
名，却没人肯听他的，只称"原氏阡"而已。由此可知，如果事情不合理，
就难以遵照实行。像魏收这样随便地设立怪异的名称，不依照恰当的

成例，即使已经刊刻成书，终究难以流传诵读。

抑又闻之，帝王受命，历数相承，虽旧君已没，而致敬无改，岂可等之凡庶①，便书之以名者乎？近代文章，实同儿戏。有天子而称讳者，若姬满、刘庄之类是也②。有匹夫而不名者，若步兵、彭泽之类是也③。史论立言，理当雅正。如班述之叙圣卿也④，而曰董公惟亮；范赞之言季孟也⑤，至曰隗王得士；习谈汉主⑥，则谓昭烈为玄德。习氏《汉晋春秋》以蜀为正统，其编目叙事皆谓蜀先主为昭烈皇帝，至于论中语则呼为玄德。裴引魏室⑦，则目文帝为曹丕。夫以淫乱之臣⑧，忽隐其讳，正朔之后，反呼其名。意好奇而辄为，文逐韵而便作。班固《哀纪述》曰："宛变董公，惟亮天功。"《隗嚣公孙述传赞》曰："公孙习吏，隗王得士。"用舍之道，其例无恒。但近代为史，通多此失。上才犹且若是，而况中庸者乎？今略举一隅，以存标格云尔。

【注释】

①凡：普通人。庶：平民。

②姬满、刘庄：周穆王、东汉明帝之名。

③步兵、彭泽：即阮籍、陶潜。阮籍（210—263），字嗣宗，陈留（今河南开封）人，博学，好老庄，善诗文，任性不羁。听说步兵厨营人善酿酒，乃求为步兵校尉，世称阮步兵。有诗文传世，《晋书》有传。陶潜（365—427），即陶渊明，字元亮，浔阳柴桑（今江西九江）人，东晋大司马侃曾孙。博学善属文，志行高洁。曾为彭泽县令，因"不为五斗米折腰"，弃官归隐，以诗酒自娱。晋征为著作郎，辞不受。以山水田园诗闻名于世，有《陶渊明集》传世。《晋书》、《宋书》皆有传。

④圣卿：董贤字。因貌美，极受哀帝宠幸。年二十二即为大司马卫
　将军，封高安侯，位居三公。其父、子、妻、妹皆因其而尊崇贵极。
　哀帝死，被王莽弹劾，自杀。事见《汉书·董贤传》。

⑤季孟：隗嚣字。

⑥习：指习凿齿。

⑦裴引魏室：指裴松之《三国志注》引述曹魏帝王。裴松之（372—
　451），字世期，河东闻喜（今山西闻喜）人。南朝刘宋时，官至中
　书侍郎。著有《晋纪》、《宋元嘉起居注》。《宋书》有传。

⑧淫乱之臣：指淫者董贤，乱者隗嚣。

【译文】

　　或者又听说，帝王受上帝之命即位，历代互相继承，虽然旧君主已
经死去，而对他的尊敬没有改变，怎能将他等同于一般百姓，就直接书
写他的名字呢？近代的文章，实在如同儿戏。有身为天子却直呼其名
姓的，如姬满、刘庄之类即是这样。有身为平民却不称其名字的，如阮
步兵、陶彭泽之类就是这样。史论立论，理当典雅规范。如班固《汉
书·叙传》叙董贤，却称"董公"、"惟亮"；范晔《后汉书》中说隗嚣，甚至
称"隗王得士"；习凿齿论蜀汉君主，就称昭烈皇帝为"玄德"。习氏《汉晋春
秋》以蜀国为正统，编目和叙事时都称蜀先主为昭烈皇帝，到了评论时却称之为玄德。裴
松之引述曹魏帝王，则称魏文帝为曹丕。作为淫臣乱臣，竟然隐讳他们
的姓名；正统即位的帝王，反而直呼其名。立意新奇就记录，行文押韵
就记载。班固《汉书·哀帝纪·述》说："宛娈董公，惟亮天功。"《隗嚣公孙述传赞》说：
"公孙习吏，隗王得士。"取舍的方法，没有固定的体例。但近代修撰的史书，
大多有这样的失误。上等才智的人尚且如此，何况中等才智的人呢？
这里略举一些，借以留下示范罢了。

内篇 采撰第十五

【题解】

本篇主要讨论史料的收集和鉴别、选择问题。刘知幾认为，史书编撰主要依据朝廷史官的记载，但史官所记往往有缺漏，朝廷所保存资料也往往有散失。所以必须"征求异说，采撷群言"，才可能成就一家之言、不朽的著作。刘知幾批判了好奇求新、闻异辄采的不良学风，强调搜集资料要广博、甄别史料须严格、采录史料当审慎；神话、寓言、图谶之类的资料不能采入史书；有关历史人物和历史事件的"奇说"、"谤言"必须剔除；郡国之记、谱牒之书矜夸本地本族，要详加核实，审订是非；道听途说、街谈巷议，只能参考，不可采用。刘知幾的这些认识，至今仍值得重视。

子曰："吾犹及史之阙文①。"是知史文有阙，其来尚矣。自非博雅君子，何以补其遗逸者哉②？盖珍裘以众腋成温③，广厦以群材合构④。自古探穴藏山之士，怀铅握椠之客⑤，何尝不征求异说，采撷群言⑥，然后能成一家，传诸不朽。观夫丘明受经立传，广包诸国，盖当时有《周志》、《晋乘》、《郑书》、《楚杌》等篇⑦，遂乃聚而编之，混成一录。向使专凭鲁策⑧，独询孔氏，何以能殚见洽闻⑨，若斯之博也？马迁《史记》，采《世本》、《国语》、《战国策》、《楚汉春秋》。至班固《汉书》，则全同太史。自太初已后，又杂引刘氏《新序》、《说苑》、《七略》之辞。此并当代雅言，事无邪僻，故能取信一时，擅名千载。

【注释】

①吾犹及史之阙文：语出《论语·卫灵公》："子曰：'吾犹及史之阙文也。'"犹，尚且，还能。及，看到。阙文，即史书缺漏之处。阙，同"缺"。

②遗逸：遗漏。

③珍裘以众腋成温：语出《吕氏春秋·用众》："天下无粹白之狐，而有粹白之裘，取之众白也。"意即今之成语"集腋成裘"之义。

④广厦以群材合构：《慎子》引《意林》："廊庙之材，非一木之枝；狐白之裘，非一狐之腋。"

⑤探穴藏山之士，怀铅握椠（qiàn）之客：指搜集资料、编撰图书之人。《史记·太史公自叙》："探禹穴，窥九疑。"司马贞《索隐》引张晏曰："九疑舜葬，故窥之。寻上探禹穴，盖以先圣所葬处，有古策文，故探窥之。亦搜采远矣。"葛洪《西京杂记》卷三："扬子云好事，常怀铅提椠，从诸计吏，访殊方绝域四方之语。"铅，石墨笔。椠，木板。皆为古人之书写工具。

⑥采摭（zhí）：拾取，摘取。

⑦《周志》：春秋时周代官修史书。《郑书》：春秋郑国史书。《晋乘》、《楚杌》（即楚之《梼杌》），均见《六家》篇注。

⑧鲁策：即鲁国《春秋》。

⑨殚（dān）见洽闻：见闻广博而详尽。语出班固《西都赋》："元元本

本,殚见洽闻。"

【译文】

孔子说:"我还能够看到史书材料的缺漏。"由此可知历史文献有遗缺,由来已久。如果不是学识渊博的学者,怎能弥补史书的遗漏呢?珍贵的裘衣集众多狐狸毛皮制成,宽广的大厦需要众多木材建造。自古以来搜集资料、编撰图书的学者,没有不广泛征集搜求不同的说法,采摘各家的言论,然后才能成一家之言,流传千古。考查左丘明接受《春秋》经而撰写《左传》,广泛包罗春秋各国史事,大概当时有《周志》、《晋乘》、《郑书》、《楚杌》等书,于是就汇聚各书进行编纂,综合整理成一书。假如仅凭鲁国史书,只向孔子一人请教,怎能见闻广博详尽,如此地广博呢?司马迁的《史记》,采录了《世本》、《国语》、《战国策》、《楚汉春秋》等史书的材料。到班固撰《汉书》,汉武帝之前就完全同于《史记》。从汉武帝太初以后,又杂采刘向的《新序》、《说苑》、《七略》中的语言。这些都是当时的一代雅正之言,所记没有荒诞邪僻的事,所以能取信当时,流芳千古。

但中世作者,其流日烦,虽国有册书,杀青不暇①,而百家诸子,私存撰录,寸有所长,实广闻见。其失之者,则有苟出异端,虚益新事,至如禹生启石②,伊产空桑③,海客乘槎以登汉④,姮娥窃药以奔月⑤。如斯踳驳⑥,不可殚论,固难以污南、董之片简⑦,霑班、华之寸札⑧。而嵇康《高士传》⑨,好聚七国寓言,玄晏《帝王纪》⑩,多采《六经》图谶⑪。引书之误,其萌于此矣。

【注释】

①杀青:古代多用竹简木牍记事,新竹易被虫蛀,所以在写字之前,

用火烤干水分,称"杀青"。后世即以"杀青"指写定著述。

②禹生启石:《淮南子·修务训》:"禹生于石,契生于卵。"《汉书·武帝纪》"夏后启母石"颜师古注曰:"启,夏后(禹)子,其母涂山氏女。禹治鸿水,通轘辕山下,化为熊,谓涂山氏曰:'欲饷,闻鼓声乃来。'禹跳石,误中鼓,涂山氏往,见禹方作熊,惭而去,至嵩高山下,化为石,方生启。禹曰:'归我子。'石破北方而启生。"《山海经》及《史记·夏本纪》张守节《正义》、《汉书·武帝纪》颜师古注都引了类似说法。

③伊产空桑:《吕氏春秋·本味》:"有侁氏女子采桑得婴儿于空桑之中……察其所以然,曰:其母居伊水之上,孕,梦有神告之曰:'臼出水而东走。'明日,视臼出水,告其邻东走十里,而顾其邑尽为水,身因化为空桑。故命之曰伊尹。"

④海客乘槎以登汉:张华《博物志》卷十《杂说下》:"天河与海通。近世有人居海滨者,年年八月,有浮槎去来,不失期。人有奇志……乘槎而去……至一处,有城郭状,屋舍甚严,遥望宫中多织妇,见一丈夫牵牛,渚次饮之……后至蜀问君平,曰:'某年月日,有客星犯牵牛宿。'"

⑤姮(héng)娥窃药以奔月:《后汉书》刘昭补《天文志》注引张衡《灵宪论》略云:"羿请无死之药于西王母,姮娥窃之以奔月。将往,枚筮之于有黄,有黄筮之曰:'吉。翩翩归妹,独将西行,逢天晦芒,毋惊毋恐,其后大昌。'姮娥遂托身于月,是为蟾蜍。"姮娥,汉避讳改称嫦娥。

⑥踳(chuǎn)驳:杂乱。踳,同"舛"。

⑦南、董:即南史、董狐,都是春秋时秉笔直书的著名史官。南史,齐国史官。董狐,晋国太史。

⑧班、华:指班固、华峤。

⑨嵇康《高士传》:嵇康(223—263),字叔夜,谯郡(今安徽宿州)人。

为魏宗室婿，官至中散大夫。博洽多闻，崇尚老庄，有奇才，工诗文，精乐理，与阮籍等并称"竹林七贤"。著名文学家、思想家、音乐家。年四十为司马昭所杀。《晋书》有传。其诗文多佚。

⑩玄晏《帝王纪》：皇甫谧自号玄晏先生，所撰《帝王世纪》十卷，起三皇，尽汉魏。其中颇多两汉图谶之说。《隋志》有著录，书已佚。

⑪《六经》图谶：汉代人迷信符命占验之说，编造了很多书籍以附会解释《六经》，又称讳书。参见《六家》篇注。

【译文】

但三国两晋的作史者，搜采资料愈加繁杂，即使各国都撰有史书，但都来不及刊行，而百家诸子，私自保存了自己的撰述，寸有所长，确实可以增广见闻。它们的不足在于，随意记载异端邪说，凭空捏造添加新奇之事，以至于说大禹生启后化为石，伊尹生于空心桑树，海上有人乘木筏登上天河，嫦娥偷不死之药而奔月。像这样杂乱荒诞的记载，难以细说，自然难以玷污南史、董狐的秉笔直书精神，难以损害班固、华峤著作的价值。而嵇康的《高士传》，喜欢搜集战国七国的寓言，皇甫谧的《帝王纪》，大多采用六经图谶之说。援引图书的错误，大概就开始于此时。

至范晔增损东汉一代，自谓无愧良直，而王乔凫履①，出于《风俗通》②，左慈羊鸣③，传于《抱朴子》。朱紫不别，秽莫大焉。沈氏著书，好诬先代，于晋则故造奇说，在宋则多出谤言，前史所载，已讥其谬矣。而魏收党附北朝，尤苦南国④，承其诡妄，重以加诸⑤。遂云马睿出于牛金⑥，王劭曰：沈约《晋书》造奇说云，琅琊国姓牛者，与夏侯妃私通，生中宗，因远叙宣帝以毒酒杀牛金，符证其状。收承此言，乃云：司马睿，晋将牛金子也。宋孝王曰:收以睿为金子,计其年,全不相干。案前史尚如此误,况后史编录者耶？**刘骏上淫路氏。**沈约《宋书》曰:孝武于路太后处寝息,时人多有异议。《魏书》因云骏烝其母路氏⑦,丑声播于瓯、越也。**可谓助桀为虐⑧,幸人之灾。寻其生绝胤嗣⑨,死遭剖斫⑩,盖亦阴过之所致也⑪。**

【注释】

①王乔凫(fú)履:《后汉书·王乔传》载,东汉明帝时,叶县县令王乔"有神术,每月朔望常自县诣台朝,帝怪其来数,而不见车骑,密令太史伺望之,言其临至,辄有双凫从东南飞来。于是候凫至,举罗张之,但得一只舄焉"。

②《风俗通》:即应劭《风俗通义》。应劭(约153—196),字仲远,汝南南顿(今河南项城)人,汉灵帝时举孝廉,曾任泰山太守,后依附袁绍。博学多识,平生著作十一种,现存《汉官仪》、《风俗通义》。《后汉书》有传。《风俗通义》辨物类、释时俗、考论典礼、纠正时俗、因事立论,是研究先秦两汉社会生活和文化思想的重要资料。

③左慈羊鸣:《后汉书·方术传下·左慈传》载,左慈有方术,曹操要杀他,他走入羊群,化为羊。操"乃令就羊中而告之曰:'不复相杀,本试君术耳。'忽有一老羝(公羊)屈前两膝,人立而言曰:'遽如许。'即竞往赴之,而群羊数百皆变为羝,并屈前膝人立云'遽如许',遂莫知所取焉。"

④苦:污蔑。

⑤加:无中生有,意同"诬"。

⑥马睿:即晋元帝司马睿。

⑦烝:古代指与母辈淫乱。

⑧助桀为虐:帮助坏人作恶。

⑨生：生前。绝：断绝。胤嗣：子孙后代。

⑩死遭剖斫(zhuó)：据《北齐书》、《北史》记载，魏收生前无后，收养其弟之子为嗣。但因史笔不直，褒贬不公，北齐亡后，"收冢被发，弃其骨于外"。剖，剖裂尸体。斫，凿破棺材。

⑪阴过：隐秘的过错。

【译文】

　　到范晔《后汉书》增删东汉一代的历史，自认为无愧于良史直笔，但其中的王乔鞋子化凫的事，出自《风俗通》，左慈化羊而说人话的事，传自《抱朴子》。好坏不分，太杂芜了。沈约著史书，喜好诬蔑前代，对于晋代则故意编造奇异之说，对于刘宋则多有诽谤之言，过去史书所记载中，已经批评了他的错误。而魏收偏袒依附北朝，尤其诬蔑南朝，承袭了沈约的怪诞荒谬，更是无中生有。于是说司马睿是牛金所生，王劭说：沈约《晋史》编造奇异之说，说琅玡国姓牛的人，和恭王妃夏侯氏私通，生了中宗，于是追述宣帝司马睿用毒酒杀害手下将领牛金的事，以证明符谶之说。魏收《魏书》承袭这种说法，便说：司马睿是晋将领牛金之子。宋孝王说：魏收把司马睿作为牛金的儿子，计算一下年份，完全不相干。考查前代史书尚且有如此失误，何况后代史书编录前代史书呢？刘骏和他的母亲私通。沈约《宋书》上说：宋孝武帝在路太后那里过夜，当时人多有不同看法。魏收《魏书》于是说刘骏和他的母亲路氏淫乱，丑闻流传到瓯、越一带。可以说是帮助坏人作恶，幸灾乐祸。探究他的生前没有后代，死后又遭到剖尸破棺，大概是冥冥之中的报应所导致。

　　晋世杂书，谅非一族，若《语林》、《世说》、《幽明录》、《搜神记》之徒①，其所载或恢谐小辩，或神鬼怪物。其事非圣，扬雄所不观②；其言乱神，宣尼所不语③。皇朝新撰《晋史》，多采以为书。夫以干、邓之所粪除④，王、虞之所糠秕⑤，持为逸史，用补前传，此何异魏朝之撰《皇览》⑥，梁世之修《遍略》⑦，务多为美，聚博为功，虽取说于小人，终见嗤于君子矣。

【注释】

①《语林》：东晋裴启撰。《隋书·经籍志》子部小说类《燕丹子》下注："《语林》十卷，东晋处士裴启撰。亡。"《幽明录》：刘义庆撰。《隋书·经籍志》史部杂传类著录"《幽明录》二十卷，刘义庆撰"。《旧唐书·经籍志》作三十卷。书早佚。《搜神记》：晋干宝撰。《晋书》本传云"《搜神记》，凡二十卷"。《隋志》及两《唐志》均著录为三十卷。

②扬雄所不观：《汉书·扬雄传》：雄"自有大度，非圣哲之书，不好也。"

③宣尼所不语：语出《论语·述而》："子不语怪（怪异）、力（暴力）、乱（变乱）、神（鬼神）。"宣尼，即孔子。

④干、邓：指干宝《晋纪》和邓粲《元明纪》。粪除：摒弃，废除。

⑤王、虞：指王隐《晋书》和虞预《晋书》。糠秕：指琐屑杂芜。

⑥《皇览》：三国时魏文帝曹丕命令王象、刘劭等诸臣编集的类书。以类相从，凡千余篇，以供皇帝阅览，故名《皇览》。是我国历史上第一部类书。唐末已佚。

⑦《遍略》：南朝梁代所编类书。徐勉、何思澄、顾协、刘杳、王子云等编撰，历时八年，凡七百卷。已佚。

【译文】

晋代的历史类杂书，不止一种，如《语林》、《世说》、《幽明录》、《搜神记》之类，所记载有的是诙谐的小笑话或辩难，有的是神鬼怪物。其事情不符合圣人原则，是扬雄所不看的；其语言有关怪力乱神，是孔子所不说的。本朝重新编撰的《晋书》，较多地采纳了这一类的事来撰写。把干宝《晋纪》、邓粲《元明纪》所摒弃的，王隐《晋书》、虞预《晋书》所看作糠秕的东西，拿来作为散失的史料，用来补充前人的史传，这和魏朝编撰的《皇览》、梁代修撰的《遍略》有什么不同，追求多多益善，以广博为精致，虽然可以取悦于小人，但最终仍要被君子所讥笑。

　　夫郡国之记，谱谍之书，务欲矜其州里①，夸其氏族。读之者安可不练其得失②，明其真伪者乎？至如江东五俊③，始自《会稽典录》④，颍川八龙⑤，出于《荀氏家传》⑥，而修晋、汉史者，皆征彼虚誉，定为实录。苟不别加研核，何以详其是非？

【注释】

①矜：夸耀。

②练：熟悉，深知。

③江东五俊：西晋时，丹阳（今江苏南京）人薛兼、纪瞻，广陵（今江苏扬州）人闵鸿，吴郡（今江苏苏州）人顾荣，会稽（今属浙江）人贺循等五人皆有名声，人称"五俊"。除闵鸿外，《晋书》皆有传。

④《会稽典录》：虞预撰，二十四卷，记郡国人物为主，早佚。

⑤颍川八龙：《后汉书·荀淑传》记载，颍川颍阴人荀淑有子八人，并有名望，时人称"八龙"。

⑥《荀氏家传》：荀伯子撰，十卷，已佚。荀伯子，南北朝宋人，少好学，博览经传。《宋书》有传。

【译文】

有关郡国的著述，有关谱牒的图书，务必要夸耀所记载的地方，夸耀所记载的氏族。读这些书的人怎能不熟知它的得失，明了它的真伪呢？至于像"江东五俊"，始自《会稽典录》的记载，"颍川八龙"，出自《荀氏家传》的记录，而修撰晋、汉史书的人，都征集这些虚假的称誉，定为真实的记录。如果不慎重地加以研究审核，怎么能弄清它们的是非真伪呢？

　　又讹言难信，传闻多失，至如曾参杀人①，不疑盗嫂②，翟义不死③，诸葛犹存④，此皆得之于行路，传之于众口，倘无明白，其谁曰然。故蜀相薨于渭滨，《晋书》称呕血而死⑤；魏君崩于马圈，《齐史》云中矢而亡⑥；沈炯骂书，河北以为王伟⑦；魏收草檄，关西谓之邢邵⑧。夫同说一事，而分为两家，盖言之者彼此有殊，故书之者是非无定。

【注释】

①曾参杀人：曾参，孔子弟子。《战国策·秦策二》记载：有与曾参同名的人杀了人，有人告诉其母："曾参杀人。"其母说："我的儿子不杀人。"织布自若。一会又有人告诉她。曾母仍尚能自若。后有人又来告诉她，曾母害怕了，丢下织布的梭子爬墙而逃。此比喻流言可畏。

②不疑盗嫂：有人诬蔑直不疑说："不疑状貌甚美，然特无奈其善盗（通奸）嫂何也！"不疑听后辩解道："我乃无兄。"但却始终无法洗清这一诽谤。事见《汉书·直不疑传》。

③翟义不死：翟义，翟方进之子，字文仲。王莽篡汉时，任东郡太守，发兵声讨王莽，兵败被杀。因百姓思念汉朝，反对王莽，所以多传说翟义没死。见《汉书·翟方进传》。

④诸葛犹存：诸葛亮率军伐魏，病死于军中，蜀军后撤，司马懿领兵追赶，蜀军用诸葛亮遗计，做出回军攻击的样子。司马懿以为诸葛亮没死，赶紧撤退。程千帆《史通笺记》考证此为唐代民间流传的三国故事。

⑤蜀相薨于渭滨，《晋书》称呕血而死：《三国志·蜀书·诸葛亮传》

裴松之注云:"《魏书》曰:'亮粮尽势穷,忧恚欧血,一夕烧营遁走,入谷,道发病卒。'……臣松之以为,亮在渭滨,魏人蹑迹,胜负之形未可测量,而云欧血,盖因亮自亡而自夸大也。夫以孔明之略,岂为仲达欧血乎? 及至刘琨丧师,与晋元帝笺亦云'亮军败欧血'。此则引虚记以为言也。"按今本为唐修《晋书》,无诸葛亮呕血之事,刘知幾所见当为今佚之《晋书》。

⑥魏君崩于马圈,《齐史》云中矢而亡:《魏书·高祖纪》记载,南朝陈显达攻荆州,夺占马圈戍,北魏孝文帝率军抵抗,夺回马圈戍。孝文帝病重,引兵北还,至谷塘行宫病亡。今本《南齐书》无此记载,刘知幾所见或为已佚《南齐史》。

⑦沈炯骂书,河北以为王伟:沈炯,南朝梁、陈时人。侯景之乱时,王僧辩讨侯景,所作檄文出自沈炯。侯景平,梁元帝征为给事黄门侍郎,领尚书左丞。后为西魏所虏,梁敬帝时获南归。陈武帝、文帝时皆重其才用。《陈书》有传。王伟,史称其"雅富辞采",仕魏为行台郎。侯景叛魏,王伟追随侯景,出谋划策,侯景之檄文军书,皆伟所作。侯景败,王伟亦被俘杀。事见《南史·贼臣王伟传》。但今之南、北朝诸史,皆无"沈炯骂书,河北以为王伟"之记载。河北,黄河以北地区,此指北方东、西魏所辖地区。

⑧魏收草檄,关西谓之邢邵:魏收以文才著称,在北方"与济阴温子升、河间邢子才齐誉,世号'三才'"。侯景叛,收"为檄五十余纸,不日而就",故云"魏收草檄"。见《北齐书·魏收传》。邢邵,字子才,史称其"文章典丽,既赡且速"。人称北间第一才子,世以邢魏并称,见《北齐书·邢邵传》。关西,古指函谷关以西地区。此与上文"河北"互文,均指北方地区。

【译文】

还有,谣言难以确信,传闻大多失实,至于像曾参杀人,直不疑和嫂子偷情，翟义不死，诸葛亮还活着等等，这些都是道听途说、口说无据的事情，倘若没有弄明白，谁又会相信呢？所以蜀国宰相死于渭水之滨，《晋书》却说他呕血而死；魏高祖死于马圈戍，《齐史》中却说他中箭而亡；沈炯辱骂敌人的檄文，北方人以为出自王伟之手；魏收撰写檄文，北方人说是邢邵。同说一件事，有两种说法，大概因为传说的人彼此有异，所以记载的人难以判定是非。

　　况古今路阻，视听壤隔①，而谈者或以前为后，或以有为无，泾、渭一乱②，莫之能辨。而后来穿凿，喜出异同，不凭国史，别讯流俗。及其记事也，则有师旷将轩辕并世③，公明与方朔同时④；尧有八眉⑤，夔唯一足⑥；乌白马角，救燕丹而免祸⑦；犬吠鸡鸣，逐刘安以高蹈⑧。此之乖滥，往往有旃⑨。

【注释】

①壤隔：相隔很远，差别很大。

②泾、渭：本指泾水和渭水，此比喻事物的真伪是非。

③师旷将轩辕并世：师旷，春秋时晋国乐师，据说其听觉特别灵敏。轩辕，即黄帝，传说其居于轩辕之丘，故名轩辕。

④公明与方朔同时：公明，三国魏管辂字公明，善占筮，《三国志·魏书》有传。方朔，即东方朔，汉武帝时人。

⑤尧有八眉：《尚书大传》："尧八眉。"《淮南子·修务训》高诱注："尧生，眉有八采之色。"

⑥夔唯一足：夔，帝尧时乐师。《韩非子》载，鲁哀公问于孔子曰："吾闻夔一足，信乎？"孔子答曰："夔，人也，何故一足？彼其无他异，而独通于声。尧曰：夔一而足矣。使为乐正。故君子曰夔有一足，非一足也。"

⑦乌白马角，救燕丹而免祸：战国时，燕太子丹在秦国做人质，请求归国，秦王刁难他说：除非让乌鸦头白，马头生角，才可以回国。丹仰天一叹，乌鸦头即白。俯首一叹，马即生角。秦王不得已，只好放他回国。事见《博物志》。

⑧犬吠鸡鸣，逐刘安以高蹈：汉淮南王刘安，好方术。有八个老人登门传授他《丹经》，助他炼制丹药。后被人诬告谋反，于是他服药升天，鸡犬啄舔了他所用炼制丹药的器具，也随其后升天，"故鸡鸣天上，犬吠云中"。见葛洪《神仙传》。成语"一人得道，鸡犬升天"即源于此。

⑨旃(zhān)：语尾助词，相当于"之焉"。

【译文】

何况古今无路可通，看到听到的差别很大，而谈说的人或者把前当后，或者把有当无，真假一混乱，就没人能分辨。而后来修史的人又穿凿附会，喜欢标新立异，不凭借国史，另外从流俗中去打听。等他们记叙事情时，就有把春秋时师旷和上古轩辕放到一个时代的，把三国管辂与汉代东方朔放到一个时期的；说尧有八条眉，夔只有一只脚；乌鸦头变白、马头上长角，救了燕太子丹而免遭灾祸；狗叫鸡鸣，追逐刘安而升天。这种违理失实的地方，往往有的是！

　　故作者恶道听途说之违理，街谈巷议之损实①。观夫子长之撰《史记》也，殷、周已往，采彼家人；安国之述《阳秋》也②，梁、益旧事，访诸故老。夫以刍尧鄙说③，刊为竹帛正言，而辄欲与《五经》方驾，《三志》竞爽④，斯亦难矣。呜呼！逝者不作，冥漠九泉；毁誉所加，远诬千载。异辞疑事，学者宜善思之。

【注释】

①道听途说、街谈巷议:语出《汉书·艺文志》:"小说家者流,盖出于稗官。街谈巷语,道听途说者之所造也。"

②安国:即孙盛,字安国,著《晋阳秋》。

③刍荛:割草打柴,亦指割草打柴之人。古代常指代黎民百姓。

④《三志》:指《史记》、《汉书》、《东观汉记》三史。竞爽:争胜,争名。

【译文】

所以修撰史书的人憎恶道听途说的违背常理,憎恶街谈巷议的不符合事实。看司马子长撰写《史记》,有关殷、周以前的事,采集于仆役之口;孙安国撰述《晋阳秋》,有关梁、益之地的旧事,搜访于老人之口。把割草打柴之人粗鄙不雅的说法,刊刻为正规的言论,却想要与《五经》并列,和《三志》争名,这实在是困难啊。唉!死去的人不会再爬起来,而长眠于幽远的九泉之下;加在他头上的诋毁,却会长久地欺骗千年以后的人。对史书中的不同之辞和怀疑之事,后世学者应当好好辨别思考。

内篇　载文第十六

【题解】

《史通》前有《载言》，后有《载文》，都是讨论如何处理历史人物的言论问题。

《载言》篇主要讨论纪传体史书如何记载人物言论，侧重于体例问题。刘知幾提出应当发挥纪传体分类记述的优势，在纪、传、表、志之外再添一个"书"类，收录帝王的制册、诰令，群臣的章表、移檄和诗歌、辞赋。有积极的意义。

《载文》篇则从史料采集的角度讨论载入史书之"文"的标准，即只有那些"文皆诣实，理多可信"的文辞才能收入史书，这样的文辞既可增加史书的说服力，又可促进文风的改进。刘知幾认为，远古之时，文辞不虚美，不隐恶，能直接反映国家的治乱兴衰，可以载入史书；但秦汉以后，文体大变，繁华失实，流宕忘返，尤其魏、晋已下，出现"五失"：虚设、厚颜、假手、自戾、一概。史书收载文辞时必须慎之又慎，严守"载文"标准。刘知幾所论，值得重视。

夫观乎人文，以化成天下①；观乎国风，以察兴亡②。是知文之为用，远矣大矣。若乃宣、僖善政，其美载于周诗③；怀、襄不道，其恶存乎楚赋④。读者不以吉甫、奚斯为谄，屈平、宋玉为谤者，何也？盖不虚美，不隐恶故也。是则文之将史，其流一焉，固可以方驾南、董，俱称良直者矣。

【注释】

①观乎人文，以化成天下：语出《易·贲卦》象辞："观乎人文，以化成天下。"即考查风俗文化，用以教化天下。

②观乎国风，以察兴亡：国风，古代各地民歌。上古人认为，通过采集各国民歌，从中可以了解各国政令之善恶。《汉书·艺文志》："古有采诗之官，王者可以观风俗，知得失，自考正也。"

③宣、僖善政，其美载于周诗：宣，周宣王。僖，鲁僖公。《诗·大雅》中之《崧高》、《烝民》、《韩奕》、《江汉》等四篇，毛序认为都是尹吉甫颂美周宣王而作。又《诗·鲁颂》中之《駉》、《有駜》、《泮水》、《閟宫》等四篇，都是为歌颂鲁僖公而作。《诗》古文家认为皆史克所作，今文家则认为是奚斯所作。刘知幾兼取二说。

④怀、襄不道，其恶存乎楚赋：怀、襄，指楚怀王和楚襄王。《史记·屈原列传》："屈原者，名平，楚之同姓也，为楚怀王左徒……王甚任之。上官大夫与之同列，争宠，而心害其能……因谗之……王怒而疏屈平。屈平疾王听之不聪也，谗谄之蔽明也，邪曲之害公也，方正之不容也，故忧愁幽思而作《离骚》。"屈原弟子宋玉，楚大夫。屈原遭放逐，宋玉作赋，表达对屈原的怜惜和哀悯。

【译文】

考查风俗文化的记载，可以据以教化天下；考查各国采集到的民歌，可以据以了解国家兴亡的迹象。由此可知文的作用，深远而广大。至于周宣王、鲁僖公良好的政绩，他们的美德载于周诗；楚怀王、楚襄王昏庸无道，他们的恶事载于楚赋。读周诗的人并不认为尹吉甫、奚斯在谄媚，读楚赋的人也不认为屈原、宋玉在诽谤，为什么呢？因为他们不夸大君王的好处，也不隐藏君王的坏处。这就是说文章和史著，它们的性质是一致的，当然他们就可以和南史、董狐并驾齐驱，都可以称"良文直笔"了。

　　爰泊中叶，文体大变，树理者多以诡妄为本，饰辞者务以淫丽为宗。譬如女工之有绮縠，音乐之有郑、卫①。盖语曰：不作无益害有益②。至如史氏所书，固当以正为主。是以虞帝思理③，夏后失御，《尚书》载其元首、禽荒之歌④；郑庄至孝⑤，晋献不明⑥，《春秋》录其大隧、狐裘之什。其理说而切，其文简而要，足以惩恶劝善，观风察俗者矣。若马卿之《子虚》、《上林》，扬雄之《甘泉》、《羽猎》，班固《两都》，马融《广成》⑦，喻过其体，词没其义，繁华而失实，流宕而忘返，无裨劝奖⑧，有长奸诈，而前后《史》、《汉》皆书诸列传，不其谬乎！

【注释】

①譬如女工之有绮縠(hú)，音乐之有郑、卫：语见《汉书·王褒传》：汉宣帝曰："辞赋，大者与古诗同义，小者辩丽可喜。辟如女工有绮、縠，音乐有郑、卫。"汉宣帝本意是肯定女工中的绮、縠，音乐中的郑、卫。此处刘知几反认为它们有害。绮，一种素底织花的丝织品。縠，其薄如雾的轻纱。音乐之有郑、卫，指春秋时郑国、卫国的地方音乐，古人认为郑、卫之音淫乱不正。如《论语·卫灵公》："郑声淫。"《诗·大序》："乱世之音怨以怒，其政乖。"

②不作无益害有益：语出《尚书·旅獒》："不作无益害有益，功乃成。"孔传云："游观为无益。"

③理：即治，治理。

④元首、禽荒之歌：元首之歌，见《载言篇》"元首之歌'注。禽荒之

歌,为《尚书》所载"五子之歌"之一。文曰:"训有之:内作色荒,外作禽荒……甘酒嗜音,峻宇雕墙……有一于此,未或不亡。"意指如果君主内为女色所惑,外为田猎所迷,沉迷于酒和音乐之中,追求宫室的华丽堂皇,只要占其中一条,国家没有不消亡的。

⑤郑庄至孝:郑庄,即郑庄公。《左传》隐公元年载,郑庄公的母亲姜氏偏爱小儿子共叔段而不喜欢他,庄公放逐了姜氏,且发誓:"不及黄泉,无相见也。"但很快又后悔了,为了与母亲相见,又不违背誓言,于是就挖了个地道,和姜氏在地道里相见,赋诗说:"大隧之中,其乐也融融。"姜氏出来后也赋诗说:"大隧之外,其乐也泄泄。"

⑥晋献不明:晋献,即晋献公。《左传》僖公五年载,晋献公宠信骊姬,逼死太子申生,公子重耳、夷吾被迫逃亡外国。此前,献公命大夫士芮为重耳、夷吾筑蒲邑、屈邑,士芮退而赋诗说:"狐裘龙茸,一国三公,吾谁适从?"

⑦马融《广成》:即其《广成赋》,主要陈述文治、武功不可偏废。

⑧裨:裨益。

【译文】

到了中期,文章体例大有变化,讲说道理的大多以荒诞不经为依据,修饰文辞的务必以绮丽淫靡为追求。就像女工纺织的花样别出的细绫轻纱,音乐中的放荡轻浮的郑、卫之音。古人说:"不做无益而损害有益的事。"至于史家所记载的,当然要以雅正为主。所以虞舜希望天下大治,夏代丧失统治地位,《尚书》中记载了关于他们的"元首之歌"、"禽荒之歌";郑庄公孝顺,晋献公昏庸,《春秋》中记录了有关他们的"大隧之诗"、"狐裘之诗"。叙述道理正直而恳切,文字表达简明而扼要,足以惩戒恶人劝勉好人,考察风俗了解民情。而像司马相如的《子虚赋》、《上林赋》,扬雄的《甘泉赋》、《羽猎赋》,班固的《两都赋》,马融的《广成赋》,都是比喻超过了内容,辞藻淹没了主题,繁华而不符事实,游离而不知所归，无益于劝勉奖掖，有助于滋长奸诈，而前后《史记》《汉书》都把它们记在列传中，不是很荒谬吗！

　　且汉代词赋，虽云虚矫，自余它文，大抵犹实。至于魏、晋已下，则讹谬雷同。榷而论之，其失有五：一曰虚设，二曰厚颜，三曰假手，四曰自戾[①]，五曰一概。

【注释】

　　①自戾（lì）：自相矛盾。戾，违背。

【译文】

　　再说汉代的辞赋，虽说空虚做作，但其他的文章，大致还是实在的。到了魏、晋以后，就错讹谬误相互雷同了。概括起来，失误有五种：一是虚有其文，二是厚颜无耻，三是借人之手，四是自相矛盾，五是一概而论。

　　何者？昔大道为公[①]，以能而授，故尧咨尔舜，舜以命禹。自曹、马已降[②]，其取之也则不然。若乃上出禅书[③]，下陈让表，其间劝进殷勤，敦谕重沓，迹实同于莽、卓，言乃类于虞、夏。且始自纳陛[④]，迄于登坛。彤弓卢矢[⑤]，新君膺九命之锡[⑥]；白马侯服[⑦]，旧主蒙三恪之礼[⑧]。徒有其文，竟无其事。此所谓虚设也。

【注释】

　　①大道为公：语出《礼记·礼运》："大道之行也，天下为公，选贤与能，讲信修睦。"

　　②曹、马：即曹魏政权、司马氏政权，此指魏、晋。

③禅书：皇帝将帝位让授给贤者称禅让，禅让帝位的诏书称禅书。

④纳陛：古代赐给有特殊功勋的大臣的一种特殊待遇，"九锡"之一。即在宫殿殿基上凿出阶梯来，使阶梯处于屋檐之下，以便该大臣能不在露天下登殿，以示尊崇。

⑤彤弓卢矢：红色的弓和黑色的箭。古代天子授予有大功之诸侯彤弓卢矢，以象征授予征伐的权力。

⑥膺九命之锡：传说古代天子为了尊崇有特殊功勋的诸侯，赏赐九种器物，叫九锡。九锡的名目和排列次序大同小异。魏晋以来，帝王在建立自己的新王朝之前都要先加九锡，成为了一种惯例。

⑦白马侯服：周朝建立之后，商纣王的庶兄微子乘白马朝见周之祖庙，称臣于周。周公旦杀商纣王，让微子统率殷族，封于宋，为宋国的始祖。侯服，古代天子所居王城周围千里称王畿，其外方五百里称侯服。

⑧三恪之礼：周初封夏之后代于杞，封商之后代于宋，封舜之后代于陈，称"三恪"。白马侯服，三恪之礼，均表示新王朝对旧王朝后代的优待。

【译文】

为什么这么说呢？古时候天下为公，交给有能力的人治理，所以尧传位给舜，舜传位给禹。自从魏晋以后，取得帝位就不是这样了。至于帝王发布禅位的诏书，受禅人陈上辞让的表章，其中有殷勤的劝勉鼓励，有再三的敦促晓谕，所作所为与王莽、董卓一样，所说的话却和虞舜、夏禹相似。而且从纳陛开始，到登基即位。新君授彤弓卢矢之类九种物件之赏赐，旧帝受到如夏禹、商汤的后代所受到的礼遇。空有这样的虚假文章，却没有相应的事实。这就叫"虚有其文"。

古者两军为敌，二国争雄，自相称述，言无所隐。何者？国之得丧，如日月之蚀焉①，非由饰辞矫说所能掩蔽也。逮于近古则不然。至如曹公叹蜀主之英略,曰"刘备吾俦"[2];周帝美齐宣之强盛,云"高欢不死"[3]。或移都以避其锋[4],或斫冰以防其渡[5]。及其申诰誓,降移檄,便称其智昏菽麦[6],识昧玄黄[7],列宅建都若鹪鹩之巢苇[8],临戎贾勇犹螳螂之拒辙[9]。此所谓厚颜也。

【注释】

①国之得丧,如日月之蚀焉:语出《论语·子张》:"君子之过也,如日月之食焉。过也,人皆见之。更也,人皆仰之。"得丧,即得失。

②曹公叹蜀主之英略,曰"刘备吾俦(chóu)":语见《三国志·魏书·武帝纪》裴注引《山阳公载记》。曹操赤壁之战失利,引军从华容道逃出包围后,大喜。诸将问他,他说:"刘备吾俦也,但得计少晚。向使早放火,吾徒无类矣。"吾俦,我类,我辈。

③周帝美齐宣之强盛,云"高欢不死":语见《北齐书·文宣帝纪》。宇文泰出兵讨伐北齐文宣帝高洋,高洋亲自统兵迎战。宇文泰听说高洋军容严整,感叹道:"高欢不死矣。"因而退兵。宇文泰时任西魏大丞相,北周建立后,他被追封为"文帝"。故云"周帝美齐宣之强盛"。

④移都以避其锋:《三国志·蜀书·关羽传》:"羽率众攻曹仁于樊……羽威震华夏,曹公议徙许都,以避其锐。"

⑤斫冰以防其渡:《通释》据王维俭《史通训诂》引《北史·齐文宣纪》云:"周人常惧齐兵西渡,恒以冬月,守河椎冰。"张振佩《史通笺注》云:"王引文句,遍查《魏》、《齐》、《周书》及《北史》有关纪传,均未见。"案:此条实见《北史》卷五四《斛律金传》:"初,文宣时,周人常惧齐兵之西度,恒以冬月,守河椎冰。"

⑥智昏菽麦:魏讨伐孙吴的檄文中有句云:"孙权小子,未辨菽麦。"

见《文选》卷四十四《檄吴将校部曲文》。《通释》以为刘知幾是"借曹之诮吴以例诮蜀也"。

⑦识昧玄黄：《易·坤·文言》："夫玄黄者，天地之杂也，天玄而地黄。"《通释》注云："定是宇文诮高语，未覩其文，俟补。"

⑧鹪鹩之巢苇：程千帆《史通笺记》云："《荀子·劝学篇》：'南方有鸟焉，名曰蒙鸠，以羽为巢，而编之以发，系之苇苕，风至苕折，卵破子死。巢非不完也，所系者然也。'蒙鸠，注云：'鹪鹩也。'"

⑨螳螂之拒辙：张振佩《史通笺注》引《庄子·天地篇》："'犹螳螂之怒臂以当车轶，则必不胜任矣。'陆德明《音义》：'轶音辙，胜音生。'今传成语云'螳臂当车'。"

【译文】

古代两军对敌，两国相争，自己对自己的称述，毫无隐瞒。为什么？因为一国的得失如同日月蚀一样，不是虚假浮夸的言词所能遮掩得了的。到了近古就不是这样了。以至于曹操感叹蜀主刘备的英明才略，说"刘备是我同类"；周文帝宇文泰赞美齐文宣帝高洋，说"高欢还没有死"。有的要迁都以躲避对方的锋芒，有的要凿破黄河的冰以阻止对方的渡河。等到下达告示，发布檄文的时候，就称对方头脑昏聩分不清豆子和麦子，见识浅陋辨不明黄色和黑色，说人家立国建都如同鹪鹩把巢穴建在芦苇苕草之上，临敌奋勇如同螳螂愤怒而举起手臂阻挡大车。这就叫"厚颜无耻"。

古者国有诏命，皆人主所为，故汉光武时，第五伦为督铸钱掾，见诏书而叹曰："此圣主也，一见决矣。①"至于近古则不然。凡有诏敕，皆责成群下，但使朝多文士，国富辞人，肆其笔端，何事不录。是以每发玺诰，下纶言②，申恻隐之渥恩，叙忧勤之至意。其君虽有反道败德，唯顽与暴，观其政令，则辛、癸不如③；读其诏诰，则勋、华再出④。此所谓假手也。

【注释】

①此圣主也，一见决矣：语见《后汉书·第五伦传》："第五伦，字伯鱼，京兆长陵人……伦为督铸钱掾……每读诏书，常叹息曰：'此圣主也，一见决矣。'"

②纶(lún)言：皇帝的诏书。《礼记·缁衣》："王言如丝，其出如纶（细绳）；王言如纶，其出如綍（大绳）。"后常以纶言、纶音、纶綍称皇帝的诏书、制令。

③辛、癸：即商纣王、夏桀，上古最有名的两个昏暴之君。《史记·殷本纪》："帝乙崩，子辛立，是为帝辛，天下谓之纣。"《史记·夏本纪》："帝发崩，子帝履癸立，是为桀。"

④勋、华：即尧、舜。尧名放勋，舜名重华。

【译文】

古代国家发布诏诰命令，都是君主亲手所作，所以汉光武帝时，第五伦当督铸钱掾，每读到皇帝诏书就感叹："这是圣主啊！一见这诏书就知道了。"到了近古就不是这样了。凡是需要发布诏书敕令的时候，都是责成下面的群臣起草，只要朝廷之上多文人，国家之内多墨客，放开笔端，什么事记录不了。所以皇帝每每下诏书，发诰令，申说王朝同情怜悯的恩泽，叙述帝王为国忧虑操劳的心意。国君即使背离常道德行败坏，凶顽残暴，看他所行的政令，连商纣、夏桀都不如；读他的诏书诰令，却仿佛是尧、舜再世。这就叫"借人之手"。

盖天子无戏言，苟言之有失，则取尤天下。故汉光武谓庞萌"可以托六尺之孤"①，及闻其叛也，乃谢百官曰：诸君得无笑朕乎？是知褒贬之言，哲王所慎②。至于近古则不然。凡百具寮③，王公卿士，始有褒崇，则谓其珪璋特达④，善无可加；旋有贬黜，则比诸斗筲下才⑤，罪不容责。夫同为一士之行，同取一君之言，愚智生于倏忽，是非变于俄顷，帝心不一，皇鉴无恒。此所谓自戾也。

【注释】

①汉光武谓庞萌"可以托六尺之孤"：事见《后汉书》卷四二《庞萌传》："庞萌，山阳人……光武即位，以为侍中。萌为人逊顺，甚见信爱。帝尝称曰：'可以托六尺之孤，寄百里之命者，庞萌是也。'拜为平狄将军，与盖延共击董宪。时诏书独下延而不及萌，萌以为延谮己，自疑，遂反。帝闻之大怒，乃自将讨萌。与诸将书曰：'吾常以庞萌社稷之臣，将军得无笑其言乎？'"

②哲王：聪明的君王。

③具寮：指官府。

④珪璋特达：珪、璋，皆为古代朝会时帝王诸侯之有德者所持的玉器。作为信符，持之可以无所不达，故叫"特达"。后常以此比喻人物品行出众。

⑤斗筲(shāo)下才：《论语·子路》："子曰：'噫！斗筲之人，何足算也？'"意思是微不足道的小人。斗，古代单位较小的量具。筲，古代竹制容器，容一斗二升。

【译文】

天子没有开玩笑的话，如果所说的话有失误，就会受到天下人的指责。所以汉光武帝说庞萌"可以将幼小的孤儿托付给他"，等到听说他叛变了，就向百官认错说：各位会不会取笑我呢？以此可知褒扬和贬斥的话，是聪明的君主当慎之又慎的。到了近古就不是这样了。各级官府,王公大臣,起初有所褒奖尊崇的时候,就说他像珪璋那样品德出众,好得不能再好;一旦接着又受到贬黜,就又把他比作卑贱小人,坏得不能再坏。同是一个人的行为,同是一个君主的话,智愚在顷刻间即发生,是非好坏在一瞬间就变了,皇帝的心思不一,评价不会恒定不变。这就叫做"自相矛盾"。

　　夫国有否泰①,世有污隆②,作者形言,本无定准。故观猗与之颂③,而验有殷方兴;睹《鱼藻》之刺④,而知宗周将殒。至于近代则不然。夫谈主上之圣明,则君尽三、五⑤;述宰相之英伟,则人皆二八⑥。国止方隅,而言并吞六合;福不盈眦⑦,而称感致百灵⑧。虽人事屡改,而文理无易,故善之与恶,其说不殊,欲令观者,畴为准的⑨? 此所谓一概也。

【注释】

①否(pǐ):穷困,不顺。泰:通畅,安宁。

②污:败坏。隆:兴旺。

③猗(yī)与之颂:指《诗·商颂》首篇《那》,歌颂成汤建立商王朝的政绩。首句为"猗与那与!"

④《鱼藻》之刺:指《诗·小雅·鱼藻》,全诗讽刺周幽王在镐京饮酒作乐,百姓怀念武王。

⑤三、五:传说中的三皇五帝。

⑥二八:即八元、八恺,传说中古代的贤相。《左传》文公十八年:"昔高阳氏有才子八人……谓之八恺……高辛氏有才子八人……谓之八元。"高阳氏即传说的五帝之一颛顼,高辛氏即五帝中的帝喾。

⑦福不盈眦:语出班固《答宾戏》:"朝为荣华,夕为憔悴,福不盈眦,

祸溢于世。"李善注引李奇曰："当富贵之间,视之不满目,故言不盈眦也。"眦,眼角,此言福气微小。

⑧百灵:百神,诸神。

⑨畴:即谁。

【译文】

国运有逆有顺,世道有败有兴,写作者在语言上表现出来的,原本就没有一定之规。所以读"猗欤"的颂诗,就可证实殷商当时正值兴盛;看《鱼藻》之诗的讽刺,就可知道周代即将衰亡。到了近代却不这样了。谈到主上的神圣英明,就所有帝王都成了三皇、五帝;说起宰相的杰出伟大,就所有的大臣都是八元、八恺。国家只是偏居一隅的小国,却说并吞了整个天下;福分只有那么一丁点,却号称感动了百神。虽然人事时代屡屡变更,而文章中的说法永无变化,所以好坏善恶,说法一样,要让读者读来,以谁作为依归呢? 这就叫做"一概而论"。

　　于是考兹五失,以寻文义,虽事皆形似,而言必凭虚①。夫镂冰为璧,不可得而用也;画地为饼,不可得而食也。是以行之于世,则上下相蒙②;传之于后,则示人不信。而世之作者,恒不之察,聚彼虚说,编而次之,创自起居③,成于国史,连章疏录,一字无废,非复史书,更成文集。

【注释】

①凭虚:虚构不实。

②蒙:欺诈。

③起居:即起居注,皇帝日常言行的记录。

【译文】

在此考查这五种失误,以之衡量文章,虽然事情外表看起来相似,而所用言辞却不符合事实。如同以冰雕镂的玉璧，不能使用；在地上画出来的饼，不能充饥。所以它们在世上流传，就会使上下互相欺诈；流传到后代，就会让人不相信。但社会上的撰史者，长期不能觉察，搜集这些虚假的文词，加以编排，从起居注开始，直到编成国史，整章整篇地录入，一个字也不删，不再是史书，而更像是文集。

若乃历选众作，求其秽累①，王沈、鱼豢，是其甚焉；裴子野、何之元，抑其次也。陈寿、干宝，颇从简约，犹时载浮讹②，罔尽机要。唯王劭撰《齐》、《隋》二史，其所取也，文皆诣实③，理多可信，至于悠悠饰词④，皆不之取。此实得去邪从正之理，捐华摭实之义也⑤。

【注释】

①秽累：缺陷。秽，污秽。累，通“纇(lèi)”，瑕疵。

②浮：虚浮。讹：错误。

③诣：至。实：朴实。

④悠悠：恍惚迷离。

⑤捐：抛弃。华：浮华。摭：采取。

【译文】

如果一一选取众多的史书，从中找出芜杂累赘的作品，王沈、鱼豢，是其中最为特出的；裴子野、何之元，大概是其次。陈寿、干宝的著作，颇为简约，但也不时载有浮泛讹谬之词，未能完全做到精要。只有王劭所撰《齐志》、《隋书》二种史书，所选取的文章，文字至为朴实，道理大多可信，对于游谈无根的粉饰之辞，全都不予采纳。这确实符合祛除邪僻遵从正道的规律，符合捐弃浮华保留真实的原则。

　　盖山有木，工则度之①。况举世文章，岂无其选，但苦作者书之不读耳。至如诗有韦孟《讽谏》②，赋有赵壹《嫉邪》③，篇则贾谊《过秦》④，论则班彪《王命》⑤，张华述箴于女史⑥，张载题铭于剑阁⑦，诸葛表主以出师⑧，王昶书字以诫子⑨，刘向、谷永之上疏⑩，晁错、李固之对策⑪，荀伯子之弹文⑫，山巨源之启事⑬，此皆言成轨则⑭，为世龟镜。求诸历代，往往而有。苟书之竹帛，持以不刊，则其文可与三代同风，其事可与《五经》齐列。古犹今也，何远近之有哉？

【注释】

①盖山有木，工则度（duó）之：语出《左传》隐公十一年："周谚有之曰：'山有木，工则度之。宾有礼，主则择之。'"度，测量。

②韦孟《讽谏》：见《载言》篇注。

③赵壹《嫉邪》：《后汉书·赵壹传》："赵壹，字元叔……作《刺世疾邪赋》，以舒其怨愤。"批判了社会的不合理现象，情绪激昂。

④篇则贾谊《过秦》：即贾谊《过秦论》，见本书《载言》篇注。

⑤班彪《王命》：即班彪撰《王命论》。东汉光武帝初即位，各地分裂势力仍多，班彪撰《王命论》以劝导各地分裂势力。全文载《汉书·叙传》。

⑥张华述箴于女史：张华，字茂先，西晋范阳方城（今河北固安）人，官至中书令，太子少傅。《晋书·张华传》云："当闻主（惠帝）虐后（贾后）之朝而海内晏然，华之功也。华惧后族之盛，作《女史箴》以为讽。"《晋书》未载原文，《文选》收入。

⑦张载题铭于剑阁：张载，字孟阳，安平（今河北安平）人，西晋时官至中书侍郎，后因世道不宁，辞官还乡。早年入蜀，途经剑阁，因见地形险要，有感于蜀人常恃险割据，作《剑阁铭》，诫劝蜀人山

川之险不可依仗。益州刺史张敏见而奇之,表以奏上,晋武帝特令刊刻于剑阁石壁之上。《晋书·张载传》收载了《剑阁铭》全文。

⑧诸葛表主以出师:诸葛即诸葛亮。三国蜀后主建兴五年(227),诸葛亮上表,奏请出师北伐魏,并谏劝后主刘禅纳谏,摒绝奸佞,表明赤诚之心。这就是著名的《出师表》,《三国志·诸葛亮传》载表全文。《三国志》裴注又具录《后出师表》。

⑨王昶书字以诫子:《三国志·魏书·王昶传》:"王昶,字文舒……其为兄子及子作名字,皆依谦实以见其意……遂书戒之。"写信告诫晚辈要人如其名。《王昶传》载其《诫子书》全文。

⑩刘向、谷永之上疏:见本书《二体》篇注。

⑪晁错、李固之对策:晁错对策见《二体》篇注。李固(93—147),字子坚,汉中南郑(今陕西南郑)人。东汉时官至太尉。时梁太后摄政,外戚梁冀兄弟专权,固在对策中论外戚之祸,指斥朝政等,遭梁冀等诬杀。《后汉书·李固传》载有其对策。

⑫荀伯子之弹文:荀伯子,南朝宋颍川颍阴(今河南许昌)人,曾任御史中丞。《宋书·荀伯子传》载:"立朝正色,内外惮之。凡所奏劾,莫不深相谤毁,或延及祖祢,示其切直。"

⑬山巨源之启事:《晋书·山涛传》载:山涛,字巨源。三国魏时为尚书吏部郎,入晋为吏部尚书十余年,选拔官员时,都要分别为之写下评语,当时人称为"山公启事"。山涛好老庄,与嵇康、阮籍等常作竹林之游,同被称为"竹林七贤"。

⑭轨则:准则。

【译文】

山里只要有木材,工匠就会测量它。何况全社会的文章,岂能没有可选的呢,只是遗憾作者不去读书罢了。比如诗有韦孟的《讽谏》,赋有赵壹的《嫉邪》,文章有贾谊的《过秦论》,论有班彪的《王命论》,张华作有《女史箴》，张载题有《剑阁铭》，表有诸葛亮的《出师表》，信有王昶的《诫子书》，还有刘向、谷永的奏疏，晁错、李固的对策，荀伯子的弹劾奏章，山巨源的选官启事，这些都是能成为准则的言论，可作为世人的借鉴。这类文章，历代比比皆是。如果把它们载入史书，作为不变的规范，那么文字可以和三代相似，事迹可以同《五经》并列。古代的事如同今天的事，又有什么远近之分呢？

　　昔夫子修《春秋》，别是非，申黜陟，而贼臣逆子惧。凡今之为史而载文也，苟能拨浮华，采贞实①，亦可使夫雕虫小技者②，闻义而知徙矣③。此乃禁淫之堤防，持雅之管辖④，凡为载削者，可不务乎？

【注释】

①贞：美好。实：真实。

②雕虫小技：语出扬雄《法言·吾子》："或问：'吾子少而好赋？'曰：'然，童子雕虫篆刻。'俄而曰：'壮夫不为也。'"比喻微不足道的技能。

③闻义而知徙：语出《论语·述而》："子曰：'德之不修也，学之不讲也，闻义不能徙也，不善不能改也，是吾忧也。'"

④雅：正，正确。管辖：关键。

【译文】

从前孔夫子修《春秋》，分辨是非，伸张褒贬，而使贼臣逆子惧怕。但凡今天编撰史书而在书中载录当时人文章的，若能拨开浮华的东西，采录美好真实的事情，也就可以使那些从事文章辞赋之类雕虫小技的人，听到了大道理就能追随了。这是禁阻淫丽之风的堤防，是坚持雅正之道的关键，凡是从事史书编撰的人，能不重视吗？

内篇　补注第十七

【题解】

本篇主要讨论史书的注释问题。刘知幾对史籍注解的各种流派及杂史、小说自注的优劣得失都作了充分揭示。

儒者之注主要是训释字词、倡明经义，以开导后学；史书之注则掇异补缺、增补史事，以广见异闻。刘知幾认为，前代史书之注缺陷很多，如裴松之注《三国志》"喜聚异同，不加刊定"；陆澄注《汉书》支离破碎，难为披览；刘昭注《后汉书》，全取范晔遗弃的资料，缺少见识；刘孝标注《世说》，留意于委巷小说、流俗短书，大材小用，劳而无功。刘知幾的这些批评，尤其对裴注《三国志》和刘注《世说》的批评，后人多不赞成。后人多从史料的保存等角度立论而对裴注《三国志》和刘注《世说》大加赞扬。

辩证地看，我国史注遗产浩博繁富，具有化难为易、化不明为明、化不理解为理解等重要功用，保存了丰富而珍贵的历史资料，蕴含着丰富的史学思想。但也往往存在阶级偏见和时代观念的局限，存在疏而不破和空谈义理的现象，存在增字为训的错误，存在失考、疏漏和望文生义，甚至考证繁琐等的问题，必须以批判的眼光视之。对待刘知幾对史注的批评，也应当作具体分析，不可一概而论。

　　昔《诗》、《书》既成，而毛、孔立传①。《传》之时义，以训诂为主②，亦犹《春秋》之传，配经而行也。降及中古，始名传曰注。盖传者转也，转授于无穷；注者流也，流通而靡绝。惟此二名，其归一揆。如韩、戴、服、郑，钻仰《六经》③，裴、李、应、晋，训解《三史》④，开导后学，发明先义，古今传授，是曰儒宗⑤。

【注释】

①毛、孔立传：指毛公为《诗》作传，孔安国为《书》作传。毛《传》指《诗》毛氏《诂训传》，汉代传习《诗经》的有齐（齐人辕固生）、鲁（鲁人申培）、韩（燕人韩婴）、毛四家，毛氏所传称《毛诗》。东汉郑玄根据毛《传》作笺后，毛诗流传渐广，以致"三家诗废毛诗传"。

②训诂：指用通行的话解释古代语言文字或方言的字义（或词义）。

③韩、戴、服、郑，钻仰《六经》：指韩婴、戴德、戴圣、服虔、郑玄等钻研《六经》。韩婴（前200—前130），汉孝文帝时博士。治《诗》，推原诗人作《诗》的意旨，作内、外《传》数万言。《汉书·艺文志》著录《韩内传》四卷、《韩外传》六卷。《内传》已佚，《外传》今存十卷。《汉书·儒林》有传。戴德，字延君，生卒年不详。戴圣，字次君，德兄子，生卒年不详。德、圣皆为汉代治《礼》名家，德号大戴，圣号小戴。德编删《礼记》为八十五篇，人称《大戴礼记》。圣编删《礼记》为四十九篇，人称《小戴礼记》。事见《汉书·孟卿传》。服虔，字子慎，生卒年不详。东汉著名史学家，以治《左传》著名，有《春秋左氏传解》。《后汉书·儒林》有传。郑玄（127—200），字康成，北海高密（今山东高密）人，东汉著名经学家。曾遍注群经，为世所重。《后汉书》有传。

④裴、李、应、晋，训解《三史》：指裴骃、李斐、李奇、应劭、晋灼等注
　解三史。裴骃，字龙驹，裴松之之子，南朝宋任南中郎、外兵曹参
　军。他以徐广《史记音义》为基础，广采百家之说，撰成《史记集
　解》，保存了大量汉、晋间经史注释家的材料，为后世所重。其事
　迹见《宋书·裴松之传》。李斐、李奇，生平不详。应劭，见《采
　撰》篇注，著有《汉纪注》三十卷、《汉书集解》一一五卷、《汉书集
　解音义》二十四卷。晋灼，生卒年不详。颜师古《汉书叙例》：“晋
　灼，河南人，晋尚书郎。”有《汉书集解》十三卷、《汉书音义》十七
　卷。皆已佚。三史，唐以前一般指《史记》、《汉书》、《东观汉记》。

⑤儒宗：《通释》云：“儒宗者，即以训诂为主之意，是注家正体也。”

【译文】

从前《诗经》、《尚书》写成后，毛公、孔安国分别为其作传。传在当
时的含义，是以训诂为主，正像《春秋》的传，配合经文而流行于世。到
了中古，才开始称传为注。大概“传”的意思就是转，辗转不绝地传授下
去；“注”的意思就是流，畅通无阻地流行不绝。只有这两种情况，二者
宗旨是一致的。如韩婴、大小戴、服虔、郑玄，钻研注释《六经》，裴骃、二
李、应劭、晋灼，训诂解释三史，开导后来的学习者，阐明先人的意蕴，古
今递相传授，这就是儒家一派。

　　既而史传小书，人物杂记，若挚虞之《三辅决录》①，陈寿
之《季汉辅臣》②，周处之《阳羡风土》③，常璩之《华阳》士
女④，文言美辞列于章句，委曲叙事存于细书⑤。此之注释，
异夫儒士者矣⑥。

【注释】

①挚虞之《三辅决录》：《隋志》著录《三辅决录》七卷，“汉太仆赵岐

撰,挚虞注"。挚虞,见《书志》篇注。张振佩《史通笺注》云:"以
下列举三书,周处、常璩均系撰者,不是注者。此处自仍以赵岐
为是。"

②陈寿之《季汉辅臣》:《季汉辅臣赞》,三国蜀汉杨戏撰,陈寿作《三
国志·蜀书》时,多所采录,并将其载入《杨戏传》。对于杨戏有
赞而《三国志》中无传的人物,陈寿皆为之作注。

③周处之《阳羡风土》:见《书志》篇注。

④常璩之《华阳士女》:常璩(约291—361),字道将,蜀郡江原(今四
川成都)人,曾任十六国成汉政权散骑常侍,掌著作。著有《蜀李
书》、《华阳国志》。《华阳国志》是目前所能见到的我国最早一部
记载四川、云南、贵州等地地方史料的地方志。其中有《先贤士
女总赞论》及益、梁、宁三州士女目录。

⑤委曲:指详细的情况。细书:即附注。

⑥异夫儒士者:浦起龙《通释》云:"异夫儒士者,于本文外增补事
绪,是注家之变体。"

【译文】

接着有各种历史小传记,人物杂记的注释,如挚虞注《三辅决录》、
陈寿注《季汉辅臣赞》,周处《阳羡风土记》自注,常璩《华阳士女》自注,
将华美的言辞列为正文,叙述事情的详细经过作为附注。这种注释,就
不同于儒家一派了。

次有好事之子,思广异闻,而才短力微,不能自达①,庶
凭骥尾,千里绝群②,遂乃掇众史之异辞,补前书之所阙。若
裴松之《三国志》③,陆澄、刘昭《两汉书》④,刘肜《晋纪》⑤,刘
孝标《世说》之类是也⑥。

【注释】

①不能自达：自己不能成名。达，得志。

②庶凭骥尾，千里绝群：语出《史记·伯夷列传》："附骥尾而行益显。"《索隐》："苍蝇附骥尾而致千里。"附骥尾，比喻依附、追随贤者之后而成名。庶，期望。骥，千里马。绝群，远离同类。

③裴松之《三国志》：即裴松之注《三国志》，见《称谓》篇注。

④陆澄、刘昭《两汉书》：陆澄，见《书志》篇注，《隋书·经籍志》著录其《汉书注》一卷，已佚。刘昭，生卒年不详。字宣卿，平原高唐（今山东高唐）人，自幼聪颖，勤学善属文，官至南朝梁临川王记室。广泛收集有关后汉史的异同之说，为范晔《后汉书》作注，兼注司马彪《续汉书》八志，取以补范晔《后汉书》之缺，即今本《后汉书》志三十卷。

⑤刘肜《晋纪》：《梁书·刘昭传》："昭伯父肜，集众家《晋书》，注干宝《晋纪》为四十卷。"

⑥刘孝标《世说》：刘孝标即刘峻（462—521），字孝标，平原（今山东平原）人。南朝齐、梁曾任小官。刘义庆撰《世说新语》，孝标为之作注，收录诸家小史，分释其义。引书多达四百余种。

【译文】

后来又有好事的人，想要增加新奇的学说，但才力短浅，自己不能成名，希望凭借贤者之名，远远超出世人，于是就捡拾各种史书的不同说法，补充前人书中的缺漏。如裴松之的《三国志》注，陆澄、刘昭的《两汉书》注，刘肜的《晋纪》注，刘孝标的《世说新语》注之类就是这样。

　　亦有躬为史臣，手自刊补，虽志存该博①，而才阙伦叙②，除烦则意有所吝，毕载则言有所妨③，遂乃定彼榛楛④，列为子注⑤。若萧大圜《淮海乱离志》⑥，羊衒之《洛阳伽蓝记》⑦，宋孝王《关东风俗传》⑧，王劭《齐志》之类是也⑨。

【注释】

①该:通"赅",完备。

②伦叙:结构谨严的叙述。伦,条理。

③妨:妨碍。

④定:确定,选择。榛楛(zhēn hù):丛生的杂木,用以比喻征引资料的杂乱。

⑤子注:在字句间增加的小字注释,古代注书的一种体例。程千帆《史通笺记》云:"子注之兴,盖由后汉以降……以一本为正文,为母;以他本为注文,为子。合而为一,以便研寻。"

⑥萧大圜《淮海乱离志》:《通释》注云:"《周书》:'大圜,字仁显,梁简文帝之子也。'《隋志》:'《淮海乱离志》四卷,萧世怡撰,叙梁末侯景之乱。'新、旧《唐志》并作萧大圜撰,世怡岂其人欤? 按本传缺录其书,而《志》亦不言有注。"彭啸咸《史通增释》云:"世怡,名泰,《周书》、《北史》自有传,非即大圜也。"又云:"《淮海乱离志》四卷,据《周书》、《北史》乃萧园肃撰,《史通》、《隋志》皆误。"张振佩《史通笺注》云:"彭说甚是。按:萧世怡与大圜、园肃同在《周书》卷四十二列传中。'世怡,梁武帝弟鄱阳王恢之子,乃武帝之侄,而大圜乃武帝之孙也。园肃,梁武帝之孙武陵王纪之子也,撰《淮海乱离志》四卷行于世。'《史通》误作萧大圜。"

⑦羊衒(xuàn)之《洛阳伽蓝记》:见《书志》篇注。程千帆《史通笺记》云:"《洛阳伽蓝记》之本文和子注原来是以大小字分写。自宋以来,其传本字之大小不分,书之本字亦混。故《四库提要》卷七十至误以为书之自注'不知何时佚脱'。逮清儒及今世学人乃稍发其覆,渐复阙旧。"

⑧宋孝王《关东风俗传》:见《书志》篇注。

⑨王劭《齐志》：王劭，见《六家》篇"尚书家"注。《北史·王慧龙传》
附王劭传云："初撰《齐志》为编年体，二十卷，复为《齐书纪传》一
百卷，及《平贼记》三卷……指摘经史谬误，为《读书记》三十卷，
时人服其精博。"书俱佚，《齐志》有无自注或后人注，不可考。

【译文】

也有自己身为史臣，亲手刊补史书，虽有博学多识的志向，但缺乏
结构谨严撰述的才能，要除去繁杂的部分又舍不得，要全部记载各种说
法则互相有所妨碍，于是就选择那些丛杂的资料，列为小注。如萧大圜
《淮海乱离志》、羊衒之《洛阳伽蓝记》、宋孝王的《关东风俗传》、王劭《齐
志》一类就是这样。

　　榷其得失，求其利害，少期集注《国志》①，以广承祚所
遗②，而喜聚异同，不加刊定，恣其击难，坐长烦芜。观其书
成表献，自比蜜蜂兼采③，但甘苦不分，难以味同萍实者矣④。
陆澄所注班史，多引司马迁之书，若此缺一言，彼增半句，皆
采摘成注，标为异说，有昏耳目，难为披览。窃惟范晔之删
《后汉》也，简而且周，疏而不漏，盖云备矣。而刘昭采其所
捐，以为补注，言尽非要，事皆不急。譬夫人有吐果之核，弃
药之滓，而愚者乃重加捃拾⑤，洁以登荐，持此为工，多见其
无识也。孝标善于攻缪，博而且精，固以察及泉鱼⑥，辨穷河
豕⑦。嗟乎！以峻之才识，足堪远大，而不能探赜彪、峤⑧，网
罗班、马，方复留情于委巷小说⑨，锐思于流俗短书⑩。可谓
劳而无功，费而无当者矣。自兹已降，其失逾甚。若萧、羊
之琐杂，王、宋之鄙碎⑪，言殊拣金⑫，事比鸡肋⑬，异体同病，
焉可胜言。大抵撰史加注者，或因人成事，或自我作故，记

录无限,规检不存⑭,难以成一家之格言,千载之楷则。凡诸作者,可不详之?

【注释】

①少期:裴松之字世期,刘知幾避唐太宗李世民名讳,改称少期。裴松之注《三国志》,见《称谓》篇注。

②承祚:陈寿字。遗:遗漏。

③自比蜜蜂兼采:裴松之注《三国志》成而奏上,《上三国志注表》云:"寿书铨叙可观,事多审正。诚游览之苑囿,近世之嘉史。然失在于略,时有所脱漏。臣奉诏寻详,务在周悉。上搜旧闻,傍摭遗逸……窃惟缀事以众色成文,蜜蜂以兼采为味,故能使绚素有章,甘逾本质。"上善之曰:"此为不朽矣。"

④难以味同萍实者矣:语出《说苑·辩物》:"楚昭王渡江,有物大如斗,直触王舟,止于舟中。昭王大怪之,使聘问孔子,孔子曰:此名萍实。"又《孔子家语·致思》云:"闻童谣曰:楚王渡江得萍实,大如斗,赤如日,剖而食之,甜如蜜。"此针对裴松之"甘逾本质"语而言。

⑤捃(jùn)拾:拾取。

⑥察及泉鱼:语出《韩非子·说林》上:"知渊中之鱼者不祥。"《列子·说符篇》:"察见渊鱼者不祥。"表示有很强的洞察力。"泉"本作"渊",刘知幾避唐高祖李渊名讳改作"泉"。

⑦辨穷河豕:语见《吕氏春秋·察传篇》:"子夏之晋,过卫,有读史记者曰:晋师三豕涉河。子夏曰:非也,是己亥也。夫己与三相近,豕与亥相似。至于晋而问之,则曰晋师己亥涉河也。"据以比喻刘孝标知识渊博,观察事物深刻。

⑧探赜:深入探究。

⑨委巷:偏僻小巷。

⑩短书：经籍以外的杂记之书。

⑪王、宋：王劭、宋孝王。

⑫拣金：语出《世说新语·文学篇》："陆（机）文若排沙简金，往往见宝。"

⑬鸡肋：语出《三国志·魏书·武帝纪》裴松之注引《九州春秋》："夫鸡肋弃之如可惜，食之无所得。"鸡肋，鸡的肋骨。

⑭规检：规则法度。

【译文】

　　如果讨论他们的得失，探究他们的利弊，那么裴松之集注《三国志》，以扩充陈寿之所遗漏，却喜欢聚集各种不同的说法，不加以订正，任其相互矛盾，因此繁冗芜杂。看他成书后献给朝廷的表状，自比作蜜蜂酿蜜兼采百味，但甘苦不分，难以像萍实那样甘甜如蜜。陆澄所注的班固《汉书》，大多引用司马迁《史记》，至于这本书缺一句，那本书增半句，都采摘来作注，标举为不同说法，搅乱了人的视听，使人难以阅读。我认为范晔删编的《后汉书》，简洁而又周详，疏略而无遗漏，大概都具备了。而刘昭搜集范晔所捐弃的东西，作为补注，言辞并不重要，事情都不要紧。就像有人吐出的果核，丢弃的药渣，而愚蠢的人却重新把它们拾取，弄干净进献给人，把这当做特长，更表明他缺乏见识。刘孝标善于纠正谬误，博学而且精专，足以观察渊中之鱼、辨析"三豕""己亥"。可叹啊！以他的才力学识，足以担当更远大的事业，却不能去探究班彪、华峤的精微，网罗班固、司马迁的遗逸，反而钟情于街谈巷议的浅薄言论，用心于流俗的丛杂小书。真可谓劳而无功，费力而不恰当。自此以后，这样的失误愈来愈严重。如萧大圜、羊衒之的琐细芜杂，王劭、宋孝王的粗鄙琐碎，语言不能做到披沙拣金，记事如同食之无物的鸡肋，体例不同但毛病一样，哪里能说得尽呢。大体撰史加注的人，或是依赖他人之书而成注，或是别出心裁自创新例，记载无所限制，毫无规矩法度，难以成为一家之言的范式，千载效仿的楷模。所有这样的史书作者,能不审慎吗?

　　至若郑玄、王肃①,述《五经》而各异,何休、马融②,论《三传》而竞爽。欲加商榷,其流实繁。斯则义涉儒家,言非史氏,今并不书于此焉。

【注释】

①郑玄、王肃:见前注。皆为东汉经学大师,学说兼采今、古文,但其经说各异其趣。

②何休(129—182):字邵公,任城樊(今山东滋阳)人,东汉著名今文经学家,精研六经,尤擅《公羊传》,史称"世儒无及者"。累官谏议大夫,遭权臣排挤,归家治学,十七年未出门,撰成《春秋公羊解诂》、《公羊墨守》、《左氏膏肓》、《穀梁废疾》等。《后汉书·儒林传下》有传。

【译文】

　　至于郑玄、王肃,阐述五经而各不相同,何休、马融,讲论《春秋》三传而互不相让。若要加以商讨,他们的流派分支实在太繁。这就涉及儒家一派,而不是史学的事,今天就不在这里叙述了。

内篇　因习第十八

【题解】

"因习"即"因袭"。本篇主要讨论史书中的因袭现象。刘知幾批评前代修史中沿用旧文、因袭不改的做法是胶柱而调瑟、刻船而求剑。提出了因俗、随时的重要史学思想。

刘知幾认为"三王各异礼，五帝不同乐"，史书记事自当变化不居。但历代史书往往违背这一原则，如《史记》因习《春秋》，把诸侯的死都称为卒而不是薨；《汉书》因习《史记》，称高祖为"沛公"、"汉王"；前人称"今"，事过百年后《汉书》和《高士传》仍称"今"；臧荣绪《晋书》和梁朝《通史》对前人的错误记载仍然以讹传讹；唐修《隋书》因习前人的错误评价等等。本篇通篇贯穿了刘知幾重视世事变迁、尊重客观事实的治史态度，有积极意义。

本篇中提出的一些观点受到了后人的重视，如《宋史·艺文志》"霸史"类著录《越绝书》、《吴越春秋》等，《四库总目》和《清史稿》"载记"类也作相似处理，就是受到刘知幾关于将"伪史"（"霸史"）"类聚相从，合成一部"观点的影响。

盖闻三王各异礼，五帝不同乐①，故传称因俗②，《易》贵随时③。况史书者，记事之言耳。夫事有贸迁④，而言无变革,此所谓胶柱而调瑟⑤,刻船以求剑也。

【注释】

①三王各异礼,五帝不同乐:语出《礼记·乐记》:"五帝殊时,不相
　沿乐;三王异世,不相袭礼。"

②传称因俗:语出《史记·齐太公世家》:"太公至国,修政,因
　其俗。"

③《易》贵随时:语出《易·随卦·象》:"随,大亨,贞无咎,而天下随
　时。随时之义大矣哉。"

④贸迁:演变改易。《晋书·食货志》:"贸迁有无,各得其所。"

⑤胶柱而调瑟:见《断限》篇注。

【译文】

听说三王的礼制各异,五帝的乐制不同,所以史传中说要根据当时
当地的风俗,《易》中讲贵在随时间的变化而改变。何况史书,是专门记
载事情的。事情有变化了,而语言却没有变革,这就是人们所说的胶柱
鼓瑟,刻舟求剑了。

古者诸侯曰薨,卿大夫曰卒①。故《左氏传》称楚邓曼
曰:"王薨于行,国之福也②。"又郑子产曰:"文、襄之伯,君
薨,大夫吊③。"即其证也。案夫子修《春秋》,实用斯义。而
诸国皆卒,鲁独称薨者,此略外别内之旨也。马迁《史记》西
伯已下,与诸列国王侯,凡有薨者,同加卒称,此岂略外别内
邪④?何贬薨而书卒也?

【注释】

①古者诸侯曰薨,卿大夫曰卒:《通释》:"《公羊》隐三:天子曰崩,诸

侯曰薨,大夫曰卒,士曰不禄。"

②王薨于行,国之福也:事见《左传》庄公四年,楚武王夫人邓曼语。时楚武王将伐随国而心荡,邓曼叹"王禄尽矣",如死于征途,比死于敌人之手好,故云"国之福也"。

③文、襄之伯,君薨,大夫吊:事见《左传》昭公三年:"子大叔曰:'昔文、襄之霸也……君薨,大夫吊。'"注曰:"文、襄,晋文公、襄公也。"是乃"郑游吉如晋,送少姜之葬"之辞。子大叔,即郑国游吉,刘知幾误作子产。

④略外别内:《春秋释例》:"诸侯曰薨,大夫曰卒,古之制也。《春秋》所称,曲存鲁史之义,内称公而书薨,所以自尊其君,则不得不略外,诸侯书卒以自异也。"

【译文】

古代诸侯死称薨,卿大夫死称卒。所以《左传》中记载楚武王夫人邓曼说:"王薨于路上,是国家的福分。"又有郑国子产说:"晋文公、晋襄公为霸主时,君主薨,大夫吊唁。"就是例证。考查孔夫子修《春秋》,其实就用这个原则。但各国君主死都称卒,只有鲁国国君死才称薨,这是尊重自己国君而与其他诸侯国相区别的意思。司马迁《史记》记周文王以下,与各诸侯国的王侯,所有死的,都用卒称呼,这难道也是要把其他各国国君和自己的国君相区别吗?为什么要贬低他们把"薨"写成"卒"呢?

盖著鲁史者,不谓其邦为鲁国;撰周书者,不呼其上曰周王。如《史记》者,事总古今,势无主客,故言及汉祖,多为汉王,斯亦未为累也①。班氏既分裂《史记》,定名《汉书》,至于述高祖为公、王之时,皆不除沛、汉之字。凡有异方降款者②,以归汉为文。肇自班《书》,首为此失;迄于仲豫③,仍踵厥非。积习相传，曾无先觉者矣。

【注释】

①累：错误。

②降：投降。款：归附。

③仲豫：荀悦字。

【译文】

　　大概原来编撰鲁国史书的人，不称自己的国为鲁国；编撰周朝史书的人，不称自己的君主为周王。像《史记》一书，记事囊括古今，却没有主客之分的情况，所以说到汉高祖，多称为汉王，这也不能算是错误。班固既然分出《史记》中的汉代部分，定名为《汉书》，在叙述高祖为沛公、汉王的时候，都不去掉"沛"、"汉"之字。凡是有外国来投降归附的，都以"归汉"书写。自班固《汉书》开始，首先出现这种失误；直到荀悦，仍沿袭这一错误。积习相沿难改，不曾出现首先觉悟的人啊。

　　又《史记·陈涉世家》，称其子孙至今血食①。《汉书》复有《涉传》，乃具载迁文。案迁之言今，实孝武之世也；固之言今，当孝明之世也。事出百年，语同一理。即如是，岂陈氏苗裔祚流东京者乎？斯必不然。《汉书》又云：严君平既卒，蜀人至今称之②。皇甫谧全录斯语，载于《高士传》。夫孟坚、士安③，年代悬隔，至今之说，岂可同云？夫班之习马，其非既如彼；谧之承固，其失又如此。迷而不悟，奚其甚乎④！

【注释】

①血食：即享受祭品。古代杀牲取血以祭，故称。古代常以"血食"、"不血食"借以指代国家的延续和破灭。"不血食"指其国家

的祖先不能再得到祭祀,意味着这个国家灭亡了,没有传承的后代能够祭祀祖先了。

②严君平既卒,蜀人至今称之:语见《汉书·严君平传》。见《二体》篇注。

③孟坚:班固字。士安:皇甫谧字。

④奚:何以,何其。

【译文】

还有《史记·陈涉世家》,说陈涉的子孙至今还享有崇高的地位。《汉书》又有《陈涉传》,竟完全抄录司马迁的文字。考查司马迁说"今"的时候,正是汉孝武帝时期;而班固称"今",则是汉孝明帝时候。事情过去百年之久,语言却还是同一句。即便如此,难道陈氏后代在明帝时享有崇高地位迁移到了东京洛阳了吗?一定不是这样。《汉书》又说:严君平死后,蜀人至今称颂他。皇甫谧完全照抄这句话,载入《高士传》。班固、皇甫谧,年代相隔久远,"至今"之辞,怎能同样使用?班固沿袭司马迁,其错误已经如此;皇甫谧承袭班固,其失误又还是这样。执迷不悟,何其严重啊!

　　何法盛《中兴书·刘隗录》①,称其议狱事具《刑法志》②,依检志内,了无其说。既而臧氏《晋书》③、梁朝《通史》④,于大连之传,并有斯言,志亦无文,传仍虚述。此又不精之咎,同于玄晏也⑤。

【注释】

①何法盛《中兴书·刘隗录》:见《表历》篇注。刘隗(273—333),字大连,曾任东晋从事中郎、丞相司直等官,掌刑狱。《晋书》有传。

②《刑法志》:章宗源《隋书经籍志考证》云:"《刑法志》当作《刑法

说》。"

③臧氏《晋书》：即臧荣绪《晋书》，见《书志》篇注。

④梁朝《通史》：见《六家》篇"《史记》家"注。

⑤玄晏：指皇甫谧，自号玄晏先生。

【译文】

何法盛的《中兴书·刘隗录》，说刘隗论述刑狱的事详载于《刑法志》，按他的话查检《刑法志》，里边根本没有这一记载。其后臧荣绪的《晋书》、梁朝修的《通史》，在《刘隗传》内，都有这句话，《志》里也没有所说的内容，《传》里却仍在凭空叙述。这又是不精细的过错，和皇甫谧一样。

寻班、马之为列传，皆具编其人姓名，如行状尤相似者①，则共归一称，若《刺客》、《日者》、《儒林》、《循吏》是也。范晔既移题目于传首，列姓名于传中，而犹于列传之下，注为列女、高隐等目②。苟姓名既书，题目又显，是则邓禹、寇恂之首③，当署为公辅者矣；岑彭、吴汉之前④，当标为将帅者矣。触类而长，实繁其徒，何止列女、孝子、高隐、独行而已。

【注释】

①行状：古代文体名，叙述死者的生事。

②高隐：程千帆《史通笺记》："钱大昕《十驾斋养新余录》卷中《史汉目录》条：'范史本题《逸民》，此云《高隐》者，避唐讳，非误记也。'此云唐讳，谓太宗名世民。"

③邓禹、寇恂：两人都是汉光武帝刘秀的辅佐之臣。邓禹（2—58），字仲华，南阳新野（今河南新野）人，东汉开国功臣。助刘秀扫灭绿林、赤眉起义军有大功，东汉建立后，受封为高密侯，明帝时，

进封太傅。寇询(？—36)，字子冀，上谷郡昌平(今属北京)人，在刘秀平定天下的战争中积极出谋划策，筹措粮饷，颇受重用。时人认为有宰相器。《后汉书》有二人合传。

④岑彭、吴汉：皆为汉光武帝著名将帅。岑彭(？—35)，字君然，南阳棘阳(今河南新野)人，曾官刺奸大将军，东汉建立后，封廷尉，行大将军事。《后汉书》有传。吴汉(？—44)，字子颜，南阳宛(今河南南阳)人，初以功封建策侯，东汉建立，封为大司马。《后汉书》有传。

【译文】

考查班固、司马迁所撰列传，都列出传主的完整姓名，如果事迹特别相似的，就共同合用一个称呼，如《刺客》、《日者》、《儒林》、《循吏》等就如此。范晔已经把题目移到传文前面，传文中又列了姓名，却还在列传之下，注为《列女》、《高隐》等题目。假如既写出姓名，又要写出题目，那么邓禹、寇恂传的前面，就应当署为《公辅》了；岑彭、吴汉传的前面，就应当标为《将帅》了。依此类推，实在会生出很多名目来，何止《列女》、《孝子》、《高隐》、《独行》几种。

魏收著书，标榜南国，桓、刘诸族①，咸曰岛夷。是则自江而东，尽为卉服之地②。至于《刘昶》、《沈文秀》等传③，叙其爵里，则不异诸华。《刘昶》等传皆云：丹徒县人也。《沈文秀》等传则云：吴兴武康人。岂有君臣共国，父子同姓，阖闾、季札④，便致土风之殊；孙策、虞翻⑤，乃成夷夏之隔。求诸往例，所未闻也。

【注释】

①桓、刘：指桓玄、刘裕。

②卉服：即草服，用草结成的衣服。语见《尚书·禹贡》："岛夷
　卉服。"

③刘昶（435—498）：字休道，南朝宋文帝刘义隆第九子，暗地里投
　降北魏，北魏封其为丹阳王。沈文秀（425—486）：字仲远，先为
　南朝宋臣，后降魏为官。二人在《魏书》皆有传。

④阖闾（前514—前496）：即吴王阖闾，吴王诸樊之子，春秋末期吴
　国国君。季札（前576—前484）：吴王寿梦之子，有贤名。屡次辞
　让王位。

⑤孙策：见《断限》篇注。虞翻：见《六家》篇"国语家"段注。《三国
　志·虞翻传》载孙策曾任东汉讨逆将军，当时虞翻为其功曹，吴
　建立后，虞翻又仕吴为骑都尉。

【译文】

　　魏收著书，标列南朝国家的列传，对桓玄、刘裕等，统统称作"岛
夷"。这样一来，自大江以南，全都成了穿草服的蛮夷之地了。至于刘
昶、沈文秀等人的传，叙述他们的籍贯时，就和华夏人没什么不同。《魏
书·刘昶》等传都说是丹徒县人，《沈文秀》等传则称吴兴武康人。哪有同一国的君
臣，同一姓的父子，如同阖闾、季札一样的叔侄，就导致了国籍的差异；
孙策、虞翻之类的君臣，就造成了夷夏的区别。考查过去这些事例，从
未听说过。

　　当晋宅江、淮，实膺正朔，嫉彼群雄，称为僭盗。故阮氏
《七录》①，以田、范、裴、段诸记②，刘、石、苻、姚等书③，别创
一名，题为"伪史"。及隋氏受命，海内为家，国靡爱憎，人无
彼我，而世有撰《隋书·经籍志》者，其流别群书，还依阮
《录》。案国之有伪，其来尚矣。如杜宇作帝④，勾践称王⑤，
孙权建鼎峙之业，萧詧为附庸之主⑥，而扬雄撰《蜀纪》⑦，子

贡著《越绝》⑧,虞裁《江表传》⑨,蔡述《后梁史》⑩。考斯众作,咸是伪书,自可类聚相从,合成一部,何止取东晋一世十有六家而已乎?

【注释】

①阮氏《七录》:即阮孝绪《七录》。其《七录·纪传录》中首创"伪史部"子目,著录有关非正统政权的史书,为后世所继承。

②田、范、裴、段诸记:指田融所撰记载石氏后赵政权史事的《赵书》十卷,范亨所撰记载慕容氏前燕政权史事的《燕书》二十卷,裴景仁所撰记载苻氏前秦政权史事的《秦记》十一卷,段龟龙所撰记载后凉吕光史事的《凉记》十卷。《隋志》史部霸史类皆有著录。书皆佚。

③刘、石、苻、姚:即十六国中的前赵刘氏、后赵石氏、前秦苻氏、后秦姚氏,此借指十六国政权。

④杜宇作帝:战国时期,七国称王,杜宇在蜀称帝,号望帝。后因其相鳖灵治水有功,便将帝位禅让给他,自己隐去,传说化为杜鹃。事见《太平御览》一六六扬雄《蜀王本纪》、《十三州志》、《华阳国志·蜀志》。

⑤勾践称王:勾践本为越王,为吴王阖闾所败,卧薪尝胆,养精蓄锐,灭了吴国,并与齐、晋会盟,东方诸侯尊为霸主。事见《史记·越世家》。

⑥萧詧(chá):见《世家》篇注。

⑦扬雄撰《蜀纪》:《隋志》、两《唐志》均著录扬雄《周王本纪》一卷。其书亦称《蜀本纪》、《蜀纪》、《蜀记》等。今传本《蜀王本纪》疑为唐宋间伪作(见朱希祖《蜀王本纪考》)。

⑧子贡著《越绝》:《隋志》、两《唐志》均著录《越绝书(记)》十六卷,子贡撰。后人一般认为系后汉袁康所撰。主要记叙古越国兴亡

之原委。

⑨虞裁《江表传》:《旧唐志》杂史类著录"《江表传》五卷,虞溥撰"。
虞溥,字允源,西晋高平昌邑(今山东金乡)人。官鄱阳内史,大
兴文教。著有《江表传》二卷,今佚。

⑩蔡述《后梁史》:《旧唐志》杂伪国史二十家中有"《后梁春秋》十
卷,蔡允恭撰"。蔡允恭(约561—约628),唐荆州江陵(今湖北江
陵)人,隋为著作佐郎。贞观初,任太子洗马。两《唐书》有传。

【译文】

东晋在江、淮建立政权,实际继承了正统,嫉恨群雄,称他们为"僭
盗"。所以阮孝绪《七录》,把田融、范亨、裴景仁、段龟龙撰写的史书,刘
氏前赵、石氏后赵、苻氏前秦、姚氏后秦等十六国政权的史书,另外新创
了一个名称,叫做"伪史"。到隋代受天命而有天下,全国统一,国家没
有了爱憎之分,百姓没有了你我之别,但有人撰写《隋书·经籍志》,为
群书分类溯源,仍同于遥远的阮孝绪。考察国家有"伪"的称呼,其由来
很远古了。如杜宇在蜀称帝,勾践在越称王,孙权在江南建立三足鼎立
的帝业,萧詧在江陵成为附属西魏的君王,故而扬雄撰有《蜀纪》,子贡
撰有《越绝书》,虞溥撰有《江表传》,蔡允恭撰有《后梁史》。考究这些著
作,都属于伪国史,自然可以按类归在一起,合成一个类别,何止只是东
晋一朝十六家呢?

　　夫王室将崩,霸图云构①,必有忠臣义士,捐生殉节。若
乃韦、耿谋诛曹武②,钦、诞问罪马文③,而魏、晋史臣书之曰
贼,此乃迫于当世,难以直言。至如荀济、元瑾兰摧于孝靖
之末④,王谦、尉迥玉折于宇文之季⑤,而李刊齐史⑥,颜述隋
篇⑦,时无逼畏,事须矫枉,而皆仍旧不改,谓数君为叛逆。
书事如此,褒贬何施?

【注释】

①霸图:指割据争霸局面。云:语助词。构:形成。

②韦、耿谋诛曹武:《后汉书·献帝纪》载汉末建安二十三年(218)
"少府耿纪,丞相司直韦晃起兵诛曹操不克,夷三族"。《三国
志·魏书·武帝纪》及裴松之注引《魏武故事》等也有记载。

③钦、诞问罪马文:三国魏扬州刺史文钦(? —257),字仲若,因对
司马懿有怨恨,与毋丘俭假称奉旨,发兵向大将军司马师问罪,
被击败后文钦逃亡吴国,被任为镇北将军。事见《三国志·魏
书·毋丘俭传》。三国魏诸葛诞(? —258),字公休。司马师东
征,命他督军向寿春。因见王凌、毋丘俭等接连被杀,恐惧不安。
后又要征辟他为司空,更加恐惧,于是反叛。司马昭亲自率兵征
讨,诞兵败被杀。事见《三国志·魏书》本传。

④荀济、元瑾兰摧于孝靖之末:东魏孝静帝武定五年(547),尚书祠
部郎中元瑾、梁降人荀济等人企图谋害权势日盛的高澄,事败被
诛。三年后,高澄之弟高洋废孝静帝,建北齐。事见李延寿《北
史·齐文襄纪》。荀济,生卒年不详。字子通,与梁武帝为布衣
交,因上书讥刺佛法,梁武帝欲杀之,遂逃亡东魏。《北史·文
苑》有传。孝靖,即东魏孝静帝。靖,同"静"。

⑤王谦、尉迥玉折于宇文之季:北周末年,隋高祖杨坚总揽大权。
益州总管王谦、相州总管尉迟迥等相继起兵讨伐,被杨坚派梁
睿、韦孝宽等分别击败身亡。事见《隋书·高祖纪》。王谦,字敕
万。尉迟迥(516—580),字薄居罗。《北周书》均有传。

⑥李刊齐史:指李延寿著《北史》中的齐史部分。《通释》误为李
百药。

⑦颜述隋篇:指颜师古参加编撰的《隋书》。颜师古(581—645),名
籀,京兆万年(今陕西西安)人。博览群书,通晓训诂,擅长书法。
曾参与《隋书》纪传的编撰。

【译文】

当王朝即将崩溃,割据争霸局面形成,一定会有忠臣义士,为保持节操而捐躯。至于像韦晃、耿纪图谋起兵诛讨曹操,文钦、诸葛诞兴兵问罪司马懿,而魏、晋史臣记载时称他们为贼,这是迫于当世的当权者,难以直书其事。至于像荀济、元瑾捐躯于北齐孝静帝末年,王谦、尉迟迥殉节于北周末年,李延寿记载在《北史》的齐史部分,颜师古记述在《隋书》之中,当世没有威逼,事实应当得到矫正,但他们都仍旧不改,称他们几位为叛逆。史书记述史事像这样,褒贬如何体现呢?

昔汉代有修奏记于其府者,遂盗葛龚所作而进之①,既具录他文,不知改易名姓,时人谓之曰:"作奏虽工,宜去葛龚。"及邯郸氏撰《笑林》②,载之以为口实③。嗟乎!历观自古,此类尤多,其有宜去而不去者,岂直葛龚而已!何事于斯,独致解颐之诮也④。凡为史者,苟能识事详审,措辞精密,举一隅以三隅反⑤,告诸往而知诸来⑥,斯庶几可以无大过矣。

【注释】

①葛龚:生卒年不详。《后汉书·葛龚传》:"龚,字元甫,梁国宁陵(今河南宁陵)人。和帝时,以善文记知名。"李贤注云:"龚善为文奏,或有请龚奏以干人者,龚为作之,其人写之,忘自载其名,因并写龚名以进之,故时人为之语曰:'作奏虽工,宜去葛龚。'事见《笑林》。"

②邯郸氏撰《笑林》:邯郸氏,指邯郸淳(约132—221)。一名竺,字子叔,博学能文。三国魏黄初初,为博士给事中。《隋志·小说类》著录"《笑林》三卷,后汉给事中邯郸淳撰"。

③口实：谈论的依据。

④解颐：开颜欢笑，发笑。

⑤举一隅以三隅反：语出《论语•述而》："子曰：'不愤不启，不悱不发，举一隅，不以三隅反，则不复也。'"即举一反三。

⑥告诸往而知诸来：语出《论语•学而》："子曰：'赐也，始可与言诗已矣，告诸往而知来者也。'"即告往知来。

【译文】

当年汉代有人在家里撰写奏记，就盗窃葛龚所作的奏文进奉皇帝，全部抄录他的文字后，不知道改换成自己的姓名，当时人说他："作的奏文虽工，应当去掉葛龚。"到邯郸淳撰《笑林》，记载了这件事作为笑柄。可叹啊！纵观自古以来，这类事情特别多，其中有应当去掉而没有去掉的，何止葛龚一个人呢？为什么只有这件事被用来作为引人发笑的讥讽呢？凡撰述史著的人，如果能审慎细致地分析史事，措辞周密，举一反三，告诉他这一些就能知道另一些，这样大概就不会犯大错了。

内篇 邑里第十九（亦曰因习）

【题解】

本篇所论，仍是史书的因习问题，宋本、象本、鼎本、黄本直接作"因习下第十九"，视为《因习》的续篇。但与上篇讨论的范围不同，上篇是就一般的因习而言，此篇则专论人物籍贯问题上的因习，即邑里的因习。

今天看来，籍贯问题并不能构成评判人物的要素，但在古人眼中，却关涉对人物的评价，尤其是汉魏隋唐之际，地位显赫的名门望族，往往以郡望相夸，甚至离开本土若干代，仍"以本国为是，此乡为非"，更有"虚引他邦，冒为己邑"的作假行为，等等，都受到了刘知幾的强烈反对。

刘知幾认为，在史书中标明人物本居即可，刘知幾的做法为当时人所嗤笑。但后世新、旧两《唐书》一方面追溯士人的郡望，同时又著其本居。再后来的史书则只著本居，不录旧望，无疑是受到刘知幾思想的影响。

昔《五经》、诸子，广书人物，虽氏族可验，而邑里难详。逮太史公始革兹体，凡有列传，先述本居①。至于国有弛张②，乡有并省③，随时而载，用明审实。案夏侯孝若撰《东方朔赞》云④："朔字曼倩，平原厌次人。魏建安中⑤，分厌次为乐陵郡⑥，故又为郡人焉。"夫以身没之后，地名改易，犹复追书其事，以示后来。则知身生之前，故宜详录者矣。

【注释】

①本居：原来的籍贯。

②弛张：指国家疆域的扩充缩减变化。

③并省：合并与撤销。

④夏侯孝若撰《东方朔赞》：夏侯湛（约243—291），字孝若，西晋谯国谯（今安徽亳州）人。幼有盛才，文章宏富，武帝时为中书侍郎，惠帝时为散骑常侍。著论三十余篇，《文选》载其《东方朔画赞并序》。

⑤魏建安：建安本为汉献帝年号。时曹操擅权，政由操出，故夏侯湛称"魏建安"。

⑥厌次：地名，在今山东惠民境内。秦置县，汉初改富平，明帝时又改厌次。建安年间，从厌次中分出乐陵郡。

【译文】

过去的五经、诸子，广泛记载了众多人物，虽然氏族可以查考，但籍贯却难以详究。到了太史公才开始改变这种体例，凡是撰述列传，先叙述他原来的籍贯。至于国家疆域有扩大缩小，县乡有合并撤销，依据不同时期而加以记载，以表明详细真实。考查夏侯孝若撰写《东方朔赞》说："东方朔字曼倩，平原厌次人。魏建安年间，从厌次分出乐陵郡，所以又是乐陵郡人。"人死了之后，地名改变，还要再追述这件事，以告诉后人。由此可知在人的生前，当然应该详细记载了。

异哉！晋氏之有天下也。自洛阳荡覆，衣冠南渡①，江左侨立州县②，不存桑梓③。由是斗牛之野④，郡有青、徐⑤；

吴、越之乡,州编冀、豫⑥。欲使南北不乱,淄、渑可分⑦,得乎?系虚名于本土者,虽百代无易。既而天长地久,文轨大同⑧。州郡则废置无恒,名目则古今各异。而作者为人立传,每云某所人也,其地皆取旧号,施之于今。近代史为王氏传,云"琅琊临沂人";为李氏传,曰"陇西成纪人"之类是也。非惟王、李二族久离本居,亦自当时无此郡县,皆是晋、魏已前旧名号⑨。欲求实录,不亦难乎!

【注释】

①衣冠:原指士大夫的穿戴。此为世族地主、豪强、官僚的代称。

②侨立州县:东晋初,为了笼络逃亡到江南的士族,就以北方沦陷州县的名义在南方设置同名的州县,称"侨立"。

③桑梓:《诗·小雅·小弁章》:"惟桑与梓,必恭敬止。"即前辈种植的桑梓,后辈应精心保护,引申为故乡。

④斗牛之野:北斗星和牵牛星的分野。古代根据星宿方位,划野分州。与下文"吴越之乡"为同义互文。

⑤青、徐:古青州约相当于今山东北部,东晋侨置青州于吁州,在今江苏淮阴东南。古徐州相当于今安徽东部及江苏北部,侨置徐州在钟离,在今湖北汉川县东。

⑥冀、豫:古冀州相当于今之河北,侨置冀州在吁州。古豫州相当于今之河南,侨置豫州在今淮水南。

⑦淄、渑(shéng):今山东境内的两条河名。相传二水异味,合则难辨。后以"淄渑"指难以区分的事物。

⑧大同:统一。

⑨皆是晋、魏已前旧名号:程千帆《史通笺记》云:此九字"盖后人批语阑入注中者,故与上文语意不甚衔接,当删"。

【译文】

　　晋代占有天下的时候与此不同啊！自从洛阳失陷,政权渡江南迁,江南设立侨置州县,故乡不复存在了。于是,如同北斗星和牵牛星的分野,郡有青州、徐州;吴、越之地,州设有冀州、豫州。要使南北地名不混不乱,清晰可辨,可能吗？把虚名作为人物籍贯,虽然历经百代不变。其后年代久远,全国统一。州郡则废置无常,名称则古今不同。而作者为人立传,常常说是某地人也,地名都用旧时称呼,用在今天。近来史书为姓王的立传,就称"琅玡临沂人";为姓李的立传,就称"陇西成纪人"等等。不光王、李二族早已离开本土,在这时也没有这样的郡县,都是魏、晋以前的旧称了。想要追求真实记录,不是很困难吗！

　　且人无定质①,因地而化。故生于荆者,言皆成楚;居于晋者,齿便从黄②。涉魏而东,已经七叶③;历江而北,非唯一世。而犹以本国为是,此乡为非。是则孔父里于昌平④,阴氏家于新野⑤,而系篡微子⑥,源承管仲,乃为齐、宋之人,非关鲁、邓之士⑦。求诸自古,其义无闻。时修国史,予被配篡《李义琰传》。琰家于魏州昌乐,已经三代,因云"义琰,魏州昌乐人也。"监修者大笑,以为深乖史体,遂依李氏旧望,改为陇西成纪人。既言不见从,故有此说。

【注释】

①定质:固有的体质习惯。

②居于晋者,齿便从黄:语见嵇康《嵇康集·养生论》:"齿居晋而黄。"据《尔雅翼》说:晋人特别喜欢吃枣,经常食用,牙齿就都发黄。

③涉魏而东,已经七叶:指晋人南迁,至唐代,经历了北魏、东魏、北

齐、西魏、北周、隋、唐七个朝代。

④孔父里于昌平：《史记·孔子世家》："孔子，生鲁昌平乡陬邑。其先，宋人也，曰孔防叔。"孔父：指孔子。昌平，今山东曲阜东南。

⑤阴氏家于新野：《后汉书·阴皇后纪》和《阴识传》都称"南阳新野人"，其祖先出自管仲。管仲七世孙管修从齐国来到楚国，为阴大夫，因以"阴"为氏。

⑥系纂微子：《元和姓纂》："孔父，微子之后，宋大夫孔父嘉亦为孔氏。"

⑦邓：此代指新野。据《汉书·地理志》，新野和邓均属南阳郡。

【译文】

再说，人没有固定的体质习惯，会因地域而改变。所以生长在荆楚的人，言语都是楚地的方言；居住在晋地的人，牙齿便是黄色。东晋南迁以来，已经七世；江南人北渡，已不止一代。但仍以当时的国家为根据，不以现在的地名为准的。所以孔子家住昌平，东汉光武帝妃阴氏家住新野，一个是宋微子之后代，一个是管仲之后代，就是齐人和宋人，而不是鲁人、邓人了。查考自古以来，这样的称呼没有听说过。当年修纂国史，我被分配编纂《李义琰传》。李义琰家住魏州昌乐，已经三代，所以我写道："义琰，是魏州昌乐人。"监修国史的人却大笑，认为太违背史书体例了，于是依照李姓的族望，改为"陇西成纪人"。既然我的意见不被采纳，所以有这里的说法。

　　且自世重高门①，人轻寒族②，竞以姓望所出，邑里相矜。若仲远之寻郑玄，先云汝南应劭③；文举之对曹操④，自谓鲁国孔融是也。爰及近古，其言多伪。至于碑颂所勒，茅土定名⑤，虚引他邦，冒为己邑。若乃称袁则饰之陈郡，言杜则系之京邑，姓卯金者咸曰彭城，氏禾女者皆云钜鹿。今有姓邴者、姓弘者，以犯国讳⑥，皆改为李氏，如书其邑里，必曰陇西、赵郡。夫以假姓犹且如斯，则真姓者断可知矣。又今西域胡人，多有姓明及卑者,如加五等爵,或称平原公,或号东平子,为明氏出于平原,卑氏出于东平故也。夫边夷杂种,尚窃美名,则诸夏士流,固无惭德也。**在诸史传,多与同风。**如《隋史·牛弘传》云:"安定鹑觚人也,本姓𡥆氏。"至它篇所引,皆谓之陇西牛弘。《唐史·谢偃传》云:本姓库汗氏,续谓陈郡谢偃,并其类也。**此乃寻流俗之常谈,忘著书之旧体矣。**

【注释】

①高门:指门阀贵族,又称士族。

②寒族:相对于高门望族的庶族或寒门。

③若仲远之寻郑玄,先云汝南应劭:《后汉书·郑玄传》略云:袁绍大会宾客,邀请郑玄,延升上座。"时汝南应劭亦归于绍。因自赞曰:'故太山太守应仲远北面称弟子,何如?'玄笑曰:'仲尼之门,考以四科,回、赐之徒,不称官阀。'劭有惭色。"仲远,应劭字。汝南南顿为应氏族望所在,故称汝南以抬高其身份。

④文举:孔融字。

⑤茅土定名:分封诸侯国时确定名称。茅土,古代分封诸侯前,取四方之土,以白茅包裹,作为祭祀的社。这里指诸侯封国。定名,确定国名。

⑥今有姓邴者、姓弘者,以犯国讳:唐高祖的父亲李昞,与"邴"音同;又高宗子李弘被立为皇太子,未及即位而死,追赠孝敬皇帝。故以"邴"、"弘"为国讳。国讳,帝王之名讳,全国皆须避讳,故称国讳。

【译文】

而且从来世俗看重高门望族,轻视寒门庶族,争相以自己种姓所出的地方相夸耀。如应仲远攀附郑玄,先说自己是汝南应劭;孔文举对答曹操,自称是鲁国孔融便如此。到了近古,这类说法大多都是假的。至于碑志上所雕刻的,分封诸侯国时确定的名称,都虚假地冒用别的地名,作为自己的祖籍。至于说到姓袁就说是陈郡人,说到姓杜就称是京邑人,姓卯金(刘)的都说是彭城人,姓禾女(魏)的都说是钜鹿人。当今有姓郍的、姓弘的,因为犯了国讳,都改为姓李。如果要写他们的籍贯,必定说陇西、赵郡。假姓尚且如此,真姓就可想而知了。还有当今的西域胡人,很多姓明姓卑的,如果加封五等爵位,或称"平原公",或是称"东平子",因为明姓出于平原,卑姓出于东平的缘故。边地的夷人杂种,尚且要窃取好的名称,那么内地的士人之类,当然也就无所谓惭愧了。写入史传之中,大多与此类相同。如《隋书·牛弘传》说:"安定鹑觚人,本姓寮。"至于其他篇目中提到时,都称陇西牛弘。《唐史·谢偃传》中说:"本姓库汗氏。"后来又称陈郡谢偃,也都属于这一类。这些都是追寻流俗的常谈,而忘掉了著述固有的体例。

又近世有班秩不著者①,始以州壤自标②,若楚国龚遂、渔阳赵壹是也③。至于名位既隆,则不从此列,若萧何、邓禹、贾谊、董仲舒是也。观《周》、《隋》二史,每述王、庾诸事④,高、杨数公⑤,必云琅琊王褒,新野庾信,弘农杨素,渤海高颖,以此成言,岂曰省文,从而可知也。

【注释】

①班秩:官员的品级。

②州壤:州里,乡里。

③楚国龚遂、渔阳赵壹:《汉书·龚遂传》:"遂,字少卿,山阳南平阳(今山东邹县)人。"《后汉书·赵壹传》:"壹,字元叔,汉阳西县(今甘肃天水西南)人。"《通释》云:"遂非楚国而曰楚国,壹非渔阳而曰渔阳,标所望也。"

④王、庾:指王褒、庾信。《周书·王褒传》称褒"琅玡临沂人"。《庾信传》称信"南阳新野人"。

⑤高、杨:指高颎(jiǒng)、杨素。《隋书·高颎》称"自云渤海蓨(tiáo)

人也。"《杨素传》称"杨素字处道,弘农华阴人"。都各称其地望。

【译文】

另外近代有官望不显著的,才用所在州乡名称来标称,如楚国龚遂、渔阳赵壹就是这样。至于名位很高的,就不采用这种方法,如萧何、邓禹、贾谊、董仲舒就是。看《北周书》、《隋书》两种史书,每当叙述到王褒、庾信之事,高颎、杨素等人,必定要说琅玡王褒,新野庾信,弘农杨素,渤海高颎。这样写成文章,还能说文字简省,也就可想而知了。

凡此诸失,皆由积习相传,寝以成俗,迷而不返。盖语曰:"难与虑始,可与乐成①。"夫以千载遵行,持为故事②,而一朝纠正,必惊愚俗。此庄生所谓"安得忘言之人而与之言"③,斯言已得之矣。庶知音君子,详其得失者焉。

【注释】

①难与虑始,可与乐成:语出《商君书·更法》:"语曰:'愚者暗于成事,知者见于未萌。民不可与虑始,可与乐成。'"

②故事:旧有的成例。

③安得忘言之人而与之言:语出《庄子·外物》:"言者所以在意,得意而忘言。吾安得夫忘言之人而与之言哉!"

【译文】

所有这些失误,都是由于积习相传,逐渐形成习俗,迷误而不知归返。所以有句俗话说:"难以共担创业的艰辛,可以同享成功的欢乐。"作为千年遵行,已形成了成规,但一旦要纠正,必定要惊吓愚俗。这就是庄子所说的"哪里有深明此理的人而可以跟他说呢?"这话已十分切当。大概知音君子,可以清楚其中的得失了。

内篇　言语第二十

【题解】

本篇主要讨论编撰史书所使用的语言问题,尤其是古语与今语、方言与口语、雅语与俗语等问题。

刘知幾首先肯定记载史事必须讲究文辞,言之不文,则行之不远。但却不能以辞害义,而应该做到"事皆不谬,言必近真"。时间上要注意古今不同,防止"追效昔人,示其稽古";空间上要注意异地殊俗,不宜"妄益文彩,虚加风物"。

刘知幾认为,时代不同,语言也随之而变,所以《春秋》三传的语言不同于《尚书》,两汉的言辞不同于《战国策》。语言的雅俗也不是一成不变的,今人视为雅的,在古人却是俗,是口语,而今人认为俗的,在后人或许就是雅。他反对一味追摹古人,失却天然,乱其真伪。在地域上,语言也存在很大差异,不同地区有不同的风俗和语言习惯,史书中重视使用方言、口语恰恰能如实地反映地区、民族的特点。

总之,语言不仅古今不同,而且异地殊俗,史书编撰要因俗、随时,才能客观反应史实。记事的真实决定着语言的美丑。刘知幾的这些见解,对后世历史编纂学有积极的影响。

盖枢机之发,荣辱之主①,言之不文,行之不远②,则知饰词专对③，古之所重也。夫上古之世，人惟朴略，言语难晓，训释方通。是以寻理则事简而意深，考文则词艰而义释，若《尚书》载伊尹之训④，皋陶之谟⑤，《洛诰》、《康诰》、《牧誓》、《泰誓》是也⑥。周监二代，郁郁乎文⑦。大夫、行人⑧，尤重词命，语微婉而多切，言流靡而不淫，若《春秋》载吕相绝秦⑨，子产献捷⑩，臧孙谏君纳鼎⑪，魏绛对戮杨干是也⑫。战国虎争，驰说云涌，人持弄丸之辩，家挟飞钳之术⑬。剧谈者以谲诳为宗⑭，利口者以寓言为主⑮，若《史记》载苏秦合纵，张仪连横⑯，范睢反间以相秦⑰，鲁连解纷而全赵是也⑱。

【注释】

①盖枢机之发，荣辱之主：语见《周易·系辞上》："言行，君子之枢机。枢机之发，荣辱之主也。言行，君子之所以动天地也，可不慎乎？"意为言行是做人当要特别重视的，因为它能主宰一个人的荣辱。枢机，即关键、中心。

②言之不文，行之不远：语出《左传》襄公二十五年。意为言语缺乏文采，流传就不会久远。

③专对：指古代外交活动中的独立应对。语见《论语·子路》："诵诗三百……使于四方，不能专对，虽多，亦奚以为。"专，独立，独自。

④伊尹之训：指《尚书》中的《伊训》。为商汤训告伊尹之词。

⑤皋陶之谟：指《尚书》中的《皋陶谟》。为舜、禹、皋陶讨论如何继承尧之事业和治理国家的记录。

⑥《洛诰》、《康诰》、《牧誓》、《泰誓》：都是《尚书》中的篇名。《洛诰》为洛邑建成后，周公告诫成王的话。《康诰》记录周公在封康叔时的诰辞。《牧誓》为武王伐纣时在牧野的誓师辞。《泰誓》为武

王伐纣时军队渡过黄河孟津,大会诸侯的誓词。

⑦周监二代,郁郁乎文:语出《论语·八佾》:"子曰:'周监于二代,
郁郁乎文哉! 吾从周。'"朱熹《集注》:"二代,夏、商也。言其视
二代之礼而损益之。郁郁,文盛貌。"

⑧行人:古代官名,有大行人、小行人。掌朝觐聘问之事,是使者的
通称。

⑨吕相绝秦:语见《左传》成公十三年四月"晋侯使吕相绝秦"。晋
厉公曾使吕相与秦绝交。绝秦书中指责秦先与晋国通好,后却
违背盟约。

⑩子产献捷:语见《左传》襄公二十五年六月,郑子展、子产帅车七
百乘伐陈,攻陷了陈城。八月,向晋国献战利品。晋人责问陈有
何罪,为何郑要以大侵小,子产的回答得体而又有理,晋人便接
受了他的献捷。

⑪臧孙谏君纳鼎:语见《左传》桓公二年,宋国用郜国铸的大鼎来贿
赂鲁桓公,桓公接收后将其放入太庙,违背了当时礼制。大夫臧
孙达据德谏劝桓公。

⑫魏绛对戮杨干:《左传》襄公三年,晋悼公之弟杨干曾在鸡泽会盟
中搅乱了军队的行列,主管军法的中军司马魏绛杀了杨干的驾
车者,晋悼公大怒,要杀魏绛。魏绛呈交了一封遗书,说明军队
必须严守纪律才有战斗力,执法严明才能有威信,得到晋悼公的
认可,不仅没有杀他,反而重用了他。臧孙达和魏绛都是善谏的
大夫。

⑬人持弄丸之辩,家挟飞钳之术:指周时鬼谷子著《鬼谷子》中《转
丸篇》、《飞箝篇》,文已佚。《文心雕龙·论说》云:"《转丸》聘其
巧辞,《飞钳》伏其精术。"弄丸,即转丸。飞钳,即"飞箝","钳"与
"箝"通。

⑭剧谈:言谈恳切。

⑮利口：能言善辩。

⑯苏秦合纵，张仪连横：苏秦、张仪都是鬼谷子的学生，都是战国时著名游说家。苏秦（前374—前284），字季子，雒阳（今河南洛阳）人。初游说秦惠王吞并六国，不被采用。后游说其余六国合纵抗秦，佩六国相印，为纵约之长。合纵为秦所破，遂至齐国为客卿，与齐国大夫争宠，被刺杀。张仪（？—前309），为秦惠王相，以连横之策游说六国背弃纵约，共同事秦。秦惠王死，武王立，张仪不受重用，六国又合纵而抗秦，张仪离开了秦国，任魏相一年而卒。二人《史记》均有传。

⑰范睢（suī）反间以相秦：范睢本为战国魏人，秦昭王三十六年（前271）入秦，利用秦昭王与太后之间的矛盾，游说秦昭王废太后，驱逐秦相魏冉，秦昭王四十一年任秦相，封为应侯。秦昭王四十七年，秦攻赵，用范睢的反间计，使赵国撤换了著名将领廉颇，致使赵军在长平之战全军覆没。事见《史记·范睢传》和《廉颇传》。

⑱鲁连解纷而全赵：鲁连，即鲁仲连（约前305—前245），战国时齐人。善于计谋，常周游列国，排忧解纷。公元前260年，秦军于长平大败赵军，进围邯郸，赵王恐慌，援赵魏军却畏缩不前。魏主张尊秦王为帝，以退秦军。此时正在赵国的齐人鲁仲连则历数尊秦为帝的种种利害，劝阻尊秦为帝，使魏、赵抗秦决心大增。秦将得知后，认为难以取胜，遂退兵回国。事见《史记·鲁仲连传》。

【译文】

　　言辞一经内心发出，就关系到荣耀和耻辱，言辞没有文采，就不能传布久远，可知修饰言辞以独自应对，是古人所重视的。上古时候，人们都质朴简略，当时的言语后人难以理解，须通过解释才能明白。因此要探究道理却记事简略而意义深刻，要考查文辞则言辞艰深而事理很明白,如《尚书》记载伊尹的训誓词,皋陶的典谟,《洛诰》、《康诰》、《牧誓》、《泰誓》等都是这样。周代借鉴了夏、商二代的礼仪制度,文化昌盛。大夫、行人,特别重视应对辞令,语言委婉而切当,言辞流畅华美而不过分。如《春秋左传》记载吕相代表晋国与秦国断绝邦交,郑国子产向晋国奉献战利品,臧孙达劝谏鲁君不要接纳宋国贿赂,晋国魏绛解释杀杨干仆人道理等就是如此。战国时代龙争虎斗,驰骋游说之风大起,人人都有《转丸》的论辩之才,家家都有《飞箝》的辩说之术。能说会道的人以诡辩为宗旨,能言善辩的人以寓言为根本,如《史记》记载的苏秦主张合纵,张仪游说连衡,范睢运用反间计而成为秦国丞相,鲁仲连排忧解纷而保全了赵国等都是这样。

　　逮汉、魏以降,周、隋而往,世皆尚文,时无专对。运筹画策,自具于章表;献可替否①,总归于笔札。宰我、子贡之道不行②,苏秦、张仪之业遂废矣。假有忠言切谏,《答戏》、《解嘲》③,其可称者,若朱云折槛以抗愤④,张纲埋轮而献直⑤。秦宓之酬吴客⑥,王融之答虏使⑦,此之小辩,曾何足云。是以历选载言,布诸方册,自汉已下,无足观焉。

【注释】

①献可替否:语出《左传》昭公二十年:"君所谓可而有否焉,臣献其否以成其可;君所谓否而有可焉,臣献其可以去其否。"此乃晏婴对齐景公论和与同之辞。又《国语·晋语》:"夫事君者……荐可而替否。"此为史黯对赵简子之辞。荐,即"进"。

②宰我、子贡之道:语见《论语·先进》:"子曰:'言语:宰我、子贡。'"宰我、子贡都是孔子弟子,擅长外交辞令。

③《答戏》、《解嘲》:指班固赋《答宾戏》和扬雄赋《解嘲》。前者见

《汉书·叙传》，后者见《汉书·扬雄传》。

④朱云折槛以抗愤：事见《汉书·朱云传》。朱云，生卒年不详。字游，汉成帝时，上书求见，当众大臣面要皇帝赐予尚方斩马剑，断佞臣一人，以警告其余。皇帝问是谁。对答"安昌侯张禹"。皇帝大怒。御史拖他下殿，他攀住栏杆，栏杆折断。左将军辛庆忌叩头流血为之求情，成帝怒气方消。后来要修理栏杆，成帝不让更换，只在原有基础上修理，以此来表彰直臣。

⑤张纲埋轮而献直：事见《后汉书·张皓传》。张纲（108—143），字文纪，东汉犍为郡武阳（今四川眉山）人。汉顺帝时，梁冀之妹为皇后，梁冀势倾朝野。汉安元年（142），朝廷选派八使到全国各地巡察，其他人都领命而去，只有张纲出了洛阳城就埋了车轮，说："豺狼当路，安问狐狸。"于是劾奏外戚大将军梁冀等。奏章一上，京师震动。

⑥秦宓（mì）之酬吴客：事见《三国志·蜀书·秦宓传》。秦宓（？—226），字子敕，三国时蜀国人。吴国派遣张温出使蜀国，宴席间与秦宓有一番应答。张温问曰："君学乎？"宓曰："五尺童子皆学，何必小人。"温复问曰："天有头乎？"宓曰："有之。"温曰："在何方也？"宓曰："在西方。《诗》曰'乃眷西顾'，以此推之，头在西方。"温曰："天有耳乎？"宓曰："天处高听卑。《诗》云'鹤鸣九皋，声闻于天'。若其无耳，何以听之？"温曰："天有足乎？"宓曰："有。《诗》云'天步艰难，之子不犹'。若其无足，何以步之？"温曰："天有姓乎？"宓曰："有！"温曰："何姓？"宓曰："姓刘。"温曰："何以知之？"答曰："天子姓刘，故以此知之。"温曰："日出于东方乎？"宓曰："虽生于东，而没于西。"答问如响，应声百出，于是张温十分地钦服。

⑦王融之答虏使：事见《南齐书·王融传》。王融（467—493），字元长，为南朝齐中书郎，有才辩，兼主客曹郎，接待北魏使者应答中

难倒了魏使。

【译文】

到汉、魏以后，北周、隋代以前，世风都崇尚文采，社会上缺乏随机应对的专门人才。大臣的运筹谋划，都写到了章表之中；提出正确主张以代替错误主张，全归入文章。宰我、子贡以言辞规劝的做法不再流行，苏秦、张仪以雄论驰骋天下的事业因此而废弃。如果说有中肯切直的谏言，《答宾戏》《解嘲》，就是其中值得称道的，如朱云攀断栏杆以抗御汉成帝的愤怒，张纲埋了车轮是为了献出自己的忠直之言。秦宓酬答吴国宾客，王融应答北魏使者，这一类的小小巧辩，不足挂齿。所以历代选取言论，载入史书的，自汉代以后，就没有值得一看的。

寻夫战国已前，其言皆可讽咏，非但笔削所致，良由体质素美。何以核诸？至如"鹑贲"、"鹳鹆"①，童竖之谣也；"山木"、"辅车"②，时俗之谚也；"幡腹弃甲"③，城者之讴也；"原田是谋"④，舆人之诵也。斯皆刍词鄙句，犹能温润若此，况乎束带立朝之士，加以多闻博古之识者哉！则知时人出言，史官入记，虽有讨论润色，终不失其梗概者也。

【注释】

①鹑贲(chún bēn)：鹑，鹑火，星名。贲，贲贲，像只鸟的样子。《左传》僖公五年："八月甲午，晋侯围上阳，问于卜偃曰：'吾其济乎？'对曰：'克之。'公曰：'何时？'对曰：'童谣云：……鹑之贲贲，天策(星名)焞焞(tūn)，火中成军，虢公其奔。'"即晋献公围困虢国的上阳，问卜偃能否成功，卜偃以童谣作答，意谓在鹑火星照耀下，天策星暗淡无光，在鹑火星下进军，虢公必定奔逃。鹳鹆：鸟名，俗称八哥，古为不祥之鸟。《左传》昭公二十五年："有鹳鹆

来巢,书所无也。师己曰:'异哉!吾闻文、成之世,童谣有之:鹳之鹆之,公出辱之(国君出国受到侮辱);鹳鹆之羽,公在外野(国君住在远郊)……鹳鹆鹳鹆,往歌来哭。'"此比喻以物异占吉凶。

②山木:语见《左传》隐公十一年:"周谚有之曰:'山有木,工则度之。'"辅车:语见《左传》僖公五年:"谚所谓辅车相依,唇亡齿寒者,其虞、虢之谓也。"

③蟠(pó)腹弃甲:语见《左传》宣公二年:"城者讴曰:'睅(hàn,瞪)其目,蟠(大肚子的样子)其腹,弃甲而复(兵败而归)。于思于思(胡须多的样子),弃甲复来,使其骖(cān)乘。'"楚、郑攻宋,宋将华元为其驾车人所出卖而不知觉,在巡视筑城工程时,筑城役夫讽刺并暗示他。

④原田是谋:语见《左传》僖公二十八年:"听舆人之诵曰:'原田每每(草茂盛的样子),舍其旧(放弃旧恩惠)而新是谋(另作新打算)。'"晋、楚城濮之战临战前,晋文公因怀念楚国旧恩,退避三舍之后,仍下不了决心决战,所以众人便诵此相促。舆人,即众人。

【译文】

追寻战国以前,史书记载的言语都可以吟咏朗诵,这不是编写时修改的结果,实在是当时言语本身质朴优美的缘故。如何来核证呢? 至于像"鹳之鹆之"、"鹳之鹆之",便是儿童的歌谣;"山木"、"辅车",就是当时民间的谚语;"蟠腹弃甲",是筑城民夫所唱;"原田是谋",是普通众人的吟咏。这些都是草野低贱之人的吟唱,尚且能如此温润和婉,何况身着朝服立于朝堂之上的人,加上具备广博多闻的知识呢? 由此可知当时人说出的话,被史官们载入了史书,虽然有所加工润色,但终究没有失去本色。

　　夫《三传》之说,既不习于《尚书》;两汉之词,又多违于

《战策》。足以验氓俗之递改①，知岁时之不同。而后来作者，通无远识，记其当世口语，罕能从实而书，方复追效昔人，示其稽古。是以好丘明者，则偏摸《左传》②；爱子长者，则全学史公。用使周、秦言辞见于魏、晋之代，楚、汉应对行乎宋、齐之日。而伪修混沌③，失彼天然，今古以之不纯，真伪由其相乱。故裴少期讥孙盛录曹公平素之语④，而全作夫差亡灭之词。虽言似《春秋》而事殊乖越者矣⑤。

【注释】

①氓俗：民俗。

②摸：同"摹"，仿效。

③伪修混沌：语见《庄子·天地》。子贡见一老翁抱瓮汲水灌园，建议他改用桔槔（井上汲水的工具），却被老翁所斥："有机械者必有机事，有机事者必有机心"，故"羞而不为"。子贡告诉了孔子，孔子说："彼假修浑沌氏之术者也，识其一不知其二，治其内而不治其外。"意谓矫情造作地坚持古朴的做法，而不知因时而变。混沌，指未经人为雕琢的自然状态。

④裴少期讥孙盛录曹公平素之语：裴少期即裴松之，字世期，唐人避李世民讳，改世期为少期。曹公，即曹操。《三国志·魏书·武帝纪》裴注："孙盛《魏氏春秋》云：'（曹操）答诸将曰：刘备，人杰也，将生忧寡人。'臣松之以为……孙盛制书，多用左氏以易旧文，如此者非一。嗟乎后之学者将何取信哉！且魏武方以天下励志，而用夫差分死之言，尤非其类。"孙盛"将生忧寡人"句，源于《左传》哀公二十年夫差语："越围吴，（夫差）曰：'句践将生忧寡人，寡人死之不得矣。'"后不久，越灭吴，夫差自杀。所以裴松之说这是"夫差分死之言"，刘知几也说"夫差灭亡之词"。

⑤乖越:差错,不相称。

【译文】

《春秋》三传的言语,已经不沿袭《尚书》;两汉的言词,又多不同于《战国策》。足以验证民间风俗的逐渐变更,明白时代风气的前后变化。但后来的作者,普遍没有远见,记载当时口语,很少能如实而书,反而仿效古人,表示自己考查了古事。所以喜欢左丘明的人,就完全模仿《左传》;爱好司马迁的人,就完全学习《史记》。这就使得周、秦时候的言词出现于魏晋时代,楚汉时候的应答之辞流行于宋齐时代。故意模仿上古的质朴,反而失去了天然的真实,现在和古代因此而混淆,真实与虚假由此而错乱。因此裴松之批评孙盛记载曹操平时的言谈,却全用吴王夫差临死时说的言词。虽然言语很像《左传》,但事情却完全不一样。

　　然自咸、洛不守,龟鼎南迁①,江左为礼乐之乡,金陵实图书之府,故其俗犹能语存规检,言喜风流,颠沛造次②,不忘经籍。若《梁史》载高祖在围中,见萧正德而谓之曰:"啜其泣矣,何嗟及矣③。"湘东王闻世子方等见杀④,谓其次子方诸曰:"不有其废,君何以兴?"皆其类也。而史臣修饰,无所费功。

【注释】

①龟鼎:古代以龟和鼎为国之宝器,是王权的象征,故以此代指帝位。《后汉书·宦者传》"遂迁龟鼎"李贤注:"龟鼎,国之守器,以谕帝位也。"

②造次:慌忙,仓促。

③啜(chuò)其泣矣,何嗟及矣:语见《诗·王风·中谷有蓷》。啜,哭泣时抽噎的样子,指伤心至极。

④湘东王:世祖梁元帝萧绎,即位前封湘东王。

【译文】

自从西晋都城洛阳失守，政权南迁，江南就成了讲究礼乐的地方，金陵就成了聚集图书之府库，所以东晋的风俗还能做到语言保存规范，言谈喜好古代遗风，颠沛流离、仓促不全之时，还能不忘经籍。如《梁史》记载梁高祖萧衍在包围中，见到萧正德就对他说："哭泣抽噎呀，怎么嗟叹来不及呢。"湘东王萧绎听说儿子萧方等被杀，对他的二儿子萧方诸说："不经受一些失败，帝王之业如何建立？"都属于此类。因此史臣修饰文辞时，不需费多少气力。

其于中国则不然①。何者？于斯时也，先王桑梓，翦为蛮貊，被发左衽，充牣神州②。其中辩若驹支③，学如郯子④，有时而遇，不可多得。而彦鸾修伪国诸史⑤，收、弘撰《魏》、《周》二书⑥，必讳彼夷音，变成华语，等杨由之听雀⑦，如介葛之闻牛⑧，斯亦可矣。而于其间，则有妄益文彩，虚加风物，援引《诗》、《书》，宪章《史》、《汉》。遂使沮渠、乞伏⑨，儒雅比于元封；拓跋、宇文⑩，德音同于正始⑪。华而失实，过莫大焉。

【注释】

①中国：即中原。中国之称由来已久，但秦汉以来，因多定都于黄河南北，故习惯将北方中原地区称为中国。此特指北朝。

②先王桑梓，翦为蛮貊，被发左衽（rèn），充牣神州：语出《文选》刘孝标《辩命论》："自金行（晋朝）不竞，天地板荡，左带沸唇，乘间电发。遂覆瀍洛，倾五都。居先王之桑梓，窃名号于中县。与三皇竞其氓黎，五帝角其区宇。种落繁炽，充牣神州。"翦，同"剪"。蛮貊，古代对南方少数民族的称呼。被发，即"披发"，披散着头发。左衽，衣襟在左，袒露左肩。充牣，充斥。

③辩若驹支：事见《左传》襄公十四年。晋卿范宣子在朝廷上责备羌戎族酋长驹支，因为他的缘故导致诸侯都不服从晋君，驹支辩解，认为这种局面的形成根源于晋国自己的过失，并赋《诗经》中的《青蝇》一诗而退。经过辩解，范宣子向他致歉。

④郯(tán)子：己姓，子爵，春秋时期郯国国君，为人讲道德、施仁义，对百姓恩威有加。

⑤彦鸾：崔鸿字，撰有《十六国春秋》。见《表历》篇注。

⑥收、弘：即魏收、牛弘。魏收撰有《魏书》，牛弘撰《周史》。《隋书·经籍志》著录"《周史》十八卷，未成，吏部尚书牛弘撰"。

⑦杨由之听雀：事见《后汉书·杨由传》。杨由，生卒年不详。字哀侯，东汉成都人，擅长占卜之术。曾任蜀郡文学掾。一天有大雀聚集在库楼上，太守廉范问他有何吉凶，他回答说：郡内将有小规模的兵事，但不为害。二十几天后，果然在广柔县发生少数民族作乱的事。

⑧介葛之闻牛：事见《左传》僖公二十九年，介(部族名)君葛卢来朝，听到牛叫声，说：这头牛生了三头小牛，都被用作祭品了，从它的声音可以听出。一问，果然如此。

⑨沮渠、乞伏：沮渠为十六国北凉政权君主姓。乞伏本为鲜卑族部落之一，十六国时建立了西秦政权。

⑩拓跋、宇文：拓跋本为鲜卑族部落，南北朝时建北魏。宇文本为匈奴南单于的远支，其部众为鲜卑族，南北朝时建北周。

⑪正始：三国魏齐王曹芳年号。

【译文】

对于中原地区来说就不一样了。为什么？在当时，古代先王的故乡，全都成了蛮貊之地，披发左衽的少数民族服饰，充满了神州大地。其中辩才像驹支那样，学识如郯子那样的，有时能够遇到，却不可多得。而崔彦鸾修撰十六国史，魏收、牛弘撰《魏书》、《周史》二书，定要忌讳少数民族语言，把它变成华语，这就等同于杨由听懂鸟语，介葛卢分清牛话，这也还是可以的。但在这其中，却有妄自增加的文采，凭空添上的风貌，援引《诗经》、《尚书》，仿效《史记》、《汉书》。于是使沮渠、乞伏这些少数民族政权，其儒雅可以同汉武帝相比；拓跋、宇文这些朝代，诏令全同于正始间的诏令。华丽而不真实，没有比这更大的错误了。

　　唯王、宋著书^①，叙元、高时事^②，抗词正笔，务存直道，方言世语，由此毕彰。而今之学者，皆尤二子以言多滓秽，语伤浅俗。夫本质如此，而推过史臣，犹鉴者见嫫姆多媸^③，而归罪于明镜也。

【注释】

①唯王、宋著书：指王劭著《齐志》、宋孝王著《关东风俗传》。

②元、高：指元氏西魏和高氏北齐。

③见嫫姆多媸：《太平御览》卷一三五引刘向《列女传》："黄帝妃曰嫫母，于四妃之班居下，貌甚丑而最贤，心每自退。"媸，丑。

【译文】

　　只有王劭著书《齐志》、宋孝王著书《关东风俗传》，叙述西魏元氏政权、北齐高氏政权的史事，直言不讳直书其事，力求体现直笔的原则，地方口语世俗言谈，由此充分得以彰显。而当今的学者，都责难这二人之书言辞污浊不洁净，语言过于浅俗。其实当时语言的本质就是如此，却把过失推给史臣，犹如照镜子的人看到嫫姆太丑，而归罪于明镜一样。

　　又世之议者，咸以北朝众作，《周史》为工^①。盖赏其记言之体，多同于古故也。夫以枉饰虚言，都捐实事，便号以良直，师其模楷，如周太祖实名黑獭，魏本索头，故当时有童谣曰："狐非狐，貉非貉，燋梨狗子啮断索。"又曰："獚獚头团栾，河中狗子破尔菀②。"又西帝下诏骂齐神武，数其罪二十。诸如此事，难可弃遗。而《周史》以为其事非雅，略而不载。赖君懋编录③，故得权闻于后。其事不传于《北齐》，因而埋没者，盖亦多矣。**是则董狐、南史，举目可求，班固、华峤，比肩皆是者矣。**

【注释】

①《周史》：指牛弘撰而未成之《周史》，已佚。今存唐令狐德棻撰《周书》，多采自牛弘书。

②菀：通"苑"，皇家园林。

③君懋：王劭字。

【译文】

还有世俗舆论，都认为北朝众多史书中，《周史》写得最好。大概是赏识它记载言语的文体，大多同于古史的缘故吧。像这样以曲意修饰的空言，完全抛弃事实，就称它为正直的良史，把它作为学习楷模，如周太祖其实名叫黑獭，元魏本来叫索头，所以当时就有童谣唱："狐不是狐，貉不是貉，燋梨狗子咬断索。"又说："獚獚头圆团团，河中狗子破你园。"还有，西魏皇帝下诏骂北齐神武帝高欢，历数他二十条罪状。诸如此类的事情，不应当遗弃。而《周史》认为这些事情不雅，就略而不载。靠王君懋编撰记录，所以才使后人得以听说。这一类事情不在《北齐书》中记载，因而被埋没的史事，大概还很多吧。这样一来就使得董狐、南史，随处可见，班固、华峤，比比皆是。

近有敦煌张太素、中山郎馀令①，并称述者，自负史才。郎著《孝德传》，张著《隋后略》。凡所撰今语，皆依仿旧辞。若选言可以效古而书，其难类者，则忽而不取，料其所弃，可胜纪哉？

【注释】

①张太素：生卒年不详。唐魏州繁水（今河南南乐）人，高宗时官东
台舍人，兼修国史。撰《后魏书》一百卷、《隋书》三十卷、《北齐
书》二十卷、《敦煌张氏家传》二十卷，均已佚。《通志·艺文略》
编年类著录其《隋后略》二十卷，亦佚。新、旧《唐书·张公谨传》
有附传。郎馀令：生卒年不详。唐定州新乐（今河北新乐）人。
少以博学知名，举进士。累官著作佐郎。续梁元帝《孝德传》，撰
《孝子后传》三十卷，撰《隋书》未成。事见《旧唐书·郎馀令传》。

【译文】

　　近来有敦煌的张太素、中山的郎馀令，都以著述并称，自恃有史学
才能。郎馀令著有《孝德传》，张太素著有《隋后略》。凡所编撰当今的
语言，都仿照过去的文辞。如果选择言词可以仿效古语来记载，其中难
以找到类似的词语，就会忽略而不用，想来被废弃的材料太多，能记得
完吗？

　　盖江芊骂商臣曰①："呼！役夫②，宜君王废汝而立职。"
汉王怒郦生曰③："竖儒，几败乃公事。"单固谓杨康曰④："老
奴，汝死自其分。"乐广叹卫玠曰⑤："谁家生得宁馨儿！"斯并
当时侮嫚之词，流俗鄙俚之说。必播以唇吻，传诸讽诵，而
世人皆以为上之二言不失清雅，而下之两句殊为鲁朴者，何
哉？盖楚、汉世隔，事已成古，魏、晋年近，言犹类今。已古
者即谓其文，犹今者乃惊其质。夫天地长久，风俗无恒，后
之视今，亦犹今之视昔。而作者皆怯书今语，勇效昔言，不
其惑乎！苟记事则约附《五经》，载语则依凭《三史》，是春秋
之俗，战国之风，亘两仪而并存⑥，经千载其如一，奚以今来
古往⑦，质文之屡变者哉？

【注释】

①江芊(qiān)骂商臣：事见《左传》文公元年。楚成王立商臣为太子，后又打算废商臣而立庶弟王子职为太子。商臣为了证实这一消息，去请教了他的老师潘崇，并按老师之意，宴请成王之妹江芊以探听口气，文中即江芊骂商臣的话。

②役夫：贱人。

③汉王怒郦生：事见《史记·留侯世家》。汉王刘邦与项羽对峙之时，和郦食其(yì jī)商量对策。郦食其建议复立六国后裔，以削弱项羽的力量。刘邦称善，让他去刻制六国之印。恰遇张良谒见，极力反对，并力陈分封六国的危害。刘邦听后，骂郦食其道："竖儒！几败而公事。"命令赶快把印销毁。

④单固谓杨康：事见《三国志·魏书·王凌传》裴注引《魏略》。单固(？—251)，字恭夏，魏国山阳(今河南修武西北)人，为人正直。魏正始中，为兖州刺史令狐愚别驾，与从事杨康都是令狐愚的心腹。令狐愚和王凌等谋反，图谋败露后，单固、杨康先后被杀，临刑前，单固知是杨康告密揭发，故骂杨康："老奴，汝死自分耳！若令死者有知，汝何面目以行地下乎！"

⑤乐广叹卫玠：乐广(？—304)，字彦辅，西晋南阳(今河南南阳)人，善谈论，常以简洁的言词分析名理，使听者满意。与王衍同时名重当时。卫玠(286—312)，字叔宝，河东安邑(今山西夏县)人。幼年即以风神秀异知名于世，为乐广之婿。时人称"妇公冰清，女婿玉润"。二人《晋书》有传。但二传均无"宁馨儿"语，此语见《晋书·王衍传》，王衍幼时造访山涛，山涛嗟叹不已，云："何物老妪，生宁馨儿。"宁馨儿，即这样的孩儿，魏晋时口语。

⑥两仪：天地。

⑦奚以：何以，为什么。奚，即"何"、"胡"。

【译文】

江芊骂商臣说:"呀!贱人,难怪君王要废了你而立职为太子。"汉王对郦食其发怒说:"小子,你几乎坏了老子的事。"单固对杨康说:"老奴,你死得活该。"乐广赞叹卫玠说:"这是谁家生了这样的孩儿!"这些都是当时轻慢的语言,世俗粗野的说法。一定可以在口头上,直至诵读,但世人都认为前面的两句不失清雅,后面的两句则特别拙朴,这是什么原因呢?原来楚汉与今天相隔久远,事情已成为古事;魏晋与今天年代较近,语言还类似今天。已成为久远古事就称它文雅,还类似今天的就惊讶于它的质朴。天地永存,风俗不会固定不变,后人看今天,也就像今天看往昔。但作者都害怕写出今天的语言,却勇于仿效古代的语言,岂不糊涂吗!如果记事就要遵从《五经》,记言都要依凭《三史》,那么春秋时代的风俗,战国时代的风气,都将与天地一同并存,历经千年而始终如一,为什么古往今来,质朴与文采总在不断变化呢?

盖善为政者,不择人而理,故俗无精粗,咸被其化;工为史者,不选事而书,故言无美恶,尽传于后。若事皆不谬,言必近真,庶几可与古人同居,何止得其糟粕而已。

【译文】

善于治理国家政事的人,不选择被治理的对象而能治好,所以风俗无论精粗,都能受到其教化;擅长修史的人,不选择事情而记载,所以语言无论美丑善恶,都能流传至后代。如果所记载的事情都不谬误,语言必定接近真实,几乎就可以与古人接近了,何止只得到古人废弃无用的事物呢!

内篇　浮词第二十一

【题解】

本篇主要讨论史家记事要慎用浮词。刘知幾肯定文章写作需要"余音足句",来作为发语之端或断句之助。史书记事也如此,在客观记事的基础上可以适当地加上一些作者的评断,但必须慎重,做到简约而恰如其分。不能褒贬失实、加字不当、烦富杂芜、前后矛盾。

篇中刘知幾对《史记·赵世家》称"无恤最贤"和《汉书·萧何传》称"萧何知韩信贤"提出批评,认为与事实不符,后人对此多持异议;而刘知幾纵论《魏书》、《齐书》、《周书》等矛盾分歧,美化失实,则切中要害,多得后世赞同。

尽管后人对刘知幾列举的例证有一些质疑和批评,但刘知幾主张史家必须识见高远、剪除浮词、史文简约、采集真实等,则是值得肯定的。

夫人枢机之发,鼍鼍不穷^①,必有徐音足句^②,为其始末。是以伊、惟、夫、盖,发语之端也;焉、哉、矣、兮,断句之助也^③。去之则言语不足,加之则章句获全。而史之叙事,亦有时类此。故将述晋灵公厚敛雕墙,则且以不君为称^④;欲云司马安四至九卿,而先以巧宦标目^⑤。所谓说事之端也。

又书重耳伐原示信，而续以一战而霸，文之教也⑥；载匈奴为偶人象郅都，令驰射莫能中，则云其见惮如此⑦。所谓论事之助也。

【注释】

①亹亹(wěi)：行进貌，连续不断。此指言辞流传。

②徐音足句：徐音，《通释》注云："音在语前，故当云徐。旧作'余音'，误。"《列子·汤问》：韩娥"鬻歌假食。既去而余音绕梁欐，三日不绝"。

③是以伊、惟、夫、盖，发语之端也；焉、哉、矣、兮，断句之助也：语出《文心雕龙·章句》："兮字成句，乃语助余声……至于夫、惟、盖、故者，发端之首唱……乎、哉、矣、也，亦送末之常科。"

④故将述晋灵公厚敛雕墙，则且以不君为称：语见《左传》宣公二年："晋灵公不君，厚敛以雕墙。"杜预注云："不君，失君道也。雕，画也。"

⑤欲云司马安四至九卿，而先以巧宦标目：事见《史记·汲黯传》："黯姑姊子司马安亦少与黯为太子洗马。安文深巧，善宦，官四至九卿。"《文选》潘岳《闲居赋序》云："岳尝读《汲黯传》，至司马安四至九卿，而良史书之以'巧宦'之目。""巧宦"一词由此而发。

⑥重耳伐原示信，而续以一战而霸，文之教也：事见《左传》僖公二十五年、二十七年。晋文公重耳围困原国，命令将士携带三天的粮草。到了第三天，原国还不投降，就下令撤离。于是后撤三十里，原国还是投降了。续以一战而霸，是指城濮之战。重耳，即晋文公。文，也指晋文公。教，即教化。晋文公是借攻打原国来显示讲信用。

⑦载匈奴为偶人象郅都，令驰射莫能中，则云其见惮如此：事见《史记·郅都传》："匈奴素闻郅都节，居边，为引兵去，竟郅都死，不

近雁门。匈奴至为偶人象郅都，令骑驰射，莫能中，见惮如此。"郅都为雁门太守，治理有方，匈奴惧怕，不敢侵扰，郅都死后也不敢靠近雁门。

【译文】

人的言语一经发出，就会流传不断，一定要有舒缓的语音在前发端或在后补足，作为句子的发语词或语助词。因此伊、惟、夫、盖，表示一句话的开端；焉、哉、矣、兮，用来帮助断开句子。去掉它们语气就不足，加上它们句意才得以完整。史书叙事，有时也类似这样。所以要叙述晋灵公征收重税来彩画墙壁，就先以"不君"来称述；要讲述司马安四次做官做到九卿，就先用"巧宦"来标明。这就是所谓记事的开端了。又如记载晋文公重耳包围原国来显示信用，接着写城濮一战称霸诸侯，正是晋文公教化的作用；记载匈奴人制作郅都的木偶人，命令士兵驰马射箭，没有一个能射中，就说他们害怕郅都到如此地步。这些就是所谓论事的帮助了。

　　昔尼父裁经①，义在褒贬，明如日月，持用不刊②。而史传所书，贵乎博录而已。至于本事之外，时寄抑扬，此乃得失禀于片言③，是非由于一句，谈何容易，可不慎欤！但近代作者，溺于烦富④，则有发言失中，加字不惬，遂令后之览者，难以取信。盖《史记》世家有云："赵鞅诸子，无恤最贤⑤。"夫贤者当以仁恕为先，礼让居本。至如伪会邻国，进计行戕⑥，俾同气女兄，摩笄引决⑦，此则诈而安忍，贪而无亲，鲸鲵是俦⑧，犬豕不若，焉得谓之贤哉？又《汉书》云：萧何知韩信贤⑨。案贤者处世，夷险若一，不陨获于贫贱，不充诎于富贵⑩。《易传》曰："知进退存亡者，其唯圣人乎！"如淮阴初在仄微⑪，堕业无行，后居荣贵，满盈速祸；躬为逆上⑫，名隶恶徒⑬。周身之防靡闻⑭,知足之情安在⑮? 美其善将,呼为才略则可矣,必以贤为目,不其谬乎? 又云:"严延年精悍敏捷,虽子贡、冉有通于政事,不能绝也⑯。夫以编名《酷吏》,列号"屠伯",而辄比孔门达者,岂其伦哉! 且以春秋至汉,多历年所,必言貌取人,耳目不接,又焉知其才术相类,锱铢无爽⑰,而云不能绝乎?

【注释】

①裁:删减,删削。

②持用不刊:保持不变。

③禀:承受,缘于。

④溺:沉迷不悟。

⑤赵鞅诸子,无恤最贤:语见《史记·赵世家》:"赵鞅,是为简子……简子尽召诸子与语,无恤最贤。"无恤,赵鞅之子,史称赵襄子,在位三十三年(前 457—前 425)。

⑥行戕:行凶残杀。

⑦俾同气女兄,摩笄引决:事见《史记·赵世家》。无恤之姐前为代王夫人,赵简子死后,无恤继位,是为赵襄子。刚刚埋葬了父亲,就请来了代王,在吃饭时,指使屠夫用舀水的铜器击杀代王及其下属,并随即派兵平了代地。其姐听说,泣而呼天,用笄自刺而亡。代人为了纪念她,把她死的地方称作摩笄之山。笄,即簪。决,自杀。

⑧鲸鲵是俦:语见《左传》宣公十二年:"古者明王伐不敬,取其鲸鲵而封之,以为大戮。"鲸鲵,即鲸鱼。海洋中的一种哺乳动物,雄曰鲸,雌曰鲵。古人认为鲸鲵是吞吃小鱼的不义之鱼,应当处以极刑。所以常以此比喻不义之人。俦,同类。

⑨萧何知韩信贤:《汉书·萧何传》:"何曰:'臣愿大王王汉中,养其民以致贤人……天下可图也。'汉王曰善……何进韩信,汉王以为大将军。"

⑩不陨获于贫贱,不充诎于富贵:语出《礼记·儒行》:"儒有不陨获于贫贱,不充诎于富贵。"陨获,穷困潦倒的样子。充诎,欢心失态的样子。

⑪淮阴:指韩信。韩信曾封淮阴侯。仄微:贫困。

⑫逆上:背叛君上。

⑬名隶恶徒:名列于罪犯。

⑭周身之防:自我防护。语出《春秋序》:"圣人包周身之防。"

⑮知足之情:语见《老子》四十四章:"知足不辱,知止不殆,可以长久。"

⑯严延年精悍敏捷,虽子贡、冉有通于政事,不能绝也:《论语·先进》:"言语,宰我、子贡。政事,冉有、季路。"《汉书·严延年传》:"延年为人短小精悍,敏捷于事,虽子贡、冉有通艺于政事,不能绝也……然疾恶泰甚……奏可论死,奄忽如神。冬月,传属县囚,会论府上,流血数里,河南号曰'屠伯'。绝,超过。

⑰锱铢:古时重量单位的两种,一两的二十四分之一为一铢,六铢为一锱。常形容事物细小、微不足道。

【译文】

过去孔夫子删订经书,目的在于彰明褒贬,就像日月星辰一样明明白白,为后世遵循而不改。史传的记载,贵在广泛记录罢了。至于在记述史事之外,不时地进行褒贬评论,这就是得失全凭只言片语,是非全在于一言一句,做起来谈何容易,能不谨慎吗!但是近代的作者,沉迷于追求繁杂富丽,就常有出言不当,加字不合适,致使后世的读者,难以了解到真实的情况。《史记》世家中有这样的话:"赵鞅的几个儿子中,无恤最贤能。"贤能者应当以仁恕作为首要的品质,以礼让作为立身的根本。至于像无恤假托与邻国国君会盟，设计行凶残杀，使得同胞姐姐，举簪自杀，如此狡诈而用心残忍，贪婪而不顾亲人，与鲸鲵同类，猪狗都不如，怎能称作"贤"呢！还有《汉书》上说：萧何认为韩信贤。按说贤人处世，无论顺利或危险始终表现如一，不因贫贱而困迫失志，不因富贵而欣喜失态。还有《易传》说："能够明白进退存亡的人，大概只有圣人吧！"像淮阴侯韩信起初贫贱时，不务正业行为不轨，后来享受荣华富贵时，自满自得招灾惹祸；自己背叛君上，名列罪犯之列。自我防护不曾听闻，知足的念头又在哪里？赞誉他善于领兵打仗，称赞他有才略就可以了，一定要用"贤"来标榜他，岂不是荒谬吗？又说：严延年很精悍敏捷，即使像子贡、冉有那样精于政务，也无法超过他。以一个编在《酷吏列传》里，人称"屠伯"的人，来和孔夫子门下的贤达人士相比，岂不是不伦不类吗！况且从春秋到汉代，经过了很多年，如果以语言相貌取人，没听说过也没见到过，又怎么知道和他们的才能类似，丝毫不差，因而就说不能相比呢？

　　盖古之记事也，或先经张本，或后传终言①，分布虽疏，错综逾密②。今之记事也则不然。或隔卷异篇，遽相矛盾；或连行接句，顿成乖角③。是以《齐史》之论魏收，良直邪曲，三说各异；李百药《齐书序》论魏收云：若使子孙有灵，窃恐未挹高论。至《收传论》又云：足以入相如之室，游尼父之门。但志存实录，好抵阴私。于《尔朱畅传》又云：收受畅财贿，故为荣传多减其恶。是谓三说各异。《周书》之评太祖④，宽仁好杀，二理不同。令狐德棻《周书·元伟传》称文帝不害诸元，则云："太祖天纵宽仁，性罕猜忌。"于《本纪论》又云："渚宫制胜⑤，阖城孥戮；茹茹归命⑥，尽种诛夷。虽事出权道，而用乖于德教。"是谓二理不同。非惟言无准的，固亦事成首鼠者矣⑦。夫人有一言，而史辞再三，良以好发芜音，不求谠理,而言之反覆,观者惑焉。

【注释】

①或先经张本,或后传终言:都是杜预注解经传的记事方法,即在
事情尚未发生之前,先在有关地方写下伏笔。

②分布虽疏,错综逾密:表面上记事分散,实际上前后史事连贯
紧密。

③顿成乖角:立即形成矛盾。

④太祖:即宇文泰,西魏封为太祖,北周追赠文帝。

⑤渚(zhǔ)宫制胜:指其攻克江陵,擒梁元帝。渚宫为春秋时楚国别
宫,后人往往把荆楚一带称为渚宫。

⑥茹茹:北方少数民族名,即柔然。

⑦首鼠:首鼠两端,意为瞻前顾后、进退两难。

【译文】

古人记事,或是在前面预先埋下伏笔,或是在后面点明结论。前
后虽然分布松散,但综合交错更加紧密。现在的人记事就不这样了。
有的分散在不同的篇章中,就会互相矛盾;有的在前后的语句中,顿时
形成乖悖。所以《齐史》中评论魏收,有的说他良直有的说他歪曲,三
种说法各不相同。李百药《齐书序》议论魏收说:"如果他的子孙有灵,恐怕也未必同
意他的高论。"到了《魏收传》论中又说:"足以成为司马相如的弟子,孔夫子的门徒。但
是志向在于修史,喜欢揭发人家的隐私。"在《尔朱畅传》中又说:"魏收接受尔朱畅的财
物贿赂,所以为他的父亲尔朱荣作传时少写了很多坏处。"这就是三种不同的说法。
《周书》评论太祖,说他宽仁又好杀,两种判断不同。令狐德棻在《周书·元
伟传》中称文帝不杀害魏朝元氏亲属,就说:"太祖天性宽厚仁慈,没有猜忌的特性。"在
他的《本纪》论中又说:"攻克江陵,全城人都被他或抓或杀;攻打柔然,几乎全族人都被
杀灭。虽然事情关乎政权,但做法却违背了德教。"这就是两种判断不同。**不只是言
辞没有准则,常常是事情前后不一。人只有一种品格,而史书记载却**

有好多种，尤其因为喜欢发一些杂乱的议论，而不去探究正直的事理，以致言辞反复不一，让读者疑惑不解。

亦有开国承家，美恶昭露，皎如星汉，非靡沮所移①，而轻事尘点②，曲加粉饰。求诸近史，此类尤多。如《魏书》称登国以鸟名官③，则云"好尚淳朴，远师少皞④"；述道武结婚蕃落⑤，则曰"招携荒服，追慕汉高"。自余所说，多类如此。案魏氏始兴边朔⑥，少识典、坟；作俪蛮夷⑦，抑惟秦、晋⑧。而鸟官创置，岂关郯子之言？髦头而偶⑨，奚假奉春之策⑩？奢言无限，何其厚颜！又《周史》称元行恭因齐灭得回⑪，庾信赠其诗曰："虢亡垂棘反，齐平宝鼎归。"陈周弘正来聘，在馆赠韦敻诗曰⑫："德星犹未动⑬，真车讵肯来⑭？"其为信、弘正所重如此。夫文以害意，自古而然，拟非其伦，由来尚矣。必以庾、周所作，皆为实录，则其所褒贬，非止一人，咸宜取其指归，何止采其四句而已？若乃题目不定⑮，首尾相违，则百药、德棻是也；《齐史》，李百药所撰。《周史》，令狐德棻所撰也。心挟爱憎，词多出没⑯，则魏收、牛弘是也。《魏书》，魏收所撰。《周史》载元行恭等，此本牛弘所撰也。斯皆鉴裁非远，智识不周，而轻弄笔端，肆情高下⑰。故弥缝虽洽，而厥迹更彰，取惑无知，见嗤有识。

【注释】

①非靡沮所移：不是游词所能抹杀的。靡沮，浦起龙《通释》注云："或作'磨涅'。"《论语·阳货》："子曰：'不曰坚乎！磨而不磷；不曰白乎！涅而不缁。'"

②尘点：污点，抹黑，丑化。

③登国以鸟名官：事见《魏书·官氏志》："初，帝欲法古纯质，每于制定官号……或取诸身，或取诸物，或以民事，皆拟远古云鸟之义：诸曹走使谓之凫鸭，取飞之迅疾；以伺察为候官，谓之白鹭，取其延颈远望。自余之官，义皆类此，咸有比况。"登国，北魏道武帝拓跋珪年号，公元386—395年。

④远师少皞：事见《左传》昭公十七年。据说少皞氏为本部落取官名时，都用鸟名，因为在他初立为王的时候，恰巧有凤鸟来临。

⑤述道武结婚蕃落：《魏书·崔玄伯传》记载：道武帝让崔玄伯讲《汉书》，当讲到娄敬说服汉高祖以鲁元公主下嫁匈奴时，"善之，嗟叹者良久"。于是让诸公主分别嫁给周围的少数民族政权的君主。故下文说他"追慕汉高"。

⑥边朔：北方边远之地。

⑦作俪：通婚。

⑧秦、晋：春秋时，秦、晋两国世代互为婚姻，所以后人称联姻为"结为秦晋之好"。

⑨髦头：本为古代帝王仪仗中披发的前驱卫士。传说春秋时秦文公伐雍南山大梓树，中有一青牛奔出，入丰水中。后牛出水，派骑士击之，不胜。有一骑士从马上坠地，上马时头发散开，青牛因此害怕，入水不复出。于是就在帝王仪仗中设置披发骑士，称髦头。汉、魏、晋历代沿袭。此指有披发习俗的少数民族之人。

⑩奉春：指汉娄敬。汉高祖时，娄敬献策，以和亲的方法改善与匈奴族的关系，安定北方边境。汉高祖赐娄敬姓刘，拜为郎中，号奉春君，前往匈奴结和亲约。事见《汉书·刘敬传》。

⑪元行恭：当为元伟之误。《周书·元伟传》记载，元伟字猷道，出使北齐时，周高祖攻打北齐，因而被北齐扣留为人质。北齐被灭，才得以释放，因此庾信写诗赠他。以垂棘之璧和宝鼎比喻

元伟。

⑫韦夐(xiòng)：《周书·韦夐传》记载，夐字敬远，性情冲和恬淡，不
慕利禄。所居之处，枕带林泉，明帝宇文毓称他为逍遥公。南朝
陈尚书周弘正出使时，专门访问了他，并赠之以诗。

⑬德星：比喻贤人。

⑭讵：怎么。

⑮题目：品评人物史事的概括性词语。

⑯出没：明显隐晦。

⑰轻弄笔端，肆情高下：轻率下笔撰写，随意加以褒贬。

【译文】

也有新政权的君主，美德恶行显露无余，清楚得如同星河，不是轻
易可以改变的，却有人随意进行丑化，故意加以粉饰。考查近代史书，
此类毛病特多。比如《魏书》记叙道武帝用鸟名作为官名，却说"崇尚淳
朴，学习远古的少皞氏"；叙述道武帝和边远部落联姻，就说"招抚边远
部族，追慕汉代高祖"。其余的论说，大多像这样。按说北魏兴起于边
远的北方，很少认识古代典籍；与边远部族联姻，也只不过秦、晋那样世
代通婚。但以鸟名为官名，哪里会与郯子的话有关？与少数民族结亲，
何曾假借奉春君的策略？大话无边，是多么的厚颜无耻！又如《周史》
说元行恭在北齐灭亡后得以归国，庾信赠诗给他说："虢国灭亡美玉归，
北齐荡平宝鼎回。"陈朝周弘正出使来周，在住地赠诗给韦夐说："德星
还没有移动，真人的车子怎么肯来？"元、韦二人被庾信、周弘正推重到
这种程度。文字会有损意思的表达，自古以来就如此，比拟会不恰当，
也由来已久了。一定要把庾信、周弘正所作的诗文，都当为信史实录，
那么他们所褒贬的，并不止一人，都应该依从他们的结论，何止只采录
这四句话呢？至于品评不一，前后相矛盾，那么李百药、令狐德棻就是；
《齐史》，是李百药撰写的；《周史》，是令狐德棻撰写的。心里带着爱憎感情，用词显
隐不定，那么魏收、牛弘就是。《魏书》，是魏收撰写的。《周史》记载元行恭等事，

这源于牛弘所撰。这些都是判断裁定不高明，才智见识不周密，却轻易下笔，任意褒贬。所以尽管弥补缝合得很合适，而他们的弊病却更突出，迷惑了无知之人，却被有识之士讥笑。

　　夫词寡者出一言而已周，才芜者资数句而方浃①。案《左传》称绛父论甲子②，隐言于赵孟；班《书》述楚老哭龚生，莫识其名氏③。苟举斯一事，则触类可知。至嵇康、皇甫谧撰《高士记》④，各为二叟立传⑤，全采左、班之录，而其传论云："二叟隐德容身，不求名利，避远乱害，安于贱役。"夫探揣古意，而广足新言⑥，此犹子建之咏三良⑦，延年之歌秋妇⑧。至于临穴泪下⑨，闺中长叹⑩，虽语多本传，而事无异说。盖凫胫虽短，续之则悲⑪；史文虽约，增之反累。加减前哲，岂容易哉！

【注释】

①浃(jiā)：透彻。

②绛父论甲子：见《二体》篇注。

③楚老哭龚生，莫识其名氏：事见《汉书·两龚传》。龚胜，字君宾；龚舍，字君倩。都是楚人，世称"楚两龚"。王莽篡位后，时龚舍已卒，王莽派使者请龚胜，欲拜之为上卿。龚胜推辞不受，并绝食而死。有一老人前往吊唁，哭甚哀，既而说道："嗟乎！薰以香自烧，膏以明自销。"然后疾走而出，无人知道他是谁。

④《高士记》：即《高士传》。《隋志》著录《圣贤高士传赞》三卷(嵇康撰，周续之注)、《高士传》六卷(皇甫谧撰)。嵇书已佚，谧书今见于《逸史》、《汉魏丛书》、《秘书》等丛书中，但已窜乱，非其旧貌。

⑤二叟：指绛县老人和前来吊唁龚胜的老人。

⑥足(jù):增补。

⑦子建之咏三良:指曹植的《三良诗》。曹植(192—232),字子建,曹操第三子,魏文帝曹丕弟。善诗文,在建安作家中影响最大,也最受后人推崇。今存诗八十余首,文章辞赋四十余篇。今传有《曹子建集》十卷。《三国志》有传。三良,春秋时秦国大夫子车氏的三个儿子,"皆秦国之良(贤人)",被杀了为秦穆公殉葬,"国人哀之,为之赋《黄鸟》(《诗经·秦风》中的一篇)"。

⑧延年之歌秋妇:指颜延之的《秋胡行》。颜延之(384—456),字延年,南朝宋著名诗人,与谢灵运齐名,历官至金紫光禄大夫。嗜酒,行为狂放,不拘小节。《宋书》、《南史》皆有传。

⑨临穴泪下:曹植《三良诗》有"揽涕登君墓,临穴仰天叹"之句。

⑩闺中长叹:颜延之《秋胡行》第八首有"明发动愁心,闺中夜长叹"之句。

⑪凫胫虽短,续之则悲:语出《庄子·骈拇》:"凫胫虽短,续之则忧;鹤胫虽长,断之则悲。"

【译文】

话少的人,说出一句就已经周全;才学芜杂的人,要靠多句话才能讲透彻。查《左传》叙述绛县老人只谈甲子,便向赵孟暗示了自己的年龄;班固《汉书》记述楚地老人哭吊龚胜,没有人知道他的姓名。随便举这样一件事,就可触类而知了。到嵇康、皇甫谧撰写《高士传》,分别为两位老人立传,完全采用《左传》、《汉书》的记载,在传论中说:"两位老人隐藏自己的德行以保护自己,不追求名利,远避乱世祸害,安于作卑贱劳役之人。"猜测古书的含义,进而增补新的言词,这就像曹子建咏《三良诗》,颜延之作《秋胡行》。至于"临穴而泪下"、"闺中夜长叹"的句子,虽然词句比原来多了,但与原义没有任何不同。野鸭的腿虽然很短,要增长它却是可悲的;史书的文字虽然简约,要增加它反而成累赘。要增减前人的文字,岂是容易的事!

　　昔夫子断唐、虞以下迄于周，翦截浮词，撮其机要。故帝王之道，坦然明白。嗟乎！自去圣日远，史籍逾多，得失是非，孰能刊定？假有才堪厘革，而以人废言，此绕朝所谓"勿谓秦无人，吾谋适不用"者也^①。

【注释】

①勿谓秦无人，吾谋适不用：语见《左传》文公十三年："绕朝赠之以策曰：'子无谓秦无人，吾谋适不用也。'"绕朝，春秋时秦国大夫。晋国人担心秦国人要任用士会而不放他回来，就设计让秦国主动派他回来，而且送还他的妻子儿女。士会临行前，绕朝送他马鞭，对他说"您不要说秦国没有人才，只是我的谋略不被采用罢了"。

【译文】

过去孔子修《春秋》从唐虞以下直到周，删剪浮词，摘取出重要的部分。所以帝王的治道，清楚明白。可叹啊！距离圣人的时代越来越远，史籍越来越多，其中的是非得失，谁能修改订正？即使有能力堪当订正的人，又因为不受信用而废弃他的意见。这就是秦大夫绕朝对士会所说的"不要说秦国没有人才，只是我的谋略不被采用罢了"。

内篇 叙事第二十二

【题解】

本篇主要讨论史书中的叙事问题。史书以记事为主，叙事在史书中所占比重最大，史家著述，必须尤为重视。刘知幾主张叙事简要、隐晦，反对浮词、妄饰。

刘知幾认为，优秀的史著，以叙事为工，但以简要为主。简要是要做到"简而能要"，标准是"文约而事丰"。简要之体有四种：一是"直纪其才行"，即直接叙述人物的才能品行，不作具体的说明；二是"唯书其事迹"，即只记述人物的事迹，从事迹中显示人物的品行；三是"因言语而可知"，即通过别人之口来表明某人的品行或事迹；四是"假论赞而自见"，即人物的某些事迹或品行不在纪传中记载，而是在作者的论赞中写出。简要之法有二类：一是省字；二是省句。省句为易，省字尤难。所以只有在省字上痛下工夫，才能做到"略小存大，举重明轻"，达到隐而微、晦而彰的目的。这就是隐晦之道。

所谓隐晦，就是要做到精微含蓄，"省字约文，事溢于句外"，有言外之意，有韵外之音。让读者见表知里，举一反三。要防止滥用浮词，妄加修饰。要避免虚引古事，假托古词。反对隐藏丑言鄙名，改从雅言今语，等等。

刘知幾的主张反映出他如实客观地记载历史的求真精神，其立论的依据仍然是"因俗"、"随时"。

　　夫史之称美者，以叙事为先。至若书功过，记善恶，文而不丽①，质而非野②，使人味其滋旨，怀其德音，三复忘疲，百遍无斁③，自非作者曰圣，其孰能与于此乎？昔圣人之述作也④，上自《尧典》，下终获麟⑤，是为属词比事之言，疏通知远之旨。子夏曰："《书》之论事也，昭昭然若日月之代明⑥。"扬雄有云："说事者莫辨乎《书》，说理者莫辨乎《春秋》⑦。"然则意指深奥，诰训成义，微显阐幽，婉而成章⑧，虽殊途异辙，亦各有差焉。谅以师范亿载，规模万古，为述者之冠冕，实后来之龟镜。既而马迁《史记》，班固《汉书》，继圣而作，抑其次也。故世之学者，皆先曰《五经》，次云《三史》，经史之目，于此分焉。

【注释】

①文而不丽：语出扬雄《法言·君子》："文丽用寡，长卿也。"丽，雕琢，修饰。

②质而非野：语出《论语·雍也》："质胜文则野。"质，朴素。野，粗野，缺乏文采。

③斁（yì）：厌弃，厌烦。

④圣人之述作：指孔子修《春秋》。

⑤获麟：《春秋》鲁哀公十四年："春，西狩获麟。"杜预注："《春秋》止于获麟……自此以下至十六年，皆《鲁史记》之文，弟子欲存孔子卒，故并录以续孔子所修之经。"麟，仁兽，瑞兽。

⑥《书》之论事也，昭昭然若日月之代明：语出《尚书大传·略说》："子夏曰：'《书》之论事也，昭昭如日月之代，离离如参辰之

错行。'"

⑦说事者莫辩乎《书》，说理者莫辩乎《春秋》：语出扬雄《法言·寡
　　见》："或问《五经》有辩乎？曰：惟《五经》为辩……说事者莫辩乎
　　《书》……说理者莫辩乎《春秋》。"

⑧微显阐幽，婉而成章：语出《左传》成公十四年："故君子曰：'《春
　　秋》之称，微而显，志而晦，婉而成章，尽而不污。惩恶而劝善，非
　　圣人谁能修之？'"

【译文】

优秀的史书，以叙事为首要。至于书写历史人物的功过，记下历史
人物的善恶，有文采而又不过于雕琢，质朴而不粗野，使人体悟其中的
美好意旨，怀想其中的圣德言论，再三捧读而不知疲倦，吟咏百遍而不
觉厌烦，如果作者不是圣人，谁能做到这一点呢？过去孔子修《春秋》，
上起自《尧典》，下至于鲁哀公十四年猎获麒麟，这是善用文辞排列史事
的著作，有融会贯通古今的深刻含义。子夏说："《尚书》议论史事，光明
正大如同日月一般。"扬雄说："说事情没有像《尚书》那样清晰的，说道
理没有像《春秋》那样透彻的。"这就是说《尚书》意指深奥，训诂叙事深
刻而能伸张正义。《春秋》阐明隐含的微言大义，用词委婉而成篇章，虽
然它们方法不一，但是各得其美。确实可以作为千秋万代的典范，千秋
万代的楷模，可以作为著述中的经典，后代人的龟镜。后来司马迁《史
记》、班固《汉书》，接着圣人而写，是仅次于它们的著作。所以历代学者
都是先说《五经》，接着说《三史》，经和史的类目，从此正式分出来了。

尝试言之曰：经犹日也，史犹星也。夫杲日流景①，则列
星寝耀②；桑榆既夕③，而辰象粲然④。故《史》、《汉》之文，当
乎《尚书》、《春秋》之世也，则其言浅俗，涉乎委巷，垂翅不
举⑤，懑鬰无闻⑥。逮于战国已降，去圣弥远，然后能露其锋

颖,倜傥不羁。故知人才有殊,相去若是,校其优劣⑦,讵可同年? 自汉已降,几将千载,作者相继,非复一家,求其善者,盖亦几矣。夫班、马执简,既《五经》之罪人;而《晋》、《宋》杀青,又《三史》之不若。譬夫王霸有别,粹驳相悬⑧,才难不其甚乎⑨!

【注释】

①杲(gǎo)日流景:明亮的太阳闪耀着光芒。杲,明亮。景,阳光。

②寝耀:停止光芒。寝,停止,隐藏。耀,光芒。

③桑榆:天色已晚。《淮南子·天文训》:"日西垂景在树端,谓之桑榆。"指阳光落到了桑树上。

④辰象:众星。粲然:明亮,光明。

⑤垂:收敛。举:张开。

⑥潗(chì)龠(yuè)无闻:音调不和谐。潗,不和谐。龠,古代一种状如短笛的乐器。《礼·乐记》:"宫为君,商为臣,角为民,徵为事,羽为物,五者不乱,则无怙(zhān)潗之音矣。"

⑦校(jiào):通"较",比较,较量。

⑧王霸有别,粹驳相悬:语出《荀子·王霸》:"粹而王,驳而霸。"粹,纯。驳,杂。

⑨才难:人才难得。语出《论语·泰伯》:"才难,不其然乎?"

【译文】

我曾经这样说过:经书好比太阳,史书好比星辰。明亮的太阳光芒闪耀,星辰就会失去光芒;太阳下山了,星辰就会璀璨夺目。所以,《史记》、《汉书》的文采,放在《尚书》、《春秋》时代,就显得语言浅陋鄙俗,涉及琐碎枝节之事,如同翅膀下垂的鸟不能高飞,好比音调不和谐的龠吹不成曲。到了战国以后,离圣人的时代越来越远,这样他们才能显露出锋芒,风流倜傥才华横溢。由此可知人的才能大小有差别,相差甚远,要比较他们的优劣高下,岂可同日而语呢？自汉代以来,将近一千年,著史者相继出现,不止一家,要在其中找出优秀的,大概寥寥无几。司马迁、班固撰写史书,已经是败坏五经传统的罪人;而《晋书》、《宋书》的出现,更连《三史》都不如。就好像圣王之道和霸王之业有本质区别,精华与糟粕相距遥远,人才是如此的难得!

　　然则人之著述,虽同自一手,其间则有善恶不均,精粗非类。若《史记》之《苏》、《张》、《蔡泽》等传,是其美者。至于三、五《本纪》①,《日者》、《太仓公》、《龟策传》,固无所取焉。又《汉书》之帝纪,《陈》、《项》诸篇,是其最也。至于《淮南王》、《司马相如》、《东方朔传》,又安足道哉!岂绘事以丹素成妍②,帝京以山水为助。故言媸者其史亦拙,事美者其书亦工。必时乏异闻,世无奇事,英雄不作,贤俊不生,区区碌碌,抑惟恒理,而责史臣显其良直之体,申其微婉之才,盖亦难矣。故扬子有云:“虞、夏之书,浑浑尔;商书,灏灏尔;周书,噩噩尔;下周者,其书憔悴乎?”③观丘明之记事也,当桓、文作霸,晋、楚更盟,则能饰彼词句,成其文雅。及王室大坏,事益纵横,则《春秋》美辞,几乎翳矣④。观子长之叙事也,自周以往,言所不该,其文阔略,无复体统。洎秦、汉已下,条贯有伦,则焕炳可观,有足称者。至若荀悦《汉纪》,其才尽于十帝⑤;陈寿《魏书》,其美穷于三祖⑥。触类而长,他皆若斯。

【注释】

①三、五《本纪》：指《三王本纪》、《五帝本纪》。司马迁撰《史记》未成而卒，其中有十篇只有篇名。其后褚少孙补《武帝纪》、《三王世家》、《龟策》、《日者》等传。刘知幾同时代人司马贞补《三王本纪》。《五帝本纪》为司马迁自撰。

②绘事以丹素成妍：语出《论语·八佾》："子曰：'绘事后素。'"绘事，绘画。丹，红色。素，白色。妍，美丽。

③虞、夏之书，浑浑尔；商书，灏灏尔；周书，噩噩尔；下周者，其书憔悴乎：语出扬雄《法言·问神》。虞、夏之书，指《尚书》中的《尧典》、《皋陶谟》等篇。商书，指《尚书》中的《汤誓》、《盘庚》等篇。周书，指《尚书》中的《西伯戡黎》、《牧誓》等篇。下周者，指《尚书》中的《文侯之名》、《秦誓》等篇。憔悴，萎靡不振的样子。

④翳(yì)：隐藏，绝迹。

⑤十帝：指西汉自高祖至哀帝十代帝王。

⑥三祖：指三国魏太祖曹操、世祖曹丕、烈祖曹睿。

【译文】

然而人们的著述，虽然出于同一人之手，其中也有好坏不均，精粗不等的情况。如《史记》中的《苏秦》、《张仪》、《蔡泽》等传，是其中最好的。至于《三皇本纪》、《五帝本纪》，《日者》、《太仓公》、《龟策传》等列传，确实没有什么可取之处。还有《汉书》的帝纪，以及《陈胜》、《项羽》等各篇，是其中最好的。至于《淮南王》、《司马相如》、《东方朔》等传，又哪里值得一提呢！岂知绘画因为有彩色有白色才能漂亮，帝王的京都因为有山水的衬托才显得壮观。所以言辞不美的史著也就拙劣，事迹美好的史著也就工致。如果一个时代没有奇闻，社会上缺乏奇事，没有英雄豪杰出现，没有贤人才俊产生，区区小事平平庸庸，不超出常理的范围，却要求史家显示出历史著作的公允、真实，表现出自己微婉隐曲的著史才能，大概也很困难吧。所以扬雄说过："虞、夏之书，渊深博大；

商代之书，广阔辽远；周代之书，严肃不苟；周代以下，著作就萎靡不振了。"阅读左丘明的记事，正当齐桓公、晋文公相继称霸，晋国、楚国交替成为霸主的时候，就能够修饰词句，形成典雅的文风。到周王室极度衰微，史事更加纵横交错，就使《春秋》的精妙言词，几乎绝迹了。再看司马迁的叙事，周代以前，记事不完备，文字粗疏，不成体统。从秦、汉以下，则条理清晰，光彩焕发，很值得称道。至于像荀悦的《汉纪》，其才华只表现在记西汉十帝；陈寿的《三国志·魏书》，其优美处仅仅在于前面三祖。依此类推，其他的都基本像这样。

夫识宝者稀，知音盖寡。近有裴子野《宋略》、王劭《齐志》，此二家者，并长于叙事，无愧古人。而世之议者皆雷同①，誉裴而共诋王氏。夫江左事雅，裴笔所以专工②；中原迹秽，王文由其屡鄙③。且几原务饰虚辞④，君懋志存实录⑤，此美恶所以为异也。设使丘明重出，子长再生，记言于贺六浑之朝⑥，书事于侯尼于之代⑦，将恐辍毫栖牍⑧，无所施其德音。而作者安可以今方古，一概而论得失？

【注释】

①雷同：指人云亦云。

②专工：特别优美。

③屡鄙：质朴。

④几原：裴子野字。

⑤君懋：王劭字。

⑥贺六浑之朝：指高欢之子高洋建立的北齐政权。贺六浑，高欢的鲜卑名。

⑦侯尼于：《北史·齐文宣帝纪》记载：齐文宣帝高洋，字子进。武

明太后初孕帝,每夜有赤光照室,太后私怪之。及产,命之曰侯
尼于。鲜卑言有相子也。

⑧辍:停止。毫:毛笔。栖:停止。牍:简牍。

【译文】

　　能够识别宝贝的人很少,能够通晓音律的人大概也不多。近来有
裴子野撰《宋略》、王劭著《齐志》,这两家,都擅长叙事,不逊于古人。但
世人说起来,都说他们人云亦云,称赞裴子野而诋毁王劭。因为江南的
风尚文雅,所以裴子野的文笔特别优美;因为中原的事迹芜杂,所以王
劭的言词显得质朴。而且裴几原追求言词的修饰,王君懋注重史事的
真实记录,这就造成了对他们的褒贬不同。假如让左丘明重出,让司马
迁转世,去记录北齐一代的言语,记载北齐一代的史事,恐怕也要止笔
不写,无从施展他们的嘉言妙论了。怎么能用后代的作者和古代的相
比,一概而论他们的得失呢?

　　夫叙事之体,其流甚多①,非复片言所能觃缕②,今辄区
分类聚,定为三篇,列之于下。右叙事篇序。

【注释】

　　①流:流别,种类。

　　②觃(luó)缕:即罗列,依次逐条细列。

【译文】

　　叙事的体例,种类很多,不是短短的篇幅就能详细论列的,现在分
门别类,确定为三篇,论列如下。以上是叙事篇的序。

　　夫国史之美者,以叙事为工,而叙事之工者,以简要为
主。简之时义大矣哉! 历观自古,作者权舆①,《尚书》发

踪②,所载务于寡事;《春秋》变体,其言贵于省文。斯盖浇淳殊致③,前后异迹。然则文约而事丰,此述作之尤美者也。始自两汉,迄乎三国,国史之文,日伤烦富。逮晋已降,流宕逾远。寻其冗句④,摘其烦词,一行之间,必谬增数字;尺纸之内,恒虚费数行。夫聚蚁成雷⑤,群轻折轴⑥,况于章句不节,言词莫限,载之兼两⑦,曷足道哉?

【注释】

①权舆:开端,创始。

②发踪:发端,最初。

③浇淳:浅薄与淳厚。浇,薄,引申为质朴。淳,厚实,复杂。

④寻:搜讨。

⑤聚蚁成雷:语出《汉书·中山靖王传》:"众煦漂山,聚蚁成雷。"意谓许多微弱的声音可以汇集成巨大的声音。

⑥群轻折轴:语出《战国策·魏策一》,张仪游说魏王:"积羽沉舟,群轻折轴,众口铄金。"比喻大量轻的物件便会压断车轴。

⑦载之兼两:语出《后汉书·吴祐传》:"此书若成,则载之兼两。"意谓装载数车。兼,倍。两,通"辆"。

【译文】

优秀的国史,首要在善于叙事,而叙事完美,又以简要为主。简要的意义很大啊!一一查看自古以来,著作中的创始者,《尚书》作为开端,所记载务求减省事实;《春秋》转变了体裁,所记载重视简约文字。这大概是由于时代风尚厚薄不同造成的,前后风格不一。然而文辞简约而史事丰富,这才是著作中特别优秀的作品。从两汉开始,直到三国,国史的文辞,一天天变得多而繁杂。到了晋代以后,烦富复杂得越来越厉害。如果要搜寻多余的句子,摘出烦琐的词语,那么一行之中,必定会错误地加上几个字;一篇之内,常常会白白地浪费几行。成群蚊子的声音会形成震耳的雷声,众多轻物的重量也会压断车轴,更何况章句不加节省,言词没有限制,就是能装载它几大车,又有什么值得称道的呢?

　　盖叙事之体,其别有四:有直纪其才行者,有唯书其事迹者,有因言语而可知者,有假赞论而自见者。至如《古文尚书》称帝尧之德,标以"允恭克让"①;《春秋左传》言子太叔之状,目以"美秀而文"②。所称如此,更无他说,所谓直纪其才行者。又如《左氏》载申生为骊姬所谮,自缢而亡③;班史称纪信为项籍所围,代君而死④。此则不言其节操,而忠孝自彰,所谓唯书其事迹者。又如《尚书》称武王之罪纣也,其誓曰:"焚炙忠良⑤,刳剔孕妇⑥。"《左传》纪随会之论楚也,其词曰:"荜辂蓝缕,以启山林⑦。"此则才行事迹,莫不阙如,而言有关涉,事便显露,所谓因言语而可知者。又如《史记·卫青传》后,太史公曰:"苏建尝责大将军不荐贤待士⑧。"《汉书·孝文纪》末,其赞曰:"吴王诈病不朝,赐以几杖⑨。"此则传之与纪,并所不书,而史臣发言,别出其事,所谓假赞论而自见者。然则才行、事迹、言语、赞论,凡此四者,皆不相须⑩。若兼而毕书,则其费尤广。近史纪传欲言人居哀毁损,则先云至性纯孝;欲言人尽夜观书,则先云笃志好学;欲言人赴敌不顾,则先云武艺绝伦;欲言人下笔成篇,则先云文章敏速。此则既述才行,又彰事迹也。如《穀梁传》云:骊姬以酖为酒,药脯以毒。献公田来⑪,骊姬曰:"世子已祀,故致福于君。"君将食,骊姬跪曰:"食自外来者,不可不试也。"覆酒于地,而地坟⑫;以脯与犬,犬毙。骊姬下堂而啼呼曰:"天乎！天乎！国，子之国也，子何迟乎为君！”又《礼记》云：阳门之介夫死，司城子罕入而哭之哀。晋人之觇宋者反报于晋侯曰⑬：“阳门之介夫死，而子罕哭之哀，而民说⑭，殆不可伐也。”此则既书事迹，又载言语也。又近代诸史，人有行事，美恶皆已具其纪传中，续以赞论，重述前事。此则才行事迹，纪传已书，赞论又载也。**但自古经史，通多此类。**（《公》、《梁》、《礼》、《新序》、《说苑》、《战国策》、《楚汉春秋》、《史记》，迄于皇家所撰《五代史》皆有之。）**能获免者，盖十无一二。**唯左丘明、裴子野、王劭无此也。

【注释】

①允恭克让：语出《尚书·尧典》。允，诚实。恭，恭谨。克，能干。让，辞让。

②美秀而文：貌美而有才能。语见《左传》襄公三十一年："子太叔美秀而文。"子太叔，郑国正卿，又名游吉。文，有修养。

③申生为骊姬所谮，自缢而亡：事见《左传》僖公四年。晋献公妃骊姬想立亲生子奚齐为太子，偷偷在太子申生献给晋献公的祭肉里投毒，嫁祸于申生。申生仁孝，不愿申辩，自缢而死。

④班史称纪信为项籍所围，代君而死：事见《汉书·高帝纪》。楚汉相争时，刘邦被项羽围在荥阳，部将纪信献计并乘刘邦的车子请降，刘邦趁机逃走。项羽发现受骗，烧杀了纪信。

⑤焚炙（zhì）：烧烤。

⑥刳（kū）剔：剖开挖空。

⑦荜辂蓝缕，以启山林：语出《左传》宣公十二年。晋大夫栾武子用楚国先君乘柴车、身着破衣开辟山林的事迹，以训导士卒。荜辂，即"筚路"，柴车。蓝缕，楚方言，谓穷苦人衣服破烂。

⑧苏建尝责大将军不荐贤待士：事见《史记·卫将军骠骑传》。事见《史记·卫将军骠骑传》。"太史公曰：苏建语余曰：吾尝责大

将军至尊重,而天下之贤大夫毋称焉,愿将军观古名将所招选择贤者,勉之哉。大将军谢曰:'自魏其、武安之厚宾客,天子常切齿。彼亲附士大夫,招贤绌不肖者,人主之柄也。人臣奉法遵职而已,何与招士!'骠骑亦放(仿)此意,其为将如此。"苏建,生卒年不详。西汉名将,从卫青击匈奴,以功封平陵侯,后为代郡太守。卫青(?—前206),汉武帝时名将,以击匈奴有功,拜大将军,封长平侯。

⑨吴王诈病不朝,赐以几杖:语见《汉书·文帝纪》赞语:"吴王诈病不朝,赐以几杖。群臣袁盎等谏说虽切,常假借纳用焉。"

⑩相须:相互配合,相互依存。

⑪田来:打猎归来。

⑫坟:隆起。

⑬觇(chān):侦察。

⑭说:通"悦"。

【译文】

叙事的体裁,可分别为四种:有直接记录人物的才能品行的,有只记录人物的事迹的,有凭借人物言语可以了解的,有借助论赞而自然清楚的。至于像《古文尚书》称述帝尧的德行,用"允恭克让"来表示;《春秋左传》记述子太叔的形貌,用"美秀而文"来表述。像这样的记载,再没有其他的说法了,这就是所谓直接记录才能品行的例子。又如《左传》记载申生被骊姬陷害,上吊而死;班固《汉书》记述纪信被项羽围困,代替汉高祖而死。这些就是不讲他们的节操,但他们的忠孝自然显示出来,这就是所谓只记录事迹的例子。又如《尚书》记载周武王历数商纣王的罪恶,在誓词中说:"烧烤忠良,剖挖孕妇。"《左传》记载随会论述楚国,他说道:"荜辂蓝缕,以启山林。"这就是才能品行,全都缺而不谈,只在人物语言中有所涉及,事迹便显露出来了,这就是所谓凭借语言而可以了解的例子。又如《史记·卫青传》之后,太史公说:"苏建曾经责备大将军不推荐贤人不以礼待士。"《汉书·孝文纪》末尾，班固评论说："吴王装病不朝见天子，文帝反而赐给他几杖。"这些都是在本纪和列传中，都没有记载，而由史臣发表议论，另外引出他们的事迹，这就是所谓借助赞论而自然清楚的例子。既然这样，那么才行、事迹、言语、论赞，所有这四个方面，都不相互配合。如果四个方面都要写出来，那么所费笔墨将就更多了。近来史书在纪传中要叙述人居丧时哀伤过度，就先说他至性纯孝；要叙述人整夜地读书，就先说他笃志好学；要叙述人作战时奋不顾身，就先说他武艺绝伦；要叙述人下笔成章，就先说他文章敏速。这样就是既叙述他的才行，又彰显他的事迹了。如《穀梁传》中说："骊姬在酒里和肉里下毒。晋献公狩猎归来，骊姬说：'太子已经祭祀过了，所以拿祭祀的酒肉来为您祝福。'献公将要食用，骊姬下跪说：'祀品是从外面来的，不能不试一试。'把酒倒在地上，地面很快隆起一个包；把肉给狗吃，狗倒地而死。骊姬下堂哭呼道：'天啊！天啊！国家，是你的国家，你何必在乎晚一点为君主啊！'"还有《礼记》上说："宋国阳门的介夫死了，司城子罕进城哭得非常悲痛。晋国派来侦探宋国的人回去报告晋侯说：'阳门的介夫死了，子罕哭得非常悲痛，而老百姓心情舒畅，恐怕不能攻打啊。'"这就是既书写了事迹，又记载了言语。还有近来的各种史书，一个人的事迹，好坏都已详细记载在纪传中，接着又用论赞来评论，重复叙述前面的事迹。这就是才行事迹，纪传里已经记载，论赞又来记载。但自古以来的经史，普遍都有这样的毛病。(《公羊传》、《穀梁传》、《礼记》、《新序》、《说苑》、《战国策》、《楚汉春秋》、《史记》，直到皇家所修撰的《五代史》都有这毛病。)能够避免的，大概不过十分之一二。只有左丘明、裴子野、王劭没有这毛病。

又叙事之省，其流有二焉：一曰省句，二曰省字。如《左传》宋华耦来盟[①]，称其先人得罪于宋，鲁人以为敏[②]。夫以钝者称敏，则明贤达所噬，此为省句也。《春秋经》曰："陨石于宋五。"夫闻之陨，视之石，数之五。加以一字太详，减其一字太略，求诸折中，简要合理，此为省字也。其有反于是者，若《穀梁》称邲克眇[③]，季孙行父秃，孙良夫跛，齐使跛者逆跛者^④，秃者逆秃者，眇者逆眇者。盖宜除"跛者"已下句，但云"各以其类逆"。必事加再述，则于文殊费，此为烦句也。《汉书·张苍传》云："年老，口中无齿。"盖于此一句之内去"年"及"口中"可矣。夫此六文成句，而三字妄加，此为烦字也。然则省句为易，省字为难，洞识此心，始可言史矣。苟句尽余剩，字皆重复，史之烦芜，职由于此。

【注释】

①华耦（ǒu）来盟：事见《左传》文公十五年。宋国司马华耦来鲁国参加盟会，鲁文公邀请他共宴，他辞谢说："你的旧臣华督，得罪了宋殇公，记载在诸侯的史书里。我是他的后裔，岂敢侮辱您和我共宴。"愚钝的人都认为他很聪敏。

②鲁人：愚钝的人。

③眇：独眼。

④逆：迎接，接见。

【译文】

还有叙事的省略，可分为两类：一叫省句，二叫省字。如《左传》记载宋国华耦来鲁国会盟，说他的先辈得罪了宋国，愚钝的人认为他很聪敏。用愚钝的人称赞聪敏，也就明白被贤达之人所讥笑了，这就是省句。《春秋经》说："陨石于宋五。"表明先听到落地的声音，后看到是陨石，数一下是五块。增加一个字就太详细，减少一个字就太简略，寻求一个适中的，简要但是合理，这就叫省字。与此相反的，如《穀梁传》说郤克独眼，季孙行父秃头，孙良夫跛足，齐国用跛足的迎接跛足的，秃头的迎接秃头的，独眼的迎接独眼的。大概应该删除"跛足的"以下的句子，只说"分别用同类的人去迎接"。如果事情都要重新叙述，就特别多费文辞，这就叫烦句了。《汉书·张苍传》说："年老，口中无齿。"大概在这一句中省去"年"和"口中"就可以了。这六个字成一句话,而有三个字是妄加的,这就叫烦字了。既然这样那么省句是容易的,省字却很难,能深切认识一点,才可以谈论著史。如果句子尽是多余的,文字都是重复的,史书的烦琐杂乱,原因就在这里了。

　　盖饵巨鱼者,垂其千钧,而得之在于一筌①;捕高鸟者,张其万罝②,而获之由于一目。夫叙事者,或虚益散辞,广加闲说,必取其所要,不过一言一句耳。苟能同夫猎者、渔者,既执而罝钓必收,其所留者唯一筌一目而已,则庶几骈枝尽去③,而尘垢都捐,华逝而实存,滓去而渖在矣④。嗟乎!能损之又损⑤,而玄之又玄⑥,轮扁所不能语斤,伊挚所不能言鼎也⑦。右尚简。

【注释】

①筌(quán):竹编制的捕鱼器具。

②罝(jū):捕鸟或捕兽用的网。

③骈枝(pián zhī):手足上的老茧,与下文"尘垢"相对。

④渖(shěn):汁水。

⑤损之又损:语出《老子·德经》:"为学日益,为道日损,损之又损,以至于无为。无为而无不为。"

⑥玄之又玄:语出《老子·道经》:"玄之又玄,众妙之门。"

⑦轮扁所不能语斤,伊挚所不能言鼎也:此《文心雕龙·神思》篇句"伊挚不能言鼎,轮扁不能语斤"。伊挚,即伊尹。

【译文】

　　钓大鱼的人,垂下千条钓丝,但得到鱼只是在于一筌;捕飞鸟的人,张开万张罗网,但得到鸟只在于一个网眼。叙事的人,有时白白地增加些松散的言词，广泛地添加些无关的说法，如果取出其中的关键所在，不过一言一句罢了。如果能与打猎捕鱼的人一样，捕到鱼鸟后就收起钓丝网罗，所留下来的只有一筌一眼罢了，那么或许老皮厚茧全都去掉，灰尘污垢全都清除，花落了而果实还在，渣去了而汁水还在。唉！能够精简了再精简，玄妙而又玄妙，轮扁没办法说出用斧子的巧妙之处，伊挚没办法说出汤锅中滋味的变化无穷啊！以上说的是简要。

　　夫饰言者为文，编文者为句，句积而章立，章积而篇成。篇目既分，而一家之言备矣。古者行人出境，以词令为宗；大夫应对，以言文为主。况乎列以章句，刊之竹帛，安可不励精雕饰，传诸讽诵者哉？自圣贤述作，是曰经典，句皆《韶》、《夏》①，言尽琳琅②，秩秩德音③，洋洋盈耳④。譬夫游沧海者，徒惊其浩旷；登太山者，但嗟其峻极。必摘以尤最，不知何者为先。然章句之言，有显有晦。显也者，繁词缛说，理尽于篇中⑤；晦也者，省字约文，事溢于句外。然则晦之将显，优劣不同，较可知矣。夫能略小存大，举重明轻，一言而巨细咸该⑥，片语而洪纤靡漏，此皆用晦之道也。

【注释】

①《韶》、《夏》：传说中的上古乐曲名。《礼记·乐记》："韶，继也。夏，大也。"《韶》，是舜时的乐曲名。《夏》，即《大夏》，禹时的乐曲名。这里用来比喻经书词句动听感人。

②琳琅：美玉，此比喻言辞美妙。

③秩秩：清爽的样子。

④洋洋盈耳：语出《论语·泰伯》："师挚之始，关雎之乱，洋洋乎盈耳哉。"洋洋，丰富多彩。

⑤繁词缛说，理尽于篇中：辞藻华丽丰富，全篇说尽了道理。

⑥该：通"赅"，完备，包举。

【译文】

修饰文字就成为文辞，编排文辞就成为文句，句子累积起来就构成了章节，章节累积起来就成了篇目。篇目一旦划分，一家之言也就完备了。古代使者出使他国，以辞令为根本；大夫的应对，以文辞为主旨。何况要把章句组织起来，编订成史册，怎能不尽力雕琢修饰，传给读者呢？自来圣贤的著述，叫做经典，句句如同《韶》、《夏》之乐，字字好比琳琅美玉，清清爽爽的语言，美妙而丰富多彩。譬如遨游大海的人，空自惊异大海的浩大辽阔；登临泰山的人，只是感叹泰山的高峻无极。如果一定要摘取其中最好的文辞，却不知从何摘起。但是章句中的言词，有明显的有隐晦的。明显的，词句华丽繁多，道理全在一篇之中；隐晦的，减省文字简约文辞，事情更在字句之外。既然这样，那么隐晦的与明显的相比较，它们优劣不同，明显可以看出来。能够省略小事而保留大事，举出重要的就可明白次要的，一句话就能概括大事小事，几句话就能使重要的不重要的都没有遗漏，这些都是运用隐晦的道理。

昔古文义，务却浮词①。《虞书》云："帝乃殂落，百姓如丧考妣。"②《夏书》云："启呱呱而泣，予弗子。"③《周书》称"前徒倒戈"，"血流漂杵"④。《虞书》云："四罪而天下咸服。"⑤此皆文如阔略，而语实周赡。故览之者初疑其易，而为之者方觉其难，固非雕虫小技所能斥非其说也。既而丘明受经，师范尼父。夫经以数字包义，而传以一句成言，虽繁约有殊，而隐晦无异。故其纲纪而言邦俗也，则有士会为政，晋国之盗奔秦⑥；邢迁如归，卫国忘亡⑦。其款曲而言人事也，则有犀革裹之，比及宋，手足皆见⑧；三军之士，皆如挟纩⑨。斯皆言近而旨远,辞浅而义深,虽发语已殚⑩,而含义未尽。使夫读者望表而知里,扪毛而辨骨,睹一事于句中,反三隅于字外。晦之时义,不亦大哉！洎班、马二史,虽多谢《五经》⑪,必求其所长,亦时值斯语。至若高祖亡萧何,如失左右手⑫；汉兵败绩,睢水为之不流⑬；董生乘马,三年不知牝牡⑭；翟公之门,可张雀罗⑮,则其例也。

【注释】

①却:删削,除去。

②帝乃殂落,百姓如丧考妣:语见《尚书·尧典下》和伪《古文尚书·舜典》。帝,指尧。殂落,死亡。考妣,子女对死去的父亲和母亲的称呼。这两句是赞扬尧帝的德业和表明百姓对尧的爱戴。

③启呱呱而泣,予不子:语见《尚书·皋陶谟》。启,禹之子。子,即"字",抚育。意在说明禹勤劳治水,公而忘家。

④"前徒倒戈","血流漂杵":语见伪《古文尚书·武成》:"前徒倒戈,攻于后,以北。血流漂杵。"前徒,前线的商朝军士。杵,古代用来舂米的木棒。这两句意在说明商纣王的暴虐和民愤。

⑤四罪而天下咸服:语见《尚书·尧典》。四罪,指舜放逐共工于幽州,放逐驩兜于崇山,驱逐三苗到三危,放逐鲧于羽山。写出了民心所向和四人的罪行。

⑥士会为政,晋国之盗奔秦:事见《左传》宣公十六年。晋成公任命士会率领中军,为太傅。于是晋国的盗贼都逃奔到秦国去了。此说明士会施政严明。

⑦邢迁如归,卫国忘亡:语见《左传》僖公元年:"齐桓公迁邢于夷仪。二年,封卫于楚丘。""邢迁如归,卫国忘亡。"说明邢、卫复国

后，社会安定，并无亡国带来的困苦。

⑧其款曲而言人事也，则有犀革裹之，比及宋，手足皆见：事见《左传》庄公十二年。宋国大夫南宫长万杀了国君宋闵公，逃到了陈国，宋人请求陈国归还。陈国人让女人劝他饮酒，灌醉了他，然后用犀牛皮把他包裹起来送还宋国。到宋国时，他的手脚已经挣破犀牛皮而露出来。宋国人把他剁成肉酱。

⑨三军之士，皆如挟纩（kuàng）：事见《左传》宣公十二年。楚国攻打萧国，萧国崩溃。楚军中的人感到寒冷，楚王巡视三军，抚慰将士。将士受到感动，不再感到寒冷，就像穿上了棉衣。此句形容楚兵振奋。纩，丝绵。

⑩殚：完毕。

⑪谢：逊，不如。

⑫至若高祖亡萧何，如失左右手：事见《史记·淮阴侯列传》。萧何听说韩信逃跑，来不及禀告刘邦，就连夜追赶。有人报告刘邦说丞相萧何跑了，"上大怒，如失左右手"。表明刘邦对萧何的依赖。

⑬汉兵败绩，睢水为之不流：语见《史记·项羽本纪》："汉军却，为楚所挤，多杀。汉卒十余万人，皆入睢水，睢水为之不流。"以此形容汉军败退的情形。

⑭董生乘马，三年不知牝牡：《太平御览》卷六一一引《汉书》曰：董仲舒"少耽学业，下帷读书，弟子传以相授，莫见其面。十年不窥园圃，乘马三年不知牝牡"。以此表明董仲舒专心学业的程度。

⑮翟公之门，可张雀罗：语见《汉书·郑当时传》："先是下邽翟公为廷尉，宾客亦填门，及废，门外可设爵（同雀）罗。后复为廷尉，客欲往，翟公大署其门曰：'一死一生，乃知交情，一贫一富，乃知交态，一贵一贱，交情乃见。'"

【译文】

古代的文章，务必去掉浮泛之词。《虞书》说："尧帝死了，百姓好像失去了父母。"《夏书》说:"启呱呱地哭泣,我却不能抚育他。"《周书》称"前线士卒倒戈","血流得把舂杵都漂起来"。《虞书》说:"惩罚了四个罪人而天下都顺服。"这些都是行文好像粗略,而所述内容丰富完整。所以阅读的人起初怀疑它简易,而实际撰写起来才觉得它困难,固然不是用雕虫小技所能指责的。其后左丘明传授《春秋经》,以孔夫子为楷模。《春秋经》用几个字来包含微言大义,而《左氏传》以一句话来表达清楚,虽然繁简有所不同,但隐晦的处理没有区别。所以提纲挈领地讲述国家的风俗,就有说士会执政,晋国的盗贼都逃奔到秦国;邢国人迁移如同归家,卫国人忘了亡国的痛苦。如详尽细致地讲述人事,就有用犀牛皮把南宫长万裹起来,等送到宋国,手脚都露出来了;楚国的三军战士,都如同穿上了棉衣。这些都是语言浅近而意义深远,文辞浅显而意旨深刻,虽然话语已经讲毕,而含义仍未完尽。让读者看到表面就能明白其内在,抚摸毛皮而能分辨骨头,在文句中看到一件事,就能在文字外举一反三。隐晦的意义,不也是很大吗!到司马迁《史记》、班固《汉书》二史,虽然多逊色于《五经》,如果一定要找寻它们的长处,也不时会遇到这一类的语言。至于像汉高祖听说萧何逃走,如同失去了左右手;汉兵打了败仗,睢河水为此而停流;董仲舒乘马,三年了还不知道公母;翟公的门口,可以张网捕雀,就是这样的例子。

自兹已降,史道陵夷①,作者芜音累句,云蒸泉涌②。其为文也,大抵编字不只,捶句皆双,修短取均,奇偶相配。故应以一言蔽之者,辄足为二言;应以三句成文者,必分为四句。弥漫重沓,不知所裁。是以处道受责于少期③,《魏书·邓哀王传》曰:容貌姿美,有殊于众,故特见宠异。裴松之曰:一类之言而分以为三,亦叙属之一病也。子昇取讥于君懋④,王劭《齐志》曰:时议恨邢子才不得掌兴魏之书,怅怏温子昇,亦若此而撰《永安记》,率是支言⑤。非不幸也。

【注释】

①陵夷：衰微。

②云蒸泉涌：形容层出不穷。

③处道：晋王沈（？—266）字，与荀觊（jì）、阮籍等撰《魏书》四十八卷，已佚。《晋书》有传。少期：裴松之字世期，避唐太宗李世民讳而改称"少期"。

④子昇：即温子昇（495—547），字鹏举，北魏著名文士，博览多闻，文章清婉。著有《文笔》三十五卷、《永安记》三卷。《魏书》、《北史》有传。

⑤支言：无关要旨的、浮华的言辞。

【译文】

从此以后，著史的传统日益衰微，字句芜杂累赘的作者，层出不穷。他们写作时，大多不用单字，锤炼句子都要成双，长短要均匀，单双要相配。所以本来能用一字概括的，常常要凑足为双字；应该用三句成文的，一定要分成四句。散漫重叠，不知剪裁。所以王沈受到裴松之的指责，《魏书·邓哀王传》说他"容貌姿美，有别于大众，所以特别被宠异"。裴松之说："一句话而分成三句，也是叙事的一大毛病。"温子昇被王劭所讥笑，王劭《齐志》说："当时舆论遗憾邢子才不能负责修撰北魏国史，失意惆怅的温子昇，也和他一样而编撰了《永安记》，全都是无关要旨的枝蔓之词。"并不是没有理由的。

盖作者言虽简略，理皆要害，故能疏而不遗，俭而无阙。譬如用奇兵者，持一当百，能全克敌之功也。若才乏俊颖，思多昏滞①，费词既甚，叙事才周，亦犹售铁钱者，以两当一②，方成贸迁之价也。然则《史》、《汉》已前，省要如彼；

《国》、《晋》已降，《国》谓《三国志》，《晋》谓《晋书》也。烦碎如此。必定其妍媸，甄其善恶。夫读古史者，明其章句，皆可咏歌；观近史者，悦其绪言，直求事意而已。是则一贵一贱，不言可知，无假权扬，而其理自见矣。右隐晦。

【注释】

①昏滞：昏聩，糊涂。

②售铁钱者，以两当一：语见《南史·到溉传》："（溉）为建安太守，（任）昉以诗赠之，求二衫段，云：'铁钱两当一，百易代名实。为惠当及时，无待凉秋日。'"

【译文】

著史者的文字虽然简略，事理却都很重要，所以能够疏略而不遗漏，俭省而不缺失。就像用奇兵的人，以一当百，能够起到全部战胜敌人的功效。如果缺乏突出的才能，思维很昏聩，花费很多的词句，叙事才能周详，就像卖铁钱的人，以两个当一个，才能成为买卖交易的价钱。这样看来，《史记》、《汉书》以前，是那样的简明扼要；《三国志》、《晋书》以下，《国》即《三国志》，《晋》即《晋书》。是如此的繁杂琐碎。一定要认清它们的美丑，甄别它们的好坏。读古代史书，明了它的章句，都可以吟咏朗诵；看近代史书，喜欢它的语句，直接追求叙事的意义罢了。这就是一贵一贱，不需说明就可清楚，也不用借助讨论，而其中的道理自然明了。以上是隐晦。

　　昔文章既作，比兴由生①。鸟兽以媲贤愚，草木以方男女②，诗人骚客③，言之备矣。洎乎中代，其体稍殊，或拟人必以其伦，或述事多比于古。当汉氏之临天下也，君实称帝，理异殷、周；子乃封王，名非鲁、卫。而作者犹谓帝家为王室④,公辅为王臣。盘石加建侯之言⑤,带河申俾侯之誓⑥。而史臣撰录,亦同彼文章,假托古词,翻易今语。润色之滥,萌于此矣。

【注释】

①比兴:《诗》"六义"中的两种。比,指物以譬喻。兴,借物以起兴。参见《载言》篇"六义"注。

②鸟兽以媲贤愚,草木以方男女:王逸《楚辞章句·离骚经序》云:"屈原执履忠贞而被谗邪,忧心烦乱,不知所诉,乃作《离骚经》……依诗取兴,引类譬谕。故善鸟、香草,以配忠贞。恶禽、臭物,以比谗佞;灵修、美人,以媲于君;宓妃、佚女,以譬贤臣;虬、龙、鸾、凤,以托君子;飘风、云霓,以为小人。"

③诗人骚客:泛指诗歌词赋的作者。

④王室:秦汉之前,王室指周室。汉代皇子封为王,但仍用"王室"称中央朝廷。如《汉书·叙传》:"克伐七国,王室以定。"

⑤盘石加建侯之言:语见《史记·文帝纪》:"高帝封王子弟,地犬牙相制,此所谓磐石之宗也。"建侯,分封诸侯。

⑥带河申俾侯之誓:语见《史记·高祖功臣表》序:"使河如带,泰山若厉,国以永宁,爰及苗裔。"俾侯,封立诸侯国君。

【译文】

古代有了文章著述以后,比喻寄托即由此产生。用鸟兽来比喻贤愚,用草木来比喻男女,诗人骚客,已经说得很完全了。到了中古时代,体例稍有变化,有的比人一定用同类古人,有的叙事一定比拟同类古事。当汉代君临天下,国君实际上称皇帝,事理不同于商、周时代;皇帝之子就是封王,名分也不同于商周时代的鲁、卫。但是作者仍然称帝家为王室,称公卿为王臣。分封王侯要加上稳如磐石之类的话语,封立诸侯国君要申明山河如带之类的誓言。而史臣撰录史书,也如同那些文章,假借古代言词,翻改成当今用语。修饰的滥用,就从此开始了。

　　降及近古,弥见其甚。至如诸子短书①,杂家小说,论逆臣则呼为问鼎②,称巨寇则目以长鲸③。邦国初基,皆云草昧④;帝王兆迹,必号龙飞⑤。斯并理兼讽谕,言非指斥⑥,异乎游、夏措词⑦,南、董显书之义也⑧。如魏收《代史》⑨,吴均《齐录》⑩,或牢笼一世,或苞举一家,自可申不刊之格言,弘至公之正说,而收称刘氏纳贡,则曰"来献百牢"⑪;均叙元日临轩,必云"朝会万国"⑫。夫以吴征鲁赋⑬,禹计涂山,持彼往事,用为今说,置于文章则可,施于简册则否矣。

【注释】

①短书:语见《论衡·谢短》篇云:"五经之后,秦汉之事,无不能知者,短也……二尺四寸,圣人文语……汉事未载于经,名为尺籍短书。"故此短书当指史籍。

②问鼎:事见《左传》定公三年。九鼎为国宝,春秋时楚国国君在周王室境内陈兵示威,周定王派王孙满去慰劳他,他向王孙满问鼎的大小轻重。古代以"问鼎"表示有谋夺政权之心。

③长鲸:又称鲸鲵。比喻巨寇、首恶等不义之人。

④草昧:本指天地初开时的混沌状态,后常指乱世。

⑤龙飞:本指帝王即将登基,借指帝王。

⑥言非指斥:指上文"问鼎"、"长鲸"。

⑦游、夏措词:子游、子夏的用词。二人为孔子弟子中擅长文学者。《史记·孔子世家》说孔子修《春秋》,"子夏之徒不能赞一辞"。

⑧南、董:南史、董狐。参见《采撰》篇注。

⑨魏收《代史》:即魏收所撰《魏书》。元魏初,国号代。

⑩吴均《齐录》:指吴均所撰《齐春秋》,已佚。参见《六家》篇注。

⑪收称刘氏纳贡,则曰"来献百牢":《魏书·世祖太武帝纪下》:太平真君十一年十二月"义隆(刘宋文帝名)使献百牢,贡其方物"。牢,指牛羊之类牲畜。

⑫朝会万国:语出《左传》哀公七年:"禹合诸侯于涂山,执玉帛者万国。"禹在涂山会合诸侯,拿着玉帛来朝的有一万个国家。下文"禹计涂山"同。

⑬吴征鲁赋:《左传》哀公七年,吴欲霸中国,召哀公会于鄫。"夏,公会吴于鄫,吴来征百牢。"

【译文】

到了近代,这种风气更盛。至于像诸子史书,杂家小说,说叛臣就呼为"问鼎",称巨寇就称作"长鲸"。国家初奠基,都说是"草昧";帝王的征兆迹象,必号称"龙飞"。这些都是说理中隐含讽谕,不是指斥的言词,不同于子游、子夏运用修辞,也不同于南史、董狐不加隐晦的记事原则。如魏收的《魏书》,吴均的《齐春秋》,或总括一世,或包罗一家,自然可以申明不容改动的准则,弘扬最公正的正直言辞。但是魏收称南朝刘宋政权向元魏进贡,却叫做"来献百牢";吴均叙述皇帝元旦临朝,一定要说成"朝会万国"。用古代吴国征收鲁国的赋税,大禹在涂山会合诸侯的典故,拿那些古代的往事,来作为今天的言语,放在一般文章里还可以,用在史书中就不行了。

亦有方以类聚①,譬诸昔人。如王隐称诸葛亮挑战,冀获曹咎之利②;崔鸿称慕容冲见幸,为有龙阳之姿③。其事相符,言之说矣。而卢思道称邢邵丧子不恸④,自东门吴已来,未之有也;李百药称王琳雅得人心,虽李将军悛悛善诱,无以加也⑤。斯则虚引古事,妄足庸音⑥,苟矜其学,必辨而非當者矣。

当者矣。

【注释】

①方以类聚：语见《易·系辞》："方以类聚，物以群分。"

②如王隐称诸葛亮挑战，冀获曹咎之利：《通释》注云："《魏志》注：《晋阳秋》曰：诸葛亮寇于郿，据渭水南，亮挑战，遗高祖（司马懿）巾帼，欲以激怒，冀获曹咎之利。《史记·项羽纪》：项王谓大司马曹咎曰：'谨守成皋，汉欲挑战，慎勿与战。'汉果数挑楚军战，楚军不出，使人辱之。大司马怒，渡兵汜水。半渡，汉击之，大破楚军。咎自刭。"《晋阳秋》为孙盛撰。王隐所撰《晋书》早佚，其记诸葛亮挑战事无可考。

③崔鸿称慕容冲见幸，为有龙阳之姿：崔鸿，见《表历》篇"崔鸿著《表》"注。崔鸿著《十六国春秋》，已佚。《太平御览》卷五七○引崔鸿《十六国春秋》：苻坚灭前燕，"慕容冲姊清河公主年十四，有殊色，坚纳之，宠冠后庭。冲时年十二，亦有龙阳之美，坚又幸之。姊弟专宠，官人莫进。长安中歌之曰：'一雌与一雄，双飞入紫宫。'"龙阳，本为地名。战国时魏有宠臣食邑在龙阳，号龙阳君。后世遂以"龙阳"作为男宠的代称。

④卢思道称邢邵丧子不恸：卢思道（531—582），字子行，范阳（今河北涿州）人。曾师事邢邵，才学兼著。历仕北齐、北周、隋。著《知己传》，《隋书》有传。邢邵（496—561），字子才，北齐著名文士。现存卢思道的著述不见称述邢邵之语，疑在《知己传》中，待考。

⑤李百药称王琳雅得人心，虽李将军悛悛善诱，无以加也：事见李百药《北齐书·王琳传》。王琳，字子衍，会稽山阴（今浙江绍兴）人，镇寿春，城破被杀。生前刑罚不滥，"轻财爱士，得将卒之心……及于难，当时田夫野老，知与不知，莫不为之歔欷流泣。

观其诚信感物,虽李将军之悛悛善诱,殆无以加焉"。李将军,汉李广,以爱兵而著名。悛悛,恭顺的样子。《史记·李广传》云:"余睹李将军悛悛如鄙人(普通人)。"

⑥妄足庸音:语出陆机《文赋》:"放(仿)庸音以足曲。"

【译文】

也有用同类人来比方,比之于古代的人物。如王隐《晋书》说诸葛亮向司马懿挑战,期望获得曹咎之利;崔鸿《十六国春秋》说慕容冲被苻坚宠幸,因为有龙阳之姿。这些事古今相符,说得很肯定。而卢思道称那邵死了儿子不痛哭,是自从东门吴以来,从来没有的;李百药说王琳深得人心,即使李广将军那样恭顺善诱的人,也不过如此。这就是虚妄地引用古事,以庸俗的音调凑成曲子,牵强地炫耀学识,如果认真辨析就不恰当了。

昔《礼记·檀弓》,工言物始①。夫自我作故,首创新仪,前史所刊,后来取证。是以汉初立楬,孟坚所书②;鲁始为髢③,丘明是记。河桥可作,元凯取验于毛《诗》④;男子有笄,伯支远征于《内则》⑤。即其事也。案裴景仁《秦记》称苻坚方食,抚盘而诟⑥;王劭《齐志》述洛干感恩,脱帽而谢⑦。及彦鸾撰以新史,重规删其旧录⑧,乃易"抚盘"以"推案",变"脱帽"为"免冠"⑨。夫近世通无案食⑩,胡俗不施冠冕,直以事不类古,改从雅言,欲令学者何以考时俗之不同,察古今之有异?

【注释】

①《礼记·檀弓》,工言物始:《礼记·檀弓》为孔子的再传弟子所作,主要记载秦汉之前的丧礼人物事迹和一些天子诸侯的礼仪。

因开篇记载的是檀弓(春秋时鲁人)的事迹,故以此名篇。物始,
事物的开始。

②是以汉初立槥(huì),孟坚所书:语见《汉书·高帝纪》:八年十一
月,"令士卒从军死者为槥,归其县,县给衣衾棺葬具"。槥,小
棺材。

③鲁始为髽(zhuā):《左传》襄公四年记载,鲁国臧纥(hé)为救援鄫
国而死,"国人逆丧者皆髽,鲁于是乎始髽"。髽,在服丧期间用
麻束发。

④河桥可作,元凯取验于毛《诗》:事见《晋书·杜预传》。元凯,晋
杜预字。黄河上的孟津渡口水急浪险,常有渡船覆没。杜预请
于河上建浮桥,议者以为必不可立。杜预引《诗经》中的"造舟为
梁,不显其光"句为证。

⑤男子有笄,伯支远征于《内则》:事见《魏书》、《北史》之《刘芳传》。
伯支,北魏刘芳字(《魏书》作伯文)。刘芳聪慧过人,特精经义,
人称"刘石经"。南朝王肃投奔北魏,高祖非常器重,宴于华林,
王肃在席上说到"古者唯妇人有笄,男子则无"。芳曰:"推经
《礼》正文,古者男子妇人俱有笄。"肃曰:"《丧服》称男子免而妇
人髽,男子冠而妇人笄。如此,则男子不应有笄。"芳曰:"此专谓
凶事也……又冠尊,故夺其笄称……又《礼·内则》称:'子事父
母,鸡初鸣,栉縰(xǐ)笄总(梳洗簪发)。'以兹而言,男子有笄明
矣。"高祖称善者久之,肃亦以芳言为然。栉,梳篦。縰,结发。

⑥案裴景仁《秦记》称苻坚方食,抚盘而诟:《隋志》著录《秦记》十一
卷,宋殿中将军裴景仁撰,已佚。苻坚,十六国前秦国君。汤球
辑《三十国春秋》引裴景仁《秦记》记载,在一次和后秦姚苌军队
的作战中,姚苌军中缺水,有人渴死。不想突然天降大雨于苌
营,营中水深三尺,因此苌军大振。"(苻)坚方食,抚盘而诟曰:
'天其无心,何故降泽贼营!'"《晋书·苻坚下》也有类似记载。

⑦王劭《齐志》述洛干感恩，脱帽而谢：王劭《齐志》已佚，引文无可考。洛干，字受纥，《北齐书·万俟(mò qí)普传》附子洛传记载：洛，字受洛干。因有战功，高祖亲扶上马，"洛免冠稽首曰：'愿出死力，以报深恩。'"

⑧彦鸾：崔鸿字。新史：指崔鸿所撰《十六国春秋》。重规：李百药字。旧录：指李百药所撰《北齐书》。

⑨变"脱帽"为"免冠"：帽，古代北方少数民族覆盖发髻的头衣。冠，为古代汉族成年男子束发的头饰。二者名称和形制都不一样。

⑩案：一种用于放置和捧送食物的带足的托盘，流行于两汉。

【译文】

往昔的《礼记·檀弓》，擅长记载事物的开始。不拘前人成例，首创新的标准，前代史书所记载，为后世史书所采用。所以汉初设立士卒从军死者为櫘的制度，被班固记在《汉书》中；鲁国人开始在丧礼中结髽，被左丘明记录在《左传》中。浮桥可建，杜元凯取毛《诗》作了验证；男子有笄，刘伯支远远地征引《礼记·内则》来辨明。就都是这种情况。考查裴景仁《秦记》称符坚正在吃饭，抚盘而骂；王劭《齐志》说受洛干感恩，脱帽而谢。到了崔彦鸾新撰十六国史，李重规删改旧的北齐史，就把"抚盘"改成了"推案"，把"脱帽"变为了"免冠"。但近代以来一般不用食案吃饭，胡人风俗也不戴冠冕，仅仅因为事情与古书中的不同，就改成典雅的言辞，这让学习的人怎么去考查一代风俗的不同，探究古今之间的差异呢？

又自杂种称制①，充轫神州②，事异诸华，言多丑俗。至如翼犍③，道武原讳；黑獭，周文本名④。而伯起革以他语⑤，德棻阙而不载⑥。盖庀降、蒯聤⑦，字之嫚也；重耳、黑臀⑧，名之鄙也。旧皆列以《三史》，传诸《五经》，未闻后进谈讲，别加刊定。况齐丘之犊，彰于载谶⑨；杜台卿《齐记》载谶云："首牛入西谷，逆犊上齐丘"也⑩。河边之狗，著于谣咏。王劭《齐志》载谣云："獯獯头团圞⑪，河中狗子破尔菀⑫"也。明如日月，难为盖藏，此而不书，何以示后？亦有氏姓本复，减省从单，或去"万纽"而留"于"⑬，或止存"狄"而除"厍"⑭。求诸自古，罕闻兹例。

【注释】

①杂种：《后汉书·度尚传》称"杂种诸蛮"。称制：建国称帝。

②充牣(rèn)：充满。神州：中国，中原。

③翼犍：什翼犍，北魏道武帝拓跋珪的祖父，后追谥高祖昭成帝。

④黑獭(tǎ)，周文本名：北周文帝宇文泰，字黑獭。

⑤伯起革以他语：指魏收《魏书》讳称翼犍。

⑥德棻阙而不载：指令狐德棻等修《周书》对宇文泰不称"黑獭"。但《周书·文帝纪》有"宇文氏，讳泰，字黑獭"句。

⑦厖(máng)降：传为尧时八恺之一。《左传》文公十八年："昔高阳氏有才子八人……厖降……"蒯聩(kuì)：春秋卫灵公太子，后来的卫庄公。

⑧重耳：春秋晋献公子，后来的晋文公。黑臀：晋文公子，后来的晋成公。

⑨谶：一种用隐语表现的荒诞预言。

⑩杜台卿《齐记》：杜台卿(？—579)，字少山。官北齐中书黄门侍郎。齐亡归里，隋开皇初征入朝。撰《北齐记》二十卷。《隋书》有传。《北齐记》已佚，所载之谶无可考。

⑪团圞(luán)：圆圆的样子。

⑫菀：通"苑"。

⑬去"万纽"而留"于":《魏书·官氏志》:"勿忸于氏,后改为于氏。"勿忸于,或作"万忸于"。万、勿,纽、忸,古声通。

⑭存"狄"而除"厍"(shè):《魏书·官氏志》:'厍狄氏,后改为狄氏。"

【译文】

还有自从混杂的种族建国称帝,布满了中原大地,风俗不同于华夏族,语言大多丑陋。至于如翼犍,是道武帝的名讳;黑獭,是周文帝的本名。而魏收把它们改成别的称呼,令狐德棻却缺而不记。大概厍降、蒯聩,是用字丑陋的;重耳、黑臀,是取名粗俗的。过去都把它们编列在《三史》中,流传在《五经》里,没听说后来人议论它们,重新加以修改。况且齐丘的牛犊,清楚地记载在谶语中;杜台卿《齐记》记载谶语说:"头牛进了西山谷,迎接牛犊上齐丘。"河边的狗子,记录在民谣里。王劭《齐志》记载民谣说:"獾獾头团团,河中狗子破你园。"明朗得如同日月,难以掩盖遮藏,这些都不记载,用什么告诉后人? 也有姓氏本为复姓,却省略成单字,或是去掉"万纽"只留下"于"字,或是只保留"狄"字而去掉"厍"字。纵观自古以来,很难听说这样的事例。

昔夫子有云:"文胜质则史①。"故知史之为务,必藉于文。自《五经》已降,《三史》而往,以文叙事,可得言焉。而今之所作,有异于是。其立言也,或虚加练饰,轻事雕彩;或体兼赋颂,词类俳优②。文非文,史非史,譬夫乌孙造室,杂以汉仪③,而刻鹄不成,反类于鹜者也④。右妄饰。

【注释】

①文胜质则史:语出《论语·雍也》:"子曰:'质胜文则野,文胜质则史。'"文,文采,文饰。质,质朴,朴实。史,言辞华丽。

②俳优:优伶,古代以乐舞谐戏为业的艺人。

③乌孙造室，杂以汉仪：《汉书·西域传》："（龟兹王）治官室，作徼
　　(jiào)道周卫……如汉家仪。外国胡人皆曰：驴非驴，马非马，
　　若龟兹王，所谓骡也。"此"乌孙"当为"龟兹"。

④刻鹄不成，反类于鹜：语出《后汉书·马援传》。马援诫兄子书：
　　"效伯高不得，犹为谨敕之士，所谓刻鹄不成尚类鹜者也。"鹄，天
　　鹅。鹜，野鸭。

【译文】

　　从前孔夫子说过："文饰胜过了质朴就像史。"所以知道从事史书著
述，必须借助于文辞。自《五经》以后，《三史》以前，用文辞叙事，是值得
谈论的。而如今的著述，则与此不同。它们的著述，有的妄加修饰，随
意雕琢；有的文体如同赋颂，用词类似俳优。文章不像文章，史书不像
史书，譬如龟兹王营造宫室，夹杂着汉族礼式，好比雕刻天鹅不成，反而
像野鸭了。以上说的是妄饰。

内篇 品藻第二十三

【题解】

本篇名《品藻》，是指对历史人物鉴定等级，区分流品。刘知幾认为，自司马迁创立纪传体开始，就采取区分类聚、以类相从的方法，在《史记》中撰写类传、合传，将所记人物归类、合传，这本身就是一种对人物的品鉴区分。班固《汉书》，更是创设《古今人表》，直接指明历史人物的等级品第。后世纪传史多依合传、类传的做法。纪传体史之外的杂传、别录，也往往如此。但如果不能正确品藻人物，就会产生归类不当、朱紫不分、乖谬重出的毛病。刘知幾在本篇中批评了前代史书在这方面存在的失误。指出史书作者应当很好地区分善恶，申藻镜，别流品，使臭味得朋、等差有序，这样历史记载才能真正发挥惩恶劝善、激浊扬清的不朽功用。

评价历史人物，实非易事，往往受到权势、时势和个人情感的影响。尤其古今评价标准的不一，难免将历史人物现代化、理想化。本篇中刘知幾的批评未必尽当，但他主张以公心、不凭个人好恶，尽可能客观地对人物作出评价，则是任何时代都需遵循的。

盖闻方以类聚，物以群分①，薰莸不同器②，枭鸾不比翼③。若乃商臣、冒顿④，南蛮、北狄⑤，万里之殊也；伊尹、霍光⑥，殷年汉日，千载之隔也。而世之称悖逆则云商、冒；论忠顺则曰伊、霍者，何哉？盖厥迹相符，则虽隔越为偶，奚必差肩接武⑦，方称连类者乎？

【注释】

①方以类聚，物以群分：见《叙事》篇注。

②薰莸(xūn yóu)不同器：香草和臭草不能收放在同一个器物里。薰，香草。莸，臭草。语出刘孝标《辩命论》。

③枭鸾不比翼：枭和鸾凤不会比翼同飞。枭，一种捕食鼠、兔等动物的猛禽。语出刘孝标《辩命论》。

④商臣、冒顿：商臣(？—前614)，楚成王太子，听说要废他而另立太子，就派兵围困成王，成王自缢而死，商臣得即位为穆王。事见《左传》文公元年。冒顿(？—前174)，匈奴头曼单于太子，听说单于欲废他另立少子，冒顿以鸣镝(dí)射杀头曼，自立为单于。事见《史记·匈奴列传》。商臣、冒顿二人都被作为逆子而连举。

⑤南蛮、北狄：指南方楚国和北方匈奴。

⑥伊尹、霍光：伊尹，生卒年不详。商代汤王时名臣，被尊为阿衡(宰相)。汤死后，其孙太甲破坏商汤法度，被伊尹放逐到桐宫。三年后，太甲悔过，迎之复位。见《孟子·万章》。霍光(？—前68)，字子孟，汉骠骑将军霍去病异母弟。武帝时为奉车都尉，出入宫廷二十余年，小心谨慎，未尝有过失。武帝死，霍光以大司马大将军受遗诏辅昭帝即位，封博陆侯。政事皆决于光。昭帝死，迎立昌邑王贺即位。贺淫乱，大司农田延年劝霍光："伊尹相殷，废太甲以安宗庙，后世称其忠。将军若能行此，亦汉之伊尹也。"光于是废贺，立刘恂为帝，为汉宣帝。事见《汉书》本传。商臣、冒顿连举，伊尹、霍光并称，均见晋葛洪《抱朴子·论仙》。

⑦差肩接武：肩挨着肩脚跟着脚。《吕氏春秋·观世》云："千里而

有一士,比肩也;累世而有一圣人,继踵也。"差,挨着。武,脚印。

【译文】

听说事物以类相分,以群相聚,香草臭草不能放在一起,枭鸟鸾凤不能比翼同飞。就像商臣、冒顿,南蛮北狄,相隔万里之遥;伊尹、霍光,商代汉朝,相差千年之久。而世人提起悖逆都称商、冒,说到忠顺都说伊、霍,为什么呢?大概因为他们的事迹相符,所以虽然地域相隔时代相越仍然并提,何必要肩挨着肩脚跟着脚,才能连举并称呢?

史氏自迁、固作传,始以品汇相从。然其中或以年世迫促或以人物寡鲜①,求其具体必同,不可多得。是以韩非、老子,共在一篇②;董卓、袁绍,无闻二录③。岂非韩、老俱称述者,书有子名;袁、董并曰英雄,生当汉末。用此为断,粗得其伦。亦有厥类众夥,宜为流别,而不能定其同科,申其异品,用使兰艾相杂④,朱紫不分⑤,是谁之过欤?盖史官之责也。

【注释】

①迫促:短暂。寡鲜:稀少。

②韩非、老子,共在一篇:指《史记》将老子、庄子、申不害、韩非合为一传《老庄申韩列传》。因为他们的思想"皆原于道德之义"。

③董卓、袁绍,无闻二录:指《三国志》将董卓、袁绍、袁术、刘表合为一传《董二袁刘传》。

④兰艾相杂:语出《楚辞·离骚》:"户服艾以盈要(腰)兮,谓幽兰其不可佩。"艾,白蒿。

⑤朱紫不分:语出《论语·阳货》:"恶紫之夺朱也。"《孟子·尽心下》:"恶紫恐其乱朱也。"

【译文】

史书自从司马迁、班固为人物作传，才开始按人物品类区分。但其中有的因为年代短暂，有的因为人物稀少，要找出完全相同的，不可多得。所以韩非、老子，归在同一篇里；董卓、袁绍，不再分作两篇。或许因为韩非、老子都是著述之人，书都用"子"为名；董卓、袁绍都是一代英雄，都生在汉末。以此来作判断，就有一个粗略的分类。也有一篇之中类别众多，应当再加以区别，但却不能辨别同类，申明他们不同的品类，因而使芝兰和艾蒿相杂，红色和紫色不分，这是谁的过错呢？恐怕是史官的责任吧。

案班《书·古今人表》，仰包亿载，旁贯百家，分之以三科，定之以九等①。其言甚高，其义甚惬。及至篇中所列，奚不类于其叙哉！若孔门达者②，颜称殆庶③，至于他子，难为等衰④。今乃先伯牛而后曾参⑤，进仲弓而退冉有⑥，伯牛、仲弓并在第二等，曾参、冉有并在第三等。求诸折中⑦，厥理无闻。又楚王过邓，三甥请杀之，邓侯不许，卒亡邓国⑧。今定邓侯入下愚之上，即第七等。夫宁人负我⑨，为善获戾⑩，持此致尤，将何劝善？如谓小不忍，乱大谋，失于用权，故加其罪。是则三甥见几而作⑪，决在未萌，自当高立标格，置诸云汉，何得止与邓侯邻伍，列在中庸下流而已哉？三甥皆在第六等。又其叙晋文之臣佐也，舟之侨为上⑫，阳处父次之⑬，士会为下⑭。舟之侨在第三等，阳处父在第四等，士会在第五等。其述燕丹之宾客也，高渐离居首⑮，荆轲亚之⑯，秦舞阳居末⑰。高渐离在第四等，荆轲在第五等，秦舞阳在第六等。斯并是非瞀乱⑱，善恶纷拏⑲，或珍瓴甋而贱璠玙⑳，或策驽骀而舍骐骥㉑。以兹为监，欲谁欺乎？

【注释】

①分之以三科，定之以九等：《汉书·古今人表叙》："可与为善，不可与为恶，是谓上智……可与为恶，不可与为善，是谓下愚……可与为善，可与为恶，是谓中人。因兹以列九等之序。"每类又分三等，共九等，即：上上圣人、上中仁人、上下智人、中上、中中、中下、下上、下中、下下愚人。

②达：贤达。

③颜称殆庶：语出《易·系辞下》："颜氏之子，其殆庶几乎。有不善未尝不知，知之未尝复行也。"颜，颜回，孔门弟子中最为杰出者，孔子曾赞叹："贤哉回也。"殆、庶，同义虚词，大概，差不多。

④等衰：等级。衰，通"差"，差别，差等。

⑤伯牛：冉伯牛。伯牛、曾参都是孔子弟子。

⑥仲弓：冉雍字。冉有：即冉求，字子有。二人都是孔子弟子。

⑦折中：恰当的位置。

⑧楚王过邓，三甥请杀之，邓侯不许，卒亡邓国：事见《左传》庄公六年。春秋之时，楚文王攻打申国，路过邓国，邓侯说："这是我的外甥。"留下并招待了他。骓甥、聃甥、养甥请求杀掉楚王，说："将来灭邓国的必定是此人，如果不及早杀了他，将会后悔莫及。"邓侯不许。后来楚国在攻打申国回国之后，果然灭了邓国。

⑨宁人负我：陈汉章《史通补释》云："《三国志·魏书·武帝纪》注：孙盛《杂记》曰：'宁我负人，无人负我。'《史通》反其语意。其后陆宣公《奏议》则曰：'帝王之道，宁人负我，无我负人。'"

⑩为善获戾：做善事反而遭受祸害。

⑪见几：预见事物细微的变化。几，亦作"机"，机会，迹象。

⑫舟之侨：本为虢国大夫，投奔晋，晋文公任为戎右。后因作战违

令被杀。见《左传》僖公二十八年。

⑬阳处父：晋国大夫。因性刚强，遭人忌恨，为贾季所杀。见《左传》文公六年。

⑭士会：见《叙事》篇注。

⑮高渐离：燕人，与荆轲交好。荆轲刺秦王失败后，高渐离混入秦宫，谋杀秦王未成，被杀。事见《史记·刺客列传》。

⑯荆轲：见《二体》篇注。

⑰秦舞阳：燕国勇士，燕太子丹派荆轲刺秦王，秦舞阳为其副手。见秦王时恐惧变色，刺杀失败，被杀。见《史记·刺客列传》。

⑱瞀(mào)：错乱。

⑲挐(ná)：纷乱，混乱。

⑳瓵甋(líng dì)：砖。璠玙(fán yú)：春秋时鲁国之宝玉。

㉑驽骀(nú tái)：能力低下的马。骀，劣马。骐骥：良马的通称。

【译文】

班固的《汉书·古今人表》，上包亿年，旁通百家，分成三类，列为九等。序中所说很是高明，意义也很恰当。到了正文之中，怎么不像序中所说的呢！如孔门弟子中的贤达者，颜回近乎圣人。至于其他弟子，就很难分出等级了。如今《表》中拔高冉伯牛而抑压曾参，以冉仲弓为上而以冉有为下，伯牛、仲弓同在第二等，曾参、冉有同在第三等。寻求合适恰当的位置，却没听说这样的道理。又如楚王路过邓国，雒甥、聃甥、养甥请求邓侯杀了他，邓侯不允许，最后竟灭了邓国。如今把邓侯归入下愚之上，即第七等。宁愿别人对不起我，做善事而反遭祸害，就因为这个而受到责怪，那么将用什么劝勉人行善呢？如果说是因为小问题不能忍，坏了大事，违反了掌权的原则，所以才加给他罪行。那么三甥见机而行事，决断在事情未发生之前，自然就应当高高地立为风范，归入上智等级，怎么只是和邓侯前后比邻，列在中庸下等呢？三甥都在第六等。再如叙述晋文公的臣僚，舟之侨在上，阳处父其次，士会在下。舟之侨在第三等,阳处父在第四等,士会在第五等。记载燕丹子的门客,高渐离在前,荆轲其次,秦舞阳在后。高渐离在第四等,荆轲在第五等,秦舞阳在第六等。这些都是是非完全混乱,善恶纷纭错杂,有的以砖瓦为珍宝而以宝玉为贱品,有的骑乘驽骀而舍弃骐骥。把这些作为后人的借鉴,想要欺骗谁呢?

又江充、息夫躬谗谄惑上,使祸延储后,毒及忠良①。论其奸凶,过于石显远矣②。而固叙之,不列佞幸。杨王孙裸葬悖礼③,狂狷之徒,考其一生,更无他事,而与朱云同列④,冠之传首,不其秽欤?

【注释】

①江充、息夫躬馋谄惑上,使祸延储后,毒及忠良:江充(? —前91),字次倩,西汉赵国邯郸(今河北邯郸)人,因与赵太子丹有私隙,到京都告太子丹与同产姊及王后内宫奸乱等罪。汉武帝怒,收捕赵太子丹,废太子。江充被任为直指绣衣使者,负责镇压三辅盗贼和禁察贵戚近臣奢侈越制之事,受到汉武帝信任。命为使者治巫蛊狱,用酷刑,牵连而死者达数万人。因与太子据有隙,就诬陷太子行巫蛊事,太子害怕不能自明,起兵杀了江充,兵败逃亡,最后自杀。汉武帝后来醒悟,夷充三族。事见《汉书·武帝五子传》及《江充传》。息夫躬,生卒年不详。字子微,河内河阳(今河南孟县)人。诬告东平王刘云日夜祈祷诅咒皇帝(汉哀帝),使刘云及其亲属皆被诛。受到汉哀帝信任,封为宜陵侯,食邑千户。后来被人告以心怀怨恨,非笑朝廷,被收捕入狱而死。见《汉书》本传。

②石显(? —前33):字君房,济南人。年轻时因犯罪受腐刑,入宫为宦官。汉元帝时,为中书令,代理政务,大权在握,"为人巧慧

习事，能探得人主微指；内深贼，持诡辩以中伤人"。前将军萧望
之、光禄大夫周堪、宗正刘更生等一批朝廷大臣，皆因触犯他而
或死或废。汉元帝死，成帝即位，石显失权免官，忧惧而死。其
传收入《汉书·佞幸传》。

③杨王孙裸葬悖礼：事见《汉书·杨王孙传》。"杨王孙者，孝武时
人也。学黄老之术，家业千金，厚自奉养……及病且终，先令其
子曰：'吾欲裸葬，以返吾真。'"并载其与友人祁侯论裸葬来往
书信。

④朱云：详见《言语》篇注。

【译文】

　　还有江充、息夫躬进谗言献诌媚以迷惑君王，使祸乱波及皇储后
宫，毒害忠良之臣。要说他们的奸诈凶残，远远超过石显了。但班固记
载他们，不列入《佞幸传》。杨王孙裸葬违背礼制，是一个狂妄偏激之
徒，考查他的一生，更没有其他贡献，却与朱云编在一起，而且放在传的
开头，岂不是芜杂吗？

　　若乃旁求别录，侧窥杂传，诸如此谬，其累实多。案刘
向《列女传》载鲁之秋胡妻者①，寻其始末，了无才行可称，直
以怨怼厥夫②，投川而死。轻生同于古冶③，殉节异于曹
娥④，此乃凶险之顽人，强梁之悍妇，辄与贞烈为伍，有乖其
实者焉。又嵇康《高士传》，其所载者广矣，而颜回、蘧瑗⑤，
独不见书。盖以二子虽乐道遗荣，安贫守志，而拘忌名教，
未免流俗也。正如董仲舒、扬子云，亦钻仰四科⑥，驰驱六
籍⑦，渐孔门之教义⑧，服鲁国之儒风⑨，与此何殊，而并可甄
录。夫回、瑗可弃，而扬、董获升，可谓识二五而不知十
者也。

【注释】

①鲁之秋胡妻：事见刘向《列女传·节义传》。鲁国人秋胡结婚五天，就到陈地去做官了。五年后才回来，在回家路上，看到路边有女子采桑，就挑逗她说："努力耕种不如逢到丰年，辛苦采桑不如会见官员。我有金，愿意给予夫人。"妇人斥责他说："采桑劳动，纺纱织布，可以获得衣食，奉养双亲，抚育丈夫的儿子。我不想要钱。"秋胡于是离开她回家。到家后叫妻子出来相见，正是前面看到的那个采桑女。秋胡惭愧，妇人数落他说："你辞别双亲去做官，五年才回家，应当希望尽快到家。而你却喜欢路旁的女人，还要给她钱，这是忘母。忘母不孝，好色淫佚，是品行污秽。我不愿意再见你了。"于是跑出去投河而死。

②怨怼（duì）：怨恨。

③古冶：即古冶子。公孙接、田开疆、古冶子都是齐景公勇士，自恃力能搏虎而傲慢无礼。晏子设计，请景公派人送来两个桃子，说："三人何不计功而食？"公孙接、田开疆先取了桃子，古冶子认为按功自己应该得桃。三人各述功劳，最后公孙接、田开疆道："我们勇敢不如你，功劳不如你，取桃不让，是贪也。这样还不死，就是无勇了。"于是将桃还给古冶子，自刎而亡。古冶子说："二人死了，我独生，是不仁；侮辱了别人还自夸，是不义；痛恨自己的行为，还不死，就是无勇。"于是不受桃，也自刎了。这就是有名的"二桃杀三士"的故事。事见《晏子春秋·谏下》。

④曹娥（130—143）：东汉会稽上虞（今浙江上虞）人，其父不慎淹死在江里，娥年十四，沿江号哭，昼夜不停，整整十七天，最后投江而死。事见《后汉书·孝女曹娥传》。

⑤蘧瑗（qú yuàn）：字伯玉，春秋时卫国大夫。孔子赞其："君子哉蘧伯玉，邦有道，则仕；邦无道，则可卷而怀之。"语见《论语·卫灵公》。

⑥钻仰：研究。四科：指德行、言语、文学、政事。见《论语·先进》。

⑦驰驱六籍：涉猎六经。驰驱，涉猎。六籍，六经。

⑧渐：接受。

⑨服：感受。

【译文】

如果在正史之外搜求别的记录，探测一下杂传中的记载，诸如此类的谬误，确实是太多了。考查刘向《列女传》记载鲁国秋胡的妻子，探究事迹的始末，毫无才能品行值得称赞，就因为怨恨她的丈夫，投河而死。轻生如同古冶子，殉名节不像曹娥，这是凶险顽固的蠢人，强横泼悍的妇人，却与坚贞节烈之人为伍，完全有悖于实际情况。又如嵇康《高士传》，里面所记载的人物十分广泛，而颜回、蘧瑗，唯独不见记载。大概因为二人虽然乐于儒道而舍弃荣耀，安于贫贱坚守志向，但拘泥于名分礼教，不免陷于流俗吧。正如董仲舒、扬子云，也钻研孔门的四种科目，涉猎儒家的六种经典，接受孔门的教义，感受鲁国的儒风，与颜回、蘧瑗有什么不同，却都能得到记载。颜回、蘧瑗可以舍弃，而扬雄、董仲舒得到提升，真可谓识得二五而不知十啊。

爰及近代，史臣所书，求其乖失，亦往往而有。借如阳瓒效节边城，捐躯死敌①，当有宋之代，抑刘、卜之徒欤②？刘谓刘康祖，卜谓卜天与。而沈氏竟不别加标榜③，唯寄编于《索虏》篇内。纪僧真砥节砺行④，终始无瑕，而萧氏乃与群小混书，都以"恩幸"为目。王颓文章不足⑤，武艺居多，躬诣戚藩，首阶逆乱。撰隋史者如不能与枭感并列⑥，隋世皆以杨玄感为枭感。即宜附出《杨谅传》中，辄与词人共编，吉士为伍。《隋书》列王颓于《文苑传》也。凡斯纂录，岂其类乎？

【注释】

①借如阳瓒效节边城,捐躯死敌:事见《宋书·索虏传》。刘宋武帝三年(422),北魏竭力攻打滑台,城东北角崩坏,守将王景度逃亡,司马阳瓒坚守奋战。后来部众溃散,瓒独拒降战死。

②刘、卜之徒:即刘康祖和卜天与。刘康祖,南朝宋彭城吕(今江苏徐州)人。宋太祖要大举北伐,刘康祖请求待来年,太祖不允。于是康祖率军出许、洛,和北魏库仁真八万骑相遇于尉武,激战中阵亡。魏军将其头高挂起来,康祖面目如生。事见《宋书·刘康祖传》。卜天与,南朝宋吴兴余杭(今浙江杭州)人,宋太祖时为广威将军领左细杖。太祖长子刘劭进宫刺杀太祖,旧将皆望风而降,卜天与持械抵抗,不胜被杀。事见《宋书·卜天与传》。

③沈氏:即沈约。

④纪僧真:生卒年不详。南朝齐丹阳建康(今南京)人,出身寒微,齐太祖萧道成亲幸,官冠军府参军主簿。后随萧道成屯兵新亭,萧惠朗突入东门,僧真与左右共拒战击退,故太祖令其领亲兵。入齐,先后仕高帝、武帝、明帝数朝,无瑕可指。容貌言吐,雅有士风,世祖曾曰:"人何必计门户,纪僧真常贵人所不及。"萧子显以其出身寒微而受重用,列其入《幸臣传》。

⑤王颁(kuǐ,551—604):字景文,少时好游侠,年二十尚不知书,为其兄责骂,乃发奋读书,博通五经,曾任北周露门学士。隋初历任著作佐郎、国子博士。后为汉王府咨议参军,汉王杨谅叛乱失败,王颁自杀。事见《隋书·文苑传》。

⑥枭感(? —613):本名杨玄感。隋杨素之子,官至礼部尚书。隋炀帝大业九年(613),趁炀帝征辽东之机,起兵反叛,聚众十余万,围攻东都洛阳,月余不下,遂西行,欲取关中。至阌乡,为隋军追及,败死。隋炀帝下诏改其姓为"枭"。事见《隋书》本传。

【译文】

　　等到了近代，史官所写史书，要找出其中的乖谬失误，也常常会有。如司马阳瓒效命于边城，誓死抗敌，在刘宋一代，或许算刘、卜之类吧？刘即刘康祖，卜即卜天与。而沈约竟然不为他另外立目，只附编在《索虏传》中。纪僧真砥砺节操德行，始终完美无瑕，而萧子显却把他与一群小人混编在一起，都用"恩幸"称呼。王颀文章并不足道，以武艺见长，亲自前往藩王府，带头参与叛乱。撰修隋史的人如果不能把他和枭感并列，隋朝都称杨玄感为枭感。也应当附在《杨谅传》中，现在却与辞章之人编在一起，与贤士为伍。《隋书》列王颀在《文苑传》了。诸如此类的编撰，难道其分类得当吗？

　　子曰："以貌取人，失之子羽；以言取人，失之宰我①。"光武则受误于庞萌②，曹公则见欺于张邈③。事列在方书④，惟善与恶，昭然可见。不假许、郭之深鉴⑤，裴、王之妙察⑥，而作者存诸简牍，不能使善恶区分，故曰谁之过欤？史官之责也。夫能申藻镜⑦，别流品，使小人君子臭味得朋，上智中庸等差有叙，则惩恶劝善，永肃将来，激浊扬清，郁为不朽者矣。

【注释】

①以貌取人，失之子羽；以言取人，失之宰我：语出《韩非子·显学》及《史记·仲尼弟子列传》。澹台灭明，字子羽，相貌丑陋，但言行端正，孔子初以为其材薄，而受业后，名动诸侯。宰予，字子我，能言善辩，但言行不符。故孔子感叹："吾以言取人，失之宰我；以貌取人，失之子羽。"

②光武则受误于庞萌：见《载文》篇"光武谓庞萌"注。

③曹公则见欺于张邈：事见《三国志·魏书·张邈传》。曹公，即曹操。张邈，字孟卓。与曹操、袁绍皆友好。袁绍受邈指责，命操杀邈，操不从，并责备袁绍："孟卓，亲友也，是非当容之。"曹操征陶谦，嘱咐家人说："我若不还，往依孟卓。"其亲密如此。但后来张邈竟谋叛曹操，被部属所杀。陈寿评曰："昔汉光武谬于庞萌，近魏太祖亦蔽于张邈，知人则哲，唯帝难之，信矣！"

④事列在方书：语见《史记·张苍传》："秦时为御史，主柱下方书。"柱下史为史官，方书引申为史书。

⑤许、郭之深鉴：许，许劭（150—195），字子将，东汉汝南平舆（今河南平舆）人。崇尚名节，常品评乡里人物，每月更换品题，称为"月旦评"。曹操少时曾求品评，劭曰："子治世之能臣，乱世之奸雄。"《后汉书》有传。郭，郭泰（128—169），字林宗，东汉太原界休（今山西介休）人。博通经典，居家教授，弟子至千人。性明知人，其品题海内人物，为时所重。《后汉书》有传。

⑥裴、王之妙察：裴，裴楷（237—291），字叔则。西晋河东闻喜（今山西闻喜）人。有胆识，博通群书，尤精《周易》、《老子》，与王戎齐名。史称其有知人之鉴，《晋书》有传。王，王戎（233—305），字浚冲，西晋琅玡临沂（今山东临沂）人。幼而颖悟，长而善谈，为竹林七贤之一。晋惠帝时，官至尚书令。性贪吝而好名利。史称有"人伦鉴识"。《晋书》有传。

⑦藻镜：品评鉴别。

【译文】

孔子说："以相貌取人，我在子羽身上犯了错误；以言语取人，我在宰予身上犯了错误。"汉光武帝就被庞萌稳重的外表迷惑，曹操就被张邈友善的言辞所欺骗。把这些事情记载在史书之中，善恶好坏，一目了然。不需要借助于许劭、郭泰的深入评鉴，裴楷、王戎的精妙观察，但著史者将事迹保存在史书之中，却不能使善恶区分开来。所以要问：是谁的过失呢？是史官的责任。能够表明对人物的品评鉴别，区分人物的品行高下，使小人和君子各以其好坏截然分开，上智中等之人等次有序，那么就可以惩恶而劝善，作为将来的鉴戒，激浊而扬清，成为永远不朽的境界了。

内篇　直书第二十四

【题解】

　　"直书"与"曲笔",是刘知幾关于史书撰述原则的理论。刘知幾"贵直贱曲",专立《直书》、《曲笔》二篇作了详细论述。所谓"直书",就是按历史真实的情况如实地进行记载,不虚美,不隐恶。在本篇中,刘知幾论证了"直书"的必要和作用,叙述了历代诸多因直书而被害的事实,揭露了直书少而曲笔多的一些社会根源。

　　刘知幾认为,史书的重要任务是申明惩恶劝善,树立良好的社会风尚,必须以直书为贵,使那些贼臣逆子、淫君乱主的"秽迹彰于一朝,恶名被于千载"。也正因如此,秉笔直书的史家往往遭到权贵的迫害。刘知幾感叹直书实录之难遇,但仍希望史家能够"仗气直书,不避强御","肆情奋笔,无所阿容",不计较个人的安危荣辱,要有兰、玉那样洁身摧折的精神,不能像瓦砾那样苟且长存。他批评了那些为谋名、谋权、谋位而曲笔污书的史家。

　　直书,不仅仅是史书的笔法和史家的作史态度,实则关乎史家的史德,是任何一位优秀的史家都必须具备的素养。篇中刘知幾的认识和见解,对于维护历史记载的真实性,弘扬秉笔直书的优良史学传统,都具有积极的意义和重要的作用。

　　夫人禀五常①，士兼百行②，邪正有别③，曲直不同④。若邪曲者，人之所贱，而小人之道也⑤；正直者，人之所贵，而君子之德也⑥。然世多趋邪而弃正，不践君子之迹，而行由小人者，何哉？语曰："直如弦，死道边；曲如钩，反封侯⑦。"故宁顺从以保吉，不违忤以受害也。况史之为务，申以劝诫，树之风声⑧。其有贼臣逆子，淫君乱主，苟直书其事，不掩其瑕，则秽迹彰于一朝，恶名被于千载⑨。言之若是，吁可畏乎！

【注释】

①禀：禀受，领受。五常：《尚书·泰誓下》："押侮五常。"《疏》："五常即五典，谓父义、母慈、兄友、弟恭、子孝。五者，人之常行。"汉代总结为仁、义、礼、智、信。此指人的秉性气质。

②百行（xíng）：各种品行。

③邪正：是非。邪，邪恶。正，正直。

④曲直：善恶。

⑤小人：指人格卑鄙之人。

⑥君子：指人格高尚之人。

⑦直如弦，死道边；曲如钩，反封侯：东汉顺帝末年京都的童谣。顺帝去世，冲帝、质帝以幼年即位，也很快夭亡。太尉李固议立年纪较长且有德行的清河王为帝；大将军国戚梁冀则拥立年幼的蠡吾侯为帝（桓帝），自己既可居功，又能擅权。桓帝即位后，李固被处死，暴尸道旁，而梁冀的朋党却得都以封侯。事见《后汉书·五行志一》。

⑧风声：风华声教。

⑨被：覆盖，引申为流传。

【译文】

人天生禀赋各种秉性气质，兼有多种品行，邪与正有区别，曲与直有不同。邪曲，是大家所鄙视的，却是小人的路子；正直，是大家所推崇的，正是君子的品德。然而世人多趋向奸邪而放弃正直，不走君子之正道，而走小人的行径，为什么会这样？常言说："正直就如琴弦一样，会枉死道路旁边；邪曲就像鱼钩一般，反而能够加官封侯。"所以人们宁肯顺从有权势之人以保吉，不肯违背他们而受迫害。更何况史家的任务，在于劝诫人们弃恶从善，树立良好的社会风尚。一旦有贼臣逆子，淫君乱主，如果真实记载他们的所作所为，不掩盖他们的罪行，那么污秽行迹一朝被公布于天下，恶名就会流传千载。言论的作用如此巨大，真是可怕啊！

夫为于可为之时则从[1]，为于不可为之时则凶[2]。如董狐之书法不隐，赵盾之为法受屈[3]，彼我无忤，行之不疑，然后能成其良直，擅名今古。至若齐史之书崔杼[4]，马迁之述汉非[5]，韦昭仗正于吴朝[6]，崔浩犯讳于魏国[7]，或身膏斧钺[8]，取笑当时[9]；或书填坑窖，无闻后代。夫世事如此，而责史臣不能申其强项之风[10]，励其匪躬之节[11]，盖亦难矣。是以张俨发愤，私存《嘿记》之文[12]；孙盛不平，窃撰辽东之本[13]。以兹避祸，幸获两全。足以验世途之多隘，知实录之难遇耳。

【注释】

①从：顺利。

②凶：不幸，不吉。

③董狐之书法不隐，赵盾之为法受屈：事见《左传》宣公二年。春秋

时晋国国卿赵盾为躲避晋灵公的迫害，想逃到别国，未出境而晋灵公被大夫赵穿所杀，便即刻返回。太史董狐在朝堂上记载道："赵盾弑其君。"赵盾不服。董狐说："你身为国之正卿，逃跑不出境，回来又不惩办凶手，不记你记谁？"赵盾只好承担弑君之名。于是孔子赞叹道："董狐，古之良史也，书法不隐，赵宣子（盾），古之良大夫也，为法受恶。惜也，越竟乃免。"

④齐史之书崔弑：事见《左传》襄公二十五年。齐大夫崔杼杀死了齐庄公，齐太史如实记载"崔杼弑其君"，崔杼把太史杀了。太史的两个弟弟继续这样写，又被崔杼杀掉。剩下的幼弟照样这样写，崔杼不敢再杀。南史氏听说太史全家都被杀了，又带着写好的简前往，听到已经如实记载了，这才回去。

⑤马迁之述汉非：指司马迁《史记》曾抨击汉文帝"赏太轻，罚太重"；指责汉武帝"穷兵黩武，卖官鬻（yù）爵"。

⑥韦昭仗正于吴朝：韦昭即韦曜（204—273），字弘嗣，吴郡云阳（今江苏丹阳）人，三国时吴国史官。吴主孙皓令韦昭为其父孙和作"纪"，韦昭认为孙和未曾做过皇帝，只能立传。孙皓怀恨，后来借故杀了韦昭。事见《三国志·吴书·韦曜传》。

⑦崔浩犯讳于魏国：崔浩（381—450），字伯渊，北魏清河（今山东武城）人。少好学，博览经史，曾任北魏著作郎，奉命续撰邓渊《国书》（《魏书》），成三十卷。因据实直书，受到一些鲜卑贵族的怨恨，被群起而诬陷，后以修史暴露"国恶"的罪名被杀，甚至招致灭族。事见《魏书》及《北史》本传。

⑧身膏斧钺：惨遭杀害。膏，即遭。斧钺，古代的两种兵器，斧小而钺大。泛指刑罚、杀戮。

⑨取笑当时：司马迁在受腐刑后，于《报任安书》中云："若仆大质已亏缺，虽材怀随和，行若由夷，终不可以为荣，适足以发笑而自点耳。"

⑩强项：性格刚强而不肯低头。项，颈后部。

⑪匪躬：尽忠而不顾自身安全。匪，通"非"。

⑫张俨发愤，私存《嘿记》之文：张俨（？—266），字子节，吴郡吴县（今江苏苏州）人。博文多识，三国时吴国大鸿胪（礼仪之官），著有《默记》（默默记下，不敢公之于世），著名的《后出师表》就出于此。曾奉旨祭司马昭，在路上病死。事见《三国志·吴书·孙皓传》。嘿，通"默"。

⑬孙盛不平，窃撰辽东之本：东晋孙盛撰《晋阳秋》，因"词直而理正，咸称良史"，惹怒了桓温。桓温认为记录枋头之战有损自己的脸面，威逼其子修改，孙盛偷偷另抄一部寄给辽东慕容俊收藏。事见《晋书·孙盛传》。

【译文】

在能有所作为的时代据实直书就顺利，在不能有所作为的时代据实直书就有凶险。就像晋国史官董狐记事毫不隐讳，赵盾因为礼法原则而身遭恶名，彼此并没有抵触，所作所为不会被疑忌，然后才能成为直笔良史，扬名古今。至于像齐国太史记录"崔杼弑其君"，司马迁记载西汉帝王的过失，韦昭在吴国仗义执言，崔浩在北魏据实直书触犯忌讳，他们或是身遭杀戮，在当时被讥笑；或是史书被销毁，没有流传于后代。世上的事情成了这样，而要责怪史臣不能表现出刚强不屈的风范，不能发扬出奋不顾身的节操，大概太难了。所以张俨发愤著述，私藏所撰《嘿记》一书；孙盛心有不平，偷偷抄写了《晋阳秋》的辽东版本。用这种方法来躲避灾祸，希望人和书得以两全。这足以证明仕途险阻重重，知道真实记载的史书难以遇到啊。

　　然则历考前史，征诸直词，虽古人糟粕，真伪相乱，而披沙拣金①，有时获宝。案金行在历，史氏尤多②。当宣、景开基之始③，曹、马构纷之际，或列营渭曲，见屈武侯④，或发仗云台,取伤成济⑤。陈寿、王隐咸杜口而无言,陆机、虞预各栖毫而靡述。至习凿齿,乃申以死葛走达之说,抽戈犯跸之言⑥。历代厚诬,一朝如雪。考斯人之书事,盖近古之遗直欤?次有宋孝王《风俗传》、王劭《齐志》,其叙述当时,亦务在审实。案于时河朔王公,箕裘未陨⑦;邺城将相,薪构仍存⑧。而二子书其所讳,曾无惮色。刚亦不吐⑨,其斯人欤?

【注释】

① 披沙拣金:拨开沙子,挑拣黄金。比喻精心挑选。披,拨开。拣,挑拣。

② 金行在历,史氏尤多:晋朝时期,修史越来越多。金行,指西晋。按五行迷信说法,晋朝以金德王天下。有关晋代的史书,唐初诏修《晋书》,诏书列举了十八家,而实际有二十三家。

③ 宣、景:指宣帝司马懿、景帝司马师。见《称谓》篇注。

④ 列营渭曲,见屈武侯:蜀相武乡侯诸葛亮伐魏,兵屯渭水之南五丈原,司马懿领兵拒守,坚壁不出,双方对峙。后诸葛亮病死军中,司马懿立即出击。姜维令杨仪反旗鸣鼓,佯装对战,司马懿畏惧,不敢进逼。杨仪从容结队撤走。故有"死葛走生达"的谚语。武侯,即诸葛亮,生前封"武乡侯",死后谥"忠武侯"。事见《三国志·蜀书·诸葛亮传》。

⑤ 发仗云台,取伤成济:三国魏高贵乡公曹髦即帝位后,不能忍受朝政皆由司马氏掌控,便召王沈、王业以及尚书王经商议:"司马昭之心,路人所知也。吾不能坐受废辱,今日当与卿自出讨之。"于是亲率僮仆数百,下凌云台,发放铠甲、兵器。中护军贾充迎战,命太子舍人成济刺杀曹髦。事见《三国志·魏书·高贵乡公传》裴注引习凿齿《汉晋春秋》。仗,兵器。云台,即凌云台。

⑥抽戈犯跸之言：指成济刺死曹髦事。此为干宝语，非习凿齿语。抽，成济的字。戈犯，侵犯，此指刺杀。跸，帝王出行时开路清道，也指帝王的车驾。此指高贵乡公曹髦。

⑦河朔王公，箕裘未陨：河朔，指北魏。箕裘，祖先的事业。陨，衰败。此比喻宋孝王撰《关东风俗传》时，元魏的王公后裔威势还在。

⑧邺城将相，薪构仍存：邺城，北齐都城，此代指北齐。薪构，先辈的遗业。此比喻王劭撰《齐志》时，高齐将相的后裔仍有地位。

⑨刚亦不吐：指不畏强暴。《诗·大雅·烝民》："柔亦不茹，刚亦不吐，不侮矜寡，不畏强御。"

【译文】

那么——考查前代史书，验证以如实记载的言词，虽然古人留下的未经甄别的资料，真伪混杂，但如精心挑选，有时还能得到宝贵的材料。查考晋朝时期，撰写史书的人特别多。当晋宣帝、晋景帝创业之初，曹氏、司马氏结怨纷争之时，或是司马懿与诸葛亮在渭水之滨陈兵对峙，受到武乡侯屈辱，或是曹髦在凌云台发放兵器讨伐司马昭，反被成济刺杀。这些事陈寿《三国志》、王隐《晋书》全都闭口不提，陆机《三祖记》、虞预《晋书》也都搁笔不写。到了习凿齿，才申述"死诸葛吓走活仲达"的说法，才记载成济刺杀曹髦的言词。历代歪曲不实的记载，立即得到昭雪。考查习凿齿的记事，大概近乎古代直笔不隐的遗风吧？其次有宋孝王的《关东风俗传》、王劭的《齐志》，它们叙述当时的事情，也务求精审真实。当时北魏王公贵族，威势仍在；北齐将相大臣，地位犹存。而宋、王二人记述他们所忌讳的事情，毫无惧怕的神色。所谓不畏强暴，岂不正是这样的人吗？

盖列士徇名①，壮夫重气，宁为兰摧玉折，不作瓦砾长存。若南、董之仗气直书，不避强御；韦、崔之肆情奋笔，无所阿容②。虽周身之防有所不足③,而遗芳余烈,人到于今称之。与夫王沈《魏书》④,假回邪以窃位⑤,董统《燕史》⑥,持谄媚以偷荣,贯三光而洞九泉⑦,曾未足喻其高下也。

【注释】

①徇名:为美好的名声而舍身。徇,通"殉"。

②阿容:迎合容忍。

③周身之防:周全地保护自身。杜预《春秋序》:"圣人包周身之防。"

④王沈《魏书》:王沈,生卒年不详。字处道,太原晋阳(今山西太原)人。三国魏大将军曹爽辟为将军府掾,累迁中书、黄门侍郎。曹爽被诛后免官。晋初,奉诏修《魏书》四十八卷,内多歪曲的记载。《晋书》有传。

⑤回邪:枉曲,不正。

⑥董统《燕史》:十六国后燕董统于建兴元年(386)受诏撰后燕史,著本纪、功臣王公列传,共三十卷,对后燕建国的记载,多褒美失实。

⑦贯三光而洞九泉:意谓天壤之别。三光,日、月、星,代指天上。九泉,指地下。

【译文】

壮烈之士为美名献身,豪杰之士重视气节,他们宁愿像兰玉那样洁身摧折,也不愿像瓦砾那样苟且长存。比如南史、董狐坚持正气如实书写历史,而不躲避横暴的强权;韦昭、崔浩纵情奋笔直书,而不苟且迎合。虽然周全地保护自身有所不够,但留下了美誉和功绩,直到如今人们还在称颂他们。比起王沈的《魏书》,借歪曲史实而获取高官显位;董统的《燕史》,用巴结奉承来窃取荣华富贵来,上至天下至地,也不足以比喻他们的高下。

内篇　曲笔第二十五

【题解】

本篇是上一篇《直书》的续篇。上一篇赞美秉笔直书之可贵，本篇则痛斥曲笔诬书的可恨。曲笔，是指史家曲从权贵或个人情感而修史。史书记载的失实，有主观原因也有客观因素；但曲笔的存在，则是作者主观所致，是修史者有意而为，故意而为。理应批判和杜绝。

在本篇中，刘知幾对曲笔现象作了认真的批评，指出"史之不直，代有其书"，有的"舞词弄札，饰非文过"，有的"用舍由乎臆说，威福行乎笔端"，有的"事每凭虚，词多乌有"，甚至"假人之美，藉为私惠"；"诬人之恶，持报己仇"等等，都是修史中的丑恶行径，是人们所共同憎恨的。他甚至对这些曲笔现象深恶痛绝，斥之为"奸贼"、"凶人"，认为应当把他们的丑恶行径公诸大庭广众，或是把他们直接投到豺狼虎豹之口。所言痛快淋漓。

刘知幾还进一步指出，曲笔不仅表现在对史实的记载上，还表现在对事物的评价上。如李百药《北齐书》称魏收《魏书》为"实录"，历代史书把为旧政权破家殉国的忠臣义士看作"逆臣"等等，都不是公正的评论。

然而，由于统治者的放任和纵容，直书的史家常常被杀害，而曲笔的作者却没受到应得的惩罚，所以直书虽时时警策，而曲笔仍不绝如缕。实录难遇！这正是刘知幾的感慨和担心，也是刘知幾所希望改变的状况。

当然，刘知幾所论也有明显的局限性：一方面力倡秉笔直书，反对曲笔污史，以保证历史记载的实录无隐；另一方面又认为袒护君亲、为君亲隐讳在情理之中，不应受到指责。他认同"子为父隐，直在其中"、"略外别内，掩恶扬善"的《论语》和《春秋》之义，以维护封建名分礼教。从而构成了刘知幾史学批评的双重原则——求实录与扬名教。

　　肇有人伦，是称家国。父父子子，君君臣臣①，亲疏既辨，等差有别。盖"子为父隐，直在其中"②，《论语》之顺也；略外别内，掩恶扬善③，《春秋》之义也。自兹已降，率由旧章。史氏有事涉君亲，必言多隐讳，虽直道不足，而名教存焉④。其有舞词弄札，饰非文过，若王隐、虞预毁辱相凌⑤，子野、休文释纷相谢⑥。用舍由乎臆说⑦，威福行乎笔端⑧，斯乃作者之丑行，人伦所同疾也。亦有事每凭虚⑨，词多乌有：或假人之美，藉为私惠；或诬人之恶，持报己仇。若王沈《魏录》滥述贬甄之诏⑩，陆机《晋史》虚张拒葛之锋⑪，班固受金而始书，陈寿借米而方传⑫。此又记言之奸贼，载笔之凶人，虽肆诸市朝，投畀豺虎可也⑬。

【注释】

①父父子子，君君臣臣：语出《论语·颜渊》："齐景公问政于孔子，孔子对曰：'君君、臣臣、父父、子子。'"

②子为父隐，直在其中：语出《论语·子路》："叶公语孔子曰：'吾党有直躬（坦白直率）者，其父攘（偷）羊，而子证之。'孔子曰：'吾党之直者异于是，父为子隐，子为父隐，直在其中矣。'"

③略外别内,掩恶扬善:指《春秋》记事为鲁国国君讳,记载诸侯国内外有别。《春秋公羊传》隐公十年云:"《春秋》录内而略外。于外大恶书,小恶不书;于内大恶讳,小恶书。"

④名教:指正名定分的封建礼教。

⑤王隐、虞预毁辱相凌:晋元帝以王隐为著作郎,命撰晋史。当时虞预正私撰《晋书》,抄袭了王隐的著作,并结交权贵排挤王隐。王隐最后因受其诽谤而免官。事见《晋书·王隐传》。

⑥子野、休文释纷相谢:事见《南史·裴松之传》附裴子野传。子野,即裴子野,裴松之曾孙。休文,即沈约。南朝齐永明末,沈约撰《宋书》,称裴松之的后代没有出名的。裴子野改编曾祖裴松之续修《宋史》为《宋略》二十卷,提到沈约的父亲沈璞时,说他因为不从义师而被杀。沈约听说后,立即登门谢罪,两次向裴子野认错。

⑦臆说:主观推断。臆,主观。

⑧威福:惩罚和奖赏。《尚书·洪范》:"惟辟作福,惟辟作威。"

⑨凭虚:依凭虚无。

⑩王沈《魏录》滥述贬甄之诏:王沈撰《魏书》,不忠于魏,贬低甄后,借以张扬曹魏的丑事。

⑪陆机《晋史》虚张拒葛之锋:陆机撰《晋三祖纪》,其中有夸大司马懿抗拒诸葛亮取胜立功的言辞。

⑫班固受金而始书,陈寿借米而方传:指班固曾招致接受贿赂才著书的名声,陈寿有索米才为别人立传的传说。事见《周书·柳虬传》所引。后世多有辨疑,认为此传说不可尽信。

⑬投畀(bì):投给。畀,给予。

【译文】

　　人类社会开始有共同遵守的行为准则,这才有了家有了国。父亲像父亲儿子像儿子,国君像国君臣子像臣子,亲疏关系分辨清楚了,等级次序就有了区别。"子为父隐,直在其中",这是《论语》所遵循的道理;内外有别,掩恶扬善,这是《春秋》所遵循的原则。自此以后,大家都遵照这个老规矩。史官记事涉及国君父亲,一定要在言词上多加隐瞒回避,虽然在正直方面有所不足,但名分礼教却得以保存。至于有些人玩弄文辞,掩饰错误遮盖过失,如虞预对王隐诋毁欺辱,沈约向裴子野认错消除矛盾。史实的取舍完全凭主观猜测,奖惩都由自己的笔头执行,这是作者的丑恶行为,是人们所共同憎恨的。也有记事常常凭空无据,言词多属虚设:或是赞美别人的好处,借以报答私人的恩惠;或是诬陷别人的坏处,用来报复自己的私仇。如王沈《魏录》滥述贬谪甄后的诏文,陆机《晋史》夸大司马懿抵御诸葛亮的胜算,班固接受贿赂才撰写史书,陈寿向人借米不肯为人立传。这又是记载历史的奸贼,撰著史书的凶人,即使把他们的丑恶行径公诸大庭广众,把他们投给豺狼虎豹也不算过分。

然则史之不直,代有其书,苟其事已彰,则今无所取①。其有往贤之所未察,来者之所不知,今略广异闻,用标先觉。案《后汉书·更始传》称其懦弱也②,其初即位,南面立,朝群臣,羞愧流汗,刮席不敢视。夫以圣公身在微贱,已能结客报仇,避难绿林,名为豪杰。安有贵为人主,而反至于斯者乎?将作者曲笔阿时,独成光武之美;谀言媚主,用雪伯升之怨也③。且中兴之史,出自东观,或明皇所定④,或马后攸刊⑤,而炎祚灵长⑥,简书莫改,遂使他姓追撰,空传伪录者矣。陈氏《国志·刘后主传》云:"蜀无史职,故灾祥靡闻⑦。"案黄气见于秭归⑧,群乌堕于江水⑨,成都言有景星出⑩,益州言无宰相气⑪,若史官不置,此事从何而书?盖由父辱受髡⑫,故加兹谤议者也。

【注释】

①今无所取：今不再提。

②《后汉书·更始传》称其懦弱：据《后汉书·刘玄传》记载，刘玄（？—25），字圣公，汉光武帝刘秀的族兄。王莽新朝时，刘玄往投靠农民军为平林兵之安集掾。后被各部农民军共推为更始将军，进而推为天子。于是更始即帝位，"南面立，朝群臣"。王莽被推翻后，赤眉军攻入长安，刘玄被杀。

③伯升：汉光武帝刘秀兄刘縯字。农民军纷起时，刘縯亦于舂陵起兵，自号柱天都部。后在与刘玄争夺农民军领导权的斗争中被刘玄所杀。

④明皇所定：《后汉书·东平宪王苍传》："（永平）十五年春，行幸东平……帝以所作《光武本纪》示苍，苍因上《光武受命中兴颂》，帝甚善之。"故此云"中兴之史，出自东观，明皇所定"。

⑤马后攸刊：汉明帝马皇后，伏波将军马援之小女。明帝死后，她亲自撰写《显宗（明帝）起居注》，删弃其兄马防参与医疗明帝之事。故云马后有所刊削。攸，所。刊，删改。

⑥炎祚灵长：指汉代统治年代长久。炎祚，汉朝的国运。古人认为汉代是火德，所以称"炎汉"。

⑦蜀无史职，故灾祥靡闻：见《三国志·蜀书·后主刘禅传》评曰："国不置史，注记无官，是以行事多遗，灾异靡书。诸葛亮虽达于为政，凡此之类，犹有未周焉。"灾祥，祸福的征兆。

⑧黄气见于秭归：语见《三国志·蜀书·先主传》：章武二年"先主军还秭归……于夷道猇（xiāo）亭驻营，黄气见，自秭归十余里，中广数十丈。后十余日，陆（陆逊）议大破先主军于猇亭。"

⑨群鸟堕于江水：语见《三国志·蜀书·后主传》裴注引《汉晋春秋》：建兴九年"冬十月，江阳至江州有鸟从江南飞渡江北，不能达，堕水死者以千数"。

⑩成都言有景星出：语见《三国志·蜀书·后主传》："景耀元年，姜维还成都，史官言景星见。"景星，星名，也称德星、瑞星。《史记·天官书》："天精而见景星。景星者，德星也。其状无常，常出于有道之国。"

⑪益州言无宰相气：语见《三国志·蜀书·费祎传》：延熙"十四年夏，(祎)还成都。成都望气者云：'都邑无宰相位。'故冬复北屯汉寿。"

⑫父辱受髡：《晋书·陈寿传》云：陈寿之父为马谡参军，街亭之失，诸葛亮挥泪斩马谡，寿父被牵连，受髡刑(剃去头发)。故"寿为亮立传，谓亮将略非长，无应敌之才"。后人多不以为然。

【译文】

　　然而史家歪曲记事的现象，历代都有，如果记载不实之事已十分清楚，这里就不再提了。其中有一些是过去贤明的学者所没有察觉到，而后来学者又不一定明白的，现在稍加叙述以增加见闻，来表现自己的首先发觉。查《后汉书·更始传》说他性格懦弱，他刚刚即位时，面南而立，接受群臣朝见，羞愧流汗，俯首避席不敢抬头看。刘圣公在身份卑贱时，就已能交结侠客报仇，避难于绿林之中，被称为豪杰之士。怎么可能贵为帝王的时候，反而怯懦到这种地步？这大概是作者歪曲史实以迎合当时的需要，突出光武帝的美好形象；阿谀奉承讨好光武帝，以洗刷刘玄杀其兄长的积怨。况且东汉的历史记载，出自于东观，有的是汉明帝所刊定，有的是马皇后作删改，而汉代国运长久，史书无人敢作修改，以致后来别的朝代追撰后汉史时，白白地留下一些虚假的记载了。陈寿《三国志·刘后主传》说："蜀国没有史官之职，所以祸福的征兆都没有记载。"查史书记有黄气出现于秭归，成群的乌鸦坠落到江水中，成都说有瑞星出现，益州说没有宰相之气，如果没有设置史官，这些事怎么写进史书里的呢？大概由于陈寿父亲遭受髡刑的侮辱，所以才加上这些诽谤诸葛亮的议论吧。

古者诸侯并争，胜负无恒，而他善必称，己恶不讳。逮乎近古，无闻至公，国自称为我长，家相谓为彼短。而魏收以元氏出于边裔[①]，见侮诸华，遂高自标举，比桑乾于姬、汉之国[②]；曲加排抑，同建邺于蛮貊之邦[③]。夫以敌国相仇，交兵结怨，载诸移檄[④]，用可致诬，列诸缣素[⑤]，难为妄说。苟未达此义，安可言于史邪？夫史之曲笔诬书，不过一二，语其罪负，为失已多。而魏收杂以寓言，殆将过半，固以仓颉已降[⑥]，罕见其流，而李氏《齐书》称为实录者[⑦]，何也？盖以重规亡考未达，伯起以公辅相加[⑧]，字出大名，事同元叹[⑨]，既无德不报，故虚美相酬。然必谓昭公知礼[⑩]，吾不信也。语曰："明其为贼，敌乃可服[⑪]。"如王劭之抗词不挠，可以方驾古人。而魏书持论激扬，称其有惭正直。夫不彰其罪，而轻肆其诛，此所谓兵起无名，难为制胜者[⑫]。寻此论之作，盖由君懋书法不隐，取咎当时，或有假手史臣，以复私门之耻。不然，何恶直丑正，盗憎主人之甚乎[⑬]！

【注释】

①元氏出于边裔：北魏孝文帝于公元493年改姓元，故称元魏，其先出于鲜卑族拓跋部。

②比桑乾于姬、汉之国：把北魏比作周、汉。北魏置桑乾郡（今山西山阴南），是其开始建国的地区，故以桑乾代指元魏。姬，指周朝。

③同建邺于蛮貊之邦：指魏收《魏书》把南朝宋、齐、梁称为"岛夷"，同于"五胡"。建邺，指南朝。南朝宋、齐、梁、陈除梁元帝暂居江陵外，其余皆建都建邺（今南京），故以建邺为南朝代称。

④移檄：古代的两种应用文体。移，官府平行机关之间的来往文书。有时也指檄文。檄，即檄文，用作征召、晓谕、声讨等的官方文书。

⑤缃素：浅黄色的细绢。古时多用包裹写卷的书帙（书衣），故称书卷为"缃素"。《北史·高道穆传》："秘书图籍及典书缃素，多致零落。"缃素即为史籍的代称。

⑥仓颉：传说中黄帝时的造字者。

⑦李氏《齐书》：即李百药《北齐书》。

⑧重规亡考未达，伯起以公辅相加：重规，李百药字。亡考，指百药父李德林。伯起，魏收字。公辅，李德林字。博陵安平（今河北安平）人，年十五即已博通群书，善属文，深受魏收器重。因少孤未取字，魏收对他说："识度天才，必至公辅，吾辄以此字卿。"见《隋书》、《北史》本传。

⑨元叹：三国时吴国顾雍字。其年少时，值蔡邕避怨居吴，得从蔡邕学琴技书法，其"专一清静，敏而易教"，蔡邕很器重他，说："卿必成名，今以吾名与卿。"所以名雍。事见《三国志·吴书·顾雍传》裴注引《江表传》。

⑩昭公知礼：语见《论语·述而》。陈司败问孔子鲁昭公知不知礼，孔子答"知礼"。陈司败就对别人说："我听说君子无所偏袒，难道君子也有偏袒的吗？鲁昭公从吴国娶了位夫人，吴国和鲁国同姓，为了避免别人指责，就不称她的姓，而称她吴孟子。如果说鲁昭公知礼，还有谁不知礼？"按上古礼法，同姓不婚，昭公娶同姓女，故不能说"知礼"。孔子称知礼，是替鲁国君讳。

⑪明其为贼，敌乃可服：指明敌人为贼，才可以降服他。《汉书·高帝纪上》："至洛阳，新城三老董公遮说汉王（刘邦）曰：'臣闻顺德者昌，逆德者亡，兵出无名，事故不成。故曰：明其为贼，敌乃可服。'"颜师古注引应劭曰："言项羽杀义帝明其为贼乱，举兵征

之，乃可服也。"

⑫兵起无名，难为制胜：师出无名，难以取胜。指无故讨伐对方，缺乏道义名分，就难以取胜。

⑬盗憎主人之甚乎：语见《左传》成公十五年："初，伯宗每朝，其妻必戒之曰：'盗憎主人，民恶其上，子好直言，必及于难。'"后伯宗果为三郤所杀。

【译文】

古时候诸侯互相争霸，胜负无常，但史官记载都称赞对方国家的长处，不隐讳自己国家的短处。到了近古，听不到这样公正的人了，各国必定夸耀自己的长处，相互指责他国的短处。而魏收因为元魏起源于边远之地，被中原各国所轻视，于是过分地抬高自己，把北魏比做周朝、汉朝；肆意排抑他国，把南朝各政权看成蛮夷之邦。如果国家互相敌对，交战结仇，记载在声讨的檄文中，可以用来诬蔑对方，而记载在史籍之中，难免成为狂妄之说。假如不明白这个道理，怎么可以谈论历史呢？史官的捏造事实歪曲记载，说起来不过一二句话，但要追求他们的罪责，过失就太多了。而魏收《魏书》记事还掺杂了许多寓言故事，大概要超过一半，确实从仓颉造字以来，就很少有这样的史书，而李百药《北齐书》竟称它为实录，什么原因呢？大概是因为李百药的父亲李德林生前没有显达的时候，魏收给他取字公辅，字由魏收所取，如同蔡邕为顾元叹取名一样，既然有恩德必报答，所以就凭空加以赞美来作为报答。但如果说像孔子回答陈司败鲁昭公知礼而无所偏袒，我是不信的。古语说："指明敌人是奸贼，才可以征服他。"像王劭那样直言不屈，可以和古人并驾齐驱了。但魏收立论偏激，却说他有愧于正直。不揭露对方的罪状，就轻易加以批评指责，这就是所说的师出无名，难以取胜。推究这种议论的起因，大概是因为王劭记载不隐讳，得罪了当时的人，或是有人借助史官之手，来报复个人私仇。如果不是这样，为什么嫉恨正直的人，比盗贼憎恨主人还厉害呢！

　　盖霜雪交下，始见贞松之操；国家丧乱，方验忠臣之节。若汉末之董承、耿纪①，晋初之诸葛、毋丘②，齐兴而有刘秉、袁粲③，周灭而有王谦、尉迥④，斯皆破家殉国，视死犹生。而历代诸史，皆书之曰逆，将何以激扬名教，以劝事君者乎！古之书事也，令贼臣逆子惧；今之书事也，使忠臣义士羞。若使南、董有灵，必切齿于九泉之下矣。

【注释】

①董承（？—200）：东汉末年汉献帝刘协妃嫔董贵人的父亲，官至车骑将军。东汉末，曹操擅权。建安五年，车骑将军董承，受汉献帝密诏诛讨曹操，事情暴露后，董承被曹操所杀，并被诛杀三族。事见《后汉书·献帝纪》及《三国志·魏书·武帝纪》。耿纪（？—218）：字季行，东汉末初为丞相掾，后迁侍中，守少府。汉献帝建安二十三年，少府耿纪与太医令吉本、司直韦晃等起兵诛讨曹操，失败被杀，三族被诛。事见《三国志·魏书·武帝纪》裴注引《三辅决录》。

②诸葛、毋丘：指诸葛诞、毋丘俭。诸葛诞（？—258），字公休。曾奉大将军司马师之命督军寿春，累见司马集团擅自诛杀，故举兵反。大将军司马昭讨伐，杀之。毋丘俭（？—255），字仲恭，三国魏镇东将军，高贵乡公二年（255）与扬州刺史文钦发兵讨司马氏，兵败被杀。

③刘秉（433—477）：字彦节，南朝宋宗室。袁粲（？—477）：字景倩，南朝宋官至尚书令。刘宋末，政权为齐王萧道成把持，顺帝刘准即位后，刘秉与袁粲密谋以太后诏杀萧道成，事败露，俱被杀。事见《宋书·袁粲传》及《宗室传》。

④王谦：字敕万。官至柱国大将军。北周末王谦见政由杨坚出，便

以匡复为辞,进兵驻剑阁。兵败被杀。尉迥:指尉迟迥(516—580),字薄居罗,代(今山西大同)人,北周文帝宇文泰的外甥。周帝拜杨坚为左大丞相,百官听从,惟尉迥举兵讨伐杨坚,兵败自杀。

【译文】

霜雪交加的时候,才显出青松的贞操;国家动乱危亡之际,才能考验出忠臣的气节。如汉末的董承、耿纪,晋初的诸葛诞、毋丘俭,南齐兴起时有刘秉、袁粲,北周将亡时则有王谦、尉迟迥,这些人都是破家殉国,视死如生。然而历代的史书,都称他们为叛逆,将用什么来激励和发扬名分礼教,用什么来劝勉事奉君主的人呢!古代的史书记事,让贼臣逆子恐惧;今天的史书记事,使忠臣义士羞愧。如果南史、董狐有灵,必定含恨九泉之下。

　　自梁、陈已降,隋、周而往,诸史皆贞观年中群公所撰[1],近古易悉,情伪可求[2]。至如朝廷贵臣,必父祖有传,考其行事,皆子孙所为;而访彼流俗,询诸故老,事有不同,言多爽实。昔秦人不死,验苻生之厚诬[3];蜀老犹存,知葛亮之多枉[4]。斯则自古所叹,岂独于今哉!

【注释】

①诸史皆贞观年中群公所撰:指唐太宗贞观年间诏修的"五代史"(《梁书》、《陈书》、《北齐书》、《周书》、《隋书》)以及李延寿私修的《南史》、《北史》。

②情伪:真伪。情,真实。伪,虚假。

③昔秦人不死,验苻生之厚诬:《晋书·载记·苻生传》记载,苻生,字长生,十六国前秦的第二代帝王。"荒耽淫虐,杀戮无道,常弯

弓露刃以见朝臣,锤钳锯凿备置左右。"数年中,"宗室勋旧,亲戚忠臣,杀戮略尽"。而《洛阳伽蓝记》卷二记载晋时隐士赵逸为他辩诬:"苻生虽好勇嗜酒,亦仁而不杀,观其治典,未为凶暴。及详其史,天下之恶皆归焉。"把天下的罪恶都归在他身上。

④蜀老犹存,知葛亮之多枉:事见《魏书·毛修之传》记载:"修之曰:昔在蜀中闻长老言,寿曾为诸葛亮门下书佐,被挞百下,故其论武侯云:应变将略,非其所长。"此说不确。

【译文】

从梁、陈以后,隋、周以前,多部正史都是贞观年间的史家所修撰,近古的事情容易悉知,真伪可以辨别。至于像朝廷的显贵大臣,必然父亲祖父都有传,考查他们的事迹,都是子孙所为;如果访问那些一般的人,询问年老的长者,事情往往和史书所记不同,言词大多失实。如果往昔的前秦人没死,就可验证苻生所受的种种诬陷;如果蜀国有老人还在,便可知道诸葛亮所受的很多冤枉。这是自古以来人们所叹息的,岂止是在今天才有呢!

　　盖史之为用也,记功司过,彰善瘅恶①,得失一朝,荣辱千载。苟违斯法,岂曰能官。但古来唯闻以直笔见诛,不闻以曲词获罪。是以隐侯《宋书》多妄②,萧武知而勿尤;伯起《魏史》不平,齐宣览而无遣。故令史臣得爱憎由己,高下在心,进不惮于公宪,退无愧于私室,欲求实录,不亦难乎? 呜呼! 此亦有国家者所宜惩革也。

【注释】

①瘅(dàn):批评,贬斥。

②隐侯:指沈约,曾封建昌县侯,卒谥隐,故称隐侯。

【译文】

史书的功用,在于记载功过,彰显美好贬斥丑恶,得失在于一时,荣辱关乎千年。假如违背了著史的这些原则,还能做史官吗。但是自古以来只听说因为秉笔直书而被杀,没听说因为歪曲史事而获罪。因此隐侯沈约的《宋书》多不真实,梁武帝萧衍知道了而不加惩罚;伯起魏收的《魏书》不公正,齐宣帝高洋看了而不加谴责。所以使史官得以爱憎全由自己,褒贬随心所欲,任职时不惧怕公认的法规,退居时内心也不感到羞愧,要追求真实记录,不也是很困难吗?唉!这也是有国家的君主所应当惩戒革除的啊!

内篇　鉴识第二十六

【题解】

本篇主要讨论史书的评价问题。刘知幾著名的"史才三长"说，并不是在《史通》中明确提出的，但其思想却贯穿《史通》全篇，是刘知幾史学理论的灵魂和精髓。

史才三长：才，识，学，是刘知幾关于史家修养的理论。其中，"史识"不仅仅指史家对历史人物或事件的鉴识，也包括史家对史书的评价。同样的史书，不同的史家对它会有不同的评价，即源于史家鉴识的不同。

所谓鉴识，就是品评鉴别的能力。刘知幾认为"物有恒准，而鉴无定识"，所以对同一件事物往往"毁誉不同"、"爱憎各异"。正确的鉴识非常难得，需要学者探赜索隐，钩深致远，深入探究。否则，历代优秀的史学著作会由于得不到及时正确的评价而湮没无闻。篇中举《尚书》、《左传》、《史记》、《汉书》等诸多实例作了论证。刘知幾所论是十分中肯的，颇具启示意义。

但刘知幾将史书的命运等同于人的命运，以机遇、命运来论其废兴、穷达，难免又陷入了唯心论之中。这是需要警惕和注意的。

夫人识有通塞，神有晦明，毁誉以之不同，爱憎由其各异。盖三王之受谤也,值鲁连而获申①;五霸之擅名也,逢孔宣而见诋②。斯则物有恒准,而鉴无定识,欲求铨核得中,其唯千载一遇乎!况史传为文,渊浩广博,学者苟不能探赜索隐③,致远钩深④,乌足以辩其利害,明其善恶。

【注释】

①三王之受谤也,值鲁连而获申:语见《文选》曹植《与杨德祖书》:"昔田巴毁五帝,罪三王,一旦而服一千人。鲁连一说,使终身杜口。"鲁连,即鲁仲连,战国时齐人,有《鲁仲连子》十四篇,已佚。

②五霸之擅名也,逢孔宣而见诋:《汉书·董仲舒传》:"仲尼之门,五尺之童,羞称五伯,为其先诈力而后仁谊也。"五伯,即春秋五霸齐桓公、晋文公、秦穆公、宋襄公、楚庄王。孔宣,即孔子。因唐代追谥为"文宣王",故称。孔子、孟子都崇尚王道,反对霸道。

③探赜(zé)索隐:窥探幽深,求索隐微。赜,精微,深奥。

④致远钩深:形容治学的精深博大。钩,研究,探寻。

【译文】

人的认识有畅通有滞塞,人的神智有昏聩有清醒,对事物的诋毁赞誉因此而不同,喜爱憎恨因此而各异。三王受到诽谤,碰到鲁仲连而得以澄清;五霸大有名望,遇上孔子而受到诋毁。这就是事物有一定的标准,而鉴别却没有固定的认识,要想评价研核恰如其分,大概千年才能遇到一次吧!何况作为文献的史传,精深博大,学者如果不能窥探求索它的幽深隐微之处,不能探寻其中深远的事理,怎么能够辨别它们的利害得失,分清其中的善恶是非。

观《左氏》之书,为传之最,而时经汉、魏,竟不列于学官,儒者皆折此一家,而盛推二传①。夫以丘明躬为鲁史,受经仲尼②,语世则并生,论才则同耻③。彼二家者,师孔氏之弟子④,预达者之门人,才识本殊,年代又隔,安得持彼传说,比兹亲受者乎！加以二传理有乖僻,言多鄙野,方诸《左氏》,不可同年。故知《膏肓》、《墨守》⑤,乃腐儒之妄述;卖饼、太官⑥,诚智士之明鉴也。

【注释】

①盛推二传:极力推崇《公羊传》、《穀梁传》。据说《左传》成书后,因记载的是当世君臣的是非,为避免遭受迫害,隐而不宣。春秋末,产生了《公羊传》、《穀梁传》。汉代董仲舒推崇公羊学,汉宣帝喜好《穀梁传》,二传遂立于学官。而《左传》直到晋代杜预为《集解》,方盛行于世。《公羊传》、《穀梁传》之学也因之逐渐式微。

②丘明躬为鲁史,受经仲尼:《汉书·艺文志》云:"周室既微,载籍残缺,仲尼思存前圣之业……故与左丘明观其史记,据行事,仍人道,因兴以立功,败以成罚,假日月以定历数,藉朝聘以正礼乐。有所褒讳贬损,不可书见,口授弟子。弟子退而异言,丘明恐弟子各安其意,以失其真,故论本事而作传,明夫子不以空言说经也。"

③同耻:语见《论语·公冶长》:"子曰:'巧言、令色、足恭,左丘明耻之,丘亦耻之;匿怨而友其人,左丘明耻之,丘亦耻之。'"

④彼二家者,师孔氏之弟子:二家,即《公羊传》、《穀梁传》二传。公羊高,战国齐人,孔子门人子夏的弟子,传授《公羊传》。穀梁赤,战国鲁人,也是子夏的弟子,传授《穀梁传》。

⑤《膏肓》、《墨守》:即《公羊墨守》、《左氏膏肓》,东汉何休著。何休,字邵公,任城樊(今山东曲阜)人,东汉著名今文经学家,专治

公羊学，著《春秋公羊解诂》、《公羊墨守》、《左氏膏肓》、《穀梁废疾》，后三书已佚。膏肓，即不可治之疾。墨守，指守护严密，不可攻。

⑥卖饼、太官：事见《三国志·魏书·裴潜传》裴注引《魏略·严干等传》。晋司隶钟繇不喜好《公羊》而喜好《左氏》，称《左氏》为"太官厨"，《公羊》为"卖饼家"。喻其有高低之分。

【译文】

看看《左传》这部书，是三传中最好的，而在汉、魏两代，竟然不列入学官，儒学者都轻视《左传》一家，而极力推崇《公羊》、《穀梁》二传。左丘明身为鲁国史官，接受了孔子的《春秋》经，论时代与孔子出生于同一时代，论才德他们都以巧言伪善为可耻。另外两家，都师从于孔子的弟子，是最先显达的门人，才能见识本不相同，年代又相隔久远，怎么能拿那再传之说，来比这亲受传授的《左传》呢！再说二传的道理又有偏颇，言词多鄙俗粗野，和《左传》相比，不可同日而语。由此可知《膏肓》、《墨守》，是迂腐儒生的虚妄之作；卖饼家、太官厨，确实是有识之士的高明评价。

　　逮《史》、《汉》继作，踵武相承。王充著书，既甲班而乙马①；张辅持论②，又劣固而优迁。王充谓彪文义备，纪事详赡，观者以为甲，以太史公为乙也。张辅《名士优劣论》曰："世人称司马迁、班固之才优劣，多以班为胜。余以为史迁叙三千年事，五十万言，班固叙二百年事，八十万言。烦省不敌，固之不如迁必矣。"然此二书，虽互有修短，递闻得失，而大抵同风，可为连类。张晏云：迁殁后，亡《龟策》、《日者传》，褚先生补其所缺，言词鄙陋，非迁本意③。案迁所撰《五帝本纪》、七十列传，称虞舜见陷，遂匿空而出④；宣尼既殂，门人推奉有若⑤。其言之鄙，又甚于兹，安得独罪褚生，而全宗马氏也？刘轨思商榷汉史⑥，雅重班才，惟讥其本纪不列少帝，而辄编高后⑦。案弘非刘氏⑧，而窃养汉宫。时天下无主，吕宗称制，故借其岁月，寄以编年。而野鸡行事，自具《外戚》⑨。譬夫成为孺子⑩，史刊摄政之年；历亡流彘，历纪共和之日⑪。而周、召二公，各世家有传⑫。班氏式遵曩例，殊合事宜，岂谓虽浚发于巧心，反受蚩于拙目也。

【注释】

①王充著书，既甲班而乙马：语见王充《论衡·超奇》："班叔皮续太史公书百篇以上，记事详悉，义浅理备，观读之者以为甲，而太史公乙。"王充（27—约97），字仲任，东汉会稽上虞（今浙江上虞）人，著名哲学家，少孤，曾师事班彪。著有《论衡》八十五卷，今存。

②张辅（？—305）：字世伟，南阳西鄂（今河南南阳）人，西晋时任尚书郎，冯翊（yì）太守，秦州刺史。《晋书》有传。

③非迁本意：语见《史记·太史公自序》裴骃《集解》："按《汉书·司马迁传》云：'十篇缺，有录无书。'张晏曰：'迁没之后，亡《景纪》、《武纪》、《礼书》、《乐书》、《兵书》、《汉兴以来将相年表》、《日者列传》、《三王世家》、《龟策列传》、《傅靳列传》。元成之间，褚先生补缺作《武帝纪》、《三王世家》、《龟策》、《日者传》。言辞鄙俗，非迁本意也。'"

④称虞舜见陷，遂匿空而出：事见《史记·五帝本纪》。传说舜名重华，其父曰瞽叟，瞽叟盲而舜母死，瞽叟更娶妻而生象。瞽叟爱后妻子而常欲杀舜，"使舜穿井，舜穿井为匿空旁出。舜既入深，瞽叟与象共下土实井。舜从匿空出，去"。

⑤宣尼既殂，门人推奉有若：语见《史记·仲尼弟子传》："有若，少孔子四十三岁……孔子既没，弟子思慕，有若状似孔子，弟子相与共立为师，师之如夫子时也。"

⑥刘轨思：生卒年不详。北齐渤海人，北齐国子博士。《北齐书·儒林传》有传。

⑦本纪不列少帝，而辄编高后：事见《汉书·高后纪》。汉惠帝无子，"取后宫美人子名之，以为太子。惠帝崩，太子立为皇帝，年幼，太后（汉高祖皇后吕雉）临朝称制"。所以《史记》、《汉书》，皆不列少帝纪，而以《高后纪》（《史记》作《吕后纪》）纪年。

⑧弘非刘氏："后宫美人子"即位四年后被吕后囚杀，又立常山王刘弘为帝，也称少帝，也是后宫美人子，吕氏子也。故刘知幾说"弘非刘氏"。

⑨野鸡行事，自具《外戚》：指高后虽列《本纪》，但仅纪年，其事迹仍在《外戚传》。野鸡，指高后吕雉。雉，俗称野鸡。

⑩成为孺子：指周成王年幼，周公摄政。行政七年，成王长，周公返政成王。

⑪厉亡流彘，历纪共和之日：周厉王暴虐，百姓怨言，天下暴乱纷起，袭击厉王，"厉王出奔于彘……召公、周公二相行政，号曰共和。共和十四年，厉王死于彘"。事见《史记·周本纪》。

⑫周、召二公，各世家有传：即《史记》虽然以周、召二公执政的共和纪年，但他们的事迹仍各自有《世家》记载。

【译文】

到《史记》、《汉书》相继著述，前后相承。王充著书，已经称班固第一司马迁第二；张辅立论，又贬低班固而襃扬司马迁。王充说班彪文义透彻完备，记事详细而丰富，读者把他列为第一，把太史公列为第二。张辅《名士优劣论》说："人们讨论司马迁、班固的才学优劣，多以班固为好。我认为司马迁叙述三千年史事，五十万字；班固记述二百年史事，八十万字。烦省无法匹敌，班固不如司马迁是肯定的。"然而这两种史书,虽然互有长短,不断听到有关它们得失的评价,但它们大抵上风格相同,可以看作同类著作。张晏说:司马迁死后,亡佚了《龟策列传》、《日者列传》,褚先生补上了所缺佚的篇章,言词鄙俗粗野,不是司马迁的本意。查看司马迁所撰写的《五帝本纪》、七十列传,称说虞舜被困,就说他藏身于井壁空穴中穿孔而出;孔子死后,门人思念他就推奉有若为师。这些记载的鄙俗,又超过了褚先生的补作,怎么能只怪罪褚先生,而完全尊崇司马迁呢?刘轨思讨论汉代史书,十分推重班固的才能,只是批评他本纪中不列入少帝,反而编入了高后。考少帝刘弘并不是刘氏的后代,而是宫人私自养在汉宫中。当时国无君主,吕氏行使皇帝的权力,所以借她掌权的岁月,用来编年。而吕后的言行事迹,自然记载在《外戚传》中。好比周成王尚未成年,史书把周公摄政作为编年;周厉王流亡在彘,历法以共和作为纪日。而周公、召公,又各有《世家》记事。班固遵循过去的惯例,非常合适恰当,难道说虽然是费尽神思创造出来的著作,反而要受到见识浅薄的人的讥笑?

　　刘祥撰《宋书·序录》①,历说诸家晋史,其略云:"法盛《中兴》②,荒庄少气③,王隐、徐广④,沦溺罕华。"夫史之叙事也,当辩而不华,质而不俚,其文直,其事核,若斯而已可也。必令同文举之含异⑤,等公幹之有逸⑥,如子云之含章⑦,类长卿之飞藻⑧,此乃绮扬绣合,雕章缛彩,欲称实录,其可得乎?以此诋诃,知其妄施弹射矣。

【注释】

①刘祥:生卒年不详。字显微,南朝宋、齐东莞莒(今山东莒县)人,少好文学,性刚直,曾任宋临川王骠骑从事中郎。齐永明中撰《宋书》,讥刺当世朝政,书已佚。《南齐书》有传。

②法盛《中兴》：即何法盛著《晋中兴书》。已佚。

③荒庄：草繁盛的样子。

④王隐、徐广：指王隐《晋史》、徐广《晋纪》。见《六家》、《二体》篇注。

⑤同文举之含异：文举，孔融字，东汉鲁国（今山东曲阜）人。官至太中大夫，因对曹操多所非议，为操所杀。善文章，为"建安七子"之一，《后汉书》有传。这里指他的文章有不同一般的气质。

⑥等公幹之有逸：公幹，刘桢字，东汉东平（今属山东）人，曹操任为丞相掾属。后因不敬而获罪。善文章，"建安七子"之一。传附《三国志·魏书·王粲传》。曹丕《与吴质书》称："公幹有逸气，但未道耳。"此指他的文章有高爽之气。

⑦子云之含章：子云，扬雄字。此指他的文章有内敛的特质。

⑧类长卿之飞藻：长卿，司马相如字。这里指他的辞赋文采飞扬。

【译文】

刘祥撰写《宋书》序录，一一评说各家晋史，他的观点概括地说是："何法盛的《晋中兴书》，杂芜而缺少气象；王隐的《晋书》、徐广的《晋纪》，沉沦而缺乏华彩。"史书的叙事，应当明辨而不浮华，质朴而不俚俗，它的文辞正直，它的事情真实，像这样就可以了。如果一定要像孔文举的文章那样含有特异的气质，一定要像刘公幹的文章一样高爽飘逸，像扬子云的文章那样内含美质，像司马相如的辞赋那样文采飞扬，这就成了拼凑汇集华丽的辞藻，雕琢描绘漂亮的文章，要想称作实录，难道可能吗？以此来诋毁指责史书，可见是无的放矢地妄加批评了。

夫人废兴，时也。穷达，命也。而书之为用，亦复如是。盖《尚书》古文，《六经》之冠冕也，《春秋左氏》，《三传》之雄霸也。而自秦至晋，年逾五百，其书隐没，不行于世。既而梅氏写献①，杜侯训释②，然后见重一时，擅名千古。若乃《老经》撰于周日③，《庄子》成于楚年④，遭文、景而始传⑤，值嵇、阮而方贵⑥。若斯流者，可胜纪哉！故曰"废兴，时也。穷达，命也"。适使时无识宝，世缺知音，若《论衡》之未遇伯喈⑦，《太玄》之不逢平子⑧，逝将烟烬火灭，泥沉雨绝，安有殁而不朽，扬名于后世者乎！

【注释】

①梅氏写献：指东晋梅赜所献伪《古文尚书》。梅赜，生卒年不详。字仲真，东晋人，曾任豫章内史。因献《古文尚书》及《尚书孔氏传》而闻名，其所献书被东晋立为官学。宋吴棫、朱熹，元赵孟頫、吴澄，明梅鷟等均怀疑所献为伪书，至清阎若璩作《尚书古文疏证》、惠栋作《古文尚书考》，才最终定案为伪书，21世纪初出现的"清华简"也证明其为伪书。

②杜侯训释：指晋杜预训释《左传》。杜预（222—285），字元凯，西晋京兆杜陵（今西安东北）人，官河南尹、度支尚书。蜀亡后，力赞伐吴，有功于晋，封当阳县侯，故称杜侯。又因博学，善谋略，人称"杜武库"。自谓"有《左传》癖"，著《春秋左氏经传集解》，使《左传》得以大行于世。《晋书》有传。

③《老经》撰于周日：《老经》指《老子》，又称《道德经》，约五千余言。老子（约前571—前471），姓李名耳，字聃。曾任周守藏室之史。故有此言。

④《庄子》：庄周撰，十万余言。庄子名周，道家学派重要代表人物，其学说主张清静无为，排斥儒、墨。在魏晋之间风靡一时。

⑤遭文、景而始传：指汉文帝、汉景帝都特别喜好老、庄，以至在当时的地位甚至与《五经》并列。遭，遇到。

⑥值嵇、阮而方贵：西晋玄风大盛，皆以老、庄为本，训说《老》、《庄》成

风,而嵇康、阮籍最具代表性。嵇康(223—263),字叔夜。好老、庄,著《养生论》,作《幽愤诗》说:"托好老庄,贱物贵身,志在守朴,养素全真。"阮籍(210—263),字嗣宗。博览群书,尤好《庄子》,著《达庄论》、《大人先生传》等,叙述无为之贵,阐扬老庄思想。

⑦若《论衡》之未遇伯喈:伯喈,蔡邕字。王充著《论衡》,中原并无流传,蔡邕入吴,才得到《论衡》,经常偷偷阅读,并作为言谈之助。事见《后汉书·王充传》李贤注引袁山松说。

⑧《太玄》之不逢平子:《太玄》,扬雄著。模仿《周易》,分八十一首,以拟《易》之六十四卦。平子,张衡字。张衡(78—139),南阳西鄂(今河南南阳)人。东汉著名天文学家,早年入太学,通《五经》,贯六艺,尤精于天文、阴阳、历算。历任南阳主簿、郎中、太史令。著历学著作《灵宪》,造浑天仪、地动仪。另有《周官训诂》、《补东观汉纪》等。常好玄经,曾对崔瑗说:"吾观《太玄》,方知子云(扬雄)妙极道数,乃与《五经》相拟。"《后汉书》有传。

【译文】

人的废弃兴起,是时机造成的。人的困窘显贵,是命运主宰的。而史书的命运,也正是如此。古文《尚书》,为《六经》之首位,《春秋左传》,是《三传》之霸主。但从秦代直到晋代,历经五百多年,这两种书都被埋没,不流行于社会上。不久梅赜献出孔安国古文《尚书》,杜预训释《左传》作《春秋左氏经传集解》,然后被推重一时,千百年享有好名声。至于老子《道德经》撰著于周代,庄周《庄子》成书于楚国,遇到汉文帝、汉景帝才开始流传,碰上嵇康、阮籍才受到重视。像这一类的遭遇,能记载得完吗!所以说"废弃兴起,在于时机;困窘显贵,决定于命运"。假使当时没有识宝的人,世上缺乏真正的知音,就像《论衡》没有遇到蔡伯喈,《太玄》没有碰到张平子,这些书就将会烟消火灭,湮没无闻,哪里还有埋没而不朽,扬名于后世的呢!

内篇　探赜第二十七

【题解】

本篇和上一篇《鉴识》联系紧密，都是在讨论史书的评价问题。但《鉴识》篇着眼于研究者的评鉴角度去论史书的评价，而本篇侧重于著史者的修史意旨来谈对史书的评价。

任何一部史书的编纂，在史料的取舍、是非的认定、方法的选择上等等，都有自己的原则和标准，必须深入把握作者的修史目的和意图，才能正确理解史书的内容，通晓史书的义理，明了史书的旨归。所以需要探赜，即探求作者编纂史书的本意。

刘知幾认为，由于时移世易，古今相隔，很难知人论世、知世论人地对史书作出确切的评价。因此需要评论者具备实事求是的态度、广博的学识，对史学原则、史书特点有透彻的认识，对著史者的立场观点有深刻把握，还需要有客观公正的评价立场等等。否则，就容易丧失准的，轻予诋诃；或曲为文饰，穿凿附会。如说孔子感麟而作《春秋》；说《左传》略吴、楚是贱夷狄、贵华夏；说《史记》传首伯夷，是表达对"为善而无报"的愤恨。列纪项羽，是表达对"居高位者非关有德"的看法；甚至强称陈寿《三国志》"党蜀而抑魏"等等，都是些无中生有的穿凿附会、虚妄之谈。

刘知幾强调，探赜应该平实可信，不可妄为奇说。他的这些认识对于今天的史书编纂、史学批评乃至学风建设仍有重要的意义。

古之述者①,岂徒然哉! 或以取舍难明,或以是非相乱。由是《书》编典诰,宣父辨其流②;《诗》列风雅,卜商通其义③。夫前哲所作,后来是观,苟失其指归,则难以传授。而或有妄生穿凿,轻究本源,是乖作者之深旨,误生人之耳目④,其为谬也,不亦甚乎!

【注释】

①述:古代学者把著书立说分为作、述、论三个层次。以"作"为最高境界,"述"次之,"论"又次之。作,指自立新义,前所未有。述,指传述前人成说。论,指辑录选编前人著述。"作"的要求甚高,孔子也只敢称"述而不作"。

②《书》编典诰,宣父辨其流:《史记·孔子世家》:"(孔子)追迹三代之礼,序《书传》,上纪唐虞之际,下至秦缪,编次其事。"《汉书·艺文志》:"《书》之所起远矣,至孔子纂焉,上断于尧,下讫于秦,凡百篇,而为之序。"宣父,孔子。唐贞观十一年(637),诏尊孔子为宣父,后尊称"文宣王"。

③《诗》列风雅,卜商通其义:卜商,孔子学生,字子夏,在孔子弟子中以文学著称。孔子死后,他序《诗》传《易》。事见《史记·仲尼弟子列传》。

④误生人之耳目:原作"误生人之后学",此据程千帆《史通笺记》改"后学"为"耳目"。

【译文】

古代编述前人的典籍,哪里仅仅是传述呢! 或是因为史料的取舍难以弄明白,或是因为评价的是非无法弄清楚。因此《尚书》汇编典诰,孔子辨析其中的类别;《诗经》收列风雅,卜商疏通其中的含义。前代哲人的著作,后代人来读,假如丢失了作者的意图,就难以传授。而有人毫无根据地穿凿附会,随意解说著作的本源,这就违背了作者的深刻意图,误导了世人的视听,他所犯的谬误,岂不是很过分吗!

　　昔夫子之刊鲁史,学者以为感麟而作[1]。案子思有言[2]:吾祖厄于陈、蔡[3],始作《春秋》。夫以彼聿修[4],传诸诒厥[5],欲求实录,难为爽误。是则义包微婉,因攓莓而创词[6];时逢西狩,乃泣麟而绝笔。传者徒知其一,而未知其二,以为自反袂拭面,称吾道穷[7],然后追论五始[8],定名三叛[9]。此岂非独学无友,孤陋寡闻之所致耶[10]?

【注释】

①感麟而作:《史记·孔子世家》:"鲁哀公十四年春,狩大野,叔孙氏车子钼商获兽,以为不祥。仲尼视之,曰:麟也,取之……颜渊死,孔子曰:'天丧予。'及西狩见麟,曰:'吾道穷也!'……'吾道不行矣,吾何以自见于后世哉?'乃因史记作《春秋》。"麟,麒麟。古人眼中的一种祥瑞之兽。

②子思:孔子孙伋。《史记·孔子世家》:"孔子生鲤,字伯鱼……伯鱼生伋,字子思,年六十二。常困于宋。子思作《中庸》。"

③厄于陈、蔡:孔子周游列国,在去陈国的路上,经过陈、蔡之间的匡城,匡人把他当成曾经掠夺和残杀过匡人的阳虎,囚禁了孔子。事见《史记·孔子世家》。

④聿修:此指祖父。《诗·大雅·文王》云:"无念尔祖,聿修厥德。"六朝及唐初人常以"聿修"代"祖"。

⑤诒厥:此指孙辈。《诗·大雅·文王》云:"诒厥孙谋,以燕翼子。"

后人因此以"诒厥"代替"孙"。

⑥攫莓(jué méi)：孔子厄于陈、蔡之间时，七天没饭吃，只好白天睡觉，颜回讨来了米才开始做饭吃。饭快熟的时候，孔子望见颜回从甑中抓了一把饭吃了。饭熟了，颜回进献给孔子，孔子说："今天梦见了先君，食物要干净才能祭祀祖先。"颜回说："不能祭祀祖先了。刚才有煤灰掉进甑里，扔掉食物不吉祥，所以我就抓来吃了。"孔子感叹说："人所相信的是自己的眼睛，可是眼睛看到的也还是不可信，所依仗的是自己的心，可是心也还是不足以依赖。了解一个人确实不容易啊。"事见《吕氏春秋·审分览·任数》。莓，通"煤"。

⑦反袂拭面，称吾道穷：语见《公羊传》哀公十四年："有以告者曰：'有麇(jūn)而角者。'孔子曰：'孰为来哉！孰为来哉！'反袂拭面，涕沾袍……西狩获麟，孔子曰：'吾道穷矣！'"

⑧追论五始：《春秋》首句："元年春王正月。"后世儒家认定其含有深义。《穀梁传》疏："何休注《公羊》，取《春秋纬》'黄帝受图，立五始'。以为元者，气之始；春者，四时之始；王者，受命之始；正月者，政教之始；公即位者，一国之始。五者同日并见，相须而成。"

⑨定名三叛：《左传》昭公三十一年传"三叛人名"，指三个带着土地投奔鲁国的小国叛臣。即襄公二十一年，邾庶其以漆、闾丘来奔；昭公五年，莒牟夷以牟娄、防兹来奔；昭公三十一年，邾黑肱以滥来奔。

⑩独学无友，孤陋寡闻：语出《礼记·学记》："独学而无友，则孤陋而寡闻。"

【译文】

当年孔子纂修鲁国史，学者们都认为是有感于获麟而作。查子思所说："我祖父在陈、蔡两国之间遇到困窘，才开始写作《春秋》。"作为祖父,传给孙子,要追求真实记录,难以失误。这就是说《春秋》含义曲折微婉,是因为厄于陈、蔡而开始写作;遇到西狩获麟,是感伤麒麟出现而停止写作。儒者们只知其一,不知其二,以为是孔夫子听说麟出现而挥袖擦泪,称我的学说完了,然后才动笔追记下五始,确定三叛的名字。这岂不是因为独自学习不与别人探讨,孤陋寡闻所造成的吗?

　　孙盛称《左氏春秋》书吴、楚则略,荀悦《汉纪》述匈奴则简,盖所以贱夷狄而贵诸夏也。案春秋之时,诸国错峙,关梁不通,史官所书,罕能周悉。异乎炎汉之世,四海一家,马迁乘传求自古遗文[①],而州郡上计[②],皆先集太史[③],若斯之备也。况彼吴、楚者,僻居南裔,地隔江山,去彼鲁邦,尤为迂阔,丘明所录,安能备诸? 且必以蛮夷而固略也,若驹支预于晋会[④],长狄埋于鲁门[⑤],葛卢之辨牛鸣[⑥],郯子之知鸟职[⑦],斯皆边隅小国,人品最微,犹复收其琐事,见于方册。安有主盟上国,势迫宗周,争长诸华,威陵强晋,而可遗之者哉? 又荀氏著书,抄撮班史,其取事也,中外一概,夷夏皆均,非是独简胡乡,而偏详汉室。盛既疑丘明之摈吴、楚,遂诬仲豫之抑匈奴[⑧],可谓强奏庸音,持为足曲者也[⑨]。

【注释】

①马迁乘传求自古遗文:语见《西京杂记》卷下:"太史公司马谈世为太史,子迁,年十三,使乘传行天下,求古诸侯史记。"传,古代驿站提供给官人乘坐的马车。

②上计:战国、秦汉时,年终,各州郡地方官要本人或派官吏进京上报统计簿册,向朝廷报告全年的人口、钱粮、盗贼、狱讼等情况。

③皆先集太史:《西京杂记》卷六:"谈死,子迁以世官复为太史公,

位在丞相上。天下上计，先上太史公，副上丞相。"

④驹支预于晋：事见《左传》襄公十四年。羌戎族酋长驹支辩解：诸
　侯不服从晋国君，源于晋国的过失。以致范宣子向他致歉。详
　见《言语》篇"辩若驹支"注。预，事先，事前。

⑤长狄埋于鲁门：事见《左传》文公十一年。冬十月，鲁国在咸打败
　狄人，抓获长狄侨如，杀了他，并割下头，埋在鲁国的子驹门下。

⑥葛卢之辨牛鸣：详见《言语》篇"介葛之闻牛"注。

⑦郯子之知鸟职：见《书志》篇注。

⑧仲豫：荀悦字。

⑨强奏庸音，持为足曲：语见陆机《文赋》。意谓才智短浅者，只能
　发出平凡之音，以勉强凑成一曲。见《叙事》篇"妄足庸音"注。

【译文】

孙盛说《左氏春秋》记载吴国、楚国就简略，荀悦《汉纪》记述匈奴就
简单，这是所用来轻贱夷狄而推重华夏的方法。考查春秋时期，各国相
互敌战对峙，水陆要道关口不通，史官所记载，很难周详完备。汉代则
不一样，四海一家，司马迁可以乘着驿车搜集自古以来散失的各诸侯国
古史，而且各州郡上报朝廷的统计材料，都先集中到太史公那里，如此
之完备啊。何况当时的吴、楚，居于偏僻的南方，地理上隔着大江高山，
距离当时的鲁国，更是迂曲遥远，左丘明所记录的，怎能完备呢？并且
如果认为是蛮夷就一定要简略，那么驹支参与晋国会盟时的辩解，长狄
的头被埋在鲁国子驹门下，葛卢能够辨识牛的鸣叫，郯子知道以鸟名作
官名的原因，这些人都是边远小国的人，地位最为低下，尚且还收入他
们的琐事，记载在史书里。哪里有像吴楚这样结盟的上等之国，权势迫
近周王朝，和华夏民族争夺统治权，威胁强大的晋国，反而能遗弃呢？
还有荀悦编著史书，抄摘班固《汉书》，他对事实的取舍，中国外国同样
看待，蛮夷华夏一样处理，不是只对蛮夷地区简略，而偏偏详记汉朝。
孙盛既怀疑左丘明排斥吴、楚，又批评荀悦贬低匈奴，可谓是勉强拼凑

平庸的曲调,来弹奏所谓完整的曲子了。

　　盖明月之珠,不能无瑕;夜光之璧,不能无类。故作者著书,或有病累。而后生不能诋诃其过,又更文饰其非,遂推而广之,强为其说者,盖亦多矣。如葛洪有云①:"司马迁发愤作《史记》百三十篇,伯夷居列传之首,以为善而无报也;项羽列于本纪,以为居高位者非关有德也。"案史之所书也,有其事则记,无其事则缺。寻迁之驰骛今古,上下数千载,春秋已往,得其遗事者,盖唯首阳之二子而已。然适使夷、齐生于秦代,死于汉日,而乃升之传首,庸谓有情。今者考其先后,随而编次,斯则理之恒也,乌可怪乎?必谓子长以善而无报,推为传首,若伍子胥、大夫种、孟轲、墨翟、贾谊、屈原之徒②,或行仁而不遇,或尽忠而受戮,何不求其品类,简在一科③,而乃异其篇目,各分为卷。又迁之纰缪④,其流甚多。夫陈胜之为世家,既云无据;项羽之称本纪,何必有凭。必谓遭彼腐刑,怨刺孝武,故书违凡例,志存激切。若先黄、老而后《六经》,进奸雄而退处士⑤,此之乖刺⑥,复何为乎?

【注释】

①葛洪有云:此葛洪的评论,详见《西京杂记》卷四。

②伍子胥(前559—前484):名员,字子胥。春秋时吴国大夫。原为楚国人,其父奢因直言遭谗,被楚平王杀害,子胥兄尚也同时被杀。伍子胥逃到了吴国,帮助阖闾刺杀吴王僚,登上王位,整军修武,使吴国力大盛。数年后,伐楚获胜,伍子胥以功封于申地,

故又称申胥。吴王夫差时,吴越之战,越败请和,子胥谏不从。后夫差听信谗言,赐子胥剑自杀。《史记》有传。大夫种:即文种(?—前472)。姓文名种,字少禽,也作子禽。春秋时越国大夫,本为楚国人,后奔越,与范蠡共同辅佐越王勾践。勾践平吴后,范蠡退引,文种也称病不朝。后来有人进谗言,说文种要作乱,勾践赐剑文种自杀。事见《史记·越王勾践世家传》。墨翟(前468—前376):即墨子,鲁国人,一说是宋国人,做过宋国大夫。春秋战国之际思想家,墨家学派创始人。其学说主张兼爱、非攻、尚贤、尚同,提倡薄葬、非乐、节用。其思想学说见于《墨子》一书。传附《史记·荀卿列传》中。

③简:编写。

④纰缪:错误。

⑤先黄、老而后《六经》,进奸雄而退处士:语出《汉书·司马迁传》赞:"又其是非颇缪于圣人,论大道则先黄老而后六经,序游侠则退处士而进奸雄。"

⑥乖刺(là):违背,错误。

【译文】

即使是明月之珠,也不会没有瑕疵;即使是夜光之璧,也不会没有瘢痕。所以作者著书,或许会有毛病。但后代人不能指斥他的毛病,反而掩饰他的错误,于是推而广之,硬要为作者解释,这样的人大概很多啊。如葛洪评论说:"司马迁发愤著《史记》一百三十篇,把伯夷放在列传的开头,用来表彰行善而得不到回报的人;把项羽列入本纪,用以表明身居高位而不一定是有仁德的人。"考查《史记》的撰写,是有事迹的人就记载,没有事迹的人就空缺。考查司马迁驰骋于古今,上下几千年,春秋以前,得到遗事的,大概只有首阳山这两个人罢了。然而假使伯夷、叔齐生在秦代,死在汉代,却仍然排列在列传的最前面,或许是司马迁有这个意思。如今考查人物的年代先后,按顺序编排,这就是理所

362　史通

当然了，有什么可奇怪的？一定要说司马迁是因为伯夷行善而得不到回报，把他放在列传之首，那么像伍子胥、大夫文种、孟轲、墨翟、贾谊、屈原等人，有的奉行仁义却不被重视，有的尽忠君主却受到杀戮，为什么不根据他们的品行分类，编在一起，却放在不同的篇目中，分散在各卷呢？还有司马迁的纰漏谬误，种类很多。陈胜列为世家，已经毫无根据；把项羽列为本纪，又何必有什么凭证。如果说他遭受了腐刑，怨恨汉武帝，所以书中就违背了凡例，心里就充满了偏激。那么像推重黄、老之学而轻视《六经》，抬高奸雄而贬低处士，这样的错误，又是为什么呢？

　　隋内史李德林著论①，称陈寿蜀人，其撰《国志》，党蜀而抑魏②。刊之国史，以为格言。案曹公之创王业也，贼杀母后，幽逼主上③，罪百田常④，祸千王莽。文帝临戎不武，为国好奢，忍害贤良，疏忌骨肉。而寿评皆依违其事，无所措言⑤。刘主地居汉宗，仗顺而起，夷险不挠，终始无瑕。方诸帝王，可比少康、光武；譬以侯伯，宜辈秦缪、楚庄。而寿评抑其所长，攻其所短。是则以魏为正朔之国，典午攸承⑥；蜀乃僭伪之君，中朝所嫉⑦。故曲称曹美，而虚说刘非，安有背曹而向刘，疏魏而亲蜀也？陈寿《上诸葛亮集表》且语⑧："陛下迈踪古圣⑨，荡然无忌，故虽诽谤之言，咸肆其词，而无所革也。"夫无其文而有其说，不亦凭虚亡是者耶？

【注释】

①李德林：见《曲笔》篇"重规亡考"注。

②党蜀而抑魏：《隋书·李德林传》："（德林）曰：……汉献帝死，刘备自尊崇。陈寿，蜀人，以魏为汉贼，宁肯蜀主未立，已云魏武受

命乎?"

③贼杀母后,幽逼主上:事见《后汉书·伏皇后纪》。曹操挟持汉献帝迁都许昌后,皇宫的护卫侍从,全属曹操的人,汉献帝成天忧心胆战。董承谋杀曹操,失败被杀,其女时为贵人,已有身孕。曹操要杀她,汉献帝再三求情,曹操终未答应。建安十九年(214)十一月,伏皇后函告父亲屯骑校尉伏完,讲述曹操的种种情况。曹操得知后,逼献帝废伏后,并派华歆等率兵入宫杀伏后。伏后及宗族死者数百人。

④田常:又称田成子,其先祖是陈国公子完,避祸到齐国,改姓田。田成子为齐简公相,为收买民心,曾以大斗出贷,以小斗收取赋税。后杀齐大夫子我及齐简公,立平公,为之相,尽杀齐公族之强者。强封田氏食邑,食邑竟大过平公。事见《史记·田敬仲完世家》。

⑤依违其事,无所措言:指陈寿在《三国志》中对曹氏种种恶行劣迹无所指斥。竟评曰:"文帝天资文藻,下笔成章,博闻强识,才艺兼该。若加之旷大之度,励以公平之诚,迈志存道,克广德心,则古之贤主何远之有哉!"

⑥典午:指司马氏之晋朝。参见《断限》"南笼典午"注。

⑦中朝:即中原政权。此指魏。

⑧陈寿《上诸葛亮集表》:晋泰始十年(274),陈寿受命编辑《诸葛亮集》,书成而奏上,有《上书表》一篇。附见《三国志·蜀书·诸葛亮传》。

⑨陛下:此指晋武帝司马炎。

【译文】

隋朝内史李德林著书,说陈寿是蜀人,他撰写《三国志》,偏袒蜀国而贬低魏国。并记载入国史,作为让后人信从的语言。考查曹操开创帝王的事业,残杀皇后,囚禁威逼君主,罪过百倍于田常,祸害千倍于王莽。魏文帝曹丕作战没有武略,治国喜好奢侈,残害贤臣忠良,疏远忌恨同胞。而陈寿的评语含糊其辞,不加褒贬。蜀先主刘备门第是汉室宗族,顺应道义而兴起,平顺险阻都不屈挠,自始至终都没有毛病。比起帝王来,可比夏少康、汉光武这样的中兴之君;比起诸侯来,可比秦穆公、楚庄王这样的一代霸主。而陈寿的评语隐没他的长处,攻击他的短处。因此就以魏为正统之国,继承的是司马氏的晋朝;把蜀作为冒名的伪政权,为中原政权所嫉恨。所以他要千方百计地称美曹魏,无中生有地非难刘蜀,那里会背离曹氏而偏向刘氏,疏远魏国而亲近蜀国呢?陈寿《上诸葛亮集表》中说:"陛下继承古代圣人的业绩,心胸坦荡无所顾忌,所以即使书中有诽谤的言论,全都任它们去说,不做修改。"陈寿没有那样的文字而李德林却有这样的说法,不也是凭空虚构的论调吗?

习凿齿之撰《汉晋春秋》,以魏为伪国者,此盖定邪正之途,明顺逆之理耳。而檀道鸾称其当桓氏执政,故撰此书①,欲以绝彼瞻乌②,防兹逐鹿③。历观古之学士,为文以讽其上者多矣。若齐冏失德,《豪士》于焉作赋④;贾后无道,《女史》由其献箴⑤。斯皆短什小篇,可率尔而就也。安有变三国之体统,改五行之正朔,勒成一史,传诸千载,而藉以权济物议⑥,取诚当时。岂非劳而无功,博而非要,与夫班彪《王命》,一何异乎?求之人情,理不当尔。

【注释】

①檀道鸾称其当桓氏执政,故撰此书:檀道鸾著《续晋阳秋》,已佚,其论不可考。《晋书·习凿齿传》云:"是时(桓)温觊觎非望,凿齿在郡,著《汉晋春秋》以裁正之。起汉光武,终于晋愍帝。于三国之时,蜀以宗室为正,魏武虽受汉禅晋,尚为篡逆,至(晋)文帝

平蜀，乃为汉亡而晋始兴焉。"

②瞻乌：指觊觎帝位，争夺天下。

③逐鹿：义同"瞻乌"。《史记·淮阴侯列传》云：蒯通曰："秦失其鹿，天下共逐之，于是高材疾足者先得焉。"

④齐冏失德，《豪士》于焉作赋：齐冏，西晋齐王司马冏。晋惠帝时，赵王司马伦叛乱，平乱后，惠帝复位，冏以诛伦有功，拜大司马，专擅朝政。后被长沙王乂起兵诛杀。《晋书》有传。《豪士》于焉作赋：指陆机作《豪士赋》加以讽刺。《晋书·陆机传》云："齐王冏矜功自伐，受爵不让。机恶之，作《豪士赋》以刺焉。"

⑤贾后无道，《女史》由其献箴：贾后，晋惠帝皇后。惠帝软弱，贾后预政，荒淫放恣。"（张）华惧后族之盛，作《女史箴》以为讽。"事见《晋书·张华传》。

⑥权济物议：暂且提供评论。权，暂且。济，提供。物议，评论。

【译文】

习凿齿撰写《汉晋春秋》，把曹魏作为伪政权，这是确定了道路的正邪，明确了道理的顺逆。而檀道鸾却说他生活在东晋桓氏执政的时候，所以撰写此书，想要杜绝桓温不忠心事晋，防止他觊觎帝位争夺天下。——考查古代的学者文士，写文章婉言讽谏其主上的很多。如齐王司马冏缺失德行，陆机因此作《豪士赋》；贾后荒淫无道，张华因此献《女史箴》。这些都是短篇小文，可以轻松写成。哪有改变了三国的地位，改变了正统的归属，编成一部史著，流传千百年，并借助它来暂且提供议论，以劝诫当时人。岂不是白费力气却没有功效，记载广博却并不重要，与班彪的《王命论》，又有什么区别呢？推究人情，也不应当这样。

自二京板荡①，五胡称制，崔鸿鸠诸伪史，聚成《春秋》②，其所列者，十有六家而已。魏收云：鸿世仕江左，故不录司马、刘、萧之书，又恐识者尤之，未敢出行于外③。案于时中原乏主,海内横流,逖彼东南④,更为正朔。适使素王再出⑤,南史重生,终不能别有异同,忤非其议。安得以伪书无录⑥,而犹罪归彦鸾者乎?且必以崔氏祖宦吴朝⑦,故情私南国,必如是,则其先徙居广固,委质慕容⑧,何得书彼南燕,而与群胡并列!爱憎之道,岂若是邪?且观鸿书之纪纲,皆以晋为主,亦犹班《书》之载吴、项,必系汉年,陈《志》之述孙、刘,皆宗魏世。何止独遗其事,不取其书而已哉!但伯起躬为《魏史》,传列《岛夷》,不欲使中国著书,推崇江表,所以辄假言崔志,用纾魏羞⑨。且东晋之书,宋、齐之史,考其所载,几三百篇,而伪邦坟籍,仅盈百卷。若使收矫鸿之失,南北混书,斯则四分有三,事归江外。非唯肥瘠非类,众寡不均;兼以东南国史,皆须纪传区别。兹又体统不纯,难为编次者矣。收之矫妄,其可尽言乎!

【注释】

①二京板荡:西晋危乱。二京,即西晋都城洛阳和长安。此代指西晋。西晋先建都洛阳,晋怀帝永嘉五年(311),匈奴军攻入洛阳,俘获怀帝。313年,怀帝被匈奴首领刘聪杀害,司马邺在长安即位,是为晋愍帝。316年,匈奴军攻取长安,俘晋愍帝,西晋灭亡。板荡,混乱,危乱。

②崔鸿鸠诸伪史,聚成《春秋》:指崔鸿著《十六国春秋》,已佚。

③鸿世仕江左,故不录司马、刘、萧之书,又恐识者尤之,未敢出行于外:语见《魏书·崔光传》附崔鸿传。司马、刘、萧,指东晋、宋、齐诸朝。

④逖:遥远。

⑤素王:称指有帝王之德、帝王之道而无帝王之位的人。此指孔

子。《论衡·定贤》：“孔子不王，素王之业在于《春秋》。”后世儒
家便专以素王称孔子。

⑥伪书无录：指十六国国史未加记载。

⑦崔氏祖宦吴朝：指崔鸿的曾祖崔旷曾仕南朝宋文帝朝为乐陵太
守，祖父崔灵延，仕南朝宋孝武帝朝为龙骧将军、长广太守。事
见《魏书·崔光传》。吴朝，指江南的各朝政权。

⑧其先徙居广固，委质慕容：即崔鸿曾祖崔旷跟随慕容德南渡黄
河，居住青州。事见《魏书·崔光传》。广固，在今山东青州。慕
容德建立前燕，都于此。

⑨纾魏羞：解除魏收的耻辱。纾，解除。羞，耻辱。

【译文】

　　自从西晋政权危乱，五胡建国称帝，崔鸿收集各伪政权的史书，撰
成《十六国春秋》，其中所编列的，只有十六家。魏收说：崔鸿的先辈世
代在江南为官，所以书中不收录司马氏东晋、刘宋、萧齐的史书，又担心
有识之士责难，不敢公布于世。考查当时中原缺乏统一的君主，天下混
乱，那遥远的南方政权，替换成了正统王朝。即使让孔子转世，南史重
生，终究不能辨别异同，违背这种说法。怎么能把十六国史不加记录，
反而怪罪崔彦鸾呢？而且如果认为崔氏祖先在南朝为官，因此偏袒南
朝政权，必定如此，那么他的祖先最初迁居广固，委身于慕容氏，为什么
记载慕容氏的南燕政权，却与各胡族并列！爱憎的道理，哪有像这样
的？再看崔鸿记载的原则，都是以晋为主，也就像班固《汉书》记载吴
广、项羽，必记汉朝的纪年，陈寿《三国志》记述孙吴、刘蜀，都以曹魏纪
年为主。哪里独独遗漏南朝的史事，不收录南朝的史书而已呢！只不
过是魏收自己撰写《魏史》，把南朝政权列为《岛夷传》，不希望中原所著
的史书，推崇南方政权，所以就借着批评崔书，来解除自己的耻辱。再
说东晋的史书，刘宋、萧齐的史著，考查它们的记载，将近三百篇，而伪
政权的史籍，仅满百卷。如果让魏收来纠正崔鸿的失误，南北混杂编

排，这样就会有四分之三，都属于江南的事。不仅肥瘦不等，多寡不均；再加上东南的国史，都必须纪传有所区分。这又体例不纯，很难加以编排了。魏收的矫情虚妄，怎能说得完呢！

　　于是考众家之异说，参作者之本意，或出自胸怀，枉申探赜；或妄加向背，辄有异同。而流俗腐儒，后来末学，习其狂狷，成其诖误①，自谓见所未见，闻所未闻，铭诸舌端，以为口实。唯智者不惑，无所疑焉②。

【注释】

　　①诖（guà）误：受牵连而形成错误。

　　②智者不惑，无所疑焉：语出《论语·子罕》："知者不惑，仁者不忧，勇者不惧。"

【译文】

　　于是考证各家的不同说法，参验作者的本意，有的出自自己的想法，徒有探究之名；有的妄加赞扬指责，就表示自己的不同。而世俗之人迂腐儒生，后世的浅薄学者，沿袭他们的偏激，受他们影响而造成错误，自以为见到了别人所未见到的，听到了别人所未听到的，把这些说法挂在嘴上，作为谈话资料。只有明智的人不会被迷惑，无所怀疑。

内篇　摸拟第二十八

【题解】

本篇专论史书编撰中的拟古问题。

刘知幾认为，编撰史书，模拟仿效前人，在所难免，因为模拟本身也是一种对前人的学习。更何况史书记事浩如烟海，不注重向前贤学习仿效，几乎是不可能的。所以，成功的模拟是值得肯定的。

纵观历代模拟情况，大致有两种：一种是"貌同而心异"，一种是"貌异而心同"。前者是"形似"，有其形而无其神；后者是"神似"，无其形但得其神。两相比较，"形似"者，是"模拟之下"；"神似"者，是"模拟之上"。篇中刘知幾用了六个实例来说明"貌同而心异"的失败模拟，举了七个案例来论述"貌异而心同"的成功模拟。"得其神"与"得其形"，正是两种模拟的基本特征和高下之别。

刘知幾认为，模拟的成功与失败，关键在于能否很好地掌握"世异则事异，事异则备异"的原则。刘知幾反对"以先王之道，持今世之民"的"泥古"做法；主张"取其道术相会，义理玄同"的模拟，即模拟前代史书的原则和精神。"时移而世异"仍然是本篇的核心主旨。显然，刘知幾所论是确当而富有启示意义的。

夫述者相效，自古而然。故列御寇之言理也^①，则凭李叟②；扬子云之草《玄》也③，全师孔公。苻朗则比迹于庄周④，范晔则参踪于贾谊⑤。况史臣注记，其言浩博，若不仰范前哲，何以贻厥后来？盖摸拟之体，厥途有二：一曰貌同而心异⑥，二曰貌异而心同。

【注释】

①列御寇：战国郑人，早于庄子，其生事已不可考。传说《列子》即其著作，《庄子》中记载了许多有关他的传说。刘向认为，其学说"本于黄帝老子"，属于道家。《汉书·诸子略》道家类著录"《列子》八篇。名圄寇，先庄子，庄子称之"。今人多认为《列子》可能是魏晋时人托名伪作。

②则凭李叟：指《列子》一书本于黄帝、老子。李叟，即老子，因老子姓李名耳。

③《玄》：指扬雄《太玄经》。

④苻朗则比迹于庄周：事见《晋书·苻坚传》附苻朗传。苻朗，字元达，苻坚从兄之子。著《苻子》数十篇，以阐释老庄的学术思想。

⑤范晔则参踪于贾谊：《宋书·范晔传》附载《狱中与诸甥侄书》云："至于循吏以下及六夷诸序论，笔势纵放，实天下之奇作，其中合者，往往不减《过秦篇》。"《过秦论》，汉贾谊作，参见《二体》篇"贾谊"注。

⑥貌同而心异：表面相同而内涵不同。

【译文】

　　著述之人相互仿效，自古以来就是这样。所以列御寇阐述理论，就是根据老子；扬雄写作《太玄经》，完全仿效孔子。苻朗的《苻子》就紧随庄周，范晔的序论是参考追随贾谊。更何况史官的记载，言词相当浩博，如果不效法前代贤哲，怎么能遗留给后来人呢？大概模拟的体例，其方法有两种：一是貌同而心异，二是貌异而心同。

何以言之？盖古者列国命官，卿与大夫有别。必于国史所记，则卿亦呼为大夫，此《春秋》之例也。当秦有天下，地广殷、周，变诸侯为帝王，目宰辅为丞相。而谯周撰《古史考》①，思欲摈抑马《记》，师仿孔《经》②。其书李斯之弃市也③，乃云"秦杀其大夫李斯"。夫以诸侯之大夫名天子之丞相，以此而拟《春秋》，所谓貌同而心异也。

【注释】

①谯周撰《古史考》：谯周（201—270），字允南，三国蜀巴西西充（今四川西充）人。精研《六经》，尤善书札。历仕蜀至中散大夫、光禄大夫。后因劝说刘禅投降有功，被曹魏封为阳城亭侯，累迁为散骑常侍。著有《定法训》、《五经论》、《古史考》，皆佚。《三国志·蜀书》有传。《晋书·司马彪传》："谯周以司马迁《史记》书周、秦以上，或采俗语百家之言，不专据正经，周于是作《古史考》二十五篇，皆凭旧典，以纠迁之谬误。"

②孔《经》：指孔子所修《春秋》。

③弃市：古代的一种刑法，即在闹市执行死刑，陈尸街头示众。

【译文】

为什么这么说呢？古代各诸侯国任命官员，卿与大夫有区别。如果在国史中记载，卿也称为大夫，这是《春秋》的体例。当秦朝统一了天下，地域比殷、周还要广大，诸侯变成了帝王，称宰辅为丞相。而谯周撰写《古史考》，试图排斥贬抑司马迁《史记》，学习模仿孔子的《春秋》。书中记载李斯被弃市，就说"秦杀其大夫李斯"。用诸侯国的大夫之名来称呼天子的丞相，以此来模拟《春秋》，就是所谓的"貌同而心异"了。

当春秋之世，列国甚多，每书他邦，皆显其号①。至于鲁国，直云我而已。如金行握纪^②，海内大同，君靡客主之殊，臣无彼此之异。而干宝撰《晋纪》，至天子之葬，必云"葬我某皇帝"。且无二君，何我之有？以此而拟《春秋》，又所谓貌同而心异也。

【注释】

①显其号：明白写出国名。

②金行握纪：指司马氏的晋朝君临天下。金行，指晋朝。按古代五行之说，晋属金尚白，为金德。握纪，指帝王即位。

【译文】

在春秋时代，诸侯国很多，《春秋》每写到别的国家，都要明白写出它的国名。至于鲁国，就直接称我而已。比如晋朝君临天下，海内一统，君主没有了主客的区别，臣僚没有了彼此不同的国别。但干宝撰《晋纪》，说到天子下葬，必定要说"葬我某皇帝"。当时并没有两个皇帝，哪来的"我"呢？这样地模拟《春秋》，这也叫做"貌同而心异"。

狄灭二国^①，君死城屠；齐桓行霸，兴亡继绝^②。《左传》云："邢迁如归，卫国忘亡。"言上下安堵^③，不失旧物也^④。如孙皓暴虐^⑤，人不聊生，晋师是讨，后予相怨^⑥。而干宝《晋纪》云："吴国既灭，江外忘亡。"岂江外安典午之善政^⑦，同归命之未灭乎^⑧？以此而拟《左氏》，又所谓貌同而心异也。

【注释】

①狄灭二国：《左传》记载：闵公元年，狄人伐邢，齐人救邢。闵公二年，狄人伐卫，卫师败绩，遂灭卫。其后齐桓公迁邢人于夷仪，封卫于楚丘。故云"邢迁如归，卫国忘亡"。

②兴亡继绝：灭绝了又重新振兴起来，延续下去。语出《论语·尧曰》："兴灭国，继绝世，举逸民，天下之民归心焉。"

③安堵：安居乐业。堵，墙垣。

④旧物：指过去的典章制度。引申为帝王的基业。

⑤孙皓（242—284）：三国吴末帝，字元宗，孙权之孙，孙和之子，继孙休为吴主，暴虐无道。晋武帝咸宁六年，晋灭吴，孙皓被俘，送洛阳，封归命侯。

⑥后予相怨：伪《古文尚书·仲虺（huī）之诰》："东征西夷怨，南征北狄怨。曰：'奚独后予（为什么把我们放在后面）。'"比喻盼望早点得到解救。

⑦江外：即江南，指孙吴统治区域。安：满意。典午："司马"的隐语，此指晋朝。因晋帝姓司马氏。

⑧归命：西晋灭吴，迁孙皓于洛阳，赐号归命侯。

【译文】

狄人灭亡了邢、卫二国，国君死亡百姓被屠城；齐桓公行使霸主的职权，让灭亡了的得到复兴延续。《左传》说："邢迁如归，卫国忘亡。"是说上上下下安居乐业，不失旧日的典章规范。像孙皓暴虐无道，吴国人民不聊生，晋军讨伐吴国，吴国人都盼望早点解放。而干宝《晋纪》说："吴国灭了之后，江南忘亡。"难道江南人都满意晋朝的清明政治，就像归命侯孙皓统治时一样吗？这样来模拟《左传》，这也是"貌同而心异"。

　　春秋诸国，皆用夏正①。鲁以行天子礼乐，故独用周家正朔。至如书"元年春王正月"者，年则鲁君之年，月则周王之月。考《竹书纪年》始达此义。而自古说《春秋》者，皆妄为解释也。如曹、马受命，躬为帝王，非是以诸侯守藩②，行天子班历。而孙盛《魏》、《晋》二《阳秋》，每书年首，必云"某年春帝正月"。夫年既编帝纪，而月又列帝名。以此而拟《春秋》，又所谓貌同而心异也。

【注释】

①夏正：古代"三正"之一。正，一年之首。"三正"即三种确定岁首的方法。夏正，是夏朝的纪年方法，以正月为岁首。商朝以农历十二月为岁首，称"殷正"。周朝以农历十一月为岁首，称"周正"。参见《本纪》篇"正朔"注。今之农历以正月为岁首，即为夏历。

②以诸侯守藩：古代天子分封诸侯，使他们成为王朝周围的保护（藩篱），所以诸侯又称"藩王"。藩，篱笆。

【译文】

春秋时的各诸侯国，都用夏正。鲁国因为遵行周天子礼乐，所以只有鲁使用周朝历法。至于像《春秋》中写"元年春王正月"，年是鲁国君主的纪年，月则是周王朝的纪月。考查《竹书纪年》才开始清楚这个含义。而自古解说《春秋》的人，都是胡乱加以解释。如曹氏、司马氏接受天命，身为帝王，不是作为诸侯护卫天子，而是遵行天子的历法。但孙盛的《魏氏春秋》、《晋阳秋》二书，只要写到一年之首，必定说"某年春帝正月"。既在年份上编入帝纪，而在月上又列出帝名。这样来模拟《春秋》，又是叫做貌同而心异。

五始所作①，是曰《春秋》；《三传》并兴，各释经义。如《公羊传》屡云："何以书？记某事也。"此则先引经语，而继以释辞，势使之然，非史体也。如吴均《齐春秋》②，每书灾变，亦曰："何以书？记异也。"夫事无他议，言从己出，辄自问而自答者，岂是叙事之理者邪？以此而拟《公羊》，又所谓貌同而心异也。

【注释】

①五始：详见《表历》篇"《传》包五始"注和《采瞗》"追论五始"注。

②吴均《齐春秋》：参见《六家》篇"《左传》家"节注。

【译文】

五始的起源，就是《春秋经》；《三传》并起，各自解释经的含义。如《公羊传》屡屡说："为什么写呢？是为了记某件事。"这是先引《经》里的话，而接着加以解释，情势使其如此，并不是史书的体例。像吴均的《齐春秋》，每写到灾变，也说："为什么写呢？为了记录异常之事。"事情没有别的议论，话是自己说出的，就是自问自答，哪里是叙事的常理呢？这样来模拟《公羊传》，又是叫做"貌同而心异"。

且《史》、《汉》每于列传首书人名字，至传内有呼字处，则于传首不详。如《汉书·李陵传》称陇西任立政①，"陵字立政曰：'少公，归易耳。'"夫上不言立政之字，而辄言"字立政曰少公"者，此省文，从可知也。至令狐德棻《周书》于《伊娄穆传》首云"伊娄穆字奴干"②，既而续云太祖"字之曰：'奴干作仪同面向我也。'"夫上书其字，而下复曰字，岂是事从简易，文去重复者邪？以此而拟《汉书》，又所谓貌同而心异也。

【注释】

①《汉书·李陵传》称陇西任立政：李陵（前134或133—前74），字少卿，西汉名将李广孙，武帝时官骑都尉。武帝天汉二年（前99）与匈奴作战中败降，武帝杀其父母妻子。汉昭帝时，大将军霍

光、左将军上官桀，素与陵友好，派陵故友任立政赴匈奴，召陵回国。李陵对任立政说："少公，归易耳，恐再辱，奈何？"任立政字少公，故李陵如此称呼他。

②伊娄穆字奴干：伊娄穆，字奴干，生卒年不详。北周代（今山西大同）人。精骑射，弱冠，为太祖宇文泰内亲信。"尝入白事，太祖望见，悦之，字之曰：'奴干作仪同，面见我矣。'于是车骑大将军，仪同三司。"事见《周书》本传。

【译文】

　　而且《史记》、《汉书》常在列传开头写下人物的姓名和字，到了传中有称呼人物的字的地方，就因已在列传的开头而不再详述。如《汉书·李陵传》说陇西任立政到匈奴去召回李陵，"李陵称呼立政说：'少公，回去容易啊！'"前面没有交代任立政的字，而就说"字立政曰少公"，这是简省文字，从这里可以知道。至于令狐德棻的《周书》在《伊娄穆传》开头说"伊娄穆字奴干"，后面接着说太祖"字之曰：'奴干作仪同面向我也。'"上面写了他的字，而下面又说字，难道是叙事遵从简易，文字去除重复吗？这样来模拟《汉书》，又是叫做"貌同而心异"。

　　昔《家语》有云①："苍梧人娶妻而美，以让其兄。虽为让，非让道也。"②又扬子《法言》曰③：士有姓孔字仲尼，其文是也，其质非也。如向之诸子，所拟古作，其殆苍梧之让，姓孔字仲尼者欤？ 盖语曰：世异则事异，事异则备异。必以先王之道持今世之人，此韩子所以著《五蠹》之篇④，称宋人有守株之说也。世之述者，锐志于奇，喜编次古文，撰叙今事，而巍然自谓《五经》再生⑤，《三史》重出，多见其无识者矣⑥。

【注释】

①《家语》：指《孔子家语》。长期被视为伪书，认为是三国王肃伪撰。1973 年河北定县八角廊汉墓竹简和 1977 年安徽阜阳双古堆汉墓竹简均证实该书并非伪作，它的原型在汉初已存在。

②苍梧人娶妻而美，以让其兄。虽为让，非让道也：文见《孔子家语·六本》："苍梧娆娶妻而美，让与其兄。让则让矣，然非礼之让矣。"

③扬子《法言》：即扬雄《法言》。扬雄《法言·吾子》云："或曰：'有人焉，自姓孔而字仲尼，入其室，升其堂，伏其几，袭其裳，则可谓仲尼乎？'曰：其文是也，其质非也。"

④韩子所以著《五蠹》之篇：韩子指韩非（前 281—前 233），战国末哲学家，法家主要代表人物。出身韩国贵族，与李斯同为荀子弟子。曾建议韩王变法图强，未被采纳。秦王政邀其使秦，在秦国因受李斯嫉妒，被谗害入狱自杀。著有《孤愤》、《五蠹》、《说难》等十余万言，后人辑为《韩非子》二十卷。《史记》有传。

⑤巍然自谓：大言不惭地说。

⑥多见：只见，仅见。

【译文】

　　过去《孔子家语》中说："苍梧人娶妻很美，把她让给自己的哥哥。虽然是让，却不符合让的原则。"又有扬雄《法言》中说：有一读书人姓孔字仲尼，文字是那些文字，而本质却不是。像前面的这些人，模拟古代的作品，大概就是苍梧让妻，姓孔字仲尼之类的人吧？所以古人说：时代不同了情况也就不一样，情况不一样措施也要不同。一定要用上古帝王的法则来要求今天的人们，这就是韩非子之所以要著《五蠹》篇，叙述宋人有"守株待兔"故事的原因了。世上的著述之人，一心追求新奇，喜欢编辑古人文字，来叙述当今的事情，还大言不惭地说《五经》再生，《三史》重出，只能显示出他的浅薄无知。

惟夫明识之士则不然。何则？其所拟者非如图画之写真，镕铸之象物，以此而似也。其所以为似者，取其道术相会①，义理玄同②，若斯而已。亦犹孔父贱为匹夫③，栖皇放逐④，而能祖述尧、舜，宪章文、武⑤，亦何必居九五之位，处南面之尊⑥，然后谓之连类者哉！

【注释】

①道术相会：道德学术相符合。道术，道德学术。会，符合。

②玄同：大同。

③孔父贱为匹夫：语见《论语·子罕》："子曰：'吾少也贱，故多能鄙事。'"孔父，对孔子的尊称。

④栖（xī）皇：忙碌奔波而不安定的样子。

⑤祖述尧、舜，宪章文、武：语出《礼记·中庸》："仲尼祖述尧、舜，宪章文、武。"祖述，遵循，效法。宪章，学习，弘扬。

⑥居九五之位，处南面之尊：指身居帝王的尊崇之位。《易·乾卦》："九五，飞龙在天，利见大人。"因有"飞龙在天"字样，后人遂以"九五"代指帝王。《易·说卦》："圣人南面而听天下。"古代帝王上朝，坐北面南，故以"南面"指代帝王。

【译文】

有见识的人就不是这样。为什么呢？他们的模拟不是像画图中的写真，铸造中的象物一样，使其相似而已。他们所相似的，是取道德学术上的相符，义理思想上的大同，如此而已。也就像孔夫子地位低下是一普通人，到处奔波忙碌而不被接纳，却能师法尧、舜之道，弘扬文、武之学说，又何必身居帝王之尊，位处君主之位，然后说自己和帝王是同类呢！

　　盖《左氏》为书,叙事之最。自晋已降,景慕者多[1],有类效颦[2],弥益其丑。然求诸偶中,亦可言焉。盖君父见害,臣子所耻,义当略说,不忍斥言。故《左传》叙桓公在齐遇害[3],而云"彭生乘公,公薨于车"。如干宝《晋纪》叙愍帝殁于平阳[4],而云:"晋人见者多哭,贼惧,帝崩。"以此而拟《左氏》,所谓貌异而心同也。

【注释】

①景慕:仰慕。此指自袁宏《后汉纪》以下至王劭《齐志》等著述,多依仿《左传》之体。

②效颦:仿效皱眉。颦,皱眉。西施因胸痛,走路时捂着胸口,皱着眉头。同村一丑女见别人总说西施漂亮,便学西施的样子,走路捂着胸口,皱着眉头。结果村里的富人紧闭大门而不出,穷人见了她就赶紧带上妻儿躲远。事见《庄子·天运》。成语"东施效颦"即源于此事。

③《左传》叙桓公在齐遇害:事见《左传》桓公十八年。鲁桓公带着妻子文姜一起到齐国去,文姜竟和齐侯通奸,被桓公责骂,文姜告诉了齐侯。后来齐侯宴请桓公,让公子彭生利用帮助桓公登车的机会杀了他。《左传》只说:"使公子彭生乘公,公薨于车。"

④愍帝殁于平阳:西晋愍帝被匈奴刘聪俘虏后,横遭侮辱。刘聪出猎,令愍帝着戎服,执戟前导,百姓聚而观之,晋朝故老哭泣流泪。刘聪很是忌恨。在朝廷大会上,刘聪又让愍帝斟酒劝饮,洗涤酒具。刘聪起去更衣,令愍帝执伞盖。在座晋臣多失声而哭,尚书郎辛宾抱帝痛哭,为聪所害。不久刘聪即杀害了愍帝。事见《晋书·愍帝纪》。干宝《晋纪》已佚,刘知幾所引无考。平阳,山西临汾南。

【译文】

左丘明撰《左传》，记叙事情最好。自晋代以后，仰慕仿效的人很多，类似于东施效颦，更增加他们的丑陋。但要找偶尔模拟得好的，也有可说一说的。君父被杀害，是臣子儿子的耻辱，按理应当略说，不忍心直言指责。所以《左传》叙述鲁桓公在齐国遇害，只说"彭生帮助公登车，公死在车中"。如干宝《晋纪》记叙晋愍帝死于平阳，只说："晋人见到这种情况大多哭起来，贼人害怕，愍帝驾崩。"这样来模拟《左传》，就叫做"貌异而心同"了。

夫当时所记或未尽，则先举其始，后详其末，前后相会，隔越取同。若《左氏》成七年，郑获楚钟仪以献晋，至九年，晋归钟仪于楚以求平①，其类是也。至裴子野《宋略》叙索虏临江，太子劭使力士排徐湛、江湛僵仆②，于是始与劭有隙。其后三年，有江湛为元凶所杀事。以此而拟《左氏》，亦所谓貌异而心同也。

【注释】

①若《左氏》成七年，郑获楚钟仪以献晋，至九年，晋归钟仪于楚以求平：《左传》成公七年记载，其年秋，楚军伐郑，晋、齐、鲁、宋等九诸侯联军救郑。郑国俘虏了楚国的钟仪，把他献给晋国。成公九年，晋侯听从范文子建议，释放了钟仪，以求晋、楚两国和解。求平，即求和。

②裴子野《宋略》叙索虏临江，太子劭使力士排徐湛、江湛僵仆：裴子野《宋略》已佚，难以详考。下文数句所引太子刘劭与徐湛之、江湛有隙及徐、江被杀事，详见《宋书》徐、江传及《二凶传》。索虏，南朝对北魏拓跋氏政权的蔑称。徐湛之（410—453），字孝

源,东海郯(今山东郯城)人,宋武帝刘裕外孙。文帝时,备受重用,官至中书令,领太子詹事,转尚书仆射,领护军将军,朝事悉委之。江湛(408—453),字徽渊,济阳考城(今河南兰考)人,宋文帝时累官至吏部尚书、侍中,任以机密,与徐湛之并居权要,世谓之江、徐。太子劭:指刘劭(426—453),字休远,魏广平邯郸(今河北邯郸)人,宋文帝长子,拜为皇太子。后因在宫中行巫蛊,文帝大怒,欲废之。刘劭便与始兴王刘浚等合谋,于元嘉三十年二月率兵入宫,杀文帝及亲近大臣徐湛之、江湛等,自立为帝,改元太初。文帝第三子武陵王刘骏得知太子弑父,遂起兵征讨,两个月后,攻入建康,杀刘劭及其同谋。僵仆:僵硬而倒下。

【译文】

凡当时所记而没记完的事,就先提起个开头,后面再详记它的结束,前后相互配合,分开记同一件事。如《左传》成公七年,郑国俘获了楚国钟仪献给晋国,到成公九年,晋国释放钟仪回楚以求和解,就是这类情况。到裴子野的《宋略》叙述索房兵临江边,太子刘劭指使武士推倒徐湛之、江湛,徐、江因此与刘劭有矛盾。三年后,就有了江湛被元凶刘劭所杀的事。这样来模拟《左传》,就是叫"貌异而心同"了。

凡列姓名,罕兼其字。苟前后互举,则观者自知。如《左传》上言羊斟,则下曰叔牂①;前称子产,则次见国侨②,其类是也。至裴子野《宋略》亦然。何者?上书桓玄,则下云敬道③;后叙殷铁,则先著景仁④。以此而拟《左氏》,又所谓貌异而心同也。

【注释】

①上言羊斟,则下曰叔牂:《左传》宣公二年:"春,郑公子归生受命

于楚伐宋，宋华元、乐吕御之……将战，华元杀羊食士，其御羊斟不与。及战，曰：'畴昔之羊，子为政。今日之事，我为政。'与入郑师。故败……华元逃归……见叔牂曰：'子之马然也。'对曰：'非马也，其人也。'"

②国侨：指子产。《左传》中多次称子产为侨或公孙侨，未见称国侨者。但子产以国为氏，故唐以前人多称子产为国侨。

③上书桓玄，则下云敬道：敬道，桓玄字。裴子野《宋略》已佚，其说不可考。但《晋书》、《宋书》、《魏书》等，多条涉及桓玄事，都无"上称桓玄，下云敬道"的写法。

④后叙殷铁，则先著景仁：亦可见于《宋书·刘湛传》："湛与（殷）景仁素款……及俱被时遇，猜隙渐生……湛党刘敬文父成未悟其机，诣景仁求郡。敬文遽往谢湛曰：'老父悖耄，遂就殷铁干禄。'"又《南史·范泰传》：泰卒，"初议赠开府，殷景仁曰：'泰素望不重，不可拟议台司。'竟不果。及葬，王弘抚棺哭曰：'君生平重殷铁，今以此为报！'"

【译文】

凡是列举姓名，很少同时列出字来。如果前后交叉使用，读者自然明白。如《左传》前面称羊斟，后面就称叔牂；前面称子产，再次出现就称国侨，就属于这类情况。到裴子野《宋略》也是这样。何以见得？它前面写桓玄，后面就称敬道；后面叙述殷铁，就先在前面写景仁。这样模拟《左传》，又叫做"貌异而心同"了。

《左氏》与《论语》，有叙人酬对，苟非烦词积句，但是往复唯诺而已，则连续而说，去其"对曰"、"问曰"等字。如裴子野《宋略》云：李孝伯问张畅①，"卿何姓？"曰"姓张。""张长史乎？"以此而拟《左氏》、《论语》，又所谓貌异而心同也。

【注释】

①李孝伯问张畅：后文所引为北魏太武帝南征，兵临彭城，北魏尚
书李孝伯和宋守城官员安北长史、沛郡太守张畅的问答之辞。
事亦见《宋书》之《张畅传》和《张邵传》附畅传。

【译文】

在《左传》与《论语》中，有时记述人物问答，假如不是词句的堆积，
就是来回的相互问答而已，连续地对话，去掉"对曰"、"问曰"等字词。
如裴子野《宋略》中说：李孝伯问张畅，"你姓什么？"答"姓张"。"张长史
吗？"这样摸拟《左传》、《论语》，又叫做"貌异而心同"了。

善人君子，功业不书，见于应对，附彰其美。如《左传》
称楚武王欲伐随，熊率且比曰："季梁在，何益！"①至萧方等
《三十国春秋》说朝廷闻慕容儁死②，曰："中原可图矣！"桓温
曰："慕容恪在，其忧方大！"③以此而拟《左氏》，又所谓貌异
而心同也。

【注释】

①《左传》称楚武王欲伐随，熊率且比曰："季梁在，何益！"：事见《左
传》桓公六年。楚武王侵犯随国，中途却邀随国派使者前来军中
谈判。鬬伯比建议楚王故意让军队显得混乱疲弱，以迷惑随国
使者。熊率且比曰："季梁在，何益？"随国使者中计，回国后建议
随侯追赶楚军，而季梁识破楚计，劝阻了随侯。熊率且比，楚国
大夫。季梁，随国贤臣。

②萧方等《三十国春秋》：萧方等（528—549），字实相，梁元帝萧绎
长子，曾邀集当时学者注解《后汉书》未成，后撰《三十国春秋》三
十一卷，今佚。

③慕容恪在，其忧方大：《三十国春秋》已佚。事见《晋书·慕容皝
传》附恪传："慕容恪字玄恭，皝（huàng）之第四子也。幼而谨厚，
沉深有大度……数从皝征伐，临机多奇策，使镇辽东，甚有威惠，
高句丽惮之，不敢为寇……皝将终，谓儁曰：'今中原未一，方建
大事，恪智勇俱济，汝其委之。'及儁嗣位……封太原王，拜侍中、
假节、大都督、录尚书……初，建邺闻儁死，曰：'中原可图矣。'桓
温曰：'慕容恪尚存，所忧方为大耳。'"

【译文】

有些有道君子，功业不必写出来，而体现在他们的应对之中，随带
着彰显了他们的特长。如《左传》说楚武王想要讨伐随国，熊率且比说：
"有季梁在，我们得不到好处！"到萧方等《三十国春秋》说朝廷听说慕容
儁死了，说："中原可以谋图了！"桓温说："慕容恪还在，正是很值得忧虑
的时候！"这样模拟《左传》，又叫做"貌异而心同"了。

夫将叙其事，必预张其本，弥缝混说，无取睠言①。如
《左传》称叔辄闻日蚀而哭②，昭子曰：子叔其将死乎？秋八
月，叔辄卒。至王劭《齐志》称张伯德梦山上挂丝③，占者曰：
"其为幽州乎？"秋七月，拜为幽州刺史。以此而拟《左氏》，
又所谓貌异而心同也。

【注释】

①睠（juàn）：通"眷"，回顾。

②《左传》称叔辄闻日蚀而哭：见《左传》昭公二十一年："秋七月壬
午朔，日有食之……于是叔辄哭日食。昭子曰：'子叔将死，非所
哭也。'八月，叔辄卒。"

③王劭《齐志》称张伯德梦山上挂丝：王劭《齐志》，见《六家》"《尚

书》家"节注，书已佚。事亦见《北齐书·张亮传》："薛琡（chù）尝
梦亮于山上持丝，以告亮且占之曰：'山上丝，幽字也。君其为幽
州乎？'数月，亮出为幽州刺史。"伯德，张亮字。

【译文】

　　将要叙述某件事，必定预先埋下伏笔，弥补前后混淆，不采用回头
倒叙的方法。如《左传》记载叔辄听说有日食而哭泣，昭子说：子叔大概
要死了吧？秋八月，叔辄果然死了。到王劭《齐志》记载张伯德梦见山
上挂丝，占卜的人说："大概要做幽州长官了吧？"秋七月，张伯德被拜为
幽州刺史。这样来模拟《左传》，又叫做"貌异而心同"了。

　　盖文虽缺略，理甚昭著，此丘明之体也。至如叙晋败于
邲，先济者赏，而云："中军、下军争舟，舟中之指可掬①。"夫
不言攀舟乱，以刀断指，而但曰"舟指可掬"，则读者自睹其
事矣。至王劭《齐志》述高季式破敌于韩陵，追奔逐北，而云
"夜半方归，槊血满袖②"。夫不言奋槊深入，击刺甚多，而但
称"槊血满袖"，则闻者亦知其义矣。以此而拟《左氏》，又所
谓貌异而心同也。

【注释】

①舟中之指可掬：事见《左传》宣公十二年。楚国伐郑，晋军援郑，
　分上、中、下三军，渡过黄河，遭楚军攻击。上军预先有备，所以
　不败；而中军、下军则大败，退逃黄河边。中军统帅荀林父不知
　所措，击鼓宣布："先济者有赏。"于是"中军、下军争舟，舟中之指
　可掬也"。指，指头。掬，双手捧起。
②夜半方归，槊（shuò）血满袖：事亦见《北齐书·神武志上》：北
　魏永熙元年（532），高欢率军与尔朱兆军大战于韩陵山，大败

兆军,高欢将高季式以七骑追奔。"夜久,季式还,血满袖。"
槊,长矛。

【译文】

　　文字虽然缺省简略,道理却很明显,这是左丘明《左传》的文体。比如叙述晋军在邲地打了败仗,宣布先渡过河的有赏,说道:"中军、下军争着上船,船中的断指多得可以双手捧起。"不说要上船的人抢着攀住船舷而混乱,先上船的人用刀砍断他们的手指,而只说"船中的手指可以用手捧起来",读者就像能自己目睹当时的情形一样。到王劭《齐志》记述高季式在韩陵打败敌军,追击败军,说是"半夜才回营,槊上的鲜血染满了衣袖"。不说他奋槊深入敌阵,刺杀敌人很多,而只说"槊上的鲜血染满衣袖",读者也就知道其中的含义了。这样来模拟《左传》,又叫做"貌异而心同"了。

　　大抵作者,自魏已前,多效《三史》,从晋已降,喜学《五经》。夫史才文浅而易摸,经文意深而难拟,既难易有别,故得失亦殊。盖貌异而心同者,摸拟之上也;貌同而心异者,摸拟之下也。然人皆好貌同而心异,不尚貌异而心同者,何哉?盖鉴识不明,嗜爱多僻,悦夫似史而憎夫真史,此子张所以致讥于鲁侯,有叶公好龙之喻也①。袁山松云:"书之为难也有五:烦而不整,一难也;俗而不典,二难也;书不实录,三难也;赏罚不中,四难也;文不胜质,五难也。"夫拟古而不类,此乃难之极者,何为独阙其目乎?呜呼!自子长以还,似皆未睹斯义。后来明达,其鉴之哉!

【注释】

　　①子张所以致讥于鲁侯,有叶公好龙之喻也:孔子的弟子颛孙师,

字子张。春秋末陈国阳城（今河南登封）人。出身微贱，犯过罪，经孔子教育，成为"显士"。是孔子弟子十二大贤之一。《艺文类聚》卷九十六引《庄子》："子张见鲁哀公，不礼焉。去之，曰：'君之好士也，有似叶公子高之好龙，雕文画之，于是天龙闻而示之，窥头于牖，拖尾于堂。叶公见之，失其魂魄，五色无主。是叶公非好真龙也，好夫似龙非龙也。今君非好士也，好夫似士者。"

【译文】

大体说来，魏以前的作者，大多仿效《三史》，晋代以后，则喜欢学习《五经》。史书文字浅显而容易模拟，经文含义深刻而难以模拟，既然难易有所不同，所以模拟的得失也有差异。貌异而心同的，是模拟的上等；貌同而心异的，就是模拟的下等。但是人们都喜欢貌同而心异的，不喜欢貌异而心同的，为什么呢？原来鉴赏见识不高明，嗜好喜爱多怪癖，喜欢像史书的史书而憎恶真正的史书，这就是子张所讥笑鲁侯的，有叶公好龙的比喻。袁山松说："著史书的难处有五：繁杂而不整齐，一难；庸俗而不典雅，二难；记载不能真实，三难；赏罚不中肯綮，四难；文采不如质朴，五难。"模拟古代而不得当，这才是最难的，为什么独缺这一条呢？可叹啊！自从司马迁以来，似乎都没有认识这一点。后来的贤明达士，应该引以为鉴啊！

内篇　书事第二十九

　　本篇主要讨论史书编纂时的史料取舍问题。刘知幾综合和继承荀悦、干宝的"立典有五志"之论，提出还应"广以三科"。"五志三科"，即是刘知幾对史书内容的把握。

　　东汉末史家荀悦提出编纂史书有五条宗旨：一是通达道义，二是宣扬法式，三是贯通古今，四是著录功勋，五是表彰贤能。晋朝史家干宝发展了荀悦的"五志"，认为：规划治理国家的言论要记载，用兵征伐的权谋要记载，忠臣烈士孝子贞妇的节操要记载，朝廷文诰交涉应对的言论要记载，才能气力技艺方面的特殊人才要记载。

　　刘知幾认为，二人的论述大致把史书记言、记事所应遵循的条例和纲领都包括了。但仍有遗漏，需要再扩充三条：一叫叙述沿革，二叫表明罪恶，三叫宣扬怪异。"五志"加上"三科"，史书的记载就可以做到无缺漏了。史书的编纂，都应该遵循这"五志三科"，以此作为采录标准。这样，史书才可能真正发挥"记功书过，彰善瘅恶"的宗旨和作用。

　　遵从"五志三科"的取材标准和撰述内容，史家叙事便可广征博采、赅备无遗，然而又必须处理好详略繁简的问题。刘知幾批评近代以来史书叙事甚繁、积习难返：一是大量记载祥瑞，二是详细记载君臣朝会，三是备载百官升迁黜免，四是历叙人物世代名位。都背离了修史的准则。据此,刘知幾提出史书编纂还必须遵循一个总的原则和准绳——"简而且详,疏而不漏"。确实表现了刘知幾的远见卓识。

当然,"五志三科"的取材标准和撰述内容,也反映出刘知幾难以超脱封建等级名分的束缚,如道义、法式之则,忠臣烈士、孝子贞妇之节,神灵感应,灾祸祥瑞的征兆等,仍被作为史书记事的重要内容。因此,刘知幾的史料采录标准虽有启示意义,但不可能适应今天的史书编纂。史书编纂的取材标准应随时代变化而变化,因时因势而异。

昔荀悦有云:"立典有五志焉[①]:一曰达道义,二曰彰法式,三曰通古今,四曰著功勋,五曰表贤能。"干宝之释五志也[②],"体国经野之言则书之,用兵征伐之权则书之,忠臣烈士孝子贞妇之节则书之,文诰专对之辞则书之,才力技艺殊异则书之。"于是采二家之所议,征五志之所取,盖记言之所网罗[③],书事之所总括[④],粗得于兹矣。然必谓故无遗恨,犹恐未尽者乎? 今更广以三科,用增前目:一曰叙沿革,二曰明罪恶,三曰旌怪异。何者? 礼仪用舍[⑤],节文升降则书之[⑥];君臣邪僻,国家丧乱则书之;幽明感应,祸福萌兆则书之。于是以此三科,参诸五志,则史氏所载,庶几无阙。求诸笔削,何莫由斯?

【注释】

①立典有五志:语见荀悦《汉纪·高祖皇帝纪》及《后汉书·荀悦传》。立典,撰写史书。志,宗旨。

②干宝之释五志:干宝著《晋纪》、《春秋左氏义外传》等,已佚。所云出处不可考。

③网罗:条例。

④总括：纲领。

⑤用舍：取舍，即创立废除。

⑥节文：质朴与繁华。升降：兴起衰落。

【译文】

过去荀悦说过："编纂史书有五条宗旨：一是通达道义，二是宣扬法则，三是贯通古今，四是著录功勋，五是表彰贤能。"干宝解释这五条宗旨是："规划治理国家的言论就记载，用兵征伐的权谋就记载，忠臣、烈士、孝子、贞妇的节操就记载，朝廷文诰、交涉应对的言论就记载，才能、气力、技艺方面的特殊人才就记载。"于是借鉴这二人的论述，验证五条宗旨的概括，大概史书记言所遵循的条例，史书记事所依据的纲领，基本都包含在这里了。但一定要说没有遗漏，恐怕还有没说到的地方吧？这里再扩充三条，来增补前面的条目：一叫叙述沿革，二叫表明罪恶，三叫宣扬怪异。是什么呢？礼节的取舍立废，仪式的简繁变化就记载；君臣的奸邪佞僻，国家的动荡败亡就记载；神灵感应，灾祸祥瑞的征兆就记载。因此用这三条，加上五条宗旨，那么史书所记载的，几乎就无缺漏了。考查史书的编纂，哪一种不是遵循这些呢？

但自古作者，鲜能无病。苟书而不法，则何以示后①？盖班固之讥司马迁也："论大道则先黄、老而后《六经》，序游侠则退处士而进奸雄，述货殖则崇势利而羞贱贫。此其所蔽也。"②又傅玄之贬班固也："论国体则饰主阙而折忠臣，叙世教则贵取容而贱直节，述时务则谨辞章而略事实。此其所失也。"③寻班、马二史，咸擅一家，而各自弹射④，递相疮痏⑤。夫虽自卜者审⑥，而自见为难，可谓笑他人之未工，忘己事之已拙⑦。上智犹其若此，而况庸庸者哉⑧！苟目前哲之指踪⑨，校后来之所失，若王沈、孙盛之伍，伯起、德棻之流,论王业则党悖逆而诬忠义,叙国家则抑正顺而褒篡夺,述风俗则矜夷狄而陋华夏。此其大较也。必伸以纠摘,穷其负累,虽擢发而数⑩,庸可尽邪⑪！子曰:"于予何诛⑫?"于此数家见之矣。

【注释】

①苟书而不法,则何以示后:语出《左传》庄公二十三年:"书而不法,后嗣何观?"

②"论大道"数句:语出《汉书·司马迁传》赞。核心是批评司马迁"是非颇谬于圣人"。

③"傅玄之贬班固"数句:《晋书·傅玄传》云:"傅玄,字休奕……玄少孤贫,博学善属文……与东海缪施俱与时誉选入著作,撰集《魏书》……后虽显贵,而著述不废,撰论经国九流及三史故事,评断得失,各为区例,名为《傅子》,为内、外、中篇,凡有四部、六录,合百四十首,数十万言。并文集百余卷,行于世。"杨明照《史通通释补》认为,贬班固之引文见《意林》卷五引。今本错入杨泉《物理论》中。

④弹射:批评,攻击。

⑤疮痏(wěi):瘢痕。痏,疮,伤口。

⑥自卜者审:自我估量精审。嵇康《与山巨源绝交书》:"自卜已审,若道尽途穷,则已耳。"

⑦笑他人之未工,忘己事之已拙:语出陆机《豪士赋》序。

⑧上智犹其若此,而况庸庸者哉:语出刘孝标《辨命论》:"圣贤且犹若此,而况庸庸者乎!"庸庸,很平凡,很平庸。

⑨指踪:即"旨宗",宗旨,范例。

⑩擢发而数:语出《史记·范睢列传》。战国时魏须贾曾诬陷范睢。后范睢为秦相,须贾使秦,向范睢谢罪。范睢曰:"汝罪有几?"贾

曰:"擢贾之发,以续贾之罪,尚未足。"后遂以"擢发难数"表示罪恶之多。

⑪庸:岂,怎么。

⑫于予何诛:语出《论语·公冶长》:"宰予昼寝。子曰:'朽木不可雕也,粪土之墙不可杇也。于予与何诛?'"诛,责备,批评。

【译文】

但自古以来的作者,很少能没有毛病的。假如著述不遵循法规,那么用什么示范给后人呢? 所以班固指责司马迁:"谈论大道理以黄、老为先《六经》为后,记叙游侠是降低处士而抬高奸雄,叙述货殖是崇尚权势财利而羞于低贱贫穷。这就是他的弊病所在。"傅玄又贬斥班固:"论述国家的典章制度是掩饰君主的缺失而贬抑忠臣,叙述世风教化是推崇曲意讨好之人而轻视正直不阿之士,记述时务是重视文辞而忽略事实。这就是他的失误之处。"探究班固、司马迁二家的史书,都各有擅长自成一家,却各自受到攻击,递相揭露伤疤。虽然自我估量比较确实,但要自己发现问题很是困难,真可说是笑话别人的不精确,而忘了自己的拙劣。智力超群的人尚且如此,何况智力很平庸之人呢! 假如根据前代哲人的范例,来检视后世史家的缺失,如王沈、孙盛之辈,魏收、令狐德棻之流,论述帝王事业时就偏袒悖逆之人而诬蔑忠义之士,记述国家时就贬抑正统合法的政权而襃扬篡夺而得的政权,记述风俗时就崇尚夷狄而鄙薄华夏。这只是个大概。如果一定要陈述纠集,找出全部错误,虽然拔发来数,怎么能穷尽呢! 孔子说:"对于宰予,哪还值得责备?"在这几人身上可以看得很清楚。

抑又闻之,怪力乱神,宣尼不语①;而事鬼求福,墨生所信②。故圣人于其间,若存若亡而已③。若吞燕卵而商生④,启龙漦而周灭⑤,厉坏门以祸晋⑥,鬼谋社而亡曹⑦,江使返璧于秦皇⑧,圯桥授书于汉相⑨,此则事关军国,理涉兴亡,有而书之，以彰灵验，可也。而王隐、何法盛之徒所撰晋史⑩，乃专访州闾细事，委巷琐言，聚而编之，目为《鬼神》传录，其事非要，其言不经。异乎《三史》之所书，《五经》之所载也。

【注释】

① 怪力乱神，宣尼不语：语出《论语·述而》："子不语怪、力、乱、神。"

② 事鬼求福，墨生所信：《墨子·明鬼下》："子墨子曰：'今吾为祭祀也……上以交鬼之福，下以合欢聚众。'"

③ 若存若亡：《管子·心术下》："圣人之道，若存若亡。"范缜《神灭论》："圣人之教然也……""妖怪茫茫，或存或亡。"

④ 吞燕卵而商生：见《史记·殷本纪》记载。据说殷的祖先契，母曰简狄，有娀氏之女，为帝喾次妃。行浴时，曾吞玄鸟卵而怀孕，生契。契长大后被封于商。故云"天命玄鸟，降而生商"。

⑤ 启龙漦(chí)而周灭：据说夏后氏衰败时，有二神龙降于夏帝之庭，自称是襃之二君，夏帝请求它们留下龙涎而收藏在匣子里。夏亡，传此匣子与殷，殷又传与周，没人敢打开。周厉王时，打开了它，龙涎流于庭，化为玄鼋(yuán)，钻入后宫，后宫一七岁童妾碰到它而孕，成年后生一女婴，即后来襃姒，成为周幽王的宠妃。幽王为博得襃姒一笑，竟举烽火以戏诸侯，立襃姒所生子伯服为太子。周幽王十一年，申侯等灭周。事见《国语·郑语》、《史记·周本纪》。漦，龙吐的沫。

⑥ 厉坏门以祸晋：《左传》成公十年记载，晋侯(景公)梦见一个大恶鬼，毁掉宫门进入内室。醒来后，召见桑田的巫师。巫师预言："君王吃不到新收的麦子了。"后来，新麦子收下来煮好，还没来得及吃，晋侯就死了。

⑦ 鬼谋社而亡曹：《左传》哀公七年记载，曹国有人梦见一群君子站

在社坛边,商量灭曹国,曹叔振铎请求等等公孙强。第二天早晨起来,却寻找不到一个名叫公孙强的人。后来曹伯阳即位,喜欢打猎射鸟,竟在曹国边境碰到一个叫公孙强的射鸟者,便让他做了司城,执政。后来曹伯阳听了他的话,企图称霸,背弃晋国而侵犯宋国,被宋国打败,哀公八年,宋灭曹。社,古代祭祀土地神的神坛。

⑧江使返璧于秦皇:见《书志》篇"五行志"节"江璧传于郑客"注。

⑨圯(yí)桥授书于汉相:事见《史记·留侯世家》。秦末,张良行刺秦始皇失败后,在圯桥上遇到一位神秘老人,因为张良谦逊有礼,老人送给他一部书,说:"读了它可以成为王师了。"张良打开一看,竟是《太公兵法》。而后张良帮助刘邦打天下,建立了汉朝。圯,桥。

⑩王隐、何法盛之徒所撰晋史:指王隐撰《晋史》、何法盛撰《晋中兴书》,分别见《二体》篇"王、虞"注、《表历》篇"法盛书载《中兴》"注。二书皆佚。

【译文】

又听说,怪力乱神,是孔子所不谈的;而侍奉鬼神以求福,是墨子所信从的。所以圣人对于这些事,若有若无而已。如简狄吞燕卵而生殷契,龙涎被打开而周朝灭亡,恶鬼毁坏大门而祸害晋侯,众鬼神在社坛边谋划而曹国灭亡,大江的使者送还玉璧给秦始皇,老人在圯桥传授奇书给汉相张良,这些则是关系到军国的大事,涉及兴亡的道理,一有就记载下来,以表现征兆的灵验,是可以的。但是王隐、何法盛等人所编撰的晋史,却专门采访州县乡里的小事,街巷之间的琐碎言论,收集而汇编它们,称为《鬼神传》《鬼神录》,事情不重要,言论也不正规。完全不同于《三史》所书写,不同于《五经》所记载。

范晔博采众书,裁成汉典,观其所取,颇有奇工。至于

《方术》篇及诸蛮夷传，乃录王乔、左慈、廪君、槃瓠①，言唯迂诞，事多诡越。可谓美玉之瑕，白圭之玷。惜哉！无是可也。又自魏、晋已降，著述多门，《语林》、《笑林》、《世说》、《俗说》②，皆喜载调谑小辩③，嗤鄙异闻④，虽为有识所讥，颇为无知所说⑤。而斯风一扇，国史多同。至如王思狂躁，起驱蝇而践笔⑥，毕卓沈湎，左持螯而右杯⑦，刘邕榜吏以膳痂⑧，龄石戏舅而伤赘⑨，其事芜秽，其辞猥杂。而历代正史，持为雅言。苟使读之者为之解颐⑩，闻之者为之抚掌⑪，固异乎记功书过，彰善瘅恶者也⑫。

【注释】

①王乔、左慈：见《采撰》篇注。廪君：据说古代巴郡南郡蛮族有巴、樊、相等五姓，没有酋长，相约以剑掷石穴，中者即为君主。只有巴氏子务相掷中。又约各乘土船，不沉者为君主，只有务相不沉。所以被立为君长，是为廪君。五姓皆向他称臣。廪君死，魂魄世为白虎。事见《后汉书·南蛮传》。槃瓠（pán hù）：见《断限》篇"南蛮句"注。

②《俗说》：《隋书·经籍志》子部小说类著录《俗说》一卷，不著撰人。已佚。

③小辩：玩弄小聪明的言谈。

④鄙：庸俗。

⑤说：通"悦"。

⑥王思狂躁，起驱蝇而践笔：《三国志·魏书·梁习传》："济阴王思与习俱为西曹令史。"思因直日白事，失太祖指。裴注引《魏略·苛吏传》："思又性急，尝执笔作书。蝇集笔端，驱之复来，如是再三。思恚怒，自起逐蝇，不能得，还，取笔掷地，蹋坏之。"

⑦毕卓沈湎，左持鳌而右杯：事见《晋书·毕卓传》。毕卓
（322—？），字茂世，曾任吏部郎。性放达，嗜酒如命，曾因盗饮邻
居新酿酒而被缚和丢官。曾说："得酒满数百斛船，四时甘味置
两头，右手持酒杯，左手持蟹鳌，拍浮酒船中，便足了一生矣。"

⑧刘邕榜吏以膳痂：《宋书·刘穆之传》记载：穆之孙"邕所至嗜食
疮痂，以为味似鳆鱼。尝诣孟灵休，灵休先患灸疮，疮痂落床上，
因取食之，灵休大惊。答曰：'性之所嗜。'灵休疮痂未落者，悉褫
（chǐ）取以饴邕。邕既去，灵休与何勖书曰：'刘邕向顾，见啖，遂
举体流血。'南康国吏二百许人，不问有罪无罪，递互与鞭，鞭疮
痂常以给膳"。

⑨龄石戏舅而伤赘：事见《南史·朱龄石传》。朱龄石（379—418），
字伯儿，少好武，言行放纵。其舅淮南蒋氏，才劣。"龄石使舅卧
听事，剪纸方寸帖着舅枕，以刀子县（悬）掷之，相去八九尺，百掷
百中。舅畏龄石，终不敢动。舅头有大瘤，龄石伺眠，密割之，
即死。"

⑩解颐：开怀大笑。

⑪抚掌：击掌，鼓掌。

⑫瘅：憎恶。

【译文】

范晔广泛采集群书，编辑成《后汉书》，考查其采录材料，颇有新奇
精细之处。至于其《方术》一篇以及各蛮夷传，就是采录自王乔、左慈、
廪君、槃瓠，只是一些迂腐荒诞的言词，事情多违背常理。可算是美玉
上的瑕疵，白圭上的斑点。可惜啊！没有这些瑕疵斑点就好了。还有
自魏、晋以后，著述种类众多，《语林》、《笑林》、《世说》、《俗说》，都喜欢
记载一些调笑戏谑的细事琐语，丑陋庸俗的奇闻逸事，虽然受到有识之
士的批评，却颇为浅薄无知的人们所喜爱。而且这种风气一出现，很多
国史都与此相同。至于像王思性格狂躁，起身驱逐苍蝇反蹋坏笔，毕卓

沉湎于酒，左手持蟹螯而右手持酒杯，刘邕鞭打吏卒为的是吃鞭伤后所结的疮痂，朱龄石戏弄舅舅而割了他头上的瘤子，这些事情芜杂琐碎，言词繁杂庸俗。而历代正史，却拿来作为典雅的言辞。暂且使读者为此开怀大笑，让听闻者为此拍手鼓掌，当然不同于史书的记录功过，不同于史书的扬善贬恶了。

大抵近代史笔，叙事为烦。榷而论之，其尤甚者有四。夫祥瑞者，所以发挥盛德，幽赞明王。至如凤皇来仪①，嘉禾入献②，秦得若雉③，鲁获如麇④。求诸《尚书》《春秋》，上下数千载，其可得言者，盖不过一二而已。爰及近古则不然。凡祥瑞之出，非关理乱，盖主上所惑，臣下相欺，故德弥少而瑞弥多，政逾劣而祥逾盛。是以桓、灵受祉⑤，比文、景而为丰⑥；刘、石应符⑦，比曹、马而益倍⑧。而史官征其谬说，录彼邪言，真伪莫分，是非无别。其烦一也。

【注释】

①凤皇来仪：语见《尚书·皋陶谟下》："箫韶九成，凤凰来仪。"说舜乐箫韶九曲既终，凤凰成对地飞来。后世把凤凰的出现作为君主有德政的象征。凤皇，即凤凰。

②嘉禾入献：《尚书序》云："唐叔得禾，异苗同颖，献诸天子。"郑注："异苗同颖，二苗同为一穗。"古人把嘉禾出现作为祥瑞的征兆。

③秦得若雉：《史记·封禅书》记载："秦文公获若石云，于陈仓北阪城祠之。其神或岁不至，或岁数来。来也常以夜，光辉若流星，从东南来，集于祠城，则若雄鸡，其声殷云，野鸡夜雊（gòu），以一牢祠，命曰陈宝。"

④鲁获如麇（jūn）：《公羊传》哀公十四年："春，西狩获麟……麟者，

仁兽也,有王者则至,无王者则不至。有以告者,曰:'有麋而角者。'孔子曰:'孰为来哉?孰为来哉!'反袂拭面,涕沾袍。"

⑤桓、灵:指东汉末桓帝刘志和灵帝刘宏,前后相继在位(146—167年;168—188年),其间宦官专政,水旱频繁,民不聊生,动乱纷起,汉朝开始走向衰亡。祉:福。

⑥文、景:指西汉文帝和景帝,他们统治时期社会安定,生产发展,国力强盛,经济富裕,史称"文景之治"。

⑦刘、石:指十六国时期匈奴族刘渊建立的前汉政权和羯族石勒建立的后赵政权。

⑧曹、马:指三国曹魏政权和东西晋司马氏政权。

【译文】

大致近代史书的笔法,叙事更为繁琐。总体来说,其中最严重的有四点。祥瑞,是用来阐发大德,隐微地颂扬圣明君王的。至于凤凰成双成对飞来,一茎双穗的禾稻进献,秦文公获得声如野鸡的若石,鲁国得到像獐子一样的麒麟。在《尚书》、《春秋》中去寻找,上下数千年,能够得到记载的,大概不过那么一两件罢了。到近古就不这样了。凡是有祥瑞出现,都无关治乱,君主所受到的迷惑,是臣下拿来欺骗的,所以君主的德政越少而祥瑞越多,为政越糟而祥瑞越盛。因此东汉桓帝、灵帝所受的赐福,比西汉文帝、景帝要多;前汉的刘氏、后赵的石氏所应验的符瑞,比三国曹魏、晋代的司马氏成倍地增加。而史官们收集这些谬论,记录这些邪说,真假不分,是非不辨。这是第一个繁琐之处。

当春秋之时,诸侯力争,各擅雄伯,自相君臣。《经》书某使来聘,某君来朝者,盖明和好所通,盛德所及。此皆国之大事,不可阙如。而自《史》、《汉》已还,相承继作。至于呼韩入侍①,肃慎来庭②,如此之流,书之可也。若乃藩王岳牧③，朝会京师，必也书之本纪，则异乎《春秋》之义。若《汉书》载楚王嚣等来朝，《宋书》载檀道济等来朝之类是也。夫臣谒其君，子觐其父，抑惟恒理④，非复异闻。载之简策，一何辞费？其烦二也。

【注释】

①呼韩：指匈奴首领呼韩邪单于。《汉书·宣帝纪》记载：甘露三年正月，"匈奴呼韩邪单于稽侯狦来朝，赞谒称藩臣而不名"。

②肃慎：古族名，女真族之先民。《史记·孔子世家》、《三国志·魏书·陈留王纪》、《晋书·文帝纪》及《武帝纪》，皆有肃慎来贡楛(hù)矢、石砮(nǔ)的记载。

③岳牧：相传尧舜时有四岳、十二州牧分管政务和方国诸侯，合称岳牧。后泛指封疆大吏。

④抑：发语词。惟：是，为。

【译文】

当春秋时代，诸侯竭力争斗，各自争雄称霸，都有自己的君主。《春秋经》记载某国使者来访问，某国国君来朝见，是为了表明国与国之间的友好交往，赞扬天子的盛德所及。这些都是国家的大事，不可缺少。但自《史记》、《汉书》以来，沿袭而作。至于如匈奴呼韩邪单于来朝见，肃慎来朝贡，诸如此类，记载是可以的。而如藩王封疆大臣等，朝会京师，必定也记载于《本纪》，这就不同于《春秋》的含义了。如《汉书》记载楚王嚣等来朝，《宋书》记载檀道济等来朝之类就是如此。臣僚拜谒其君主，儿子觐见自己父亲，这是人之常情，不属于奇闻逸事。把这些事记载于史册，多么浪费文辞啊？这是第二个繁琐之处。

若乃百职迁除，千官黜免，其可以书名本纪者，盖惟槐鼎而已^①。故西京撰史^②，唯编丞相、大夫；东观著书，止列司徒、太尉。而近世自三公以下，一命已上^③，苟沾厚禄，莫不备书。且一人之身，兼预数职，或加其号而阙其位，或无其实而有其名。赞唱为之口劳^④，题署由其力倦。具之史牒，夫何足观？其烦三也。

【注释】

①槐鼎：指辅助国君掌握军政大权的最高官员三公。周朝时，皇宫殿庭前植三槐九棘，公卿大夫分坐其下，其中面三槐为三公之位。又鼎有三足，《汉书·五行志》有"鼎三足，三公象"之说。

②西京撰史：指西汉史官撰修当代史书。后文"东观著书"则指东汉著史。

③一命：指最低一级官员。命，命官授爵。一命品阶最低。

④赞唱：古代朝廷任命官吏，按例须宣唱于朝堂。口劳：嘴都宣唱累了。

【译文】

至于说到百官的升迁除授，千官的降官革职，其中可以在本纪中记载姓名的，大概只有三公而已。所以西汉史官编撰当代史，只编入丞相、大夫；东汉史官著史，只列入司徒、太尉。而近代从三公以下，一命官以上，只要得到丰厚俸禄，无不全部记入史书。而且同为一人，身兼数职，有的赐授名号而没有实际职位，有的无其实位而空有其名。宣唱的人为此嘴都唱累了，题署的人为此手都写酸了。这些事都详细记入史册，还有什么值得看？这是第三个繁琐之处。

夫人之有传也，盖唯书其邑里而已。其有开国承家^①，世禄不坠^②，积仁累德，良弓无改^③，项籍之先世为楚将^④，石建之后廉谨相承⑤，此则其事尤异，略书于传可也。其失之者，则有父官令长⑥，子秩丞郎⑦，声不著于一乡，行无闻于十室⑧，而乃叙其名位，一二无遗。此实家谍⑨，非关国史。其烦四也。

【注释】

①开国承家：建立邦国，继承封邑。

②世禄：世袭的官爵和俸禄。

③良弓无改：语出《礼记·学记》："良弓之子，必学为箕。"意即子承父业。

④项籍之先世为楚将：《史记·项羽本纪》云："项氏世世为楚将，封于项，故姓项氏。"

⑤石建之后廉谨相承：《史记·万石张叔列传》云："万石君名奋，其父赵人也，姓石氏……诸子孙咸孝，然建最甚，甚于万石君。""举国皆慕其家行，不言而齐国大治，为立石相祠。"

⑥令长：县令，县长。秦汉时，万户以上的县的长官称令，万户以下的称长。

⑦秩：官阶。丞郎：低级官员。隋有丞奉郎，为吏部八郎之一。

⑧行无闻于十室：语见《论语·公冶长》："十室之邑，必有忠信如丘者焉，不如丘之好学也。"行，品行，指嘉言善行。

⑨家谍：家族世系的谱牒。即家谱、氏族谱之类。

【译文】

为人物立传，只要写出他的邑里就可以了。那些开基建国继承家业，世袭的勋禄不断，先辈积仁累德，子孙不改其志，如项籍的先辈世代都为楚将，石建的后代都以廉洁谨慎相传承，这些特别特出的事迹，简略记载在传里是可以的。这方面的失误，则有父亲官位不过令长，儿子官阶只是丞郎，声望不能著称于乡里，品行不能闻名于十户，却仍然叙述他们的名位，一点都无遗漏。这实际上成了家谱，与国史无关。这是第四个繁琐之处。

　　于是考兹四事，以观今古，足验积习忘返①，流宕不归，乖作者之规模，违哲人之准的也。孔子曰："吾党之小子狂简，斐然成章，不知所以裁之。"②其斯之谓矣。

【注释】

　　①积习忘返：长期形成的习惯难以扭转。犹言"积习难返"。

　　②吾党之小子狂简，斐然成章，不知所以裁之：语见《论语·公治长》。狂简，即志大才疏。斐然成章，文采卓著可观。裁，指导。

【译文】

　　因此推究这四个方面，以此来考查古今史书，足以说明长期的积习难以扭转，放任而不知所归，背离了著史者的规范，违反了哲人的准则了。孔子说："我们那里的学生们志向高远而处事疏阔，文采斐然可观，不知怎么教导他们。"大概就是说这种情况了。

　　亦有言或可记，功或可书，而纪阙其文，传亡其事者。何则？始自太上，迄于中古，其间文籍，可得言焉。夫以仲尼之圣也，访诸郯子，始闻少皞之官①；叔向之贤也，询彼国侨，载辨黄能之祟②。或八元才子③，因行父而获传；或五羖大夫，假赵良而见识④。则知当时正史，流俗所行，若三坟、五典、八索、九丘之书，虞、夏、商、周春秋、梼杌之记，其所缺略者多矣。

【注释】

① 夫以仲尼之圣也,访诸郯子,始闻少皞之官:详见《书志》篇"能言吾祖,郯子见师于孔公"注。

② 叔向之贤也,询彼国侨,载辨黄能之祟:《国语·晋语八》云:"郑简公使公孙成子(即子产)来聘,平公有疾,韩宣子赞(导引)授客馆。客问君疾,对曰:'寡君之疾久矣。上下神祇无不遍谕(祭祀告谢)也,而无除。今梦黄熊入于寝门,不知人杀乎,抑厉鬼邪。'子产曰:'以君之明,子为大政,其何厉之有?侨(即子产,人称国侨)闻之,昔者鲧违帝(尧)命,殛(杀)之于羽山,化为黄能,以入于羽渊,实为夏郊(郊祭),三代举之……今周室少卑(衰微),晋实继之,其或者未举夏郊邪?'宣子以告,祀夏郊,董伯(晋大夫)为尸(主祭)。五日,公见子产,赐之莒鼎。"《左传》昭公七年亦载其事,皆为韩宣子问,而非叔向。能,一种像熊的兽。

③ 八元才子:《左传》文公十八年:"季文子使大史克对(鲁宣公)曰:'昔高阳氏有才子八人……天下之民谓之八恺。高辛氏有才子八人:伯奋、仲堪、叔献、季仲、伯虎、仲熊、叔豹、季狸,忠、肃、共、懿、宣、慈、惠、和,天下之民谓之八元……舜臣尧,举八恺,使主后土,以揆百事,莫不时序,地平天成。举八元,使布五教于四方,父义、母慈、兄友、弟共、子孝,内平外成。'"季文子,即季孙行父,鲁国执政大臣。

④ 五羖(gǔ)大夫,假赵良而见识:《史记·商君列传》载赵良对答商鞅:"赵良曰:'夫五羖大夫,荆之鄙人也。闻秦缪公之贤而愿望见,行而无资,自粥于秦客,被褐食牛。期年,缪公知之,举之牛口之下,而加之百姓之上,秦国莫敢望焉。相秦六七年,而东伐郑,三置晋国之君,一救荆国之祸……五羖大夫之相秦也,劳不坐乘,暑不张盖,行于国中,不从车乘,不操干戈,功名藏于府库,

德行施于后世。五羖大夫死，秦国男女流涕，童子不歌谣，舂者不相杵。此五羖大夫之德也。'"又《史记·秦本纪》云："晋献公灭虞、虢，虏虞君与其大夫百里奚……既虏百里奚，以为秦缪公夫人媵于秦。百里奚亡秦走宛，楚鄙人执之。缪公闻百里奚贤，欲重赎之，恐楚人不与，乃使人谓楚曰：'吾媵臣百里奚在焉，请以五羖羊皮赎之。'楚人遂许与之。当是时，百里奚年已七十余。缪公释其囚，与语国事……语三日，缪公大说，授之国政，号曰五羖大夫。"羖，黑色的公羊。赵良，秦国隐士。《史记》无百里奚列传，故《史通》云"假赵良而见识"。

【译文】

也有言论或许可以记载，功绩或许可以书写，而本纪中没有记载其言论，列传中也不记其事迹。为什么会这样？从上古开始，直到中古，其间的文献典籍，可以说一说。以仲尼这样的圣人，要访问郯子，才知道少皞氏官名的由来；以叔向这样的贤人，要询问子产，才能辨明黄能作祟的根由。有的如八元才子，因为季孙行父才获得记载；有的如五羖大夫，借助赵良之口才被人们所认识。由此可知当时的正史，民间所流行的，如三坟、五典、八索、九丘的记载，虞、夏、商、周之春秋、梼杌的记述，所缺略的东西太多了。

既而汲冢所述，方《五经》而有残，马迁所书，比《三传》而多别，裴松补陈寿之阙，谢绰拾沈约之遗[1]，斯又言满五车，事逾三箧者矣。夫记事之体，欲简而且详，疏而不漏。若烦则尽取，省则多捐，此乃忘折中之宜，失均平之理。惟夫博雅君子，知其利害者焉。

【注释】

①谢绰拾沈约之遗：指梁谢绰撰《宋拾遗》十卷。《隋书·经籍志》"杂史"类著录："《宋拾遗》十卷，梁少府卿谢绰撰。"

【译文】

其后汲冢书所记载，和《五经》相比而多有不同，司马迁所著书，与《三传》相比而多有区别，裴松之补陈寿《三国志》之缺失，谢绰增沈约《宋书》的遗漏，这又是言满五车，事过三箱了。记事的体裁，要求简而且详，疏而不漏。如果讲繁琐就全都记载，说省约就大多抛弃，这是忘记了适中的原则，丢弃了均衡的道理。只有博雅君子，才知道其中的利害得失啊。

内篇　人物第三十

【题解】

上篇《书事》主要论择事，而本篇则侧重论择人。刘知幾在《书事》篇提出"五志三科"的取材标准和撰述内容；本篇则提出"恶可以诫世"、"善可以示后"两大择人入史的标准。历史的主体是人，"有了人，就有了历史"（恩格斯），一定要有人出现才有历史。人不到位，历史的主体就模糊了。史书的任务是记言叙事、记功书过，所记都是人的言、事，人的功、过。所以，一切史书，都必须记人。但又不可能将一切时代的所有人物全部囊括尽，需要作出选择。

刘知幾认为，凡德业可以治国抚民，风范可以激贪励俗，才能超凡出众、独领一代风骚的杰出人才，都是可以"示范垂后"的善人，必须记入史册；凡触犯纲纪，扰乱伦常，凶残纵暴，关涉国之兴亡、时之治乱的人物，都属于"可以诫世"的恶人，也不能不记载。至于那些无才之人，小人之辈，如恶行不值得揭露，罪过不足以诫后；或者以小善为人所知，以小功绩被人所认识的一般人，都不应该载入史册。否则，只会增加芜杂累赘。

篇中刘知幾对《史记》、《汉书》、《三国志》、《后汉书》等的评价或批评，有其时代的局限性，未必恰当，今天当以批判的眼光来对待。

　　夫人之生也，有贤不肖焉①。若乃其恶可以诫世，其善可以示后，而死之日名无得而闻焉②，是谁之过欤？盖史官之责也。

【注释】

①不肖(xiào)：本意为子不似父。后引申为不孝子或不正派的人。

②名无得而闻焉：语见《论语·季氏》："齐景公有马千驷，死之日，民无德而称焉。"

【译文】

　　人的一生，有贤能的有不孝的。如果一个人的罪恶可以警戒世人，一个人的善行可以示范后人，而死了的时候他的名字不能流传下来，这是谁的过错？是史官的责任。

　　观夫文籍肇创，史有《尚书》，知远疏通，网罗历代。至如有虞进贤，时崇元凯①；夏氏中微，国传寒浞②；殷之亡也，是生飞廉、恶来③；周之兴也，实有散宜、闳夭④。若斯人者，或为恶纵暴，其罪滔天；或累仁积德，其名盖世。虽时淳俗质，言约义简，此而不载，阙孰甚焉。

【注释】

①有虞进贤，时崇元凯：舜举荐了八元八恺。有虞，即虞舜。元凯，八元八恺。八元，见《书事》篇"八元才子"注。八恺，《左传》文公十八年云："昔高阳氏有才子八人：苍舒、隤敳(tuí ái)、梼戭(yǎn)、大临、龙(máng)降、庭坚、仲容、叔达，齐圣广渊，明允笃诚，天下之民谓之八恺。""此十六族也，世济其美，不陨其名。"凯，通"恺"。

②夏氏中微，国传寒浞（zhuó）：事见《左传》襄公四年和《史记·夏本纪》引《帝王纪》。传说夏代禹之五世孙相在位时，后羿因夏民而代夏政，以寒浞为相。寒浞诱使后羿成天射猎，并收买他的左右，杀死后羿，取得其国家，自立为帝。后来夏之遗臣靡杀寒浞，立相子少康为帝。

③飞廉、恶来：商纣王的两个得力之臣。《史记·秦本纪》记载，秦之先祖柏翳，佐舜调训鸟兽，舜赐姓嬴氏。其后代佐殷有功，遂为诸侯。其玄孙曰中潏（yù），生蜚（fěi）廉，蜚廉生恶来。恶来有力，蜚廉善走，父子俱以材力事殷纣。

④散宜、闳夭：周文王的两个辅佐之臣。《尚书·君奭》："惟文王尚克修和我有夏。亦惟有若虢叔，有若闳夭，有若散宜生，有若泰颠，有若南宫括。"

【译文】

考查文献典籍的创始，史籍有《尚书》，贯通古今，包罗历代。至于像虞舜举荐贤能，时人都尊崇八元八恺；夏代中衰，国家传给了寒浞；殷商将亡，出现了飞廉、恶来；周代的兴起，因为有了散宜生、闳夭。像这些人，有的为恶放纵暴虐，罪恶滔天；有的行善积仁蓄德，声名盖世。虽然当时世风淳厚质朴，言辞简约含义简明，但这些都不记载，没有比这更大的缺失了。

　　泊夫子修《春秋》，记二百年行事，《三传》并作，史道勃兴。若秦之由余、百里奚①，越之范蠡、大夫种②，鲁之曹沫、公仪休③，齐之宁戚、田穰苴④，斯并命代大才，挺生杰出⑤。或陈力就列⑥，功冠一时；或杀身成仁，声闻四海。苟师其德业，可以治国字人⑦；慕其风范，可以激贪励俗。此而不书，无乃太简。

【注释】

①由余：生卒年不详。春秋时秦国谋臣。先世为晋人，后逃亡入戎。由余能晋言，戎王听说秦缪公贤，派他出使秦国。秦缪公示以官室积聚，由余曰："使鬼为之，则劳神矣；使人为之，亦苦民矣。"秦国赠送两队女乐给戎王，戎王受而悦之，由余数谏不听。秦缪公偷偷派人邀约他，于是他去戎投秦。秦用由余谋伐戎，益国十二，开地千里，遂霸西戎。事见《史记·秦本纪》。百里奚：即五羖大夫，见《书事》篇"五羖大夫"注。

②范蠡：生卒年不详。字少伯，春秋时越国大夫。越王句践败于吴王夫差后，用范蠡计谋，卧薪尝胆，发愤图强，最终灭吴复国。范蠡辅佐越王称霸后，去越入齐，后又经商致富，十九年中，治产三致千金。事见《史记·越王句践世家》及《货殖列传》。大夫种，即文种，见《探赜》篇注。

③曹沫：生卒年不详。《史记·刺客列传》记载，曹沫为鲁人，以勇力事鲁庄公。庄公好力。曹沫为鲁将，与齐战，三败北。鲁庄公惧，乃献遂邑之地以和。犹复以为将。齐桓公许与鲁会于柯而盟。桓公与庄公既盟于坛上，曹沫执匕首劫齐桓公。于是桓公乃遂割鲁侵地，曹沫三战所亡地尽复予鲁。曹沫与"曹刿论战"的曹刿是同一人。公仪休：生卒年不详。《史记·循吏列传》载，公仪休为鲁博士，以高第为鲁相。奉法循理，无所变更，百官自正。使食禄者不得与下民争利，受大者不得取小。客有遗公仪休鱼的，公仪休不受。客问为何。公仪休曰："以嗜鱼，故不受也。今为相，能自给鱼，今受鱼而免，谁复给我鱼者？吾故不受也。"

④宁戚：生卒年不详。春秋卫人，齐大夫。《楚辞·离骚》云："宁戚之讴歌兮，齐桓闻以该辅。"田穰苴：生卒年不详。又称司马穰苴。春秋齐田氏后裔，齐景公时，晋、燕伐齐，齐师败绩，晏婴乃

荐田穰苴曰："其人文能附众，武能威敌，愿君试之。"景公以之为将军，率兵抗击燕、晋之师。军法严明，善待士卒，收复了失地，被封为大司马。后因大夫鲍氏、高氏等排挤，被斥退不用，发病而死。事见《史记·司马穰苴列传》。

⑤挺：卓越。

⑥陈力就列：语出《论语·季氏》："孔子曰：'周任有言曰：陈力就列，不能者止。'"意谓竭尽全力去承担任务，如果做不好就辞职。

⑦字人：即治人，抚育百姓。

【译文】

到了孔夫子修订《春秋》，记载二百年的史事，《三传》接着并起，史书由此勃兴。如秦国的由余、百里奚，越国的范蠡、大夫种，鲁国的曹沫、公仪休，齐国的宁戚、田穰苴，这些都是绝代大才，杰出的人物。有的竭尽全力堪当重任，功绩冠于一时；有的舍身以成仁，声名传于四海。如果效法他们的德业，可以治国抚民；仰慕他们的风范，可以遏制贪欲激励世风。这些都不记载，岂不是太简略了。

又子长著《史记》也，驰骛穷古今，上下数千载。至如皋陶、伊尹、傅说、仲山甫之流①，并列经诰，名存子史，功烈尤显，事迹居多。盍各采而编之②，以为列传之始，而断以夷、齐居首③，何龌龊之甚乎④？既而孟坚勒成《汉书》，牢笼一代，至于人伦大事，亦云备矣。其间若薄昭、杨仆、颜驷、史岑之徒⑤，其事所以见遗者，盖略小而存大耳。夫虽逐麋之犬，不复顾兔⑥，而鸡肋是弃⑦，能无惜乎？当三国异朝，两晋殊宅，若元则、仲景⑧，时才重于许、洛⑨；何桢、许询⑩，文雅高于扬、豫⑪。而陈寿《国志》、王隐《晋史》，广列诸传，而遗此不编。此亦网漏吞舟，过为迂阔者。

【注释】

①皋陶：传说虞舜时的司法官。伊尹，见《品藻》篇"伊尹、霍光"注。

傅说（yuè）：商代贤士。据说商高宗武丁梦得傅说于傅险（地名），

是时傅说为胥吏，正在傅险修筑城墙，高宗举以为相，殷得以大

治。遂以傅险地名为姓，号曰傅说。事见《史记·殷本纪》。仲

山甫：生卒年不详。鲁献公次子，周宣王时为卿士，辅佐宣王，任

贤使能，国大治。食邑封樊，赐以侯爵。《诗·大雅·烝民》通篇

颂扬仲山甫之功德。事见《史记·周本纪》。

②盍（hé）：何不，何故。

③夷、齐：即伯夷、叔齐。见《列传》篇"夷、齐谏周"注。

④龌龊：气量狭隘，拘于小节。指司马迁《史记》的列传局限于周初

的伯夷、叔齐，而遗漏了功绩更大的皋陶、伊尹等人。

⑤薄昭（？—前170）：汉高祖薄姬弟，汉文帝刘恒舅。吕后死，高祖

旧臣陈平、周勃等诛诸吕，迎立刘恒，薄昭以中大夫参与迎立事，

以功封轵侯、车骑将军。淮南厉王骄恣，文帝令昭予厉王书，谏

数之。事散见《汉书·外戚薄姬传》《淮南王传》《外戚恩泽

表》。杨仆：生卒年不详。西汉宜阳（今河南宜阳）人，武帝时河

南守举为御史，使督盗贼关东，以敢于搏击闻名。南越反，拜为

楼船将军，有功封将梁侯。又与王温舒等平东越叛，与左将军荀

彘共击朝鲜。事见《汉书·酷吏传》。颜驷：生卒年不详。《汉武

故事》："孝武过郎署，见一郎鬓眉皓白，问：'何其老也？'对曰：

'臣颜驷，文帝好文，臣好武；景帝好老，臣尚少；陛下好少，臣已

老，是以三叶（三代）不遇，故老于郎署。'上感其言，擢拜会稽都

尉。"史岑：汉有二史岑，一为王莽末之史岑（约前20—60），字子

孝；一为东汉和帝时之史岑（69—148），字孝山，曾撰《出师颂》。

前后相差约百年。此当为前者。

⑥逐麋（mí）之犬，不复顾兔：《淮南子·说林训》："逐鹿者不顾兔。"

《吕氏春秋·士容》:"此良狗也。其志在獐麋豕(shǐ)鹿不在鼠。"

⑦鸡肋是弃:曹操攻打汉中,刘备据险而守,久攻不下,打算退兵,属下请示口令,曹操随口说:"鸡肋。"官属不知所谓,主簿杨修便准备行装。众人惊异,问他如何知道要退兵。杨修说:"夫鸡肋,弃之如可惜,食之无所得。以比汉中,知王欲还也。"后人即以鸡肋比喻弃之可惜、留之价值不大的事物。

⑧元则(?—249):三国魏桓范,字元则。沛国(今安徽宿县西北)人,曹魏忠臣,有文才,有智囊之称。司马懿欲起兵杀曹爽,桓范知道后,赶往曹爽处,告知其事,动员曹爽、曹羲兄弟将魏元帝曹奂迁往许昌,招外兵,抗衡司马氏。曹氏兄弟不听。司马氏胜利后,爽、羲、范皆伏诛,夷三族。详见《三国志·魏书·曹真传》裴注引。仲景(约150—219):南阳郡涅阳县(今河南邓州)人,名机,举孝廉,官长沙太守。东汉著名医学家,被称为"医圣"。著《伤寒论》二十二篇,"简古奥雅,古今治伤寒者未有能出其外者也"。

⑨许、洛:代指三国时魏国。

⑩何桢:生卒年不详。《三国志·魏书·管宁传》附胡昭传"弘农太守何祯"裴注引张骘《文士传》曰:"桢字元幹,庐江人,有文学器干,容貌甚伟。历幽州刺史、廷尉,入晋为尚书光禄大夫。"许询:生卒年不详。《世说新语·文学》注引《续晋阳秋》曰:"许询字玄度,高阳(今河北高阳)人,魏中领军允玄孙。总角秀惠,众称神童。长而风情简素,司徒掾辟,不就。早卒。"

⑪扬、豫:此代指两晋。何桢为西晋庐江人,《晋书·地理志》云:"庐江郡属扬州。"许询祖籍高阳,但主要活动在东晋都城建康(今南京)。东晋在江南侨置州县,有侨置豫州。

【译文】

还有司马迁著《史记》,驰骋穷极古今,上下达数千年。至于如皋陶、伊尹、傅说、仲山甫之类,都列入了经典,声名保存于子书史籍,功绩特别显著,事迹很多。何不分别采集资料而编著,来作为列传的开头,却确定把伯夷、叔齐作为开头,怎么狭隘拘谨到这种程度?紧接着班固撰成《汉书》,包罗一代,至于军国人伦大事,也可以说是详备了。其中如薄昭、杨仆、颜驷、史岑等人,他们的事迹之所以被遗漏,大概是为了略去小事而保存大事吧。虽说追逐麋鹿的猎狗,不会再关注兔子,但把鸡肋丢弃了,能毫无可惜吗? 当三国政权各异,两晋疆域不同时,如桓元则、张仲景,才名在魏国很受重视;何桢、许询,文辞典雅在两晋超群出众。而陈寿《三国志》、王隐的《晋书》,广泛编列各种列传,却遗漏这些人不记录。这也如同网眼大得漏掉了吞舟之鱼,太过于疏忽不切实了。

观东汉一代,贤明妇人,如秦嘉妻徐氏[①],动合礼仪,言成规矩,毁形不嫁,哀恸伤生,此则才德兼美者也。董祀妻蔡氏[②],载诞胡子[③],受辱虏廷,文词有余,节概不足,此则言行相乖者也。至蔚宗《后汉》,传标《列女》,徐淑不齿,而蔡琰见书。欲使彤管所载[④],将安准的?

【注释】

①秦嘉妻徐氏:秦嘉为西汉桓帝时人,为郡上计吏,奉使洛阳,留京任职。其妻徐淑因病回娘家休养。秦嘉无法面别,遂以诗文相赠答。徐淑在诗文中表达了不能侍奉公婆的歉意以及对丈夫的思念和忠贞之情。秦嘉未及归家而死,徐淑的兄弟逼淑改嫁,徐淑守节不嫁,自毁容颜。《后汉书·列女传》不列徐淑,严可均《铁桥漫稿》卷七辑有《徐淑传》。又秦嘉、徐淑在钟嵘《诗品》中均列为中品。

②董祀妻蔡氏：蔡氏，即蔡琰(yǎn，约 177—249)，字文姬。东汉陈
留圉(yǔ，今河南杞县)人，蔡邕之女。博学多才，善文辞，精音
律。初嫁河东卫仲道，夫亡无子，归母家。汉献帝兴平中，天下
大乱，琰为乱兵所虏，为南匈奴左贤王妻，生二子。陷南匈奴十
二年，献帝建安十三年，曹操遣使以金璧赎回，嫁同郡屯田都尉
董祀为妻。其《悲愤诗》和《胡笳十八拍》影响大、流传广。《后汉
书·列女传》列《蔡琰传》。刘知幾认为徐淑缺传、蔡琰立传皆
不妥。

③载诞胡子：此指蔡琰为南匈奴左贤王妻后又生二子。载，发语
词，如"载歌载舞"。

④彤管：《诗·邶风·静女》："静女其娈，贻我彤管。"彤，朱红色。
管，笔杆。古代后宫有女史执笔记事。后借指列女史传。

【译文】

综观东汉一代，贤明的妇女，如秦嘉的妻子徐氏，行为合乎礼仪，言
语可成模范，自毁容颜不改嫁，哀痛至极而丧生，这是才德兼美的人。
董祀的妻子蔡氏，为胡人生育儿子，在虏廷遭受羞辱，文词有余，气节不
足，这是言行相违背的人。到范晔《后汉书》，传中标立《列女传》，徐淑
不愿列入，而蔡琰反被记录。要使列女史传有所记载，标准何在呢？

裴几原删略《宋史》①，时称简要。至如张祎阴受君命，
戕贼零陵，乃守道不移，饮鸩而绝②。虽古之钼麑义烈③，何
以加诸？鲍昭文宗学府④，驰名海内，方于汉代褒、朔之流⑤。
事皆阙如，何以申其褒奖？

【注释】

①裴几原：即裴子野，字几原。

②张祎阴受君命，戕贼零陵，乃守道不移，饮鸩而绝：张祎，生卒年不详。吴郡（今江苏苏州）人。东晋恭帝为琅玡王时，以祎为郎中令。刘裕逼恭帝让位后，封恭帝为零陵王，并图谋杀害他。派恭帝故吏亲信张祎以药酒毒杀零陵王。张祎叹道："鸩君而求生，何面目视息世间哉！"自饮药酒而死。事见《晋书·忠义传》。

③钼（chú）麑义烈：事见《左传》宣公二年。春秋时，晋灵公奢侈，赵宣子（赵盾）屡次谏争，灵公恼恨，就派钼麑去杀他。钼麑清晨到了赵宣子住处，看到赵宣子已着好朝服，准备上朝，因时间尚早，正坐着打瞌睡。钼麑退而叹曰："不忘恭敬，民之主也。贼（杀）民之主，不忠；弃君之命，不信。有一于此，不如死也。"于是撞槐而死。

④鲍昭（约414—466）：即鲍照，唐人避武则天名讳武曌（zhào）改。字明远，南朝宋东海（今江苏连云港东）人。出身寒微，曾官中书舍人等。后为临海王刘子顼前军参军。子顼起兵失败，照为乱兵所杀。鲍照善为文，长于乐府，尤擅七言歌行，与谢灵运、颜延之合称为"元嘉三大家"。其文风对唐代诗人如李白、杜甫等影响较大。有集十卷。《宋书》无传。

⑤褒、朔：指王褒、东方朔。都是汉代著名辞赋家。王褒，生卒年不详。字子渊，蜀资中（今四川资阳）人。汉宣帝时为谏大夫。《汉书》有传。东方朔，见《载言》篇注。

【译文】

裴子野删定《宋略》，时人称其简要。至于如张祎秘密接受君主之令，毒杀零陵王，他仍坚持道义而不改变，自饮药酒而亡。即使是古代钼麑那样的义烈，又能超出他多少呢？鲍照是文章大家学识渊博，驰名海内，就像汉代王褒、东方朔一类的人物。他们的事迹都缺而不记，用什么来申明褒奖？

夫天下善人少而恶人多，其书名竹帛者，盖唯记善而已。故太史公有云：“自获麟以来，四百余年，明主贤君、忠臣死义之士，废而不载，余甚惧焉。”即其义也。至如四凶列于《尚书》①，三叛见于《春秋》②，西汉之纪江充、石显③，东京之载梁冀、董卓④，此皆干纪乱常，存灭兴亡所系。既有关时政，故不可阙书。

【注释】

①四凶：舜时被流放的四个部族首领。《尚书·尧典下》：“流共工于幽州，放驩兜于崇山，窜三苗于三危，殛（jí）鲧于羽山，四罪而天下咸服。”又见《左传》文公十八年。

②三叛：见《探赜》篇“定名三叛”注。

③江充、石显：见《品藻》篇注。

④东京：指东汉。梁冀（？—159）：字伯卓，安定（今宁夏固原）人，东汉顺帝梁皇后之兄。官至太傅，仗恃拥立冲帝、桓帝有功，穷奢极欲，多行不法，在位二十余年。董卓：见《断限》篇注。

【译文】

天下善人较少而恶人居多，名字被记入史书的，大概只记载善的而已。所以太史公说过：“自从获麟以来，有四百多年，贤明的君主、忠诚的大臣和舍身守道的义士，不能得到记载，这是我所担心的。”就是这个意思。至于如四凶记载于《尚书》，三叛记载于《春秋》，西汉史书记载江充、石显，东汉史书记载梁冀、董卓，这些都是触犯纲纪扰乱伦常，关涉国家存灭兴亡的人物。既然与当时政治有关，所以不能不记载。

但近史所刊，有异于是。至如不才之子，群小之徒，或阴情丑行，或素餐尸禄①，其恶不足以曝扬，其罪不足以惩戒，莫不搜其鄙事，聚而为录，不其秽乎？抑又闻之，十室之邑，必有忠信②，而斗筲之才③，何足算也。若《汉》传之有傅宽、靳歙④，《蜀志》之有许慈⑤，《宋书》之虞丘进⑥，《魏史》之王宪⑦，若斯数子者，或才非拔萃，或行不逸群⑧，徒以片善取知，微功见识，阙之不足为少，书之唯益其累⑨。而史臣皆责其谱状⑩，征其爵里，课虚成有⑪，裁为列传，不亦烦乎？

【注释】

①素餐尸禄：不劳而食，空占官职俸禄。《诗·魏风·伐檀》："彼君子兮，不素餐兮。"王充《论衡·量知》："素者，空也。空虚无德，餐人之禄，故曰素餐。"尸禄，空占官职俸禄。

②十室之邑，必有忠信：语出《论语·公冶长》："十室之邑，必有忠信如丘者焉，不如丘之好学也。"

③斗筲之才：见《载文》篇"斗筲下才"注。

④傅宽（？—前190）：西汉开国功臣。跟随汉高祖刘邦起事，南征北讨，历封共德君、通德侯、阳陵侯。靳歙（？—前183）：西汉开国功臣。也是追随刘邦起事的将领，曾封临平君、建武侯、信武侯等。《史记》以傅宽、靳歙与蒯成侯周绁合传。《汉书》则将三人与樊哙、郦商、夏侯婴、灌婴共七人合传。

⑤许慈：生卒年不详。字仁笃，擅长郑玄派经学，三国蜀汉博士。

⑥虞丘进（363—422）：字豫之，南朝宋人。曾从谢玄北伐苻秦，又从刘裕平孙恩、卢循，历授龙骧将军、宁蛮护军、浔阳太守。《宋书》中与孙处、蒯恩、刘钟合传。视为"徒以心一乎主"，"遂飨封侯之报"的大将。

⑦王宪：生卒年不详。字显则，前秦丞相王猛孙。归北魏后，为本州中正，领选举事。历任二曹，后出为并州刺史，加安南将军。

先后赐爵高唐子、剧县侯、北海公等。《魏书》中与宋隐等共十人合传，但传文尽是官职迁转的叙述，并无具体事迹。

⑧逸群：超群。

⑨益其累：增加繁杂累赘。

⑩责：征求，搜求。

⑪课虚成有：勉强拼凑一些空洞记载，使之成为实在的资料。

【译文】

但近代史书的编撰，往往与此不同。至于如无才之人，小人之辈，有的是阴险的丑恶行径，有的是不劳而空占官职俸禄，他们的恶行不值得揭露，他们的罪过不足以劝诫后人，但无不搜集他们的琐事，汇聚起来记录，岂不是太芜杂了吗？我又听说，十户人家的地方，一定有忠实守信的人，而微不足道的小人，算得了什么。如汉代《史记》《汉书》中有傅宽、靳歙传，《三国志·蜀书》中有许慈传，《宋书》中有虞丘进传，《魏书》中有王宪传，像这几个人，有的才能并不突出，有的行为并不超群，仅仅以一点小善行而为人所知晓，以一点小功绩而被人所认识，缺了他们不记并不显得少，记载他们只会增加累赘。可是史臣们都搜集他们的世系，征求他们的籍贯，稽考空洞的记载而成实在的资料，编撰成列传，不也是很繁琐吗？

语曰："君子于其所不知，盖阙如也①。"故贤良可记，而简牍无闻，斯乃察所不该，理无足咎。至若愚智毕载，妍媸靡择，此则燕石妄珍②，齐竽混吹者矣③。夫名刊史册，自古攸难；事列《春秋》，哲人所重。笔削之士，其慎之哉！

【注释】

①君子于其所不知，盖阙如也：语出《论语·子路》。意谓君子对自

己不懂的事，一般采取保留态度。

②燕石妄珍：语见《太平御览》卷五一引《阙子》："宋之愚人得燕石
　　于梧台之东，归而藏之，以为大宝。周客闻而观焉。主人端冕玄
　　服以发（打开）宝……客见之，卢胡而笑曰：'此燕石也，与瓦甓
　　（pì）不异。'主人大怒，藏之愈固。"

③齐竽混吹：语见《韩非子·内储说上》："齐宣王使人吹竽，必三百
　　人。南郭处士请为王吹竽，宣王说之，廪食以数百人。宣王死，
　　湣王立，好一一听之。处士逃。"成语"滥竽充数"即源于此。

【译文】

古人说："君子对于自己所不懂的事情，一般采取保留态度。"所以
贤良人物都可以记载，而史书上没有记载，这是考查不完备，按理不足
以指责。至于愚人智者全都记载，美的丑的不加选择，这就是把燕石妄
当珍宝，滥竽充数了。姓名要载入史册，自古以来就很难；把事情列入
《春秋》，是被圣人所看重的。从事史书编撰的人，应当谨慎啊！

内篇　核才第三十一

【题解】

本篇主要讨论史学人才问题。核心是阐明具备史才之难和考核史才的重要性。

刘知幾有著名的"史才三长"论,他认为自古以来之所以文士多而史才少,是因为"史才须有三长,世无其人,故史才少也。三长,谓才也、学也、识也……能应斯目者,罕见其人。"

在本篇中,刘知幾认为,史才不仅需要有才能和学问,更需要有统领才和学的史识,文士则没有这么高的要求。所以著名文章之士、辞赋大家,如果来治史,往往不能成功。自古以来真正文史兼擅的学者,少之又少,如班固、沈约这样的人,可谓凤毛麟角。

刘知幾反对文士修史,因为文士一是"多不达于史体",二是"多无铨综之识",难以保证史书编纂的质量。他指出,秦汉以前,文和史的分野尚未形成,文史不分,文中有史,史中见文。但秦汉以后,二者皎然异辙。但人们却忽视了这种变化,仍然以文士来兼领修史,加上重视文藻、词宗淫丽的社会风气,造成了史书雅好丽词、连篇累牍、文烦辞费的局面,致使真正有"独见之明"的史才反被讥笑,反被流俗所困,有的人只好随波逐流,放弃原则。

刘知幾的这些认识无疑是有积极意义的。遗憾的是,《史通》其书却未能跳出时尚的拘限，其文字仍然伤于骈丽，被人讥为"拙于用己"（宋祁）。

　　夫史才之难，其难甚矣。《晋令》云①："国史之任，委之著作，每著作郎初至②，必撰名臣传一人。"斯盖察其所由，苟非其才，则不可叨居史任③。历观古之作者，若蔡邕、刘峻、徐陵、刘炫之徒④，各自谓长于著书，达于史体，然观侏儒一节⑤，而他事可知。案伯喈于朔方上书⑥，谓宜广班氏《天文志》。夫《天文》之于《汉史》，实附赘之尤甚者也。必欲申以掎摭⑦，但当锄而去之，安可仍其过失，而益其芜累？亦奚异观河倾之患，而不遏以隄防，方欲疏而导之，用速怀襄之害⑧。述史如此，将非练达者欤？孝标持论谈理，诚为绝伦。而《自叙》一篇，过为烦碎；《山栖》一志，直论文章。谅难以偶迹迁、固，比肩陈、范者也。孝穆在齐，有志梁史，及还江左，书竟不成。嗟乎！以徐公文体，而施诸史传，亦犹灞上儿戏，异乎真将军⑨，幸而量力不为，可谓自卜者审矣。光伯以洪儒硕学，而迍邅不遇⑩。观其锐情自叙，欲以垂示将来，而言皆浅俗，理无要害。岂所谓"诵《诗》三百，虽多，亦奚以为"者乎⑪！

【注释】

　①《晋令》：晋贾充等撰，共四十卷。《隋书·经籍志》、新、旧《唐志》著录于史部刑法类。南宋佚。

　②著作郎：史官名，三国魏时开始设置，专掌编纂国史。有著作郎、著作佐郎之分。

③叨(tāo)居：非分占有。叨，通"饕"，贪，滥。

④蔡邕：见《书志》篇注。刘峻（462—521）：字孝标，南朝齐、梁间人。少好读书，被人称为"书淫"。南朝知名学者、文学家。著有《辨命论》及《世说新语注》。事见《梁书·刘峻传》。徐陵（507—583）：字孝穆，南朝梁、陈间东海郯(tán，今山东郯城)人，文学家。博涉史籍，善谈论。以诗歌和骈体文轻靡绮绝著名，是当时宫体诗的重要作者之一。著有《徐孝穆集》，编有《玉台新咏》。事见《陈书》、《南史》本传。刘炫（约546—约613）：字光伯，河间景城(今河北献县东北)人，曾闭户读书，十年不出。北周武帝时，和王劭同修国史，兼修天文、历、律等志，甚为内史令李德林所礼重。入隋为殿内将军，时牛弘奏请购求天下遗逸之书，刘炫伪造书百余卷，题为《连山易》、《鲁史记》等，被减死除名。隋炀帝时，牛弘引进，与修律令。一生著述多为经学著作。事见《隋书·刘炫传》。

⑤侏儒一节：语见桓谭《新论》"侏儒见一节，而长短可知"。意为看其中一部分即可知道全部。

⑥伯喈于朔方上书：伯喈，蔡邕字。蔡邕与卢植、韩说等撰补《后汉记》，未及成，为程璜等陷害，流放朔方，曾上书陈奏其所撰《十意》。《蔡中郎外传》载其《上汉书十志疏》，首句即云："朔方髡钳徒臣邕稽首再拜。"

⑦掎摭(jǐ zhí)：指责，批评。

⑧怀襄之害：《尚书·尧典》："汤汤洪水方割，荡荡怀山襄陵，浩浩滔天。"即洪水浩浩荡荡，包围高山冲上山岭。怀，包。襄，上。

⑨灞上儿戏，异乎真将军：汉文帝称赞周亚夫治军严明，说他是真将军。而对灞上、棘门刘礼和徐厉的军纪松弛很不满意，说如同儿戏。

⑩迍邅(zhūn zhān)：行路艰难的样子。常比喻处境困难。

⑪诵《诗》三百,虽多,亦奚以为:语出《论语·子路》:"子曰:'诵《诗》三百,授之以政,不达;使于四方,不能专对,虽多,亦奚以为?'"

【译文】

真正的史学人才难得,非常难得。《晋令》上说:"修撰国史的任务,交给著作郎承担,每一个著作郎刚刚上任,一定要撰写一个名臣的传。"这大概是考查他所具备的史才,如果不具备这样的才能,就不能挂名于史官之职。遍观古代的作者,如蔡邕、刘峻、徐陵、刘炫这些人,都自称长于著书,精通史书体裁体例,然而只要看他们著述的一小部分,其他情况也就可以清楚了。考查蔡邕在朔方的上书,说应当扩充班固的《天文志》。《汉书》中的《天文志》,实在是突出的累赘多余了。如果一定要加以指摘的话,只应当作密植的禾苗除掉它,怎么能继续他的错误,反而增加芜杂累赘呢?这无异于已经看到黄河水泛滥的危害,不去筑堤防以堵住它,反而想要疏通放开它,以加速加大洪水的危害。如此记述历史,恐怕不是精练通达的吧?刘孝标立论谈理,确实是无与伦比。但他的《自叙》一篇,过于繁杂琐碎;《山栖志》一文,简直就是文学作品。实在难以与司马迁、班固并列,与陈寿、范晔并举了。徐陵在南齐,曾有志于编撰梁史,等他回到江南,梁史仍然没有写成。唉!以徐公的骈文体式,却用来编撰史传,也就如同灞上儿戏,不同于真正的将军,幸好他量力而行没再编写,可算是有自知之明了。刘炫作为一个博学大儒,却处境困难怀才不遇。看他感情洋溢的自叙,想要以此流传后世,但是言词都很浅俗,事理也不关紧要。难道不就是所说的"熟读背诵《诗经》三百篇,虽然读得多,又有什么用处"的情况吗?

昔尼父有言:"文胜质则史①。"盖史者当时之文也,然朴散淳销,时移世异,文之与史,较然异辙②。故以张衡之文,而不闲于史③;以陈寿之史,而不习于文。其有赋述《两都》④，诗裁《八咏》⑤，而能编次汉册，勒成宋典。若斯人者，其流几何？

【注释】

①文胜质则史：语见《论语·雍也》。参见《叙事》篇注。

②较然异辙：迥然不同。较，即"皎"，明显。

③不闲于史：此指张衡缺乏史才。闲，通"娴"，熟练，熟悉。

④《两都》：指班固的《西都赋》、《东都赋》。见《载文》篇注。

⑤诗裁《八咏》：指沈约的《八咏》诗。即《登台望秋月》、《会圃临春风》、《岁暮愍衰草》、《霜来悲落桐》、《夕行闻夜鹤》、《晨征听晓鸿》、《解佩去朝市》、《被褐守山东》。皆沈约为东阳太守时所作。《金华志》云："沈约为东阳太守，题诗于元畅楼。后人更名八咏楼。"沈约生平见《二体》篇注。

【译文】

过去孔子曾说过："文采胜过质朴就是史。"大概史就是当时的文，然而质朴淳厚的风气消失了，时代变化世风不同了，文章和史书，明显走向了截然不同的道路。所以以张衡的文学才能，却不熟悉作史；以陈寿的史学才能，也不熟练作文。其中有人撰著了《两都赋》，有人创作了《八咏诗》，而又能编纂《汉书》，又能编成《宋书》。像这样才兼文史的人，又有多少呢？

是以略观近代，有齿迹文章而兼修史传①。其为式也，罗含、谢客宛为歌颂之文②，萧绎、江淹直成铭赞之序③，温子昇尤工复语④，卢思道雅好丽词⑤，江总猖獗以沉迷⑥，庾信轻薄而流宕⑦。此其大较也。然向之数子所撰者，盖不过偏记杂说，小卷短书而已，犹且乖滥踳驳⑧，一至于斯。而况责之以刊勒一家,弥纶一代⑨,使其始末圆备,表里无咎,盖亦难矣。

【注释】

①齿迹:置身。

②罗含(292—372):字君章,号富和,晋时桂阳耒阳(今湖南耒阳)人。谢尚曾称他"湘中之琳琅"。桓温称他"江左之秀"。累官宜都太守、散骑常侍、侍中、转廷尉、长沙相。著有《罗含集》三卷,已佚。事见《晋书·罗含传》。传中无"兼修史传"的记载。谢客:即谢灵运(385—433),南朝诗人,以山水诗著称。陈郡阳夏(今河南太康)人,因年幼时寄养在外,又名客儿,故世称谢客。如钟嵘《诗品·总论》云:"谢客为元嘉之雄"、"谢客集诗,逢诗辄取"。谢灵运曾撰《晋书》未成。事见《宋书·谢灵运传》。

③萧绎(508—554):即梁元帝,字世诚。初封湘东王,后即位于江陵。好学,博综群书,能文章,工书画。有集五十二卷。史学著作有《孝德传》三十卷、《忠臣传》三十卷、《丹阳尹传》十卷、《怀旧志》九卷、《全德志》一卷、《同姓名录》一卷、《研神志》一卷、《荆南地志》二卷。刘知幾讥其"成铭赞之序"即指此数书。江淹(444—505):字文通,济阳考城(今河南兰考)人,以文章著名,南朝梁文学家。年轻时以能文名世,晚年才思微退,人谓之"江郎才尽"。曾草拟修史条例,并编撰史之《十志》。《梁书》、《南史》有传。《隋书·经籍志》著录有《江淹集》九卷、后集十卷,已佚。清人辑有《江文通集》四卷。

④温子昇:见《叙事》注。其史著有《魏永安记》三卷。复语:整齐对偶的语句。

⑤卢思道(535—586):字子行,范阳涿(今河北涿州)人,隋朝诗人。少从邢邵学,聪爽俊辩,才学兼著。北齐为黄门侍郎,北周时授

仪同三司,后为武阳太守。隋初官至散骑侍郎。他的诗作纤细浮艳,多是游宴酬赠之作,有集三十卷。《隋书》中与李孝贞、薛道衡合传。丽词:骈俪的词句。丽,成对,与"俪"同。

⑥江总(519—594):字总持,济阳考城(今河南兰考)人。笃学有辞采。仕梁、陈、隋三朝。仕陈官至尚书令,常陪陈后主游宴后宫,作诗艳靡,荒嬉无度。当时谓之狎客(嫖客)。有集三十卷,已佚。猖獗:放纵自己。

⑦庾信(513—581):字子山,南阳新野(今河南新野)人,善作宫体诗。《周书·庾信传》记载庾信之文"其体以淫放为本,其词以轻险为宗。故能夸目侈于红紫,荡心逾于郑、卫"。参见《论赞》篇注。

⑧蹖(chuǎn)驳:杂乱,驳杂。

⑨弥纶:包括,统括。

【译文】

由此大略地看一看近代,有人属于文章之士而又同时撰修史传。他们撰修史传的样式,有罗含、谢灵运宛如作歌颂的文章,萧绎、江淹直接写成了铭赞的序文,温子昇特别擅长整齐对偶的句子,卢思道尤其喜好骈俪的词语,江总沉迷于浮艳放纵的辞采,庾信流于轻浮夸饰的丽词。这只是他们的大体情况。然而前面这几个人所撰写的著作,不过是些偏记杂说,短篇小传罢了,尚且如此谬误杂乱,到这种地步。何况要让他们修撰一国史书,统括一代史事,使其始末完备,形式和内容都没有错误,大概也是很困难了。

但自世重文藻,词宗丽淫①,于是沮诵失路②,灵均当轴③。每西省虚职④,东观仁才⑤,凡所拜授,必推文士。遂使握管怀铅⑥,多无铨综之识;连章累牍,罕逢微婉之言。而举俗共以为能,当时莫之敢侮。假令其间有术同彪、峤⑦,才若班、荀，怀独见之明，负不刊之业，而皆取窘于流俗，见嗤于朋党。遂乃哺糟歠醨⑧，俯同妄作，披褐怀玉⑨，无由自陈。此管仲所谓"用君子而以小人参之，害霸之道"者也。

【注释】

①词宗丽淫：语出扬雄《法言·吾子》："诗人之赋丽以则，辞人之赋丽以淫。"则，法度。淫，过多。

②沮诵失路：指史家不得志。沮诵，据说为黄帝时史官，此指代史家。

③灵均当轴：指辞赋家担当史职。灵均，屈原的字，此指代辞赋之士。

④西省虚职：指史馆职位空缺。西省，即中书省。唐代高宗龙朔年间将中书省改名为西台，故称西省。史馆隶属于中书省，此西省即指代史馆。

⑤东观：东汉的藏书之地和修史之所，后代泛指宫中藏书和修史之所。

⑥握管怀铅：执笔，从事著述。

⑦彪、峤：班彪、华峤。分别见《六家》篇注和《二体》篇注。

⑧哺糟歠醨（chuò lí）：语出《楚辞·渔父》："众人皆醉，何不餔其糟而歠其醨。"原意为吃酒糟，饮薄酒。这里指坐食俸禄，同流合污，或随波逐流。歠，通"啜"，喝，饮。醨，薄酒。

⑨披褐怀玉：比喻身处贫贱却有真才实学。褐，粗布衣服。

【译文】

但自从世人重视文采，词句过分追求华丽，以致史家修史无人重视，辞赋家担当了史职之责。常常是史馆职位空缺，而修史之处却人才聚集，凡有所任命的官职，必定推荐文学之士。于是使执笔修史的人，大多缺乏考核和综合的识见；著述连篇累牍，很少见到精深简约的言论。但举世都认为他们是能人,当时没有谁敢轻慢他们。即使有人学问如同班彪、华峤,才能堪比班固、荀悦,怀有独到的高明见解,拥有修史大业的抱负,却都要受到流俗的困辱,被排斥异己的私心人讥笑。于是只有随波逐流,随同大流而胡乱写作,尽管有真知灼见却地位卑贱,没有机会表明自己。这就是管仲所说的"任用君子却连小人也掺杂其中,这是妨害霸业的道路"。

　　昔傅玄有云[①]:"观孟坚《汉书》,实命代奇作。及与陈宗、尹敏、杜抚、马严撰中兴纪传[②],其文曾不足观。岂拘于时乎?不然,何不类之甚者也。是后刘珍、朱穆、卢植、杨彪之徒[③],又继而成之。岂亦各拘于时,而不得自尽乎?何其益陋也?"嗟乎!拘时之患,其来尚矣。斯则自古所叹,岂独当今者哉!

【注释】

①傅玄:见《书事》篇"傅玄之贬班固"注。

②陈宗:生卒年不详。字平仲,曾任东汉睢阳令。与班固等共撰《世祖本纪》。见《后汉书·班固传》。尹敏:生卒年不详。字幼季,南阳(今河南南阳)人,与班彪友善,官至长陵令。精于儒学,曾上书反对阴阳谶纬之说。《后汉书》有传。杜抚:生卒年不详。字叔和,少有高才,为公车令。《后汉书·儒林》有传。马严(11—92):字威卿,名将马援兄子。明帝召见,应对宏雅,诏与杜抚、班固等杂定《建武注记》。《后汉书·马援传》有附传。

③刘珍(?—约126):字秋孙,一名宝,东汉南阳蔡阳(今河南上蔡东北)人,少好学。永初中,与刘𬭚𬭩、马融等校定东观群书,又与刘𬭚𬭩等撰《建武以来名臣传》。事见《后汉书》本传。朱穆

(100—163)：字公叔，南阳苑(今河南南阳)人，丞相朱晖之孙。曾任东汉尚书，死后诏赠益州太守，谥文忠先生。善文辞，为蔡邕所重，撰著论第二十篇，《后汉书》有传。卢植(？—192)：字子干，东汉涿郡(今河北涿州)人。马融弟子，通晓今古文经学。拜议郎。与蔡邕、杨彪等校书东观，补续《汉纪》。《后汉书》有传。杨彪(142—225)：字文先，名儒杨震之曾孙。博通掌故，与卢植等校书东观。《后汉书·杨震传》有附传。

【译文】

过去傅玄说过："读一读班固的《汉书》，确实是驰名一代的奇书。等到他和陈宗、尹敏、杜抚、马严撰写中兴纪传，他的文辞又不值得一读。难道是受时代所局限吗？如果不是这样，为什么会如此不一样呢？这以后，刘珍、朱穆、卢植、杨彪这些人，又继续编写完此书。难道也都是受到时代的限制，因而不能完全表现自己吧？为什么更增加丑陋呢？"唉，局限于时代的危害，由来已久了。这是自古以来人们所慨叹的事，哪里只是今天才这样的呢！

内篇　序传第三十二

【题解】

序传，指史书中作者的自序。本篇讨论了史书中作者自序的渊源流变、写作目的、内容、方法以及前代史书"序传"中存在的种种问题，并指出作者在写作"序传"时应该遵循的基本原则。

刘知幾追溯序传缘起，认为"其流出于中古"。自屈原《离骚经》溯源而下，直抵司马迁《太史公自序》，"序传"写作的体例、范围、方法等渐趋定型，一以贯之，逐臻完备。

刘知幾认为，司马迁《太史公自序》"虽上下驰骋，终不越《史记》之年"，而班固《叙传》"苞括所及，逾于本书远矣"，批评班固不能严守史书的年代断限，违背了断代史的断限精神。刘知幾还进一步批评司马相如、王充等人在序传中记载了自己或父祖不光彩的事情，有违"扬名显亲"的宗旨。在此基础上，刘知幾提出了"序传"撰写的基本原则：一是态度谦逊，不应"自媒自炫"；二是如实叙述家世，不应"妄承前哲"、"冒纂伯侨"、"家传熊绎"，攀认古时名人、圣贤为祖先，企图扬身份、耀门楣，违背了起码的道德原则。

显然，刘知幾所论得失兼具，最明显的缺憾便是深陷封建名教的桎梏而难以自拔。其次，刘知幾对班固、王充等的批评，也多有误会或失当之处。今当辩证视之。

盖作者自叙,其流出于中古乎? 案屈原《离骚经》①,其首章上陈氏族,下列祖考;先述厥生,次显名字②。自叙发迹,实基于此。降及司马相如③,始以自叙为传。然其所叙者,但记自少及长,立身行事而已。逮于祖先所出,则蔑尔无闻④。至马迁,又征三闾之故事⑤,放文园之近作⑥,模楷二家,勒成一卷。于是扬雄遵其旧辙,班固酌其余波,自叙之篇,实烦于代。虽属辞有异,而兹体无易。

【注释】

①屈原(约前340—约前278):名平,字原,又自云名正则,或字灵均,战国末期楚国丹阳(今湖北秭归)人。中国古代最伟大的浪漫主义诗人之一,创立了"楚辞"这一文体,代表作有《离骚》、《九歌》等。

②"其首章上陈氏族"四句:屈原《离骚》起始八句有"帝高阳之苗裔兮,朕皇考曰伯庸。摄提贞于孟陬兮,惟庚寅吾以降。皇览揆余于初度兮,肇锡余以嘉名。名余曰正则兮,字余曰灵均"。首句陈氏族,次句列祖考,三四句述出生,后四句说明自己的名字。

③司马相如(前179—前117):字长卿,蜀郡成都(今四川成都)人,西汉大辞赋家,《汉书·艺文志》著录"司马相如赋二十九篇",代表有《子虚赋》、《上林赋》等,作品辞藻华丽,结构宏大。鲁迅在《汉文学史纲要》中将司马相如与司马迁放于一起作专节介绍,认为"武帝时文人,赋莫若司马相如,文莫若司马迁"。

④蔑尔:没有。尔,助词。

⑤三闾:楚国王族之强者屈、景、昭三姓的合成,因屈原曾任三闾大夫,后世遂以"三闾"作为屈原的代称。故事:往事。

⑥放:即"仿",仿照。文园:即司马相如,因司马相如曾担任孝文园

令,后世遂以"文园"代称司马相如。

【译文】

　　大概作者的自叙,其源头开始于中古吧? 查屈原的《离骚经》,首句陈述氏族,次句详列祖考;先讲述自己的出生,再写出自己的名字。自叙的发端,就是从这里开始的。后来到司马相如时,开始以自叙为自己立传。然而他所叙述的,大多是其自年少到年长,立身行事这类事情而已。至于其祖先渊源所出,则没有涉及。到司马迁时,又采用三闾大夫屈原的方法,仿照司马相如的近作,效法这二人,撰成一卷(《太史公自序》一文)。于是扬雄遵循司马迁的做法,班固继司马迁的流风遗泽,自叙的篇章,繁盛于一代。虽然各人文辞有别,但体例上没有变化。

　　寻马迁《史记》,上自轩辕,下穷汉武,疆宇修阔,道路绵长。故其自叙,始于氏出重、黎①,终于身为太史。虽上下驰骋,终不越《史记》之年。班固《汉书》,止叙西京二百年事耳。其自叙也,则远征令尹②,起楚文王之世;近录《宾戏》③,当汉明帝之朝。苞括所及,逾于本书远矣。而后来叙传,非止一家,竞学孟坚,从风而靡④。施于家谍,犹或可通,列于国史,多见其失者矣。

【注释】

①重、黎:司马迁《史记·太史公自序》:"昔在颛顼,命南正重以司
　天,北正黎以司地。唐虞之际,绍重黎之后,使复典之,至于夏
　商。"按重、黎二氏职掌天文、地理,与秦、汉时太史职掌相当,所
　以《太史公自序》从重、黎追述起。

②远征令尹:班固《汉书·叙传》起首有"班氏之先,与楚同姓,令尹
　子文之后也"的记载。令尹,楚官名。子文任令尹,时在楚文王

之时。

③近录《宾戏》:《汉书·叙传》以其所作的《答宾戏》作为结束。

④从风而靡:即风行而不衰歇。比喻仿效、风行之迅速。靡,倒下。

【译文】

考查司马迁所著《史记》,记事上起轩辕之世,下迄汉武帝时期,记述范围博大,记录年代久远。所以司马迁作自叙,开始于氏族缘起的重、黎时代,结束于自己任太史令。虽上下驰骋数千年,但终究没有越出《史记》的记事年限。班固著《汉书》,仅仅是记述西汉王朝二百年间的史事。而班固所作自叙,远叙令尹子文,起自楚文王时代;近至《答宾戏》,已经是汉明帝年间。叙述所包括的年代,远远超过《汉书》的范围。而后来自写叙传,不止一人一家,都争着学习班固的写法,遵循这种风气,盛行不衰。这种做法用于家谱上,或许可以说得过去,列在国史之中,则往往会表现出失误与不足。

　　然自叙之为义也,苟能隐己之短,称其所长,斯言不谬,即为实录。而相如自序,乃记其客游临邛,窃妻卓氏①,以《春秋》所讳,持为美谈②。虽事或非虚,而理无可取。载之于传,不其愧乎! 又王充《论衡》之《自纪》也,述其父祖不肖,为州闾所鄙,而己答以瞽顽舜神,鲧恶禹圣③。夫自叙而言家世,固当以扬名显亲为主,苟无其人,阙之可也。至若盛矜于己,而厚辱其先,此何异证父攘羊④,学子名母⑤? 必责以名教,实三千之罪人也⑥。

【注释】

①乃记其客游临邛,窃妻卓氏:据《史记·司马相如列传》记载,梁孝王死后,司马相如还成都,家贫无以为生,往依临邛(今四川邛

峡)令王吉。时邑富人卓王孙宴请令王吉并司马相如。卓王孙有女名卓文君,新寡居家,好音,相如以琴心挑之。文君心悦而好之,夜与相如奔,与之归成都。临邛,今四川邛峡。

②《春秋》所讳,持为美谈:程千帆《史通笺记》按云:"《左传》成二年,楚申叔跪谓申公巫臣曰:'异哉!夫子有三军之惧,而又有桑中之喜,宜将窃妻以逃者也。'此指巫臣谋取夏姬,乃于聘齐时尽室以行事。《传》载之而经不书,故子玄以为《春秋》所讳。"

③瞽(gǔ)顽舜神,鲧恶禹圣:传说舜有父曰瞽叟,瞽叟早盲而舜母死,瞽叟复娶妻而生象,瞽叟因爱后妻子象而常欲杀舜,使舜上涂廪,修补粮仓,瞽叟从下纵火烧廪,舜乃以两笠自捍下,得不死;后瞽叟又使舜穿井,舜穿井匿空出,终究不得死。鲧为禹之父,舜时四恶之一。

④证父攘(rǎng)羊:语出《论语·子路》:"其父攘羊,而子证之。"攘,盗窃。

⑤学子名母:语出《战国策·魏策》:"宋人有学者,三年反而名其母。其母曰:'子学三年反而名我者何也?'其子曰:'吾所贤者,无过尧、舜,尧、舜名吾所大者,无大天地,天地名。今母贤不过尧、舜,母大不过天地,是以名母也。'其母曰:'子之于学者将尽行之乎?愿子之有以易名母也;子之于学也,将有不行乎?愿子之且以名母为后也。'"

⑥三千之罪:语出《孝经·五刑篇》:"五刑之属三千,而罪莫大于不孝。"

【译文】

考查自叙的义例,假如能隐藏自身的短处,表明自己的长处,言语上没有纰缪不实的地方,便可称之为真实的记录。司马相如的自序,却记述了自己穷困居于临邛,偷偷以卓文君为妻私奔的事,把《春秋》经所隐讳的东西,作为美谈。虽然事情可能不是虚构的,但道理上却是不可取的。

把这样的事情写入传中,岂不感到羞愧吗? 又有王充《论衡·自纪》一篇,记述了其父祖不贤,被州县乡亲所鄙视,而王充却以"瞽叟很坏而舜却神圣,鲧是恶人而禹却是圣人"这样的回答来搪塞。凡自叙中言及家世,理应以为自己的亲属扬名为主,如果没有这类值得宣扬的人物,空缺也是可以的。像这样大肆夸赞自己,而深深诋毁自己的先人,这与那种举证自己的父亲盗羊的儿子,游学归来直呼自己生母姓名的儿子有什么不同呢? 如果一定要用礼教名份来评判,实在是不孝的罪人啊。

　　夫自媒自炫,士女之丑行①。然则人莫我知,君子不耻。案孔氏《论语》有云:"十室之邑,必有忠信。""不如某之好学也。"又曰:"吾每自省吾身,为人谋而不忠乎? 与朋友交而不信乎②?"又曰:"文王既没,文不在兹乎?"又曰:"吾之先友尝从事于斯矣③。"则圣达之立言也,时亦扬露己才,或托讽以见其情,或选辞以显其迹,终不盱衡自伐④,攘袂公言⑤。且命诸门人"各言尔志",由也不让,见嗤无礼。历观扬雄已降,其自叙也,始以夸尚为宗。至魏文帝、傅玄、梅陶、葛洪之徒⑥,则又逾于此者矣。何则? 身兼片善,行有微能,皆剖析具言,一二必载。岂所谓宪章前圣,谦以自牧者欤⑦?

【注释】

①自媒自炫,士女之丑行:语出《曹子建集》卷八《求自试表》:"夫自炫自媒者,士女之丑行也。"自媒,指自己给自己做媒人。自炫,自我夸耀。

②"吾每自省吾身"三句:语出《论语·学而》:"曾子曰:'吾日三省吾身,为人谋而不忠乎? 与朋友交而不信乎? 传不习乎?'"

③吾之先友尝从事于斯矣:语出《论语·泰伯》:"曾子曰:'以能问

于不能,以多问于寡,有若无,实若虚,犯而不校,昔者吾友尝从事于斯矣。'"

④盱衡自伐:慷慨激昂地自我夸耀。盱衡,眉目上扬地向上看。自伐,自我夸耀功绩。

⑤攘袂(rǎng mèi)公言:在公众面前不加收敛、不予选择地进行公开讲说。攘袂,挽起袖子,比喻态度激昂。

⑥魏文帝:即曹丕(187—226),字子桓,沛国谯(今安徽亳州)人,曹操次子,三国时魏国的建立者,公元220—226年在位。其《典论·自序》历述平董卓、降张绣及论射、击箭、弹棋之事。傅玄(217—278):字休奕,北地郡泥阳(今陕西铜川)人。西晋初年的文学家、思想家。作《傅子》三篇,然其自叙未见。梅陶:其人无考。依《世说新语·方正》注,梅颐弟陶,字叔真。为王敦咨议参军。《晋书·祖逖传》:逖兄纳问梅陶曰:"君乡里立月旦评,何如?"曰:"善褒恶贬,则佳法也。"王隐在坐,曰:"《尚书》称'三载考绩,三考黜陟幽明',何得一月便行褒贬?"陶曰:"此官法也。月旦,私法也。"

⑦自牧:自我修养。

【译文】

那些自我夸耀、自己给自己做媒人的人,是士女的丑陋行为。那么自己不被别人知道,君子并不以此为耻辱。孔子在《论语》中说:"有十户人家的小地方,一定有忠诚信实的人","只是不如我这样好学不辍罢了"。又说:"我每天都进行自我反省,替他人办事做到竭心尽力了吗?与朋友相交做到诚实忠信了吗?"又说:"自周文王死后,周代的一切礼乐文化和制度不都在我这里吗?"又说:"我原先的一位朋友就是这样做的。"可见贤达士人们的言论,也时常显露着自己的才华,或通过委婉的话语来表达自己的感情,或通过和婉谦逊的词语以彰显出其中的点滴迹象,但他们却始终不会慷慨激昂地自我夸耀,也不会毫无收敛地当众表明。而且孔子命令诸弟子"各自说说自己的志向"，子由因为不谦虚辞让，被孔子讥评为无礼。纵观汉代扬雄以来，人们所作自叙，开始崇尚自我夸耀。到魏文帝、傅玄、梅陶、葛洪之类人，则又远远超过了他们。为什么这样说呢？亲自做了一点点好事，行动中表现了一丁点能力，都要细致辨析说明，必定一一详细记载。这难道就是所谓的效法前代圣人贤良，以谦恭的态度来自我修养吗？

又近古人伦，喜称阀阅①。其筚门寒族②，百代无闻，而骍角挺生③，一朝暴贵，无不追述本系，妄承前哲④。至若仪父、振铎⑤，并为曹氏之初；淳维、李陵⑥，俱称拓跋之始。河内马祖，迁、彪之说不同⑦；吴兴沈先，约、炯之言有异⑧。斯皆不因真律，无假宁楹⑨，直据经史，自成矛盾。则知扬姓之寓西蜀，班门之雄朔野，或胄篡伯侨⑩，或家传熊绎⑪，恐自我作故，失之弥远者矣。盖谄祭非鬼，神所不歆⑫；致敬他亲，人斯悖德⑬。凡为叙传，宜详此理。不知则阙，亦何伤乎？

【注释】

①阀阅：功绩和阅历，也指世家门第。

②筚门寒族：即门第低微的家族。筚门，以荆棘而做的门。寒族，指无公爵的家族。

③骍(xīng)角：语出《论语·雍也》："子谓仲弓，曰：'犁牛之子骍且角，虽欲勿用，山川其舍诸？'"意指杂色牛生纯赤色、角周正的小牛。比喻劣父生贤明的儿女。本文指那些显贵而又门第低贱的人。骍，红色的马或牛，亦泛指赤色。

④妄承前哲：即妄自托附前代圣贤世族的族系。

⑤仪父：颛顼氏玄孙陆终娶鬼方氏女，生有六子，其第五子安为曹

姓。周武王封安之后裔邾挟为附庸,国号邾。仪父为邾挟的子孙。振铎:周武王的弟弟,周武王克殷后,封其弟振铎于曹。

⑥淳维、李陵:《史记·匈奴列传》:"匈奴,其先祖夏后氏之苗裔也,曰淳维。"《宋书·索虏传》:"索头虏姓托跋氏,其先汉将李陵后也。"浦起龙《史通通释》云:"淳维是匈奴远祖,与拓跋无涉",又说"当作'始均'"。又引《魏书·序纪》:"黄帝以土德王。北俗谓'土'为'托',谓'后'为'跋',故以为氏。其裔始均,入仕尧世……命为田祖。"故刘知幾云:"淳维、李陵,俱称拓跋之始。"

⑦河内马祖,迁、彪之说不同:同是关于对司马氏祖先的追述,司马迁和司马彪所说是不一样的。《太史公自序》和司马彪《晋书》帝纪,同以汉初河内司马卬(áng)为祖。刘知幾《史通》认为司马迁、司马彪之说不同,是司马彪《九州春秋》所述姓氏源流当另别有据,但其说今已不可考。

⑧吴兴沈先,约、炯之言有异:同为对吴兴沈氏祖先的叙述,沈约和沈炯的叙述却不一样。约即沈约,炯即沈炯(503—561),南朝诗人,字初明,一作礼明,吴兴武康(今浙江德清)人,少有文名,仕梁,为尚书左户侍郎、吴令。侯景陷建康,景将宋子仙欲委以为书记,辞不受,几被杀。陈武帝即位,加通直散骑常侍,预谋军国大政。文帝重其才,会寇乱,欲使因是立功,加明威将军,以疾卒于吴中。

⑨不因真律,无假宁楹:典出有异,众说纷纭。《史记·孔子世家》作"昨暮予梦坐奠两柱之间,予殆殷人也",《史通》即用此典。纪昀《史通评》:"真律疑为殷律之讹,用孔子吹律自知为殷人事,以声近而为'真'。宁楹疑是晏楹之讹,用晏子凿楹留书与子事,以形近而为宁也。"周星诒校同纪说。陈汉章《史通补释》则以为纪说迂曲而无据,疑"真律"为"直律"之讹,宁楹则取《诗·商颂·檀弓》"旅楹有闲,寝成孔安"意。彭啸咸《史通增释》:"宁楹当作

梦楹,真梦相对成文,梦宁形近致误也。"今"真律"取纪说"殷
律";"宁楹"从彭说"梦楹"。句意:孔子根据做梦这样的经历,从
而认定自己的世系,而不是像马迁、沈氏那样"直据经史"以认定
自己的世系。

⑩胄纂伯侨:《汉书·扬雄传》:"扬雄,字子云,蜀郡成都人也。其
先出自有周伯侨者,以支庶初食采于晋之扬,因氏焉。"胄,后代。

⑪熊绎:楚国宗族远祖。班固的祖先与楚宗族同姓,故称"家传熊
绎"。见本篇第二段"远征令尹"条。

⑫谄祭非贵,神所不歆:古人在祭祀的时候都有一定的祭祀对象,
不该祭祀而祭祀则被视为谄祭。古人认为谄媚地祭祀不该祭祀
的鬼神,鬼神并不接受。歆,祭祀时,鬼神享受祭品的香味称歆。

⑬致敬他亲,人斯悖德:语见《孝经·圣治》:"不爱其亲而爱他人者,
谓之悖德;不敬其亲而敬他人者,谓之悖礼。"此处用来指责一些
史家在追述自身先世时妄攀他姓,借以欺世盗名、自我炫耀。

【译文】

还有,自魏晋以来,人们更加喜好称说世家门第。那些门第卑微的
家族,百世无名,而一旦后代中有了出色的人,突然间一夜显贵,就无不追
述自己的本族世系,虚假地将自己说成是先哲的后代。以至于如仪父、
振铎,他们都成了曹氏的祖先;淳维、李陵,全被称为拓跋氏的始祖。河内
司马氏的祖先,司马迁和司马彪的说法不一样;同是吴兴沈氏的先人,沈
约和沈炯的叙述有差异。他们不像孔子那样根据吹律而定世系,根据梦
境来认定自己是殷的后人,而是直接引据经史,造成自相矛盾。由此可
知扬姓寓居西蜀,班氏称雄于朔方,或追述自己的祖先是周代伯侨,或认
定自己的家族源自楚国远祖熊绎,恐怕都是自我标榜,与实际相差甚远。
正如谄媚地祭祀不该祭祀的鬼神,鬼神不会享受祭品;不敬重自己的亲
人而敬重他人的亲人,这样的人就违背了道德原则。凡是写叙传的人,
都应明白这个道理。不懂的东西就让它空缺,又有什么妨害呢?

内篇　烦省第三十三

本篇主要讨论史书著述的史文烦简，侧重从记事方面立论，提出了衡量烦简的基本标准——"妄载"与"阙书"。

刘知幾认为烦省不均，是"古今不同，势使之然也"，他从荀卿"远略近详"之说论起，认为年代久远，史料难寻，著述只好简略；年代越近，史料越多，著述则不能不详。古代世风淳朴，言辞简质，史书载事也随之简略；后代崇尚华美，追求靡丽，史书记事也自然繁多。他反对"必量世事之厚薄，限篇第以多少"。

刘知幾提出衡量史书烦省"当求其事有妄载，言有阙书，斯则可矣"。只要不"妄载"，当记则记，即便记载较多，也不能看作烦琐；反之，只要不"阙书"，当记的事都没有遗漏，即便记载简略，也不能认作草率粗疏。

刘知幾所论，为历代学者所认同，纪昀称"推寻尽致，持论平允，子元难得此圆通之论"（《史通削繁》），吕思勉赞"刘氏所辨，极其隽快"（《史通评》）。

史书的详略烦简，是刘知幾十分重视而反复阐论的重要问题。故阅读此篇，可与《载文》、《叙事》、《书事》等诸篇相印证。《载文》云："拔浮华，采真实"，《叙事》云："叙事之工者，简要为主"，《书事》云："简而且赅,疏而不漏",等等,刘知幾的认识是一以贯之的。今天看来,仍有十分重要的理论意义。

昔荀卿有云:远略近详[①]。则知史之详略不均,其为辨者久矣。及干令升《史议》[②],历抵诸家,而独归美《左传》,云:"丘明能以三十卷之约,括囊二百四十年之事,靡有孑遗。斯盖立言之高标,著作之良模也。"又张世伟著《班马优劣论》[③],云:"迁叙三千年事,五十万言,固叙二百四十年事,八十万言。是班不如马也。"然则自古论史之烦省者,咸以左氏为得,史公为次,孟坚为甚。自魏、晋已还,年祚转促[④],而为其国史亦不减班《书》。此则后来逾烦,其失弥甚者矣。

【注释】

①远略近详:《荀子·非相》:"传者,久则论略,近则论详。略则举大,详则举小。愚者闻其略而不知其详,闻其详而不知其大也。"略,举其大概、大要。详,全面详细地论述。

②干令升:即干宝,字令升。详见《六家》篇"《左传》家"注。

③张世伟著《班马优劣论》:张世伟即张辅,字世伟。南阳西鄂(河南南阳)人。西晋时,曾任尚书郎,冯翊(yì)太守、秦州刺史。他曾著文立说,以述班、马二人优劣得失。他说:"迁之著述,辞约而事举,叙三千年事,唯五十万言。班固叙二百年事,乃八十万言。烦省不同,不如迁一也;良史述事,善足以奖劝,恶足以监诫,人道之常,中流小事,亦无取焉,而班皆书之,不如二也;毁贬晁错,伤忠臣之道,不如三也。迁既造创,固又因循,难易益不同矣。又迁为苏秦、张仪、范雎、蔡泽作传,逞辞流离,亦足以明其大才。故述辩士则辞藻华靡,叙实录则隐核名检,此所以迁称良

　　　史也。"

　　④祚：国祚，国统。

【译文】

　　此前荀子说过：撰写史书时年代久远的应简略写，年代较近的应详细写。由此可知史书撰写时详略不均，这样的区分很早就产生了。到干宝撰述《史议》，一一讥评各家著述，而唯独赞美《左传》，说："左丘明能用三十卷简约的文字，包罗二百四十年的史事，毫无遗漏。这是立言的高标准，著作中的好榜样。"又有张辅著《班马优劣论》，说："司马迁叙述三千年的史事，用了五十万字，班固叙述汉朝二百四十年的事情，用了八十万字，这就是班固不如司马迁。"然而自古以来讨论史书烦省问题的，都认为《左传》做得最好，司马迁《史记》排其次，班固《汉书》最差。自魏晋以来，立国更替频繁而短暂，但各国国史篇幅却不少于班固《汉书》。这就使得后来的史书越写越烦，失误也就更多了。

　　余以为近史芜累①，诚则有诸②，亦犹古今不同③，势使之然也。辄求其本意，略而论之。何者？当春秋之时，诸侯力争，各闭境相拒④，关梁不通。其有吉凶大事，见知于他国者，或因假道而方闻⑤，或以通盟而始赴⑥。苟异于是，则无得而称⑦。鲁史所书，实用此道。至如秦、燕之据有西北，楚、越之大启东南⑧，地僻界于诸戎，人罕通于上国⑨。故载其行事，多有阙如。且其书自宣、成以前⑩，三纪而成一卷⑪，至昭、襄已下⑫，数年而占一篇。是知国阻隔者⑬，记载不详，年浅近者，撰录多备。杜预《释例》云：文公以上六公，书日者二百四十九。宣公已下亦六公，书日者四百三十也。计年数略同，即日数加倍，此亦久远遗落，不与近同也。是则传者注书已先觉之矣。此丘明随闻见而成传，何有故为简约者哉。

【注释】

①芜累:冗杂,繁复。

②诚则有诸:确实有这种情况。

③犹:通"由"。

④拒:拒绝,不交往。

⑤假道:借道。闻:互通消息。

⑥通盟:会盟,结成盟约。

⑦称:提到,提及。

⑧至如秦、燕之据有西北,楚、越之大启东南:是说秦国地处西方,
  燕国处于北方。而楚国、越国则大力开发东南疆域。

⑨上国:指周朝。

⑩宣、成以前:即鲁宣公、鲁成公以前。宣,指鲁宣公,在位十八年
  (前608—前591)。成,指鲁成公,在位十八年(前590—前573)。

⑪纪:古时十二年为一纪。三纪为三十六年。

⑫昭、襄已下:鲁昭公、鲁襄公以下。昭,指鲁昭公,在位三十二
  年(前541—前510)。襄,指鲁襄公,在位三十一年(前572—
  前542)。

⑬阻隔:险要不通,闭塞消息。

【译文】

我认为近代史书的繁杂累赘,确实是事实,这是由于古今时代的不
同,是形势发展造成这样的。这里考查它们的本来面貌,大略作一些论
述。为什么呢? 在春秋时代,各诸侯国之间竭力争战,各自关闭国境互
相对抗,水陆交通断绝。当一个国家遇有吉凶大事,能被别的国家所知
道的,或是经由别的国家才得以听说的,或是因为结盟才互有交往的。
如果不是这样,事情也就得不到记载。鲁国史书所记载的别国史事,其
实就是用这种方法。至于像秦国、燕国占据着的西方和北方,楚、越
国大力开发的东南,地域偏僻临界蛮夷,人们难以与周朝交往。所以对

它们事迹的记载,有很多缺漏。而且此书对鲁宣公、鲁成公之前史事的叙述,三十多年的史事才写一卷,到鲁昭公、鲁襄公以后,数年间的事就占一卷。由此可知,受到阻隔、闭塞不通的国家,记载不详细,而年代较近的国家,记述较为完备。杜预《释例》说:文公前面的六公,写出具体日期的有二百四十九天。宣公以下也是六公,写出具体日期的有四百三十二天。算年数大致相同,但按天数却是前面的两倍,这也是年代太久远而致遗落,不与近时相同。这是为此书作传作注的人已经发现的了。这是左丘明根据所闻所见而写成的传文,哪里是故意简约呢?

　　及汉氏之有天下也,普天率土①,无思不服②。会计之吏③,岁奏于阙廷④;辎轩之使,月驰于郡国。作者居府于京兆,征事于四方,用使夷夏必闻,远近无隔。故汉氏之史,所以倍增于《春秋》也。

【注释】

①普天率土:语出《诗·小雅·北山》:"溥天之下,莫非王土;率土之滨,莫非王臣。"

②无思不服:没有人心里不服。语出《诗·大雅·文王有声》:"镐京辟雍,自西自东,自南自北,无思不服,皇王烝哉。"

③会计之吏:古代郡县太守在每一年的年终都会派遣官吏进京向朝廷汇报政务。

④阙廷:朝廷。

【译文】

　　到汉代刘氏得了天下,全国统一,人们没有不顺服的。州郡统计汇报的官吏,每年奏报政务于朝廷;朝廷的使臣,每月前往地方州郡视察。作史者虽身居京城,但可以向四方征集事迹,因此使得蛮夷与华夏的事情都能够知道,无论地域远近都没有阻隔。所以汉代史书的篇幅,比

《春秋》成倍地扩大了。

降及东京,作者弥众。至如名邦大都,地富才良①,高门甲族,代多髦俊②。邑老乡贤,竞为别录;家牒宗谱,各成私传。于是笔削所采,闻见益多。此中兴之史③,所以又广于《前汉》也。

【注释】

①才良:优秀的人才。

②髦(mào)俊:才德优异的人士。

③中兴之史:此指东汉的史书。

【译文】

再往下到了东汉,著作之人更多。至于著名的州郡、大的都会,各地都有很多优秀能干的人才;豪门大族,世世代代都有很多杰出的士人。地方老人、乡里贤人,竞相撰写别录;家谱族谱,各自成为私传。因此修史的人所能采集到的资料就更多了,也就更加丰富了。这就是东汉的史书篇幅比西汉史书篇幅大的原因。

夫英贤所出,何国而无? 书之则与日月长悬①,不书则与烟尘永灭。是以谢承尤悉江左②,京洛事缺于三吴③;陈寿偏委蜀中,巴、梁语详于二国④。如宋、齐受命⑤,梁、陈握纪⑥,或地比《禹贡》一州,或年方秦氏二世。夫地之偏小,年之窘迫⑦,适使作者采访易洽,巨细无遗,耆旧可询,隐讳咸露。此小国之史,所以不减于大邦也。

【注释】

①与日月长悬：即同日月长存。

②谢承：三国吴人，著《后汉书》。详见《书志》篇"谢拾孟坚之遗"注。

③三吴：指会稽、吴兴、舟阳三郡。

④巴、梁语详于二国：指《三国志》对于蜀国史事的记载要详于魏国、吴国两国。此指《蜀志》所载《季汉辅臣传》为魏、吴二志所无。巴、梁：指代蜀国。

⑤受命：古时帝王登基，多称自己承上天之命，以示自己的政权是天授的、合法的。

⑥握纪：掌握统治国家的政权。

⑦窘迫：存在时间短暂。

【译文】

英杰贤才的出现，哪个国家没有呢？把他们写入史书便可以与日月长存，不写入史书就会如同过眼云烟永远消失。因此熟悉江南史事的谢承，对于北方中原史事的叙述就少于三吴；陈寿偏重于熟悉蜀中，对蜀国史事的记载要详于魏国和吴国。如宋、齐两朝承天命而治理全国，梁、陈两代握政权而坐拥天下；有的疆域只相当于《禹贡》中的一个州，有的统治年代只相当于秦朝的二世。地域偏僻狭小，统治年代短促，正好使编撰者收集采访容易周恰，大事小事都不遗漏；有年高望重的人可以询问，原来隐讳的事情也全都显露出来。这就是小国史书的篇幅，不少于大国史书篇幅的原因。

夫论史之烦省者，但当要其事有妄载，苦于榛芜，言有阙书，伤于简略，斯则可矣。必量世事之厚薄，限篇第以多少，理则不然。且必谓丘明为省也，若介葛辨牺于牛鸣①，叔孙志梦于天压②，楚人教晋以拔旆③，城者讴华以弃甲④。此

而毕书,岂得谓之省邪? 且必谓《汉书》为烦也,若武帝乞浆
于柏父⑤,陈平献计于天山⑥,长沙戏舞以请地⑦,杨仆怙宠
而移关⑧。此而不录,岂得谓之烦邪? 由斯而言,则史之烦
省不中,从可知矣。

【注释】

①介葛辨牺于牛鸣:《左传》僖公二十九年介葛卢来朝,闻牛鸣,曰:
　　"是生三牺,皆用之矣,其音云。"问之而信。是说介(部族名)君
　　葛卢来朝,听到有牛发出叫声,说:"这头牛生了三头小牛,但都
　　被用作祭品了,这从它的叫声中就可以听得出来。"一问,果如
　　其言。

②叔孙志梦于天压:据《左传》昭公四年记载,春秋时鲁国的贵族叔
　　孙豹避难时,在庚宗(今山东泗水)遇一妇人,与其同住。妇问其
　　为何出走,叔孙豹告知原因,妇人哭而送之。后来叔孙豹到齐
　　国,梦见天压着自己而不能挣扎,幸而梦境中有一个肤色黑而背
　　驼、长得很像牛一样的人帮助他,才使其得以从梦境中脱离。后
　　来叔孙豹返回鲁国,位居公卿,庚宗妇人领着儿子前来与之相
　　见,叔孙豹见其儿子正是当年在梦里梦见的人,叔孙豹叫他
　　"牛",并让他主持家政。后来牛乱其家政,叔孙豹绝食而死。

③楚人教晋以拔旆(pèi):据《左传》宣公十二年记载,晋国、楚国交
　　战于邲,晋军大败,晋军因为有战车深陷在泥坑里而不能逃走,
　　楚国人教他们抽去车上的横木,走了不多远,马又徘徊不前,楚
　　国人又教他们抛弃车辕头上的横木,这样才逃了出去。晋军脱
　　险后,反而回过头来讽刺说自己不如楚军有逃跑的经验。旆,指
　　古代战车辕头上的横木。

④城者讴华以弃甲:据《左传》宣公二年记载,楚国、赵国攻打宋国,
　　宋将华元被其驾车人羊斟出卖而失败。在巡视筑城工程时,筑

城的人讽刺他说:"睅其目,皤(pó)其腹,弃甲而复。于思于思,弃甲复来。"讴,歌唱,民歌。

⑤武帝乞浆于柏父:据《汉武帝内传》记载,汉武帝曾微服出宫,当夜至柏谷,住宿于旅舍,向主人乞水喝。主人翁怀疑他是奸盗,欲攻之。主人妪看汉武帝相貌不同寻常,劝翁,翁不听,老妪乃用酒将翁灌醉,将老翁捆起,并杀鸡备饭向汉武帝道歉。第二天,汉武帝回到宫中,赏赐老妪金千斤。

⑥陈平献计于天山:据《汉书·高祖本纪》记载,汉高祖刘邦攻打匈奴时,被匈奴围困于白登山,七日而不得出。陈平派使者带着画工所画的美女图去见单于的妻子,说:"汉有美女如此,今皇帝困厄,欲献之。"单于的妻子害怕单于因喜爱汉朝所献美女而使自己失宠,于是劝单于撤兵。单于听其言,打开包围圈的一角,刘邦方得以解白登山之围。

⑦长沙戏舞以请地:据《汉书·景十三王传》记载,长沙定王发,母唐姬,故程姬侍者,微无宠,其藩国亦是狭小卑湿。景帝后二年,诸王来朝,并献歌舞以祝寿,定王发仅仅是挥了挥衣袖,举了举手,左右的人都笑他笨拙。皇上问其缘故,定王发说:"臣国小地狭,不足回旋。"皇帝听后,"乃以武陵、零陵、桂阳属焉"。

⑧杨仆怙宠而移关:据《汉书·武帝纪》记载,楼船将军杨仆数有大功,耻为关外民,上书乞徙东关。汉武帝为了满足他的愿望,把函谷关迁到新安,而把原来的地方改名为弘农县。

【译文】

评论史书的烦省,只应当看它记事是否有不恰当,以造成混杂之处;或是看记事是否有遗漏,以免过于简单,这样就可以了。如果必定要用记载事情的大小来衡量,用记载篇目的多少来限制,道理上就不妥了。况且如果一定要说左丘明记事简略,如介君葛卢根据母牛叫声辨别出它所生的三条小牛被作了祭品,叔孙豹记下了天压着他的噩梦,楚国人教晋国人拔掉车上的横木以便更好地逃跑,筑城的役夫唱讽刺华元弃甲而归的歌谣。这样的事都完全记载下来,难道还能称他简省吗?如果一定要说《汉书》记事烦杂,像汉武帝微服出访向柏谷旅店主人要水喝,陈平献计策使高祖摆脱匈奴的包围,长沙王定发借舞蹈请求扩大封地,杨仆依仗宠幸而使函谷关迁移。这些事情都没有记载,难道还能称它繁琐吗? 由此来说,史书编写的烦省并没有固定之规,也就可以知道了。

又古今有殊,浇淳不等①。帝尧则天称大②,《书》惟一篇③;周武观兵孟津,言成三誓④;伏羲止画八卦⑤,文王加以《系辞》⑥。俱为大圣,行事若一⑦,其丰俭不类,悬隔如斯⑧。必以古方今,持彼喻此,如蚩尤、黄帝交战阪泉⑨,施于春秋则城濮、鄢陵之事也⑩。有穷篡夏、少康中兴⑪,施于两汉,则王莽、光武之事也⑫。夫差既灭、勾践霸世⑬,施于东晋,则桓玄、宋祖之事也⑭。张仪、马错为秦开蜀⑮,施于三国,则邓艾、钟会之事也⑯。而往之所载,其简如彼;后之所书,其审如此。若使同后来于往世,限一概以成书⑰,将恐学者必诟其疏遗,尤其率略者矣⑱。而议者苟嗤沈、萧之所记⑲,事倍于孙、习⑳,华、谢之所编㉑,语烦于班、马,不亦谬乎! 故曰论史之烦省者,但当求其事有妄载,言有阙书,斯则可矣。必量世事之厚薄,限篇第以多少,理则不然,其斯之谓也。

【注释】

①浇淳:世风的浮薄与淳厚。

②帝尧则天称大:语出《孟子·滕文公上》:“孔子曰:‘大哉! 尧之

为君,惟天为大,惟尧则之,荡荡乎,民无能名焉。'"

③《书》惟一篇:指《尚书·尧典》。

④言成三誓:指《尚书》里的《甘誓》、《牧誓》、《泰誓》。

⑤伏羲止画八卦:《易·系辞下》:"古者包羲氏之王天下也,仰则观象于天,俯则观法于地,观鸟兽之文与天地之宜,近取诸身,远取诸物,于是始作八卦,以通神明之德,以类万物之情。"

⑥文王加以《系辞》:《汉书·艺文志》记载文王重六爻,作上下篇。孔子为之作《彖》、《象》、《系辞》、《序卦》等十篇,后世称为《十翼》。《十翼》为春秋至战国末期的作品,是后人伪托孔子所作。

⑦行事若一:行为如一,指圣人的功业是一样的。

⑧悬隔:悬殊。

⑨蚩尤、黄帝交战阪泉:《史记·五帝本纪》:"炎帝欲侵陵诸侯,诸侯咸归轩辕。轩辕乃修德振兵,治五气,艺五种,抚万民,度四方,教熊罴貔貅䝙虎,以与炎帝战于阪泉之野。三战然后得其志。蚩尤作乱,不用帝命。于是黄帝乃征师诸侯,与蚩尤战于涿鹿之野,遂禽杀蚩尤。"蚩尤,传说中远古作乱之人和制造兵器之人,又传为主兵之神。一说为东方九黎族首领,有兄弟八十一人,相传以"金"作兵器,并能呼风唤雨。后与黄帝战于涿鹿(今河北涿鹿),失败被杀。黄帝,传说中中原各族的共同祖先,姬姓,号轩辕氏、有熊氏,少典之子。相传炎帝扰乱各部落,黄帝得到各部落的支持,在阪泉(今河北涿鹿东南)大败炎帝。后蚩尤作乱,他又与蚩尤战于涿鹿之野,击杀蚩尤。从此,他由部落首领被拥戴为部落联盟首领。

⑩城濮、鄢陵之事:此指春秋时晋国与楚国两国之间于僖公二十八年发生的城濮之战和成公十六年的鄢陵之战。

⑪有穷篡夏:有穷氏,古代部落。后羿曾为有穷氏的部落首领。夏启在巩固了统治之后,放纵于"淫湎康乐"的生活。夏启死后太

康即位,不久五子(太康的五个兄弟)内讧,夏王朝内部发生争立的动荡,继而又发生武装叛乱。太康在挫败政敌取得政权后,很快就沉湎于享乐,他"盘于游田,不恤民事",给了有穷氏后羿以可乘之机,后羿"因夏民以代夏政",一度夺取了夏王朝的统治权力,史称"太康失国"、"有穷篡夏"。少康中兴:少康,夏代国君,姒姓,仲康之孙,相之子。寒浞攻杀相后,少康生在母家有仍氏,后在有仍氏当牧正。少康广泛施恩布泽,积极招纳夏的余众,得到同姓部落有鬲氏的帮助,攻杀寒浞,恢复了夏朝的统治,少康被拥立为夏王,旧史家称"少康中兴"。

⑫王莽、光武之事:王莽(前45—23),公元8—23年在位。字巨君,魏郡元城(今河北大名东)人。西汉末,以外戚掌握政权,成帝时封新都侯。元始五年(5)毒死平帝,自称假皇帝。初始元年(8)称帝,改国号为新,年号始建国。统治期间,屡次改变币值,造成经济混乱,且法令苛细,赋役繁重,阶级矛盾激化。更始元年(23),新王朝在赤眉、绿林等起义军的打击下灭亡。光武,即东汉光武帝刘秀(前6—57),东汉王朝的建立者,公元25—57年在位。字文叔,南阳蔡阳(今湖北枣阳西南)人,西汉远支皇族。曾参加绿林起义军,后以恢复汉家制度为号召,取得部分官吏、地主的支持,于建武元年(25)称帝,统一全国,建立起东汉王朝。

⑬夫差(? —前473):春秋末年吴国君主。吴王阖闾之子,前495—前473年在位。初在夫椒(jiāo)(今江苏吴县)打败越兵,乘机攻破越都,迫使越屈服。夫差十四年(前482),在黄池(今河南封丘西南)与诸侯会盟,与晋争霸,越乘虚攻入吴都。后越国再兴兵伐吴,夫差自杀。勾践(? —前465):春秋末年越国君主。越王允常之子,公元前497—公元前465年在位。曾被吴国打败,屈服求和,入臣于吴。回国后,卧薪尝胆、励精图治,十年生聚,十年教训,终于转弱为强,灭了吴国。勾践既而在徐州(今山东滕

县)大会诸侯,成为霸主。

⑭桓玄、宋祖之事:桓玄(369—404),字敬道,东晋谯国龙亢(今安徽亳州)人,桓温之子。元兴元年,桓玄逼迫安帝禅位,此年底,代晋自立,建号为楚。北府兵将领刘裕出兵讨伐桓玄,并击败桓玄,迎安帝复位。从此建立了刘裕左右的政权,并最终于元熙二年(420)代晋称帝,国号宋,建立了刘宋政权,是为宋武帝。

⑮张仪、马错为秦开蜀:张仪(? —前310),战国时魏国贵族后代。秦惠文王十年(前328)任秦相,封武信君。执政时采用连横策略,游说各国服从秦国,瓦解齐楚联盟,夺取楚汉中地。秦惠文王九年(前329),采纳司马错的建议,举兵灭蜀,贬蜀王,更蜀王号为侯。《华阳国志》云:"(秦)惠文王使张仪、司马错伐蜀,灭之。"

⑯邓艾、钟会之事:邓艾(197—264),三国义阳棘阳(今河南新野)人,字士载。初为司马懿掾属,建议屯田两淮,广开漕渠。后为魏镇西将军,与蜀将姜维相拒。钟会(225—264),三国颍川长社(今河南长葛东)人,字士季,钟繇子,官至司徒。在司马懿的主持下,景元四年(263),邓艾与钟会分兵进攻蜀,并最终攻克成都,蜀后主刘禅投降。

⑰一概:一样的,不加区别的。

⑱尤:责怪。率略:草率。

⑲沈、萧:指沈约、萧子显。沈约著有《晋书》、《宋书》、《齐纪》、《四声谱》等。除《宋书》外,多已亡佚。萧子显撰有《后汉书》、《齐书》(即《南齐书》)。

⑳孙、习:指孙盛、习凿齿。孙盛著有《魏氏春秋》二十卷,《魏氏春秋异同》八卷,《晋阳秋》三十二卷。习凿齿著有《汉晋春秋》五十四卷,记东汉、西晋史事。书中叙述三国历史以蜀汉为正统,魏为篡逆。

㉑华、谢：指华峤、谢沈。华峤见《二体》篇注。谢沈，生卒年不详。字行思，会稽山阴（今浙江绍兴）人，历任东晋太学博士、尚书度支郎。因何冲推荐其有史才，遂改任著作郎，撰《晋书》三十余卷、《后汉书》百余卷。

【译文】

还有，古今的情况有所不同，社会风气的浮薄淳厚有差别。帝尧效法于天则称伟大，《尚书》中只有《尧典》一篇；周武王在孟津阅兵，誓词则写成了《甘誓》《牧誓》《泰誓》三篇；伏羲只画了八卦的图形，周文王在此基础上加上了《系辞》文字。他们都是圣人，言行如同一人，但其丰富简约却是不相同，悬殊这样大。如果一定要以古代比今天，用那个比喻这个，那么像蚩尤、黄帝在阪泉交战，放在春秋时代，就相当于晋、楚之间的城濮之战、鄢陵之战。有穷氏篡夺夏代政权，少康复位中兴，放在两汉时期，则相当于王莽篡位、光武复兴汉朝。吴王夫差被灭，越王勾践称霸，放在东晋时期，则相当于桓玄被灭、宋武帝建国。张仪、司马错为秦灭蜀，放在三国时代，则相当于邓艾、钟会为晋灭蜀一样。过去的记载，是那样的简略；后代的记载，却是这样的详审。假如让后代和过去的一样，限定一样的成书，恐怕后世的学者一定会指责它疏漏，责备它草率粗略了。而评论者却随意地嗤笑沈约《宋书》、萧子显《南齐书》，记事成倍地多于孙盛的《晋阳秋》、习凿齿的《汉晋春秋》、华峤和谢沈的《后汉书》，也嗤笑他们的语言比司马迁《史记》、班固《汉书》繁琐，不也是很荒谬吗？所以我才说"评论史书的烦省，应当看它记事是否有不恰当的地方，或者记事是否有遗漏的地方，这样就可以了。如果一定要以记载事情的大小来衡量，用篇目的多少来加以限制，道理上就不妥了"，说的就是这个意思。

内篇　杂述第三十四

【题解】

《史通》的"内篇"主要讲历史编纂学,其中《六家》、《二体》、《杂述》三篇,构成了刘知幾宏观的史书体裁体例的理论体系。本篇《杂述》主要讨论正史以外的史氏流别,一一考察了每一类别的内涵、代表作和利弊得失。

刘知幾认为史书的发展在"家"、"体"之外存在一个"流"的问题,即"六家"、"二体"演变发展到近古,主要是在魏晋南北朝时期,又出现了"十流":偏纪、小录、逸事、琐言、郡书、家史、别传、杂记、地理书、都邑簿。反映了这一时期史学多途发展的局面。故在刘知幾关于史籍的分类中,还有正史、杂史之分,他视"六家"、"二体"为正史,而对于近古出现的"十流"则视为"史氏流别",归入"杂史"。并肯定其"能与正史参行"、"斯道渐烦",这是在用发展变易的眼光来看待史体变化,充分体现了刘知幾的通变意识。

刘知幾进一步指出,杂史虽然"言皆琐碎,事必丛残",但史家从"博闻旧事,多识其物"的立场出发,应该重视这些书籍,"学者博闻,盖在择之而已",关键在于善择、慎择而已。

在昔《三坟》、《五典》、《春秋》、《梼杌》,即上代帝王之书，中古诸侯之记。行诸历代，以为格言。其余外传，则神农尝药，厥有《本草》①；夏禹敷土，实著《山经》②；《世本》辨姓③，著自周室；《家语》载言④，传诸孔氏。是知偏纪、小说，自成一家。而能与正史参行，其所由来尚矣。

【注释】

①神农尝药，厥有《本草》：传说神农氏尝百草，而发明了医药，后世有托名神农的药学著作《神农本草》。《隋书·经籍志》著录《神农本草》十卷。

②《山经》：即《山海经》，书中保存了不少远古的传说和史地文献资料。汉唐间人以为是夏禹、伯夷所作。今人一般认为大约成书于战国，秦汉间有所增删。

③《世本》：一部主要记载上古帝王、诸侯和卿大夫家族世系传承的史籍，由先秦史官修撰。分《帝系》、《王侯世》、《卿大夫世》、《氏族》、《作篇》、《居篇》、《谥法》等十五篇。世，指世系。本，指起源。《后汉书·班彪传》云："又有纪录黄帝以来至春秋时帝王、公侯、卿大夫，号曰《世本》。"

④《家语》：即《孔子家语》。

【译文】

过去的《三坟》、《五典》、《春秋》、《梼杌》，就是上古帝王的史书，中古诸侯的记载。流传于各个时代，作为效法的典范。其余正史之外的传记，则如神农遍尝草药，才有了《神农本草》；夏禹陈述九州风物，就著了《山海经》；《世本》辨别帝王诸侯的氏姓世系，著述于周代；《孔子家语》记载孔子及弟子的言论，传自于孔氏。由此可知偏纪、小说，各自成为一家。而能够与正史相互并行，其源头已经很久远了。

爰及近古，斯道渐烦。史氏流别，殊途并骛[1]。榷而为论，其流有十焉：一曰偏纪，二曰小录，三曰逸事，四曰琐言，五曰郡书，六曰家史，七曰别传，八曰杂记，九曰地理书，十曰都邑簿。

【注释】

①骛：奔驰，流行。

【译文】

到了近古，这类史书的编撰越来越繁多。史书的各种流派，朝着不同的途径同时向前发展。大概说来，这样的流派有十种：一叫偏纪，二叫小录，三叫逸事，四叫琐言，五叫郡书，六叫家史，七叫别传，八叫杂记，九叫地理书，十叫都邑簿。

夫皇王受命，有始有卒，作者著述，详略难均。有权记当时，不终一代，若陆贾《楚汉春秋》、乐资《山阳载记》、王韶《晋安陆纪》、姚最《梁昭后略》[1]，此之谓偏纪者也[2]。

【注释】

①陆贾《楚汉春秋》：见《六家》篇"《春秋》家"节注。《隋书·经籍志》杂史类著录"《楚汉春秋》九卷，陆贾撰"。乐资《山阳载记》：即《隋书·经籍志》杂史类著录"《山阳公载记》十卷"。乐资，见《六家》篇"左传家"注。王韶《晋安陆纪》：王韶，即王韶之。《宋书·王韶之传》云："韶之，字休泰，好史籍，博涉多闻，私撰《晋安帝秋阳》，除著作郎。"入宋，加骁骑将军，出为吴兴太守。有文集行于世。《晋安陆纪》即《晋安帝秋阳》。姚最《梁昭后略》：《隋书·经籍志》古史类著录"《梁昭后略》十卷，姚最撰"。主要记载

侯景之乱,元帝、王琳等事迹。其书今佚。

②偏纪:《通释》注云:"此谓短述之书,但记近事,而非全史。"

【译文】

帝王受命于天,有始有终,作者著述史书,详略很难均衡。有人暂时记载自己生活时代的史事,没有完整记载一代始末,如陆贾《楚汉春秋》、乐资《山阳公载记》、王韶之《晋安陆纪》、姚最《梁昭后略》,这些就是所说的偏纪。

普天率土,人物弘多,求其行事,罕能周悉,则有独举所知,编为短部,若戴逵《竹林名士》、王粲《汉末英雄》、萧世诚《怀旧志》、卢子行《知己传》①。此之谓小录者也。

【注释】

①戴逵《竹林名士》:《隋书·经籍志》杂史类著录《竹林七贤》二卷,晋太子中庶人戴逵撰。戴逵,字道安,东晋谯郡铚(今安徽濉溪)人。少博学,善属文,工书画,解音律。常以礼度自处,深以放达为非道,著《竹林七贤论》,已佚。《晋书·隐逸传》有传。王粲《汉末英雄》:《隋书·经籍志》杂史类著录"《汉末英雄记》八卷,王粲撰,梁有十卷"。新、旧《唐志》著录作十卷。已佚。王粲,字仲宣,东汉山阳高平(今山东邹城)人。博学多识,文思敏捷,少年即为蔡邕赏识。为建安七子之一,以诗文著名。著有诗赋论议六十篇。《三国志·魏书》有传。萧世诚《怀旧志》:《隋书·经籍志》杂传类著录"《怀旧志》九卷,梁元帝撰"。书已佚。梁元帝萧绎,字世诚。见《核才》篇注。卢子行《知己传》:《隋书·经籍志》杂传类著录"《知己传》一卷,卢思道撰"。卢思道,字子行。

【译文】

普天之下，人物众多，搜求他们的事迹，很难周全完备，就有人只举出自己所知道的，编成短篇小书，如戴逵《竹林名士》、王粲《汉末英雄记》、萧世诚《怀旧志》、卢思道《知己传》。这些就是所说的小录。

国史之任，记事记言，视听不该，必有遗逸。于是好奇之士，补其所亡，若和峤《汲冢纪年》、葛洪《西京杂纪》、顾协《琐语》、谢绰《拾遗》①。此之谓逸事者也②。

【注释】

①和峤《汲冢纪年》：《隋书·经籍志》史部古史类著录"《纪年》十二卷"，不著撰人。类序云："晋太康元年，汲郡人发魏襄王冢，得古竹简书，字皆科斗（蝌蚪）。发冢者不以为意，往往散乱。帝命中书监荀勖、令和峤撰次为十五部，八十七卷。皆杂碎怪妄，不可训知，唯《周易》、《纪年》最为分了。"葛洪《西京杂纪》：《隋书·经籍志》史部旧事类著录"《西京杂纪》二卷"，不著撰人。顾协《琐语》：《隋书·经籍志》史部小说类著录"《琐语》一卷，梁金紫光大夫顾协撰"。顾协，字正礼，博极群书，撰《异姓苑》五卷、《琐语》十卷。其书已佚。事见《梁书·顾协传》。谢绰《拾遗》：《隋书·经籍志》史部杂类著录"宋《拾遗》十卷，梁少府卿谢绰撰"。

②逸事：《通释》注云："此谓掇拾之书，可补史遗。"

【译文】

史官的责任，在于记事记言，所见所闻不能详备，必定会有遗漏。于是就有好奇之士，撰书补充史官的遗漏，如和峤《汲冢纪年》、葛洪《西京杂纪》、顾协《琐语》、谢绰《拾遗》。这些就是所谓的逸事。

街谈巷议,时有可观,小说卮言①,犹贤于已②。故好事君子,无所弃诸,若刘义庆《世说》、裴荣期《语林》、孔思尚《语录》、阳玠松《谈薮》③。此之谓琐言者也④。

【注释】

①卮言:支离破碎的言论。

②犹贤于已:语出《论语·阳货》:"饱食终日,无所用心,难矣哉!不有博弈者乎?为之,犹贤乎已。"贤,胜过。已,停止不做。

③刘义庆《世说》:《隋书·经籍志》子部小说类著录"《世说》八卷,宋临川王刘义庆撰"。其书今存。裴荣期《语林》:东晋裴启撰。荣期,裴启字。见《采撰》篇"《语林》"注。孔思尚《语录》:《隋书》未见著录,新、旧《唐志》杂史类均著录孔思尚《宋齐语录》十卷。书已佚。见《书志》篇注。阳玠松《谈薮》:阳玠松原作阳松玠。新、旧《唐志》均未著录此书。陈振孙《书录题解》传记类著录"《谈薮》二卷,北齐秘书省正字北平阳玠松撰。事综南北,时更八代,隋开皇中所述"。

④琐言:《通释》注:"此谓喈嗹之书,略供史料,止助谈资。"

【译文】

街谈巷议的记录,有时也有值得一看的,繁杂支离破碎的言论,仍然胜过毫无记载。所以一些好事的人们,并没有丢弃这些东西,如刘义庆《世说新语》、裴荣期《语林》、孔思尚《宋齐语录》、阳玠松《谈薮》。这些就是所说的琐言。

汝、颍奇士①,江、汉英灵②,人物所生,载光郡国。故乡人学者,编而记之,若圈称《陈留耆旧》、周斐《汝南先贤》、陈寿《益部耆旧》、虞预《会稽典录》③。此之谓郡书者也④。

【注释】

①汝、颍：汝水、颍川，都在今河南境内。此泛指中原地区。

②江、汉：长江、汉水。此泛指南方地区。

③圈称《陈留耆旧》：《隋书·经籍志》杂传类著录"《陈留耆旧传》二卷，汉议郎圈称撰"。又地理类著录"《陈留风俗传》三卷，圈称撰"。圈称，东汉末年陈留郡（今河南开封）人，生平事迹不详。周斐《汝南先贤》：《隋书·经籍志》、《新唐书·艺文志》杂传类均著录"《汝南先贤传》五卷，魏周斐撰"。其书已佚。《世说新语》、《艺文类聚》、《太平御览》等书多有征引。陈寿《益部耆旧》：《隋书·经籍志》杂传类著录"《益部耆旧传》十四卷，陈寿撰"。其书已佚。虞预《会稽典录》：《隋书·经籍志》杂传类著录"《会稽典录》二十四卷，虞预撰"。已佚。虞预生平见《二体》篇注。

④郡书：《通释》注："此谓乡邦旧德之书，视史家为繁。"

【译文】

中原的奇异之士，南方的杰出人才，这些人物的产生，为家乡州郡增光。所以家乡学者，汇编记载了这些人物，如圈称《陈留耆旧传》、周斐《汝南先贤传》、陈寿《益部耆旧传》、虞预《会稽典录》。这些就是所谓的郡书。

　　高门华胄，奕世载德，才子承家，思显父母。由是纪其先烈，贻厥后来，若扬雄《家谍》、殷敬《世传》、《孙氏谱记》、《陆宗系历》①。此之谓家史者也。

【注释】

①扬雄《家谍》：扬雄自叙谱牒之事，见《汉书·扬雄传》颜师古注。《旧唐书·经籍志》著录"扬氏谱一卷"。殷敬《世传》：《旧唐书·经籍志》著录《殷氏家传》十卷，殷敬等撰。《新唐书·艺文志》著

录《殷氏家传》三卷，殷敬撰。《孙氏谱记》：新、旧《唐志》皆著录
《孙氏谱记》十五卷，不著撰人。《陆宗系历》：《新唐书·艺文志》
著录《吴郡陆氏宗系谱》一卷，陆景献撰。又《隋书·经籍志》著
录《陆史》十五卷，不著撰人。新、旧《唐志》著录《陆史》十五卷，
陆煦撰。

【译文】

门第高贵的望族，世世代代传承仁义道德，才子继承家业，都希望
为父母扬名。所以记录祖先的功业，遗赠给后代，如扬雄的《家谍》、殷
敬的《殷氏家传》、《孙氏谱记》、《吴郡陆氏宗系谱》。这些就是所谓的
家史。

　　贤士贞女，类聚区分，虽百行殊途，而同归于善。则有
取其所好，各为之录，若刘向《列女》、梁鸿《逸民》、赵采《忠
臣》、徐广《孝子》[①]。此之谓别传者也。

【注释】

①刘向《列女》：《隋书·经籍志》杂传类著录"《列女传》十五卷，刘
　向撰，曹大家注"。书今存。梁鸿《逸民》：梁鸿，生卒年不详，字
　伯鸾，扶风平陵（今陕西咸阳）人，幼孤贫，以节操闻名乡里，终身
　不仕，隐居著书十余篇。与其妻孟氏相敬如宾，其举案齐眉故
　事，后世传为佳话。《后汉书·逸民传》有传。赵采《忠臣》：赵
　采，《玉海》作赵来，生平不详。《隋书·经籍志》和新、旧《唐志》
　均著录《忠臣传》三十卷，梁元帝萧绎撰。赵采所撰无可考。徐
　广《孝子》：《隋书·经籍志》未著录。新、旧《唐志》均著录徐广撰
　《孝子传》三卷。

【译文】

贤良之士贞节女子，分类有别，虽然行为事迹不同，但都归结为善

行。就有人从中选取自己所喜欢的,分别加以记载,如刘向《列女传》、梁鸿《逸民》、赵采《忠臣》、徐广《孝子传》。这些就叫做别传。

　　阴阳为炭,造化为工^①,流形赋象^②,于何不育。求其怪物,有广异闻,若祖台《志怪》、干宝《搜神》、刘义庆《幽明》、刘敬叔《异苑》^③。此之谓杂记者也^④。

【注释】

①阴阳为炭,造化为工:语出贾谊《鹏鸟赋》:"天地为炉兮,造化为工;阴阳为炭兮,万物为铜。"意为天地阴阳能力无限,使自然界万事万物变化无穷。

②流形:形状变化不定。

③祖台《志怪》、干宝《搜神》、刘义庆《幽明》、刘敬叔《异苑》:《隋书·经籍志》杂传著录:《志怪》二卷,祖台之撰。《搜神记》三十卷,干宝撰。《幽明录》二十卷,刘义庆撰。《异苑》十卷,宋给事刘敬叔撰。四书中,祖台之撰《志怪》已佚。其余三书今存。刘敬叔,彭城(今江苏徐州)人,仕东晋至南平王郎中令,入宋,为给事黄门郎。

④杂记:《通释》注:"此谓搜采怪异之书,足当外史劝诫乃佳。"

【译文】

　　天地阴阳就像大熔炉,熔铸万物,赋予万物变化不定的外貌,什么样的事物不化育。搜求其中的怪异事物,有助于扩大见闻,如祖台之《志怪》、干宝《搜神记》、刘义庆《幽明录》、刘敬叔《异苑》。这些就叫做杂记。

　　九州土宇,万国山川,物产殊宜,风化异俗,如各志其本国,足以明此一方,若盛弘之《荆州记》、常璩《华阳国志》、辛氏《三秦》、罗含《湘中》^①。此之谓地理书者也^②。

【注释】

①盛弘之《荆州记》:《隋书·经籍志》地理类著录"《荆州记》三卷,宋临川王侍郎盛弘之撰"。已佚。常璩《华阳国志》:见《补注》篇"常璩《华阳士女》"注。辛氏《三秦》:辛氏无考。《三秦》史传无载。《说郛》收《三秦记》一卷,题辛氏撰。罗含《湘中》:罗含,见《核才》篇注。《通志·艺文略》地理类郡邑著录《湘川记》一卷、《湘中记》一卷,罗含撰。《文献通考·经籍考》云:《湘中山水记》三卷,晋耒阳罗含章君撰。其书颇及隋唐以后事,则后人附益也。

②地理书:《通释》注:"此兼风土人物言,其书亦史志地俗一类。"又云:"地理与郡书略有辨,郡书主人物,地理主风土。"

【译文】

九州大地,万国山川,物产不同,风俗各异。如果分别为本地作地方志,足以明了一个地方的情况,如盛弘之《荆州记》、常璩《华阳国志》、辛氏《三秦记》、罗含《湘中山水记》。这些就是所谓的地理书。

帝王桑梓,列圣遗尘^①,经始之制,不恒厥所。苟能书其轨则,可以龟镜将来,若潘岳《关中》、陆机《洛阳》、《三辅黄图》、《建康宫殿》^②。此之谓都邑簿者也^③。

【注释】

①帝王桑梓,列圣遗尘:语出左思《魏都赋》:"先王桑梓,列圣遗尘。"指帝王居住地的遗址。桑梓,古代住宅前后多植桑梓,传给

子孙,作为养蚕和制作用具的材料,故后世以桑梓代称故乡。此代指首都。列圣,历代帝王。尘,土地。

②潘岳《关中》:新、旧《唐志》皆著录潘岳撰《关中记》一卷。陆机《洛阳》:《隋书·经籍志》著录陆机《洛阳记》一卷,已佚。《三辅黄图》:《通志》著录"《三辅黄图》一卷,记三辅宫观陵庙明堂辟雍郊畤等事"。参见《书志》篇《三辅典》注。《建康宫殿》:无考。

③都邑簿:《通释》注:"此指帝京规制言,其书亦史志都城一流。"

【译文】

帝王的都城,列代君主的遗迹,开始营建的规制,并没有固定的处所。如果能够记载它们的规模法则,可以为后来的帝王所借鉴,如潘岳《关中记》、陆机《洛阳记》、《三辅黄图》、《建康宫殿》。这些就叫做都邑簿。

大抵偏纪、小录之书,皆记即日当时之事,求诸国史,最为实录。然皆言多鄙朴,事罕圆备①,终不能成其不刊,永播来叶②,徒为后生作者削稿之资焉。

【注释】

①圆备:完备。

②来叶:后世。

【译文】

大致说来偏纪、小录一类的史书,都是记载当日当时的事情,按照国史的标准来说,是最为真实的实录。然而言词大多粗鄙质朴,事情很少完备,终究不能成为不可改动的著作,永久传播后世,只能作为后世作者修订著述的参考资料。

　　逸事者，皆前史所遗，后人所记，求诸异说，为益实多。及妄者为之，则苟载传闻，而无铨择。由是真伪不别，是非相乱。如郭子横之《洞冥》①，王子年之《拾遗》②，全构虚辞，用惊愚俗。此其为弊之甚者也。

【注释】

①郭子横之《洞冥》：郭子横，即郭宪，字子横，汉汝南宋（今安徽太和）人。王莽篡位，征召，不应，避居海滨。东汉初，光武帝征拜博士，再迁光禄勋，为人刚正。著《洞冥记》四卷。《后汉书·方术》有传。

②王子年之《拾遗》：王子年（？—390），王嘉，字子年，陇西安阳（今甘肃秦安）人。东晋时术士。初隐东阳谷，后隐终南山，门徒多至数百人。前秦苻坚征召，不就。后秦姚苌时被杀。著《拾遗录》十卷，其记事多诡怪。《晋书·艺术》有传。

【译文】

　　逸事一类书，都是前代正史所遗漏，被后人所记载下来的，作为探求不同说法的材料，好处确实很多。到那些虚妄的人来编写时，就随便记载传闻异事，而不作考核抉择。因此真假不分，是非相混淆。如郭子横的《洞冥记》、王子年的《拾遗录》，全是虚构言辞，用来恐吓那些无知的庸人。这就是它的弊病中最严重的了。

　　琐言者，多载当时辨对，流俗嘲谑，俾夫枢机者藉为舌端，谈话者将为口实。及蔽者为之，则有诋讦相戏①，施诸祖宗，褻狎鄙言②，出自床第③，莫不升之纪录，用为雅言，固以无益风规，有伤名教者矣。

【注释】

①诋讦(jié)：诋毁攻击。

②亵狎(xiè xiá)：轻慢，淫秽嬉戏。

③第(zǐ)：竹席，也代指床。

【译文】

琐言一类，大多是记载当时的辩论应对，流俗的调笑戏谑，使朝廷大臣借此作为讨论话题，闲聊之人借以作为谈话的资料。到见识短浅的人来编写这类书，就出现了相互诋毁攻击谩骂，用到了祖宗的头上，淫秽粗话，出自于男女床头私语，全都加以收集记录，作为稚言，确实是无益于教化，更有伤名分礼教了。

　　郡书者，矜其乡贤，美其邦族，施于本国，颇得流行，置于他方，罕闻爱异。其有如常璩之详审①，刘昞之该博②，而能传诸不朽，见美来裔者③，盖无几焉。

【注释】

①常璩之详审：指常璩《华阳国志》。常璩，生平见《补注》篇注。

②刘昞之该博：刘昞，生卒年不详，字延明，北朝魏敦煌（今属甘肃）人。以儒学著称，著《凉书》十卷、《敦煌实录》十卷等。

③来裔：后世子孙。

【译文】

　　郡书一类，夸耀家乡的贤士，赞美自己的家族，用在本地区，很能得到流行，放到其他的地方，很少能得到喜爱。其中如常璩《华阳国志》那样的详细周密，刘昞《凉书》、《敦煌实录》那样的完备广博，但能够流传不朽，被后来人所称美的，大概没有几个吧。

家史者，事惟三族①，言止一门，正可行于室家，难以播于邦国。且箕裘不堕②，则其录犹存；苟薪构已亡③，则斯文亦丧者矣。

【注释】

①三族：一说指父亲的兄弟辈、自己的兄弟辈和儿子的兄弟辈。一说指父族、母族、妻族。

②箕裘不堕：此指家业不败。见《直书》篇"河朔王公，箕裘未陨"注。

③薪构：《庄子·养生主》："穷于为薪，火传也。"见《直书》篇"邺城将相，薪构犹存"注。今以"薪尽火传"比喻师生、父子相继。

【译文】

家史一类，事情只记载三族，言行局限于一家，只能流行于家族之内，难以传播于全国各地。况且子孙能够继承祖业，那么这样的记录还能保存；假若家业衰败，那么这些书籍也就消失了。

别传者，不出胸臆①，非由机杼②，徒以博采前史，聚而成书。其有足以新言，加之别说者，盖不过十一而已。如寡闻末学之流，则深所嘉尚；至于探幽索隐之士，则无所取材。

【注释】

①不出胸臆：意为不是出自自己的见解。《论衡·超奇》："实诚在胸臆，文墨著竹帛。"

②非由机杼：比喻诗文创作的构思和布局不是自己的，而是偷窃他文为己用。《魏书·祖莹传》："文章须自出机杼，成一家风骨，何能共人同生活也。"机杼，原意为织布机，其转轴称机，带动纬线

的梭子称杼。

【译文】

别传一类，不是出自自己的见解，也没有经过自己巧妙的构思布局，只是广泛采集前代史书，聚集编成一书。其中能够说是新增的内容，能够提供别的说法的，大概不过十分之一罢了。如果是孤陋寡闻学问浅薄的人，就会推崇赞赏这类书；对于那些钻研深求事理的人，就会毫无所获了。

杂记者，若论神仙之道，则服食炼气，可以益寿延年；语魑魅之途①，则福善祸淫②，可以惩恶劝善，斯则可矣。及谬者为之，则苟谈怪异，务述妖邪，求诸弘益，其义无取。

【注释】

①魑魅(chī mèi)：古代传说中山林里的怪物。

②福善祸淫：语出伪《古文尚书·汤诰》："天道福善祸淫。"

【译文】

杂记一类，如果谈论神仙之道，就说服食丹药练养气功，可以延年益寿；述说山神鬼怪的由来，就说行善得福为恶得祸，可以劝人为善，戒人作恶，这是可以的。到了荒诞的人来编撰这类书，就随意地谈论怪异，专门讲述妖邪，要求它有更大的社会教益，它的内容就没什么可取的了。

地理书者，若朱赣所采，浃于九州①；阚骃所书②，殚于四国。斯则言皆雅正，事无偏党者矣。其有异于此者，则人自以为乐土③，家自以为名都，竞美所居，谈过其实。又城池旧迹，山水得名，皆传诸委巷，用为故实，鄙哉！

【注释】

①朱赣所采,浃于九州:《隋书·经籍志》地理类序云:其后刘向略言地域,丞相张禹使属朱贡条记风俗,班固因之作《地理志》。《汉书·地理志》:汉承百王之末,国土变改,民人迁徙。成帝时,刘向略言其域分,丞相张禹使属颍川朱赣,条其风俗,犹未宣究,故辑而论之,终其本末,著于篇。朱贡即朱赣。"赣"、"贡"相通。朱赣所采之书,今已不可考。

②阚骃所书:指其撰《十三州记》十卷。阚骃,生卒年不详,字玄阴,北朝魏敦煌(今属甘肃)人,博通经史,聪敏过人,北魏前期地理学家、经学家,《魏书》、《北史》皆有传。

③人自以为乐土:语见《文选》皇甫谧《三都赋》序:"家自以为我土乐。"

【译文】

地理书一类,像朱赣所采录的,遍于天下九州;阚骃所记载的,穷尽全国四方。这些书言辞都典雅规范,事实没有偏袒的。与此不同的,就是人人以自己的家乡为乐土,家家把自己的乡邑看作名都,争相赞美自己所居住的地方,说的都言过其实。还有城池的古迹遗址,山水的得名来历,都来自街巷传说,把它们作为典故,真是鄙陋啊!

都邑簿者,如宫阙、陵庙、街廛、郭邑①,辨其规模,明其制度,斯则可矣。及愚者为之,则烦而且滥,博而无限,论榱栋则尺寸皆书②,记草木则根株必数,务求详审,持此为能。遂使学者观之,瞀乱而难纪也③。

【注释】

①宫阙:古时帝王所居住的宫殿。因宫门外有双阙,故称宫阙。陵

庙：陵墓与宗庙。街廛(chán)：古代城市街道和平民的房地。郭
邑：城邑，城镇。

②榱栋(cuī dòng)：屋椽及栋梁。

③瞀(mào)乱：紊乱，纷乱。瞀，目眩。

【译文】

都邑簿一类，如帝王宫殿、陵墓宗庙、街道住宅、城郭坊巷，辨别它
们的规模，说明它们的制度，这是可以的。到了无知的人来编撰这类
书，就繁杂而不真实，广博而不着边际，说起屋椽及栋梁就一尺一寸都
要记载清楚，记述草木就一株一根也要计数准确，务必详细精确，以此
夸耀自己的才能。致使学者阅读时，眼花缭乱而难以理清头绪了。

　　于是考兹十品，征彼百家，则史之杂名，其流尽于此矣。
至于其间得失纷糅①，善恶相兼，既难为婑缕②，故粗陈梗概。
且同自郐③，无足讥焉。

【注释】

①纷糅：众多而杂乱。

②婑(luó)缕：详细而有条理地叙述。

③且同自郐(kuài)：郐，春秋小国名。《诗经·国风》中有《郐风》，之
下为《曹风》、《豳风》。以往学者认为自《郐风》以下，不值得一
读。刘知幾认为这些杂述如同《诗经》的《郐风》以下一样，不能
和正史相比。

【译文】

这里考察这十种品类，验证百家史书，那么正史以外的各种杂史，
其流别全都在这里了。至于其中的得失混杂，好坏兼有，已经很难一一
详细叙述，所以只粗略地陈述梗概。而且如同《诗经》中自《郐风》以下
诗那样的其他杂述，就不值得讥评了。

又案子之将史，本为二说。然如《吕氏》、《淮南》、《玄晏》、《抱朴》①，凡此诸子，多以叙事为宗，举而论之，抑亦史之杂也，但以名目有异，不复编于此科。

【注释】

①《吕氏》、《淮南》、《玄晏》、《抱朴》：指秦吕不韦撰的《吕氏春秋》、西汉淮南王刘安及其门客编撰的《淮南子》、晋皇甫谧撰的《玄晏春秋》、晋葛洪撰的《抱朴子》。

【译文】

又考查子书和史书，本来是两种不同性质的书。然而如《吕氏春秋》、《淮南子》、《玄晏春秋》、《抱朴子》，这几种子书，大多以叙事为主，举出这几种来作评论，或许也可以说是杂史，但因名目不同于上述杂史，就不再编入这一类了。

盖语曰："众星之明，不如一月之光。"历观自古，作者著述多矣。虽复门千户万，波委云集①。而言皆琐碎，事必丛残。固难以接光尘于《五传》②，并辉烈于《三史》。古人以比玉屑满箧③，良有旨哉！然则苔莠之言④，明王必择；菲菲之体⑤，诗人不弃。故学者有博闻旧事，多识其物，若不窥别录，不讨异书，专治周、孔之章句，直守迁、固之纪传，亦何能自致于此乎？且夫子有云，"多闻，择其善者而从之"，"知之次也"⑥。苟如是，则书有非圣，言多不经，学者博闻，盖在择之而已。

【注释】

①门千户万，波委云集：班固《西都赋》"张千门而立万户"。又"云集雾散"。此形容史书的品类流别非常复杂丰富。

②接光尘于《五传》：接续《五传》的传统。光尘，"和光同尘"的省
　称。《老子》云："和其光，同其尘。"后世多指与世沉浮，不创新立
　异。《五传》，指注解《春秋经》的《左氏传》、《公羊传》、《穀梁传》、
　《邹氏传》、《夹氏传》，合称《五传》。

③玉屑满箧(qiè)：语见《论衡·书解》："蕞(zuì)残满车，不成为道；
　玉屑满箧，不成为宝。"玉屑，玉的碎末。箧，箱子。

④荛菆之言：草野之人的言辞。荛菆，割草打柴的人，引申为草野之
　人。《诗·大雅·板》："先民有言，询于荛菆。"荛，割草。菆，
　打柴。

⑤葑(fēng)菲之体：《诗·邶风·谷风》："采葑采菲，无以下体。"原
　意为采葑和菲的人，不能因为它们的茎叶粗老，就连根也不要
　了。葑菲，蔓菁和萝卜之类的蔬菜，茎、叶和根皆可食。

⑥多闻，择其善者而从之，知之次也：语出《论语·述而》："子曰：
　'多闻，择其善者而从之。多见而识者，知之次也。'"意为广泛听
　取不同意见，以便选取其中合理的部分。

【译文】

常言道："众多星星的明亮，不如一个月亮的光辉。"——考察自古
以来，作者的著述很多了。虽然作者如云，史书流别复杂众多。但其言
论都很琐碎，事情都很繁杂。确实难以继承《五传》的传统，难以和《三
史》同现光辉。古人把它们比作满箱的玉屑，确实很有见地啊！然而草
野之人的话，圣明的君主一定要作选择；如同采食蔓菁和萝卜，古代诗
人就讲不要随意放弃。所以学者要广泛了解过去的事情，多识别各种
事物，如果不看别录，不研读异书，只研究周公、孔子的章句，只守住司
马迁、班固的纪传，又怎能达到广博的目的呢？况且孔子就说过，"多读
多看，选择其中合理的部分加以接受"，"这是智慧的第二个层次"。如
果真能这样，尽管书不都是圣贤之书，言辞多不符合经典，学习的人仍
可以多读多听，关键在于善加选择而已。

内篇　辨职第三十五

【题解】

　　本篇主要论述朝廷设馆修史的弊病。可与《自叙》、《史官建置》、《忤时》等篇相参看。刘知幾曾经"三为史臣，再入东观"，对史馆修史情况有深入了解，对其弊端有切肤之痛，故所论能切中要害，值得重视。

　　刘知幾认为，设官分职，很难做到"上无虚授，下无虚受"。而要想求得真正的史才，更是难之又难了。因为史职的追求有三种境界：南史、董狐的正直和史识，丘明、马迁的史才，史佚、倚相的博学，如果三者并缺，就不可能有什么作为了。但自官修史书开始，却严重存在"虚授"、"虚受"现象。

　　所谓"虚授"，既包括皇帝任用外行权贵为监修，又包括监修荐引非才充任史官。所谓"虚受"，一方面是监修官不懂行，不称职；另一方面是撰修者（史官）空领俸禄、养拙藏愚，或"当官卒岁，竟无刊述"，或"不自揆，轻弄笔端"。致使史馆成了"素餐之窟宅，尸禄之渊薮"。所以有志于史的有识之士，只好"退居清静，杜门不出"，私自撰述了。刘知幾身为史臣，因"美志不遂"，所以写信给当时的监修官萧至忠，要求退出史馆。正是看清了史馆修史的种种弊端，不得不"退而私撰《史通》，以见其志"。

夫设官分职[①]，伫绩课能[②]，欲使上无虚授，下无虚受[③]，其难矣哉！昔汉文帝幸诸将营，而目周亚夫为真将军[④]。嗟乎！必于史职求真，斯乃特为难遇者矣。

【注释】

①设官分职：语出《周礼·天官·冢宰》："设官分职，以为民极。"

②伫绩课能：累计功绩，考核能力。伫，积累。课，考核。

③上无虚授，下无虚受：语见曹植《求自试表》："故君无虚授，臣无虚受。"

④目周亚夫为真将军：见《核才》篇"灞上儿戏，异乎真将军"注。

【译文】

设立官位分掌其职，累计功绩考核其才能，要使君主不凭空授予臣下官职，臣下不凭空接受各种任命，恐怕是很困难的啊！当年汉文帝巡幸各将军的阵营，称赞周亚夫是真将军。可叹啊！如果一定要在史职寻求真正的史才，这是特别难以遇到的了。

史之为务，厥途有三焉。何则？彰善贬恶，不避强御[①]，若晋之董狐，齐之南史[②]，此其上也。编次勒成，郁为不朽，若鲁之丘明，汉之子长，此其次也。高才博学，名重一时，若周之史佚，楚之倚相[③]，此其下也。苟三者并阙，复何为者哉？

【注释】

①不避强御：语出《诗·大雅·烝民》："不畏强御。"

②晋之董狐，齐之南史：见《直书》篇注。

③楚之倚相：春秋时楚国左史。《左传·昭公十二年》记载，倚相知

识渊博,精通楚国《训典》,能读《三坟》、《五典》、《八索》、《九丘》
等古籍。

【译文】

史职的追求,可分为三种境界。哪三种呢?表彰善人善事贬斥恶
人恶事,不屈从于强权势力,就像春秋时晋国的董狐,齐国的南史,这
是史职追求的最高境界。著书立说,留下不朽的史著,就像春秋鲁国
的左丘明,汉代的司马迁,这是史职追求的第二种境界。才能高、学问
大,声名显赫一时,就像周代的史佚,春秋楚国的倚相,这是史职追求
的第三种境界。如果这三种境界连一种都做不到,那还能有什么作
为呢?

昔鲁叟之修《春秋》也①,不藉三桓之势②;汉臣之著《史
记》也③,无假七贵之权④。而近古每有撰述,必以大臣居首。
案《晋起居注》载康帝诏⑤,盛称著述任重,理藉亲贤,遂以武
陵王领秘书监⑥。寻武陵才非河献⑦,识异淮南⑧,而辄以彼
藩翰,董斯邦籍,求诸称职,无闻焉尔。既而齐撰礼书,和士
开总知⑨;唐修《本草》,徐世勣监统⑩。夫使辟阳、长信⑪,指
挥马、郑之前⑫,周勃、张飞⑬,弹压桐、雷之右⑭,斯亦怪矣。

【注释】

①鲁叟之修《春秋》:指孔子修《春秋》。

②三桓:春秋鲁国三大夫孟孙、叔孙、季孙,皆出桓公之后,故称三
　桓。鲁文公死后,三桓势力日强,分领三军,以致掌控鲁国政权。
　孔子修《春秋》,正是三桓强盛之时。

③汉臣:此指司马迁。

④七贵:西汉时七大贵族。《文选》潘岳《西征赋》:"窥七贵于汉廷,

诮一姓之或在。"李善注:"七贵谓吕、霍、上官、赵、丁、傅、王也。"

⑤《晋起居注》载康帝诏:《隋书·经籍志》著录自晋泰始至元熙起
　居注二十部。又"《晋起居注》三百一十七卷,刘道会撰"。均佚。
　康帝诏,无可考。

⑥武陵王领秘书监:《晋书·武陵王晞传》:"晞,字道叔。康帝即
　位,加侍中特进。(康帝)建元初,领秘书监。晞无学术,而有
　武干。"

⑦河献:即西汉河间献王刘德(? —前130),景帝子,武帝弟。修学
　好古,潜研儒术,所收藏书籍几乎与政府藏书机构秘阁所藏数量
　相等。《汉书》有传。

⑧淮南:即汉淮南王刘安(前179—前122),汉高祖之孙。精艺文,
　擅长书琴。曾奉武帝命作《离骚传》,又召集宾客、方士数千人编
　撰成《鸿烈》一书(即《淮南子》)。后以谋反罪下狱,自杀死。《汉
　书》有传。

⑨齐撰礼书,和士开总知:和士开,字彦通,北齐幸臣。史称他"禀
　性庸鄙,不窥书传,发言吐论,惟以谄媚自资"。其监修国史事未
　见记载。

⑩唐修《本草》,徐世勣监统:《旧唐书·李勣传》:"勣,本姓徐氏,名
　世勣。永徽中,以犯太宗讳单名勣,赐姓李氏,封英国公。"故徐世
　勣,即李勣。《旧唐书·吕才传》:"苏敬上言:'陶弘景所撰《本
　草》,事多舛谬。'诏才并诸名医增损旧本,仍令司空李勣总监
　定之。"

⑪辟阳、长信:指汉辟阳侯审食其(yì jī)、战国秦长信侯嫪毒(lào
　ǎi),皆为后宫内宠,权势很大。

⑫马、郑:指汉代遍注群经的经学大师马融、郑玄。分别见《原序》、
　《补注》篇注。

⑬周勃、张飞:皆为著名武将。周勃(? —前169),汉初大臣,沛县

（今属江苏）人。秦末从刘邦起兵，以军功为将军，封绛侯。吕后时，任太尉。吕后死，参与诛诸吕，迎立文帝，任右丞相。《史记》列其入世家，《汉书》有传。张飞（？—221），三国蜀汉大将。字翼德，涿郡（今河北涿州）人。东汉末，从刘备起兵，取益州，任车骑将军。以作战勇猛著称，时与关羽同称"万人敌"。《三国志》有传。

⑭桐、雷：指桐君、雷公，传说中的黄帝主医药之臣。此代称药师医士。

【译文】

当年孔子修撰《春秋》，没有借助三桓的势力；汉代司马迁著述《史记》，没有借重七贵的权威。但近古以来只要有撰述，必定用朝廷大臣居首领衔。查《晋起居注》载录晋康帝诏书，大谈著述责任重大，理应借助皇帝的亲近贤能，于是就让武陵王兼掌秘书监。查考武陵王才能不如汉河间献王刘德，见识不及淮南王刘安，而只因他是一个藩王，就任命他监督管理国家典籍，要找出他履职称职，从来没有听说过。不久北齐修撰国史，由和士开总负责；唐代修订《本草》，由徐世勣监督统领。让辟阳侯审食其、长信侯嫪毐，在前面指挥马融、郑玄遍注群经，让周勃、张飞，在旁边监督桐君、雷公撰述医书，这就非常奇怪了。

大抵监史为难，斯乃尤之尤者。若使直若南史，才若马迁，精勤不懈若扬子云①，谙识故事若应仲远②，兼斯具美，督彼群才，使夫载言记事，藉为模楷，搦管操觚③，归其仪的④，斯则可矣。但今之从政则不然，凡居斯职者，必恩幸贵臣，凡庸贱品，饱食安步⑤，坐啸画诺⑥，若斯而已矣。夫人既不知善之为善，则亦不知恶之为恶。故凡所引进，皆非其才，或以势利见升，或以干祈取擢⑦。遂使当官效用，江左以不乐为谣⑧；拜职辨名，洛中以职闲为说⑨。言之可为大噱⑩，可为长叹也。

【注释】

①扬子云：即扬雄，字子云。

②应仲远：应劭字仲远。见《采撰》篇"《风俗通》"注。

③搦(nuò)管操觚(gū)：握笔写作。搦，持，握。管，笔。觚，古代写字用的木板。

④仪的：准的，准则。

⑤饱食安步：只知享乐而无所用心。《论语·阳货》："饱食终日，言不及义。"《战国策·齐策》："安步以当车。"

⑥坐啸画诺：指做官而不办事。据《后汉书·党锢传》记载："二郡又为谣曰：'汝南太守范孟博(范滂字孟博)，南阳宗资主画诺。南阳太守岑公孝(岑晊字公孝)，弘农成缙但坐啸。"坐啸，闲坐无聊而吟啸。画诺，在文书上签字。后人即以"坐啸"、"画诺"表示做官不办事。

⑦以干祈取擢：因为祈求而得以升官。干，求取。擢，提升。

⑧江左以不乐为谣：《隋书·经籍志》云："南、董之位，以禄贵游；政、骏之司，罕因才授。故梁世谚曰：上车不落则著作(授予著作郎)，体中何如则秘书(任职秘书监)。于是尸素之俦(chóu)，盱衡延阁之上；立言之士，挥翰蓬茨(茅棚草舍)之下。"此文正与《史通》此篇意同。

⑨洛中以职闲为说：《北堂书钞》卷五十七引《阎纂集》四言诗启云："臣少学，博士祭酒邹湛谓可佐著作，语秘书监华峤，峤书答云：著作郎职闲禀(俸禄)重，势贵多争，不暇表其才。'今《晋书·阎缵传》：国子祭酒邹湛以缵才堪佐著作荐于秘书监华峤，峤曰：'此职闲禀重，贵势多争之，不暇求其才。'"

⑩噱：笑。

【译文】

　　大致说来监督修史的困难，这是难而又难之事。即使耿直如南史，才高如司马迁，专心勤奋像扬雄那样，熟悉典故像应劭那样，兼备这些方面的长处，去督促一批有才之士，使他们载言记事，以此为榜样，握笔写作，以之为准则，这是可以的。但现在的监修大臣却不是这样，凡是担任这个职务的人，必定是朝廷宠幸的权贵，平凡庸碌浅薄，饱食终日安于现状，闲坐吟啸签字画圈，如此而已。这样的人既不知道好好在什么地方，也就不知道坏坏在什么地方。所以凡是他们所引进的人才，都不是这方面的史才，有的凭借权势而得到晋升，有的因为善于钻营而获得提拔。于是使在职史官的作用，江南有蹬车不跌落就可授予著作郎的歌谣；在拜授史官说明其职责时，中原有史职清闲而俸禄丰厚的说法。说起来不免让人大笑，不免使人长叹啊！

　　曾试论之，世之从仕者，若使之为将也，而才无韬略；使之为吏也，而术靡循良①；使之属文也，而匪闲于辞赋；使之讲学也，而不习于经典。斯则负乘致寇②，悔吝旋及③。虽五尺童儿，犹知调笑者矣。唯夫修史者则不然。或当官卒岁，竟无刊述，而人莫之省也④；或辄不自揆⑤，轻弄笔端，而人莫之见也。由斯而言，彼史曹者，崇闬峻宇⑥，深附九重⑦，虽地处禁中⑧，而人同方外⑨。可以养拙，可以藏愚，绣衣直指所不能绳⑩，强项申威所不能及⑪。斯固素餐之窟宅⑫，尸禄之渊薮也⑬。凡有国有家者，何事于斯职哉！

【注释】

　　①循良：循吏良臣，奉公守法的好官。

②负乘致寇：背负着物品，骑着马，会招引来强盗。语出《易解》：
　　"六三，负且乘，致寇至。"

③悔吝旋及：悔恨随之而来。

④省(xǐng)：发现。

⑤不自揆：不自量力。揆，度量。

⑥崇扃(jiōng)峻宇：高门大户，房屋高耸巍峨。形容宫殿的壮观。
　　扃，门户。

⑦九重：古代认为天有九重，所以常把皇帝所居皇宫称九重。

⑧禁中：指皇宫。唐太宗贞观三年(629)，移史馆于禁中。

⑨方外：世界。方，大地。

⑩绣衣直指：汉武帝天汉初，民间起事者日益增多，使御史中丞督
　　治之，不能禁。于是使光禄大夫范昆、诸辅都尉及故九卿张德等
　　衣绣衣，持斧仗节，发兵镇压，称"直指使者"。绣衣，为古代贵族
　　所着服装，此代指有特殊权力的监察人员。

⑪强项：东汉董宣为洛阳令时，湖阳公主的奴仆杀人。董宣怒斥，
　　核查。公主向皇帝告状，皇帝让董宣向公主叩头谢罪，董宣不
　　从。皇帝使人强迫他叩头，他两手据地，始终不肯低头。皇帝笑
　　起来，敕"强项令出"，赦免了他。事见《后汉书·酷吏传》。此指
　　刚正不阿的官吏。

⑫素餐：空领俸禄而不做事。下文"尸禄"，义同。

⑬渊薮：泛指人和事物集聚的地方。渊，鱼聚之处。薮，兽聚之处。

【译文】

　　我曾试图论述，世上做官的人，如果让他做将领，却没有用兵攻守
的韬略；让他为官吏，又缺乏成为循吏良臣的心术；让他写作文章，却不
熟悉词章诗赋；让他讲学做学问，却不通晓经典。这就等于背着贵重物
品骑着马招摇撞骗而召来了强盗，悔恨随之而来。即使是五尺孩童，也
知道取笑这样的做法。只有修史的人不以为然。有的做官一年了，竟

然毫无著述,却没有人发现;有的不自量力,轻易下笔撰述,却没有人察觉。由此说来,那些修史的部门,高门大屋,深深依附九重宫院,虽然地处宫廷之中,而人却如在世外悠闲。在这里可以掩饰自己的笨拙,可以掩藏自己的愚蠢,朝廷有特殊权力的监察人员处置不了他们,刚正不阿的官吏对他们无可奈何。这确实是不劳而食者的藏身之所,是空领俸禄者的聚集之地啊。凡有国有家的人,豢养这样的官吏干什么呢!

　　昔子贡欲去告朔之饩羊①,子曰:"尔爱其羊,我爱其礼。"又语云:"虽无老成人,尚有典刑②。"观历代之置史臣,有同嬉戏,而竟不废其职者,盖存夫爱礼,吝彼典刑者乎!

【注释】

①告朔:古代的一种制度,每年秋冬之交,周天子把第二年的历书颁给诸侯,称"颁告朔"。诸侯将历书藏于祖庙,每逢朔日(每月初一),便杀一只羊祭于庙,即称"告朔"。到子贡生活的时代,鲁君已不亲临祖庙,但仍杀羊祭祀。子贡认为可以废除,孔子则认为即使是残留的形式,也比什么都不留好。孔子所言见《论语·八佾》。

②虽无老成人,尚有典刑:语出《诗·大雅·荡》,诗原意谓老成人虽死,而旧法常规还在。老成人,即年高有德之人。

【译文】

　　过去子贡想要放掉用于祭祀的羊羔,孔子说:"你爱惜羊,我爱惜礼。"还有人说过:"虽然年高有德之人已经不在了,但他留下的旧法常规还在。"考察历朝历代的史官设置,有如嬉戏玩耍,但始终没有废除这一职位,大概也是因为爱护礼教,顾惜那些旧法常规吧!

　　昔丘明之修《传》也，以避时难①；子长之立《记》也，藏于名山②；班固之成《书》也，出自家庭③；陈寿之草《志》也，创于私室④。然则古来贤俊，立言垂后，何必身居廨宇⑤，迹参僚属，而后成其事乎？是以深识之士，知其若斯，退居清静，杜门不出，成其一家，独断而已。岂与夫冠猴献状⑥，评议其得失者哉！

【注释】

①丘明之修《传》也，以避时难：《汉书·艺文志》春秋类序云：孔子作《春秋》："有所褒讳贬损，不可书见，口授弟子，弟子退而异言。丘明恐弟子各安其意，以失其真，故论本事而作传，明夫子不以空言说经也。《春秋》所贬损大人当世君臣，有威权势力，其事实皆形于传，是以隐其书而不宣，所以免时难也。"

②子长之立《记》也，藏于名山：《史记·太史公自序》云："序略，以拾遗补艺，成一家之言，厥协《六经》异传，整齐百家杂语，藏之名山，副在京师，俟后世圣人君子。"《报任安书》也云："仆诚已著此书，藏之名山，传之其人通邑大都，则仆偿前辱之责，虽万被戮，岂有悔哉！"

③班固之成《书》也，出自家庭：《后汉书·班固传》云："固以彪所续前史未详，乃潜研精思，欲就其业。既而有人上书显宗告固私改作国史者，有诏下郡，收固系京北狱，尽取其家书。"参见《六家》篇"《汉书》"注。

④陈寿之草《志》也，创于私室：《晋书·陈寿传》记载：寿领本郡中正，撰魏、蜀、吴三国志。既卒，范頵（jūn）等上表曰：陈寿作《志》，明乎得失，愿垂采录。于是诏下河南尹、洛阳令，就家写其书。

⑤廨（xiè）宇：官舍。此代指官衙。

⑥冠猴献状:《汉书·盖宽饶传》:"擢为司隶校尉,刺举无所回避,小大辄举,所劾奏众多……京师为清。平恩侯许伯入第,丞相、御史、将军中二千石皆贺,宽饶不往。许伯请之,乃往……坐者皆属自卑下之。酒酣乐作,长信少府擅长卿起舞,为沐猴与狗斗,坐皆大笑。宽饶不悦,仰视屋而叹……因起趋出,劾奏长信少府以列卿而沐猴舞,失礼不敬。"献状,献出自己的丑态。

【译文】

　　从前左丘明修成《左传》而不公开,是为了避免当时权贵的迫害;司马迁撰成《史记》,要藏之名山以等待知音;班固编撰《汉书》,完成于自己家庭之中;陈寿写作《三国志》,开始于自己的住所。这样看来自古以来的贤能俊杰,著书立说流传后世,何必要身居官府衙门,名隶史官僚属,然后才能完成著述呢? 因此见识深远的人,明白这种情况,退居清静之地,闭门不出,自成一家之言,独立表达自己的见解罢了。难道还要与那些扮成猴子献丑以邀宠的人在一起,评论史事的得失吗!

内篇　自叙第三十六

【题解】

　　本篇叙述刘知幾自己的治史经历、史学抱负和遭遇、《史通》的写作缘起、撰述宗旨意趣以及对《史通》的自我评价和自我期许。

　　刘知幾自幼即对史学存有浓厚的兴趣与抱负。自小博览群书，广泛涉猎，注意在读书的过程中提出自己的见解。成人后步入史局，“三为史臣，再入东观”，有志于继孔子《春秋》，重写秦汉至隋唐史书，然终难实现自己的史学抱负，忧郁孤愤，难以寄托自身情怀。又担心“没世之后，谁知予者”，只好退而求其次，“私撰《史通》，以见其志”。

　　刘知幾撰述《史通》的宗旨是“辨其指归，殚其体统”，即针对当时“载笔之士，其义不纯”的严重现象，力图辨明史书编纂的宗旨和目的，阐明史书编纂的体裁和体例。经八年酷暑，撰成《史通》，虽以论史为主，但“上穷王道，下掞人伦，总括万殊，包吞万千”，内容极其广博。刘知幾每自比于扬雄及其著述，希冀《史通》一书能得知音，流芳后世。但因为此书“多讥往哲，喜述前非”，担心得不到时人赏识而致湮没无闻，“与粪土同捐，烟烬俱灭”。

　　刘知幾去世后，虽唐玄宗即敕河南府就家抄写《史通》呈送朝廷，书也因之传于后世，然而知音甚少，长时间没有得到重视。《旧唐书·经籍志》未曾著录，《新唐书·艺文志》只附录于集部。直到明清，《史通》

一书才逐渐为学者们所关注,进入二十世纪,才真正受到学界的高度重视和评价。

刘知幾并没有像一般作者那样追述先世渊源流变,很好地恪守了其在《序传》篇所阐发的理论。故此篇可与《序录》、《序传》、《忤时》等篇对照研读,更有利于理解《史通》的撰述旨趣和刘知幾的史学理论。

予幼奉庭训①,早游文学②。年在纨绮③,便受《古文尚书》④。每苦其辞艰琐⑤,难为讽读。虽屡逢捶挞⑥,而其业不成。尝闻家君为诸兄讲《春秋左氏传》⑦,每废《书》而听。逮讲毕,即为诸兄说之。因窃叹曰:"若使书皆如此,吾不复怠矣。"先君奇其意,于是始授以《左氏》,期年而讲诵都毕⑧。于时年甫十有二矣⑨。所讲虽未能深解,而大义略举。父兄欲令博观义疏,精此一经。辞以获麟已后,未见其事,乞且观余部,以广异闻。次又读《史》、《汉》、《三国志》。既欲知古今沿革,历数相承⑩,于是触类而观,不假师训⑪。自汉中兴已降,迄乎皇家实录,年十有七⑫,而窥览略周。其所读书,多因假赁,虽部帙残缺,篇第有遗,至于叙事之纪纲⑬,立言之梗概,亦粗知之矣。

【注释】

①庭训:《论语·季氏》载,孔子的儿子伯鱼小跑着经过庭院时,孔子问其学诗没有?伯鱼回说未学,孔子说:不学诗,应酬时便不能应对自如,伯鱼退而学诗;又几日,伯鱼小跑着经过庭院,孔子问其可学礼?伯鱼回说未学,孔子说:不学礼,便不能正确地立身处世,伯鱼便退而学礼。后世便以庭训代指父教。

②文学：此指历代文献典籍。

③纨绮（wán qǐ）：本指贵族子弟的服饰，此为少年时期的代称。

④《古文尚书》：唐代所见《古文尚书》，系东晋梅赜所献的伪《古文尚书》，当时尚不知其伪。详见《六家》篇"《尚书》家"段注。

⑤艰琐：字句佶屈聱牙的意思，即艰涩难懂。

⑥捶挞（tà）：鞭打。

⑦家君：犹言家父，刘知幾父刘藏器，高宗时任侍御史。《全唐文》收有他的"恤刑"、"刑法得失"、"往代为刑是非"对策三篇。诸兄：刘知幾有兄弟六人，即兄含章、贶、居简、知柔，弟知章。

⑧期（jī）年：周年。

⑨甫：才，刚刚。

⑩历数：君主前后相继的次序叫做历数。

⑪触类而观，不假师训：此处指按照书籍的性质、类别，分类阅读，无须借助于师长的讲解便能很好地理解。

⑫年十有七：刘知幾生于唐高宗龙朔元年（661），十七岁时当为仪凤三年（678）。

⑬纪纲：概要，大概。

【译文】

我幼年时就接受家庭教育，早早地便学习历代文献典籍。还在年少的时候，就学习了《古文尚书》。每每为它的文字艰涩繁琐而烦恼，难以记诵。虽然多次为此遭受责罚，但课业还是没有完成。曾经听到父亲为几个哥哥讲解《春秋左氏传》，常常丢掉《尚书》而去听讲。等讲完了，就说给哥哥们听。因此暗暗感慨："假若书都像《左传》这样，我就不会再懈怠了。"父亲对我的想法感到奇怪，于是开始教授我《左传》，只用一年的时间就讲解记诵完了。这时我刚刚十二岁。对父亲所讲虽然还不能深刻领悟，但大意都能弄清楚。父亲和兄长们想让我广泛涉猎《左传》的各种注释解说，真正精通《左传》这一经。我推托说"获麟"以后的史事，我还不了解，于是请求阅读后面的史书，以扩充自己的见闻。接下来又读了《史记》、《汉书》、《三国志》。后来又想了解古今历史的沿袭变革，历代帝王的承袭变化，于是就按类求书而阅读，不再借助师长的训诲。自东汉以来的史书，直到皇家实录，到我十七岁的时候，已经大致阅览了一遍。我所读的这些书，多数是从亲友处借来或租来的，虽然内容有残缺，篇目有遗失，但叙事的概要，立言的旨趣，也能粗略地了解了。

　　但于时将求仕进，兼习揣摩①，至于专心诸史，我则未暇。洎年登弱冠②，射策登朝③，于是思有余闲，获遂本愿。旅游京洛，颇积岁年，公私借书，恣情批阅。至如一代之史，分为数家，其间杂记小书，又竞为异说，莫不钻研穿凿④，尽其利害⑤。加以自小观书，喜谈名理⑥，其所悟者，皆得之襟腑，非由染习。故始在总角⑦，读班、谢两《汉》⑧，便怪《前书》不应有《古今人表》，《后书》宜为更始立纪⑨。当时闻者，共责以为童子何知，而敢轻议前哲。于是赧然自失⑩，无辞以对。其后见张衡、范晔集，果以二史为非。其有暗合于古人者，盖不可胜纪。始知流俗之士，难与之言。凡有异同，蓄诸方寸⑪。

【注释】

①揣摩：语出《战国策·秦策》："简练以为揣摩。"此指唐代应举考试的举子在考试前推敲主考官的爱好。

②洎(jì)：到，等到。弱冠：满二十岁的男子。古时男子满二十岁时，便要在宗庙中行冠礼，以示成人，但体犹未壮，故称"弱冠"。

③射策登朝：古时考选官吏，往往先密书试题于简策之上，根据题

目的难易程度,分为甲乙等科,并置于案上,应考者随机拣取简策作答,称为"策射"。登朝,升官任职。

④穿凿:深入探讨,细细琢磨。

⑤尽其利害:洞晓其优劣得失。

⑥名理:辨别分析事物的道理、是非。

⑦总角:古时儿童束发为两结,向上分开,形状如角,称为"总角",借指童年时期。

⑧班、谢两《汉》:即班固《汉书》、谢沈《后汉书》。

⑨更始:汉武帝之前的更始帝刘玄。刘玄原本是西汉皇族,后投入绿林军中。在新朝末年的大乱中,刘玄亦成为了绿林军中的将领。新莽地皇三年(22),绿林军与舂陵军所组成的联军为了扩大声势,开始建立政权,刘玄被绿林军的主要将领拥立为帝,建元更始,刘玄就是历史上的更始帝。

⑩赧(nǎn)然:因惭愧而脸红。自失:自己失去了常态。

⑪方寸:语出《三国志·蜀书·诸葛亮传》:"(徐)庶辞先生,而指其心曰:……今已失老母,方寸乱矣。"方寸,本指一寸见方的心脏。也指思想、心绪。

【译文】

但那个时候我正准备参加科考以求取仕进,还要揣摩主考官的喜好厌恶,至于专心研读各种史书,我就没有时间了。等到二十岁时,科考得中入朝做官,这时自己有了空闲的时间,才得以实现原来的愿望。往来于长安、洛阳之间,积累了好多年,借阅公私藏书,尽情地阅览。至于某一代的史书,分为多种著述,其中又有杂记小书,争相表现不同的说法,我无不进行认真地探究,穷尽它们的利害得失。加上我从小读书,总喜欢辨别分析事理,其中所能悟到的道理,都是得自内心,而不是从别人那里学来的。因此还在我童年的时候,读班固《汉书》和谢沈《后汉书》,便责怪班固《汉书》不应该有《古今人表》,而谢沈《后汉书》应当为更始帝刘玄立本纪。当时听到我这想法的人们，都批评我一个小孩子能知道什么，竟敢非议前代贤哲。于是我羞愧得满脸通红，无言以对。后来见到张衡、范晔的文集，果然认为二史存在这些不当。我的想法能与古人暗合的地方，更是不可计数。从此我才知道一般庸俗之人，是难以和他们交流的。所以凡自己有不同的想法，就记录下来，铭记在心。

及年以过立①，言悟日多，常恨时无同好，可与言者。维东海徐坚②，晚与之遇，相得甚欢。虽古者伯牙之识钟期③，管仲之知鲍叔④，不是过也。复有永城朱敬则、沛国刘允济、义兴薛谦光、河南元行冲、陈留吴兢、寿春裴怀古⑤，亦以言议见许，道术相知。所有榷扬，得尽怀抱。每云："德不孤，必有邻⑥。四海之内，知我者不过数子而已矣。"

【注释】

①年以过立：即年过而立之年，指已过三十岁。语见《论语·为政》："子曰：'吾十有五而志于学，三十而立。'"

②徐坚（659—729）：字元固，湖州长兴（今属浙江）人。自幼受庭训，博览群书，举进士。玄宗时，任集贤院学士等。武周圣历二年（699），任判官，擅长文章典实，精通三礼之学。与徐彦伯、刘知幾、张说同修《三教珠英》。新、旧《唐书》有传。

③伯牙之识钟期：典出《列子·汤问》："伯牙擅鼓琴，钟子期擅听。伯牙鼓琴，志在登高山，钟子期曰：善哉！巍巍兮若泰山。志在流水，钟子期曰：善哉！洋洋兮若江河。伯牙所念，钟子期必得之。伯牙游于泰山之阴，卒逢暴雨，止于崖下；心悲，乃援琴而鼓之。初为霖雨之操，更造山崩之音。曲每奏，钟子期辄穷其趣。伯牙乃舍琴而叹曰：善哉！善哉！子之听夫，志想象犹吾心也，

吾于何逃声哉?"后世以俞伯牙、钟子期之典故形容知音间心心相印,彼此相知。

④管仲之知鲍叔:典出《列子·列命》,齐桓公夺取政权后,鲍叔牙向齐桓公力荐管仲为相,终使齐国成为春秋五霸之首。管仲尝有"生我者父母,知我者鲍叔也"的感慨。

⑤朱敬则(635—709):字少连,亳州永城(今属河南)人。唐代史学家,官至正谏大夫、同凤阁鸾台平章事(宰相)。好学,重节义,乐助人,以辞学知名,著有《十代兴亡论》、《五等论》等。刘允济:生卒年不详,字伯华,洛州巩(今河南巩县)人。少孤,事母尤孝,工文辞,善属文,与王勃齐名,进士及第,官至著作郎,武周长安二年(702)任左史兼弘文馆直学士,参修国史,尝撰《鲁后春秋》二十卷。薛谦光(647—719):常州义兴(今江苏宜兴)人,博览经史,与人议史,必广引证据,有如目击。官累至太子宾客。与徐坚、刘知幾等友善。元行冲(653—729):名澹,字行冲,河南(今河南洛阳)人,博学多识,举进士,累迁通事舍人。睿宗时,受太常少卿。玄宗时,为散骑常侍、大理卿、弘文馆学士。著有《魏典》三十卷,事详文略,颇受时论好评。吴兢(670—749):陈留浚仪(今河南开封)人,博通经史。历官谏议大夫、修文馆学士等,中宗神龙中,与刘知幾等编修《则天实录》,撰有《贞观政要》十卷,流传至今。裴怀古(约638—712):寿州寿春(今安徽寿县)人。武周时名将。曾任贵州都督抚慰讨击使。曾先后镇压姚州(今云南姚安)等各族反唐斗争。

⑥德不孤,必有邻:语见《论语·里仁》。意思是有道德的人不会孤单,因为人人都会争相与他结为邻居。刘知幾引此句,暗喻因为自己有精湛的史学见解,方有徐坚、朱敬则等成为挚友、同伴。

【译文】

到我过了而立之年,所领悟到的道理渐渐增多,但时常遗憾当时没有和自己爱好相同，能够共同讨论的人。只有东海人徐坚，近来才与他相遇，相处融洽、非常快乐。即便如古时俞伯牙与钟子期之相知，管仲与鲍叔牙之相识，也不会超过我们的关系。还有永城人朱敬则、沛国人刘允济、义兴人薛谦光、河南人元行冲、陈留人吴兢、寿春人裴怀古，这些人也都因为观点相同而互相推许，因为见解相似而引为知音。所有的研讨，都能够尽情地发表意见。我常常感叹说："有道德的人不会感到孤单，必定会有志同道合的人相伴。四海之内，能理解我的不过这几个人罢了。"

昔仲尼以睿圣明哲，天纵多能①，睹史籍之繁文，惧览者之不一，删《诗》为三百篇，约史记以修《春秋》②，赞《易》道以黜《八索》，述《职方》以除《九丘》，讨论《坟》、《典》，断自唐、虞③，以迄于周。其文不刊④，为后王法。自兹厥后，史籍逾多，苟非命世大才，孰能刊正其失？嗟予小子⑤，敢当此任！其于史传也，尝欲自班、马已降，讫于姚、李、令狐、颜、孔诸书⑥，莫不因其旧义，普加厘革⑦。但以无夫子之名，而辄行夫子之事，将恐致惊末俗，取咎时人，徒有其劳，而莫之见赏。所以每握管叹息，迟回者久之。非欲之而不能，实能之而不敢也。

【注释】

①天纵多能：语出《论语·子罕》："固天纵之将圣，又多能也。"天纵，天所纵任而不限其止境。意即上天所赋予，旧指上天使之成为杰出的人物。

②史记：此处指春秋战国时期列国的史书。

③唐、虞：唐指唐尧，虞指虞舜。尧帝曾封于唐地，故称陶唐氏或唐尧。舜是古部落有虞氏的首领，故称有虞氏或虞舜。

④其文不刊：意即文字精湛，不容更改。刊，删除，削删。

⑤小子：语出《诗·大雅·思齐章》："肆成人有德，小子有造。"此处代指未成年人、见识短浅者。

⑥姚、李、令狐、颜、孔：姚，指姚思廉（557—637），字简之，一说名简，字思廉，本吴兴人，陈亡，迁关中，为万年（今陕西西安）人。唐初史学家，贞观时官至散骑常侍。唐修晋、南北朝诸史，他根据家传之稿，兼采他书，编著有《梁书》五十卷、《陈书》三十卷。李，指李百药（565—648），字重规，定州安平（今属河北）人。他在隋任建安郡丞，入唐历任中书舍人、散骑常侍等。贞观元年（627）奉诏撰《齐书》，据其父所写《齐史》旧稿，兼采他书，经十年，成五十卷，撰成《北齐书》。令狐，指令狐德棻（583—666），宜州华原（今陕西耀县）人。高祖入关，任大丞相府记室，后累迁至礼部侍郎、国子监祭酒、弘文馆崇贤馆学士。他建议修撰梁、陈、齐、周、隋等朝史，撰有《周书》、《太宗实录》等。颜，指颜师古，孔，指孔颖达，二人共同编修了《隋书》。

⑦普：普遍。厘革：修改。

【译文】

从前孔子通达睿智，上天赋予他多种才能，他看到史籍中文辞的繁杂，担心阅读的人理解不一，就删定《诗经》为三百篇，整理列国史书而修订《春秋》，赞扬《易经》除去《八卦》，叙述《职方》以摒弃《九丘》，讨论《三坟》、《五典》，上限断自唐尧、虞舜，下限截止到周。这些文章不可更改，成为后世历代尊崇效法的楷模。自此以后，史籍越来越多，假若不是一代杰出的人才，谁能够刊正它们的过失呢？唉！我这样的小子，怎能担当这样的重任呢！对于历代史传，我曾想自司马迁、班固以下，到姚思廉、李百药、令狐德棻、颜师古、孔颖达等所撰各种史书，无不根据已有的义例，普遍加以修改整理。但因我没有孔子的名望，而却要去做孔子才能做的事，恐怕会因此招来末流世俗的惊恐，受到当代人的责难，白白地这样劳苦,却得不到应有的赏识。所以每每握笔而长叹,久久徘徊沉思。这并不是想去做而没有能力去做,实在是有能力做却不敢去做啊。

既朝廷有知意者,遂以载笔见推。由是三为史臣,再入东观①。则天朝为著作佐郎,转左史。今上初即位,又除著作。长安中,以本官兼修国史。会迁中书舍人,暂罢其任。神龙元年,又以本官兼修国史,迄今不之改。今之史馆,即古之东观也。每惟皇家受命,多历年所,史官所编,粗惟纪录。至于纪传及志,则皆未有其书。长安中,会奉诏预修唐史。及今上即位②,又敕撰《则天大圣皇后实录》③。凡所著述,尝欲行其旧议④。而当时同作诸士及监修贵臣⑤,每与其凿枘相违,龃龉难入⑥。故其所载削,皆与俗浮沉⑦。虽自谓依违苟从,然犹大为史官所嫉。嗟乎! 虽任当其职,而吾道不行;见用于时,而美志不遂。郁怏孤愤⑧,无以寄怀。必寝而不言,嘿而无述,又恐没世之后,谁知予者。故退而私撰《史通》,以见其志。

【注释】

①三为史臣,再入东观:程千帆《史通笺记》按:"'三为史臣',谓以著作佐郎兼修国史,以中书舍人兼修国史,以著作郎兼修国史也。详本书《叙录》。'三为史臣'之'三'字实指,'再入东观'之'再'字虚拟(犹云累入)。当分别观之。"

②今上:指唐中宗李显(656—710),原名李哲,683至684年、705至710年两次在位。唐高宗李治第七子,高宗死,即帝位。武则天临朝称制,废他为庐陵王。圣历二年(699)召还。神龙元年(705)复辟。景龙四年(710)为韦后毒死,庙号中宗。

③敕撰《则天大圣皇后实录》:根据《唐会要》卷六三载,中宗神龙元

年(705)，诏武三思、魏元忠、刘知幾等编修《则天实录》。次年书
成奏上，凡二十卷，文集一百二十卷。

④尝欲行其旧议：曾自己打算实践往日的主张。

⑤监修贵臣：此指武三思。

⑥凿枘相违，龃龉难入：语出《楚辞·九辩》："圆凿而方枘兮，吾故
　知其龃龉而难入。"圆凿，凿成圆孔。方枘，方的榫头。凿枘，不
　能相容。龃龉，因存在矛盾而不相配合。

⑦与俗浮沉：指只能随世人庸俗浅陋的见解而转移，而不能很好地
　贯彻自己的意见主张。

⑧郁怏：忧郁而不得志的样子。孤愤：内心因为孤独无援而愤愤
　不平。

【译文】

　　不久，朝廷中有了了解我心愿的官员，于是以史臣相推荐。从此我先
后三次做史臣，多次进史馆。武则天朝任著作佐郎，又转任左史。当今皇上刚即
位，我又被授为著作郎。长安年间，以本官兼修国史。适逢迁任中书舍人，暂时罢除了修
史的任务。神龙元年，又以本官兼修国史，直到今天都没有改变。现在的史馆，就相当于
古代的东观。每每想到本朝受命而得天下，已经经历了很多年，而史官所
撰述的，只是些粗略的记录。至于像纪传及志，都还没有编写成书。武
则天长安间，恰巧奉诏参加修撰国史。到当今皇上（中宗）即位，又奉
诏命编撰《则天大圣皇后实录》。凡有所著述，都曾想依照往日的想法
去做。而当时一同编修史书的史官及监修贵臣，每每与我意见不合，互
相矛盾，难以配合。所以每有所著述，也都是与世俗同流合污。虽然自
认为已经苟且违心地顺从他们了，然而依然遭史官们的忌恨。唉！我
虽担任史官的职位，但自己的主张却得不到推行；虽能被当时的社会有
所任用，但我的美好愿望却不能实现。忧郁孤愤，难以寄托自身情怀。
如果闭口不言，默然无声而无著述，又害怕死了之后，有谁能够知道我
呢。因此，我辞官还家而私自撰写《史通》，以表明我的志向。

　　昔汉世刘安著书，号曰《淮南子》①。其书牢笼天地，博极古今，上自太公②，下至商鞅③。其错综经纬，自谓兼于数家，无遗力矣。然自《淮南》已后，作者无绝④。必商榷而言，则其流又众。盖仲尼既殁，微言不行⑤；史公著书，是非多谬⑥。由是百家诸子，诡说异辞，务为小辨，破彼大道，故扬雄《法言》生焉。儒者之书，博而寡要⑦，得其糟粕，失其菁华。而流俗鄙夫，贵远贱近，传兹抵牾⑧，自相欺惑，故王充《论衡》生焉⑨。民者，冥也，冥然罔知⑩，率彼愚蒙，墙面而视。或讹音鄙句，莫究本源，或守株胶柱，动多拘忌，故应劭《风俗通》生焉⑪。五常异禀⑫，百行殊执，能有兼偏，知有长短。苟随才而任使，则片善不遗，必求备而后用，则举世莫可，故刘劭《人物志》生焉⑬。夫开国承家，立身立事，一文一武，或出或处⑭，虽贤愚壤隔，善恶区分，苟时无品藻，则理难铨综，故陆景《典语》生焉⑮。词人属文，其体非一，譬甘辛殊味⑯，丹素异彩，后来祖述，识昧圆通，家有诋诃，人相掎摭，故刘勰《文心》生焉⑰。

【注释】

①《淮南子》：汉淮南王刘安召集宾客方士数千人所编，分内、外篇。内篇二十一篇，外篇三十三篇。内容极其广博，颜师古云其"内篇论道，外篇杂说"。今通行《淮南子》即其内篇。

②太公：太公吕尚，姜姓，名望，字尚父，一说字子牙，周代齐国的始祖，年老尚穷困，以钓鱼干求周王。西周初年官太师（武官名），又称师尚父。辅佐武王灭商有功，封于齐。俗称姜太公。因东方夷族曾从武庚和三监叛乱，成王授他以征讨周围地区之权。

兵书《六韬》是战国时人依托于他的作品。《史记》有《齐太公世家》。

③商鞅(约前390—前338):战国时政治家,卫国人,姓公孙氏,名鞅,亦称卫鞅。少时商鞅好刑名之学,初为魏相公叔痤(cuó)家臣,后入秦进说秦孝公,任为左庶长,实行变法,除旧弊,秦国由是富强。《史记》有传。

④无绝:指持续不断,绵延不息。

⑤微言:喻指精妙的言论。微,深奥,微妙。

⑥是非多谬:班固《汉书·司马迁传赞》:"又其是非颇谬于圣人。论大道,则先黄老而后《六经》;序游侠,则退处士而进奸雄;述货殖,则崇势力而羞贫贱,此其所弊也。"

⑦博而寡要:司马谈《论六家要旨》:"夫儒者以六艺为法,六艺经传以千万数,累世不能通其学,当年不能究其礼。故曰:博而寡要,劳而少功。"

⑧抵牾:抵触,矛盾,引申为言语上的冒犯、冲突。

⑨王充《论衡》:王充《论衡》八十五篇,是王充的代表作品,详见《序传》篇注。

⑩冥然罔知:冥,昏暗,愚昧。罔知,无知。

⑪应劭《风俗通》:见《采撰》篇注。浦起龙认为《风俗通》一书"主博洽"。

⑫五常异禀:根据孔颖达疏:"五常即五典,谓父义、母慈、兄友、弟恭、子孝也。"又《论衡·问孔》:"五常之道,仁、义、礼、智、信也。"禀,天生的气质、性情。

⑬刘劭《人物志》:刘劭,生卒年不详,字孔才,广平邯郸(今属河北)人,博通经史,工于辞章,于当时颇负盛名。著有《人物志》三卷,讨论封建社会的人才选拔问题,评价人物才智高下优劣。故浦起龙认为《人物志》一书"主辨才"。

⑭或出或处：出，出仕，出来做官。处，处士，隐居不做官。

⑮陆景《典语》：陆景（249—280），字士仁，吴郡吴县（今江苏苏州）人，三国时东吴名将，曾任骑都尉，封毗陵侯。幼受教于祖母，洁身好学，著书数十篇。《隋书·经籍志》著录其《典语》十卷、《典语别》二卷，已佚。

⑯譬：犹如。甘：味道好，美好。辛：辛辣，悲伤。

⑰刘勰《文心》：即刘勰《文心雕龙》。刘勰（约465—约532或约470—约539），字彦和，祖籍山东莒县（今属山东）人，世居京口（今江苏丹徒）。早孤，笃志好学。梁天监初，历官至南康王记室兼东宫通事舍人。撰《文心雕龙》五十篇，论古今文体，成为中国文学理论批评史上第一部体系严密的文学理论专著，影响深远。

【译文】

过去汉代刘安著书，名叫《淮南子》。此书囊括天地间万事万物，上下博通古今历史变化，上自姜太公，下到商鞅。此书内容纵横交错，刘安自称兼通众家学说，是竭尽全力了。但自《淮南子》以后，类似著作层出不穷。如果仔细分析起来，那么其流派又有多种。大概孔子死后，微言大义不行于世；司马迁著《史记》，是非判断多与圣人不同。由此诸子百家出现，竞相提出各种诡言异辞，务求斤斤于小事的辨析，破坏了圣人的大道，故而主谈理的扬雄的《法言》出现了。儒生们的著述，内容广博而缺少要领，很容易只抓住糟粕，失去了其精华。而流俗浅陋的人，重视远古轻贱当下，传授些相互抵触矛盾的东西，自己欺骗自己，故而主证据的王充的《论衡》出现了。民，就是冥，茫然无知，昏暗而蒙昧不开化，就如同是面对着墙一样看不清东西。或是读音错误、语句粗鄙，没有人去探究它本来的源头，或是守株待兔、不知变通，一举一动都有种种束缚和忌讳，故而主博洽的应劭的《风俗通》出现了。人的品质天生有所不同，各人所遵循的行为规范也不一样，能力有全面有单一，智力也有高有低。假如能根据一个人的能力来任用他，那么就会一点长处也不遗漏,如果一定要一个人能力很全面了才任用他,那么整个世上也没有这样的人,故而主辨才的刘劭的《人物志》产生了。建国立家,立身处事,一文一武,或出仕做官,或隐居不仕,虽然有贤明与愚昧的差别,有善良与邪恶的区分,假如社会上没有对人物的品评,那么势必难以对人物进行综合的考量,故而主品评的陆景的《典语》产生了。文人作辞赋文章,其采用的体裁不一,就像甘甜与辛辣是不同的味道,红色与白色是不同的色彩,后世效法的人,缺乏融会贯通的认识,以致不同派别互相攻击,不同的人相互指摘,故而主文章体裁的刘勰的《文心雕龙》产生了。

若《史通》之为书也,盖伤当时载笔之士,其义不纯①。思欲辨其指归,殚其体统②。夫其书虽以史为主,而余波所及,上穷王道,下掞人伦③,总括万殊,包吞千有。自《法言》已降,迄于《文心》而往,固以纳诸胸中,曾不蚩芥者矣④。夫其为义也,有与夺焉,有褒贬焉,有鉴诫焉,有讽刺焉。其为贯穿者深矣,其为网罗者密矣,其所商略者远矣,其所发明者多矣。盖谈经者恶闻服、杜之嗤⑤,论史者憎言班、马之失。而此书多讥往哲,喜述前非。获罪于时,固其宜矣。犹冀知音君子,时有观焉。尼父有云:"罪我者《春秋》,知我者《春秋》⑥。"抑斯之谓也。

【注释】

①其义不纯:他们的见解与学说不纯粹。

②辨其指归,殚其体统:辨明史书编纂的宗旨和目的,阐明史书编纂的体裁和体例。指归,宗旨,目的。殚,竭尽。体统,体裁,体例。

③下掞(shàn)人伦：掞，发抒，铺排。人伦，以儒家学说为准绳建立
　起来的伦理道德观念。

④虿(chài)芥：芥蒂，比喻心里想不通，思想上有疙瘩。

⑤服、杜之嗤：服指服虔，杜指杜预。服虔，生卒年不详，字子慎，初
　名重，又名祇，后改为虔，东汉经学家，少年清苦励志，入太学受
　业，举孝廉，中平末，拜九江太守。官至尚书侍郎、高平令。著
　《春秋左氏集解》，成一家之学说，另有赋、碑、诔及《连珠》、《九
　愤》等凡十余篇。

⑥罪我者《春秋》，知我者《春秋》：语出《孟子·滕文公下》："子曰：
　'知我者其惟《春秋》乎，罪我者其惟《春秋》乎？'"孔子非常用心
　修订了《春秋》，所以他认为别人能从《春秋》中知道他的想法。
　但因为孔子作春秋是行天子之事，担心别人会指责他是越俎代
　庖，所以又说"罪我者《春秋》"。

【译文】

　　至于《史通》一书的写作，是有感于当时编纂史书的人，编纂目的、原则不纯正。所以想要辨明史书编纂的宗旨和目的，阐明史书编纂的体裁和体例。此书虽以论史为主，但它所涉及的范围，上穷帝王治国的道理，下尽社会人事的伦常，总括了千万种社会现象，包罗内容详尽。自扬雄《法言》以下，直到刘勰《文心雕龙》以前，早已容纳胸中，丝毫没有一点隔阂。《史通》一书的主要内容，有对前人的赞许与否定，有褒扬与贬斥，有借鉴与劝诫，有讽喻与批评。书中所贯穿的内容是深远的，所网罗的史事是具体的，所商讨的问题是深入的，所阐明的论点是丰富的。大概谈论经书的人讨厌听到对服虔、杜预的嗤笑，谈论史书的人则憎恨有人说班固、司马迁的过失。而我的《史通》往往讥评前代圣贤，喜欢论述前人的是非。得罪于当时的社会，就是必然的了。尽管如此，仍希望有能了解我的知音君子，时常看看此书。孔子曾经说："指责我有罪是因为《春秋》，使人能够了解我也是因为《春秋》。"或许说的就是这

种情况吧。

　　昔梁征士刘孝标作《叙传》，其自比于冯敬通者有三[①]。而予辄不自揆，亦窃比于扬子云者有四焉。何者？扬雄尝好雕虫小技[②]，老而悔其少作。余幼喜诗赋，而壮都不为，耻以文士得名，期以述者自命。其似一也。扬雄草《玄》，累年不就，当时闻者，莫不哂其徒劳。余撰《史通》，亦屡移寒暑[③]，悠悠尘俗，共以为愚。其似二也。扬雄撰《法言》，时人竞尤其妄，故作《解嘲》以训之[④]。余著《史通》，见者亦互言其短，故作《释蒙》以拒之[⑤]。其似三也。扬雄少为范逡、刘歆所重，及闻其撰《太玄经》，则嘲以恐盖酱瓿[⑥]。然刘、范之重雄者，盖贵其文彩若《长扬》、《羽猎》之流耳[⑦]。如《太玄》深奥，理难探赜。既绝窥逾，故加讥诮。余初好文笔，颇获誉于当时。晚谈史传，遂减价于知己。其似四也。夫才唯下劣，而迹类先贤[⑧]。是用铭之于心，持以自慰。

【注释】

①其自比于冯敬通：刘孝标自比冯敬通。刘峻字孝标，以注《世说新语》而名于世。《梁书·刘峻传》："峻又尝为自序，其略曰：余自比冯敬通，而有同之者三，异之者四。何则？敬通雄才冠世，志刚金石；余虽不及之，而节亮慷慨，此一同也。敬通值中兴明君，而终不试用；余逢命世英主，亦摈斥当年，此二同也。敬通有忌妻，至身操井臼；余有悍室，亦令家道轗轲，此三同也。敬通当更始之世，手握兵符，跃马食肉；余自少迄长，戚戚无欢，此一异也。敬通有一子仲文，官成名立；余祸同伯道，求无血胤，此二异

也。敬通膂力方刚，老而益壮；余有犬马之疾，溘死无时，此三异也。敬通虽芝残蕙焚，终填沟壑，而为名贤所慕，其风流郁烈芬芳，久而弥盛；余声尘寂漠，世不吾知，魂魄一去，将同秋草，此四异也。"冯敬通，即后汉冯衍，生卒年不详，字敬通，京兆杜陵（今陕西西安）人。自幼有才，博览群书。王莽执政时，冯衍辞不肯仕，新末入更始政权，后投刘秀，因遭人谗毁，致使潦倒终生。《隋书·经籍志》著其有文集五卷，但均已散佚。《后汉书》有传。

②雕虫小技：比喻小技、小道。此喻词赋为雕虫小技。故扬雄老而悔其少作。扬雄《法言·吾子》："或问吾子少而好赋，曰：然。童子雕虫篆刻。俄而曰：壮夫不为也。"扬雄将少时写的辞赋文章尽数认作雕虫小技之作，而以壮夫不为，予以批判。

③余撰《史通》，亦屡移寒暑：《史通》的编纂始于武后长安二年（702），至唐中宗景龙四年（710）完成，历时八年，故称"屡移寒暑"。

④故作《解嘲》以诎（chóu）之：《汉书·扬雄传》："哀帝时……时雄方草《太玄》，有以自守，泊如也。或嘲雄以玄尚白，而雄解之，号曰《解嘲》。"诎，酬答。

⑤《释蒙》：此书已佚，不可考。

⑥则嘲以恐盖酱瓿（bù）：《汉书·扬雄传》："雄以病免，复召为大夫。家素贫，耆酒，人希至其门。时有好事者载酒肴从游学，而巨鹿侯芭常从雄居，受其《太玄》、《法言》焉。刘歆亦尝观之，谓雄曰：'空自苦！今学者有禄利，然尚不能明《易》，又如《玄》何？吾恐后人用覆酱瓿也。'雄笑而不应。"刘歆以此暗示说扬雄的《太玄》恐怕只能作盖罐子的废纸。酱瓿，装酱的瓦器。

⑦《长扬》、《羽猎》：二篇皆为扬雄侍从成帝祭祀游猎时的作品，用以歌颂汉朝声威及皇帝功德。除此两赋外，还有《甘泉》、《河东》两赋。

⑧迹：事迹。类：相似。

【译文】

从前梁代征士刘孝标作《叙传》，其自比于汉代奇才冯敬通有三点相同。而我却不自量力，也暗自比拟于扬雄有四点相同。哪四点呢？扬雄年少时喜好辞赋，并以此知名，晚年却悔恨少年时作的辞赋。我年幼时亦喜好诗赋，而壮年后却不再作了，对凭借文士得名而甚感羞愧，期待着能以著述留名后世。这是第一个相似的地方。扬雄草撰《太玄》，经过多年而没有完成，当时听说的人们，无不嗤笑他徒劳无功。我撰写《史通》，同样经历了多年寒暑，悠悠世俗众生，都认为我愚蠢。这是第二个相似的地方。扬雄撰写《法言》，当时的人们竞相责怪他胆大狂妄，所以扬雄作《解嘲》回答他们。我撰写《史通》，看到的人也同样讥讽它的短处，所以我写了《释蒙》来回拒他们的指责。这是第三个相似的地方。扬雄年轻时为范逡、刘歆所看重，但等听说扬雄在撰写《太玄经》，就又都嘲笑这样的作品只能拿去当盖酱缸的废纸。然而范逡、刘歆所看重扬雄的，大概是看重他的文采如《长扬》、《羽猎》之类的华丽文章罢了。像《太玄》这样内容深奥的著作，难以探测其中的深意。既然不能探究其真谛，所以便加以讥笑嘲讽。我起初喜好舞文墨弄，颇得当时人们的赞誉。后来谈论史书，就受到知心朋友的轻视。这是第四个相似的地方。我才识虽低劣，而事迹却类似先贤圣人。因此将它们铭记在心，用来安慰自己。

抑犹有遗恨，惧不似扬雄者有一焉。何者？雄之《玄经》始成，虽为当时所贱，而桓谭以为数百年外，其书必传①。其后张衡、陆绩果以为绝伦参圣②。夫以《史通》方诸《太玄》，今之君山，即徐、朱等数君是也③。后来张、陆④，则未之知耳。嗟乎！傥使平子不出⑤，公纪不生⑥，将恐此书与粪土同捐⑦，烟烬俱灭。后之识者，无得而观。此予所以抚卷涟洏⑧,泪尽而继之以血也。

【注释】

①桓谭以为数百年外,其书必传:桓谭(前23—50),东汉哲学家、经
　学家。字君山,沛国相(今安徽濉溪)人。好音律,善鼓琴,博学
　多通,遍习五经,喜非毁俗儒。程千帆《史通笺记》:"严可均《全
　后汉文》卷十五辑桓谭《新论·阅友篇》:'王公子问:'扬子云何
　人也?'答曰:'扬子云才智开通,能入圣道,卓绝于众。……《玄
　经》数百年,其书必传。'"此处桓谭将自己喻为扬雄的知己,预知
　扬雄《太玄经》必流传于后世。

②陆绩(187—219):三国吴郡吴县(今江苏苏州)人,字公纪。仕
　吴,官至郁林太守。通天文、历算,作《浑天图》,注释《易》、撰《太
　玄经注》。在《述玄篇》中认为:扬雄《太玄经》实为"虽周公繇《大
　易》,孔子修《春秋》,不能是过……考之古今,宜曰圣人",充分肯
　定了扬雄《太玄经》的地位与价值。绝伦:无与伦比。参圣:列同
　圣人著述。

③徐、朱:指徐坚、朱敬则。

④张、陆:指张衡、陆绩。

⑤平子:张衡的字。

⑥公纪:陆绩的字。

⑦捐:抛弃,湮没。

⑧抚卷涟洏(ér):形容掩卷而泣。涟洏,泪流不断的样子。

【译文】

　　然而还有内心遗憾的事,担心有一点不能与扬雄相类似。是什么
呢? 当年扬雄《太玄经》初写成,虽然为当时的人们所轻贱,但桓谭却认为
数百年以后,此书必定广为流传。后来东汉张衡、三国陆绩果然认为《太
玄经》绝伦无比、可与圣人著述同列。把《史通》比之《太玄经》,今天的桓

谭，就是徐坚、朱敬则等诸位知己。而后来的张衡、陆绩，就不得而知了。唉！倘若像张衡一样的人不出现，陆绩一样的人不出生，恐怕此书将如同粪土一样被抛弃，灰飞烟灭了！后来的有识之士，无法再看到《史通》。这就是我之所以抚卷而泪流不断，泪流尽了而继之流血的缘故了。

全本全注全译丛书

中华经典名著

白云◎译注

史 通 下

中华书局

外篇　史官建置第一

【题解】

本篇主要论述我国上古至唐初史官建置的起源和沿革变化情况。

刘知幾将史官与史书结合起来展开论述,首先从史官和史书的功用讲起,认为因为有史官和史书"记言载事",不仅可以使"前言往行"如在眼前、皎同星汉,更可使后代人们"神交万古"、"穷览千载",进而产生"思齐"和"内自省"的启迪和教育意义,发挥"劝善惩恶"的重要作用,所以感叹史学的作用太博大,简直就是"生人之急务,为国家之要道"。而史籍编述必出于史官,故专论历代史官建置。

刘知幾分十二条逐一论述了先秦、秦汉、新莽、东汉、曹魏、刘蜀、十六国、北齐、北周、隋、唐等历代史官的沿革废置,条分缕析,简要详明。又以第十三、十四条论析史官的职责,即书事记言和勒成删定,两者要求不同,但相辅相成,目的完全一致。刘知幾特别指出,自古以来史官虽多,但汉魏以下,许多史官有名无实,既无史才,又没有参与实际修撰工作。却署名于史书之上,争受爵赏,厚诬当时,致惑来世。刘知幾身当其任,感慨良多。此风流弊,直至清末。

夫人寓形天地,其生也若蜉蝣之在世[①],如白驹之过隙[②],犹且耻当年而功不立,疾没世而名不闻[③]。上起帝王,下穷匹庶,近则朝廷之士,远则山林之客,谅其于功也名也,莫不汲汲焉孜孜焉④。夫如是者何哉?皆以图不朽之事也。何者而称不朽乎?盖书名竹帛而已⑤。向使世无竹帛,时阙史官,虽尧、舜之与桀、纣,伊、周之与莽、卓⑥,夷、惠之与跖、跷⑦,商、冒之与曾、闵⑧,俱一从物化。坟土未干,则善恶不分,妍媸永灭者矣。苟史官不绝,竹帛长存,则其人已亡,杳成空寂,而其事如在,皎同星汉。用使后之学者,坐披囊箧,而神交万古,不出户庭,而穷览千载,见贤而思齐,见不贤而内自省。若乃《春秋》成而逆子惧,南史至而贼臣书⑨,其记事载言也则如彼,其劝善惩恶也又如此。由斯而言,则史之为用,其利甚博,乃生人之急务,为国家之要道。有国有家者,其可缺之哉!故备陈其事,编之于后。其一条。

【注释】

①蜉蝣:《说文》云:"蜉蝣,朝生暮死者。"是一种生命极为短暂的虫子。此比喻微小的生命。

②如白驹之过隙:《庄子·知北游》云:"人生天地间,若白驹过隙,忽然而已。"用以比喻时间极短。

③疾没世而名不闻:语出《论语·卫灵公》:"子曰:'君子疾没世而名不称焉。'"

④汲汲:急切的样子。

⑤竹帛:竹简和白绢。古代初无纸,用竹帛书写文字。引申指书籍、史乘。

⑥伊、周:伊尹、周公。莽、卓:王莽、董卓。

⑦夷、惠:伯夷、柳下惠。跖、跷:盗跖、庄跷。

⑧商:《春秋》云:"文元年冬十月,楚世子商臣弑其君頵(jūn)。"商

臣，即穆王，颊为成王名。冒：即冒顿，射杀其父单于头曼，自立为
单于。曾：即曾参，孔子弟子，以孝著称。闵：闵损，《史记·仲尼
弟子列传》："闵损，字子骞。孔子曰：'孝哉！闵子骞，人不间于
其父母昆弟之言。'"

⑨南史至而贼臣书：《左传·襄公二十五年》云："太史书曰：'崔杼
弑其君。'崔子杀之。其弟嗣书，而死者二人。其弟又书，乃舍
之。南史氏闻太史尽死，执简以往，闻既书矣，乃还。"参见《直
书》篇"齐史之书崔弑"注。

【译文】

人活在天地间，其生命就好像蜉蝣生物朝生暮死一样短暂，又如白
驹过隙一闪而过，然而人们仍然痛恨年轻时没能建功立业，惧怕死后声
名默默无闻。上自帝王，下至百姓，近则有朝廷大臣，远则有山林隐逸
高士，对于功和名，无不急切地努力去追求。为什么会这样呢？都是为
了谋图建立不朽的事业。怎样才能称名不朽呢？大概就是把自己的名
字写进史书罢了。假如世上没有史书，时代没有史官，即使圣明者如
尧、舜和残暴者如夏桀、商纣王，贤能者如伊尹、周公和篡位者如王莽、
董卓，仁善者如伯夷、柳下惠和暴虐者如盗跖、庄𫏋，弑君父者如商臣、
冒顿和纯孝者如曾参、闵损，身体与名字都一起消亡了。掩埋的坟土还
没有干，就已经善恶难分，美丑难辨了。反之如果历代史官不绝，史书
永远流传下去，那么虽然人已经死去，身体早已不存在，但他们的事迹
却还存在，清晰得如同银河那样璀璨。因此使得后世学者，静坐着翻阅
史册，就能神交万古，不出家门，就能穷究上千年的史事，见到贤能者便
向他们学习，见到品行恶劣者而能反省自己。至于《春秋》修成后乱臣
贼子都很惧怕，南史到来后乱臣贼子的行径都被记载了，史官记事载言
的职责就是如此，史书劝善惩恶的作用也就是这样。由此说来，史书的
社会作用，其功用实在太博大了，是关乎百姓生存的急务，是关乎治国
安邦的大道。对于国君和大臣，怎能缺少呢！所以详细陈述史官的情

况，编列于下文。其一条。

　　盖史之建官，其来尚矣。昔轩辕氏受命[①]，仓颉、沮诵实居其职[②]。至于三代[③]，其数渐繁。案《周官》、《礼记》，有太史、小史、内史、外史、左史、右史之名[④]。太史掌国之六典，小史掌邦国之志，内史掌书王命，外史掌书使乎四方，左史记言，右史记事。《曲礼》曰："史载笔，大事书之于策，小事简牍而已[⑤]。"《大戴礼》曰："太子既冠成人，免于保傅，则有司过之史[⑥]。"《韩诗外传》云："据法守职而不敢为非者，太史令也。"斯则史官之作，肇自黄帝，备于周室，名目既多，职务咸异。至于诸侯列国，亦各有史官，求其位号，一同王者。

【注释】

①轩辕氏：即黄帝。古史传说姓公孙。居于轩辕之丘，故名曰轩辕。战胜炎帝于阪泉，战胜蚩尤于涿鹿，天下诸侯共尊为天子。

②仓颉、沮诵：相传黄帝时的史官，造字的始祖。

③三代：指夏、商、周三朝。荀子《王制》："道不过三代，法不贰后王。"

④太史、小史、内史、外史：见《周礼·春官·宗伯》记载。左史、右史：语出《汉书·艺文志》"左史记言，右史记事"。又《礼记·王藻》则谓"动则左史书之，言则右史书之"。

⑤大事书之于策，小事简牍而已：语出杜预《春秋经传集解序》："周礼有史官，掌邦国四方之事，达四方之志，诸侯亦各有国史，大事书之于策，小事简牍而已。"策，连编的竹简。

⑥司过：劝善规过。

【译文】

史官一职的设立,由来已久。从前黄帝时授命,仓颉、沮诵担任了史官之职。到了夏、商、周三代时,史官职数逐渐增多。据《周官》、《礼记》记载,有太史、小史、内史、外史、左史、右史等职。太史负责治典、教典、礼典、政典、刑典、事典等六典之制订,小史负责国家大事的记载,内史负责起草诰示救命,外史负责起草应对四方邻国的往来信札,左史负责记载帝王的言论,右史负责记载帝王的行事。《曲礼》说:"史官的职能,是把大事记载在连缀的简策之上,把小事记载在短小的木片上。"《大戴礼》说:"太子二十岁行加冠礼后,去掉太保太傅,而配备有劝善规过的史官。"《韩诗外传》说:"守法尽职而不敢胡作非为,这就是太史令。"由此可见史官一职的创始,开始于黄帝,完备于周王室,名目已经增多,职责也都各不相同。甚至各诸侯列国,也各自设有史官,其职务类目,一如周王室。

至如孔甲、尹逸[1],名重夏、殷,史佚、倚相[2],誉高周、楚,晋则伯黡司籍[3],鲁则丘明受经[4],此并历代史臣之可得言者。降及战国,史氏无废。盖赵鞅[5],晋之一大夫尔,有直臣书过,操简笔于门下。田文[6],齐之一公子尔,每坐对宾客,侍史记于屏风。至若秦、赵二主渑池交会,各命其御史书某年某月鼓瑟、鼓缶[7]。此则《春秋》"君举必书"之义也。

【注释】

①孔甲:一说为黄帝之史,一说为夏初之史。此当指夏初之史。尹逸:当是殷末史官。

②史佚:周初史官。《史记·晋世家》云:"周公诛灭唐,成王与叔虞戏,削桐叶为珪,以与叔虞曰:'以此封若。'史佚因请择日立叔

虞。成王曰:'吾与之戏尔!'史佚曰:'天子无戏言。言则史书之,礼成之,乐歌之。'于是遂封叔虞于唐。"倚相:春秋时楚国的左史。《左传·昭公十二年》,称其为古之"良史","是能读《三坟》、《五典》、《八索》、《九丘》"之书。

③伯黡(yǎn)司籍:伯黡,春秋时晋之史官。《左传·昭公十五年》:"伯黡司晋之典籍,以为大政,故曰籍氏。"

④丘明受经:《春秋左氏传》杜预序云:"左丘明受经于仲尼。"

⑤赵鞅:即赵简子,春秋末晋国执政上卿。

⑥田文:《史记·孟尝君传》云:"孟尝君,名文,姓田氏。孟尝君待客侍坐语,而屏风后常有侍史,主记君所与客语。"

⑦秦、赵二主渑池交会,各命其御史书某年某月鼓瑟、鼓缶:事见《史记·廉颇蔺相如列传》:赵王遂与秦王会渑池。秦王饮酒酣,曰:寡人窃闻赵王好音,请奏瑟。赵王鼓瑟。秦御史前书曰:某年、月、日。秦王与赵王会饮,令赵王鼓瑟。蔺相如前曰:赵王窃闻秦王善为秦声。请奏盆瓴奏王,以相娱乐……前进瓴,跪请秦王……秦王不怿,为一击瓴。相如顾召赵御史书曰:某年、月、日,秦王为赵王击瓴。

【译文】

　　至于像孔甲、尹逸,名声显赫于夏初、商末,史佚、倚相,声名享誉于周初、楚国,晋国则有伯黡掌管典籍,鲁国则有左丘明受经于仲尼而著《春秋左氏传》,这些都是历代史官中的杰出者。到了战国以后,史官设置延续不废。赵鞅,只不过是晋国的一个大夫,仍有正直的史官记载他的言行过失,时时手持史册于门庭。田文,不过是齐国的一个贵族公子,但每当他会见宾客,总有史官在屏风后记录他们的谈话。至于像秦、赵两国国君在渑池相会时,各令其御史记载某年某月某日鼓瑟、鼓缶的史事。这就是《春秋》所谓"君举必书"的深刻含义吧。

　　然则官虽无缺,而书尚有遗,故史臣等差,莫辨其序[1]。案《吕氏春秋》曰:"夏太史终古见桀惑乱[2],载其图法出奔商。商太史向挚见纣迷乱[3],载其图法出奔周。晋太史屠黍见晋之乱[4],亦以其图法归周。"又《春秋》晋、齐太史书赵、崔之弑[5];郑公孙黑强与于盟,使太史书其名[6],且曰七子。昭二年,晋韩宣子来聘,观书于太史氏,见《易象》与《鲁春秋》,曰:"周礼尽在鲁矣。"然则诸史之任,太史其最优乎? 至秦有天下,太史令胡母敬作《博学章》[7]。此则自夏迄秦,斯职无改者矣。

【注释】

①史臣等差,莫辨其序:意为由于古籍湮没缺佚,史臣的尊卑等次和职能分工很难辨析清楚。

②终古:夏太史。《吕氏春秋·先识览》:"夏太史令终古出其图法,执而泣之。夏桀迷惑,暴乱愈甚,太史令终古乃出奔如商。"

③向挚:殷商内史。《吕氏春秋·先识览》:"殷内史向挚见纣之愈乱迷惑也,于是载其图法,出亡之周。"

④屠黍:晋太史。《吕氏春秋·先识览》:"晋太史屠黍,见晋之乱也,见晋公之骄而无德义也,以其图法归周。"

⑤赵、崔之弑:指"赵盾弑其君"和"崔杼弑其君"的记载。《左传·宣公二年》云:"赵穿攻灵公于桃园,宣子未出山而复。太史书曰'赵盾弑其君。'"赵穿,赵盾的侄儿。宣子,即赵盾。又《左传·襄公二十五年》记载:"太史书曰:'崔杼弑其君。'"

⑥郑公孙黑强与于盟,使太史书其名:事见《左传·昭公元年》:"郑为游楚乱故,六月丁巳郑伯及其大夫盟于公孙段氏。罕虎、公孙侨、公孙段、印段、游吉、驷带私盟于闺门之外,实薰遂。公孙黑强与于盟。使大史书其名,且曰七子。"郑伯,即郑厉公,名嘉。

⑦《博学章》:《汉书·艺文志》六艺略小学类序云:"博学七章者,太史令胡母敬所作也。"

【译文】

　　然而史官一职虽然历代未缺,但史书还是有遗失,所以史官的尊卑序列与职能分工,无法辨析清楚。据《吕氏春秋》说:"夏朝的太史令终古见夏桀迷惑乱国,便携带图册法典投奔了商。商太史向挚见商纣王淫乱残暴,就带上图册法典投归了周。晋太史屠黍见晋公骄横无德,也携图册法典归向了周。"又《春秋左氏传》中有晋国、齐国太史记载赵盾弑其君、崔杼弑其君;公孙黑强行参与郑伯和大臣的结盟,令太史记载他们的姓名入史册,并且称为七子。鲁昭公二年,晋侯派韩宣子来鲁国访问,到太史氏处看书,见到《易象》与《鲁春秋》,感叹说:"周王室的礼仪制度全在鲁国保存下来了。"既然这样,那么各种史官的职位,太史是其中位置最高的吗? 直到秦一统天下,秦太史令胡母敬著《博学章》。这就表明自夏代到秦王朝,太史一职从未改变过。

　　汉兴之世,武帝又置太史公,位在丞相上,以司马谈为之。汉法,天下计书先上太史,副上丞相①。叙事如《春秋》②。及谈卒,子迁嗣③。迁卒,宣帝以其官为令,行太史公文书而已。寻自古太史之职,虽以著述为宗,而兼掌历象、日月、阴阳、管数④。司马迁既殁,后之续《史记》者,若褚先生、刘向、冯商、扬雄之徒⑤,并以别职来知史务。于是太史之署,非复记言之司。故张衡、单飏、王立、高堂隆等⑥,其当官见称,唯知占候而已。其二条。

【注释】

①天下计书先上太史,副上丞相:《史记·太史公自序》"谈为太史

公"。《集解》引如淳曰："汉仪注：太史公，武帝置，位在丞相上，天下计书，先上太史公，副上丞相，序事如古春秋。迁死后，宣帝以其官为令，行太史公文书而已。"

②叙事如《春秋》：意为太史记述事情如同《春秋》，编年记事。

③及谈卒，子迁嗣：司马谈死后，司马迁承继父职，任太史公。

④历象：推历观象，观测推算天体的运行。即《尚书·尧典》所谓"历象日月星辰，敬授人时"。日月：代指整个天体。阴阳：关于天地运行的学问，战国时有"阴阳家"学派，其学包括阴阳四时、八位、十二度、廿四时等数度之学和五德终始的五行之说。管数：研究天地阴阳的学问。

⑤褚先生：即褚少孙，生卒年不详，宣帝时博士，事大儒王式，故号为先生。冯商：生卒年不详，西汉末人，著有《镫赋》等九篇，又《汉书·艺文志》云：冯商续《太史公》七篇。其生平不可考。

⑥单飏：生卒年不详，汉代数学家、天文学家。《后汉书·单飏传》云："飏，字武宜，善明天官算术，举孝廉，稍迁太史令。"王立：汉代人，生平不详。高堂隆：生卒年不详，汉末魏初人，天文学家。《三国志》本传裴注引《魏略》云："大史上汉历不及天时，因更推步弦望朔晦为太和历。帝以隆学问优深，于天文又精，乃诏使隆与杨伟、骆禄参共推校。"

【译文】

西汉兴起的时代，武帝又设太史公一职，位在丞相之上，命司马谈任此职。汉代法律规定，天下州县所进记载人事、户口、赋税的簿籍先呈太史公阅览，后再呈给丞相。太史公记叙事情如同《春秋》的方式。司马谈死后，其子司马迁继任太史公。司马迁死后，汉宣帝把太史公改为太史令，其职能仅为发布太史令公文而已。考察自古以来太史的职能，虽然以著述为主，但也兼掌日历推算、天文观察、龟卜占时、祈禳大典等事务。司马迁死后，后代续写《史记》的人，如褚少孙、刘向、冯商、扬雄等人，都是担任别的职务又来兼掌撰史任务。因此太史这一官署,不再单单是记言记事的机构了。所以汉代的太史令如张衡、单飏、王立、高堂隆等,他们都是以担任官职而闻名,仅仅精于阴阳历算罢了。其二条。

　　当王莽代汉①,改置柱下五史②,秩如御史。听事,侍傍记迹言行,盖效古者动则左史书之③,言则右史书之,此其义也。其三条。

【注释】

①王莽代汉:王莽(前45—23),字巨君,汉元城(今河北大名)人。汉元帝皇后之侄。平帝九岁即位时,以莽为大司马。平帝死后,篡夺帝位,建立新朝(9—23),23年,农民军攻入长安,王莽被杀。

②柱下五史:《汉书·王莽传》云:"居摄元年正月,置柱下五史,秩如御史,听政事,侍旁记疏言行。"

③动则左史书之:《通释》注云:"当有'言则右史书之'六字,今缺。"此据《通释》补。

【译文】

　　当王莽篡夺汉朝政权后,改为设置柱下五史,官职品级如同御史。职能是旁听政事,侍立在帝王身旁记载帝王的言行,大概是仿效古代左史记行事、右史记言论的做法,这正是古代史官的职能本义。其三条。

　　汉氏中兴,明帝以班固为兰台令史①,诏撰《光武本纪》及诸列传、载记。又杨子山为郡上计吏②,献所作《哀牢传》,为帝所异,征诣兰台。斯则兰台之职,盖当时著述之所也。自章和已后③,图籍盛于东观④。凡撰汉记,相继在乎其中,而都为著作,竟无它称。其四条。

【注释】

①兰台令史：《后汉书·班固传》记载：显宗召（固）诣校书郎，除兰台令史。与陈宗、尹敏、孟异共成世祖本纪。固又撰功臣、平林、新市、公孙述事，作列传、载记二十八篇。李贤注引《汉官仪》云："兰台令史六人，秩百石，掌书劾奏。"兰台，本为汉代宫廷藏书处，设御史中丞掌管，后置兰台令史，掌书奏。

②杨子山为郡上计吏：《后汉书·杨终传》记载：终，字子山。蜀郡成都人。显宗时，征诣兰台，拜校书郎。后受诏删《太史公书》为十余万言。《论衡·佚文》："杨子山为郡上计吏，见三府作《哀牢传》不能成，归郡作上。孝明奇之，征在兰台。"计吏，即掌计簿的官吏。汉时，专掌记录人事、户口、赋税等事务。

③章和：汉章帝年号(87—88)。

④东观：东汉皇宫藏书之府和国史修撰之所。

【译文】

汉代中兴时，汉明帝以班固为兰台令史，诏令他撰写《光武本纪》及各列传、载记。又有杨子山为一郡掌管计簿的官吏，献上所作《哀牢传》，受到皇帝赏识，征召他到兰台任职。由此可见兰台的职能，就是当时学者著述的地方。自汉章帝章和以后，图书典籍则盛藏于东观。凡撰写的汉代历史，都相继写成于东观，都称作著作，始终没有别的称呼。其四条。

当魏太和中，始置著作郎①，职隶中书，其官即周之左史也。晋元康初，又职隶秘书，著作郎一人，谓之大著作②，专掌史任，又置佐著作郎八人。宋、齐已来，以"佐"名施于"作"下。改佐著作郎为著作佐郎。旧事，佐郎职知博采，正郎资以草传，如正、佐有失，则秘监职思其忧。其有才堪撰述，学综文史，虽居他官，或兼领著作。亦有虽为秘书监，而仍领著作郎者。若中朝之华峤、陈寿、陆机、束皙③，江左之王隐、虞预、干宝、孙盛④，宋之徐爰、苏宝生⑤，梁之沈约、裴子野，斯并史官之尤美，著作之妙选也。而齐、梁二代又置修史学士，陈氏因循，无所变革，若刘陟、谢昊、顾野王、许善心之类是也⑥。其五条。

【注释】

①著作郎：史官名。三国魏明帝始设，隶属中书省，掌修国史，其属有佐著作郎、校书郎等。《晋书·职官志》载："魏明帝太和中，诏置著作郎，始有其官。"

②大著作：史官名，晋武帝时设置。《晋书·职官志》云："著作郎一人，谓之大著作郎，专掌史任。又置佐著作郎八人。"

③中朝：《通释》注云"曹魏、西晋"。束皙：生卒年不详，西晋史学家，曾任佐著作郎。撰《三魏人士传》、《晋书》帝纪、十志等。《晋书》有传。

④江左：代指东晋。

⑤苏宝生：生卒年不详。《宋书·王僧达传》云："苏宝者，名宝生。本寒门，有文意之美。元嘉中立国子学，为《毛诗》助教，为太祖所知，官至南台侍御史，江宁令。"

⑥刘陟：生卒年不详。《隋书·经籍志》、《旧唐书·经籍志》均著录其撰《齐纪》（《齐书》）。谢昊：生卒年不详。南朝梁中书郎，曾撰《梁书》。顾野王（519—？）：南朝陈史学家。《陈书·顾野王传》记载：顾野王，字希冯，遍观经史，无所不通，领大著作，掌国史，知梁史事。撰《国史要略》一百卷。许善心（558—618）：字务本，隋朝史官，曾补撰史学士。其父许亨，南朝陈史官，历官太中大

夫,领大著作。撰梁史未就而殁。许善心继承父业,成《梁史》七十卷,已佚。

【译文】

到三国魏太和年间,开始设置著作郎,隶属中书省,其官职相当于周朝的左史。晋惠帝元康初年,又将著作郎隶属秘书省,设著作郎一人,称之为大著作,专门掌管修史的责任,另又设置佐著作郎八人。宋、齐以后,将"佐"字放在"作"之下。改佐著作郎为著作佐郎。按照惯例,佐著作郎负责广泛搜采资料,著作郎借此资料草撰文稿,如果著作郎、佐著作郎有什么失误,则秘书监一职应负责任。其中有些才能堪当著述,学问贯通文史的人,虽然任职他官,有的也兼著作郎一职。也有虽然是秘书监,但仍然兼领著作郎的人。如西晋的华峤、陈寿、陆机、束皙,东晋的王隐、虞预、干宝、孙盛,南朝宋的徐爰、苏宝生,南朝梁的沈约、裴子野,他们都是史官中的佼佼者,作品都是著作中的精品。而到齐、梁二朝又设置修史学士,陈朝因循继承,毫无变化,如刘陟、谢昊、顾野王、许善心这些人就是修史学士。其五条。

　　至若偏隅僭国①,夷狄伪朝②,求其史官,亦有可言者。案《蜀志》称王崇补东观,许盖掌礼仪③,又郤正为秘书郎④,广求益部书籍。斯则典校无阙,属辞有所矣。而陈寿评云"蜀不置史官"者⑤,得非厚诬诸葛乎?别有《曲笔》篇,言之详矣。吴归命侯时⑥,有左右二国史之职,薛莹为其左,华覈为其右⑦。又周处自左国史迁东观令⑧。以斯考察,则其班秩可知。其六条。

【注释】

①偏隅僭国:割据一方的非正统王朝。偏隅,偏僻的地方。僭国,

　　割据对立的王朝,也指未受封号的国家。

②夷狄伪朝:夷狄,旧时指未开化的民族,此泛指汉族之外的民族。
　　伪朝,非正统王朝的贬称。

③王崇补东观,许盖掌礼仪:《三国志》及裴注均无王、许的记载。
　　常璩《华阳国志》卷十二云:“述作,蜀郡太守王崇,字幼远。”又
　　《三国志·蜀书·许慈传》记载:慈字仁笃,南阳人。慈、潜(姓
　　胡)并为博士,与孟光、来敏等典掌旧文。孙毓修《史通札记》认
　　为“许慈”即“许盖”,待考。二人“补东观”与“掌礼仪”事,无考。

④郤正(?—278):字令先,三国时蜀国史官。博览坟籍,入为秘书
　　吏,转为令史,迁郎至令。《三国志》有传。

⑤蜀不置史官:语出《三国志·蜀书·后主禅传》:“评曰:……国不
　　置史,注记无官,是以行事多遗,炎异靡书。诸葛亮虽达于为政,
　　凡此之类,犹有未周焉。”

⑥吴归命侯:吴孙皓降后,封归命侯。

⑦薛莹为其左,华覈为其右:薛莹、华覈皆为三国吴史官。《三国
　　志·吴书·薛莹传》记载:莹字道言,初为秘府中书郎。孙皓初,
　　为左执法。后下莹狱,徙广州。右国史华覈上疏留莹卒编史之
　　功,皓遂召莹还为左国史。又《三国志·吴书·华覈传》记载:华
　　覈,字永先,以文学入为秘府郎,迁中书丞。后迁东观令,领右
　　国史。

⑧周处(236—297):字子隐,义兴阳羡(今江苏宜兴)人,卒赠平西
　　将军。仕吴时,为东观左丞。传说有“周处除三害”。

【译文】

　　至于像偏僻割据的小国,夷狄所建立的伪王朝,考察它们的史官设
置情况,也有可以谈一谈的。查《蜀志》中说王崇补任东观史职,许盖掌
管国家礼仪制度,还有郤正任秘书郎时,曾广泛搜求蜀地的书籍。这样
看来典校尚无缺失,著述则有所依据。而陈寿却评论说“蜀国不设置史

官",岂不是在极力诬陷诸葛亮吗？另外有《曲笔》一篇,详细论述了此事。吴国孙皓执政时,设有左右二国史之职,薛莹是左史,华覈是右史。又有周处在吴国时曾由左国史迁升为东观令。由此看来,这些国家的史官体制品级很清楚。其六条。

伪汉嘉平初①,公师彧以太中大夫领左国史②,撰其国君臣纪传。前凉张骏时③,刘庆迁儒林郎、中常侍④,在东苑撰其国书。蜀李与西凉二朝记事⑤,委之门下。南凉主乌孤初定霸基⑥,欲造国纪,以其参军郭韶为国纪祭酒,使撰录时事。自余伪主,多置著作官,若前赵之和苞⑦,后燕之董统是也⑧。其七条。

【注释】

①嘉平:前赵刘聪年号(311—314),相当于西晋怀帝、愍帝时。308年,刘渊称帝,国号汉。310年,子刘聪即位。319年刘曜改国号赵,史称前赵。

②公师彧:《晋书·前赵刘聪》载记有"太中大夫公师彧"句,无"领左国史,撰其国君臣纪传"之文。

③张骏(307—346):字公庭。叔父茂卒,无子,骏嗣立,称凉王,尽有陇西之地。在位二十二年卒。私谥文,年号太元。

④刘庆:《晋书·张轨传》附其子张骏传,有云"骏命窦涛等进讨辛晏,从事刘庆谏"之语。其生平不可考。

⑤蜀李:指成汉政权。《通释》注云:"蜀李者,国号成,后改称汉。"西凉:十六国之一,汉族李暠(gǎo)所建。都酒泉(今属甘肃),一说都敦煌(今属甘肃)。历三主,共二十二年。

⑥南凉主乌孤:《晋书·南凉载记》云:"秃发乌孤,河西鲜卑人也。"

⑦和苞：《隋书·经籍志》和新、旧《唐志》均著录"《汉赵记》十卷，和
　　苞撰。"《晋书·前赵刘曜载记》："侍中乔豫、和苞上疏谏营寿
　　陵。"曜大悦，敕悉停寿陵制度。封豫安昌子、苞平舆子，并领谏
　　议大夫。
⑧董统：《古今正史》篇云："后燕建兴元年，董统受诏草创后书，著
　　本纪并佐命功臣、王公列传，合三十卷。"《隋书·经籍志》和新、
　　旧《唐志》均未著录。

【译文】

　　伪汉嘉平初年，公师彧以太中大夫身份兼任左国史一职，撰写了汉
国君臣的纪传。前凉张骏时，刘庆升任儒林郎、中常侍，在东苑撰写国
史。成汉与西凉二国的历史记载，都交给了门下省负责。南凉国主秃
发乌孤刚刚登基做国王时，想要记载国家大事，便任参军郭韶为国纪祭
酒，让他记录国家时事。至于其他伪朝的国主，也大多设置了著述历史
的官员，像前赵的和苞，后燕的董统就是这类人。其七条。

　　元魏初称制①，即有史臣，杂取他官，不恒厥职。故如崔
浩、高闾之徒②，唯知著述，而未列名号。其后始于秘书置著
作局，正郎二人，佐郎四人。其佐参史者，不过一二而已③。
普泰以来④，三史稍替，别置修史局，其职有六人。当代都之
时⑤，史臣每上奉王言，下询国俗，兼取工于翻译者，来直史
曹⑥。及洛京之末⑦，朝议又以为国史当专任代人，不宜归之
汉士。于是以谷纂、山伟更主文籍⑧，凡经二十余年，其事阙
而不载。斯盖犹秉夷礼，有互乡之风者焉⑨。其八条。

【注释】

①元魏：即北魏。魏孝文帝迁都洛阳后，改本姓拓跋为元，故史称

"元魏"。

②高闾：生卒年不详。北魏人。《魏书·高闾传》记载：高闾字阎士。少好学，博综经史，文才俊伟，下笔成章。本名驴，司徒崔浩见而奇之，乃改为闾。高祖曰："卿为中书监，职典文词。"好为文章，谥曰文侯，集为三十卷。"此言崔浩、高闾虽从事历史著述，然无史官名号。

③其佐参史者，不过一二而已：晋至梁、陈、齐、周、隋，佐著作郎多为八人，亦有四人。但多为辅助和资料搜采，不参与撰史，故"其佐参史者，不过一二而已"，即真正参与修史的只有一二人。

④普泰：为北朝魏节闵帝元恭年号，仅 531 一年。

⑤代：即后文"代人"，指鲜卑族拓跋部贵族。

⑥来直史曹：《魏氏·官氏志》云："尚书三十六曹，曹置代人令史一人，译令史一人，书令史二人。"

⑦洛京：指北魏孝文帝拓跋宏迁都洛阳（今属河南）。

⑧谷纂：生卒年不详。北魏人。《魏书·谷浑传》附裔孙谷纂云："纂字灵绍，颇有学涉……稍迁著作郎……又监国史，不能有所缉缀。"山伟：生卒年不详。北魏人。《魏书·山伟传》云：山伟，字仲才，洛阳（今属河南）人。国史自邓渊、崔琛、崔浩、高允、李彪、崔光以还，诸人相继撰录。綦俊及伟等以为国书正应代人修缉，不宜委之余人，是以俊、伟等更主大籍……故自崔鸿死后，迄终伟身，二十许载，时事荡然，万不记一，后之执笔，无所凭据，史之遗缺，伟之由也。

⑨互乡之风：语见《论语·述而》"互乡难与言"。互乡，乡名。意为互乡之人多固执己见，很难倾听别人意见。此讥讽北魏鲜卑贵族朝士的民族偏见。

【译文】

北魏刚刚建立，就设有修撰历史的史臣，总是调来其他官员兼任，史官一职不常固定。所以像崔浩、高闾等人,虽然主持史书的编撰,但却没有史官的名号。此后开始在秘书监设置著作局,有著作郎二人,佐著作郎四人。而其中佐著作郎参与修撰史书的,不过一二人罢了。普泰以来,佐著作郎参与修史逐渐衰废,又另外设立修史局,配置修史史官六人。在鲜卑族拓跋部贵族刚刚建国之时,史臣常常对上奉行帝王的旨意,对下了解各地风土人情,并选用精于翻译的人才,来担任史职。到北朝魏孝文帝迁都洛阳以后,朝廷商议又认为修撰国史事应当专任鲜卑族人,而不能任用汉人。所以让谷纂、山伟依然主持记载著述的工作,共经过了二十多年,国家史事却缺漏不记载。这就好像仍然秉持少数民族的礼俗,固守自己的民族偏见。其八条。

　　高齐及周,迄于隋氏,其史官以大臣统领者,谓之监修①。国史自领,则近循魏代,远效江南②,参杂其间,变通而已。唯周建六官③,改著作之正郎为上士,佐郎为下士④,名谥虽易,而班秩不殊。如魏收之擅名河朔⑤,柳虬之独步关右⑥,王劭、魏澹展效于开皇之朝⑦,诸葛颖、刘炫宣功于大业之世⑧,亦各一时也。其九条。

【注释】

　　①监修:自北齐以来,以大臣领修国史,称监修。唐贞观三年
　　　　(629),移史馆于禁中,在门下省北,此后皆由宰相监修国史。
　　②江南:指东晋。因其建都江南建康(今江苏南京),故而以江南代
　　　　指东晋。
　　③周建六官:指北周依照周礼建六官。设置公、卿、大夫、士等。
　　④正郎为上士,佐郎为下士:《隋书·百官志中》:"秘书省又领著作
　　　　省,郎二人,佐郎八人,校书郎二人。""周太祖改创章程,内命:三

公九命……上士三命,下士一命”。改九品为九命,并倒着设置。但官阶待遇和原来一样,故下文云“名谥虽易,而班秩不殊”。

⑤魏收之擅名河朔:《北齐书·魏收传》云:收以文华显,“与济阴温子昇、河间邢子才齐誉,世号三才”。“收笔下有同宿构,敏速之工,邢、温所不逮”。河朔,代指北齐。

⑥柳虬之独步关右:《周书·柳虬传》略云:虬,字仲蟠(pán)。遍授五经,博涉子史,雅好属文。虬以史官密书,善恶未足惩劝,乃上疏:诸史官记事者,请皆当朝显言其状,然后付之史阁。任为秘书丞,兼任著作郎,但不参史事。关右,代指西魏、北周。

⑦王劭:《隋书》有传,参见《六家》篇注。魏澹:《北史·魏季景传》附子魏澹传,参见《本纪》篇注。

⑧诸葛颖(536—612):隋朝文学家。《隋书·诸葛颖传》记载:颖,字汉,建康(今江苏南京)人。清辩有俊才。晋王广素闻其名,引为参军事转记室。炀帝即位,迁著作郎。甚见亲倖,有集二十卷,撰《銮驾北巡记》、《幸江都道里记》、《洛阳古今记》等。刘炫:事见《隋书·刘炫传》,参见《核才》篇注。

【译文】

从北齐及北周,直到隋朝,史官中又任用大臣来统领,称之为监修。史官自己负责撰修国史,是近学北魏,远效东晋的做法,掺杂在监修制度中,是变通的做法罢了。只有北周仿照周礼设置六官,改著作郎为上士,改佐著作郎为下士,名号虽然变化了,但相应的官阶待遇不变。如魏收以才思敏捷而享誉北齐,柳虬以提出新的修史方案而在西魏北周独一无二,王劭、魏澹尽显其史才于隋文帝开皇年间,诸葛颖、刘炫大显其功绩于隋炀帝大业年间,也都是一时之才俊。其九条。

暨皇家之建国也,乃别置史馆,通籍禁门^①。西京则与鸾渚为邻,东都则与凤池相接^②。而馆宇华丽,酒馔丰厚,得厕其流者,实一时之美事。至咸亨年,以职司多滥,高宗喟然而称曰:"朕甚懵焉!"乃命所司曲加推择,如有居其职而阙其才者,皆不得预于修撰。诏曰^③:"修撰国史,义存典实,自非操履忠正,识量该通,才学有闻,难堪斯任。如闻近日以来,但居此职,即知修撰,非唯编缉讹舛,亦恐泄漏史事。自今宜遣史司,精简堪修史人,灼然为众所推者,录名进内。自余虽居史职,不得辄闻见所修史籍及未行用国史等之事。"由是史臣拜职,多取外司,著作一曹,殆成虚设。凡有笔削,毕归余馆。始自武德^④,迄乎长寿^⑤,其间若李仁实以直辞见惮^⑥,敬播以叙事推工^⑦,许敬宗之矫妄^⑧,牛凤及之狂惑^⑨,此其善恶尤著者也。其十条。

【注释】

①别置史馆,通籍禁门:《旧唐书·职官志》记载:历代史官隶秘书省著作局,贞观三年,始移馆于禁中,在门下省北。"通籍,汉制,将记有姓名、年龄、身份等的竹片挂在宫门外,经核对,符合者乃得入宫内。后即以记名于门籍称通籍。禁门,皇宫大门。

②鸾渚、凤池:即鸾台凤阁。《旧唐书·职官志》云:龙朔二年,改门下省为东台,中书省为西台。武后光宇元年,改门下为鸾台,中书为凤阁。又《通典·职官志》云:"中书省地在枢近,多承宠任,谓之凤凰池。故鸾台凤阁,又称鸾渚凤池。"

③诏曰:此诏文见《唐会要》修史官条"咸亨元年十一月二十一日诏:'修撰国史云'"。

④武德:唐高祖李渊年号(618—626)。

⑤长寿:武则天年号(692—694)。

⑥李仁实以直辞见惮:《旧唐书·令狐德棻传》云:"自武德已后,有

邓世隆、顾凤、李延寿、李仁实前后修撰国史，颇为当时所称……
李仁实，魏州顿丘人，官至左史。尝著《格论》三卷、《通历》八卷、
《戎州记》，并行于时。"《史通·古今正史》："仁实续撰于志宁、许
敬宗、李义府等传，载言记事，见推直笔。"

⑦敬播以叙事推工：《旧唐书·敬播传》云："敬播，蒲州河东人也。
贞观初，举进士。俄有诏诣秘书省佐颜师古、孔颖达修隋史，迁
著作郎，兼修国史，时梁国公房玄龄深称播有良史之才……后历
谏议大夫、给事中，并依旧兼修国史。"

⑧许敬宗（592—672）：《旧唐书·许敬宗传》云："许敬宗，杭州新城
人，隋礼部侍郎善心子也……贞观八年，累除著作郎，兼修国史，
迁中书舍人。十年……累迁给事中，兼修国史……敬宗自掌知
国史，记事阿曲。"

⑨牛凤及：生卒年不详。新、旧《唐书》皆无此人传。王维俭《史通
训故》云："牛凤及，长寿中撰《唐书》，自武德终弘道，为百有十
卷。"弘道为唐高宗李治年号，公元683年。

【译文】

到唐朝建国，就另外移置史馆于皇宫中，史官可以进出宫门。史馆
与门下省为邻，与中书省靠近。史馆建筑富丽堂皇，史官饮食丰富精
致，能够在史馆中任职，实在是当时荣耀的事。到了咸亨年间，因为史
馆中史职多而泛滥，高宗长道："我很是糊涂啊！"于是诏令有关部门
对史馆人员详细加以考察与选择，如果有担任史官之职而缺乏史才的
人，都不得参与修史工作。诏令说："修撰国史，意义在于保存真实的国家大事，如
果不是品德高尚为人正派，学识广博胸襟宽阔，以才学闻名于世的人，难以担当这一工作。
我听到近日以来的史馆情况，只要担任史官的职务，就参与史书的修撰工作，不但编辑讹
误，恐怕亦会泄漏史事。从今日起要求史馆的主管部门，精选那些堪当修史工作，确实为
人们所推崇信服的人才，录取他们进入史馆。史馆其余虽然担任史官职务的人，不得去阅
览所修的史籍和不能行使史官的职能。"于是，史官的选择任用，多取自史馆外
的部门，著作郎这一职位，几乎等同于虚设。凡有国史编纂任务，全都

由其他部门的官员兼任。起自武德年间，直到长寿年间，其间像李仁实以秉笔直书而为一些人所惧畏，敬播以叙事谨严而被人称为良史，许敬宗的记事巧诈乖谬，牛凤及的撰史狂傲昏惑，这些人就是直书实录与曲笔污史的突出代表。其十条。

又案《晋令》①，著作郎掌起居集注②，撰录诸言行勋伐旧载史籍者③。元魏置起居令史④，每行幸宴会⑤，则在御左右，记录帝言及宾客酬对。后别置修起居注二人，多以余官兼掌。至隋，以吏部散官及校书、正字闲于述注者修之⑥，纳言兼领其事⑦。炀帝以为古有内史、外史，今既有著作，宜立起居。遂置起居舍人二员⑧，职隶中书省。如庾自直、崔祖浚、虞世南、蔡允恭等⑨，咸居其职，时谓得人。皇家因之，又加置起居郎二员⑩，职与舍人同。每天子临轩，侍立于玉阶之下，郎居其左，舍人居其右。人主有命，则逼阶延首而听之，退而编录，以为起居注。龙朔中⑪，改名左史、右史。今上即位⑫，仍从国初之号焉。高祖、太宗时，有令狐德棻、吕才、萧钧、褚遂良、上官仪⑬；高宗、则天时，有李安期、顾胤、高智周、张太素、凌季友⑭。斯并当时得名，朝廷所属者也。夫起居注者，编次甲子之书⑮，至于策命、章奏、封拜、薨免⑯，莫不随事记录，言惟详审，凡欲撰帝纪者，皆称之以成功。今为载笔之别曹，立言之贰职。故略述其事，附于斯篇。其十一条。

【注释】

①《晋令》：《隋书·经籍志》史部旧事类序云："晋初，甲令已下，至

九百余卷,晋武帝命车骑将军贾充,博引群儒,删采其要……其余不足经远者为法令,施行制度者为令,品式章程者为故事。各还其官府。缙绅之士,撰而录之,遂成篇卷,然亦随代遗失。"《隋书·经籍志》和新、旧《唐志》均著录"《晋令》四十卷"。

②起居集注:《通释》注云:"汇集而注记之。"《隋书·百官志上》云:"秘书省置著作郎一人,佐郎八人,掌国史,集注起居。"

③勋伐:指功绩。《史记·高祖功臣侯者年表》云:"古者人臣功有五品:'以德立宗庙、立社稷曰勋,以言曰劳,用力曰功,明其等曰伐,积日曰阅。'"后世以勋伐通称功绩。

④元魏置起居令史:《魏书·官氏志》云:"太和中,高祖诏定百官,著于令。于秘书著作郎、秘书著作佐郎外置起居注令史,从第七品上。"起居注,即帝王生活起居的详细记录。

⑤行幸:古代专指皇帝出行。

⑥校书、正字:《隋书·百官志下》云:"秘书省……校书郎十二人,正字四人……著作曹……校书郎、正字各二人。"校书,官名,掌典校藏书。正字,官名,掌校雠典籍。

⑦纳言:官名。掌接受大臣对帝王的意见,并宣达帝王意旨。《隋书·百官志下》云"门下省纳言二人,正三品"。

⑧起居舍人:掌记起居注。《隋书·百官志下》云:"炀帝即位,多所改革……十二年,又改纳言为侍内……内史省加置起居舍人,员二人,从六品。"

⑨庾自直(?—618):《隋书·庾自直传》云:"自直,颍川人也……大业初,授著作佐郎……后以本官知起居舍人事。"崔祖浚:生卒年不详。《唐书·姚思廉传》略云:隋炀帝时,诏与起居舍人崔祖浚修《区宇图志》。虞世南(558—638):唐朝政治家、文学家、诗人、书法家。《旧唐书·虞世南传》记载:虞世南,字伯施。隋内史侍郎世基弟。大业初,累授秘书郎,迁起居舍人。蔡允恭(约

561—约 628)：隋末唐初文学家。字克让。《旧唐书·蔡允恭传》云：“允恭，江陵人，仕隋历著作佐郎、起居舍人。”

⑩起居郎：职责与起居舍人同，掌记起居注。唐宋时于门下省置起居郎，于中书省置起居舍人。

⑪龙朔：唐高宗李治年号(661—663)。

⑫今上即位：指唐中宗李显即位。此指李显于公元 705 年二次即位，复唐国号。

⑬令狐德棻(583—666)：唐初政治家、史学家。《旧唐书·令狐德棻传》云：“德棻，宣州华原人……博涉文史，早知名……高祖入关，引直大丞相府记室。武德元年，转起居舍人，甚见亲待……贞观三年，太宗复敕修撰，及令德棻与秘书郎岑文本修周史……仍总知类会梁、陈、齐、隋诸史……暮年尤勤于著述，国家凡有修撰，无不参预。”吕才(606—665)：唐代思想家、音乐家。《旧唐书·吕才传》记载：吕才少好学，善阴阳方伎之书。王珪、魏徵盛称才学术之妙。太宗征才令直弘文馆。又令才造方域图及教飞骑战阵图，皆称旨。擢授太常丞。龙朔中，为太子司更大夫……著《隋记》二十卷，行于时。萧钧：生卒年不详。《旧唐书·萧瑀传》附兄子萧钧传云：“钧，隋迁州刺史、梁国公询之子也。博学有才望。贞观中，累除中书舍人。甚为房玄龄、魏徵所重。永徽二年，历迁谏议大夫，兼弘文馆学士……寻为太子率更令，兼崇贤馆学士。”褚遂良(596—659)：唐代政治家、书法家。钱塘(今浙江杭州)人。《旧唐书·褚遂良传》云：“遂良，敬骑常侍亮之子也……贞观十年，自秘书郎迁起居郎。遂良博涉文史，尤工隶书。父友欧阳询甚重之……贞观十五年，迁谏议大夫，兼知起居事。太宗尝问：‘卿知起居，记录何事，大抵人君得观之否？’遂良对曰：‘今之起居，古左右史书人君言事，且记善恶，以为鉴戒，庶几人君不为非法，不闻帝王躬自观史。’太宗曰：‘朕有不善，卿必

记之耶？'遂良曰：'守道不如守官。臣职当载笔，君举必记。'黄门侍郎刘洎(jì)曰：'设令遂良不记，天下亦记之矣。'太宗以为然……永徽三年，拜吏部尚书，同中书门下三品，监修国史。"上官仪(约608—665)：《旧唐书·上官仪传》略云：仪本陕人，家于江都。私度为沙门。涉猎经史，善属文。举进士。太宗闻其名，召授弘文馆直学士，累迁秘书郎。俄又预撰《晋书》成，转起居郎。工于五言诗，时人多效仿，称其为"上官体"。

⑭李安期(？—约670)：隋内史李德林之孙，安平公李百药之子。《旧唐书·李百药传》附子李安期传记载：百药七岁能属文。子安期，亦七岁属文。……贞观初，累转符玺郎。预修《晋书》成。永徽中，迁中书舍人。又与李义府等于武德殿内修书，前后三为选部，颇为当时所称。自德林至安期，三世皆掌制诰。顾胤：生卒年不详。唐代史学家。唐高宗永徽中，累官起居郎，兼修国史。预修《太宗实录》和武德、贞观两朝国史。加朝散大夫、弘文馆学士，迁朝请大夫，封余杭县男。《旧唐书·令狐德棻传》有附传。高智周(602—683)：《旧唐书·高智周传》记载：智周，常州晋陵人。举进士，寻授秘书郎、弘文馆直学士。三迁兰台大夫，以儒学授为侍读。咸亨二年，召拜正谏大夫。寻迁黄门侍郎、同中书门下三品，兼修国史。张太素：生卒年不详。历任东台舍人，兼修国史，撰《后魏书》一百卷、《隋书》三十卷。张公谨之子。《旧唐书·张公谨传》有附传。参见《言语》篇注。凌季友：《通释》注"季友无传"。其生平不详。

⑮甲子之书：逐日记录皇帝言行并按岁月编辑的书册。甲子，即代称岁月。

⑯策命：皇帝命令之一种，多用于封土授爵，任免三公。章奏：汉制，群臣上书有章、奏、表、驳、议之别，后通称向皇帝上陈的文书为章奏。封拜：帝王授予臣子爵位。薨免：唐制三品以上官员死

称薨、罢职称免。

【译文】

又考查《晋令》记载，著作郎职掌汇集注记帝王起居的记录，编撰载于过去史书的帝王功绩与言行。北魏时设置了起居令史，每当帝王出行及宴会，则侍立于帝王左右，记录帝王的言论和与宾客的应对谈话。后来另外设置了撰修起居注的官员二人，一般用其他官员兼任。到了隋朝，任用吏部没有实职的官员及校书、正字中熟悉著述校注的人担任这一职务，以门下省纳言监督统领起居注撰修。隋炀帝认为古代设有内史、外史，今日已经有著作郎，应该再设立起居之职。于是设置了起居舍人二人，隶属于中书省。如庾自直、崔祖浚、虞世南、蔡允恭等，都担任过这一职务，当时人都认为很称职。本朝继承了这种做法，又增设了起居郎二人，其职责与起居舍人一样。每当天子临朝，则侍立于玉阶的下面，起居郎立在左边，起居舍人立在右边。帝王有什么诏命，就靠近台阶伸长脖子倾听，退朝后立即编辑记录，作为起居注。龙朔年间，改起居郎、起居舍人为左史、右史。当今皇帝即位后，仍然采用建国初起居郎、起居舍人的名称。在高祖、太宗时，有令狐德棻、吕才、萧钧、褚遂良、上官仪；高宗、则天皇后时，有李安期、顾胤、高智周、张太素、凌季友。这些都是当时闻名，为朝廷所器重的。起居注，逐日记录皇帝言行并按年月编辑的书册，至于策命、章奏、封拜、薨免，无不根据事情一一记录，记录要求详尽确实。凡是想撰写帝王本纪的人，都得依据起居注来完成。这是今天史书编撰的另一分支，是记事载言的辅助。所以要简略陈述这一官职的设置情况，附于此篇。其十一条。

又案《诗·邶风·静女》之三章，君子取其彤管。夫彤管者，女史记事规诲之所执也①。古者人君，外朝则有国史，内朝则有女史②，内之与外，其任皆同。故晋献惑乱，骊姬夜泣③，床笫之私，房中之事，不得掩焉。楚昭王宴游，蔡姬对以其愿④，王顾谓史："书之，蔡姬许从孤死矣。"夫宴私而有书事之册，盖受命者即女史之流乎？至汉武帝时，有《禁中起居注》；明德马皇后撰《明帝起居注》。凡斯著述，似出宫中，求其职司⑤，未闻位号。隋世王劭上疏，请依古法，复置女史之班，具录内仪，付于外省⑥。文帝不许，遂不施行。

【注释】

①夫彤管者，女史记事规诲之所执也：《诗·邶风·静女》云"静女其娈，贻我彤管。彤管有炜，说怿女美。"彤，即红。宫中女史记事用赤管笔，故称彤管。后泛指女史记事。《后汉书·皇后记序》云："女史彤管，记功书过。"

②外朝则有国史，内朝则有女史：相传周制天子诸侯皆有三朝。外朝一个，内朝两个，即宴朝、治朝。外朝有朝士掌之，为议政事之朝。内朝为后妃所制，处理皇族亲戚等事务。

③骊姬夜泣：《国语·晋语》记载：优施教骊姬夜半而泣，谓（献）公曰：吾闻申生谓君惑于我，必乱国。盍杀我，无以一妾乱百姓。公曰：不可与政，尔勿忧，吾将图之。

④蔡姬对以其愿：事见《列女传·楚昭越姬》，"昭王宴游，蔡姬在左，越姬参右。王亲乘驷以驰逐。既欢，顾谓二姬曰：'乐乎？'蔡姬对曰：'乐。'王曰：'吾愿与子生若此，死又若此。'蔡姬曰：'固愿生俱乐，死同时。'王顾谓史书之：'蔡姬许从孤死矣。'"

⑤职司：职责，职务。

⑥具录内仪，付于外省：《周礼·天官》云："女史八人，书内令。"又《春官》云："凡内事有达于外官者，世妇掌之。"世妇下有女史二人。

【译文】

又据《诗·邶风·静女》三章描写，一男子接受了所爱女子赠送的彤管。彤管,是女史用来记录宫中帝王作息举止的。古代的帝王,外朝议论政事有国史记载,内朝皇室事务则有女史记录,内朝和外朝,任务是一样的。所以晋献公为骊姬迷惑,骊姬夜半哀泣巧言避祸,这些床第间的私话,私房中的私事,都不能掩藏。楚昭王宴游,蔡姬以自己的愿望回答了昭王,昭王回头对史臣说:“记载下来,蔡姬愿意随我而死。”帝王游玩闲谈的私事而有记载的书册,大概是女史这类人受命记录的吧?到了汉武帝的时候,有《禁中起居注》;明德马皇后撰写了《明帝起居注》。以上这些著述,大概出于宫中人之手,考查她们的职务,却没听说过有名号地位。隋朝王劭上书皇帝,请求依照过去的做法,重新设置女史的官职,详细记录帝王在宫内的活动,再交给外朝史官。隋文帝不认可,建议未能实行。

大抵自古史官,其沿革废置如此。夫仲尼修《春秋》,公羊高作《传》。汉、魏之陆贾、鱼豢①,晋、宋之张璠、范晔②,虽身非史职,而私撰国书。若斯人者,有异于是,故不复详而录之。其十二条。

【注释】

①陆贾:此处指汉初陆贾著有《新语》十二篇等。鱼豢:此处指三国时鱼豢著有《魏略》。

②张璠:此处指西晋张璠著有《汉纪》等。范晔:此处指南朝宋范晔著有《后汉书》等。

【译文】

大概自古以来的史官,历代废置沿革情况大体如此。孔子撰修《春秋》,公羊高为《春秋》作传。汉、魏时代的陆贾、鱼豢,西晋、南朝宋的张璠、范晔,虽然没有担任史官职务,却私下撰写了国史。像这类人,不同于这里所谈的史臣，所以不再详细叙述他们的情况。_{其十二条。}其十二条。

夫为史之道，其流有二。何者？书事记言，出自当时之简；勒成删定^①，归于后来之笔。然则当时草创者，资乎博闻实录，若董狐、南史是也；后来经始者，贵乎俊识通才^②，若班固、陈寿是也。必论其事业，前后不同。然相须而成^③，其归一揆。其十三条。

【注释】

①勒成删定：指撰写著作。勒，刻写。删定，删削改定。

②俊识通才：见识非凡，学识广博。

③相须而成：语出《礼记·昏义》："故天子之于后，犹日之于月，阴之于阳，相须而后成者也。"

【译文】

撰写史书的途径，其做法有两个方面。哪两个方面呢？记言载事，是由当时的人所记载的；撰写成历史著作，是由后来的史家所完成的。然而当初记言载事的人，依凭的是见闻广博而真实可靠，像董狐、南史即是这样；后来编撰史著的史家，重要的是见识非凡而学识广博，如班固、陈寿就是这样。一定要比较记言载事与编撰史著，两者是不相同的。然而它们又辅相成，最终目的是一致的。其十三条。

观夫周、秦已往，史官之取人，其详不可得而闻也。至于汉、魏已降，则可得而言。然多窃虚号，有声无实。案刘、曹二史，皆当代所撰，能成其事者，盖唯刘珍、蔡邕、王沈、鱼豢之徒耳^①。而旧史载其同作，非止一家，如王逸、阮籍亦预其列^②。且叔师研寻章句，儒生之腐者也；嗣宗沉湎曲蘖，酒徒之狂者也。斯岂能错综时事③，裁成国典乎？

【注释】

①刘珍(？—约126)：曾参与撰写《东观汉记》一百四十三卷。

②王逸(约89—158)：《后汉书·王逸传》云："逸，字叔师，元初中为校书郎。著《楚辞章句》，行于世。"王逸与蔡邕为同时代人。

③错综：综合编撰。

【译文】

考察周、秦之前，史官的选取任用，详情不得而知了。至于汉、魏以后的情况，则可以谈一谈。然而大多是窃取虚名，有史官之名而无其实。查后汉、三国魏的史书，都是当时人编撰，能真正取得成功的，只有刘珍、蔡邕、王沈、鱼豢等人罢了。但过去的史料记载，当时撰写后汉史、魏国史的绝不止一家，如王逸、阮籍亦在其中。再说王逸只会寻章摘句，是迂腐无用的儒生；阮籍整日沉湎于酒中，是一个狂放的酒徒。这样的人岂能综合编撰当时记录的史料，撰成国史吗？

而近代趋竞之士，尤喜居于史职，至于措辞下笔者，十无一二焉。既而书成缮写，则署名同献；爵赏既行，则攘袂争受①。遂使是非无准，真伪相杂②，生则厚诬当时，死则致惑来代。而书之谱传，借为美谈；载之碑碣，增其壮观。旧本：既而自历行事，称其所长，则云"某代著某书，某年成某史。加封若干户，获赐若干段"。诸如此说，往往而有。遂使读者皆以名实相符，功赏相副。昔魏帝有言："舜、禹之事，吾知之矣③。"此其效欤！

其十四条。

【注释】

①爵赏既行，则攘袂(rǎng mèi)争受：当皇帝奖赏时，就捋起衣袖去争抢。袂，衣袖，袖口。

②是非无准，真伪相杂：指史书撰成献上，挂名的和实际修撰的史官混杂不分。

③舜、禹之事，吾知之矣：《三国志·魏书·文帝纪》云："王升坛即阼。"裴注引《魏氏春秋》云："帝升坛礼毕，顾谓群臣曰：'舜、禹之事，吾知之矣'。"阼(zuò)，封建帝王登阼阶以主持祭祀，指帝位，如践阼(皇帝即位)、即阼。

【译文】

但近代一些争名夺利的人，特别喜欢担任史官的职位，至于真正执笔撰写史书的，十个人中不到一二人。等到史书定稿缮写时，就署上名字一起献给皇帝；皇帝进行奖赏时，就擅袖捋臂争夺赏赐。这就使得是非不分，真假混杂，活着的时候欺骗当代人，死后又蒙蔽后代人。而他们的事迹载入谱传之中，作为美好的传扬；名字刻写在碑碣上，增加了他们的荣耀。旧本：过后讲起自己经历的往事，称道自己的优点，便说："于某代著述某书，于某年修成某史。加封若干户，获得赏赐若干段。"诸如此类的说法，常常能够听到。使得读者都以为是名副其实，功赏相符。从前魏文帝说过："舜、禹禅让的事情，我知道是怎么回事了。"这些人大概是效仿魏文帝吧！其十四条。

外篇　古今正史第二

【题解】

"正史"之名，最早见于南朝梁阮孝绪《正史削繁》，视"国史"为正史，包括纪传、编年二体史书。《隋书·经籍志》则将纪传、编年分列为正史、古史。谓"自是世有著述，皆拟班、马，以为正史，作者尤广"。"正史"遂成为纪传体史书的专称。自唐以后迄明清，正史多为官修或局撰。

刘知幾本篇虽成于《隋书·经籍志》之后，但却依照《七录》、《正史削繁》以编年、纪传二体为正史，甚至将《尚书》、《春秋》、《十六国春秋》等足以记载一朝一时期大政的史书都看成正史。篇中将历代可称作正史的史书一一作了介绍，从《三坟》、《五典》起，直到《唐书》止。按照时代顺序，对每部史书的源流、撰著者、撰述情况、修订情况、作者的著述态度、篇卷规模、时人评价、存佚情况等等，都有条分缕析的分析，内容详尽清楚，是对《唐书》以前历代所编纂史书的一次系统总结。同时也融入了作者对每部正史的评价。若与上篇《史官建置》合观，完全就是一部唐以前的史学发展简史。诚如金毓黼所言"编述必出于史官，文籍悉归于正史"。

《易》曰："上古结绳以理，后世圣人易之以书契[①]。"儒者云②："伏羲氏始画八卦，造书契，以代结绳之政③，由是文籍生焉④。"又曰："伏羲、神农、黄帝之书谓之《三坟》，言大道也；少昊、颛顼、高辛、唐、虞之书谓之《五典》，言常道也。"《春秋传》载楚左史能读《三坟》、《五典》，《礼记》曰："外史掌三皇、五帝之书⑤。"由斯而言，则《坟》、《典》文义，三、五典策⑥，至于春秋之时犹大行于世。爰及后古，其书不传。惟唐、虞已降，可得言者。然自尧而往，圣贤犹述，求其一二，仿佛存焉。而后来诸子，广造奇说⑦。其语不经，其书非圣。故马迁有言："神农已前，吾不知矣⑧。"班固亦曰："颛顼之事，未可明也⑨。"斯则《坟》、《典》所记，无得而称者焉。

　　右说《三坟》、《五典》。

【注释】

①上古结绳以理，后世圣人易之以书契：语出《易·系辞下》。理，治理，管理。书契，指文字。

②儒者云：这里所引两段文字均出自《伪孔安国尚书序》。

③政：事，方法。

④文籍：书籍。

⑤外史掌三皇、五帝之书：语出《周礼·春官》："外史掌书外令，掌四方之志，掌三皇五帝之书。"

⑥典策：此指帝王的策命。

⑦后来诸子，广造奇说：指后世学者关于三皇五帝之名形成了多种说法。

⑧神农已前，吾不知矣：语出《史记·货殖列传》序。

⑨颛顼之事，未可明也：语出《汉书·司马迁传》序。

【译文】

《易》说:"上古之时结绳记事来治理天下,后世圣人发明了文字来代替结绳。"儒生们解释说:"伏羲氏创造了八卦图像,创造了文字,以代替结绳治理国家的方式,于是书籍便产生了。"又说:"伏羲、神农、黄帝之书称作《三坟》,谈的是宇宙大法则;少昊、颛顼、高辛、唐、虞之书称为《五典》,讲的是一般道理。"《春秋左氏传》记载楚国左史倚相能读《三坟》、《五典》之书,《礼记》说:"外史掌管三皇五帝之书。"由此说来,《三坟》、《五典》的含义,就是三皇、五帝的策命,到了春秋时代还在社会上广泛流传。再到后世,《三坟》、《五典》就不流传了。所以唐尧、虞舜以后的情况,人们还能讲述。但尧以前的情况,圣人贤哲还在谈论,找寻其中的一二件事,仿佛还保存着呢。然而后来的学者们,大肆编造新奇之说。所说的荒诞不经,所记的不同于圣人。所以司马迁说:"神农以前的情况,我已经不知道了。"班固也说:"颛顼的情况,不可能弄清楚了。"这样看来《三坟》、《五典》所记载的情况,不可能知道它们的内容了。

以上谈的是《三坟》、《五典》。

案尧、舜相承,已见《坟》、《典》;周监二代①,各有书籍。至孔子讨论其义,删为《尚书》,始自唐尧,下终秦穆,其言百篇,而各为之序②。属秦为不道,坑儒禁学③,孔子之末孙曰惠,壁藏其书④。汉室龙兴,旁求儒雅,闻故秦博士伏胜能传其业⑤,诏太常使掌故晁错受焉⑥。时伏生年且百岁,言不可晓,口授其书,才二十九篇。自是传其学者有欧阳氏、大小夏侯⑦。宣帝时,复有河内女子得《泰誓》一篇献之⑧,与伏生所诵合三十篇,行之于世。其篇所载年月不与序相符会,又与《左传》、《国语》、《孟子》所引《泰誓》不同,故汉、魏诸儒,谓马融、郑玄、王肃也，咸疑其缪。

【注释】

①周监二代：语见《论语·八佾》："周监于二代，郁郁乎文哉。"意为周代的典章制度借鉴了夏、商二代。二代，指夏、商。

②其言百篇，而各为之序：《伪孔安国尚书序》云："孔子讨论《坟》、《典》，断自唐、虞，以下迄于周，芟夷烦乱，剪截浮辞，举其宏纲，撮其机要，足以垂世立教，典、谟、训、诰、誓、令之文，凡百篇。"《史记·孔子世家》云："孔子序《书传》，上纪唐、虞之际，下至秦缪，编次其事。"《汉书·艺文志》书序："《书》之所起远矣，至孔子纂焉，上断于尧，下迄于秦，凡百篇，而为之序。"

③坑儒禁学：《伪孔安国尚书序》云："秦始皇灭先代典籍，焚书坑儒。天下学士，逃难解散。"《汉书·艺文志》书序："秦燔书禁学。"

④壁藏其书：《隋书·经籍志》序云："汉武帝时鲁恭王坏孔子旧宅，得其末孙惠所壁藏之书。字皆古文。"

⑤伏胜能传其业：《史记·儒林传》云：伏生者，济南（今山东邹平）人也。故为秦博士。能治《尚书》，文帝欲召之。时伏生年九十余，老不能行，乃诏太常使掌故晁错往受之。秦时禁书，伏生壁藏之。汉定，伏生求其书，亡数十篇，独得二十九篇。

⑥太常使掌故晁错：掌故，官职名。汉文学官之一种。《汉书·儒林传》云："择掌故以补中二千石属，文学掌故补郡属，备员。"晁错（前200—前154），汉初政治家，颍川（今河南禹州）人。汉文帝时为太子家令，有辩才，从伏生受读《尚书》，号称"智囊"。汉景帝时为内史，后迁御史大夫。屡上书言事。吴、楚等七国叛乱时，被景帝错杀。《汉书》有传。

⑦欧阳氏、大小夏侯：《后汉书·孙期传》云："济南伏生传《尚书》，

　　授济南张生及千乘欧阳生，欧阳生授同郡儿宽，宽授欧阳生之
　　子，世世相传，至曾孙欧阳高，为《尚书》欧阳氏学。张生授夏侯
　　都尉，都尉授族子始昌，始昌传族子胜，为大夏侯氏学。胜传从
　　兄子建，建别为小夏侯氏学：三家皆立博士。又鲁人孔安国传
　　《古文尚书》授都尉朝，朝授胶东庸谭，为《尚书》古文学，未
　　得立。"

⑧复有河内女子得《泰誓》一篇献之：《论衡·正说》云："至孝宣帝
　　之时，河内女子发老屋，得逸《易》、《礼》、《尚书》各一篇奏之，宣
　　帝下示博士……而《尚书》二十九篇始定矣。"未指明《泰誓》篇
　　名。又《隋书·经籍志》云："河内女子得《泰誓》一篇献之。"

【译文】

　　尧、舜两个时代前后紧接着，已被记载于《三坟》、《五典》中；周与之
前的夏、商二代，亦各有书籍记载。到了孔子时研讨之前的典籍含义，
删定为《尚书》，内容始自唐尧时代，终止于秦穆公，其文章共有一百篇，
孔子为每篇都写了序。接下来秦朝残暴无道，焚书坑儒禁止儒学，孔子
的末孙孔惠，将《尚书》藏于墙壁中。汉朝一统天下后，广泛征求儒家学
说和著作，听说秦时博士伏胜能够传授《尚书》，便诏令太常史掌故晁错
去学习，当时伏生年龄将近百岁，说话很难懂，口述了《尚书》的内容，才
有二十九篇。从此以后传授《尚书》的学者有欧阳生、大小夏侯。汉宣
帝时，又有一河内妇女得到《泰誓》一篇献给了朝廷，与伏生口述的二十
九篇合为三十篇，刊行于世。该篇所载年月时间与《尚书》序言不相符
合，又与《左传》、《国语》、《孟子》所引述的《泰誓》内容也不同，所以汉、
魏诸位儒学大师，指马融、郑玄、王肃。都怀疑它不是原文。

　　古文《尚书》者，即孔惠之所藏，科斗之文字也①。鲁恭
王坏孔子旧宅②，始得之于壁中。博士孔安国以校伏生所
诵，增多二十五篇，更以隶古字写之，编为四十六卷。司马

迁屡访其事,故多有古说③。安国又受诏为之训传。值武帝末,巫蛊事起④,经籍道息,不获奏上,藏诸私家。刘向取校欧阳、大小夏侯三家经文,脱误甚众。至于后汉,孔氏之本遂绝。其有见于经典者,诸儒皆谓之逸书。谓马融、郑玄、杜预也。王肃亦注今文《尚书》,而大与《古文》孔传相类,或肃私见其本而独秘之乎?

【注释】

①科斗之文字:我国古代字体之一篆字(包括古、籀)手写体的俗称。因以笔蘸墨或漆作书,笔道起笔处粗,收笔处细,状如蝌蚪,故名。又名科斗字、科斗书、科斗篆。

②鲁恭王:《汉书·景十三王传》记载:孝景皇帝程姬生鲁恭王馀。恭王初好治宫室,坏孔子旧宅,以广其宫。于其壁中得古文经传。

③司马迁屡访其事,故多有古说:《汉书·孔安国传》云:安国为谏议大夫,授都尉朝,而司马迁亦从安国问故。迁书载《尧典》、《禹贡》、《洪范》、《微子》、《金縢》诸篇,多古文说。

④巫蛊事:即巫蛊之祸,是汉文帝末年封建统治集团内部发生的重大政治事件。巫蛊为一种巫术。当时人认为使巫师祠祭或以桐木偶人埋于地下,诅咒所怨者,被诅咒者即有灾难。恰逢汉武帝生病,江充说病因起源于巫蛊,便在宫中掘地搜查。因江充与太子据有矛盾,便诬告太子宫中有很多木偶。太子惧怕,发兵捕杀江充,失败后自杀。

【译文】

古文《尚书》,即是孔惠壁藏之书,用蝌蚪文写成。鲁恭王毁坏孔子旧宅时,才在墙壁中发现它。博士孔安国以它对校伏生口述的《尚书》,

共增加了二十五篇，又用隶书古字写成，编为四十六卷。司马迁多次向孔安国咨询《尚书》事，所以《史记》中多采用古文《尚书》的说法。孔安国又奉皇帝诏令为《尚书》作传疏。时值武帝末年，发生了巫蛊事件，经书典籍的校理停顿了，孔安国的传疏未能奏闻皇上，而是藏在自己家中。刘向校书时取来欧阳生、大小夏侯三家《尚书》经文进行校勘，发现脱漏错误很多。到了后汉，孔安国古文《尚书》的原本失传了。其中有些文字见之于其他经典中，众儒生都说是"逸书"。指的是马融、郑玄、杜预。王肃也注解了今文《尚书》，但大多与孔安国古文《尚书》相似，或许是王肃见到了孔安国的古文《尚书》原本而自己秘密收藏起来了吧？

晋元帝时①，豫章内史梅赜始以孔《传》奏上，而缺《舜典》一篇，乃取肃之《尧典》，从"慎徽"以下分为《舜典》以续之。自是欧阳、大小夏侯家等学，马融、郑玄、王肃诸注废，而《古文》孔传独行，列于学官，永为世范。

【注释】

①晋元帝：即司马睿。

【译文】

到东晋元帝司马睿时，豫章内史梅赜才献上了《孔传古文尚书》，但缺少《舜典》一篇，于是取王肃《今文尚书注》中的《尧典》篇，从"慎徽"以下分出为《舜典》篇以续补该书。自此欧阳生、大小夏侯等《尚书》学，马融、郑玄、王肃等各家注解都废弃了，只有《孔传古文尚书》独自流行，被列于学官，成为世人长久研习的范本。

齐建武中①，吴兴人姚方兴采马、王之义以造孔《传·舜典》，云于大航购得②，诣阙以献③。举朝集议，咸以为非。梁武帝时,博士议曰:孔叙称伏生误合五篇,盖文句相连,所以成合。《舜典》必有"曰若稽古",伏生虽云昏耄,何容□□。由是遂不见用也。及江陵板荡,其文入北,中原学者得而异之,隋博士刘炫遂取此一篇列诸本第④。古今人所习《尚书·舜典》,元出于姚氏者焉。

右说《尚书》。

【注释】

①齐建武:即南朝齐明帝萧鸾年号(494—498)。

②于大航购得:《隋书·经籍志》书序云:"齐建武中,吴姚方兴,于大桁市得其书,奏上,比马、郑所注,多二十八字。于是始列于国学。"此"方兴"作"兴方","大航"作"大桁"。

③诣阙:赴京都,赴朝堂。

④刘炫:《隋书·刘炫传》云:"炫自为状曰:《周礼》、《毛诗》、《尚书》、《公羊》、《左传》、《孝经》、《论语》孔、郑、王、何、服、杜等注,凡十三家,虽义有精粗,并堪讲授……著《尚书述议》二十卷。"其生平参见《核才》注。

【译文】

南朝齐建武年间,吴兴人姚方兴采撷马融、王肃的注解伪造了一篇孔安国传疏的《舜典》,说是从大航购得,赶往京城献给了朝廷。朝廷召集廷臣集中审查,都认为是伪造的。梁武帝时,博士官们讨论说:孔安国《尚书序》中称伏生误合五篇,大概因为篇与篇文句相连接,所以形成误合。这篇《舜典》一定有"曰若稽古",伏生虽然说年老昏聩,但怎么能容忍。因此就不被采用。后来江南动乱,该文传入北方,中原学者见到后都很惊异,隋朝博士官刘炫采录这一篇收入《孔传古文尚书》。所以今天人们研习的《尚书·舜典》,最早即出自于姚方兴之手。

以上说的是《尚书》。

当周室微弱，诸侯力争，孔子应聘不遇，自卫而归。乃与鲁君子左丘明观书于太史氏，因鲁史记而作《春秋》。上遵周公遗制，下明将来之法，自隐及哀十二公行事。经成以授弟子，弟子退而异言①。丘明恐失其真，故论本事而为传，明夫子不以空言说经也。《春秋》所贬当世君臣，其事实皆形于传，故隐其书而不宣，所以免时难也②。

【注释】

①异言：此指随意作注解。

②所以免时难也：此段基本节录自《汉书·艺文志》春秋目序。唯"孔子应聘不遇，自卫而归"出《经典释文》序录。

【译文】

当周王朝衰微时，诸侯纷纷用武力争夺天下，孔子周游列国得不到任用，只好从卫国返回鲁国。于是与鲁国品德高尚的君子左丘明一起在太史处阅读史书，根据鲁国的历史记载整理修订成《春秋》。向上遵奉周公的政治制度，向下阐明未来应遵循的社会法则，记载了从鲁隐公到鲁哀公共十二个君主在位时的天下大事。《春秋》修成后孔子用来教授弟子，弟子们退席后却随意作注解。左丘明担忧失掉《春秋》的本真，所以阐发《春秋》所记史事的本来面貌而作了传，使人们明白孔子并不是凭空编造了《春秋》经。《春秋》所贬斥批评的当时的君臣，他们的详细事情经过都表现在传中，所以《春秋》之所以隐晦记载而不直接表达，是为了避免当时当权者的责难。

及末世，口说流行，故有《公羊》、《穀梁》、《邹》、《夹》之传。邹氏无师，夹氏有录无书①，故不显于世。汉兴，董仲舒、公孙弘并治《公羊》②，其传习者有严、颜二家之学③。宣帝即位,闻卫太子私好《穀梁》,乃召名儒蔡千秋、萧望之等大议殿中④,因置博士。

【注释】

①邹氏无师,夹氏有录无书:语见《汉书·艺文志》春秋目序,云:"及末世,口说流行,故有公羊、穀梁、邹、夹之传。四家之中,《公羊》《穀梁》立于学官,邹氏无师,夹氏未有书。"公羊子,名高,齐人。穀梁子,名喜,鲁人。

②董仲舒(前179—前104):事见《二体》篇注。公孙弘(前200—前121):字季,一字次卿。《汉书》有传,且《汉书》多篇论及公孙弘。其传略云:弘,菑川薛人。少时为狱吏,年四十余,乃学《春秋》杂说。年六十,以贤良征为博士。上察其习文法吏事,缘饰以儒术,日益亲贵,迁御史大夫,元朔中,为丞相。又《儒林传》云:"公孙弘以治《春秋》为丞相,封侯,天下学士靡然向风矣。"

③严、颜二家之学:严为严彭祖,颜为颜安乐,《汉书》皆有传。严彭祖,生卒年不详。字公子,西汉东海下邳(今江苏邳县)人。与颜安乐从眭孟研习《春秋公羊传》,其后有《春秋公羊传》严氏学及颜氏学。宣帝时,被立为博士。其后任河南郡太守、太子太傅等职,为人廉直,不事权贵。颜安乐,生卒年不详。字公孙,西汉今文春秋学"颜氏学"的开创者。鲁国薛(今山东薛城)人。曾任齐郡太守丞。宣帝时,立为博士。

④蔡千秋:生卒年不详。字少郡,早年从荣广、皓星公学《穀梁春秋》,谨严笃实。宣帝好穀梁学,擢千秋为给事中。萧望之(约前114—前47):字长倩,早年专治《齐诗》、《论语》等,后潜研穀梁学,官太子太傅。宣帝时,参与公羊、穀梁之学辩论,得胜,穀梁学由此而盛行。

【译文】

到战国末年，口头解说《春秋》日益流行，于是有《公羊传》、《穀梁传》、《邹氏传》、《夹氏传》。邹氏因无师承，夹氏只有口述而无书，所以邹氏、夹氏都未能引起世人重视。汉代兴起后，董仲舒、公孙弘一起研习《公羊传》，后来传承其业的有严彭祖与颜安乐二家之学。汉宣帝即位后，听说卫太子私下里喜欢《穀梁传》，便召集当时著名的儒学大师蔡千秋、萧望之等人到宫中辩论公羊、穀梁之学，由此《穀梁传》列入学官设置博士。

平帝初，立《左氏》[①]。逮于后汉，儒者数廷毁之。会博士李封卒[②]，遂不复补。逮和帝元兴十一年，郑兴父子奏请重立学官[③]。至魏、晋，其书渐行，而二传亦废。今所用《左氏》本，即杜预所注者。

右说《春秋》。

【注释】

①平帝初，立《左氏》：《汉书·儒林传》赞："平帝时，又立《左氏春秋》。"

②李封（？—195）：《后汉书·谢该传》云：建武中，郑兴、陈元传春秋左氏学，时尚书令韩歆上疏，欲为《左氏》立博士，范升与歆争之未决。陈元上书讼左氏，遂以魏郡李封为左氏博士。后群儒蔽固者，数廷争之。及封卒，光武重违众议，而因不复补。

③郑兴父子奏请重立学官：《后汉书·郑兴传》略云：兴，字少赣，河南开封（今属河南）人。少学《公羊春秋》，晚善《左氏传》。天凤中，将门人从刘歆讲正大义。世言左氏者多祖兴。子众，字仲师。年十二，从父受《左氏春秋》。永平初，辟司空府。八年

(69)，显宗遣众持节使匈奴。建初六年(81)，代邓彪为大司农，其后受诏作《春秋删》十九篇，八年(83)卒官。郑兴父子奏请事，本传及帝纪均未载。

【译文】

汉平帝初年，朝廷立《春秋左氏传》于学官。到了后汉，儒学之士多次在朝廷上攻击诽谤《左氏传》。恰好碰到左氏学博士李封去世，朝廷就不再补这一缺位了。直到和帝元兴十一年，郑兴父子上书请求重新立《春秋左氏传》于学官。到曹魏、两晋，《左氏传》逐渐流行，而《公羊》、《穀梁》二传也就废弃了。今天所用的《左氏传》版本，是杜预所注解的。

以上说的是《春秋》。

又当春秋之世，诸侯国自有史。故孔子求众家史记，而得百二十国书①。如楚之书，郑之志，鲁之春秋，魏之纪年，此其可得言者。左丘明既配经立传，又撰诸异同，号曰《外传国语》②，二十一篇。斯盖采书、志等文，非唯鲁之史记而已。楚、汉之际，有好事者，录自古帝王、公侯、卿大夫之世，终乎秦末，号曰《世本》，十五篇。春秋之后，七雄并争，秦并诸侯，则有《战国策》三十三篇。汉兴，太中大夫陆贾纪录时功，作《楚汉春秋》九篇。

【注释】

①百二十国书：见《六家》"百国春秋"注。

②《外传国语》：即《国语》二十一篇，非一人、一时、一地之作，当为各国史官记述的资料汇编。记叙了周、鲁、齐、晋、郑、楚、吴、越等八国史料。各语风格不一。有学者认为《国语》是为作《左传》而搜采的一部资料书，故称《左传》为春秋内传，而称《国语》为春

秋外传。参见《六家》篇注。

【译文】

还有春秋时代，各诸侯国都自己设史官修史。所以孔子广泛收集各国历史记载，得到了一百二十国的国史。如楚国的《楚书》，郑国的《郑志》，鲁国的《春秋》，魏国的《魏纪年》，这些是其中值得说一说的。左丘明为《春秋》经作了传以后，又撰述了各国历史记载的不同之处，称为《外传国语》，共二十一篇。它采录了各诸侯国书、志等资料，不仅仅限于《鲁春秋》的记载。楚、汉之际，有些热心的人采录自古以来帝王、公侯、卿大夫的世系情况，直到秦末年，编撰成《世本》，共十五篇。春秋之后，七雄争霸，秦吞并了各诸侯国，就有了《战国策》三十三篇。西汉王朝兴起，太中大夫陆贾记录当时楚汉争霸的成效，写作了《楚汉春秋》九篇。

　　孝武之世，太史公司马谈欲错综古今，勒成一史，其意未就而卒。子迁乃述父遗志，采《左传》、《国语》，删《世本》、《战国策》，据楚、汉列国时事，上自黄帝，下讫麟止^①，作十二本纪、十表、八书、三十世家、七十列传，凡百三十篇，都谓之《史记》。厥协六经异传^②，整齐百家杂言^③，藏诸名山，副在京师，以俟后圣君子。至宣帝时，迁外孙杨恽祖述其书^④，遂宣布焉。而十篇未成，有录而已。张晏《汉书注》云：十篇，迁殁后亡失。此说非也。元、成之间，褚先生更补其缺，作《武帝纪》、《三王世家》、《龟策》、《日者》等传，辞多鄙陋，非迁本意也。晋散骑常侍巴西谯周^⑤，以迁书周、秦已上或采家人诸子，不专据正经，于是作《古史考》二十五篇，皆凭旧典以纠其谬。今则与《史记》并行于代焉。

　　右说《史记》。

【注释】

①麟止：即公元前122年汉武帝获白麟止。汉武帝因此改年号元狩。

②厥协：综合，整理。

③整齐：同上文"厥协"，整理，排比。

④迁外孙杨恽祖述其书：《汉书·杨敞传》记载："敞子恽，字子幼……恽母，司马迁女也。恽始读外祖《太史公记》，颇为《春秋》，以材能称。"《司马迁传》又云："迁既死后，其书稍出。宣帝时，迁外孙平通侯杨恽祖述其书，遂宣布焉。"

⑤谯周（201—270）：事见《模拟》篇注。《三国志·蜀书·谯周传》云："凡所著述，撰定《法训》、《五经论》、《古史考》之属百余篇。"《晋书·司马彪传》又云："谯周以司马迁《史记》书周、秦已上，或采俗语百家之言，不专据正经，周于是作《古史考》二十五篇，皆凭旧典，以纠迁之谬误。"《隋书·经籍志》和新、旧《唐志》均著录了此书，今已佚。

【译文】

汉文帝时代，太史公司马谈想要综合整理古今史籍，编撰一部完整的史著，愿望未能实现就去世了。他的儿子司马迁就继承了父亲的遗志，采集《左传》、《国语》，删改《世本》、《战国策》，根据楚、汉列国的当时大事，上自黄帝起，下到汉文帝元狩元年，写成十二本纪、十表、八书、三十世家、七十列传，共有一百三十篇，总称它为《史记》。综合了六经及六经的不同注解，整合了诸子百家杂史的不同论述，书成后正本藏于名山，副本留在京师，以等待后世圣明的君子贤人。到汉宣帝时，司马迁的外孙杨恽开始阐发《史记》，于是得以公之于世。但还有其中十篇未完成，只有目录而已。张晏《汉书注》说：十篇，是司马迁死后丢失的。这种说法不正确。汉元帝、汉成帝年间，褚少孙又作了补缺，撰写了《武帝纪》、《三王世家》、《龟策》、《日者》等传，言辞大多鄙陋，不是司马迁《史记》本来的意思。晋朝散骑常侍巴西郡人谯周，认为司马迁记述周、秦以上历史多采用民间口传与诸子百家之言，不是完全依据正史材料，于是作《古史考》二十五篇，都是根据过去的经典来纠正司马迁《史记》的错误。今日就与《史记》并行于世。

以上说的是《史记》。

《史记》所书，年止汉武，太初已后，阙而不录。其后刘向、向子歆及诸好事者，若冯商、卫衡、扬雄、史岑、梁审、肆仁、晋冯、段肃、金丹、冯衍、韦融、萧奋、刘恂等，相次撰续①，迄于哀、平间，犹名《史记》。至建武中，司徒掾班彪以为其言鄙俗，不足以踵前史；又雄、歆褒美伪新②，误后惑众，不当垂之后代者也。于是采其旧事，旁贯异闻，作《后传》六十五篇。其子固以父所撰未尽一家，乃起元高皇③，终乎王莽，十有二世，二百三十年，综其行事，上下通洽④，为《汉书》纪、表、志、传百篇。其事未毕，会有上书云固私改作《史记》者，有诏京兆收系⑤，悉录家书封上。固弟超诣阙自陈，明帝引见，言固续父所作，不敢改易旧书，帝意乃解。即出固，征诣校书，受诏卒业。经二十余载，至章帝建初中乃成。

【注释】

①相次撰续：所列相次撰续的十五人，参见《史官建置》篇注。

②伪新：指王莽政权。新，王莽所建国名。

③高皇：即汉高祖。

④通洽：贯通博洽。洽，广博。

⑤收系：拘囚，关押。汉明帝永平五年(62)，班固三十一岁，有人告他私改国史，诏京兆逮捕班固，尽收其史稿封上。

【译文】

《史记》所记史事，时间止于汉武帝时，太初年以后的史事，空缺而没有记载。此后刘向、刘歆父子以及许多热心于史事的人，如冯商、卫衡、扬雄、史岑、梁审、肆仁、晋冯、段肃、金丹、冯衍、韦融、萧奋、刘恂等，相继续写《史记》，记事延伸至汉哀帝、汉平帝年间，仍称为《史记》。到汉光武帝建武时期，司徒掾班彪认为这些著作言辞鄙俗，不能够继承《史记》；又认为扬雄、刘歆褒扬美化王莽伪朝，贻误后人蛊惑民众，不应该传留给后代。于是收集过去的史实，融会贯通不同的记载，作《后传》六十五篇。他的儿子班固认为父亲所撰《后传》还不能成为一家之言，就又从汉高祖写起，到王莽朝结束，共十二代皇帝，历时二百三十年，总汇他们的事迹，上下贯通而博洽，写成《汉书》的纪、表、志、传共一百篇。撰写工作还未完结，碰到有人上书控告班固私自改写《史记》，皇帝诏令京兆尹逮捕班固，全部登记查封他家中的藏书。班固的弟弟班超赶到宫廷上书陈述班固的写作意图，汉明帝亲自召见他，班超陈说班固只是继续完成父亲的著作，没有私自改动《史记》，明帝心中才明白了情况。当即释放了班固，征召他去校理图籍，后又诏令他继续完成《汉书》的编撰。经过二十多年，到汉章帝建初年中才编撰写成。

固后坐窦氏事，卒于洛阳狱[1]，书颇散乱，莫能综理。其妹曹大家博学能属文[2]，奉诏校叙。又选高才郎马融等十人，从大家受读[3]。其《八表》及《天文志》等，犹未克成，多是待诏东观马续所作[4]。而《古今人表》尤不类本书。始自汉末，迄乎陈世，为其注解者凡二十五家，至于专门受业[5]，遂与《五经》相亚。

【注释】

①固后坐窦氏事,卒于洛阳狱:汉和帝永元初,大将军窦宪出征匈奴,班固为中护军,参与谋议。及窦宪败,班固先被免官,洛阳令种竞拘捕了班固,后死于狱中。事见《后汉书·班固传》。

②曹大家(gū,49—约120):班彪之女,班固之妹,曹世叔之妻,名昭。博学高才。班固未完成的《八表》及《天文志》即由班昭与马续奉和帝诏命完成。

③马融等十人,从大家受读:《后汉书·曹世叔妻传》云:"时《汉书》始出,多未能通者。同郡马融伏于阁下,从昭受读。后又诏融兄续,继昭成之。"

④马续:生卒年不详,字季刚,马融之兄,七岁能通《论语》,十三岁明《尚书》,十六岁治《诗》,博观群集。班固《汉书》之《天文志》即为马续编纂,《八表》出自班昭之手但由马续最后完成。

⑤专门受业:《隋书·经籍志》正史类云:"唯《史记》、《汉书》,师法相传,并有解释。梁时明《汉书》有刘显、韦稜(léng),陈时有姚察,隋代有包恺、萧该,并为名家。"

【译文】

后来班固受窦宪事件牵连下狱,死于洛阳狱中。所撰《汉书》散乱无序,没人能综合整理。班固妹妹班昭学识渊博又有写作才能,接受皇帝诏令整理《汉书》。朝廷又挑选才学杰出的马融等十人,跟随班昭学习《汉书》。《汉书》的《八表》及《天文志》等,还没有完成,大多是由待诏东观马续所写成。但《古今人表》不像原书的风格。起自汉末,直到南朝陈,为《汉书》作注解的共有二十五家,以至有专门学习研究《汉书》的名家,使得《汉书》能与《五经》相并行。

初,汉献帝以固书文烦难省,乃诏侍中荀悦依《左氏传》体删为《汉纪》三十篇①,命秘书给纸笔。经五六年乃就。其言简要,亦与纪传并行。

　　右说《汉书》。

【注释】

①诏侍中荀悦依《左氏传》体删为《汉纪》三十篇:事见《后汉书·荀
　　悦传》。献帝时,荀悦应曹操之召,任黄门侍郎,累迁至秘书监、
　　侍中。侍讲于献帝左右,日夕谈论,深为献帝嘉许。献帝以《汉
　　书》文繁难懂,命荀悦用编年体改写。乃依《左传》体裁,写成《汉
　　纪》三十篇,时人称其"辞约事详,论辨多美"。另著有《申鉴》五
　　篇,抨击谶纬符瑞,反对土地兼并,主张为政者要兴农桑以养其
　　性,审好恶以正其俗,宣文教以章其化,立武备以秉其威,明赏罚
　　以统其法,表现了他的社会政治思想。还著有《崇德》、《正论》及
　　诸论数十篇。

【译文】

　　当初,汉献帝认为班固的《汉书》繁杂难懂,便诏令侍中荀悦依照
《春秋左氏传》的体例将《汉书》删订成《汉纪》三十篇,让秘书省提供纸
笔。历经五六年的功夫才完成。《汉纪》语言简练精要,与纪传体《汉
书》一起流行于世上。

　　以上说的是《汉书》。

　　在汉中兴,明帝始诏班固与睢阳令陈宗、长陵令尹敏、
司隶从事孟异作《世祖本纪》①,并撰功臣及新市、平林、公孙
述事②,作列传、载记二十八篇。

【注释】

①睢阳令陈宗、长陵令尹敏:参见《核才》篇注。据《后汉书·班固

传》记载："显宗甚奇之召诣校书部,除兰台令史。与前睢阳令陈宗、长陵令尹敏、司隶从事孟异,共成《世祖本纪》。迁为郎,典校秘书。固又撰功臣、平林、新市、公孙述事,作列传、载记二十八篇。"世祖:指东汉光武帝刘秀。

②公孙述(?—36):字子阳,东汉扶风茂陵(今陕西兴平)人。曾起兵,据有益州,自立为蜀王,建武元年(25)四月,称帝,号成家,建元龙兴。建武十二年(36),为汉军所破,被杀。事见《后汉书》本传。

【译文】

汉代中兴之时,汉明帝诏令班固与睢阳县令陈宗、长陵县令尹敏、司隶从事孟异撰写《世祖本纪》,同时撰写功臣列传、王匡的新市兵、陈牧和廖湛的平林兵、公孙述的事迹,写成了列传、载记共二十八篇。

　　自是以来,春秋考纪亦以焕炳①,而忠臣义士莫之撰勒。于是又诏史官谒者仆射刘珍及谏议大夫李尤杂作记、表、名臣、节士、儒林、外戚诸传②,起自建武,讫乎永初。事业垂竟而珍、尤继卒。复命侍中伏无忌与谏议大夫黄景作诸王、王子、功臣、恩泽侯表③,南于单、西羌传,地理志。

【注释】

①春秋考纪:即帝纪。帝纪可以考核时事,具四时以立言。焕炳:形容光武帝时期政治升平。

②李尤(约44—126):《后汉书·李尤传》记载:尤,字伯仁,和帝时召诣东观,拜兰台令史。安帝时为谏议大夫,诏与谒者仆射刘珍等俱撰《汉记》。

③伏无忌:生卒年不详,伏湛玄孙。《后汉书·伏湛传》略云:湛封

不其侯,传爵至玄孙无忌。无忌博物多识。顺帝时为侍中。永
和元年(136)诏无忌与议郎黄景校定中书。元嘉中,桓帝复诏无
忌与黄景、崔寔等共撰《汉记》。

【译文】

从此以后,汉光武帝时期的事迹昭然于世,但忠臣义士的事迹却没
得到记载。于是皇帝又诏令史官谒者仆射刘珍及谏议大夫李尤撰写
记、表、名臣、节士、儒林、外戚等各人物传,始于光武帝建武年,到永初
年结束。工作即将完成时刘珍、李尤相继去世。朝廷又命令侍中伏无
忌与谏议大夫黄景撰写诸王、王子、功臣、恩泽等封侯者的表,南于单、
西羌的民族传,地理志。

至元嘉元年,复令太中大夫边韶、大军营司马崔寔、议
郎朱穆、曹寿杂作《孝穆》、《崇》二皇及《顺烈皇后传》①,又增
《外戚传》入安思等后②,《儒林传》入崔篆诸人③。寔、寿又与
议郎延笃杂作《百官表》④,顺帝功臣《孙程》、《郭愿》及《郑
众》、《蔡伦》等传⑤。凡百十有四篇,号曰《汉纪》。

【注释】

①边韶:生卒年不详,字孝先,陈留浚仪(今河南开封)人,以文章知
　名。桓帝时,拜太中大夫,著作东观。事见《后汉书》本传。崔寔
　(？—约170):东汉后期政论家。《后汉书·崔骃传》附崔寔传,
　云:"骃孙寔,字子真。一名台,字元始,才美能高,召拜议郎,与
　边韶、延笃著作东观。"朱穆(100—163):字公叔,朱晖孙。事见
　《后汉书·朱晖传》。曹寿:字世叔,班昭之夫。《孝穆》、《崇》二
　皇:孝穆和崇指汉桓帝的祖父刘开、父刘翼,桓帝即位后,追封为
　孝穆皇和孝崇皇。《顺烈皇后传》:《后汉书·顺烈梁皇后纪》记

载：梁皇后，讳妠，大将军商之女。顺帝阳嘉元年(132)立为皇
后。帝崩，太后临朝，委任太尉李固等，拔用忠良，务崇节俭。和
平元年(150)春，归政于帝(桓帝)。寻崩。

②安思等后：《后汉书·安思阎皇后纪》记载：阎皇后，讳姬，元初二
年(115)，立为皇后。安帝死后，临朝执政。顺帝时"阎、显及党
与皆伏诛，迁太后于离宫。故桓帝时，史臣以阎后入外戚传。

③《儒林传》入崔篆诸人：《后汉书·崔骃传》略云：篆，王莽时为郡
文学，以明经征诣公车，甄丰举为步兵校尉，篆遂投劾归。莽以
法中伤之。后以篆为建新大尹。篆不得已，遂单车到官，称疾不
视事。著《周易林》六十四篇，临终作赋名《慰志》。

④延笃：《后汉书·延笃传》云："笃，字叔坚。南阳人。桓帝以博士
征拜议郎，与朱穆、边韶著作东观。"

⑤顺帝功臣《孙程》、《郭愿》及《郑众》、《蔡伦》等传：孙程，《后汉
书·孙程传》略云：孙程，字稚卿，涿郡(今河北涿州)人。拥立
顺帝有功。郭愿，《后汉书》无传。余嘉锡认为"郭愿盖邪镇之
误"。《孙程传》叙及程传召郭镇参加定策功。郑众，《后汉书·
郑众传》略云：郑众，字季产，南阳(今属河南)人。和帝时，窦宪
专权，郑众因策划铲除窦宪有功而显耀。蔡伦，《后汉书·蔡伦
传》略云：伦，字敬仲，桂阳(今属湖南)人。和帝即位，豫参帷
幄，加位尚方令。改进了造纸术，原料取用价廉方便，天下咸称
蔡侯纸。

【译文】

到汉桓帝元嘉元年，南朝宋文帝又令太中大夫边韶、大军营司马崔
寔、议郎朱穆、曹寿撰写桓帝祖孝穆皇、父孝崇皇以及顺烈皇后的列传，
又增加《外戚传》收入安思皇后阎姬等，《儒林传》收入崔篆等人。崔寔、
曹寿二人又与议郎延笃撰写《百官表》，顺帝时的功臣《孙程传》、《郭愿
传》以及《郑众传》、《蔡伦传》等人的列传。共有一百一十四篇，称作《汉

纪》。

熹平中①，光禄大夫马日䃅、议郎蔡邕、杨彪、卢植著作东观②，接续纪传之可成者，而邕别作《朝会》、《车服》二志。后坐事徙朔方，上书求还，续成十志。会董卓作乱，大驾西迁，史臣废弃，旧文散佚。及在许都，杨彪颇存注记。至于名贤君子，自本初已下阙续③。

【注释】

①熹平：汉灵帝年号（172—177）。

②马日䃅(dī)：《三国志·魏书·袁术传》裴注引《三辅决录注》云："日䃅，字翁叔，马融之族子。少传融业，以才学进。与杨彪、卢植、蔡邕等典校中书。"蔡邕、杨彪、卢植：均参见《核才》篇注。

③本初已下：指质、桓、灵、献四代。本初，汉质帝刘缵年号（146）。

【译文】

汉灵帝熹平年间，光禄大夫马日䃅、议郎蔡邕、杨彪、卢植在东观修史，继续补撰前人未完成的纪传，而蔡邕又另外撰写了《朝会志》、《车服志》二志。后蔡邕因犯事获罪充军北方，上书朝廷请求还乡，让他继续完成《十志》的撰写。此时恰遇董卓作乱，皇帝被迫迁都西京，史臣一职废弃，原有的国史资料散乱丢失。仅仅在许都，杨彪还保存有一些注记史料。至于名臣贤士君子的事迹，从汉质帝本初年以下都没有记载。

魏黄初中①，唯著《先贤表》，故《汉记》残缺，至晋无成。泰始中②，秘书丞司马彪始讨论众书，缀其所闻，起元光武，终于孝献，录世十二，编年二百，通综上下，旁引庶事，为纪、志、传凡八十篇，号曰《续汉书》。又散骑常侍华峤删定《东观记》为《汉后书》③，帝纪十二、皇后纪二、典十、列传七十、谱三，总九十七篇。其十典竟不成而卒。自斯已往，作者相继，为编年者四族④，创纪传者五家⑤，推其所长，华氏居最⑥。而遭晋室东徙，三惟一存。

【注释】

①黄初：魏文帝曹丕年号（220—226）。

②泰始：晋武帝司马炎年号（265—274）。

③华峤删定《东观记》为《汉后书》：华峤，见《二体》篇注。《晋书·华峤传》云：“峤以汉纪烦秽，慨然有改作之意。会为台郎，典官制事。由是得遍观秘籍。遂就其绪。起于光武，终于孝献，一百九十五年。为帝纪十二卷、皇后纪二卷、十典十卷、传七十卷及三谱、序传、目录，凡九十七卷……又改志为典，以有《尧典》故也。而改名《汉后书》奏之……十典未成而卒。”

④为编年者四族：指张璠《后汉记》三十卷、刘艾《灵献二帝纪》六卷、袁晔《献帝春秋》十卷、孔衍《汉春秋》十卷。

⑤创纪传者五家：指谢承《后汉书》一百三十卷、薛莹《后汉纪》一百卷、谢沈《后汉书》一百二十二卷、张莹《后汉南纪》五十五卷、袁山松《后汉书》一百卷。

⑥华氏居最：《文心雕龙·史传》云：“后汉纪传，发源于东观，袁、张所制，偏驳不伦；薛、谢之作，疏谬少信。若司马彪之详实，华峤之准当，则其冠也。”

【译文】

三国曹魏黄初年间，只撰写了《先贤表》，原来的汉史材料残缺不全，到了晋代仍毫无成效。直到太始年间，秘书丞司马彪才开始研讨各家记载，缀辑各种史书中记载的史实，从汉武帝开始，到汉献帝结束，记述了十二代皇帝，按时序编写二百余年，前后综合贯通，广泛引用各种事实资料,写成纪、志、传共八十篇,名叫《续汉书》。后又有散骑常侍华峤将《东观汉记》删订为《汉后书》,包括帝纪十二篇、皇后纪二篇、典十篇、列传七十篇、谱三篇、总共为九十七篇。其中十典尚未完成就去世了。从此以后,编撰汉史的人相继出现,撰写编年史的有四家,撰述纪传体的有五家,如果要推出其中最好的,华峤的《汉后书》最好。但碰到晋朝迁都江南,这些史书三分只存一分了。

　　至宋宣城太守范晔①,乃广集学徒,穷览旧籍,删烦补略,作《后汉书》,凡十纪、十志、八十列传,合为百篇。会晔以罪被收,其十志亦未成而死。先是,晋东阳太守袁宏抄撮《汉氏后书》②,依荀悦体,著《后汉纪》三十篇。世言汉中兴史者,唯范、袁二家而已。

　　右说《后汉书》

【注释】

①范晔(398—445):见《列传》篇注。所著《后汉书》,删削众史而成,但主要依据是华峤《汉后书》。今本《后汉书》十志三十卷,为后人刘昭作注时,取晋司马彪《续汉书》十志补入。事见《宋书·范晔传》

②袁宏抄撮《汉氏后书》:指袁玄因不满当时的多家《后汉书》,依照荀悦《汉纪》,著《后汉纪》三十卷。事见《晋书·袁宏传》。

【译文】

　　到南朝宋宣城太守范晔,大量招收学生,广泛搜集阅览旧时的典籍,删削繁冗补充缺略,写成《后汉书》,共十纪、十志、八十列传,合计为一百篇。适逢范晔因犯罪被捕入狱,其中十志还未写成就被处死。在此之前,晋朝东阳太守袁宏抄摘各种后汉史籍,模仿荀悦《汉纪》的体例，著成《后汉纪》三十篇。人们在谈到后汉史书时，都认为只有范晔、袁宏二家而已。

以上说的是《后汉书》。

魏史，黄初、太和中始命尚书卫觊、缪袭草创纪传①，累载不成。又命侍中韦诞、应璩②，秘书监王沈③，大将军从事中郎阮籍，司徒右长史孙该④，司隶校尉傅玄等⑤，复共撰定。其后王沈独就其业，勒成《魏书》四十四卷。其书多为时讳，殊非实录。

【注释】

①太和：魏明帝曹睿年号（227—230）。卫觊（155—229）：三国时期有名的文学家。《三国志·魏书·卫觊传》略云：觊，字伯儒，河东安邑（今山西夏县）人。太祖辟为司空掾属，除茂陵令。魏国改建，与王粲并典制度。文帝即王位，徙为尚书。明帝即位，受诏典著作。缪袭（186—245）：三国魏文学家。《三国志·魏书·刘劭传》云："劭同时东海缪袭，亦有才学，多所述叙，官至尚书光禄勋。"裴注引《文章志》："袭，字熙伯，辟御史大夫府，历事魏四世。正始六年，年六十卒。"

②韦诞（179—253）：三国魏书法家。《三国志·魏书·刘劭传》附云："光禄大夫京兆韦诞。"裴注引《文章叙录》云："诞，字仲将……有文才，善属辞章。建安中，为郡上计吏，特拜郎中，稍迁侍中中书监。"应璩（？—252）：三国魏文学家。《三国志·魏书·王粲传》附云："应玚，弟璩，官至侍中。"裴注引《文章叙录》云："璩，字休琏，博学好属文。齐王即位，稍迁侍中，大将军长史。"

③王沈：生卒年不详。字处道，西晋文学家。《隋书·经籍志》著
　　录："《魏书》四十八卷，晋司空王沈撰。"书已佚。又《晋书·王沈
　　传》云：曹爽诛后，起为治书侍御史，转秘书监，典著作，与荀颉
　　（yǐ）、阮籍共撰《魏书》，多为时讳，未若陈寿之实录也。

④孙该（？—261）：《三国志·魏书·刘劭传》附云："陈郡太守任城
　　孙该。"裴注引《文章叙录》云："该，字公达，强志好学，著《魏
　　书》。"

⑤傅玄（217—278）：事见《晋书·傅玄传》。傅玄，字休奕，州举秀
　　才，除郎中，与东海缪施俱以时誉，选入著作，撰集《魏书》。转司
　　隶校尉。参见《书事》篇注。

【译文】

　　三国魏国史的修撰，黄初、太和年间才命令尚书卫觊、缪袭草拟纪
传，历时多年未能修成。又令侍中韦诞、应璩，秘书监王沈，大将军从事
中郎阮籍，司徒右长史孙该，司隶校尉傅玄等，重新共同撰写。后来王
沈独自完成了撰写任务，写成《魏书》四十四卷。但此书多替当时时事
隐讳，根本不是据实直书的史书。

　　吴大帝之季年①，始命太史令丁孚、郎中项峻撰《吴书》。
孚、峻俱非史才，其文不足纪录。至少帝时，更敕韦曜、周
昭、薛莹、梁广、华覈访求往事，相与记述。并作之中，曜、莹
为首。当归命侯时②，昭、广先亡，曜、莹徙黜，史官久阙，书
遂无闻。覈表请召曜、莹续成前史，其后曜独终其书③，定为
五十五卷。

【注释】

①吴大帝：指孙权。

②归命侯：指孙皓。见《史官建置》篇注。

③曜独终其书：《通释》注云："曜终其书，史无明文。据裴松之注，有称书曜《吴书》者，可知终之者曜矣。"《隋书·经籍志》著录"《吴书》二十五卷，韦昭撰。"韦昭，即韦曜，《三国志》记载时为避晋文帝司马昭讳而将其更名为曜。

【译文】

吴大帝孙权末年，开始让太史令丁孚、郎中项峻撰写《吴书》。丁孚、项峻都不是史学人才，他们的辞采不能胜任记录史事的工作。到了少帝孙亮时，又命令韦曜、周昭、薛莹、梁广、华覈广泛采访搜求过去的史事，先后进行记载。这些人所撰写的史书中，韦曜、薛莹的质量最好。在归命侯孙皓即位时，梁广、周昭先去世了，韦曜、薛莹又被罢官流放，史官一职长期空缺，史书修撰就再没有听到了。右国史华覈上疏朝廷请求让韦曜、薛莹继续完成修史工作，此后韦曜独自完成了《吴书》的撰写，定稿为五十五卷。

　　至晋受命，海内大同，著作陈寿乃集三国史，撰为《国志》凡六十五篇。夏侯湛时亦著《魏书》，见寿所作，便坏己草而罢①。及寿卒，梁州大中正范頵表言《国志》明乎得失，辞多劝诫，有益风化，愿垂采录。于是诏下河南尹，就家写其书②。

【注释】

①坏己草而罢：语见《晋书·陈寿传》："夏侯湛时著魏书，见寿所作，便坏己书而罢。"又《晋书·夏侯湛传》云：夏侯湛，字孝若。谯人。文章宏富。与潘岳友善，京都谓之连璧。著作三十余篇，别为一家之言。

②就家写其书：此段文字录自《晋书·陈寿传》。

【译文】

到晋代统治之时，天下统一了，著作郎陈寿开始汇集三国时的历史记载，撰写了《三国志》，共六十五篇。当时人夏侯湛也在撰写《魏书》，见到陈寿所著《三国志》，便毁掉自己的草稿而停止了撰写。到陈寿去世，梁州大中正范頵上表朝廷言说《三国志》阐明了历史成败得失的原因，言辞能劝导人们，有益于教化民众淳正风俗，请求朝廷采纳此书。于是朝廷诏令河南尹，亲自到他家中誊抄《三国志》。

先是，魏时京兆鱼豢私撰《魏略》[①]，事止明帝。其后孙盛撰《魏氏春秋》，王隐撰《蜀记》[②]，张勃撰《吴录》，异闻错出，其流最多。宋文帝以《国志》载事伤于简略，乃命中书郎裴松之兼采众书，补注其阙[③]。由是世言《三国志》者，以裴《注》为本焉。

右说《三国志》

【注释】

①鱼豢私撰《魏略》：《隋书·经籍志》杂史类著录："鱼豢《典略》八十九卷（应包括《魏略》五十卷，《典略》三十卷），孙盛《魏氏春秋》二十卷，张勃《吴录》三十卷。"《魏氏春秋》，即《魏阳秋》，参见《模拟》篇注。

②王隐撰《蜀记》：具体情况不详。《新唐书·艺文志》著录："王隐删补《蜀记》七卷。"

③裴松之兼采众书，补注其阙：裴松之奉宋文帝命注《三国志》。他博采群书，以补缺、备异、惩妄、论辨等为宗旨，详注《三国志》，保存大量史料，并开创了史注的新体式。其《上三国志注表》云："臣前被诏，使采三国异同以注陈寿国志，寿书……失在于略，时

有所脱漏。臣奉旨寻详，务在周悉。上搜旧闻，傍摭遗逸……以补其阙。"

【译文】

在陈寿之前，魏国京兆人鱼豢私自撰写了《魏略》，记事时间止于魏明帝。此后孙盛撰写了《魏氏春秋》，王隐撰写了《蜀记》，张勃撰写了《吴录》，各种不同的说法交互出现，流派最多。宋文帝认为《三国志》记事过于简略，便诏令中书郎裴松之博采群书，补注《三国志》的缺漏。从此人们谈到《三国志》的，都以裴松之《三国志注》本为重要版本。

以上说的是《三国志》。

晋史，洛京时，著作郎陆机始撰三祖纪①，佐著作郎束皙又撰十志②。会中朝丧乱，其书不存。先是，历阳令陈郡王铨有著述才③，每私录晋事及功臣行状，未就而卒。子隐，博学多闻，受父遗业，西都事迹，多所详究。过江为著作郎，受诏撰晋史。为其同僚虞预所诉④，坐事免官。家贫无资，书未遂就，乃依征西将军庾亮于武昌镇⑤。亮给其纸笔，由是获成，凡为《晋书》八十九卷。咸康六年，始诣阙奏上。隐虽好述作，而辞拙才钝。其书编次有序者，皆铨所修；章句混漫者，必隐所作。时尚书郎领国史干宝亦撰《晋纪》⑥，自宣迄愍七帝，五十三年，凡二十二卷。其书简略，直而能婉，甚为当时所称。

【注释】

①陆机始撰三祖纪：参见《本纪》篇注。

②束皙又撰十志：《晋书·束皙传》云："撰《晋书》帝纪十志。"参见《史官建置》篇注。

③王铨:王隐之父。《晋书·王隐传》云:"隐字处叔,陈郡陈人也,父铨,历阳令,少好学,有著述之志。每私录晋事及功臣行状,未就而卒。"王隐事参见《二体》篇注。

④虞预:《晋书》有传,著《晋书》四十余卷。参见《曲笔》篇注。

⑤庾亮(289—340):字元规,明穆皇后兄。中兴初拜中书郎。侍讲东宫。时帝方任刑法,以《韩非子》赐太子。亮谏以申韩刻薄伤化,不足以收民心。太子以为是。明帝立,累迁中书监,加左卫将军,以功封永昌县公。成帝初,徙中书令。郭默叛,亮率步骑二万平叛。迁都督江、荆、豫、益、梁、雍六州诸军事,征西将军。镇武昌,卒谥文康。见《晋书》本传。

⑥干宝亦撰《晋纪》:见《六家》篇注与《史官建置》篇注。

【译文】

晋朝的史书,西晋之时,著作郎陆机撰写了三祖纪,佐著作郎束皙又撰写了《十志》。赶上西晋末动乱频繁,这些著作都散佚不存。在此之前,历阳县令陈郡人王铨很有修史才能,常常私下里记载晋朝史事及功臣的生平事迹,但著述未成就去世了。他的儿子王隐,博学多才,继承了父亲未完成的事业,对于西晋的历史大事,大都有所考察研究。朝廷移到江南后任著作郎,接受诏令撰写晋史。被同僚虞预所控告,受牵连被免官。王隐家中贫困,著述工作无法完成,便到武昌投靠了征西将军庾亮。庾亮供给他纸墨,这样才完成了著述,共写成《晋书》八十九卷。咸康六年,才献给朝廷。王隐虽然喜爱写作,但文辞拙劣才思愚钝。所以《晋书》编排线索清晰之处,都是他父亲王铨所撰;而章句杂乱意思不明的地方,一定是王隐所写的。当时尚书郎兼领国史的干宝也撰写了《晋纪》,记事从宣帝到愍帝共七个皇帝,五十三年,共有二十二卷。该书内容简略,既直书其事又能委婉表述,很受当时人的称赞。

晋江左史官，自邓粲、孙盛、檀道鸾、王韶之已下，相次继作①。远则偏记两帝，近则唯叙八朝②。至宋湘东太守何法盛，始撰《晋中兴书》③，勒成一家，首尾该备。齐隐士东莞臧荣绪又集东、西二史④，合成一书。

【注释】

①自邓粲、孙盛、檀道鸾、王韶之已下，相次继作：邓粲撰《元帝纪》、《明帝纪》，共十卷；檀道鸾撰《续晋阳秋》二十卷。均见《序例》篇注。孙盛撰《晋阳秋》，词直而理正，咸称良史。见《论赞》篇注。王韶之撰《晋安帝阳秋》，见《杂述》篇注。

②远则偏记两帝，近则唯叙八朝：《通释》按云："东晋凡十一帝，起元、明，尽安、恭。邓粲止撰元、明纪，是远两帝也。其后王韶之续至安帝之义熙，而恭帝不入纪，是近八朝也。"

③《晋中兴书》：《隋书·经籍志》著录："《晋中兴书》七十八卷，起东晋，宋湘东太守何法盛撰。"

④臧荣绪（414—488）：《南齐书·臧荣绪传》云："荣绪，东莞莒人也……纯笃好学，括东西晋为一书，纪、录、志、传百一十卷。隐居京口教授。南徐州辟西曹，举秀才，不就。太祖为扬州，征荣绪为主簿，不到。"《隋书·经籍志》著录"《晋书》一百一十卷，齐徐州主簿臧荣绪撰"。

【译文】

江南东晋的史官，自邓粲、孙盛、檀道鸾、王韶之以后，相继撰写国史。远则只有撰写东晋初的元帝、明帝二纪，近则有撰写明帝到安帝八朝的帝纪。到南朝宋湘东太守何法盛，开始撰写《晋中兴书》，自成一家之言，首尾详细完备。南朝齐隐士东莞人臧荣绪又汇集西晋、东晋的史书，合成《晋书》一部。

　　皇家贞观中，有诏以前后晋史十有八家[1]，制作虽多，未能尽善，乃敕史官更加纂录[2]。采正典与杂说数十余部，兼引伪史十六国书，为纪十、志二十、列传七十、载记三十，并叙例、目录合为百三十二卷。自是言晋史者，皆弃其旧本，竞从新撰者焉。

　　右说《晋书》。

【注释】

①晋史十有八家：《通释》按："《隋》、《唐》二志正史部凡八家，其撰人则王隐、虞预、朱凤、何法盛、谢灵运、臧荣绪、萧子云、萧子显也。编年部凡十一家，其撰人则陆机、干宝、曹嘉之、习凿齿、邓粲、张盛、刘谦之、王韶之、徐广、檀道鸾、郭季产也。据《志》，盖十九家。岂缘习氏书独主汉斥魏，以为异议，遂废不用欤？"

②乃敕史官更加纂录：即贞观二十年(646)唐太宗下达《修晋书诏》，"令修国史所更撰《晋书》"，贞观二十二年(648)《晋书》修成。

【译文】

本朝贞观年间，太宗下诏认为东西晋史有十八家，著作虽然很多，但都未能尽善尽美，于是令房玄龄等史官重新修撰。史官们收采正史杂说几十部，又引伪十六国史的史料，编纂成纪十卷、志二十卷、列传七十卷、载记三十卷，再加上叙例、目录共计为一百三十二卷。从此研讨晋朝历史的人，都舍弃那些旧的晋史，竞相依从新撰写的晋史。

　　以上说的是《晋书》。

　　宋史[1]，元嘉中[2]，著作郎何承天草创纪传[3]。自此以外，悉委奉朝请山谦之补承天残缺[4]。后又命裴松之续成国史[5]。松之寻卒，史佐孙冲之表求别自创立[6]，为一家之言。

孝建初,又敕南台侍御史苏宝生续造诸传,元嘉名臣皆其所撰。宝生被诛,大明六年,又命著作郎徐爰踵成前作^⑦。爰因何、孙、山、苏所述,勒成一书,其《臧质》、《鲁爽》、《王僧达》诸传,又皆孝武自造,而序事多虚,难以取信。自永光已后,至禅让十余年中,阙而不载。

【注释】

①宋史:以下两段论《宋书》的文字均出自沈约《上宋书表》,见《宋书·自序·上宋书表》,表文不再赘引。

②元嘉:宋文帝刘义隆年号(424—453)。

③何承天(370—447):东海郯(今山东郯城)人,聪慧博学,博览百家,元嘉十六年(439)除著作佐郎,撰国史。事见《宋书·何承天传》。

④奉朝请山谦之:《宋书·徐爰传》云:“元嘉中,使著作郎何承天草创国史。世祖初,又使奉朝请山谦之、南台御史苏宝生踵成之。六年,又以爰领著作郎,使终其业。”奉朝请,本为贵族、官僚定期朝见皇帝的称谓。古代以春季朝见为朝,秋季朝见为请,故得名。历代详情略有变化。

⑤裴松之:见《史官建置》篇注。《宋书》本传云:“领国子博士,续何承天国史,未及撰述。”

⑥史佐孙冲之:孙盛的曾孙,因参加起兵反宋被杀。事见《宋书》臧质、邓琬等传。但均未提及修史事。又《隋书·经籍志》云:“《宋书》六十五卷,齐冠军录事参军孙严撰。”宋高似孙《史略》卷二认为此处孙冲之当为孙严,孙严曾任齐冠军录事参军,撰《宋书》六十五卷。

⑦徐爰:参见《二体》篇注。

【译文】

南朝宋国史,宋文帝刘义隆元嘉年间,著作郎何承天撰写了纪传。自此之后,全由奉朝请山谦之承担补撰何承天缺漏的任务。后来又命令裴松之继续国史的修撰工作。裴松之不久即去世,史佐官孙冲之上表请求重新撰写宋史,成为一家之言。宋孝武帝孝建初年,朝廷又令南台侍御史苏宝生继续前人未完成的各种传记,元嘉时期的名臣传记都是他所撰写的。苏宝生因罪被杀后,孝武帝大明六年,又命著作郎徐爰继承完成前人的修史任务。徐爰根据何承天、孙冲之、山谦之、苏宝生的著作,整合修撰成一书,其中《臧质传》、《鲁爽传》、《王僧达传》等传记,又都是宋孝武帝亲自写作,但叙事多无中生有地虚构,很难取信于人。从宋前废帝刘子业永光之后,到宋顺帝让位的十多年中,国家大事都缺而不记载。

至齐著作郎沈约,更补缀所遗,制成新史。始自义熙肇号①,终乎昇明三年②,为纪十、志三十、列传六十,合百卷,名曰《宋书》。永明末③,其书既行,河东裴子野更删为《宋略》二十卷。沈约见而叹曰:"吾所不逮也!"由是世之言宋史者,以裴《略》为上,沈《书》次之。

右说《宋书》。

【注释】

①义熙:东晋安帝司马德宗年号(405—418)。

②昇明:南朝宋顺帝刘准年号(477—479)。

③永明:南朝齐武帝萧赜年号(483—493)。

【译文】

到南朝齐著作郎沈约,又补撰旧史的遗漏缺憾,重新撰写新的宋史。记事从东晋安帝司马德宗义熙年开始,到南朝宋顺帝刘准昇明三年结束,分为纪十卷、志三十卷、列传六十卷,合计一百卷,名叫《宋书》。南朝齐武帝萧赜永明末年,此书刊行以后,河东裴子野又将其删订为《宋略》二十卷。沈约见到《宋略》后感叹说:"我赶不上裴子野啊!"从此世人谈论宋史的,都以裴子野《宋略》为最好,以沈约《宋书》为其次。

　　以上说的是《宋书》。

　　齐史,江淹始受诏著述①,以为史之所难,无出于志,故先著十志,以见其才。沈约复撰《齐纪》二十篇②。梁天监中③,太尉录事萧子显启撰齐史④,书成,表奏之,诏付秘阁。起昇明之年,尽永元之代⑤,为纪八、志十一、列传四十,合成五十九篇。

【注释】

①江淹(444—505):南朝文学家。《梁书·江淹传》云:"淹,字文通,济阳考城人。起家南徐州从事,转奉朝请。昇明初,齐帝辅政,闻其才,召为尚书驾部郎,建元初,参掌诏册,并典国史。永明初,掌国史,寻为秘书监。淹少以文章显,撰《齐史》十志,行于世。"《南史》本传云:"所撰十三篇,竟无次序。"又云:"撰齐史传志。"据《南齐书·檀超传》记载,江淹受诏修《齐史》,不止作志,只是"先修十志"罢了。但史传均无"为史之所难,无出于志"的记载。

②沈约复撰《齐纪》二十篇:《梁书》、《南史》本传均载沈约撰《齐纪》二十卷。参见《二体》篇注。

③天监:梁武帝萧衍年号(502—519)。

④萧子显启撰齐史:《梁书·萧子显传》略云:子显,字景阳,好学,

工属文。启撰齐史，书成，表奏之，诏付秘阁。所著《齐书》六十
卷。启，开始。

⑤永元：齐东昏侯萧宝卷年号（499—501）。

【译文】

南朝齐的国史，江淹开始接受朝廷诏令而著述，认为撰修历史的困
难，最难的是修撰史志，所以他先撰写了十志，想以此来显示自己的才
华。沈约又撰写了《齐纪》二十篇。梁武帝萧衍天监年间，太尉录事萧
子显开始写作齐史，著作完成后，上表奏告朝廷，朝廷诏令秘阁收藏。
记事起于宋顺帝昇明年间，止于齐东昏侯萧宝卷永元时代，分为纪八
篇、志十一篇、列传四十篇，共计五十九篇。

时奉朝请吴均亦表请撰齐史①，乞给《起居注》并《群臣
行状》。有诏："齐氏故事，布在流俗，闻见既多，可自搜访
也。"均遂撰《齐春秋》三十篇。其书称梁帝为齐明佐命②，帝
恶其实，诏燔之③。然其私本竟能与萧氏所撰并传于后。

右说《齐书》。

【注释】

①吴均：见《六家》篇"《左传》家"注。《南史·吴均传》略云：吴均，
　吴兴故鄣（今浙江安吉）人。字叔庠(xiáng)。好学有俊才。欲撰
　齐史以出名，求借齐《起居注》及《群臣行状》，武帝不许。遂私撰
　《齐春秋》，奏之。书称武帝齐明佐命，帝恶其实录，以其书不实，
　敕付省焚之，坐免职。《隋书·经籍志》和新、旧《唐志》均著录其
　所撰《齐春秋》三十卷。

②梁帝：梁武帝萧衍。齐明：齐明帝萧鸾。佐命：古代帝王得天下，
　自称是上应天命，故称辅佐帝王创业为"佐命"。

③燔：焚烧。

【译文】

　　当时奉朝请吴均也上表请求撰写齐史，并请求借给他齐朝《起居注》与《群臣行状》。皇帝诏令说："齐朝的历史事迹，流传在民间，你耳闻目睹已经很多，可以自己去搜求访问。"于是吴均撰写了《齐春秋》三十篇。书中说梁武帝曾任齐明帝的佐命小臣，梁武帝讨厌他这种据实记载，命令焚烧此书。然而吴均私下里保存的副本竟能与萧子显所撰的《齐史》一起流传后世。

　　以上说的是《齐书》。

　　梁史，武帝时，沈约与给事中周兴嗣、步兵校尉鲍行卿、秘书监谢昊相承撰录①，已有百篇。值承圣沦没②，并从焚荡。庐江何之元、沛国刘璠以所闻见究其始末③，各撰《梁典》三十篇，而纪传之书未有其作。陈祠部郎中姚察有志撰勒④，施功未周。但既当朝务，兼知国史，至于陈亡，其书不就。

　　右说《梁书》。

【注释】

①周兴嗣（？—521）：《梁书·周兴嗣传》略云：兴嗣，字思纂，陈郡项（今河南沈丘）人。博通纪传，佐撰国史。所撰《皇帝实录》、《皇德记》、《起居注》等百余卷。鲍行卿（？—551）：《南史·鲍泉传》附鲍行卿传略云：行卿以博学大才称，位后军临川王录事，兼中书舍人，迁步兵校尉，撰《皇宝仪》十三卷、《乘舆龙飞记》二卷。谢昊：生卒年不详。梁中书郎。《隋书·经籍志》著录：《梁史》四十九卷，梁中书郎谢昊撰。《新唐书·艺文志》著录谢昊《梁典》三十九卷。

②承圣：梁元帝年号（552—554）。沦没：指金陵沦没于侯景之乱。

③庐江何之元、沛国刘璠：《通释》注云："《陈书》何之元、《周书》刘
　璠二传，各言撰《梁典》三十卷，《隋》、《唐》二志亦皆分载二典。
　而《史通》以为二人合撰，则《梁典》只是一书耳，足正二志之歧
　出"。程千帆《史通笺记》引《隋书经籍志考证》云："何、刘实非合
　撰，'合'字当是'各'字之误。"

④姚察：姚思廉之父。生卒年不详，字伯审，南朝历史学家，历梁、
　陈、隋三朝，于陈朝任秘书监、领大著作等职，于隋朝任秘书丞。
　曾受命撰梁、陈二史，未竟而卒。

【译文】

　　南朝梁的国史，在梁武帝时候，沈约与给事中周兴嗣、步兵校尉鲍
行卿、秘书监谢昊先后都有著述，总计已有一百多篇。此时正值梁元帝
承圣年间金陵沦没于侯景之乱，这些著述也随之焚毁。庐江何之元、沛
国刘璠根据自己的所见所闻探究事情的始末经过，各自撰写了《梁典》
三十篇，然而帝纪列传仍然没有人写作。陈朝祠部郎中姚察有志要撰
著梁史，但未能全身心投入撰写。既要承担朝廷政务，又要主持国史的
修撰工作，直到陈亡国时，梁史也未能修成。

　　以上说的是《梁书》。

　　陈史，初有吴郡顾野王、北地傅缚各为撰史学士①，其
武、文二帝纪即顾、傅所修。太建初，中书郎陆琼续撰诸
篇②，事伤烦杂。姚察就加删改，粗有条贯。及江东不守，持
以入关。隋文帝尝索梁、陈事迹，察具以所成每篇续奏，而
依违荏苒，竟未绝笔。

【注释】

①顾野王(519—？)：字希冯，吴郡吴(今江苏苏州)人。生于梁武帝

天监十八年(519)，幼好学，善属文。尝制《日赋》，领军朱异见而奇之。十二岁，随父至建安，著《建安地记》二篇。长而遍观经史，博通群学，又善丹青。与王褒同为梁宣城王宾客。王于东府起斋，命野王画古贤像，褒作赞，时人称为"二绝"，梁亡入陈，天嘉初，补撰史学士。又《陈书》本传云："太建二年，迁国子博士……六年，除太子率更令，寻领大著作，掌国史，知梁史事，兼东宫通事舍人。时宫僚有济阳江总、吴国陆琼、北地傅𬘘、吴兴姚察，并以才学显著……撰国史纪、传二百卷，未就而卒。"傅𬘘(518—581)：《陈书•傅𬘘传》云："𬘘，字宜事，北地灵州人也……世祖召为撰史学士。"《旧唐书•经籍志》著录：《陈书》三卷，顾野王撰。又三卷，傅𬘘撰。

②陆琼(537—586)：《陈书•陆琼传》略云：琼，字伯玉，有至性。吴郡吴(今江苏苏州)人，太建元年(569)，转中书侍郎，又领大著作，撰国史。《隋书•经籍志》著录："《陈书》四十二卷，讫宣帝。陈吏部尚书陆琼撰。"

【译文】

南朝陈国史，当初有吴郡顾野王、北地傅𬘘各为撰史学士，其中《武帝纪》、《文帝纪》就是他们二人所撰写。陈宣帝太建初年，中书郎陆琼接着撰写了许多篇，但记事过于繁杂。姚察就此加以删改整理，已粗具条理规模。到陈灭亡，姚察便将史书带入新朝。隋文帝曾向姚察索要梁、陈二代的事迹记载，姚察每整理好一篇即奏上一篇，但因反复斟酌而延宕很久，最终却未能完成。

皇家贞观初，其子思廉为著作郎，奉诏撰成二史①。于是凭其旧稿，加以新录，弥历九载，方始毕功。定为《梁书》五十卷、《陈书》三十六卷，今并行世焉。

右说《陈书》。

【注释】

①思廉为著作郎,奉诏撰成二史:《旧唐书·姚思廉传》略云:姚思廉,父察在陈尝修梁、陈二史,未就,临终令思廉续成其志。入隋,思廉上表陈父遗言,有诏许其续成梁、陈史。贞观初,迁著作郎。三年(629)诏与魏徵同撰梁、陈二史。思廉又采谢昊等诸家梁史,续成父书。推究陈事,删益傅缚,撰成《梁书》五十卷,《陈书》三十卷。魏徵虽裁其总论,其编次笔削,皆思廉之功。《旧唐书·经籍志》著录:姚思廉撰《梁书》五十卷,《陈书》三十六卷。

【译文】

唐朝贞观初年,姚察的儿子姚思廉担任著作郎,遵奉皇帝诏令撰写梁、陈二史。于是依凭旧有的书稿,加进新撰的内容,历时九年功夫,才完成这项工作。定名为《梁书》五十六卷、《陈书》三十六卷,现在都在世上流行。

以上说的是《陈书》。

十六国史,前赵刘聪时①,领左国史公师彧撰《高祖本纪》及功臣传二十人②,甚得良史之体。凌修谮其讪谤先帝,聪怒而诛之。刘曜时,平舆子和苞撰《汉赵记》十篇③,事止当年,不终曜灭。

【注释】

①前赵刘聪(?—318):前赵刘渊第四子,字玄明。晋永嘉四年(311),杀兄和自立。遣王弥、刘曜攻陷洛阳。执晋怀帝。骄奢淫暴,杀戮无已。晋愍帝即位于长安,刘聪遣刘曜陷之。刘聪在

位八年死,谥昭武,庙号烈宗。

②公师彧:生卒年不详,《通释》注云:"前赵公师彧,善相人,刘渊深相崇敬。后官太史大夫,为刘聪所诛。"嘉平初,以太史大夫领左国史,撰汉君臣传记。

③和苞撰《汉赵记》:和苞,生卒年不详,刘曜时谏营寿陵,封平舆子。事见《晋书·前赵刘曜载记》。参见《史官建置》篇注。

【译文】

十六国的国史,前赵刘聪在位时,担任左国史的公师彧撰写了《高祖本纪》与二十位功臣的传记,很符合良史的体例与规范。因为凌修诬告他诽谤先帝刘渊,刘聪大怒而杀了公师彧。刘曜当政时,平舆子和苞撰写了《汉赵记》十篇,记事止于写作当年,没有记载到刘曜灭亡。

后赵石勒命其臣徐光、宗历、傅畅、郑愔等撰《上党国记》、《起居注》、《赵书》①。其后又令王兰、陈宴、程阴、徐机等相次撰述。至石虎,并令刊削,使勒功业不传。其后燕太傅长史田融、宋尚书库部郎郭仲产、北中郎参军王度追撰二石事②,集为《邺都记》、《赵记》等书。

【注释】

①石勒(274—333):羯人。居上党武乡(今属山西),字世龙。十六国时期后赵的建立者,《晋书·石勒载记》记载:石勒年十四,行贩洛阳,倚啸上东门。王衍见而异之,谓将为天下患,遣收之,勒已行矣。长为群盗,归刘渊,渊使将兵,陷州郡甚众,乃据襄城。晋太兴中叛前赵称王,旋杀刘曜称帝。十六国中,最称强盛,有冀、并、幽、司、豫、兖、青、徐、雍、秦十州之地。在位十五年,谥明帝,庙号高祖。徐光:生卒年不详。《通释》注云:"光字季武,顿

邱人，石勒记室参军。迁中书令，领秘书监。"傅畅：生卒年不详。
《通释》注云："畅，字世道，北地人，为大将军右司马，谙识朝仪，
勒器之，作《晋诸公叙赞》二十卷，《公卿故事》九卷。"又《晋书·
石勒载记》云："参军傅畅并领经学祭酒……任播崔浚为史学
祭酒。"

②田融：生卒年不详。《隋书·经籍志》著录："《赵书》十卷。"注"一
曰《二石集》，记石勒事，伪燕太傅长史田融撰"。《旧唐书·经籍
志》著录："《赵石记》二十卷，《二石记》二十卷。田融撰。"郭仲
产：事迹及著述待考。王度：生卒年不详。《隋书·经籍志》著
录："《二石传》二卷，《二石伪治时事》二卷，晋北中郎参军王度
撰。"新、旧《唐志》均著录"《二石伪事》六卷，王度、随咧等撰"。

【译文】

后赵皇帝石勒命令大臣徐光、宗历、傅畅、郑愔等人撰写《上党国
记》、《起居注》、《赵书》。后来又命令王兰、陈宴、程阴、徐机等相继撰写
后赵史事。到石虎登上帝位后，即下令全部进行删削，使石勒的功绩不
能传世。后来燕太傅长史田融、宋尚书库部郎郭仲产、北中郎参军王度
等人补写上石勒事迹，汇集为《邺都记》、《赵记》等书。

前燕有起居注，杜辅全录以为《燕纪》①。后燕建兴元
年②，董统受诏草创后书③，著本纪并佐命功臣、王公列传，合
三十卷。慕容垂称其叙事富赡，足成一家之言。但褒述过
美，有惭董、史之直。其后申秀、范亨各取前后二燕合成
一史④。

【注释】

①杜辅全录以为《燕纪》：《隋书·经籍志》和新、旧《唐志》均未著录

前燕《起居注》与杜辅全所撰《燕纪》。杜辅全,生平不详。

②建兴:后燕慕容垂年号(386—395)。

③董统受诏草创后书:后书即后燕史书。《隋书·经籍志》和新、旧《唐志》均未著录。董统为劝慕容垂即皇帝位之人。

④申秀、范亨各取前后二燕合成一史:《隋书·经籍志》和新、旧《唐志》均著录;《燕书》二十卷,记慕容儁事。伪燕尚书范亨撰。申秀,《晋书·冯跋载记》云:官散骑常侍,"给事冯懿,以倾佞有幸"。

【译文】

前燕原有《起居注》,杜辅全抄录整理定名为《燕纪》。后燕建兴元年,董统奉诏撰写后燕国史,撰写了帝王本纪和辅佐功臣、王公的列传,合计为三十卷。慕容垂称赞这部著作叙事详尽丰富,完全能成一家之言。但此书叙述过于褒美,有愧于董狐、南史的直笔传统。后来申秀、范亨分别依据杜辅全的《燕记》与董统的著作,整合成一部前燕史。

南燕有赵郡王景晖,尝事德、超,撰二主起居注。超亡,仕于冯氏,官至中书令,仍撰《南燕录》六卷①。

【注释】

①《南燕录》六卷:《隋书·经籍志》、《旧唐书·经籍志》均著录王景晖撰《南燕录》六卷。

【译文】

南燕有赵郡人王景晖,曾在南燕慕容德、慕容超二朝为官,撰写了两位君主的起居注。慕容超死后,任职于北燕冯氏朝,做官直到中书令,依然撰写了《南燕录》六卷。

蜀初号曰成,后改称汉。李势散骑常侍常璩撰《汉书》

十卷。后入晋秘阁，改为《蜀李书》。璩又撰《华阳国志》，具载李氏兴灭。

【译文】

蜀国最初叫成，后改名叫汉。李势在位时散骑常侍常璩撰成《汉书》十卷。后来此书收藏入东晋秘阁，改为《蜀李书》。常璩还撰写了《华阳国志》，详细记载了李氏成汉政权的兴亡。

前凉张骏十五年，命其西曹边浏集内外事以付秀才索绥①，作《凉国春秋》五十卷。又张重华护军参军刘庆在东苑专修国史二十余年②，著《凉记》十二卷。建康太守索晖、从事中郎刘昞又各著《凉书》③。

【注释】

①边浏：事迹不详。索绥：生卒年不详，字士艾，十六国时期著名学者。《通释》注云："索绥，字士艾，敦煌人。幼举孝廉，又举秀才，为儒林祭酒。"《隋书·经籍志》和新、旧《唐志》均未著录他的《凉国春秋》。

②刘庆：参见《史官建置》篇注。所著《凉记》十二卷，《隋书·经籍志》和新、旧《唐志》均未见著录。

③索晖：事迹及《凉书》未见史传和著录，情况不详。

【译文】

前凉忠成公张骏执政十五年，命令西曹边浏搜集朝廷内外的史事资料交给秀才索绥，索绥撰写了《凉国春秋》五十卷。还有敬烈公张重华的护军参军刘庆在东苑专门撰修国史二十多年，撰著了《凉记》十二卷。建康太守索晖、从事中郎刘昞又各自写成《凉书》。

前秦史官,初有赵渊、车敬、梁熙、韦谭相继著述①。符坚尝取而观之,见苟太后幸李威事,怒而焚灭其本②。后著作郎董谊追录旧语③,十不一存。及宋武帝入关,曾访秦国事,又命梁州刺史吉翰问诸仇池④,并无所获。先是,秦秘书郎赵整参撰国史⑤,值秦灭,隐于商洛山,著书不辍,有冯翊、车频助其经费⑥。整卒,翰乃启频纂成其书,以元嘉九年起,至二十八年方罢,定为三卷。而年月失次,首尾不伦。河东裴景仁又正其讹僻,删为《秦纪》十一篇⑦。

【注释】

①赵渊:即赵泉,避唐讳改。梁熙:官至中书令,伐张天锡有功,迁护西羌校尉。韦谭:待考。

②符坚尝取而观之,见苟太后幸李威事,怒而焚灭其本:事见《晋书·符坚载记》:初,坚母少寡,将军李威有辟阳之宠,史官载之。至是,坚收起居注及著作所录而观之。见其事,惭怒,乃焚其书,而大检史官,将加其罪。著作郎赵泉、车敬等已死,乃止。又《十六国春秋辑补》记载:李威,字伯龙,苟太后姑子,符坚曾事之如父,符坚即帝位即得李威之助。

③著作郎董谊追录旧语:《十六国春秋辑补》云"著作郎董谊虽皆书时事,然十不留一"。《十六国春秋辑补》"前秦录"则作"著作郎董裴虽更书时事,然千不留一"。

④吉翰问诸仇池:《宋书·吉翰传》云:翰,字休文,冯翊池阳人。为将佐十余年。元嘉元年,任梁南秦二州刺史。三年,仇池氏杨兴平遣使归顺,翰遣庞咨据武兴。仇池,山名,在今甘肃成县西。此指杨氏政权。吉翰撰史之事,《宋书》、《南史》本传均无记载。

⑤赵整:《十六国春秋辑补》"前秦录"云:"赵整,字文业,一名正。

为坚著作郎、秘书侍郎。博闻经记，能属文，好直言。愿欲出家，坚弗许，及坚死，方遂其志，更名道整。后遁迹商洛山，专精经律。"

⑥冯翊：郡名，今陕西大荔县。车频：事迹不详。《世说新语·识鉴》注引车频《秦书》述符坚生应符命及其将问晋鼎事。

⑦河东裴景仁又正其讹僻，删为《秦纪》十一篇：《隋书·经籍志》和新、旧《唐志》均有著录：《秦记》十一卷，宋殿中将军裴景仁撰，梁雍州主簿杜惠明注。

【译文】

前秦的史官，最初有赵渊、车敬、梁熙、韦谭相继撰写过国史。符坚曾拿来阅读过，当看到记载母亲苟太后宠幸李威的事时，大怒而全部烧毁其记载。后来著作郎董谊追记以前的旧史记载，十分之一都不到了。到宋武帝刘裕出兵关中，曾访求秦国的史事，又命令梁州刺史吉翰到氐族聚居地仇池去寻问，都没有收获。过去，秦国秘书郎赵整曾参与修撰国史，正值秦灭亡，便隐居商洛山，著述不止，有冯翊、车频资助他经费。赵整死后，吉翰就邀请车频继续编纂此书，从元嘉九年开始，到二十八年才编纂结束，定稿为三卷。但书中时间混乱，前后体例不一。所以河东人裴景仁又来纠正该书的讹误，删定为《秦纪》十一篇。

后秦扶风马僧虔、何东卫隆景并著《秦史》①。及姚氏之灭，残缺者多。泓从弟和都，仕魏为左民尚书，又追撰《秦纪》十卷②。

【注释】

①扶风马僧虔、何东卫隆景并著《秦史》：马、何并著《秦史》事，《隋书·经籍志》和新、旧《唐志》均无著录。二人事迹不详。

②《秦纪》十卷：《隋书·经籍志》著录"《秦纪》十卷。记姚苌事，魏

左民尚书姚和都撰。"

【译文】

后秦的扶风人马僧虔、何东人卫隆景同时撰写了《秦史》。到后秦姚氏政权灭亡，《秦史》残缺散佚很多。姚泓的堂弟姚和都，在北朝魏任左民尚书，又重新撰写了《秦纪》十卷。

夏天水赵思群、北地张渊①，于真兴、承光之世②，并受命著其国书。及统万之亡③，多见焚烧。

【注释】

①夏：匈奴贵族赫连勃勃所建国，都长安（今陕西西安）。始自龙升元年（406）勃勃称王，终于赫连定胜光三年（430），凡三传，二十五年。赵思群：即赵逸，生卒年不详。《魏书·赵逸传》云："逸，字思群，天水人也……好学夙成，仕姚兴，历中书侍郎。为兴将齐难军司，征赫连屈丐。难败，为屈丐所虏，拜著作郎。世祖平统万，见逸所著，曰：'此竖无道，安得为此言乎？作者谁也，其速推之。'司徒崔浩曰：'彼之谬述，亦犹子云之美新，皇王之道，固宜容之。'世祖乃止，拜中书侍郎。"张渊：生卒年不详。《魏书·张渊传》云："张渊，不知何许人……自云尝事苻坚……又仕姚兴父子，为灵台令。姚泓灭，入赫连昌，昌复以渊及徐辩封为太史令。世祖平统万，渊与辩俱见获。世祖以渊为太史令，数见访问。"《北史》本传讳"渊"为"深"。二人著夏国史事未见史传，也未见著录。

②真兴、承光：真兴是赫连勃勃年号（419—424）。承光为赫连昌年号（425—427）。

③统万：大夏国最初都城，在今陕西靖边。此代指夏。

【译文】

夏国天水人赵思群、北地人张渊，在真兴、承光年间，一起接受朝廷命令撰写夏国史。等到夏亡国，所写国史大多被焚烧了。

　　西凉与西秦，其史或当代所书①，或他邦所录。段龟龙记吕氏②，宗钦记沮渠氏③，失名记秃发氏，韩显宗记冯氏④。唯有三者可知，自余不详谁作⑤。

【注释】

①当代所书：《魏书·刘昞传》云："昞，子延明，敦煌人也……李暠私署，征为儒林祭酒、从事中郎……昞著《凉书》十卷，《敦煌实录》二十卷。"

②段龟龙记吕氏：《隋书·经籍志》著录："《凉记》十卷，记吕光事，伪凉著作佐郎段龟龙撰。"新、旧《唐志》又著录段著《西河记》二卷。

③宗钦记沮渠氏：《魏书·宗钦传》云："钦，字景若，金城人也。父燮，吕光太常卿。钦少而好学，有儒者之风……仕沮渠蒙逊，为中书郎……世祖平凉州，入国……拜著作郎……崔浩之诛也，钦亦赐死。钦在河西，撰《蒙逊记》十卷，无足可称。"

④韩显宗记冯氏：《魏书·韩显宗传》云：显宗，字茂亲，性刚直，能面折庭诤，亦有才学。除著作佐郎。高祖谓显宗曰：见卿所撰《燕志》，大胜比来之文，然校卿才能，可居中第。显宗撰冯氏《燕志》、《孝友传》各十卷。

⑤自余不详谁作：《通释》注云："后凉氐酋吕光第十三，北凉卢水胡沮蒙逊第十四，南凉托跋秃发乌孤第十五，北燕信都冯跋第十六，四国皆有史，而一失名。"

【译文】

西凉与西秦的国史，有的是当代人撰写的，有的是别的王朝撰写的。凉国著作佐郎段龟龙记载了吕氏的后凉国史事，宗钦撰写了沮渠氏的北凉国史,不知名者撰写了秃发氏的南凉国史,北魏中书侍郎韩显宗修撰了冯氏北燕的国史。只有这三家可以弄清楚,其余的史书就不知是谁所作了。

　　魏世黄门侍郎崔鸿,乃考核众家,辨其同异,除烦补阙,错综纲纪,易其"国书"曰"录",主"纪"曰"传",都谓之《十六国春秋》①。鸿始以景明之初求诸国逸史②,逮正始元年③,鸠集稽备,而犹阙蜀事,不果成书。推求十有五年,始于江东购获,乃增其篇目,勒为一百二卷。鸿殁后,永安中,其子缮写奏上,请藏诸秘阁。由是伪史宣布,大行于时。

　　右说《十六国春秋》。

【注释】

①《十六国春秋》:此书基本内容及著述经过,参见《表历》、《探赜》等篇注。《通释》引《魏书·崔鸿传》云:"子子元,永安中,奏其父书曰:'臣亡考鸿,任属记言,刊著赵、燕、秦、夏、凉、蜀等遗载,为之赞序。先朝之日,草构悉了,唯有李雄《蜀书》,搜索未获。阙兹一国,迟留未成。去正光三年,购访始得,讨论适讫,而先臣弃世。凡十六国,名曰《春秋》,一百二卷。今缮写一本,敢以仰呈。倘或浅陋,不回睿赏。乞藏秘阁,以广异家。"《北史·崔鸿传》云:鸿乃撰《十六国春秋》,勒成百卷,又别作序例一卷,年志一卷。凡一百二卷。今仅存辑本。

②景明:北魏宣武帝拓跋恪年号(500—503)。

③正始:北魏宣武帝拓跋恪年号(504—508)。

【译文】

北朝魏黄门侍郎崔鸿,竟考察研究上述各家的记载,辨别它们的异同,删削烦杂补充缺漏,综合整理大纲要领,改"国书"为"录",改帝王的"纪"为"传",总的叫《十六国春秋》。崔鸿开始于景明初年搜求各国的史书,到正始元年,搜求考核基本完成,唯独缺少蜀国史,不能编撰成书。又研究探寻了十五年,才在江南购得蜀国史,于是增加了篇幅,编成一百零二卷。崔鸿死后,永安年间,他的儿子誊抄后上呈皇帝,请求收藏在秘阁中。此后伪十六国王朝的历史公布于世,广泛流行于当时。

以上说的是《十六国春秋》。

元魏史,道武时,始令邓渊著国纪①,唯为十卷,而条例未成。暨乎明元②,废而不述。神䴥二年③,又诏集诸文士崔浩、浩弟览、高谠、邓颖、晁继、范亨、黄辅等撰国书④,为三十卷。又特命浩总监史任,务从实录。复以中书郎高允、散骑侍郎张伟并参著作⑤,续成前史书,叙述国事,无隐所恶,而刊石写之,以示行路。浩坐此夷三族⑥,同作死者百二十八人。自是遂废史官。至文成帝和平元年,始复其职,而以高允典著作,修国记⑦。允年已九十,手目俱衰。时有校书郎刘模⑧,长于缉缀,乃令执笔而口占授之。如是者五六岁。所成篇卷,模有力焉。

【注释】

①邓渊:生卒年不详。《魏书·邓渊传》云:渊,字彦海,安定人。博览经书,太祖定中原,擢为著作郎,诏渊撰国记。渊造十余卷,惟次年月起居行事而已,未有体例。

②明元:魏太宗拓跋嗣谥号。

③神䴥:北魏太武帝年号(428—431)。

④又诏集诸文士崔浩、浩弟览、高谠、邓颖、晁继、范亨、黄辅等撰国

书:《魏书·崔浩传》云:神䴥二年(429),诏集诸文人撰录国书,浩及弟览、高谠、邓颖、晁继、范亨、黄辅等共参著作,叙成《国书》三十卷。

⑤复以中书郎高允、散骑侍郎张伟并参著作:《魏书·崔浩传》略云:世祖诏浩曰:"……史阙其职,篇籍不著,每惧斯事之坠焉……命公留台,综理史务,述成此书,务存实录。"浩于是监秘书事,以中书侍郎高允,散骑侍郎张伟参著作。续成前纪。至于损益褒贬,折中润色,浩所总焉。

⑥浩坐此夷三族:《魏书·崔浩传》云:著作令史太原闵湛,赵郡郄标素谄事浩,乃请立石铭,刊载《国书》……浩尽述国事,备而不典。而石铭显在衢路,往来行者咸以为言,事遂闻发。有司按验浩……浩伏受赇,其秘书郎吏已下尽死。"诛浩,崔、卢、郭、柳氏皆浩之姻亲,尽夷其族。

⑦以高允典著作,修国记:《魏书·高允传》略云:允,字伯恭,渤海人。与司徒崔浩述成国记,领著作郎。闵湛劝浩刊所撰国史于石,用垂不朽,以彰浩直笔之迹。允闻之曰:恐为崔门万世之祸,吾徒无类矣。未几而难作,浩被收。世祖召允谓曰:国书皆崔浩作不? 允对曰:《太祖记》前著作郎邓渊所撰。《先帝纪》及《今纪》,臣与崔浩同作。然浩综务处多,总裁而已。至于注疏,臣多于浩。'世祖曰:'对君以实,贞臣也。'允竟得免。敕允为诏,自浩以下僮吏已上百二十八人皆夷五族。其后允又迁中书监,加散骑常侍,虽久典史事,然而不能专勤属述。时与校书郎刘模有所缉缀,大较续催浩故事,准春秋之体,而时有刊正。

⑧刘模:事见《魏书·高允传》。"允所引刘模者,长乐信都人……允领秘书典著作,选为校书郎。允修撰《国记》,与俱缉著……允年已九十,目手稍衰,多遣模执笔而指授裁断之。如此者五六岁,允所成篇卷,著论上下模预有功焉。"

【译文】

元魏朝的国史,道武帝拓跋珪时代,就诏令邓渊撰写了《国纪》,仅有十卷,而且条理体例都不完善。到太宗拓跋嗣时,就停止编撰了。太武帝神䴥二年,又诏集崔浩、崔浩弟崔览、高谠、邓颖、晁继、范亨、黄辅等文士撰写国书,成书三十卷。又特别命令崔浩总领修史工作,要求严格按照实情真实记录。还命令中书郎高允、散骑侍郎张伟一起参加撰写,接着完成之前的史书,叙述国家大事,不能隐瞒过失,将内容刊刻在石碑上,来让行路人阅读。崔浩因此事而被灭三族,同时被处死的有一百二十八人。从此朝廷废除史官。直到文成帝和平元年,才恢复这一职位,并委任高允掌管著作事宜,领导修撰国史。高允年龄已九十岁,手力眼力都衰退了。当时有一校书郎刘模,擅长编辑工作,于是让高允执笔记录而自己口述。像这样持续了五六年。所完成的史书中,刘模有很大的功劳。

初,国记自邓、崔以下,皆相承作编年体。至孝文太和十一年,诏秘书丞李彪、著作郎崔光始分为纪传异科[1]。宣武时,命邢峦追撰《孝文起居注》[2]。既而崔光、王遵业补续[3],下讫孝明之世。温子昇复修《孝庄纪》[4],济阴王晖业撰《辨宗室录》[5]。魏史官私所撰,尽于斯矣。

【注释】

①李彪(444—501):《魏书·李彪传》云:"彪,字道固。笃学不倦。高祖初,为中书教学博士,迁秘书丞,参著作。"自成帝以来,至于太和,崔浩、高允著述《国书》,编年序录,为《春秋》之体,遗落时事,三无一存。彪与秘书令高祐始奏从迁、固之体,创为纪、传、表、志之目焉"。崔光(449—522):《魏书·崔光传》云:光本

名孝伯，字长仁，太和六年(482)，拜中书博士，转著作郎，与秘书
丞李彪参撰国书。太和之末，彪解著作，专以史事任光……光撰
魏史，徒有卷目，初未考正，阙略尤多。每云，此史会非我世所
成，但须记录时事，以待后人。临薨，言鸿于肃宗。卒谥"文宣"。
一生著述宏富，但大多散失。

②邢峦追撰《孝文起居注》：《魏书·邢峦传》云：峦，字洪宾。少而
好学，博览书籍，有文才干略，拜中书博士，迁员外散骑侍郎，为
高祖所知赏。"《北齐书·魏收传》云："宣武时，命邢峦追撰孝文
起居注书。"

③王遵业补续：《魏书·王遵业传》略云：遵业涉历经史，位著作佐
郎，与司徒左长史崔鸿同撰起居注。诣代京，采拾遗文，以补起
居所阙。著《三晋记》十卷。

④温子昇复修《孝庄纪》：《魏书·温子昇传》记载：子昇，字鹏举，自云
太原(今属山西)人，晋大将军峤之后。博览百家，文章清婉。初
为南主客郎中，修起居注……撰《永安记》三卷，又复修《孝庄记》。

⑤济阴王晖业撰《辨宗室录》：《魏书·济阴王传》附晖业传云：晖
业，长涉子史，亦颇属文，撰魏藩王家世，号为《辨宗室录》，四十
卷，行于世。

【译文】

起初，北魏国史从邓渊、崔浩之后，都是相互继承写成编年体。直
到孝文帝太和十一年，诏令秘书丞李彪、著作郎崔光开始分纪传各科撰
写。宣武帝元恪在位时，命令邢峦追记《孝文起居注》。不久，崔光、王
遵业补充了《孝文起居注》，一直记到孝明帝在位时。温子昇又修撰了
《孝庄纪》，济阴王晖业撰写了《辨宗室录》。北魏史官方与私人所撰写
的，全都在这里了。

齐天保二年①，敕秘书监魏收博采旧闻②，勒成一史。又

命刁柔、辛元植、房延祐、睦仲让、裴昂之、高孝幹等助其编次③。收所取史官,惧相凌忽④,故刁、辛诸子并乏史才,唯以仿佛学流,凭附得进。于是大征百家谱状,斟酌以成《魏书》。上自道武,下终孝靖⑤,纪、传与志凡百三十卷。收诇齐氏,于魏室多不平。既党北朝,又厚诬江左。性憎胜己,喜念旧恶,甲门盛德与之有怨者,莫不被以丑言,没其善事。迁怒所至,毁及高曾。书成始奏,诏收于尚书省与诸家论讨。前后列诉者百有余人。时尚书令杨遵彦,一代贵臣,势倾朝野,收撰其家传甚美,是以深被党援。诸讼史者皆获重罚,或有毙于狱中。群怨谤声不息。孝昭世⑥,敕收更加研审,然后宣布于外。武成尝访诸群臣,犹云不实,又令治改,其所变易甚多。由是世薄其书⑦,号为"秽史"。

【注释】

①天保:北齐文宣帝高洋年号(550—559)。

②魏收博采旧闻:初以父功,仕北魏太学博士。与温子昇、邢子才,人称"北地三才"。东魏时任中书侍郎,转秘书监。入北齐,官至尚书右仆射。齐文宣帝天保二年(551),奉命著《魏书》,四年(553)完书。《魏书》对人物褒贬不公,被称为"秽史"。曾被迫两次修订。事见《北齐书》、《北史》本传。

③刁柔(501—556):字子温,南北朝北齐渤海饶安(今河北盐山)人。官中书舍人。得魏收推荐而参与编纂国史。辛元植:生卒年不详,南北朝魏人。房延祐:生卒年不详,南北朝魏人。睦仲让:睦豫宗族,北齐天保时,任尚书左丞。裴昂之:生平不详。高孝幹:南北朝魏人,曾任司空东阁祭酒。

④凌:超越。忽:轻视。

⑤孝靖：当为孝则，即魏孝武帝，名元修，字孝则，是北魏最后一位
　　皇帝。

⑥孝昭：即北齐孝昭帝高演。

⑦薄：轻视，鄙视。

【译文】

　　北齐天保二年，朝廷命令秘书监魏收广泛搜集前朝史事，撰写成一部史书。又命令刁柔、辛元植、房延祐、睦仲让、裴昂之、高孝幹等协助魏收编纂。魏收所选用史官时，害怕他们超越自己从而轻视自己，所以刁柔、辛元植等人都没有修史才能，只是因为他们好像是学者，依附他人而得以升迁。于是他们广泛地征集百家谱牒，斟酌取舍而编成《魏书》。记事上自道武帝拓跋珪，下到孝武帝孝则，纪、传与志共一百三十卷。魏收谄媚北齐，对北魏宗室多有不公平的记载。他既偏袒北朝，又大肆诬蔑南朝。魏收天性憎恶胜过自己的人，喜欢记旧仇，名门望族与他有仇怨的，没有不被加以丑化凌辱的言辞，埋没他们的善行。他迁怒所及，直至诋毁他人的高祖曾祖。《魏书》完成后上奏朝廷，皇帝诏令魏收在尚书省与所写人物的子孙共同讨论。前后呈书控告他的有一百多人。当时的尚书令杨遵彦，是一代地位尊崇的大臣，其权势影响朝廷内外，魏收撰写他的家传时大加赞美，所以魏收深得杨遵彦的庇护。各位上诉魏收的人都受到了严厉惩罚，有的竟在狱中被杀害。群情激愤怨骂声不断。到孝昭帝高演时，诏令魏收重新研究审核，然后公布于世。武成帝高湛曾询问群臣意见，大家仍然说该书记事不真实，又命令魏收整理修改，魏收所变动修改的内容很多。因此社会上都轻视此书，称它为"秽史"。

　　至隋开皇，敕著作郎魏澹与颜之推、辛德源更撰《魏书》①，矫正收失。澹以西魏为真，东魏为伪，故文、恭列纪，孝靖称传。合纪、传、论例，总九十二篇。炀帝以澹书犹未

能善，又敕左仆射杨素别撰②，学士潘徽、褚亮、欧阳询等佐之③。会素薨而止。今世称魏史者，犹以收本为主焉。

右说《后魏书》。

【注释】

①魏澹：参见《本纪》篇注。《隋书·魏澹传》云："高祖受禅，以魏收所撰书，褒贬失实。诏澹别成魏史，澹自道武下及恭帝为十二纪、七十八传，别为史论及例一卷，并目录合九十二卷。澹之义例，与魏收多所不同。"《隋书·经籍志》著录作百卷，《旧唐书·经籍志》著录一百七卷。颜之推（529—595）：《北齐书·颜之推传》云：之推，字介，琅琊（今山东临沂）人。早传家业，博览群书。仕齐为平原太守，齐亡入周。大象末，为御史上士。隋开皇中，太于召为学士，甚见礼重，有文三十卷，家训二十篇，并行于世。辛德源：生卒年不详，《隋书·辛德源传》云："德源，字孝基，陇西人，齐杨遵彦荐之于文宣帝，起家奉朝请。齐灭，仕周为宣纳上士。高祖受禅，牛弘以德源才学显著，奏与著作郎王劭同修国史。"

②杨素（544—606）：隋朝权臣、诗人、杰出军事家。《隋书·杨素传》云：素，字处道，弘农人。晋王广卑躬以交素，及为太子，素之谋也。素虽有建立之策及平杨谅功，然特为帝所猜忌，外示殊礼，内情甚薄。

③潘徽：生卒年不详，隋朝文学家。《隋书·潘徽传》云：徽，字伯彦，吴郡人。精三史，善属文，陈灭，晋王广引为扬州博士，炀帝嗣位，诏徽与著作佐郎陆从典、太常博士褚亮、欧阳询等助越公杨素撰《魏》，会素薨而止。褚亮：生卒年不详，善诗文，博览国史。《旧唐书·褚亮传》云："褚亮，字希明，杭州人，陈亡入隋，为东宫学士，大业中，授太常博士。寻坐与杨玄感有旧，左迁西海

郡司户。薛举僭号陇西,以亮为黄门侍郎。及举灭,太宗深加礼接。欧阳询(557—641):唐代著名书法家。《隋书·欧阳询传》云:询,潭州人,博览经史,尤精三史,仕隋为太常博士。

【译文】

到隋文帝开皇年间,诏令著作郎魏澹与颜之推、辛德源重新撰写《魏书》,纠正魏收的错误。魏澹以西魏为正统,东魏为伪朝,所以将西魏文帝、恭帝列为本纪,将东魏孝靖帝称名列传,合计纪、传、凡例,总共九十二篇。到隋炀帝时认为魏澹的著作还是不完善,又命令左仆射杨素另外撰述一部,让学士潘徽、褚亮、欧阳询等人辅助他。恰逢杨素去世而停止修撰。当今谈论魏史的人,仍然以魏收的《魏书》为主。

以上说的是《后魏书》。

高齐史,天统初①,太常少卿祖孝征述献武起居,名曰《黄初传天录》②。时中书侍郎陆元规常从文宣征讨③,著《皇帝实录》,唯记行师,不载它事。自武平后④,史官阳休之、杜台卿、祖崇儒、崔子发等相继注记⑤。

【注释】

①天统:北齐后主高纬年号(565—569)。

②祖孝征述献武起居,名曰《黄初传天录》:《北齐书·祖珽传》云:珽,字孝征。武成皇帝(刘湛)擢拜中书侍郎,寻迁太常少卿。后主拜珽尚书左仆射,监国史,加特进,入文林馆,总监撰书。传中未载《黄初传天录》事。献武,齐高祖神武皇帝高欢最初谥号。黄初,曹丕初建国年号,祖孝征以此为书名,意在说高氏父子之代东魏,犹如曹丕代汉。

③陆元规常从文宣征讨:事见《北齐书·祖珽传》。其值中书省,掌

诏诰。斑通密状列中书侍郎陆元规。敕令裴英推问。元规以应
对忤旨,被配甲坊。著《皇帝实录》事不详。

④武平:北齐后主高纬年号(570—576)。

⑤阳休之:《北齐书·阳休之传》云:休之,字子烈。右北平人。
(魏)庄帝立,解褐员外散骑侍郎。寻以本官领御史、迁给事中。
李神隽监起居注,启休之与河东裴伯茂等俱入撰次。普泰中,敕
与魏收等同修国史。齐受禅,除散骑常侍,修起居注。天统初,
征为光禄卿,监国史。杜台卿(? —579):《隋书·杜台卿传》云:
台卿,字少山。仕齐奉朝请、著作郎、中书黄门侍郎。性儒素,每
以雅道自居。开皇初,被征入朝,请修国史,拜著作郎,撰《齐记》
二十卷。祖崇儒:事见《北齐书·祖珽传》,珽弟崇儒,涉学有辞
藻,少以干局知名。武平末,司州别驾通直常侍。入周为容昌郡
太守。隋开皇初,终宕州刺史。崔子发:《隋书·经籍志》著录
"《齐纪》三十卷,纪后齐书,崔子发撰"。具体事迹不详。

【译文】

北齐的国史,北齐后主高纬天统初年,太常少卿祖孝征追录齐高祖
高欢的起居注,书名叫《黄初传天录》。当时长期跟随文宣帝征讨的中
书侍郎陆元规,撰写了《皇帝实录》,但只记皇帝带兵打仗,不记载其他
事迹。从武平年之后,史官阳休之、杜台卿、祖崇儒、崔子发等相继有
著述。

逮于齐灭,隋秘书监王劭、内史令李德林并少仕邺中①,
多识故事。王乃凭述起居注,广以异闻,造编年书,号曰《齐
志》,十有六卷。其序云二十卷,今世间传者唯十六卷焉。李在齐
预修国史,创纪传书二十七卷。至开皇初,奉诏续撰,增多
齐史三十八篇,以上送官,藏之秘府。皇家贞观初,敕其子

中书舍人百药仍其旧录，杂采它书，演为五十卷。今之言齐史者，惟王、李二家云。

右说《北齐书》。

【注释】

①王劭：参见《六家》篇"《左传》家"注。李德林：见《曲笔》篇"重规亡考"注。邺：指北齐。公元550年高欢子高洋取代东魏，自立为帝，国号齐，都邺（今河北临漳），史称北齐。

【译文】

到北齐灭亡后，隋朝的秘书监王劭、内史令李德林都在年轻时在北齐做过官，了解北齐历史事迹。王劭就凭借起居注，广泛增补不同的见闻，写作了编年一书，名叫《齐志》，共有十六卷。该书序中说有二十卷，今天世上流传的只有十六卷。李德林在北齐曾参与修撰国史，写作了纪传二十七卷。从隋开皇初年起，奉皇帝诏令继续修撰北齐史，又增多了三十八篇，上呈朝廷，收藏在秘府之中。本朝贞观初年，皇帝命令李德林儿子中书舍人李百药依凭父亲的旧史稿，大量搜采其他典籍，扩充阐述为五十卷。今日人们谈论北齐史，只是遵从王劭、李德林父子二家而已。

以上说的是《北齐书》。

宇文周史，大统年有秘书丞柳虬兼领著作①，直辞正色，事有可称。至隋开皇中，秘书监牛弘追撰《周纪》十有八篇②，略叙纪纲，仍皆抵牾。皇家贞观初，敕秘书丞令狐德棻、秘书郎岑文本共加修缉③，定为《周书》五十卷。

右说《后周书》。

【注释】

①柳虬：《周书·柳虬传》略云：虬，西魏大统十四年（548），除秘书
　丞。秘书虽领著作，不参史事。自虬为丞，始令监掌焉。迁中书
　侍郎，修起居注，仍领丞事。参见《史官建置》篇注。
②牛弘追撰《周纪》十有八篇：《隋书·经籍志》著录“《周史》十八
　卷，未成，吏部尚书牛弘撰”。牛弘事见《世家》篇注。
③敕秘书丞令狐德棻、秘书郎岑文本共加修缉：事见《唐会要·史
　馆上》：“武德五年十二月二十六日诏侍中陈叔达、秘书丞令狐德
　棻、太史令庾俭可修周史。”又《旧唐书·令狐德棻传》云：“贞观
　三年，太宗复敕修撰，乃令德棻与秘书郎岑文本修国史。德棻又
　奏引殿中侍御史崔仁师佐修周史。”令狐德棻事见《史官建置》篇
　注。又《旧唐书·岑文本》云：“文本，字景仁，南阳人，博考经史，
　多所贯综。与令狐德棻撰《周史》，其史论多出于文本。至十年
　史成。”

【译文】

　　宇文氏的北周史，西魏文帝大统年间有秘书丞柳虬兼任著作之职，
据事直书而态度严肃，所为值得称道。到隋开皇年间，秘书监牛弘追述
补撰成《周纪》十八篇，只是叙述了大纲要领，仍然有自相矛盾之处。本
朝贞观初年，皇帝诏令秘书丞令狐德棻、秘书郎岑文本一起进行修订编
辑，定名为《周书》五十卷。

　　以上说的是《后周书》。

　　隋史，当开皇、仁寿时①，王劭为书八十卷，以类相从，定
其篇目。至于编年、纪传，并阙其体。炀帝世，惟有王胄等
所修《大业起居注》②。及江都之祸③，仍多散逸。皇家贞观
初，敕中书侍郎颜师古、给事中孔颖达共撰成《隋书》五十五

卷④,与新撰《周书》并行于时。

【注释】

①开皇、仁寿:皆为隋文帝年号。

②王胄等所修《大业起居注》:《隋书·王胄传》云:胄,字承基。大业初,为著作佐郎,以文词为炀帝所重。杨玄感败,胄坐诛。传中未载其修《大业起居注》事。《隋书·经籍志》和新、旧《唐志》亦未著录。

③江都之祸:指隋炀帝幸江都被杀事。此代指隋朝灭亡。

④颜师古(581—645):唐初儒家学者、经学家、文字学家、史学家。颜之推的孙子。《旧唐书·颜师古传》略云:颜籀字师古。雍州万年(今陕西西安)人,齐黄门侍郎之推孙也……师古少传家业,博览群书,尤精诂训,善属文……师古达于政理,册奏之工,时无及者。太宗践祚,擢拜中书侍郎。考定五经,多所厘正。注班固《汉书》,解释详明,深为学者所重。孔颖达(574—648):唐初儒家学者,著名经学家。《旧唐书·孔颖达传》云:孔颖达,字仲达,冀州衡水(今属河北)人也……隋大业初,举明经高第,授河内郡博士。唐武德九年(626),擢授国子博士。贞观初,封曲阜县男,转给事中。六年(632),累除国子司业,与魏徵撰成《隋史》,加位散骑常侍……与颜师古等诸儒受诏撰定《五经正义》。

【译文】

隋朝的史书,在隋文帝开皇、仁寿之时,由王劭撰写成《隋书》八十卷,按照以类相从的方法编排,确定史书篇目。至于编年体、纪传体,都还缺乏。隋炀帝执政时代,只有王胄等人所修撰的《大业起居注》。到隋王朝灭亡,大部分都散失了。本朝贞观初年,唐太宗诏令中书侍郎颜师古、给事中孔颖达共同撰写成《隋书》五十五卷,与新修撰的《周书》一起流行世上。

　　初，太宗以梁、陈及齐、周、隋氏并未有书，乃命学士分修。事具于上。仍使秘书监魏徵总知其务①，凡有赞论，徵多预焉。始以贞观三年创造，至十八年方就，唯姚思廉贞观二年起，功多于诸史一岁。合为《五代纪传》，并目录凡二百五十二卷。书成，下于史阁。惟有十志，断为三十卷，寻拟续奏，未有其文。又诏左仆射于志宁、太史令李淳风、著作郎韦安仁、符玺郎李延寿同撰②。其先撰史人，唯令狐德棻重预其事。太宗崩后，刊勒始成。其篇第虽编入《隋书》，其实别行，俗称为《五代史志》③。

　　右说《隋书》。

【注释】

①魏徵(580—643)：字玄成，巨鹿曲城(今河北晋州)人。唐朝政治家。曾任谏议大夫、左光禄大夫，封郑国公，谥文贞，以直谏敢言著称，是史上最负盛名的谏臣。著有《隋书》序论，《梁书》、《陈书》、《齐书》的总论等。其言论多见《贞观政要》。少时孤贫，出家为道士。隋末参加瓦岗起义军，李密败，降唐。又被窦建德所获，任起居舍人。建德失败后，入唐为太子洗马。太宗即位，擢为谏议大夫，前后陈谏二百余事。贞观三年(629)任秘书监，参预朝政，校定秘府图籍。后一度任侍中，封郑国公。《旧唐书·魏徵传》云：有诏遣令狐德棻、岑文本撰《周史》，孔颖达、许敬宗撰《隋史》，姚思廉撰《梁》、《陈史》，李百药撰《齐史》。徵受诏总加撰定，多所损益，务加简正。《隋史》序论，皆徵所作，《梁》、《陈》、《齐》各为总论，时称良史。史成，加左光禄大夫，进封郑国

公,赐物二千段。

②于志宁(588—665):字仲谧。《旧唐书·于志宁传》略云:于志宁,雍州高陵(今属陕西)人。贞观三年(629),累迁中书侍郎,加授散骑常侍,行太子左庶人。永徽元年(650),加光禄大夫,进封燕国公。二年(651),监修国史。拜尚书左仆射,迁太子太傅,前后预撰格式律令、《五经义疏》及修礼、修史等功,赏赐不可胜计。李淳风(602—670):唐代天文学家、数学家。《旧唐书·李淳风传》略云:李淳风,岐州雍(今陕西凤翔)人。幼俊爽,博涉群书,尤明天文、历算、阴阳之学。贞观初,授将仕郎,值太史局。制浑天仪。若《法象书》七篇上之。转太史丞,预撰《晋书》及《五代史》,其《天文》、《律历》、《五行志》皆淳风所作。迁太史令。韦安仁:新、旧《唐书》均无传,事迹不详。李延寿:生卒年待考。唐代史学家。安阳(今属河南)人。贞观年间,官至太子典膳丞、崇贤馆学士,后任御史台主簿、符玺郎,兼修国史。参与撰修《隋书》、《五代史志》、《晋书》及当朝国史,独力撰成《南史》、《北史》和《太宗政典》(已佚)。《旧唐书·李延寿传》云:“尝受诏与敬播同修五代史志,迁符玺郎,兼修国史。”

③《五代史志》:即今存《隋书》十志三十卷,内容包含梁、陈、齐、周、隋五朝典章制度。《唐会要·史馆上·修前代史》云:“贞观十五年,诏左仆射于志宁、太史令李淳风、著作郎韦安仁、符玺郎李延寿及令狐德棻同修《五代史志》。”

【译文】

　　起初,太宗认为梁、陈及齐、周、隋朝都没有自己的史书,就命令学者分头修撰。具体情况见于前面所述。仍然让秘书监魏徵总体主持这项工作,凡各史有赞论,魏徵大多参与写作。编纂开始于贞观三年,到贞观十八年才完成,只有姚思廉从贞观二年起就开始撰写《梁书》、《陈书》,比其他史书早一年。合成《五代纪传》,加上目录共有二百五十二卷。史书写成后,颁布于史馆。只有十志没有写成，拟分三十卷，不久将陆续写好奏上，却一直没有成文。朝廷又诏令左仆射于志宁、太史令李淳风、著作郎韦安仁、符玺郎李延寿一起撰写。上次参加撰史的人，只有令狐德棻再次参与其事。唐太宗死后，刊刻才完成。十志虽然编入《隋书》之中，实际上它单独流行，人们称它为《五代史志》。

以上说的是《隋书》。

惟大唐之受命也，义宁、武德间①，工部尚书温大雅首撰《创业起居注》三篇②。自是司空房玄龄、给事中许敬宗、著作佐郎敬播相次立编年体③，号为"实录"。迄乎三帝，世有其书。

【注释】

① 义宁：隋恭帝杨侑年号（617—618）。武德：唐高祖李渊年号（618—626）。

② 温大雅首撰《创业起居注》：《旧唐书·温大雅传》略云：大雅，字彦弘，太原（今属山西）人。少好学，仕隋东宫学士，高祖引掌文翰。历迁黄门侍郎，寻转工部尚书，撰《创业起居注》三卷。新、旧《唐志》均著录了此书。

③ 房玄龄（579—648）：字乔（一说名乔，字玄龄），齐州临淄（今山东淄博）人，隋末举进士。贞观年间先后任中书令、尚书左仆射，监修国史。与杜如晦、魏徵等同为唐太宗的重要助手。后封梁国公。曾受诏修成《高祖太宗实录》与《晋书》。许敬宗（592—672）：见《史官建置》篇注。《旧唐书·许敬宗传》云："贞观十七年，以修武德、贞观实录成，封高阳县男，赐物八百段，权检校黄门侍郎。"敬播（？—663）：蒲州河东（今山西永济）人。贞观进士。奉诏入秘书省佐颜师古、孔颖达修《隋史》。寻授太子校书，迁著作郎，兼修国史。又与给事中许敬宗撰《高祖实录》、《太宗

《实录》。房玄龄以颜师古所注《汉书》文繁难省，令敬播撮其机要，撰成四十卷，传于世。以撰实录有功，迁太子司议郎。并参与撰写《晋书》。另与许敬宗等撰《西域图》。后历任谏议大夫、给事中，兼修国史。又著《隋略》二十卷。事见《旧唐书·敬播传》。

【译文】

大唐王朝受天命统一天下，在隋恭帝义宁、唐高祖武德年间，工部尚书温大雅首先撰写了《创业起居注》三卷。从此司空房玄龄、给事中许敬宗、著作佐郎敬播相继采用编年体记事，称为"实录"。所记止于高祖、太宗、高宗三个帝王，社会上还有这些书。

贞观初，姚思廉始撰纪传，粗成三十卷。至显庆元年①，太尉长孙无忌与于志宁、令狐德棻、著作郎刘胤之、杨仁卿、起居郎顾胤等②，因其旧作，缀以后事，复为五十卷。虽云繁杂，时有可观。龙朔中，敬宗又以太子少师总统史任，更增前作，混成百卷。如《高宗本纪》及永徽名臣、四夷等传，多是其所造。又起草十志，未半而终。敬宗所作纪传，或曲希时旨，或猥饰私憾，凡有毁誉，多非实录。必方诸魏伯起，亦犹张衡之蔡邕焉③。其后左史李仁实续撰《于志宁》、《许敬宗》、《李义府》等传④，载言记事，见推直笔。惜其短岁，功业未终。至长寿中⑤，春官侍郎牛凤及又断自武德⑥，终于弘道⑦，撰为《唐书》百有十卷。凤及以喑聋不才，而辄议一代大典，凡所撰录，皆素责私家行状，而世人叙事罕能自远。或言皆比兴，全类咏歌，或语多鄙朴，实同文案，而总入编次，了无厘革。其有出自胸臆，申其机杼，发言则嗤鄙怪诞，叙事则参差倒错。故阅其篇第，岂谓可观；披其章句，不识所以。既而悉收姚、许诸本，欲使其书独行。由是皇家旧事，残缺殆尽。

【注释】

①显庆：唐高宗李治年号（656—661）。

②长孙无忌（594—659）：字辅机，河南洛阳（今属河南）人。文德皇后之兄。武德九年（626）决策发动玄武门之变，助太宗夺取帝位，太宗对他礼遇有加，历任尚书右仆射、司空、司徒等职，封赵国公。曾奉命与房玄龄等修定唐律。贞观二十三年（649）受命辅立高宗。高宗即位，任太尉、同中书门下三品。又奉命与修《唐律疏义》三十卷。《新唐书·艺文志》正史类著录："武德、贞观两朝史八十卷，长孙无忌、令狐德棻、顾胤等撰。"刘胤之：生卒年不详，《旧唐书·刘胤之传》略云：胤之，徐州彭城（今属江苏）人，永徽初，与国子祭酒令狐德棻、著作郎杨仁卿等撰成国史及实录奏上。胤之为刘知幾之从祖父。杨仁卿：新、旧《唐书》无传，生平不详。顾胤：生卒年不详，唐代学者、史学家。《旧唐书·顾胤传》略云：顾胤，苏州吴（今江苏苏州）人。永徽中，兼修国史，撰《太宗实录》二十卷成，授弘文馆学士，以撰武德、贞观两朝国史八十卷成，加朝请大夫。

③必方诸魏伯起，亦犹张衡之蔡邕焉：言魏收与许敬宗所撰史书以不实相类似，就像张衡与蔡邕以才貌相类似一样。伯起，魏收字。

④李仁实：事见《史官建置》篇注。

⑤长寿：武则天年号（692—694）。

⑥牛凤及：唐时人，事迹不详，曾撰《唐书》，自武德起，终于弘道，共一百一十卷。

⑦弘道：唐高宗李治年号，即 683 年 12 月，仅一个月。

【译文】

唐太宗贞观初年，姚思廉开始写纪传，写成初稿三十卷。到唐高宗显庆元年，太尉长孙无忌与于志宁、令狐德棻、著作郎刘胤之、杨仁卿、起居郎顾胤等，根据此前的著作，补充后世史事，又撰成五十卷。虽然内容繁多庞杂，但也不时有精彩之处。唐高宗龙朔年间，许敬宗又以太子少师的身份总领史书的修撰任务，又增补了以前的著作，合编成一百卷。如《高宗本纪》以及永徽年间的名臣传、四夷传等，大多是他撰写的。还起草了十志，未写到一半就去世了。许敬宗所撰写的纪传，或是有意迎合当时权贵的旨意，或是苟且掩饰私人间的怨恨，凡是他诋毁或颂扬的，大多不是如实的记载。如果把他与魏收相比，也犹如汉代的张衡和蔡邕一样。后来左史李仁实继续撰写《于志宁》、《许敬宗》、《李义府》等人的列传，其记言叙事，都被推许为直笔。可惜他寿命太短，修史功业没能最终完成。到了武后长寿年间，春官侍郎牛凤及又上起自高祖武德年间，下止于高宗弘道年间，撰写为《唐书》一百一十卷。牛凤及因为聋哑无才，而轻率地撰写一代国史，凡是他所撰写的内容，都是根据他平常索取的私家行状，而世俗人的私家行状，叙事很少有深远的见识。有的言辞都是比兴，完全类似诗歌语言，有的言语大多鄙朴，如同公文案牍，却汇总编排在一起，毫无一点改动。其中有出自牛凤及自己内心的，表达他自己意图的，却出言则讥笑鄙视怪诞，叙事则颠三倒四。所以阅读他的这部书，怎能说值得欣赏；分析他的章句，真不知其所云。不久他全部收缴了姚思廉、许敬宗等人所撰的史书，想让他的书独自流行于世。从此皇家的典籍史料，残缺不全几乎完全散失。

长安中①，余与正谏大夫朱敬则、司封郎中徐坚、左拾遗吴兢奉诏更撰《唐书》②，勒成八十卷。神龙元年③，又与坚、兢等重修《则天实录》，编为三十卷。夫旧史之坏，其乱如绳,错综艰难,期月方毕。虽言无可择,事多遗恨,庶将来削稿,犹有凭焉。

【注释】

①长安:武则天年号(701—705)。

②正谏大夫朱敬则、司封郎中徐坚、左拾遗吴兢:均见《自叙》篇注。又《唐会要·史馆上·修史官目》云:"长安三年七月,朱敬则请择史官,上表曰:'国之要者,在乎记事之官,倘不遇良史之才,则大典无由而就。董狐、南史,岂独无于此时,在乎求与不求耳。'"《唐会要·史馆上·修国史》云:"长安三年,敕梁王三思与纳言李峤、正谏大夫朱敬则、司农少卿徐彦伯、凤阁舍人魏知古、崔融、司封郎中徐坚、左史刘知幾、直史馆吴兢等修唐史。采四方之志,成一家之言,长悬楷则,以贻劝诫。"

③神龙:唐中宗李显年号(705—707)。

【译文】

武后长安年间,我与正谏大夫朱敬则、司封郎中徐坚、左拾遗吴兢奉诏重新修撰《唐书》,编成八十卷。中宗神龙元年,我又与徐坚、吴兢等人重新修撰《则天实录》,编成三十卷。旧的史书混乱,错乱得如乱麻,整理起来很困难,整整花费了一个月才完成。虽然记载的语言没有可取的,记载的事情也多有遗憾和缺漏,但或许将来编纂正史时,还能有所依据。

大抵自古史臣撰录,其梗概如此。盖属词比事,以月系年,为史氏之根本,作生人之耳目者,略尽于斯矣。自余偏记小说,则不暇具而论之。

右说《唐书》。

【译文】

　　大体自古以来史臣撰录正史的情况，大概就是这样。撰文记事，以时间为线索，是史家的根本方法，作为人们了解历史的凭借，大略全在这里了。其余的偏记小说之类，就没有时间详细论述了。

　　以上说的是《唐书》。

外篇　疑古第三

【题解】

本篇是刘知幾对《尚书》缺略的探讨。《尚书》是儒家经典之一，历来受到史学家和经学家的推崇。唐初撰修《五经正义》，强化了"史附于经的观念"。刘知幾在此情势下，大胆质疑，促进了唐中期疑古惑经、舍传求经之风的发展。

刘知幾"疑古"的方式主要有两种：一是从诸子、群史中寻找线索，证《尚书》之误；二是以今衡古，用后世史实，论《尚书》之非。开篇分析《尚书》记事缺略的原因，首先是自古史书就"以言为主"，其次是"拘于礼法，限以师训"，再次是圣贤"爱憎由己"，且古文文辞简约，使后世学者难以清楚明白。刘知幾广征博引《左传》、《论语》、《山海经》、《汲冢琐语》、《诗经》、《吕氏春秋》、《逸周书》等，对《尚书》提出了十条疑问。此外，还列举"近古"、"历观自古"、"亦犹近代"的史事，从情理上推论《尚书》的错漏。

刘知幾通过对《尚书》中记事不实的质疑，一是指责了后世史家评史、选材不审慎的态度。二是宣扬"史学独立"的思想。史家历来把三皇五帝时代视为理想时代，刘知幾却论证舜篡夺尧位，禹放逐舜的事实。可见，改朝换代，都是统治者的争权夺位，没有所谓的"大德"。同时，孔子删定《尚书》，"外为贤者，内为本国"，"动皆隐讳"，致使史学附庸于经学之下,记事虚妄不实。因此,刘知幾提倡,史家应该"略举纲维,务存褒贬"。

　　盖古之史氏,区分有二焉:一曰记言,二曰记事。而古人所学,以言为首。至若虞、夏之典,商、周之诰①,仲虺、周任之言②,史佚、臧文之说③,凡有游谈、专对、献策、上书者,莫不引为端绪,归其的准④。其于事也则不然。至若少昊之以鸟名官⑤,陶唐之御龙拜职⑥。夏氏之中衰也,其盗有后羿、寒浞⑦;齐邦之始建也,其君有蒲姑、伯陵⑧。斯并开国承家,异闻奇事。而后世学者,罕传其说。唯夫博物君子,或粗知其一隅。此则记事之史不行,而记言之书见重,断可知矣。

【注释】

①诰:指古代帝王对臣子的命令。也指帝王任命或封赠的文书。此处指《尚书》中的《甘誓》《汤誓》《大诰》《康诰》《酒诰》等。

②仲虺(huǐ)、周任:商周时的史官。仲虺,商代汤的左相,与伊尹并为商汤左、右相,辅佐商汤完成大业。周任,周代的良史,《左传·昭公五年》:"周任有言曰:'为政者,不赏私劳,不罚私怨。'"

③史佚(yì)、臧文:古代的史官。史佚,原名尹佚或尹逸,周初史官,辅佐周武王、成王、康王。臧文,即臧文仲(? —前617),鲁国大夫,世袭司寇,执礼以护公室。

④归其的准:归结到所说结论。

⑤少昊:传说中古代东夷族部落的首领,风姓,居于陈(今河南淮阳),黄帝之子,少昊氏以鸟为图腾。

⑥陶唐之御龙拜职:传说夏代孔甲即位,有雌雄两条龙从天而降,

孔甲不会饲养。后来陶唐即尧的后代刘累,向豢龙氏学习饲龙
法,孔甲便赐刘累为御龙氏。事见《史记·夏本纪》。

⑦后羿、寒浞(zhuó):夏代的人物。夏代中期衰落之际,后羿取代夏
君主太康,掌握实权。后来,后羿不得民心,被手下寒浞杀掉。
寒浞亦不修德政,夏君主少康复国。事见《左传·襄公四年》。

⑧蒲(bó)姑、伯陵:商周之际的人物。伯陵,姜姓,商代诸侯。商末
占领蒲姑(今山东博兴),后来蒲姑氏又于此地取代伯陵。齐国
祖先尚父又承袭蒲姑氏。所以刘知幾有"齐邦之始建也,其君有
蒲姑、伯陵"之说。事见《左传·昭公二十年》。

【译文】

古代的史官,分工有两种,一是记言,二是记事。而古人的学问,以
学习"言"为主。比如记录虞、夏、商、周时的典籍文诰,史官仲虺、周任、
史佚、臧文的记言著作,凡是交际闲谈、单独应对、献策、上书的人,没有
不用其中的话作为引子,没有不以此作为论说的结论。对于"事"就不
是这样了。少昊用鸟名作为官名,陶唐氏因训龙有功而封官。夏朝中
衰,后羿和寒浞篡权;齐国初建国时,国君有蒲姑和伯陵。这些都是开
国承家的异闻奇事,但后世的学者,很少传播这些事。只有博闻多识的
人,能大概了解一些。由此可知,记事的史书流传不开,记言的史书受
到重视。

及左氏之为传也①,虽义释本经②,而语杂它事。遂使两
汉儒者,嫉之若仇。故二传大行③,擅名于世。又孔门之著
录也:《论语》专述言辞,《家语》兼陈事业④。而自古学徒相
授,唯称《论语》而已。由斯而谈,并古人轻事重言之明效
也。然则上起唐尧,下终秦穆,其《书》所录⑤,唯有百篇。而
《书》之所载,以言为主。至于废兴行事,万不记一。语其缺

略,可胜道哉! 故令后人有言,唐、虞以下帝王之事,未易明也。

【注释】

①左氏之为传:左丘明作《左传》。

②本经:指《春秋》。

③二传:指《公羊传》和《穀梁传》,均解释《春秋》的"微言大义"。

④《家语》:又称《孔子家语》,记录孔门弟子思想言行的著作,今传十卷,四十四篇,详细记录了孔子与其弟子门生的问对诘答和言谈行事,生动塑造了孔子的人格形象。刘知幾未做考证,故有此错误。但此文中《家语》与《论语》的对比,只是针对记言、记事问题,并不做真伪的考证。

⑤《书》:指《尚书》。

【译文】

左丘明写《左传》,虽然是为了解释《春秋》,但也掺杂它事。因此,两汉的儒学之士视他为仇敌。所以《公羊》和《穀梁》广为流行,被世人所知。又比如孔子学生的著述:《论语》专门记录孔子言辞,《家语》记言兼记事。然而,自古以来孔门后学转相传授的,只有《论语》而已。由此来看,这也是古人轻视记事重视记言的明显例证。然而,上起唐尧,下至秦穆公,记载在《尚书》中的,只有一百篇。而《尚书》的记载,以记言为主,至于盛衰兴亡的事迹,挂一漏万。要说它的缺失,怎么说得完呢! 所以后人说,唐、虞以后的帝王大事,不容易弄清楚。

案《论语》曰:"君子成人之美,不成人之恶。"又曰:"成事不说,事已成,不可复解说。遂事不谏,事已遂,不可复谏止。既往不咎。"事已往,不可复追咎。又曰:"民可使由之①,不可使知之。"由，用也。可用而不可使知者，百姓日用而不能知。自此引经四处，注皆全写先儒所释也。夫圣人立教，其言若是。在于史籍，其义亦然。是以美者因其美而美之，虽有其恶，不加毁也②；恶者因其恶而恶之，虽有其美，不加誉也。故孟子曰："尧、舜不胜其美③，桀、纣不胜其恶。"魏文帝曰："舜、禹之事，吾知之矣。"汉景帝曰："言学者无言汤、武受命，不为愚。"斯并曩贤精鉴④，已有先觉。而拘于礼法，限以师训，虽口不能言，而心知其不可者，盖亦多矣。

【注释】

①由：役使，驱使。语出《论语·泰伯》。

②毁：污蔑，诋毁。

③胜：能承担，能承受。

④曩（nǎng）贤精鉴：先贤的考察。曩，以往的，以前的。精鉴，深刻观察。

【译文】

据《论语》中孔子说："君子总是成全他人的好事，不破坏别人的事。"又说："已经做过的事不再提，已经完成的事不再劝阻，事已成，不再提。事情已经完成，不能再劝阻。已经过去的事不再追究。过去的事情不再追究。"又说："百姓只可以被役使，不可以让他们明白为什么。"由，驱使。人民可以被驱使，但不能让他们知道为什么被役使。这四句经文，全是先前儒学大师的注释。圣人规范道德，就是这样说的。史书的记载，其功能也是如此。所以，好人因为其良好的道德而受到赞美，即使有过失，也不会受到指责；不良行为的人因为其所犯的罪恶而被人憎恶，即使有好的一面，也不会受到颂扬。所以孟子说："尧、舜已经不能承受人们加在他们身上的美誉了，桀、纣已经不能背负人们压在他们身上的罪恶了。"魏文帝说："舜、禹的事情我很清楚。"汉景帝说:"学者不谈论汤、武革命接替前朝之事,不是愚昧的表现。"这些都表明,以往先贤们已经察觉,史书与事实有不符的现象。然而受到礼法的约束和老师的训导,虽然嘴上不能说,然而心里知道史书不能完全反映史实,这样的人是很多的。

　　又案鲁史之有《春秋》也,外为贤者,内为本国,事靡洪纤①,动皆隐讳。斯乃周公之格言。然何必《春秋》,在于《六经》,亦皆如此。故观夫子之刊《书》也,夏桀让汤,武王斩纣,其事甚著,而芟夷不存②。此事出《周书》。案《周书》是孔子删《尚书》之余,以成其录也。观夫子之定礼也,隐、闵非命,恶、视不终③,而奋笔昌言,云"鲁无篡弑"。观夫子之删《诗》也,凡诸《国风》,皆有怨刺,在于鲁国,独无其章。鲁多淫辞,岂无刺诗,盖夫子删去而不录。观夫子之《论语》也,君娶于吴,是为同姓④,而司败发问⑤,对以"知礼"。斯验世人之饰智矜愚,爱憎由己者多矣。加以古文载事,其词简约,推者难详,缺漏无补。遂令后来学者莫究其源,蒙然靡察,有如聋瞽⑥。今故讦其疑事⑦,以著于篇。凡有十条,列之于后。其一条。

【注释】

①事靡洪纤:事情不分大小。

②芟(shān)夷:裁剪,删削。

③隐、闵非命,恶、视不终:隐、闵非命,鲁隐公、闵公在权力争斗中被杀一事。鲁隐公(? —前712),鲁国第十三任君主,《春秋》即从隐公元年(前722)记起。隐公晚年被鲁国大夫姬翚(huī)联合太子姬允(隐公的弟弟),密谋杀死。鲁闵公(? —前659),鲁国

第十七任君主,被庆父杀死于武闱。两人之死,《春秋》仅记
"薨"。事见《左传·隐公十一年》。恶、视不终,鲁文公(?—前
208)时太子恶及其母弟视,被叔仲杀死,宣公立。《春秋》仅记
"子卒",事见《左传·文公十八年》。

④同姓:鲁、吴两国皆是姬姓诸侯。周武王代商后,封弟弟周公旦
于鲁(今山东南部),封周宗族周章于吴(今长江下游地区)。因
此有"同姓"之说。

⑤司败:陈国的司败。司败,官名,即司寇,掌管刑狱、纠察之事。
事见《论语·述而》。

⑥聋瞽(gǔ):聋子和瞎子。瞽,瞎子。

⑦讦(jié)其疑事:揭发有疑问的地方。讦,揭发别人的隐私或攻击
别人的短处。

【译文】

又考查鲁国的史书《春秋》,在外为贤者,在内为本国,事情无论大
小,动辄都加以隐讳。这是周公奉行的准则。然而,何止是《春秋》,对
于《六经》,也是这样。所以看孔子删定《尚书》,商汤灭夏桀,周武王讨
伐纣,这些人所共知的事,却删去不写。事见《周书》。《周书》是孔子删定《尚
书》时留下的,用来完成他的著述。看孔子修《春秋》,鲁隐公、闵公都被弑,太
子恶和弟弟视被杀,却提笔说好话道"鲁国没有篡权弑君的事"。看孔
子改定《诗经》,诸《国风》中,无论哪一国都有怨恨讽刺国家的,只有鲁
国没有。鲁国国君有很多淫僻之事,怎会没有讽刺的诗篇,大概是孔子删去而不收录罢
了。看一看《论语》中记载,鲁国国君娶了吴国的女子,但鲁、吴两国同
姓,司败问孔子是否合乎周礼,孔子回答说"符合礼仪"。这就验证了圣
人常用自己的智慧玩弄别人,爱憎多出于自己的主观态度。此外,古人
记事,言辞简约,后人无法详细推究,缺漏也就无法补上。这就使得后
世学者不能追究事情的根源,茫然糊涂,像聋子和瞎子一样。因此,现
在提出有可疑的地方,写在本篇之中,共有十条,一一列如下。其一条。

　　盖《虞书》之美放勋也①，云："克明俊德②。"而陆贾《新语》又曰③："尧、舜之人，比屋可封④。"盖因《尧典》成文而广造奇说也。案《春秋传》云：高阳、高辛二氏各有才子八人⑤，谓之"元"、"凯"。此十六族也，世济其美，不陨其名，以至于尧，尧不能举。帝鸿氏、少昊氏、颛顼氏各有不才子⑥，谓之"浑沌"、"穷奇"、"梼杌"。此三族也，世济其凶，增其恶名，以至于尧，尧不能去。缙云氏亦有不才子，天下谓之"饕餮"，以比三族，俱称"四凶"，而尧亦不能去。斯则当尧之世，小人君子，比肩齐列，善恶无分，贤愚共贯。且《论语》有云：舜举咎繇⑦，不仁者远。是则当咎繇未举，不仁甚多。弥验尧时群小在位者矣。又安得谓之"克明俊德"、"比屋可封"者乎？其疑一也。其二条。

【注释】

①放勋：即尧。初封于陶，又封于唐，故又称陶唐氏。

②克明俊德：能明辨是非，德才兼备。克，能够。明，清楚，明白，引申为任用、提拔。俊，大，超过。此句一方面指尧德才兼备，一方面指他能够选拔德才兼备的人。

③陆贾《新语》：陆贾作《新语》十二篇，认为秦朝由于严刑峻法，导致灭亡。提出了"逆取顺守，文武并用"的统治方略，开汉代确立儒家思想统治地位的先声。

④比屋可封：每一户人家，都可以表彰。暗指当时社会人人品德高尚。比，排列。

⑤高阳、高辛：即颛顼（zhuān xū）、帝喾（kù）。颛顼，黄帝之孙。帝喾，黄帝曾孙。

⑥帝鸿氏：即黄帝。《左传·文公十八年》中称"帝鸿"，《史记正义》

中称缙云氏、帝轩氏、有熊氏。

⑦咎繇（yáo）：即皋陶，舜之贤臣。相传为颛顼之子，和禹共同辅佐舜，明刑法，行教化。功劳不在禹之下。

【译文】

《虞书》赞美唐尧，说他："明察是非，德才兼备。"而陆贾《新语》中又说："尧舜时代的人，每家都品德高尚值得表彰。"这沿袭了《尧典》的记载，又有夸大虚构。据《春秋传》上说：高阳氏、高辛氏各有才子八个，分别被称为"八元"、"八凯"。这十六个人及其后代，世人都称赞他们的美德，名声一直没有丧失，到了尧的时代，尧却没有让他们发挥才能。帝鸿氏、少昊氏、颛顼氏各有一个无德才的儿子，分别称为"浑沌"、"穷奇"、"梼杌"。这三个人及其后代，世人憎恶他们的恶行，他们的名声更加不好，到了尧的时代，尧却没有除去他们。缙云氏也有一个无德才的儿子，天下人称之为"饕餮"，与三族同列，合称为"四凶"。而尧也没有除去他。可见在尧的时代，小人和君子，同时存在，善恶不分，贤愚共处。而且《论语》还说：舜任用皋陶，世上不仁的人就少了。由此可见皋陶还没被任用时，世上不仁的人很多，这足以证明尧时代执政的都是小人。又怎么能说尧是"克明俊德"、"比屋可封"呢？这是第一条疑问。其二条。

《尧典·序》又云："将逊于位，让于虞舜。"孔氏《注》曰①："尧知子丹朱不肖②，故有禅位之志。"案《汲冢琐语》云："舜放尧于平阳③。"而书云某地有城，以"囚尧"为号。识者凭斯异说，颇为禅授为疑。然则观此二书，已足为证者矣，而犹有所未睹也。何者？据《山海经》，谓放勋之子为帝丹朱，而列君于帝者，得非舜虽废尧，仍立尧子，俄又夺其帝者乎？观近古有奸雄奋发，自号"勤王"，或废父而立其子，或黜兄而奉其弟。始则示相推戴,终亦成其篡夺。求诸历代,往往而有。必以古方今,千载一揆。斯则尧之授舜,其事难明,谓之让国,徒虚语耳。其疑二也。_{其三条。}

【注释】

①孔氏:即孔安国。古文尚书学派的开创者。

②丹朱:即尧之子朱。封于丹渊(今汉水流域),所以称"丹朱"。聪明,但个性刚烈,欠和顺。

③平阳:今山东邹城,古帝尧曾都于此。

【译文】

《尧典·序》又说:"尧打算让位,让位于舜。"孔安国《注》说:"尧知道儿子丹朱品行不好,所以有禅位别人的意愿。"据《汲冢琐语》说:"舜将尧流放到平阳。"书上还写某地有一城,名叫"囚尧"城。有见识的人根据这种不同的说法,就足以怀疑禅让之说。既然只看这两本书,就足够作为证据,更别说还有没见到过的记载。为什么这样说呢?据《山海经》记载,说尧的儿子是帝丹朱,把丹朱排在帝王之列,难道是舜虽然废了尧,却仍立尧的儿子为帝,不久又夺了丹朱的帝位吗?回顾近古历史,奸雄叛乱兴起时,都打着"勤王"的旗号,或废帝立子,或废兄立弟,一开始表示拥戴新王,最终还是自己夺取帝位。探求历代史事,这种情况经常发生。以古照今,千年来改朝换代都是如此。这样看来,尧禅位给舜,这件事很难弄清楚,称他让位,只不过是假话罢了。这是第二条疑问。_{其三条。}

《虞书·舜典》又云:"五十载,陟方乃死①。"《注》云:"死苍梧之野,因葬焉。"案苍梧者,于楚则川号汨罗,在汉则邑称零桂②。地总百越,山连五岭③。人风婐划,地气歊瘴④。

虽使百金之子⑤,犹惮经履其途;况以万乘之君,而堪巡幸其国? 且舜必以精华既竭,形神告劳,舍兹宝位,如释重负。何得以垂殁之年,更践不毛之地? 兼复二妃不从⑥,怨旷生离,万里无依,孤魂溘尽,让王高蹈,岂其若是者乎? 历观自古人君废逐,若夏桀放于南巢⑦,赵迁迁于房陵⑧,周王流彘⑨,楚帝徙郴⑩,语其艰棘,未有如斯之甚者也。斯则陟方之死,其殆文命之志乎⑪? 其疑三也。其四条。

【注释】

①陟(zhì)方乃死:巡守时死了。陟方,巡守,天子外出。后引申为帝王之死,或皇帝被俘的委婉表达。

②零桂:指汉代零桂郡。汉武帝时将桂林郡的西南部分割,置零桂郡。桂林郡在今湖南境内。

③地总百越,山连五岭:百越,中国古代南方越人的总称。分布在今浙江、福建、广东、广西等地。也代指越人居住的地方。五岭,在今广东、广西、湖南、江西、福建五省交界处,由越城岭、都庞岭、萌渚岭、大庾岭组成,是长江和珠江的分水岭,在古代严重阻碍了岭南和中原的交通。

④歊(xiāo)瘴:瘴气升腾弥漫。歊,气体升腾,炎热。

⑤百金之子:指富贵子弟或一般的君子。《史记·袁盎晁错列传》云:"千金之子坐不垂堂,百金之子不倚衡。"意思是富贵人家的子弟不靠近屋檐坐,也不靠在车前的横木上,以免瓦片掉落、横木断裂而出现危险。暗示不去有潜在危险的地方。

⑥二妃:舜的两个妃子娥皇、女英。两人均是尧的女儿,与舜的感情很好,舜死后,两人投湘江而亡。

⑦夏桀放于南巢:商汤灭夏,捕获桀,流放于南巢(今安徽巢县)。

事见《国语·鲁语》。

⑧赵迁迁于房陵：指秦破赵后，赵王迁被秦流放于房陵（今湖北房县）。

⑨周王流彘：西周末年，周厉王被国人追赶，死于彘（今山西霍州）。

⑩楚帝徙郴（chēn）：楚义帝被项羽迁至郴（今湖南长沙郴县），被杀。

⑪文命：夏禹的名字。《史记·夏本纪》云："夏禹名曰文命。"

【译文】

《虞书·舜典》又说："舜在位五十年，巡狩南方时去世。"孔安国《注》说："死在苍梧的荒野，就葬在了那里。"案苍梧，楚国时称汨罗江，汉朝时是零桂郡。这个地方包括南方百越各族，与五岭相连。当地人喜爱纹身，瘴气弥漫。即使一般君子，也忌惮去那个地方；况且是一国国君，怎么会亲临那里巡狩呢？并且舜在当时精力已经衰竭，形神俱惫，放弃帝位，如释重负。何以会在垂暮之年，去往荒凉之地呢？再加上娥皇、女英二个妃子没有随从，夫妻离别，遥遥无依，孤身命丧黄泉，舜禅位后远避他乡，这难道真是这样的结果吗？遍观自古以来君王被废黜流放的历史，比如夏桀被流放于南巢，赵迁被迁于房陵，周王被逐于彘，楚义帝被移至郴，虽说他们的处境困顿，但也没有像这样的艰难。这样看来，舜巡狩南方而死，大概是禹的意旨吧？这是第三条疑问。其四条。

《汲冢书》云："舜放尧于平阳，益为启所诛①。"又曰："太甲杀伊尹，文丁杀季历。"凡此数事，语异正经。其书近出，世人多不之信也。案舜之放尧，无事别说，足验其情，已于篇前言之详矣。夫唯益与伊尹见戮，并于正书，犹无其证。推而论之，如启之诛益，仍可覆也。何者？舜废尧而立丹朱，禹黜舜而立商均②，益手握机权，势同舜、禹，而欲因循故事,坐膺天禄③。其事不成,自贻伊咎。观夫近古篡夺,桓独不全,马仍反正。若启之诛益,亦由晋之杀玄乎? 若舜、禹相代,事业皆成,唯益覆车,伏辜夏后④,亦犹桓效曹、马,而独致元兴之祸者平⑤? 其疑四也。其五条。

【注释】

①益为启所诛:夏初伯益被启杀掉。启是禹的儿子,禹在位时想禅位给伯益,启登位后,害怕伯益威胁自己,就将其杀掉。事见《史记·夏本纪》。

②商均:传说中舜的儿子,曾和禹一起调查洪水泛滥的原因。

③坐膺(yīng)天禄:坐享上天赏赐的福禄。膺,享有。

④伏辜:伏罪受刑。

⑤元兴:晋安帝司马德宗的年号(382—419)。

【译文】

《汲冢书》记载:"舜流放尧于平阳,伯益被启杀死。"又说:"太甲杀了伊尹,文丁杀了季历。"这几件事,与正史所记不同。《汲冢书》是最近才发现的,世人大多不相信。考查舜流放尧一事,不用其他证据,就足能够证明是真的,这在前面已详细阐述了。只有伯益和伊尹被杀一事,在正史中还未找到佐证。推而论之,如启杀伯益的事,仍需要重新论证。为什么呢? 舜废尧而立丹朱为帝,禹废舜而立商均为帝,但伯益掌握机务要权,势力同之前的舜、禹是一样的,如果他想要仿照尧、舜,是有可能坐享天禄的。结果没有成功,反而给自己带来了灾难。考查近古篡位的历史事件,只有桓玄没有成功,丢了性命,司马氏仍然掌握政权。或许夏启杀伯益,也是否就和晋帝杀桓玄是一个道理呢? 舜、禹改朝换代,都成功了,只有伯益失败了,失败后被禹治罪,这是否又和桓玄效仿曹氏、司马氏篡权,却唯独桓言遭祸乱是一个道理呢? 这是第四条疑问。其五条。

　　《汤誓序》云："汤伐桀，战于鸣条①。"又云："汤放桀于南巢，唯有惭德。"而《周书·殷祝》篇称"桀让汤王位"云云。此则有异于《尚书》。如《周书》之所说②，岂非汤既胜桀，力制夏人，使桀推让，归王于己？盖欲比迹尧、舜，袭其高名者乎？又案《墨子》云：汤以天下让务光，而使人说曰：汤欲加恶名于汝。务光遂投清泠之泉而死。汤乃即位无疑。然则汤之饰让，伪迹甚多。考墨家所言，雅与《周书》相会。夫《书》之作，本出《尚书》，孔父截翦浮词，裁成雅诰，去其鄙事，直云"惭德"，岂非欲灭汤之过，增桀之恶者乎？其疑五也。其六条。

【注释】

①鸣条：古地名。具体位置说法不一，一说在今河南新乡，一说在今河南洛阳，一说在今山西运城。

②《周书》：此处指《逸周书》。见《六家》篇"尚书家"注。

【译文】

　　《汤誓序》中记载："商汤伐夏桀，双方战于鸣条。"又说："汤放逐桀于南巢，心里感到惭愧。"而《周书·殷祝》篇则说"桀让位于汤"等等。这和《尚书》记载不同。按《周书》所说的，难道是汤打败了桀，用武力制服了夏人，迫使桀让位于自己？或者是想效仿尧、舜禅让，承袭他们的高尚名声？又据《墨子》中记载：汤想把天下让给务光，却派人对他说：汤想把杀桀的恶名加在你身上。务光听后跳入清泠泉而死。汤即位是毋庸置疑的。但是汤故意粉饰禅让，作假的痕迹很多。考察墨家所说的，与《周书》的说法一致。《周书》是孔子删定《尚书》后余下的，孔子删定《尚书》时裁掉了多余的话，撰成文雅简洁的语言，又除去鄙陋的史事，直接说汤有"惭德"，难道不是想掩饰汤的过失，增加桀的罪恶吗？

这是第五条疑问。其六条。

　　夫《五经》立言，千载犹仰。而求其前后，理甚相乖^①。何者？称周之盛也，则云三分有二，商纣为独夫；语殷之败也，又云纣有臣亿万人，其亡流血漂杵。斯则是非无准，向背不同者焉。又案武王为《泰誓》，数纣过失，亦犹近代之有吕相为晋绝秦^②，陈琳为袁檄魏^③，欲加之罪，能无辞乎？而后来诸子，承其伪说，竞列纣罪，有倍《五经》。故子贡曰：桀、纣之恶不至是，君子恶居下流。班生亦云^④：安有据妇人临朝！刘向又曰：世人有弑父害君，桀、纣不至是，而天下恶者必以桀、纣为先。此其自古言辛、癸之罪^⑤，将非厚诬者乎？其疑六也。其七条。

【注释】

①理甚相乖：道理、内容相互矛盾的很多。乖，违背，不协调。

②吕相为晋绝秦：战国时，晋侯为了和秦国断绝往来，派吕相前去历数秦的过失。事见《左传·成公十三年》。

③陈琳（？—217）：字孔璋，广陵射阳（今江苏宝应）人，东汉末年著名文学家，"建安七子"之一。曾劝何进不要召四方之士进京，不听，结果出现董卓之乱。为袁绍写《为袁绍檄豫州文》，讨伐曹操，极富煽动力。后被曹操俘获，爱其才，让他做司空军师祭酒，与阮瑀同管记室。事见《三国志·魏书·王粲传》附陈琳传。

④班生：即班伯，班彪的伯父，班彪乃班固之父。《汉书·叙传》载，汉成帝时，班伯任侍中、光禄大夫，劝谏皇帝不要沉溺女色。

⑤辛：纣名。癸（guǐ）：桀名。

【译文】

《五经》所记载的言论，千年以后仍然被人们信奉，然而阅读前后文，经常有相互违背的地方。为什么这么说呢？比如颂扬周朝的强盛，就说周据有天下三分之二，商纣王是独夫；说殷被周打败了，又说纣有臣民亿万，死的不计其数。这说明《五经》没有是非标准，倾向不定。又考查武王伐纣的《泰誓》，历数纣王的过失，就像近代吕相为了使秦晋绝交而历数秦的过失，陈琳为袁绍作讨伐曹操的檄文一样，想要加诸罪名，何愁没有理由呢？但是后代的人，继承《泰誓》的虚假说辞，竟相罗列纣的罪恶，比《五经》还要加倍多。所以子贡说：桀、纣的罪行不至于如此，君子憎恶居于下流。班伯也说：哪有抱着妇人临朝的！刘向又说：世上有弑父弑君的人，但桀、纣不至于这样，世上的人却把桀、纣当作首恶。这样看来，自古对桀、纣所加的罪名，岂不是太冤枉了吗？这是第六条疑问。其七条。

　　《微子之命》篇《序》云：“杀武庚。”案禄父即商纣之子也①。属社稷倾覆②，家国沦亡，父首枭悬，母躯分裂，永言怨耻，生人莫二。向使其侯服事周，而全躯保其妻子也，仰天俯地，何以为生！含齿戴发，何以为貌？既而合谋二叔，徇节三监③，虽君亲之怨不除，而臣子之诚可见。考诸名教，生死无惭。议者苟以其功业不成，便以顽人为目。必如是，则有君若夏少康，有臣若伍子胥，向若陨仇雪怨，众败身灭，亦当隶迹丑徒，编名逆党者邪？其疑七也。其八条。

【注释】

①禄父：即武庚，商纣王之子。自幼聪明好学，周武王即位后，封武庚于商旧都殷（今河南安阳）。后来武庚反叛周朝，兵败被诛。

②属：适逢。

③合谋二叔，徇节三监：武庚与管叔、蔡叔、霍叔合谋叛周，失败。二叔指管叔、蔡叔。三监，周武王为防止武庚作乱，封管叔于卫国，蔡叔于鄘，霍叔于邶，共同监视武庚，称“三监”。

【译文】

《微子之命》篇《序》记载："成王杀了武庚。"考查禄父即武庚，是纣王的儿子。适逢商王朝倾亡，国破家亡，父亲的头颅被砍下悬挂，母亲的身体被分裂，这种刻骨的耻辱和怨恨，生生世世都不会忘记。如果武庚以侯王的身份侍奉周朝，以此保全自身和妻儿，那他在天地之间怎样生存下去！作为一个人，还有何脸面而言？不久武庚就联合管叔、蔡叔反叛周朝，失败殉节，虽然没能报国仇家恨，但表现了他作为臣子的忠诚，用礼教标准衡量，死亦无憾。议论他的人都因为他的功业未成，便把他当作顽固不化的人。如果一定要这样认为的话，那么像夏代少康那样的君主，伍子胥这样的臣子，假使他们报仇雪耻失败了，自身灭亡了，是否也要把他们排入恶人，编入叛逆之徒呢？这是疑问的第七条。

其八条。

《论语》曰："大矣！周之德也。三分天下有其二，犹服事殷。"案《尚书·序》云："西伯戡黎①，殷始咎周。"夫姬氏爵乃诸侯，而辄行征伐，结怨王室，殊无愧畏。此则《春秋》荆蛮之灭诸姬，《论语》季氏之伐颛臾也。又案某书曰：朱雀云云，文王受命称王云云。夫天无二日，地惟一人，有殷犹存，而王号遽立，此即《春秋》楚及吴、越僭号而陵天子也。然则戡黎灭崇，自同王者，服事之道，理不如斯。亦犹近者魏司马文王害权臣②，黜少帝，坐加九锡③，行驾六马。及其殁也，而荀勖犹谓之人臣以终④。盖姬之事殷，当比马之臣魏。必称周德之大者,不亦虚为其说乎? 其疑八也。其九条。

【注释】

①西伯戡(kān)黎,殷始咎周:周文王平定了黎国,商朝开始厌恶诸侯周国。西伯,《史记·周本纪》"西伯曰文王"。戡,攻克,平定。咎,厌恶,憎恶。

②司马文王:即司马昭。被司马炎追尊为太祖文皇帝,所以说是"文王"。

③九锡:本来是皇帝赐给大臣的荣誉物品。包括衣服、马车、弓矢等。魏晋之后,多是篡逆的代名词。

④荀勖(xù,?—289):字公曾,颍川颍阴(今河南许昌)人。博学多识,善于揣测人主的意思,受到司马炎的赏识,参与修订法令、掌管乐事,和束皙一起整理编目《汲冢书》。作《中经新簿》(已失佚),分群书为甲乙丙丁四部,勾画了经史子集四部分类法的雏形,对目录学发展有重大贡献。

【译文】

《论语》说:"周的品德多么宏大啊! 占据了天下三分之二,却仍然侍奉商朝。"据《尚书·序》记载:"周文王为西伯时平定了黎国,商开始对周不满。"周不过是侯爵位的诸侯,却能动辄行征伐之事,与商朝结下怨恨,却一点也不感到愧疚和畏惧。这和《春秋》中荆蛮楚国灭掉周的后代小国,《论语》中季氏伐颛臾一样。又据某书中说:朱雀口衔丹书,西伯应丹书之言受天命称王。天上没有两个太阳,地上只能有一个君主,商朝还存在,西伯就称王,这和《春秋》中楚、吴、越三国僭越称王而侵犯天子是一样的。这样看来,文王征黎灭崇,是把自己等同于王,侍奉君主之道,没有这样的道理。也就像近世三国魏司马昭杀害朝廷大臣,废黜少帝,接受九锡的封赐,享受乘坐六马之车的待遇。等到他死后,荀勖还说他是作为人臣而终其一生的。周文王侍奉商朝的态度,相当于司马昭对待魏帝的态度，如果一定称周的品德宏大，不也是虚假的吗？这是第八条疑问。其九条。

　　《论语》曰："太伯可谓至德也已。三以天下让①，民无得而称焉。"案《吕氏春秋》所载云云，斯则太王钟爱厥孙，将立其父。太伯年居长嫡，地实妨贤②。向若强颜苟视③，怀疑不去，大则类卫伋之诛④，小则同楚建之逐⑤，虽欲勿让，君亲其立诸？且太王之殂，太伯来赴，季历承考遗命，推让厥昆。太伯以形质已残，有辞获免。原夫毁兹玉体，从彼被发者，本以外绝嫌疑，内释猜忌，譬雄鸡自断其尾，用获免于人牺者焉。又案《春秋》，晋士劳见申生之将废也，曰：为吴太伯，犹有令名。斯则太伯、申生，事如一体。直以出处有异，故成败不同。若夫子之论太伯也，必其因病成妍，转祸为福，斯则当矣。如云"可谓至德"者，无乃谬为其誉乎？其疑九也。其十条。

【注释】

①三以天下让：指太伯三次拒绝季历的让位。太伯，周朝的先祖，太王亶父的长子，季历是小儿子。太王想灭商，太伯不同意，所以把位置传给了季历。季历登位，太伯来吊唁，季历三让太伯，让他登位，太伯拒绝，逃往荆楚之地。语出《论语·泰伯》。

②地实妨贤：地位妨碍了把位置传给有贤能的人。地，地位。太伯是长子，妨碍他弟弟季历名正言顺地登位。事实上，太伯并非不贤，只是他与太王的想法不同而已。

③苟视：觊觎。苟，不正当。

④卫伋之诛：卫国太子伋被杀。卫宣公喜爱夫人姜氏，姜氏想立自
　己的儿子为太子。等到伋的母亲去世，姜氏进谗言，伋被杀。事
　见《左传·桓公十六年》。
⑤楚建之逐：楚国太子建被送往秦国做人质。楚国费无极向楚子
　进谗言，说建有叛逆之心，楚子就派人杀建，建逃亡宋国。事见
　《左传·昭公十九年》。

【译文】

《论语》说："太伯的品德至高无上。三次把天下让给弟弟，民众无从歌颂他的品德。"考察《吕氏春秋》中说的不是这样，太王钟爱他的孙子姬昌，打算立其父季历。太伯是嫡长子，他的地位妨碍了季历登位。假使他强装不知，徘徊着不离开，大则像卫国太子伋那样招来杀身之祸，小则像楚太子建那样流亡他国，虽然不想让位，但太王会立他为太子吗？太王死，太伯来奔丧，季历把继承来的王位，让给兄长。太伯以身体损毁为由，使季历接受了推辞。太伯伤害自己的身体，断发纹身，本想对外洗清嫌疑，对内解除兄弟间的猜忌，这就像公鸡自断其尾，从而免于成为祭祀的供品是一样的。又据《春秋》记载，晋国的芮见太子申生将要被废，就对他说：不如像吴太伯那样逃往他乡，还能统治一方。这样看来太伯、申生的事情，性质一样。只不过地点、时间不一样，所以成败也就不同。就像孔子评论太伯，说他是因祸得福，因为被父亲厌恶而成就了好名声，是确当的。但如果说"他把天下让给弟弟是品德高尚的"，岂不是荒谬的赞美吗？这是第九条疑问。其十条。

《尚书·金縢》篇云："管、蔡流言，公将不利于孺子。"《左传》云："周公杀管叔而放蔡叔，夫岂不爱？王室故也。"案《尚书·君奭》篇《序》云："召公为保①，周公为师，相成王，为左右。召公不说。"斯则旦行不臣之礼，挟震主之威，迹居

疑似,坐招讪谤。虽奭以亚圣之德,负明允之才,目睹其事,犹怀愤懑。况彼二叔者,才处中人,地居下国,侧闻异议,能不怀猜? 原其推戈反噬②,事由误我③。而周公自以不诚,遽加显戮,与夫汉代之赦淮南④,明帝宽阜陵⑤,一何远哉! 斯则周公于友于之义薄矣,而《书》之所述,用为美谈者,何哉? 其疑十也。其十一条。

【注释】

①召公:周初大臣,名奭(shì)。周武王的弟弟,周成王时出任太保,支持周公旦摄政,助周公平定叛乱。召公的后人也多称"召公"。

②推戈反噬:举戈杀害。噬,咬,此处为杀害。

③事由误我:事情使我感到迷惑。误,迷惑。

④汉代之赦淮南:西汉孝文帝(前202—前157)时,淮南厉王刘长谋反,文帝赦其死罪。事见《汉书·淮南厉王长传》。

⑤明帝宽阜陵:东汉章帝(58—88)时,阜陵质王刘延叛,章帝贬其为侯,后又复为王。事见《后汉书·阜陵质王延传》。

【译文】

《尚书·金縢》篇说:"管叔、蔡叔散布谣言,说周公将对年幼的成王不利。"《左传》说:"周公杀了管叔而流放了蔡叔,难道是不爱他们吗? 是为了王室的利益。"据《尚书·君奭》篇《序》说:"召公是太保,周公是太师,辅佐成王左右。召公不高兴。"这是因为周公旦的行为不符合臣子的礼仪,权势过大威胁君主,且形迹可疑,而招致讥讽诽谤。虽然召公奭有如孟子般的品德,有明辨是非的才能,看到这样的事,还是会很气愤。况且管叔、蔡叔二人,才能属中等,又居于小国,从旁处听到周公旦心怀不轨的消息,能不猜疑吗? 推究周公反诬他们谋逆的原因,又使我感到迷惑。周公用不和善的态度,加剧杀戮,这与汉代孝文帝赦免淮南厉王,汉章帝赦免阜陵质王,有很大的差距啊! 这样看来,周公旦对兄弟薄情寡义。但《尚书》记述,给他美誉,为什么呢? 这是第十条疑问。其十一条。

　　大抵自《春秋》以前,《尚书》之世,其作者述事如此。今取其正经雅言,理有难晓,诸子异说,义或可凭[1],参而会之,以相研核。如异于此,则无论焉。夫远古之书,与近古之史,非唯繁约不类,固亦向背皆殊。何者? 近古之史也,言唯详备,事罕甄择,使夫学者睹一邦之政,则善恶相参;观一主之才,而贤愚殆半。至于远古则不然。夫其所录也,略举纲维,务存褒讳,寻其终始,隐没者多。尝试言之,向使汉、魏、晋、宋之君生于上代,尧、舜、禹、汤之主出于中叶,俾史官易地而书,各叙时事,校其得失,固未可量。若乃轮扁称其糟粕[2],孔氏述其传疑,孟子曰:"尽信书,不如无书。"《武成》之篇,吾取其二三简。推此而言,则远古之书,其妄甚矣。岂比夫王沈之不实[3],沈约之多诈[4],若斯而已哉。其十二条。

【注释】

①义或可凭:有可以作为凭据的道理。义,道理,意义。

②轮扁称其糟粕:齐桓公读古代圣人之书,造轮的工匠名扁,说桓公所读之书,均是糟粕。事见《庄子·天道》。

③王沈之不实:王沈著《释时论》,指责当时的世族制度。又著《魏书》(今不传),对当时司马炎篡位之事,多有隐讳。《史通·直书》称"多为时讳,殊非实录"。

④沈约之多诈：沈约，历仕宋、齐、梁三朝。因为在梁、宋任职，所以
《宋书》对梁武帝在刘宋任官一事，多避讳。

【译文】

大致从《春秋》之前，到《尚书》的时候，作者记述事情都是这样的。今天从经文中摘取大家认为是正确的，道理却难以通晓的地方，而诸子的说法又与此不同，可以拿来作为凭据，把它们汇总起来，相互参考核对。除此之外，就不加论述了。远古的史书与近古的史书，不仅仅是繁简不同，它们本来就是不一样的。为什么这么说呢？近古的史书，记言详尽，记事则很少甄别，这使得学者观察朝代的政治时，好坏相参；考察君主的作为时，贤愚参丰。远古的史书则不一样。它所记录的，只是举出大纲，其中一定有褒贬，推究事件的终始，隐讳埋没的不少。我会设想，假设汉、魏、晋、宋的君主生于上古，尧、舜、禹、汤生于近古，使史官也调换时间和位置，各叙时事，考校得失，史书会是什么样子就不得而知了。就像轮扁称上古的史书是糟粕，孔子著述也认为其中有可疑的地方，孟子也说：尽信书，不如无书。《武成》篇，我不过取其中二、三片竹简的内容罢了。由此推论，远古的史书，虚妄的记载太多了。这就像王沈的不实记载，沈约的虚夸记载一样，如此而已。其十二条。

外篇　惑经第四

【题解】

　　本篇是刘知幾关于《春秋》的论断。孔子修《春秋》，无论是义理，还是形式，都对后代的经学和史学产生了重大影响。《惑经》篇延续《疑古》"史学独立"的思想，从史学角度研读《春秋》，提出"十二未谕"、"五虚美"的看法。

　　孔子在唐太宗时虽被尊为"宣父"，但刘知幾却认为孔子记事有三方面失误。一是《春秋》记事往往不据实记载。为亲者讳，为尊者讳，遇到鲁国发生耻辱的事，或有损名声的事，多不记。二是《春秋》记事选材不当。《春秋》内容来源，一方面是鲁国史书旧文，另一方面是其他国家来告之的事。针对这些，孔子不加验证就采用。有些大事，别国不来告之，知道了也不记。三是《春秋》记事不连贯。如果没有《左传》注解，后人就很了解事情的真相。

　　刘知幾对《春秋》的考查，基本参照《左传》，两者相违的，多信从《左传》。但不能凭此，就说刘知幾反对孔子，反对《春秋》。开篇他称孔子是"大圣之德"，希望能亲自为他打扫庭院，"躬奉德音"。所以，刘知幾只是摘掉孔子和《春秋》的神圣光环，就史论史。

　　昔孔宣父以大圣之德^①，应运而生，生人已来，未之有也。故使三千弟子、七十门人,钻仰不及,请益无倦。然则尺有所短,寸有所长,其间切磋酬对,颇亦互闻得失。何者?睹仲由之不悦,则矢天厌以自明②;答言偃之弦歌,则称戏言以释难③。斯则圣人之设教,其理含弘,或援誓以表心,或称非以受屈。岂与夫庸儒末学,文过饰非,使夫问者缄辞杜口,怀疑不展④,若斯而已哉?嗟夫!古今世殊,师授路隔,恨不得亲膺洒扫,陪五尺之童⑤;躬奉德音,抚四科之友⑥。而徒以研寻蠹简⑦,穿凿遗文,菁华久谢,糟粕为偶。遂使理有未达,无由质疑。是用握卷踌躇,挥毫悱愤。傥梁木斯坏,魂而有灵,敢效接舆之歌⑧,辄同林放之问⑨。但孔氏之立言行事,删《诗》赞《易》,其义既广,难以具论。今惟摭其史文,评之于后。

　　案夫子所修之史,是曰《春秋》。切详《春秋》之义,其未喻者有十二。

【注释】

①孔宣父:即孔子,唐太宗于贞观十一年(628)诏尊孔子为宣父。

②睹仲由之不悦,则矢天厌以自明:仲由,孔子弟子,字子路,又字季路。春秋末年鲁国卞(山东泗水)人,擅长政事,性格直率,有勇力才艺,敢于批评孔子。曾任卫蒲邑大夫、季氏家宰。孔子去见卫灵公的妻子南子,南子有淫乱的名声。子路知道后很不高兴,责问孔子。孔子发誓说:"如果我做了不合礼法的事,就让上天厌弃我。"以此来表白自己。事见《论语·雍也》。

③答言偃之弦歌,则称戏言以释难:言偃,孔子弟子,字子游,七十二贤人之一。擅文学,曾任鲁国武城宰,用礼乐教化人民,被孔

子称赞。孔子去武城,看到小民都在学习礼乐,就讥笑言偃:"杀鸡焉用牛刀。"言偃反驳他:"昔日您说过,君子学习礼乐,是为了爱人,小民学习礼乐,易于被统治。"孔子马上说:"你是对的,我刚才是开玩笑的。"事见《论语·阳货》。

④不展:不能消除。

⑤五尺之童:此指孔子的一般门生弟子。

⑥四科之友:指孔子弟子中的精英。四科,孔门四种科目,包括德行、言语、政事、文学。

⑦蠹(dù)简:被虫咬过的竹简。蠹,蛀蚀器物的虫子,这里作形容词。

⑧接舆之歌:楚国狂士接舆,路过孔子家门口,就唱歌:"凤凰,凤凰,时运不济啊!已经过去的无法挽回,未来的可以改变。算了吧,当政者快要完了。"接舆用凤凰比喻孔子,孔子隐而不现,是因为世道衰微。事见《论语·微子》。

⑨林放之问:鲁人林放,看到世人行礼,非常繁琐。认为礼的根本不在这些繁文缛节,就向孔子询问。事见《论语·八佾》。

【译文】

孔子具备崇高的品德,应运而生,这是自有人类以来,还从来没有出现过的。所以使孔子的三千弟子、七十门人,对他深入地研求而不能穷尽;向他请教而不知疲倦。然而尺有所短,寸有所长,孔子与弟子相互切磋应对,也能够互闻得失。为什么这么说呢?孔子看到子路不高兴,就发誓说让上天厌弃他以此来表白自己;孔子讥笑子游,让小民学习礼仪,子游用孔子自己的话反驳他。这样看来圣人实施教化,包含着广阔的道理,有时发誓表明心迹,有时承认自己不对。怎能和那些平庸浅薄的,用言辞掩饰自己过失的,对提问的人闭口不答的,不暴露自己疑问的人相提呢?圣人会像这样做吗?哎!古今相隔,向孔子学习的道路受阻,我恨不得亲自为孔子洒扫侍奉,和孔子门人一起躬听教诲。

现在却只能搜寻和研究被虫子咬坏的竹简，穿凿附会地理解孔子的著作，其中的精华早已失传，只能得一些皮毛。所以当有道理不能理解时，也无从解答。握笔抚纸时思虑郁结，运笔写作时渴求启发。如果孔子在天有灵，我敢效仿接舆、林放，说出自己的疑问。但孔子的言行，删定《诗》评析《易》，所含的道理很广阔，难以一一论述。现在摘取部分史文，在后面加以评论。

孔子所修的史书，叫《春秋》。详细考查《春秋》的微言大义，其中不明白的有十二点。

何者？赵孟以无辞伐国，贬号为人①；杞伯以夷礼来朝，降爵称子；虞班晋上，恶贪贿而先书②；楚长晋盟，讥无信而后列。此则人伦臧否，在我笔端，直道而行，夫何所让③？奚为齐、郑及楚，国有弑君，各以疾赴，遂皆书卒？襄七年，郑子驷弑其君僖公；昭元年，楚公子围 弑其君郏敖；哀公十年，齐人弑其君悼公。而春秋但书云：郑伯髡顽卒，楚子麇卒，齐侯阳生卒。夫臣弑其君，子弑其父，凡在含识，皆知耻惧。苟欺而可免，则谁不愿然？且官为正卿，反不讨贼④；地居冢嫡，药不亲尝⑤。遂皆被以恶名，播诸来叶。必以彼三逆，方兹二弑，躬为枭獍⑥，则漏网遗名；迹涉瓜李，乃凝脂显录⑦。嫉恶之情，岂其若是？其所未谕一也。

【注释】

① 赵孟以无辞伐国，贬号为人：晋国的执政正卿赵武原，即赵孟，为荀林父讨伐卫国。齐、郑两国质问他，谎称说是卫人杀死了晋三百边防战士。《春秋》记载赵武原时，不称"卿"，贬称"晋人"。

② 虞班晋上，恶贪贿而先书：晋国讨伐虢（guó）国，首先贿赂虞国，

借道行军。《春秋》认为虞国的罪胜过晋国,在记载这一事件时,先书其罪,后书晋讨伐虢国事。

③何所让:为什么要谴责他们呢?让,谴责。

④反不讨贼:晋国正卿赵盾,权倾朝野,晋灵公设计杀他,未果。赵盾逃亡到边境时,他的侄子赵穿杀死了灵公,赵盾重新回国主持朝政。《春秋》因赵盾回朝后,没有追究赵穿的弑君行为,就怀疑他也参与其事,所以称"赵盾弑其君"。

⑤药不亲尝:许悼公生病,太子止前去送药,许悼公死,太子逃往晋国。《春秋》因止没有试药,就怀疑他"弑君"。

⑥枭(xiāo)獍(jìng):枭为恶鸟,生而食母。獍为恶兽,生而食父。

⑦凝脂:比喻事之严密,多指法网。

【译文】

为什么这样说呢?赵孟,说不出正当的理由,而讨伐他国《春秋》中贬称他为"晋人";杞桓公用夷礼朝见天子,《春秋》把他降爵称为"杞子"不称"杞伯";晋攻伐虢国,《春秋》先写虞国受贿的罪过;楚先提出与晋结盟,但楚国不讲信用,所以《春秋》把晋国排在前面。这些关于人伦的评价,如果让我写,就公正地记述,为什么要责备他们呢?齐国、郑国和楚国,都有弑君的现象,难道因为都被说是因疾而亡,《春秋》中就写"卒"吗?鲁襄公七年,郑国的驷杀了国君僖公;鲁昭公元年,楚国公子围杀了国君郏敖;鲁哀公十年,齐国人杀死了国君悼公。但是《春秋》都称他们是病死的,记载为"卒"。臣子杀死国君,儿子杀死父亲,但凡有些识礼的,都会感到羞耻和恐惧。如果欺骗世人能免去罪责,谁不愿意做呢?何况赵盾官居执政正卿,不讨伐乱贼;许国世子给国君送药,不先尝而许悼公死。他们都被《春秋》冠以"弑君"的恶名,传布于后世。如果一定要拿前面齐、郑、楚国三个弑君的人和这两个人相比,前三个人简直就是食父食母的恶兽,但他们却逃脱了道德的指责;后面两个人不过是有嫌疑,却被大书特书。嫉恶之情,难道就是这样的吗?这是不明白的第一点。

又案齐乞野幕之戮，事起阳生；楚比乾谿之缢，祸由观从。乞谓齐陈乞，比谓楚公子比也。而《春秋》捐其首谋①，舍其亲弑，亦何异鲁酒薄而邯郸围②，城门火而池鱼及？必如是，则邾之阍者私憾射姑③，以其君卞急而好洁，可行欺以激怒，遂倾瓶水以沃庭，俾废炉而烂卒。斯亦罪之大者，奚不书弑乎？宜书云阍弑邾子。其所未谕二也。

【注释】

①捐其首谋：荼被阳生杀死，《春秋》却记载"陈乞弑其君"；观从帅军攻乾谿，楚灵王自缢而死，《春秋》却记载"楚公子比，自晋归楚，弑其君"。捐，抛开。

②鲁酒薄而邯郸围：楚国大会诸侯，鲁国献的酒有些差，楚宣王很生气，就联合齐进攻鲁国。恰好梁一直想攻赵，又怕楚会救援，便趁此机会包围了邯郸。事见《庄子·胠（qū）箧（qiè）》。

③阍（hūn）者：看守门庭的人。

【译文】

又考查齐国君主荼在野幕被杀，是阳生计划的；楚灵公在乾谿上吊自杀，祸根在观从。乞指齐国陈乞，比指楚公子比。但《春秋》却抛开首谋，舍弃真正弑君的人，这就像鲁国的酒薄，楚却怪罪赵国围攻邯郸，城门失火而殃及池鱼，有什么不同呢？如果一定要这样写，那么邾国的宫廷守卫私下里怨恨射姑，就利用国君急躁而爱干净的特点，用欺骗的方法激怒他，把水洒在庭院中，说是射姑在此小便，使国君大怒，碰倒了炉子而被烧焦。这样大的罪恶，《春秋》为什么不写他弑君呢？应该说是守卫杀了君主。这是不明白的第二点。

盖明镜之照物也，妍媸必露①，不以毛嫱之面或有疵瑕②，而寝其鉴也③；虚空之传响也，清浊必闻，不以绵驹之歌时有误曲④，而辍其应也。夫史官执简，宜类于斯。苟爱而知其丑，憎而知其善，善恶必书，斯为实录。观夫子修《春秋》也，多为贤者讳。狄实灭卫，因桓耻而不书⑤；河阳召王，成文美而称狩⑥。斯则情兼向背，志怀彼我。苟书法其如是也，岂不使为人君者，靡惮宪章，虽玷白圭，无惭良史也乎？其所未谕三也。

【注释】

①妍媸必露：美丑都会显现。妍，美丽。媸，丑恶。

②毛嫱：春秋时越国的美女。

③寝：停止。

④绵驹：春秋时齐国著名歌手。部分传唱作品被孔子收入《诗经》，后世奉为"音神"。

⑤桓耻而不书：狄人灭了卫国，齐桓公是当时的霸主，却不能保全卫国。《春秋》为贤者讳，载"狄入卫"，非"灭卫"。

⑥成文美而称狩：晋文公时，晋国强大。文公不顾礼法，召唤天子到河阳（今河南孟县）。《春秋》为尊者讳，载"狩于河阳"。

【译文】

用明亮的镜子照物，美丑都会显现，它不会因为毛嫱脸上有时有瑕疵，就不显像；空旷的地方传播声音，清脆浑浊都会听到，它不会因为绵驹唱歌偶有失误，就不传送。史官修史，也类似于此。喜欢一个人也要知道他的缺点，憎恶一个人也要了解他好的一面，善恶必书，这才是实录。考查孔子修《春秋》，多为贤者避讳。狄人灭了卫国，国为是齐桓公的耻辱，《春秋》就不如实写；晋文公召周天子于河阳，为了成就晋文公的美名，称天子"巡狩河阳"。这就是作者怀着两种不同的情感。如果作史的原则是这样的,使身为国君之人岂不是都不会害怕法律典章,虽然有缺点,也不会为"良史"的记载而感到羞愧呢? 这是不明白的第三点。

哀八年及十三年,公再与吴盟,而皆不书①。八年注云:"不书盟,耻吴夷也。"十三年注云:"盟不书,诸侯耻之,故不录也。"桓二年,公及戎盟则书之。戎实豺狼,非我族类。夫非所讳而仍讳,谓当耻而无耻,求之折衷,未见其宜。其所未谕四也。

【注释】

①公再与吴盟,而皆不书:鲁哀公八年(前487),吴国伐鲁,鲁被迫与吴结盟,十三年(前482),双方再次结盟。吴国是没有开化的夷人,与之结盟,鲁以为耻。所以《春秋》皆不记。

【译文】

鲁哀公八年和十三年,与吴国两次结盟,《春秋》都不记。哀公八年杜预注:"不记结盟,是因为鲁哀公认为吴国是没有开化的夷人,与其结盟是可耻的事。"十三年注:"结盟而不记录,诸侯都认为是可耻的,所以不记。"鲁桓公二年,鲁与戎结盟却记载下来。戎族凶狠残暴,非我族类。不用隐讳的隐讳了,应该感到可耻的却不以为耻,用公正的原则来看,是不合宜的。这是不明白的第四点。

诸国臣子,非卿不书,必以地来奔,则虽贱亦志。斯岂非国之大事,不可限以常流者耶? 如阳虎盗入于讙①,拥阳关而外叛,《传》具其事,《经》独无闻,何哉? 且弓玉中亡,犹获显记;城邑失守,反不沾书。略大存小,理乖惩劝。其所未谕五也。

【注释】

①阳虎盗入于讙(huān)：阳虎，春秋时鲁国人，季氏家臣。当时鲁
国政权被三桓(鲁大夫孟孙、叔孙、季孙)控制，阳虎想除去三桓，
战败，取宫内宝玉大弓，逃往他国。后入讙(今山东肥城)，占据
阳关(今山东宁阳)。《春秋》只记宝玉大弓被取一事。

【译文】

诸国的臣子，不是"卿"的《春秋》就不记载，如果带着土地来投奔鲁
国，即使地位卑贱也记载他的名字。这难道不是凡属于国家大事，就不
限于一般的准则吗？但是阳虎侵入讙地，拥占阳关而反叛，《左传》具体
记述了此事，《春秋》经却不记，为什么会这样呢？弓、玉丢失，尚且被记
载；城邑失守，反而不记。省略大事记载小事，这和惩恶劝善的《春秋》
之义相违背。这是不明白的第五点。

案诸侯世嫡，嗣业居丧，既未成君，不避其讳。此《春
秋》之例也。何为般、野之殁，皆以名书①，而恶、视之殂，直
云"子卒"。其所未谕六也。

【注释】

①般、野之殁，皆以名书：楚庄王死，子般即位，被共仲杀死。《春
秋》记"子般卒"。鲁襄公死，子野即位，后因悲伤过度死。《春
秋》记"子野卒"。"子"是对人的尊称，君主死，应记"子卒"，不
记名。

【译文】

考查诸侯的嫡系子孙，他们继承王位但在丧服期间，还不是真正的
君主，不用避讳其名字。这是《春秋》的原则。但为什么子般、子野之
死，都直呼他们的名字？太子恶及其弟视被杀，只记"子卒"，避讳直呼
其名。这是不明白的第六点。

　　凡在人伦不得其死者①，邦君已上皆谓之弑，卿士已上通谓之杀。此又《春秋》之例也。案桓二年，书曰："宋督弑其君与夷及其大夫孔父"。僖十年，又曰："晋里克弑其君卓及其大夫荀息。""及"宜改为"杀"。夫臣当为杀，而称及，与君弑同科。苟弑、杀不分，则君臣靡别者矣。公羊传曰："及者何？累也。"虽有此释，其义难通。既未释此疑，其编于未谕。他皆仿此也。其所未谕七也。

【注释】

①不得其死：指不是正常死亡。

【译文】

　　凡是讲究人伦的地方非正常死亡，一邦之君都称为"弑"，卿士以上的称为"杀"。这是《春秋》的原则。考查桓公二年，《春秋》上写道："宋国的督弑杀了国君与夷和大夫孔父。"僖公十年又写道："晋国里克弑杀了国君卓和大夫荀息。""及"应该改成"杀"。臣子被杀应用"杀"，但《春秋》中用"及"，把杀大臣和弑君放在同等地位。如果"弑"、"杀"不分，君臣之间就没有区别了。《公羊传》注解说："及是什么？就是连及的意思。"虽然做了解释，但意思没讲通。既然没有解除疑惑，就把它纳入有疑问的行列。其他的疑问也是仿照这个提出的。这是不明白的第七点。

　　夫臣子所书，君父是党①，虽事乖正直，而理合名教。如鲁之隐、桓戕弑，昭、哀放逐，姜氏淫奔②，子般夭酷。斯则邦之孔丑③，讳之可也。如公送晋葬④，公与吴盟，为齐所止⑤，为邾所败，盟而不至，会而后期，并讳而不书，岂非烦碎之甚？且案汲冢竹书、《晋春秋》及《纪年》之载事也⑥，如重耳出奔，惠公见获⑦，书其本国，皆无所隐。唯《鲁春秋》之记其国也,则不然。何者?国家事无大小,苟涉嫌疑,动称耻讳,厚诬来世,奚独多乎!其所未谕八也。

【注释】

①党:偏袒。

②姜氏淫奔:鲁庄公的夫人姜氏,与齐侯私通。《春秋》记"孙于齐",不记私通。孙,通"逊",逃。

③孔:很,甚,大。

④公送晋葬:鲁成公时,晋国强大,晋侯孺死,晋人强迫鲁成公为其送葬。孔子认为这是鲁国的耻辱,因而不记。事见《左传·成公十年》。

⑤为齐所止:鲁僖公被齐侯扣留。止,通"执"。

⑥《纪年》:西晋出土的《汲冢书》的一种。记载先秦历史的编年体史书,相传是战国魏史官作。有很高的价值,与传统正史记载不同。西晋人定名为《纪年》,又称《竹书纪年》。

⑦重耳出奔,惠公见获:晋文公重耳为避祸外逃,在外十九年,在秦穆公的帮助下回到晋国,即位。晋惠公夷吾,避祸奔梁,曾得秦国帮助,即位后背秦,秦伐晋,俘获惠公。事见《左传·僖公四年》、《左传·僖公十五年》。

【译文】

臣子撰写历史时,偏袒君主父亲,虽然与直书相违背,但符合伦理道德。比如,鲁隐公、桓公被弑,鲁昭公、哀公被放逐,姜氏与齐侯私通,子般被弑,《春秋》都做隐讳,称"薨"、"逊于齐"和"早夭"。这些都是国家的大丑闻,隐讳是可以的。但是如鲁成公为晋景公送葬,哀公被迫与吴国结盟,僖公被齐国扣押,僖公被邾国打败,文公失信于会盟,文公会盟时迟到,这些事情也隐讳不写,难道是太繁琐了吗?又考查汲冢竹书,《晋春秋》和《纪年》中所记的事情,比如重耳逃亡,晋惠公被俘,在晋国的史书上，都没有隐讳。只有《鲁春秋》记载鲁国史事，不是这样。为什么呢？国家的事情无论大小，只要有涉及礼教的地方，认为可耻的，就加以隐讳严重欺骗后人，这样的事例真多啊！这是不明白的第八点。

案昭十二年，齐纳北燕伯于阳。"伯于阳"者何？公子阳生也。《左传》曰："纳北燕伯款于唐。"杜注云：阳即唐，燕之别邑。子曰："我乃知之矣[1]。"在侧者曰："子苟知之，何以不革？"曰："如尔所不知何？"夫如是，夫子之修《春秋》，皆遵彼乖僻，习其讹谬，凡所编次，不加刊改者矣。何为其间则一褒一贬，时有弛张；或沿或革，曾无定体？其所未谕九也。

【注释】

①我乃知之矣：孔子说我知道错了。《春秋》记载"齐纳北燕伯于阳"，意为齐国大夫高偃护送北燕简公至阳（今河北唐县）。这是孔子照抄前人史料的原文。《公羊传》上说"伯于阳"是个人，但《左传》、《穀梁传》均无此说明。又根据《史记·齐世家》、《史记·燕世家》的记载，《公羊传》是错误的。孔子说自己"错了"，是针对《公羊传》的解释。刘知几在此只是借以说明孔子引用史料，不加辨别，并不考证事实。

【译文】

考查《春秋》昭公十二年记载，齐国把北燕伯送到阳地。"伯于阳"是什么？就是公子阳生。《左传》记载："齐国把北燕伯款接到唐地。"杜预注说：唐地就是阳地，是燕国都城以外的邑。孔子说："我知道采用的材料错了。"旁边的人问："你知道错了，为什么不订正呢？"孔子说："如果你不知道的又该怎么办呢？"如果是这样，那么孔子的《春秋》，都保持那些违背道理的地方，因袭错误的记录，凡是前人编辑过的，不加修正就采用。但为什么《春秋》记事有褒有贬，时详时略；有的沿用先前的史料有的改动，没有固定的标准，这是不明白的第九点。

又书事之法，其理宜明。使读者求一家之废兴，则前后相会^①；讨一人之出入，则始末可寻。如定六年书："郑灭许，以许男斯归^②。"而哀元年书："许男与楚围蔡。"夫许既灭矣，君执家亡，能重列诸侯，举兵围国者何哉？盖其间行事，必当有说。《经》既不书，《传》又阙载^③，缺略如此，寻绎难知。其所未谕十也。

【注释】

①前后相会：前后相互衔接，连贯顺畅。会，连贯。

②郑灭许，以许男斯归：《春秋》定公六年（前504），郑国灭许，俘获许国国君斯。男，是斯的爵位。《春秋》哀公元年（前494）又载，许国君与楚、陈、随一起围蔡。

③《经》既不书，《传》又阙载：许国被灭，又为何会围攻他国？公元前504年至前494年，一定发生了其他事情，但《春秋》和《左传》都没有记载。

【译文】

记事的原则，应该清晰明确。让读者探求国家盛衰时，能前后衔接；讨论一个人的活动时，能有始有末。比如定公六年，《春秋》记载："郑国灭了许国，俘虏许国国君斯。"但哀公元年上又记载："许国国君与楚一起包围蔡。"许国已经被灭了，国君被俘虏，国破家亡，怎么会重新列入诸侯国，率领军队包围别国呢？从定公六年即公元前504年到哀公元年即公元前494年，一定有事情发生。《春秋》上没有记载，《左传》也没有注解，缺略如此，使人难以知晓事情的真相。这是不明白的第十点。

　　案晋自鲁闵公已前，未通于上国^①。至僖二年，灭下阳已降^②，渐见于《春秋》。盖始命行人自达于鲁也，而《琐语》、《春秋》载鲁国闵公时事，言之甚详。斯则闻事必书，无假相赴者也^③。盖当时国史，它皆仿此。至于夫子所修也则不然。凡书异国，皆取来告。苟有所告，虽小必书；如无其告，虽大亦阙。故宋飞六鹢^④，小事也，以有告而书之；晋灭三邦，大事也，谓灭耿、灭魏、灭霍也。以无告而阙之。用使巨细不均，繁省失中，比夫诸国史记，奚事独为疏阔？寻兹例之作也，盖因周礼旧法^⑤，鲁策成文^⑥。夫子既撰不刊之书^⑦，为后王之则，岂可仍其过失，而不中规矩者乎？其所未谕十一也。

【注释】

①上国：指鲁国，上国是对本国的尊称。

②灭下阳：鲁僖公二年（前658），晋、虞两国讨伐虢国，攻占下阳（今山西平陆）。

③无假相赴者：不用借助相互的通告。假，借助。赴，通告。

④宋飞六鹢（yì）：宋国六只鹢鸟退着飞过都城。鹢，水鸟，在高处飞时，遇风而退。宋人以为不详，把这件事告诉了各诸侯。《左传·僖公十六年》杜预注，均有此解。

⑤周礼旧法：按照周制，有关国家政令、征伐、祭祀的事，如果被告之，就记载在史册。只是听闻，君主没有下令记载的，不记在正史中。此解见《左传·隐公十一年》杜预注。

⑥鲁策：鲁国史书。

⑦不刊：不能更改的，有权威的。

【译文】

　　考查晋国在鲁闵公之前，和鲁国没有来往。等到僖公二年，晋国灭掉下阳后，晋国之事才渐渐出现在《春秋》上。大概从此晋国才派使臣主动与鲁交往，但《琐语》《春秋》上记载鲁闵公时的事，非常详细。这一定是听到了什么事就记录下来，没有借助相互通告来了解情况。大概当时各国修史，都是这样。但孔子修史却不是这样。凡涉及他国历史，都取用被告知的材料。凡是被告诉的事情，即使是小事也一定记载；没有被告知的，即使是大事也不记。所以宋国六只鹢鸟倒飞，是小事，因为告知了鲁国就被记载下来；晋国灭了三个国家，这是大事，即灭耿、魏、霍三国。没有告知鲁国就没有被记载。为什么《春秋》记事大小不均，详略不当，比起其他国家的史书，为什么记事显得粗略呢？探寻这样写作的原因，是因为承袭了周代的礼法，写鲁国的历史。孔子撰写的史书是不可更改的，可以作为是后代君主依据的准则，怎么能保留错误的，不合规矩的内容呢？这是不明白的第十一点。

　　盖君子以博闻多识为工，良史以实录直书为贵。而《春秋》记它国之事，必凭来者之辞，而来者所言，多非其实。或兵败而不以败告，君弑而不以弑称，或宜以名而不以名，或应以氏而不以氏，或春崩而以夏闻，或秋葬而以冬赴。皆承其所说而书，遂使真伪莫分，是非相乱。其所未谕十二也。

【译文】

　　君子应该以博闻多识见长，良史应该以实事求是记载为尊贵。但《春秋》记他国之事，一定要凭借来访使者的话，而使者的话，大多与实际不符。有的兵败了却告知没有败；君主被杀不称"弑"；有的不用避讳而应写出名字的却不写；有的应该标明姓氏加以颂扬的却不标；有的君主春天驾崩夏天才告知，有的秋天已经葬了冬天才通告。这些都是依据使者的叙述而记载，致使《春秋》中的内容真伪难辨，对错混淆。这是不明白的第十二点。

　　凡所未谕，其类尤多，静言思之，莫究所以。岂"夫子之墙数仞，不得其门"者欤①？将"某也幸，苟有过，人必知之"者欤？如其与夺②，请谢不敏。

　　又世人以夫子固天纵，将圣多能，便谓所著《春秋》，善无不备。而审形者少，随声者多，相与雷同，莫之指实。榷而为论，其虚美者有五焉。

【注释】

①夫子之墙数仞，不得其门：孔子家的墙有几仞高，如果找不到进去的门，就看不见里面的绚丽多彩。比喻孔子的思想高深，找不到合适的途径，就无法理解。语出《论语·子张》。

②与夺：赞扬和贬斥，指评论是非曲直。

【译文】

　　类似这样的不明白的地方，还有很多，静静思考，终究还是找不到原因。难道真的是"孔子的学问在高墙之内，找不到进去的门"呢？还是像孔子说的"我很幸运，如果有什么过失，别人都会知道"呢？究竟是哪种情况，请原谅我没有才能不能判断。

　　还有世人认为孔子是天生之才，不同凡响，便认为所撰《春秋》，完美无缺。因此，考查实际情况的人少，随声附和的人多，赞美它的话基本一样，却不能找出依据。概括起来看，《春秋》不符合事实的赞美有五处。

　　案古者国有史官，具列时事，观汲冢所记，皆与鲁史符同①。至如周之东迁②，其说稍备；隐、桓已上，难得而详。此之烦省，皆与《春秋》不别。又"获君曰止"，"诛臣曰刺"，"杀其大夫曰杀"，"执我行人"，"郑弃其师"，"陨石于宋五"。其事并出《竹书纪年》，唯"郑弃师"出《琐语》、《春秋》也。诸如此句，多是古史全文。则知夫子之所修者，但因其成事，就加雕饰，仍旧而已，有何力哉？加以史策有阙文，时月有失次，皆存而不正，无所用心，斯又不可殚说矣。而太史公云："夫子为《春秋》，笔则笔，削则削，子夏之徒，不能赞一辞。"其虚美一也。

【注释】

①鲁史：此处指《春秋》。

②周之东迁：公元前 770 年，周平王把都城从镐（gǎo）（今陕西西安）迁到雒邑（今河南洛阳），东周开始。史称"平王东迁"。事见《史记·周本纪》。

【译文】

　　考查古代各诸侯国都有史官，他们详细排列所记时事，阅读《汲冢书》的内容，都与《春秋》相同。至于像周平王东迁以后的事，记载比较详细；鲁隐公、桓公之前的事，记载比较简略。这种繁简情形，也和《春秋》没有区别。又比如，"俘获君主称止"，"诛杀臣子称刺"，"杀大夫称杀"，"扣留使者"，"郑国高克放弃军队"，"五颗陨石落在宋国"。这些事情都见《竹书纪年》，只有"郑国高克放弃军队"一事记载在《琐语》、《春秋》。像这样的句子，多是出自古代史书的原文。由此可知，孔子修史，只是因袭现成的记载，稍加改动，照旧而已，他付出什么劳动了吗？再加上之前的史书有的有缺略，有的年代错乱，都被承袭下来，又不用心修正，这样的情况多得说不完。但是司马迁却说："孔子作《春秋》该添加的添加,该减少的减少,子夏这些人,提不出一点意见。"这是第一点虚美。

又案宋襄公执滕子而诬之以得罪,楚灵王弑郏敖而赴之以疾亡①,《春秋》皆承告而书,曾无变革。是则无辜者反加以罪,有罪者得隐其辜,求诸劝戒,其义安在?而左丘明论《春秋》之义云:"或求名而不得,或欲盖而名彰,""善人劝焉,淫人惧焉"。其虚美二也。

【注释】

①楚灵王弑郏敖:即本篇"其未谕一也"中刘知幾自注:"昭元年,楚公子围弑其君郏敖。"

【译文】

又核查宋襄公拘捕滕子并诬陷他是无道君主,楚灵王杀了国君郏敖并奔赴各国说敖是病死的,《春秋》记载这些事全凭宋、楚的通告,没有改变。结果使无辜的人反而被加上罪名,有罪的人隐瞒了罪行,史书追求劝善惩恶,其宗旨在哪里啊?但是左丘明议论《春秋》宗旨时说:"有人想从中获得名声而得不到;有人想掩盖罪行反而更加暴露,""《春秋》使有道德的人得到鼓励,邪恶的人感到恐惧。"这是第二处虚美。

又案《春秋》之所书,本以褒贬为主。故《国语》晋司马侯对其君悼公曰:"以其善行,以其恶戒,可谓德义矣。"公曰:"孰能?"对曰:"羊舌肸习于《春秋》①。"至于董狐书法而不隐,南史执简而累进②,又宁殖出君,而卒自犹名在策书③。故知当时史臣各怀直笔,斯则有犯必死,书法无舍者矣。自夫子之修《春秋》也,盖他邦之篡贼其君者有三,谓齐、郑、楚,已解于上。本国之弑逐其君者有七，隐、闵、般、恶、视五君被弑，昭、哀二主被逐也。莫不缺而靡录，使其有逃名者。而孟子云："孔子成《春秋》，乱臣贼子惧。"无乃乌有之谈欤？其虚美三也。

【注释】

①羊舌肸(xī)习于《春秋》：羊舌肸，生卒年不详，复姓羊舌，名肸，又名叔向。晋大夫，食邑在杨(今山西洪洞)，反对郑国子产铸刑鼎，守卫衰落的公室，是保守一派。晋悼公问司马侯，谁能对君主劝善规恶，回答说：羊舌肸阅读史书，他能。事见《国语·晋语》。

②南史执简而累进：齐庄公六年(前548)，大夫崔杼杀了庄公，太史记载了这件事，被崔杼杀死，太史之弟续记，亦被杀。南史执简前往，准备记载，走到半道，听说太史的另外一个弟弟已经记下此事，就返回。事见《左传·襄公二十五年》。

③宁(nìng)殖出君，而卒自犹名在策书：宁殖(？—前553)，即宁惠子，春秋时卫国的卿。卫献公不敬孙林父和宁殖，两人联合，逐卫献公，立殇公。宁殖临死前对这件事很后悔，遗言让儿子掩护卫献公回国。按《春秋》笔法，如果君主自取灭亡，史书不记逐君之人的名字。但宁殖仍然把自己的"恶名"记在史书上。事见《左传·襄公十四年》、《左传·襄公二十年》。

【译文】

又考查《春秋》的记载，本来就是以褒贬为主。所以《国语》中记载晋国司马侯对晋悼公说："是好的作为就去做，罪恶的事就不做，这就是所谓的道德信义。"悼公问："谁能做到？"司马侯说："羊舌肸善于学习，能引导君主行善戒恶。"至于董狐秉笔直书，南史准备冒死记史，还有宁殖逐卫献公，临死前把自己的名字记在史册。由此可知当时各国的史官都是根据事实记载历史，即使触犯君主而有杀头的危险，也不舍弃书写原则。从孔子作《春秋》开始，其他国家篡权和杀害君主的有三次，指齐、郑、楚，前面已经解释清楚了。鲁国杀害和流放君主的有七次，鲁隐公、闵公、般、恶、视等五位国君被杀，鲁昭公、哀公被放逐。《春秋》都不记载，使乱臣贼子逃脱恶名。但是孟子却说："孔子修《春秋》，乱臣贼子害怕留下恶名声而感到恐惧。"这难道不是毫无根据的话吗？这是第三处虚美。

又案《春秋》之文，虽有成例，或事同书异，理殊画一。故太史公曰："孔氏著《春秋》，隐、桓之间则彰，至定、哀之际则微，为其切当世之文，而罔褒讳之辞也。"斯则危行言逊，吐刚茹柔①，推避以求全，依违以免祸②。而孟子云："孔子曰：'知我者其惟《春秋》乎，罪我者其惟《春秋》乎'。"其虚美四也。

【注释】

①吐刚茹柔：比喻怕强欺软，害怕权势。

②依违：顺从和违背，犹豫不决，遇事依违两可。

【译文】

又考查《春秋》的写作，虽然有既定的义例，有时对同一性质事物的描写，不同，书写原则不一致。所以司马迁说："孔子著《春秋》，鲁隐公、桓公时期的事写得很清楚，到鲁定公、哀公时则写得含糊不明，是因为孔子生活在定、哀公时期，害怕因文辞而遭遇灾祸，就多有忌讳。"由此可见，孔子谨言慎行，害怕强权，找借口避开问题，以保全自己，含糊其辞为了避免祸害。孟子却说："孔子讲：'理解我的人是因为《春秋》，责备我的人也是因为《春秋》。'"这是第四处虚美。

又案赵穿杀君而称宣子之弑①，江乙亡布而称令尹所盗^②。此则春秋之世，有识之士莫不微婉其辞，隐晦其说。斯盖当时之恒事^③，习俗所常行。而班固云："仲尼殁而微言绝。"观微言之作，岂独宣父者邪？其虚美五矣。

【注释】

①宣子：即赵盾(？—前601)，谥号宣，故称"宣子"。春秋晋杰出的政治家、战略指挥家，辅佐晋襄公、晋灵公，改革法制，击退秦军，显赫一时。

②江乙亡布而称令尹所盗：有人入楚王宫偷盗，令尹进言，楚王罢了江乙的官职。不久，江乙的母亲丢了布，就上告说是令尹偷的。楚王解释说，令尹没有偷盗，况且他也不知道是谁偷的，不能惩罚他。江乙的母亲就说，楚国因为令尹的治理，而出现了盗贼，为什么江乙没有偷盗，却被罢官，这合理吗？事见《列女传·楚江乙母传》。

③恒：经常的，普遍的。

【译文】

又查赵穿杀了君主晋灵公却说是赵盾杀害的，江乙的母亲丢了布却说是令尹偷的，由此可知春秋时期，有见识的人没有谁不委婉地陈述意见，隐晦地表达自己的意思。这在当时是很普遍的，大家都习以为常。但是班固却说："孔子死后没有人再用精深微妙的言辞了。"看一看用"微言"记载的历史，难道仅仅只有孔子会吗？这是第五处虚美。

考兹众美，征其本源，良由达者相承^①，儒教传授，既欲神其事，故谈过其实。语曰："众善之，必察焉。"孟子曰："尧、舜不胜其美，桀、纣不胜其恶。"寻世之言《春秋》者，得非睹众善而不察^②，同尧、舜之多美者乎？

【注释】

①达者：有才能的人，有权威的人。

②众善：众人都说好，引申为吹捧。

【译文】

考查这些虚美之辞，追溯它的来源，基本上都是来自有权威的人与儒家的学者传授，他们想神化孔子，所以就言过其实。《论语》说："即使众人都说好，也一定要考察。"孟子说："尧、舜已经不能承受加在他们身上的赞誉了，桀、纣已经不能承受人们加给他们的罪名了。"推究世人对《春秋》的评价，难道不也是随着众人的吹嘘而附和却不去验证，这和尧、舜受到过多的赞美是一样的吧？

昔王充设论①，有《问孔》之篇，虽《论语》群言，多见指摘，而《春秋》杂义，曾未发明。是用广彼旧疑，增其新觉，将来学者，幸为详之。

【注释】

①王充(27—约97)：字仲任，会稽上虞（今浙江绍兴）人，东汉杰出的思想家、哲学家，曾拜班彪为师，博览群书，但一生只做过地方官。著有《论衡》，现存八篇，反叛汉代儒家正统思想，是一部不朽的无神论著作。又著《养性书》十六篇。

【译文】

过去王充为了表达自己的意见，作《问孔》篇，虽然对《论语》中的言论，多指出其错误，但是对《春秋》的驳杂义理，却没有新的论断。所以我是在前人疑问的基础上，提出新的看法，希望将来的学者，能仔细研究这些问题。

外篇　申左第五

【题解】

　　本篇是刘知幾推崇《左传》的论述。他在《六家》中言《左传》为"述者之冠冕"，在《惑经》中也主要以《左传》为依据，指出《春秋》之误。"以史传经"是《左传》与《公羊传》、《穀梁传》的最大不同。

　　刘知幾认为，《左传》与二传相比，有三个优点：一是"笔削及发凡例，皆得周典"；二是内容丰富，"每事皆详"；三是左丘明能"上询夫子，下访其徒"。而《公羊传》和《穀梁传》则有五个缺点，分别是：与孔子地异时异，传自街巷；语言差失，文辞繁琐；无所准绳，理甚迂僻；缺漏甚多，无所发明；奖进恶徒，疑误后学。

　　晋杜预注《左传》之前，《左传》一直不被人重视。《公羊传》、《穀梁传》解释《春秋》，重在微言大义，而《左传》记言、记事相结合，并与《汲冢书》印证，证明它记载史实准确。同时，《左传》也通过史实阐述春秋义理，所以《左传》和《春秋》的关系犹如衣之表里。

　　古之人言《春秋》、《三传》者多矣、《三传》战国之世，其事罕闻。当前汉专用《公羊》，宣皇已降①，《穀梁》又立于学。至成帝世，刘歆始重《左氏》②，而竟不列学官。大抵自古重两传而轻《左氏》者固非一家，美《左氏》而讥两传者亦非一族。互相攻击，各用朋党，咙聒纷竞③，是非莫分。然则儒者之学，苟以专精为主，止于治章句、通训释，斯则可矣。至于论大体，举宏纲，则言罕兼统，理无要害。故使今古疑滞莫得而申者焉。

【注释】

①宣皇：汉宣帝（前91—前48）刘询，本名刘病已，字次卿，是汉武帝的曾孙，因"巫蛊之祸"自出生就流落民间，深知人民疾苦。即位后，躬行节俭，大破匈奴，史有"中兴"之说。

②刘歆始重《左氏》：刘歆自小博通经史，对古文经学的振兴有重要贡献，重新整理《左传》，探求全书义理，曾请求立《左传》于学官，因此得罪大司空师丹和众多儒者，避祸请求徙守五原。

③咙（máng）聒：发出嘈杂的声音。

【译文】

古代谈论《春秋》、《三传》的人很多。战国时代，这样的事还很少。西汉时《公羊传》很流行，汉宣帝以后，《穀梁传》又被立为学官。汉成帝时，刘歆开始重视《左氏》，但终究没有列入学官。大概自古重视《公羊》和《穀梁》而轻视《左氏》的，决非儒学一家，但赞美《左氏》而贬低《公羊》、《穀梁》的，也不止刘氏一族。他们互相攻击，利用各自的利益集团，吵吵嚷嚷，辨不清是非。然而儒家学说，如果认为它以专精为主，致力于深求章句、疏通解释疑难，是可以的。至于说它高度概括，纲举目张，就很少能兼顾统筹，阐述思想抓不住要害。所以，古今的人们对《春秋》的疑难之处，得不到说明。

　　必扬榷而论之①，言传者固当以《左氏》为首。但自古学《左氏》者，谈之又不得其情，如贾逵撰《左氏长义》②，称在秦者为刘氏③，乃汉室所宜推先。但取悦当时，殊无足采。又案桓谭《新论》曰④："《左氏传》于经，犹衣之表里。"而《东观汉记》陈元奏云⑤："光武兴立《左氏》，而桓谭、卫宏并共诋訾，故中道而废。"班固《艺文志》云⑥：丘明与孔子观鲁史记而作《春秋》，有所贬损，事形于《传》，惧罹时难，故隐其书。末世口说流行，遂有《公羊》、《穀梁》、《邹氏》、《夹氏》诸传。而于《固集》复有难《左氏》九条三评等科。夫以一家之言，一人之说⑦，而参差相背，前后不同。斯又不足观也。

夫解难者以理为本，如理有所阙，欲令有识心伏，不亦难乎？今聊次其所疑，列之于后。

【注释】

①扬榷(què)：扼要地进行论述。

②贾逵撰《左氏长义》：贾逵一生著作达百万余字，有《春秋左氏传解诂》、《国语解诂》、《春秋左氏传长传》(即刘知幾所说《左氏长义》)、《尚书古文异同》等等。许慎、崔瑗等曾师从于他。曾任侍中，力斥谶纬，汉明帝时，欲进忠言，但又怕惹祸上身，就上书说《左传》与谶纬相合，请求立为博士。

③在秦者为刘氏：东汉和帝立，贾逵进言，刘累是陶唐氏的后代。

④桓谭《新论》：桓谭著《新论》二十九篇，已亡佚。现存《新论·形神》一篇，主要反对谶纬神学、灾异迷信，具有形神一体的唯物主义观点。事见《后汉书·桓谭传》。

⑤陈元：字长孙，与刘歆是同一时代，跟随父亲陈钦学习《左传》，为《左传》作训诂，极力赞成汉光武帝立《左传》于学官。

⑥班固《艺文志》：即班固《汉书·艺文志》，是我国现存最早的目录学文献。班固依刘歆的《七略》删改而成，总共著录图书三十八

种,五百九十六家,一万三千二百六十九卷,分六艺、诸子、诗赋、兵书、数术、方技六略。事见《后汉书·班固传》。

⑦一人之说:此指班固前后说法不一。据程千帆《史通笺记》引《援鹑堂笔记》,认为《艺文志》中的论述是班固引刘子骏的话,并不是班固自己的论述。

【译文】

如果一定要大致排列顺序的话,三传中自然应当以《左氏》为首。但是自古学习《左氏》的人,谈论它又不得要领,比如贾逵作《左氏长义》,说秦时刘氏的祖先是尧,汉王朝刘姓当往前推到尧。这只是为了取悦当政者,根本不足以采用。根本据桓谭《新论》中说:"《左氏传》和《春秋》的关系,就像衣服的里子和面子。"但《东观汉记》中陈元的奏言却说:"汉光武帝时开始立《左氏》于学官,但桓谭、卫宏共同诋毁《左氏》,所以就中途而废了。"班固《艺文志》中说:左丘明与孔子阅读鲁国史书后作了《春秋》,对鲁《春秋》有所删减,事迹则详细记载在《左传》,但害怕因为时政而遭遇迫害,所以隐藏起来。周朝末年,口述历史流行,于是就有了《公羊》、《穀梁》、《邹氏》、《夹氏》等传。但《班固集》又搜集了谴责《左氏》的九条三评的材料。这些都是班固的一家之说,而且前后相互矛盾。这不足以作为证据。

解答疑问,以阐明道理为本,如果没有什么道理,想让有才能的人心服,不是很难吗? 现在姑且把疑惑的地方,一一列之于后。

盖《左氏》之义有三长,而二传之义有五短。案《春秋》昭二年:韩宣子来聘,观书于太史氏,见《鲁春秋》,曰:"周礼尽在鲁矣。吾乃今知周公之德与周之所以王也。"然《春秋》之作,始自姬旦①,成于仲尼。丘明之《传》,所有笔削及发凡例,皆得周典,杜预《释例》云:《公羊》、《穀梁》之论《春秋》,皆因事以起问，因问以辩义。义之□者，曲以通□[②]，无他凡例也。左丘明则□《周礼》以为本，诸称凡以发例者，皆周公之旧制者也。传孔子教，故能成不刊之书，著将来之法。其长一也。又案哀三年，鲁司铎火[③]，南宫敬叔命周人出御书，子服、景伯命宰人出礼书，其时于鲁文籍最备。丘明既躬为太史，博总群书，至如《梼杌》、《纪年》之流[④]，《郑书》、《晋志》之类，凡此诸籍，莫不毕睹。其《传》广包它国，每事皆详。其长二也。《论语》子曰："左丘明耻之，某亦耻之[⑤]。"夫以同圣之才，而膺授经之托，加以达者七十，弟子三千，远自四方，同在一国，于是上询夫子，下访其徒，凡所所摭，实广闻见。其长三也。

【注释】

①姬旦：即周公，姓姬，名旦。

②义之口者，曲以通口：原有缺字，意不可解。

③鲁司铎火：杜预注《左传·哀公三年》，司铎，官名。敬叔，孔子弟子南宫阅。周人，司周典籍之官。御书，呈献给君主的书。

④《梼杌》：楚国史书名。

⑤左丘明耻之，某亦耻之：语出《论语·公冶长》。

【译文】

《左氏》在义理方面有三个长处，《公羊》和《穀梁》有五个短处。据《春秋·昭公二年》：韩宣子访问鲁国，在太史氏处看书，看到《鲁春秋》时说："周礼都保存在鲁国。我今天才知道周公的品德和周天子能够称王的原因。"但《春秋》一书，从周公旦时开始写作，到孔子时完成。左丘明的《传》增加、删改和发凡起例，都符合周代的礼法，杜预《春秋释例》说：《公羊》、《穀梁》传注《春秋》，都是因内容发问，再就问题辨析义理。没有一定的凡例。左丘明则根据《周礼》，来确定传注的体例，都是周公确定的制度。继承孔子的思想，所以能成为有权威的史书，为以后史书写作提供原则。这是第一个长处。又考查鲁哀公三年，鲁国司铎宫着火，南宫敬叔命令周人把御书抢救出来，子服、景伯命令宰人把礼书抢救出来，可见当时鲁国的文献典籍是最完备的。左丘明身为太史，广泛地搜集书籍，像《梼杌》、《纪年》这类典籍，《郑书》、《晋志》这类史书，没有不一一读。《左传》的内容包罗其他国家，每件事都很详细。这是第二个长处。《论语》中孔子说："左丘明认为可耻的，我也认为可耻。"孔子和左丘明都是有才德的人，左丘明受孔子之托为《春秋》作传，再加上有才能的孔子弟子七十人，普通弟子三千人，散居在四方，同居住在鲁国，所以左丘明上能向孔子征求意见，下能询问孔子弟子，凡是他所择取的材料，确实能增长我们的见闻。这是第三个长处。

如穀梁、公羊者①，生于异国，长自后来，语地则与鲁产相违，论时则与宣尼不接。安得以传闻之说，与亲见者争先者乎？譬犹近世，汉之太史，晋之著作，撰成国典，时号正书。既而《先贤》、《耆旧》、谓《楚国先贤传》、《汝南先贤行状》、《益部耆旧传》、《襄阳耆旧传》等书。《语林》、《世说》②，竞造异端，强书它事。夫以传自委巷，而将班、马抗衡；访诸古老，而与干、孙并列③。斯则难矣。彼二传之方《左氏》，亦奚异于此哉？其短一也。《左氏》述臧哀伯谏桓纳鼎，周内史美其说言；王子朝告于诸侯，闵马父嘉其辨说④。凡如此类，其数实多。斯盖当时发言，形于翰墨；立名不朽，播于他邦。而丘明仍其本语，就加编次。亦犹近代《史记》载乐毅、李斯之文，《汉书》录晁错、贾生之笔。寻其实也，岂是子长稿削，孟坚雌黄所构者哉？观二传所载，有异于此。其录人言也，语乃龃龉⑤，文皆琐碎。夫如是者何哉？盖彼得史官之简书，此传流俗之口说，故使隆促各异，丰俭不同。其短二也。寻《左氏》载诸大夫词令、行人应答，其文典而美，其语博而奥，如僖伯谏君观鱼⑥，富辰谏王纳狄⑦，王孙劳楚而论九鼎⑧，季札观乐而谈国风⑨，其所引援，皆据《礼经》之类是也。**述远古则委曲如存。**如郯子聘鲁，言少昊以鸟名官；季孙行父称舜举八元、八凯；魏绛答晋悼公，引《虞人之箴》⑩；子革讽楚灵王，诵《祈招之诗》。其事明白，非是厚诬之类是也。**征近代则循环可覆。**如吕相绝秦，述两国世隙；声子班荆，称楚材晋用⑪；晋士渥浊谏杀荀林父，说文公败楚于城濮，有忧色⑫；子服伯谓吴云，楚围宋，易子而食，析骸而爨，犹无城下之盟⑬；祝佗称践土盟晋重耳、鲁申、蔡甲午之类是也⑭。**必料其功用厚薄，指意深浅，谅非经营草创，出自一时，琢磨润色，独成一手。斯盖当时国史已有成文，丘明但编而次之，配经称传而已也。**如二传者，记言载事，失彼菁华；寻源讨本，取诸胸臆。夫自我作故，无所准绳，故理甚迂僻，言多鄙野，比诸《左氏》不可同年。其短三也。案二传虽以释经为主，其缺漏不可殚论。如《经》云："楚子麇卒。"而《左传》云：公子围所杀。及公、穀作《传》，重述《经》文，无所发明，依违而已。其短四也。《汉书》载成方遂诈称戾太子，至于阙下⑮。隽不疑曰⑯：昔卫蒯聩得罪于先君，将入国，太子辄拒而不纳，《春秋》是之。遂命执以属史。霍光由是始重儒学。案隽生所引，乃《公羊》正文。如《论语》冉有曰⑰："夫子为卫君乎？"子贡曰⑱："夫子不为也。何则？父子争国，枭獍为曹⑲，礼法不容，名教同嫉。"而《公羊》释义，反以卫辄为贤，是违夫子之教，失圣人之旨，奖进恶徒，疑误后学。其短五也。若以彼三长，校兹五短,胜负之理,断然可知。

【注释】

①穀梁、公羊:这里指两传的作者,穀梁赤、公羊高。

②《先贤》、《耆旧》:《隋书·经籍志》载,晋张方的《楚国先贤传》十二卷,魏周斐的《汝南先贤传》五卷,习凿齿的《襄阳耆旧记》五卷,晋陈寿的《益部耆旧传》十四卷。《语林》:东晋裴启作。裴启名荣,字荣期,河东闻喜(今属山西)人,处士(有德才,隐居不做官)。《语林》记载了汉魏至西晋的知名人物,以应答对话为主,真实地反映了魏晋的时代特点和社会风貌,有很高的史料价值。因其中的某些记述得罪了谢安,被封杀。《世说》:即《世说新语》,南朝宋刘义庆作。

③干、孙:干宝、孙盛。

④王子朝告于诸侯,闵马父嘉其辨说:鲁昭公时,王子朝叛乱,失败,奔楚,通告诸侯。闵马父嘉听说后,说:向各国发布文辞,是有礼的,但朝作乱,本身就是无礼的行为,还要文辞做什么!事见《左传·昭公二十二年》、《左传·昭公二十六年》。

⑤龃龉(jǔ yǔ):不协调,差失。

⑥僖伯谏君观鱼:事见《左传·隐公五年》,鲁隐公要去棠地观鱼,僖伯认为这不关乎国家大事,劝谏,不听,僖伯就没有跟随前往。

⑦富辰谏王纳狄:事见《左传·僖公二十四年》,鲁僖公想纳狄人之女为后,富辰劝谏说狄人无德,不听。

⑧王孙劳楚而论九鼎:事见《左传·宣公三年》,楚庄王问王孙满鼎的大小轻重,王孙满回答说君王在德不在鼎。

⑨季札观乐而谈国风:事见《左传·襄公二十九年》,吴公子听周乐,赞扬周初美德。

⑩《虞人之箴》:箴,就是针刺,用以批评过错,防止祸患,好比治病

的石针。这种文体兴起后,盛行于夏、商、周三代。《夏箴》和《商箴》,还留下几个残余句子。周代的辛甲,要求各种官吏都写箴辞,用以针刺天子的过失。其中只有《虞人之箴》一篇,箴体的格式和内容都比较完备。

⑪声子班荆,称楚材晋用:事见《左传·襄公二十六年》,声子回答令尹子文时说,即使你楚国有很多的人才,但事实上都在晋国发挥了作用。

⑫晋士渥浊谏杀荀林父,说文公败楚于城濮,有忧色:事见《左传·宣公十二年》,渥浊劝晋侯不要杀荀林父,因为城濮之战中晋国军队进退维谷时,荀林父面有忧色,说明他忧国,有忠心。

⑬子服景伯谓吴云,楚围宋,易子而食,析骸而爨,犹无城下之盟:事见《左传·哀公八年》,子服劝说鲁哀公不要和吴国结城下之盟,昔日宋被围时,出现了交换子女而食的现象,都没有立城下之盟。

⑭祝佗称践土盟晋重耳、鲁申、蔡甲午之类是也:事见《左传·定公四年》,卫国祝佗说盟会的先后顺序是按照德行,当初盟会写的顺序是晋国的重耳、鲁国的申、卫国的叔武,蔡国的甲午,因此不能让蔡国排在卫国的前面。

⑮成方遂诈称戾太子,至于阙下:戾太子(前128—前91)刘据,汉宣帝即位后,谥其曰"戾"。汉武帝之子,七岁被立为太子,学习《公羊传》《榖梁传》,性格仁恕温谨,武帝晚年时经常劝谏武帝,不要对外征伐,两人渐疏远。后被江充、苏文等诬陷,造成"巫蛊之祸",被迫起兵,兵败自尽。阙下,宫阙之下,指帝王的居住之所,即京师。事见《汉书·武五子传》。

⑯隽(jùn)不疑:字曼倩,西汉渤海(今河北沧县)人,任郡文学,青州刺史。汉昭帝时为京兆尹,治民严而不残,有威信。事见《汉书·隽不疑传》。

⑰冉有(前522—前489):姓冉,名求,字子有。孔子弟子,春秋末年鲁国人,以政事见称,多才多艺,善理财,曾任季氏宰臣,率军抵抗齐国的入侵,又说服季康子迎回孔子,但帮助季氏敛财,受到孔子批评。事见《史记·仲尼弟子列传》。

⑱子贡(前520—前456):端木赐,字子贡,春秋末年卫国(今河南鹤壁浚县)人,孔子弟子,七十二贤人之一,任鲁、卫两国相。巧口利辞,善于雄辩,办事通达,善于经商。为孔子守墓六年。刘知幾所引之事见《论语·述而》。

⑲曹:群,类。

【译文】

　　穀梁赤、公羊高,都出生在别国,生活在左丘明时代之后,谈论的地域和左丘明时代的鲁地不同,谈论的时政也和孔子时的不同。怎么能用传闻和左丘明的亲见亲闻争先后呢? 这就好比近代,汉代有太史令,晋代有大著作,编撰成国史,写成国典,才被称为正规史书。而之后的《先贤》、《耆旧》,也就是《楚国先贤传》、《汝南先贤行状》、《益部耆旧传》、《襄阳耆旧传》等书。《语林》、《世说新语》,则竞相瞎编乱造。这些史书的内容大多来自街谈巷议很难和班固、司马迁相比较,大多访问老人所得,很难和干宝、孙盛的史书相提并论。这很难。拿《公羊》、《穀梁》和《左氏》相比,难道不是和上面的一样吗? 这是二传的第一个缺点。《左氏》记载臧哀伯劝谏鲁桓公不要接受部鼎,周内史官赞美他正直的话;王子朝叛乱,并向诸侯发布文告,闵马父表面为他辩解而实际批评他的谋逆。像这类的语言,《左氏》记载很多。大概当时人们说的话,都被史官记录下来;言语没有被磨灭,并流传到其他国家。左丘明依照原话记录,只不过编排一下顺序。这就像近世《史记》记载乐毅、李斯的文章,《汉书》收录晁错、贾谊的作品一样。考查这些文章的实际情况,哪里是司马迁修改,班固随意编造而成的呢? 再看《公羊》、《穀梁》所记载的,与此完全不同。它们记录人物的语言,不协调的很多,文章也很琐碎。为什么会这样呢？因为《左氏》的记载来源于各国史官的史书，而二传都是根据口头流传下来的材料，所以详略各异、丰腴简陋不同。这是二传的第二个缺点。探寻《左氏》中记载大夫的词令、使者的应答，都是文辞典雅优美，内容丰富而含义深远。比如说僖伯劝鲁隐公不要去观鱼，富辰劝谏鲁僖公不要纳狄人为后，楚庄王问鼎，季札依国风赞美周初的美德等等，他们依据的都是《礼经》之类的观点。叙述远古的谈话则委婉含蓄，如身临其境，比如说郯子访问鲁国，说少昊氏以鸟名为官名；季孙行父说舜任用八元、八凯；魏绛劝晋侯不要伐戎狄，引用《虞人之箴》；子革想劝谏楚灵王不要僭越，就朗诵《祈招之诗》）。这些事情记载明白，不是污蔑之辞。征引近世人的谈话则循环往复。比如为了断绝晋秦关系，吕相历数秦的过失；声子铺荆而坐，称说楚国的人才为晋国所用；渥浊劝晋侯不要杀荀林父；子服劝鲁哀公不要和吴国结城下会盟；祝佗劝晋国不要蔡国放在卫国之前等等。料想这种有深厚造诣、旨志深远的记载，绝不是在短时间内琢磨润色，由一人独立完成的。大概因为当时各国有成文的史书，左丘明不过是重视编排顺序，使之与《春秋》一一相对而已。而二传记载，记言载事，都失去精华部分；探寻事情、言论的起因，不过是他们自己的想法罢了。这种以自我为主，没有准则的记载导致义理迂腐怪僻，文字鄙陋，与《左氏》相比，不可同日而语。这是第三个缺点。考查二传虽然以解释《春秋》为主，但它们缺漏的地方不胜枚举。例如《春秋》上说："楚子麇死了。"而《左传》中解释：楚子麇被公子围杀死。到《公羊》、《穀梁》，只是引述《春秋》原文，没有任何阐发，依旧而已。这是第四个缺点。《汉书》中记载成方遂诈称是戾太子，来到了京城。隽不疑说：昔日卫国的蒯聩得罪了他的君主，想要回国，但他的儿子太子辄拒绝让他回国，《春秋》认为辄是对的。于是就命人拘捕成方遂交给官署。霍光也因此开始重视儒学。考查隽不疑引用的是《公羊》的正文。如《论语》中冉有说："先生您要帮助卫国吗？"子贡回答："孔夫子不会。为什么呢？卫国父子争夺权位，像枭獍一样，这是礼法不能容忍的，也是名教憎恨的。"但是《公羊》的注解，反而认为辄是贤明的，这种理解违背了父子伦理，丧失了圣人意旨，鼓励了恶人，迷惑贻误了后人。这是第五个缺点。如果用《左氏》的三个长处，比照二传的五个缺点，谁好谁差，便一目了然。

　　必执二传之文，唯取依《经》为主。而于内则为国隐恶，于外则承赴而书，求其本事，大半失实，已于《惑经》篇载之详矣。寻斯义之作也，盖是周礼之故事，鲁国之遗文，夫子因而修之，亦存旧制而已。至于实录，付之丘明，用使善恶毕彰，真伪尽露。向使孔《经》独用，《左传》不作，则当代行事，安得而详者哉？盖语曰：仲尼修《春秋》，逆臣贼子惧①。又曰：《春秋》之义也，欲盖而彰②，求名而亡，善人劝焉，淫人惧焉。寻《春秋》所书，实乖此义，而《左传》所录，无愧斯言。此则《传》之与《经》，其犹一体，废一不可，相须而成。如谓不然，则何者称为劝戒者哉？杜预《释例》曰：凡诸侯无加民之恶，而称人以贬，皆时之赴告，欲重其罪，以加民为辞。国史承□以书于策，而简牍之记具存。夫子因示虚实，故《左传》随实而著本状，以明其得失也。案杜氏此释实得《经》、《传》之情者也。

【注释】

　①仲尼修《春秋》，逆臣贼子惧：语出《孟子·滕文公下》："孔子成《春秋》，而乱臣贼子惧。"

　②欲盖而彰：语出《左传·昭公三十一年》："或求名而不得，或欲盖而名章，惩不义也。"

【译文】

　　如果一定要引用二传中的材料，唯一可取的是它完全依照《春秋》的内容注解。《春秋》在内为鲁国隐恶，在外只记载被告知的事，追溯事情的本原，大半与事实不符，这些在《惑经》篇已有详细论述。探寻出现这种状况的原因，是因为孔子因袭周礼旧法，沿用鲁国的史书，修改而完成《春秋》，并保持了旧的体制。至于所谓"实录"则交给了左丘明作传，使得好坏、真假一起呈现出来。假如孔子的《春秋》单独流行于世，《左传》不作，那么当时的历史，岂能了解详细呢？有人说：孔子修《春秋》在于使恶人想掩盖罪恶反而暴露，追求留名千古反被遗忘，使好人得到鼓励，使坏人感到害怕。考查《春秋》记载的内容，的确兼顾了这方面的意义，但《左传》的记载，无愧于此。这就是《春秋》和《左传》，好像是一体，不能偏废其一，是相辅相成的关系。如果不是这样，又怎能说它们是劝善劝恶的史书呢？杜预《释例》中说：诸侯中没有侵害百姓，却无辜被贬责的，使者就奔赴各国通告，想加重他们的罪名，就给他们加上侵害百姓的罪名。鲁国的史书，把使者告知的事情记载下来。孔子不辨别真假就把它记在《春秋》上，所以《左传》依据事实再详细叙述，以明得失。案，杜氏的这个解释确实领悟了《春秋》、《左传》相互依存的关系。

儒者苟讥左氏作《传》，多叙《经》外别事。如楚、郑与齐三国之贼弑，隐、桓、昭、哀四君之篡逐。其外则承告如彼，其内则隐讳如此。若无左氏立《传》，其事无由获知。然设使世人习《春秋》而唯取两《传》也，则当其时二百四十年行事茫然阙如①，俾后来学者，兀成聋瞽者矣。

【注释】

①阙如：空缺，欠缺。

【译文】

儒家学者讥讽左丘明作《左传》，多叙述《春秋》之外的其他史事。比如楚、郑、齐三国国君被弑，《春秋》只记"卒"，鲁隐公、桓公、昭公、哀公被篡位、被逐，《春秋》却记"薨"或"逊位"。《春秋》对外只记载别国使者告知的事，对内则如此隐讳。如果没有左丘明的《传》，这些事就没有办法知道。假设世上的人学习《春秋》只参考《公羊》和《榖梁》，那么《春秋》所记二百四十年间的事情，就会因缺乏记载，而茫然不知了，使后世的学者成为瞎子、聋子。

　　且当秦、汉之世，《左氏》未行，遂使《五经》、杂史、百家诸子，其言河汉，无所遵凭。故其记事也：当晋景行霸，公室方强，而云屠岸攻赵，有程婴、杵臼之事；出《史记·赵世家》。鲁侯御宋，得俊乘丘，而云庄公败绩，有马惊流矢之祸；楚、晋相遇，唯在邲役，而云二国交战，置师于两棠；出贾谊《新书》。子罕相国，宋睦于晋，而云晋将伐宋，觇哭阳门①；出《礼记》。鲁师灭项，晋止僖公，而云项实桓灭。《春秋》为贤者讳；出《公羊传》。襄年再盟，君臣和叶，而云诸侯失政，大夫皆执国权。出《穀梁传》。其记时也：盖秦缪居春秋之始，而云其女为荆平夫人；出《列女传》②。韩、魏处战国之时，而云其君陪楚庄葬马③；出《史记·滑稽传》。《列子》书论尼父而云生在郑穆公之年④；出刘向《七略》。扁鹊医疗虢公⑤，而云时当赵简子之日；出《史记·扁鹊传》。栾书仕于周子，而云以晋文如猎，犯颜直言⑥；出刘向《新序》。荀息死于奚齐，而云观晋灵作台，累棋申诫⑦；出刘向《说苑》。或以先为后，或以后为先，月日颠倒，上下翻覆。古来君子，曾无所疑。及《左传》既行，而其失自显。语其弘益，不亦多乎？而世之学者，犹未之悟，所谓"忘我大德，日用而不知者焉"。

【注释】

①子罕相国，宋睦于晋，而云晋将伐宋，觇（chān）哭阳门：乐喜，字子罕，春秋时宋国的贤臣。宋平公（前575—前532）时任司城，主

管工程建筑。见《论语·子罕》。宋平公时宋大夫向戌发起第二次"弭兵之会",晋、楚、宋、秦、许等十四国相约,互不攻伐。晋国想攻伐宋国,派人偷偷侦查。宋守阳门的甲士死了,子罕为之哀哭。晋献公就认为宋国和睦,不适宜攻伐。史称"觇哭阳门"。事见《礼记·檀弓》。

②《列女传》:介绍中国古代妇女行为的书籍,作者为西汉刘向,但也有观点认为不是。共七卷,记述一百零五名妇女的故事。体现了儒家思想对妇女的要求。《列女传》载,伯嬴,秦穆公之女,楚平王的夫人。但《左传》载,伯嬴是楚平王的太子建娶妻后又自娶的秦女。此事距穆公已有百年。刘知幾依据《左传》,认定伯嬴不是秦穆公的女儿,以此说明杂传有失误。

③楚庄葬马:楚庄王的马死了,想用大夫之礼埋葬。事见《史记·滑稽列传·优孟传》。楚庄王公元前591卒,前403年韩赵魏才出现。刘知幾以此说明杂传有失误。

④《列子》书论尼父而云生在郑穆公之年:《列子》,列子著,列子为战国前期道家思想的代表人物之一。《列子》全书载民间寓言故事、神话传说百余篇,已失佚。语言妙趣横生,内容发人深省。郑穆公(?—前606),春秋时郑国君主,名姬兰,幼时流亡于秦、晋,性格反复无常。亡于公元前606,孔子生于前551,所以列子不可能在孔子出生前就谈论他。刘知幾以此说明杂传有失误。

⑤扁鹊医疗虢公:《史记·扁鹊传》载,扁鹊医治好了赵简子,被赐田四万余亩。后来到了虢国,虢太子死,扁鹊医治后苏醒。事实上,赵简子执政是在公元前526年至前475年,虢国在前655年被晋灭,所以扁鹊医治虢公不可能发生在赵简子时期。刘知幾以此说明杂传有失误。

⑥晋文如猎,犯颜直言:刘向《新序·杂事》篇载,晋文公打猎,追丢了一只鹿,向农夫老古询问,老古说作为君王沉迷玩乐,君位会

易主。晋文公纳谏,回去的路上遇见栾书,栾书说采纳别人的意见,却不用某人,是偷盗。文公就返回找老古一同回去。事实上,栾书是晋景公时的大夫,晋景公是文公的孙子,栾书不可能劝谏文公。刘知幾以此说明杂传有失误。

⑦累棋申诚:《文选·西征赋》注引《说苑》载,晋灵公作九层高台,荀息用十二个棋子层层堆叠,再加上九个鸡蛋,劝谏灵公"危哉"。事实上,荀息死于晋献公二十六年,即前651,晋灵公是献公的曾孙,前607年被赵穿杀死。所以荀息不可能谏灵公。刘知幾以此说明杂传有失误。

【译文】

　　而且在秦汉时期,《左氏》还不流行,使得《五经》、杂史、百家诸子,各家讲述历史相差很大,人们不知道要听哪个的。所以他们所记事:当晋景公称霸时,王室的势力强大,却说有屠岸攻赵,程婴、杵白救孤的事;见《史记·赵世家》。鲁侯抗击宋国,得到偁地,却说鲁庄公的战马中了流矢而战败;楚、晋两国军队相遇,战于郔,却说两国交战,布兵于两棠;见贾谊《新书》。子罕做相国治理宋国时,宋晋因"弭兵之盟"而和睦相处,却说晋国将要讨伐宋国,因看到宋国上下一心而不讨伐;见《礼记》。鲁国灭掉项,晋国扣留鲁僖公,却说是齐桓公灭了项国。《春秋》为贤者讳;见《公羊传》。鲁哀公三年时,各诸侯国再次会盟,且诸侯国内君臣和睦,却说各诸侯失去权力,大夫开始掌握权力。见《穀梁传》。他们记时间:秦穆公是春秋初年的人,却说他的女儿是楚平王的夫人;见《列女传》。韩、魏处于战国时期,却说他们的国君陪同楚庄王厚葬自己的马;见《史记·滑稽》。《列子》书中还谈论孔子,却说孔子生在郑穆公时期;见刘向《七略》。扁鹊曾为虢公治病,却说当时是赵简子执政;见《史记·扁鹊传》。栾书曾经在周朝为官,却说他在晋文公打猎的时候,犯颜直谏;见刘向《新序》。荀息在奚齐时期就死了,却说他观看晋灵公作高台,累棋子来劝谏灵公。《见刘向《说苑》。这些记载,或以先为后,或以后为先，时间顺序颠倒，上下翻转。但自古以来的君子，没有怀疑过。等到《左传》流行，这些错误才显露出来。要说《左氏》带来的益处，不是很大吗？但世上的学者，还没有觉悟到这点，这就是所谓的忘了我的大恩，天天受益却还不知道。

　　然自丘明之后，迄于魏灭，年将千祀，其书寝废。至晋太康年中，汲冢获书，全同《左氏》。汲冢所得书，寻亦亡逸，今惟《纪年》、《琐语》、《师春》在焉。案《纪年》、《琐语》载春秋时事，多与《左氏》同。《师春》多载春秋时筮者繇辞，将《左氏》相校，遂无一字差舛。故束晢云：“若使此书出于汉世，刘歆不作五原太守矣。”于是挚虞、束晢引其义以相明[1]，王接、荀顗取其文以相证[2]，杜预申以注释，注谓注解，释为释例。干宝藉为师范。事具干宝《晋纪·叙例》中。由是世称实录，不复言非，其书渐行，物无异议。

【注释】

①束晢（？—303）：字广微，西晋文学家、文献学家，阳平元城（今河北大名）人。博学多闻，善为文辞。曾任著作佐郎、博士。和荀勖一起校阅整理《汲冢书》，晚年以教授门徒为主。撰《五经通论》、《晋书纪志》、《三魏人士传》等，均散佚。事见《晋书·束晢传》。

②王接（267—305）：字祖游，西晋史学家、文学家。任郎中、征虏将军司马，才学通博，研究《礼》、《传》，注释《公羊传》。事见《晋书·王接传》。荀顗（yǐ，？—274）：字景倩，荀彧之子，三国时魏晋颍川郡颍阴县（今河南许昌）人，任侍中、尚书、太尉、行太子太傅。通《周礼》、《仪礼》、《礼记》，和任恺、羊祜同修晋朝礼法，但

后世史书对他的人品评价不高。事见《晋书·荀颙传》、《三国志·魏书·荀彧传》。

【译文】

然而从左丘明以后到三国魏灭亡，一千年的时间，《左氏》一直不被重视。直到太康年间，汲冢书被发现，记载的史事和《左氏》一样。汲冢竹书出土后，不久就散失不少，现在只存《纪年》、《琐语》、《师春》。考查《纪年》、《琐语》记载的内容，多数和《左传》一样。《师春》多记载春秋时的卜辞，和《左氏》比较，没有一个字是不一样的。所以束皙说："如果《汲冢书》在汉代就被发现，刘歆就做不成五原太守了。"自此，挚虞、束皙、王接、荀颙都引用《汲冢书》来佐证和丰富《左氏》，使其更加清楚明白，杜预又为它作注释，注就是所谓的注解，释即释例。干宝把它作为修史的榜样。事详见干宝《晋纪·叙例》中。自此以后，世人都说《左氏》是一部记事真实的史书，不再说他的坏话，《左氏》才慢慢地流行起来，对他的评价也不再有异议。

故孔子曰：吾志在《春秋》，行在《孝经》。于是授《春秋》于丘明，授《孝经》传授给曾子①。《史记》云：孔子西观周室，论史记旧闻，次《春秋》。七十子之徒口授其传旨，有刺讥褒讳之文，不可以书见也。鲁君子左氏明惧弟子人各异端，失其真意，故因孔氏史记，具论其语，成《左氏春秋》。夫学者苟能征此二说，以考《三传》，亦足以定是非，明真伪者矣。何必观汲冢而后信者乎？从此而言，则于《三传》之优劣见矣。

【注释】

①曾子（前505—前435）：姓曾，名参，字子舆，春秋末鲁国武城（今山东嘉祥）人，孔子弟子之一，勤奋好学，行为不拘一格，上承孔子之道，下启思孟学派。著《大学》、《孝经》，后世儒家尊为"宗

圣"。《论语·学而》、《论语·泰伯》多载其语。

【译文】

孔子说：我的道德思想体现在《春秋》中，行为规范的准则在《孝经》中。所以他把《春秋》传授给左丘明，传授《孝经》给曾子。《史记》说：孔子向西访问周室后，论述史书和旧闻，编成《春秋》一书。孔子七十个得意弟子向人们口授《春秋》的内容，《春秋》中讽刺、褒奖、避讳的大义，人们都不能从书上看到。鲁国左丘明害怕孔子弟子各持自己的观点，失去《春秋》本意，所以根据孔子的《春秋》，具体地论述其内容，写成《左氏春秋》。学者如果能重视孔子和司马迁的说法用来考查《三传》，就足以断定谁是谁非，明辨真伪了。又何必要等阅读汲冢书后才相信《左氏传》呢？由此而言，《三传》谁优谁劣可清晰明见。

外篇　点烦第六

【题解】

本篇主要论述史文如何做到"简而能要"。《烦省》、《叙事》篇，刘知幾就史文繁简问题，已经做了详细论述。他认为史书应该以简洁为主，文字婉曲，以求"意在言外"。提出了三个原则：一是朴而不华，浮词宜删；二是事必直叙，以求真实；三是不用古语，用当代语言撰写。

本篇摘取《孔子家语》、《史记》、《汉书》、《晋书》、《十六国春秋》中的个别段落。对认为应该修改的、删除的地方都做了标注，但现在具体是哪些，已经无法考证。所以我们只有从正文的叙述中体会史文"简而能要"的必要性。

从刘知幾所列举的事例中看，史书繁冗的表现有三个：一是前面说过的话，后面又重复；二是皇帝的诏书，一字不落的收入；三是对史文理解不透，该省略的内容不省略。值得注意的是，刘知幾对《史记》中的繁文论述颇多，其意义主要在于区分文、史。但如果只叙述历史，没有一定的可读性，史书便和史料没有差别。但过于注重文采，又难免对史实有所损伤。鱼和熊掌不可兼得。

夫史之烦文，已于《叙事》篇言之详矣，虽七卷成言，而三隅莫反。盖语曰："百闻不如一见。"是以聚米为谷①，贼虏之

虚实可知;画地成图②,山川之形势易悉。昔陶隐居《本草》③,
药有冷热味者,朱墨点其名;阮孝绪《七录》④,书有文德殿
者⑤,丹笔写其字。由是区分有别,品类可知。今辄拟其事,
抄自古史传文有烦者,皆以笔点其烦上。其点用朱粉、雌黄并得。
凡字经点者,尽宜去之。如其间有文句亏缺者,细书侧注于其
右。其侧书亦用朱粉、雌黄等,如正行用粉,则侧注者用朱黄,以此为别。
或回易数字,或加足片言,俾分布得所,弥缝无缺。庶观者易
悟,其失自彰。知我摭实而谈,非是苟诬前哲。

【注释】

①聚米为谷:《后汉书·马援传》载,东汉光武帝西征隗嚣,召马援
　议事,马援用米做成山谷沙盘,敌我双方的行军路线一目了然。

②画地成图:《汉书·张汤传》载,霍光击乌桓,汤千秋把霍光设计
　的战斗方略和山川地形,都画在地上,牢牢记住。其他人却记不
　住,只能再回头看文书。

③陶隐居《本草》:陶隐居,即陶弘景,见《表历》篇注。著《本草经集
　注》、《集金丹黄白方》等。他整理注释的《本草经集注》一书把药
　物的种类增加到七百三十种,并且开创了按药物性质分类的方
　法,被后世本草书籍沿用。事见《梁书·处士传》。

④阮孝绪《七录》:阮孝绪(479—536),字士宗,南朝梁目录学家,陈
　留尉氏(今属河南)人。幼以孝闻,十三岁通五经,隐居不仕。著
　《七录》,原书已佚,但序目完整地保留在《广弘明集》卷三。全书
　分为内外两篇,内篇分纪典录、纪传部、子兵录、文集录、术技录
　五部,外篇分佛法、仙道两录。对目录学的发展有重要贡献。事
　见《梁书·处士传》。

⑤文德殿:原指宋朝的宫殿。这里指《文德殿目录》四卷。《隋书·

经籍志》载，梁代《文德殿四部目录》四卷，刘孝标撰。侯景叛乱时，被梁元帝烧毁。

【译文】

历史著述文字繁琐的现象，在《叙事》篇已经详细论述，即使用七卷的篇幅来解释，普通人也不能做到举一反三。所以俗话说："百闻不如一见。"这和马援用米堆成山谷沙盘，敌人的情况就了如指掌；汤千秋用地图记忆策略，山川形势容易掌握一样。从前陶弘景著《本草》，冷热味不同的药材，用红笔和黑笔标点药名；阮寿绪的《七录》，写到《文德殿四部目录》中收录的书时，就用红笔写出名字。这样做把所记载的事物区分类别，归属很清楚。今天仿照他们的做法，从古史传文中摘抄那些"烦文"，都用笔点出它们的烦琐之处。点用朱粉、雌黄颜色点出来。凡是点出来的字，都应该删去。如果有句子空缺的，就用小字在右边加注。侧注也用朱粉、雌黄颜色，比如正行用朱粉，侧注就用朱黄，以此区别。有的更改几个字，有的增加几句话，使行文通畅，衔接得宜。让读者易于领悟，修改后的好处和原书的欠缺自然就显现了。也让读者了解我是按实际情况择取原文而进行评论，并非诬蔑先贤圣哲。

《孔子家语》曰：鲁公索氏将祭而忘其牲①。孔子闻之，曰："公索氏不及二年矣。"一年而亡。门人问曰："昔公索氏亡其祭牲，而夫子曰：'不及二年，必亡。'"今果如期而亡，夫子何以知然？"

右除二十四字。

【注释】

①忘：通"亡"，丢了。

【译文】

《孔子家语》说：鲁国的公索氏马上要祭祀却丢了猪、牛、羊等祭品。孔子听说这件事后，说："公索氏不到两年就要亡了。"过了一年，公索氏灭亡。孔子门人就问："过去公索氏丢了祭品，您说他们不到两年必然灭亡。"现在果然如此，您怎么知道呢？

以上删去二十四个字。

《家语》曰：晋将伐宋，使觇之。宋阳门之介夫死，司城子罕哭之哀。觇者反，言于晋侯曰："宋阳门之介夫死，而司城子罕哭之哀，民咸悦矣，宋殆未可伐也。"

右除二十一字，加三字。

【译文】

《孔子家语》上又说：晋国将要讨伐宋国，派人去侦察。宋国守阳门的卫士死了，司城子罕为之哀哭。侦察的人回来就对晋侯说："宋国守阳门的卫士死了，而司城子罕为之哭泣，可见宋国上下相处和悦，宋国恐怕不能讨伐。"

以上减少二十一个字，加三个字。

《史记·五帝本纪》曰：诸侯之朝觐者，不之丹朱而之舜；百姓之狱讼者，不之丹朱而之舜；讴歌者，皆不讴歌丹朱而讴歌舜。

舜年二十以孝闻，三十而帝尧问可用者云云。

舜年二十以孝闻，年三十，尧举之。

右除二十九个字，加七字。

【译文】

《史记·五帝本纪》中说：诸侯朝觐时，不拜丹朱而拜舜；百姓打官司，不到丹朱那里而去舜那里；歌颂贤人时，都不歌颂丹朱而歌颂舜。

舜二十岁时就因为孝顺而闻名，三十岁时尧问谁是可用之人。

刘知幾改成：舜二十岁时，因为孝顺而闻名，三十岁时，尧提拔他等等。

以上删二十九个字，加七个字。

《夏本纪》曰：禹之父曰鲧，鲧之父曰帝颛顼，颛顼之父曰昌意，昌意之父曰黄帝。禹者，黄帝之玄孙，而帝颛顼之孙也。禹之曾大父昌意及父鲧皆不得在帝位，为人臣者。

右除五十七字，加五字。

【译文】

《夏本纪》中说：禹的父亲是鲧，鲧的父亲是颛顼，颛顼的父亲是昌意，昌意的父亲是黄帝。禹是黄帝的玄孙，是颛顼的孙子。禹的曾祖父说，昌意和父亲鲧都没有做过帝王，只做过臣子。

以上删去五十七个字，加五个字。

案《颛顼纪》中已具云"黄帝是颛顼祖矣"，此篇下云"禹是颛顼孙"，则其上不得更言"黄帝之玄孙"。既上云"昌意及鲧不得在帝位"，则于下文不当复云"为人臣"。今就于朱点之中，复有此重复，造次笔削，庸可尽乎？

【译文】

据考查《颛顼纪》已经说"黄帝是颛顼的祖父了"，这篇接着又说"禹是颛顼的孙子"，那么这篇前面就不能再重复说"禹是黄帝的玄孙"。既然前面已经说过"昌意和鲧没有做过帝王"，那下面就不用重复他们"为人臣"。今天用红笔圈点出有重复的地方，冒失地进行删减，怎么删得完呢？

《项羽本纪》曰：项籍者，下相人也，字羽。初起时，年二十四。其季父项梁，梁父即楚将项燕[①]，为秦将王翦所杀者也。项氏世世为楚将，封于项，故姓项氏。

右除三十二字，加二十四字，厘革其次序。

【注释】

①项燕(？—前223)：战国末期楚国大将，下相（今江苏宿迁）人，曾大败秦将李信，但不久之后在秦灭楚的战争中，兵败战死。一说自杀。

【译文】

《项羽本纪》说：项籍，下相人，字羽。起义反秦时，仅二十四岁。他的叔父项梁，项梁的父亲是楚国大将项燕，被秦将王翦杀害。项氏世代为楚国的大将，被封于项，所以姓项。

以上删去三十二个字，加二十四个字，并厘清他们的顺序。

《吕后本纪》曰[①]：吕太后者，高祖微时妃也，生孝惠帝、鲁元公主。及高祖为汉王，得定陶戚姬，爱幸，生赵隐王如意。高祖嫌孝惠为人仁弱，高祖以为不类我，常欲废太子，立戚姬子如意，如意类我。又戚姬幸，常独从上之关东，日夜啼泣，欲立其子如意以代太子。吕后年长，常留守，希见上[②]，益疏。如意立为赵王后，几代太子者数矣。赖大臣净

之,及留侯策③,太子得无废。此事见《高》、《惠》二纪及诸王、《叔
孙通》、《张良》等传,过为重叠矣。今又见于《吕后纪》,固可略而不言。

右除七十五字,加十字。

【注释】

①吕后(前 241—前 180):名雉,汉高祖的皇后,单父(今山东单县)
　人。高祖死后,做太后、太皇太后,共主政十五年,《史记》评价
　"政不出椒房,而天下晏然"。为汉初兴盛做出贡献。但大封吕
　姓诸侯,遭到反对。

②希:通"稀",稀少。

③留侯(?—前 185):即张良,字子房,汉代被封为留侯,谥号文成。
　初时行刺秦始皇,未果。后被汉高祖刘邦用为谋士,汉朝开国元
　勋之一,功成身退,与萧何、韩信一起被称为"汉初三杰"。助吕
　后保住汉惠帝的太子之位。《史记·留侯世家》评价他为"运筹
　帷幄,决胜千里"。

【译文】

《吕后本纪》说:吕太后是汉高祖发迹前的妃子,生了孝惠帝、鲁元
公主。等到高祖为汉王时,娶定陶的戚姬,高祖非常喜爱她,戚姬生了
赵隐王如意。汉高祖嫌孝惠帝宽厚软弱,认为不像自己,总想要废掉
他,立戚姬之如意为太子,因为如意性格很像自己。再加上戚姬很受
宠,经常单独跟高祖到关东,日夜哭泣,想立自己的儿子如意,来取代太
子。吕后年纪大了,经常留在宫中,很少见到高祖,与高祖日益疏远。
如意被立为赵王后,几次差点代替惠帝做了太子。幸好大臣们力争,又
用了张良的计策,太子才没有被废。这件事在《惠帝本纪》、《高祖本纪》和诸王、
《叔孙通》、《张良》等传中,已经多次重复叙述过了。现在又在《吕后本纪》中出现,所以可
以省略不说。

以上删去七十五个字,加十个字。

《宋世家》曰：初，元公之孙纠，景公杀之。景公卒，纠之公子特攻杀太子而自立，是为昭公。昭公者，元公之曾庶孙也。昭公父公孙纠，纠父公子褍秦，即元公少子也。景公杀昭公父纠，故昭公怨，杀太子而自立。

右除三十六字，加十三字。

【译文】

《宋世家》上说：开始时，元公的孙子纠，被宋景公杀死。宋景公死，纠的儿子特杀了太子而自立，就是昭公。昭公是元公的曾庶孙。昭公的父亲是元公的孙子孙纠，纠的父亲褍秦，即元公的小儿子。景公杀了昭公的父亲纠，所以昭公怨恨他，就杀了他的儿子自立为君。

以上删去三十六个字，加十三个字。

《三王世家》曰①：大司马臣去病昧死再拜，上疏皇帝陛下："陛下过听②，使臣去病待罪行间，宜专边塞之思虑。暴骸中野，无以报，乃敢惟他议以干用事者。诚见陛下忧劳天下，哀怜百姓以自忘，亏膳贬乐，损郎员。皇子赖天能胜衣趋拜，至今无位号、师傅官。陛下恭让不恤，群臣私望，不敢越职而言。臣窃不胜犬马之心，昧死愿陛下诏有司，因盛夏吉时，定皇子位。惟陛下幸察。臣去病昧死再拜以闻皇帝陛下。"三月乙亥，御史臣光守尚书令奏未央宫。制曰："下御史。"六年三月戊申朔，乙亥，御史臣光、守尚书令、丞非下御史，书到，言："丞相臣青翟、御史大夫臣汤、太常臣充、大行令臣息、太子少傅臣安行宗正事昧死上言：大司马臣去病上疏曰：'陛下过听，使臣去病待罪行间，宜专边塞之思虑。

暴骸中野，无以报，乃敢惟他议以干用事者。诚见陛下忧劳天下，哀怜百姓以自忘，亏膳贬乐，损郎员。皇子赖天能胜衣趋拜，至今无号位、师傅官。陛下恭让不恤，群臣私望，不敢越职而言。臣窃不胜犬马之心，昧死愿陛下诏有司，因盛夏吉时，定皇子位。惟陛下幸察。'制曰：'下御史。'臣谨与中二千石、二千石臣贺等议曰：古者裂地立国，并建诸侯以承天子，所以尊宗庙、重社稷也。今臣去病上疏，不忘其职，因以宣恩，乃道天子卑让自贬以劳天下，虑皇子未有号位。臣青翟、臣汤等宜奉义遵职，愚蠢不逮事。方今盛夏吉时，臣青翟、臣汤等昧死请立皇子臣闳、臣旦、臣胥为诸侯王。昧死请所立国名。

右除一百八十四字，加一字。

【注释】

①三王：汉武帝时分封他的儿子刘闳为齐王，刘旦为燕王，刘胥为广陵王。

②过听：谦词。

【译文】

《三王世家》说：大司马霍去病冒死再拜，上疏皇帝陛下："陛下错爱我，让我去军中服役，我应该专门思考边塞防守。即使是暴尸荒野，为国捐躯，也不能报答您的恩德，哪里敢议论其他的事情扰乱您呢！实在是看到您为天下操劳，哀怜百姓都忘了自己，食物和娱乐都很少要求，裁减官员，您的儿子依靠上天的庇佑，已经能趋走拜谒，但是至今他还没有封号，身边没有太师太傅。陛下您恭敬谦让，却对您的儿子关怀不够，群臣私下里希望您能体恤他，却都不敢越过职权向您进言。我冒死请求陛下，请您命令有司，趁着盛夏吉时，给皇子定名位。希望陛下能考察我这个意见，臣霍去病冒死再拜，把这件事告诉您。"三月乙亥日，御史臣光守尚书令把霍去病的进言上奏给未央宫。皇帝下令说：交给御史们去讨论。六年三月戊申朔日，乙亥，御史臣光、守尚书令丞非收到御史们的奏书，称："丞相青翟、御史大夫汤、太常充、大行令息、太子少傅安，为了宗室继承之事冒死向皇帝进言：大司马霍去病上疏说：'陛下错爱让我去军中锻炼，我本应该专心于边防上，哪怕为了国家而死，也无法报答皇帝的恩情，怎么会再议论其他的事情而干预您的谋划，只是因为看到陛下您忧国忧民都忘了自己，饮食、娱乐都减少了，又精减了辅佐官员。如今皇子依靠上天的庇护已经长大能趋走拜谒，却还没有定名位，没有请太师太傅，陛下您对儿子的关心不够，群臣们私下都希望您能重视这件事，却不敢越过职权进言。霍去病冒死上奏，请求陛下下令有司，选取盛夏吉日，为皇子定名位。请陛下鉴察我的建议。您下令说：'让御史们讨论。'我们与中二千石、二千石贺等人商议认为：自古分地立国，分封诸侯，建立诸侯国保卫天子，以此来尊宗庙、重社稷。现今霍去病上书，不忘记自己的职责，宣扬皇帝恩德，却说天子您谦卑仁让，辛劳自己，造福百姓。但思虑皇子还没有位号。臣青翟、汤等本应该履行自己的职责，却愚昧地未曾想到此事。现在正是盛夏吉时，臣青翟、汤等冒死上奏请求册立皇子闳、旦、胥为诸侯王。再冒死请定所立国名。

以上删去一百八十四个字，加一个字。

已上有言语相重者，今略点废如此。但此一篇所记全宜削除，今辄具列于斯，藉为鉴戒者尔。凡为史者，国有诏诰，十分不当取其一焉。故汉元帝诏曰："盖闻安民之道，本由阴阳。间者，阴阳错谬，风雨不时，朕之不德，庶几群公有敢言朕之过者。今则不然，偷合苟从，未肯极言，朕甚悯焉。

永惟蒸庶之饥寒①，远离父母妻子，劳于非业之作②，卫于不居之宫，恐非所以佐阴阳之道也。其罢甘泉、建章宫卫士，各令就农，百官各省费，条奏毋有所讳。有司勉之，毋犯四时之禁③。丞相、御史举天下明阴阳灾异者各三人。"及荀悦撰《汉纪》，略其文曰："朕惟众庶之饥寒，远离父母妻子，劳于非业之作，卫于不居之宫。其罢甘泉、建章宫卫士，各令就农。丞相、御史举天下明阴阳灾异者各三人。"自余钞撮，他皆仿此。近则天朝诸撰史者，凡有制诰，一字不遗，唯去诏首称"门下"，诏尾去"主者施行"而已。时武承嗣监修国史，见之大怒，谓史官曰："公辈是何人？而敢辄减诏书！"自是史官写诏书，虽门下赞诏亦录。后予闻此说，每嗢噱而已。必以《三王世家》相比，其烦碎则又甚于斯。是知史官之愚，其来尚矣。今之作者，何独笑武承嗣而已哉！

【注释】

①蒸庶：民众，百姓。

②非业之作：不急的事物。所从事的事并不是当务之急。

③四时之禁：中国古代重视农业，四季各有不同的禁令，比如农忙之时，禁止大兴土木，否则会耽误农时。

【译文】

　　上面这些语言重复的地方，今天略加圈点并删除。但这篇所写的应该全部删去，现在把它摘出来，作为鉴戒罢了。凡是作史的人，国家的诏诰，十分之一都不应取。所以汉元帝下诏说："我听说安定人民的道理是从阴阳之理而来的，过去阴阳不调，风雨不顺，我有不德行为的时候，希望有一些敢于指出我过错的臣子。但现在不是这样，臣子们盲目迎合，不肯直言规劝，我很忧愁。我常常考虑外出劳作的老百姓的饥寒，他们远离父母妻子,辛劳地做不是当务之急的事,守卫皇帝不居住的宫室,这恐怕不是帮助阴阳之道的做法。应该解散甘泉宫、建章宫的卫士,让他们各自归农,百官节俭和浪费的情况,奏书上不要有所避讳。有司要勤勉努力,不要违犯四时之禁忌,丞相、御史要各举荐三个通晓阴阳灾异的人。"等到荀悦写《汉纪》时,把这个诏令简略成:"我考虑老百姓的饥寒,他们远离父母妻子,做不急的事务,守卫帝王不居住的宫室,应该解散甘泉宫、建章宫的卫士,让他们回家务农。丞相、御史各举荐三个通晓阴阳灾异的人。"《汉纪》中其他诏书的摘抄,都仿照这个。近来则天朝撰史的人,凡是制诰,都一字不落地摘抄,只是去掉诏首称"门下",诏尾去"主者施行"罢了。当时武承嗣监修国史,看到这种情况后大怒,对史官说:"你们是什么人?竟敢擅自删减诏书!"自此以后史官记载诏书,即使是门下的赞扬诏书也全文照录。后来我听说此事,每每大笑而已。如果把《三王世家》和它们相比,《三王世家》的繁琐程度更严重。由此可知史官的愚昧,由来已久。今天修史的人,为什么只独独讥笑武承嗣呢!

《魏公子传》曰[①]:高祖始微少时,数闻公子贤。及即天子位,每过大梁[②],常祠公子。高祖十二年,从击黥布还,为公子置守冢五家,世世岁以四时奉祠公子。太史公曰:吾过大梁之墟,求问其所谓夷门[③],以征信陵君故事。说者云:当战国之时,夷门者,城之东门也。天下诸公子亦有喜士者矣,然而信陵君之接岩穴隐者,不耻下交。名冠诸侯,有以也。高祖每过之,而令民奉祠不绝也。

右除十五字,加二十字。

【注释】

①魏公子(? —前243):信陵君,姓魏,名无忌。战国魏安釐王的同

父异母弟。战国政治家、军事家,战国四公子之一。曾窃符救赵,联合诸侯国大败秦国。

②大梁:战国时魏国都城,今河南开封。

③夷门:魏国都城的东门,今河南开封城内东北,因在夷山之上,故名。

【译文】

《魏公子传》说:高祖发迹之前,常听说信陵君很贤能。等登上皇位后,每次路过大梁,都要祭祀他。高祖十二年,击退黥布返回时,为信陵君设置了五户守墓人,让他们世世代代四季奉祀他。太史公说:我路过大梁的旧城遗址,向人们询问夷门在哪里,以便搜集信陵君的故事。人们说:战国的时候,夷门是都城的东门,天下诸公子,也有喜欢结交能人异士的。但是,信陵君却隐居在山上,不以和身份低微的人结交为耻,使得他的名声超过各诸侯,是有道理的。高祖每次经过这里,都要下令让百姓不断地奉祀他。

删去十五个字,加上二十个字。

《鲁仲连传》曰:仲连好奇伟倜傥之画,而不肯仕官任职,好持高节。游于赵,赵孝成王时,而秦王使白起破赵长平之军,前后四十余万①。秦遂东围邯郸。赵王恐,诸侯之救兵莫敢击秦军。魏安釐王使将军晋鄙救赵,畏秦,止于荡阴,不进。魏王使客将军新垣衍间入邯郸,因平原君谓赵王曰:"秦所为急围赵者,前与齐湣王争强为帝,已而复归帝号②。今齐湣王已益弱,方今惟秦雄天下,此非必贪邯郸,其意欲复求为帝,赵诚发使尊秦昭王为帝,秦必喜,罢兵去。"平原君犹豫未有所决。此时鲁连适游赵,会秦围赵。闻魏将欲令赵尊秦为帝,乃见平原君曰:"事将奈何?"平原君曰:

"胜也何敢言事！前亡四十万之众于外，今又内围邯郸而不能去。魏王使客将军新垣衍令赵帝秦，今其人在此，胜也何敢言事！"鲁连曰："吾始以君为天下之贤公子也，吾乃今然后知君非天下之贤公子也。梁客新垣衍安在③？吾请为君责而归之。"平原君曰："胜请为绍介而见之于先生。"平原君遂见新垣衍曰："东国有鲁连先生者，今其人在此，胜请为绍介，而之于将军。"新垣衍曰："吾闻鲁连先生，齐之高士也。衍，人臣也，使事有职，吾不愿见鲁连先生。"平原君曰："胜已泄之矣。"新垣衍许诺。鲁仲连见新垣衍而无言。新垣衍曰："吾视居此围城之中者，皆有求平原君者也；今吾观先生之玉貌，非有所求于平原君者也；曷为久居此重围之中而不去？"鲁连云云。

【注释】

①秦王使白起破赵长平之军，前后四十余万：公元前 264 年，秦赵长平之战，是战国时期规模最大的一场战争，秦国胜利，坑杀赵国四十万军队。此战是秦统一战争的转折点。

②归：归还，取消。

③梁：代指魏国。魏的都城在大梁。

【译文】

《史记·鲁仲连传》说：鲁仲连喜欢帮别人出一些奇特怪异的计策，但他不喜欢出仕为官，保持着超然的节操。他游历到赵国时，正是赵孝成王时期，正值秦王派白起攻赵四十万军队，秦国趁势东进包围了邯郸。赵王害怕了，其他诸侯国的救兵都不敢抗击秦军。魏安釐王派将军晋鄙去救赵，但他畏惧秦军，停在荡阴，就不敢前进了。魏王又派客籍将军新垣衍悄悄潜入邯郸，通过平原君对赵王说："秦之所以着急包围赵国,是因为之前与齐湣王相互争强而称帝,不久又取消帝号。如今齐国日渐弱小,只有秦国能雄霸天下,并非一定是贪图邯郸,而是想重新称帝。赵国如果诚心派使者去尊秦昭王为帝,秦国必定高兴,就会罢兵撤回去。"平原君对此犹豫不决。恰好此时鲁仲连游历到赵,正赶上秦军包围邯郸听说魏将想让赵国尊秦为帝,于是去见平原君说:"你打算怎么处理这件事?"平原君回答说:"我赵胜怎么敢谈论这件事!之前已经有40万赵军死在长平,现在秦军又包围邯郸不肯离开。魏王派客籍将军新垣衍建议赵王尊秦为帝,他现在也在这里,我怎么敢再讨论国事呢?"鲁仲连说:"我原以为你是天下贤能之人,今日才知道你不是。新垣衍现在在哪里?我请求为您责备他并劝说他回去。"平原君说:"请让我为您介绍他。"于是平原君去拜见新垣衍,说:"从东面国家齐国来的鲁仲连,现在在赵国,我请求为您介绍他。"新垣衍说:"我听说过鲁仲连先生,是齐国的高士。我是别人的臣子,作为使者有任务在身,我不愿见他。"平原君说:"我已经泄露您在这里的消息了。"新垣衍只好答应。鲁仲连见到新垣衍后却不说话。新垣衍说:"我看留在邯郸城中的人,都是有求于平原君的。我观察先生的玉貌,并非有求于平原君,为什么长久留在这被包围的城中不离开呢?"鲁仲连说等等。

"梁未睹秦称帝之害故耳!使梁睹秦称帝之害,则必助赵矣。"新垣衍曰[①]:"秦称帝之害奈何?"鲁连曰:云云。

连曰:"吾将使秦王烹醢梁王。"新垣衍怏然不悦曰:"嘻!亦太甚矣,先生之言也!先生又乌能使秦王烹醢梁王?"鲁连曰:"固也,吾将言之。"云云。

"今秦万乘之国也,梁亦万乘之国也,俱据万乘之国,交有称王之名,睹其一战而胜,欲从而帝之"云云。

于是新垣衍起,再拜谢曰:"始以先生为庸人,吾乃今日知先生为天下之士也。"云云。

适会魏公子无忌夺晋鄙军以求赵，击秦军，秦军遂引而去。于是平原君欲封鲁连，鲁连辞让使者三，终不肯受。平原君乃置酒，酒酣，起前，以千金为鲁连寿。云云。

右除二百七十五字，加七字。

【注释】

①新垣衍：战国时魏国人，一作辛垣衍。事见《战国策·赵策三·秦围赵之邯郸章》《史记·鲁仲连邹阳列传》。

【译文】

"梁王还没有看清秦国称帝的害处的缘故！如果他清楚了秦国称帝的危害，就一定会帮助赵国。"新垣衍问："秦国称帝有什么害处？"鲁仲连说等等。

鲁仲连说："我将让秦王把魏王煮了，并剁成肉酱。"新垣衍听了快快不悦说："嘻！先生这话太过分了！况且您有什么能耐让秦王这么做？"鲁仲连说："我当然有，我说给你听。"等等。

鲁仲连说："现在秦国是有一万辆兵车的国家，梁国也是有一万辆兵车的国家。两国都称王，为什么看到秦国打了一场胜仗，就想顺从他尊他称帝呢。"等等。

于是新垣衍站起来，再拜而道谢说："以前认为先生是庸人，今日才知道先生是天下贤能之人。"等等。

恰好此时魏国公子无忌夺了晋鄙的军权率兵来救赵，抗击秦军，秦军就撤兵离开了。平原君想封赏鲁仲连，鲁仲连辞谢使者多次，最终还是不肯接受。平原君就摆酒款待他，酒喝得正浓，起身走到鲁仲连面前，奉上千金作为答谢。等等。

以上删去二百七十五个字，加上七个字。

《屈原贾生传》曰：汉有贾生为长沙王太傅，过湘水，投书以吊屈原。贾生名谊，洛阳人也。云云。

谪贾生为长沙王太傅。贾生既辞往行，闻长沙卑湿，自以为寿不得长，又以谪去，意不自得，及渡湘水，为赋以吊屈原。其词曰云云。

贾生为长沙三年，有鹏飞入贾生舍，止于坐隅，楚人命鹏曰鹏。贾生既以谪居长沙，长沙卑湿，自恐寿不得长，伤悼之，乃为赋以自广。其词曰云云。

怀王骑，堕马而死，无后。贾生自伤为傅无状，哭泣岁余，亦死。贾生之死，时年三十三矣。

右除七十六字，加三字。

【译文】

《屈原贾生传》说：汉代有贾生作长沙王的太傅，路过湘水时，写了一篇赋，投入水中，以吊念屈原。贾生，名谊，洛阳人。等等。

朝廷贬谪贾生为长沙王太傅。贾生辞别汉文帝后就往长沙去了，他听说长沙地势低、湿度大，自以为寿命不长，又因为是贬谪，所以内心不快，等渡湘水时，作《吊屈原赋》以悼念屈原。这篇赋的内容说等等。

贾生做长沙太傅的第三年，有鹏鸟飞进贾生居室，停在座位旁，楚人称鹏为"鹏"。贾生已经被谪居到长沙，长沙地势低、湿度大，自己担忧寿命不会长久，心中惆怅，于是作《鹏鸟赋》以自慰。其词说等等。

梁怀王骑马，坠马而死，没有后代。贾生哀痛自己身为太傅没有尽到责任，经常哭泣，一年多后，也死了，贾生死时才三十三岁。

以上删去七十六删去七十六个字，加上三个字。

《扁鹊仓公传》曰：太仓公者，齐太仓长，临淄人也。姓淳于氏，名意。少而喜医方术。高后八年，更受师同郡元里公乘阳庆。庆年七十余，无子，使意尽去其故方，更悉以禁方与之，传黄帝、扁鹊之脉书，五色诊病，知人死生，决嫌疑，定可治，乃药论甚精。受之三年，为人治病，决死生多验。云云。

【译文】

《扁鹊仓公传》说：太仓公，是齐国太仓的长官，临淄人。姓淳于，名意。年轻时喜欢医学方术。汉高祖皇后吕氏八年，又拜同郡元里的公乘阳庆为师。阳庆有七十多岁，没有儿子，他让淳于意把过去所学都扔掉，把自己全部的秘方都教给他，并传授他黄帝、扁鹊的脉书，告知他根据病人面部的五种气色来诊病的方法，使他能预知病人的生死，决断疑难病症，判断能否治疗，以及药剂理论，十分精辟。淳于意学习了三年，为人治病，预断生死多能应验。等等。

诏召问所为治病死生验者几何人？主名为谁？诏问故太仓长臣意方伎所长，及所能治病者，有其书无有？皆安受学？受学几何岁？尝有所验，何县里人也？何病？医药已，其病之状皆何如？具悉而对。臣意对曰：自意少时喜医药方。试之多不验者。至高皇后八年，得见师临淄元里公乘阳庆。庆年七十余，意得见事之。谓意曰："尽去而方书，非是也。庆有古先道遗传黄帝、扁鹊之脉书，五色诊病。知人死生，决嫌疑，定可治，及药论书甚精。我家给富，心爱公，欲尽以我禁方书悉教公。"臣意即曰："幸甚，非意之所敢望也。"臣意即避席再拜，谒受其脉书、上下经、五色诊、奇咳术、揆度阴阳外变、药论、石神、接阴阳禁书，受读解验之，可一年。明岁即验之，有验，然尚未精也。要事之三年所，即尝以为人诊病，决死生，有验，精良。今庆已死十年，臣意年尽三年，三十九岁也。齐侍御史成自言病头痛，臣意诊其脉，告曰："君之病恶，不可言也。"已下皆述一生医疗效验事。

右除二百九十五字。

【译文】

皇帝下诏问他所医治的病人死生应验的有几个人？重要病人的名字叫什么？下诏问过去太仓长淳于意擅长什么？能治什么病？有这方面的书籍没有？在哪里学的医术？学习了几年？有没有应验的？他们是哪里人？得了什么病？用了药后，他们的状况如何？都要详细回答。淳于意回答：我自小就喜欢医药方术。但是替人治病多不奏效。到高后八年，有幸拜临淄元里的公乘阳庆为师。阳庆已经七十多岁了，我跟从他学习时，他对我说："全部抛弃以前的药方、书籍，那都是不正确的。我有先古遗传下来的黄帝、扁鹊的脉书，有根据面部气色诊病的方法。能预知生死，决断疑难杂症，判断能否治疗，以及药剂理论，十分精辟。我要把这笔财富传下去，心里喜欢你，想把这些秘方全部都教给你。"我立即说："真幸运啊！这是我不敢奢望的。"我就离席起身，拜了两拜，接受脉书、上下经、五色术、奇咳术、揆度阴阳外变术、药论、砭石神术、房中术等书籍，阅读并实验，这样过了一年，第二年就给病人治病有效果，但还不是很精通。这样向他学习了三年，曾经治过的病人，决断生死，都能应验效果都很好。如今阳庆已经死了十年，我向他学习了三年，已经三十九岁了。齐国侍御史成说他头痛，我替他诊脉，告诉他：你的病情很严重，不能一下子说清楚。以下记载了淳于意一生给人治病应验的事例。

以上删去二百九十五个字。

　　《宋世家》初云："襄公嗣位。"后仍谓为宋襄公，不去"宋襄"二字。《吴世家》云阖闾，《越世家》云勾践，每于其号上加"吴王"、"越王"字，句句未尝舍之。《孟尝君》传曰："冯公形容状貌甚辨。"案形容、状貌同是一说，而敷演重出，分为四言。凡如此流，不可胜载。其《十二诸侯表》曰"孔子次《春秋》"，"约其辞文，去其烦重"。又《屈原传》曰："其文约，其辞微。"观子长此言，实有深鉴。及自撰《史记》，榛芜若此，岂所谓非言之难而行之难乎？

【译文】

　　《宋世家》开始时说："襄公嗣位。"但后面仍称"宋襄公"，没有去掉"宋襄"两个字，《吴世家》记载阖闾，《越世家》记载勾践时，都在名号前加"吴王"、"越王"，句句都不曾去掉。《孟尝君传》上说："冯公体形外貌容易辨别。"考察形容、状貌是一种说法，语言重复，用了四个字。像这样的情况，不胜枚举。司马迁在《十二诸侯表》中说"孔子修《春秋》"，"简化言辞，删去重复冗繁的地方"。又在《屈原传》中说："屈原文辞简约，寓意深远。"看一看司马迁的这些话，说明他深以前人为鉴。但为什么自己撰写《史记》时，繁琐累赘这样多，难道这就是所谓的说起来容易做起来难吗？

　　《汉书·龚遂传》曰①：上遣使者征遂，议曹王生请从。功曹以为王生素嗜酒，亡节度，不可使。遂不听。从至京师，王生日饮酒，不视太守。会遂引入宫，王生醉，从后呼曰："明府且止②，愿有所白。"遂还问其故，王生曰："天子即问君何以治渤海，君不可有所陈对，宜曰：'皆圣主之德，非小臣之力也。'"遂受其言,既至前,上果问以治状,遂对如王生言。天子悦其有让,笑曰:"君安得长者之言而称之?"遂因前曰:"臣非知此,乃臣议曹教戒臣也。"云云。上以议曹王生为水衡丞。

右除八十四字。

【注释】

①龚遂:字少卿,山阳郡南平阳县(今山东邹城平阳寺)人。为人忠厚,汉昭帝时昌邑郎中令,多次劝谏刘贺。刘贺为太子时,服丧期间,龚遂又力谏,无效。汉宣帝即位,因政绩显著,拜为水衡都尉。

②明府:汉代对太守的尊称。

【译文】

《汉书·龚遂传》说:皇帝派使者征召龚遂,议曹王生请求随从。功曹认为王生向来嗜酒,没有节制,不能跟随前往。龚遂不听。王生跟着龚遂到京师,日日饮酒,不拜见龚遂。恰逢龚遂被引入宫时,王生喝醉了,追在后面大声呼喊:"太守稍等,我有话对您说。"龚遂回头问什么事,王生说:"天子如果问您怎样治理渤海,您不要陈述治理方法,应该说:'全赖陛下恩德,不是小臣的功劳。'"龚遂听了他的话,到了皇帝跟前,皇帝果然问他治理的状况,龚遂就用王生的话回答。皇帝喜欢他的谦让,笑着问他说:"你从哪里得来这种长者的来称颂我的?"龚遂上前答道:"我不知道要这样说,是臣的议曹告诫臣教的。"皇帝因此任命议曹王生为水衡丞。

以上删去八十四个字。

《新晋书·袁宏传》曰:袁宏有逸才,文章绝美,曾为《咏史诗》,是其风情所寄。少孤贫,以运租自业。谢尚时镇牛渚。秋夜乘月,率尔与左右微服泛江。会宏在舫中讽其所作《咏史诗》①,咏声既清会,词又藻丽,遂驻听久之,遣问焉答云:"是袁临汝郎诵诗。"即其《咏史》之作也。尚倾率有胜致,即迎升舟,与之谈论,申旦不寐。自此名誉日茂云云。从桓温北伐,作《北征赋》,皆其文之高者。尝与王珣、伏滔同在温坐,温令滔读其《北征赋》。至"闻所传于相传,云获麟于此野;诞灵物以瑞德,奚授体于虞者!疢尼父之恸泣,似实恸而非假;岂一性之足伤,乃致伤于天下"②,其本至此便改韵。珣云:"此赋方传千载,无容率尔。今于'天下'之后,移韵徙事,然于写送之致,似为未尽。"滔云:"得益写韵一句,或为小胜。"宏应声曰:"感不绝于予心,诉流风而独写③。"云云。

【注释】

①讽:朗诵。

②"闻所传于相传"八句:此赋的意思大致是:我听过世代流传的一个传说,就是在此处的郊野有人获得了麒麟。上天降下灵物,是祥瑞,但为什么只让管理山林的人得到了呢!我为孔子的痛哭感到愧疢,因为他确实是悲恸,不虚伪做作;大概圣人的心被伤害,全天下人的心也会受伤害吧。

③感不绝于予心,诉流风而独写:我的内心思绪万千,连绵不断,我的诉说随风流去,滔滔不尽。

【译文】

《新晋书·袁宏传》说:袁宏才思敏捷,文章写得很好,曾作《咏史诗》,用来寄托自己的志向。小时候就失去父亲,生活贫困,以运输租谷为生。谢尚镇守牛渚时,在一个秋夜里乘着月色,与左右一起穿着便服泛舟于江上。袁宏恰好在船上,吟诵自己的《咏史诗》,声音清朗,言辞精美,谢尚就停下来听了很久,并派人打听是谁。去打听的人回答说:"是袁临汝郎在诵诗。"诵的是他自己的《咏史》诗。谢尚就立即带着所有人,兴致高昂地上了袁宏的船,和他谈论,整夜没有睡觉。自此以后袁宏的名声日益上升。等等。他跟从桓温北伐,作《北征赋》,句句精美。曾和王珣、伏滔一起到桓温那里闲坐,桓温让伏滔朗读袁宏所作的《北征赋》。读到"闻所传于相传,云获麟于此野;诞灵物以瑞德,奚授体于虞者! 疚尼父之恸泣,似实恸而非假;岂一性之足伤,乃致伤于天下"时,《北征赋》就改了韵。王珣说:"这篇赋可以流传千年,不容置疑。现于'天下'二字之后,不仅改了韵,还转到其他事情上,然而所要表达的感情,似乎还没有尽兴。"伏滔说:"如果能加上一句同韵的话,或许就更好了。"话音刚落袁宏应声道:"感不绝于予心,诉流风而独写。"等等。

谢安尝赏其机对辩速①,后安为扬州刺史,宏自吏部郎出为东阳郡,乃祖道于冶亭②,时贤皆集。谢安欲卒迫试之,临别,执其手,顾就左右取以一扇而授之,曰:"聊以赠行。"宏应声答曰:"辄当奉扬仁风,慰彼黎庶。"观者无叹服。时人叹其率而能要焉。此事出檀道鸾《晋阳秋》及刘义庆《世说》。

右除一百一十四字,加十九字。

【注释】

① 谢安(320—385):字安石,号东山,东晋政治家,军事家。祖籍陈郡阳夏(今河南太康),任吴兴太守、侍中兼吏部尚书兼中护军、扬州刺史等。淝水之战前击败前秦,并夺回大片领土,北伐胜利

　　后,急流勇退。事见《晋书·谢安传》、《世说新语》。

　　②祖道:古代为出行的人祭祀路神,设宴为其送行的礼仪。冶:通
　　　　"野",郊外。

【译文】

　　谢安很欣赏袁宏的对答机智快速,后来谢安任扬州刺史,袁宏由吏
部郎改为东阳郡太守,谢安在郊外的亭子里为他践行,群贤毕至。谢安
想试试他短时间内的机敏程度,就在临别时,拉着他的手,从旁边的人
手中拿来一把扇子送给他,说:"送给你聊表心意。"袁宏应声道:"我将
用这把扇子在我的辖区内扬起仁道之风,尽心尽意抚慰百姓。"在场的
没有不叹服的。当时的人钦佩他才思敏捷又能抓住重点的能力。此事出
自檀道鸾的《晋阳秋》和刘义庆的《世说新语》。

　　以上删去一百一十四字,加上十九字。

　　《十六国春秋》曰:郭瑀有女始笄①,妙选良偶,有心于刘
昞。遂别设一席于座前,谓诸弟子曰:"吾有一女,年向成
长,欲觅一快女婿。谁坐此席者,吾当婚焉。"昞遂奋衣来
坐,神志湛然,曰:"向闻先生欲求快女婿,昞其人也。"

　　右除二十二字。

【注释】

　　①郭瑀:生卒年不详。字元瑜,东晋十六国敦煌(今属甘肃)人,精
　　　　通经义,设馆讲学,著书立说,著《春秋墨说》、《孝经综纬》。笄:
　　　　古代特指女子十五岁可以盘发插笄的年龄,即成年。

【译文】

　　《十六国春秋》上记载:郭瑀有个女儿刚满十五岁,他用巧妙的方法
得到了称心的女婿,他看中了刘昞。就在自己面前设了一个座位,对众
弟子说:"我有一个女儿,已经长大成人,想找一个乘龙快婿。谁坐了这

个位置,我就把女儿嫁给他。"刘晒就抖抖衣服掸掉尘土坐到那个位置上,神色安然地说:"之前听说先生想找一个称心的女婿,我刘晒就是这样的人。"

以上删去二十二个字。

外篇　杂说上第七

《春秋》（二条）

【题解】

评说《春秋》的两条中，第一条指出孔子修《春秋》后，他的弟子接续而作的部分有违《春秋》的义例，举出陈恒构逆为例，加以批评。第二条指出解释《春秋经》之一的《左传》中也存在义例不合原书的地方，主要举吴国攻入楚国为例。

案《春秋》之书弑也，称君①，君无道；称臣，臣之罪。如齐之简公，未闻失德②，陈恒构逆，罪莫大焉。而哀十四年，书"齐人弑其君壬于舒州"③。斯则贤君见抑④，而贼臣是党⑤，求诸旧例，理独有违。但此是绝笔获麟之后⑥，弟子追书其事。岂由以索续组⑦，不类将圣之能者乎？何其乖刺之甚也⑧！

【注释】

①称君：直书君主的名字。古代史书记载君主的事迹不直书其名，

而记以庙号或帝号，直书其名表示君主已为国人所共弃。

②失德：此指违背道德的行为。

③舒州：今山东滕州。

④抑：贬斥，贬低。

⑤党：偏私，袒护。

⑥绝笔获麟：绝笔，指孔子作《春秋》至此（即获麟一事）而辍笔。获麟，指鲁哀公十四年（前479）捕获一只怪兽，孔子识为麒麟。

⑦以索续组：指孔子弟子续补《春秋》。索，绳索。组，丝带。此处组指代《春秋》中孔子所作部分，索指代孔子的弟子续作的部分。

⑧乖刺：违背，悖谬失当。

【译文】

考察《春秋》中记录臣子弑杀君主的事件中，直接书写君主的名字，表示这个君主无道；直接记录大臣的名字，则表示是大臣谋逆。例如齐简公，没有听说他有什么违背道德的行为，陈恒谋逆弑杀齐简公，没有比这更大的罪了。但《春秋》在鲁哀公十四年这一条中，却记录为"齐人在舒州弑杀了他的君主姜壬"。这是贤明君主被杀害但却蒙受冤屈，而罪臣陈恒谋逆却得到庇护，同《春秋》中对同类事情的记录相比，这一记录有违常理。但是这条记录是在鲁哀公西狩获麟而孔子作《春秋》以后的事了，乃是孔子的弟子续笔所记录的事。这就好比狗尾续貂，怎么能和圣人相提并论呢？难怪差别会这么大呢！

案《春秋左氏传》释《经》云：灭而不有其地曰入，如入陈，入卫，入郑，入许，即其义也。至柏举之役①，子常之败②，庚辰吴入，独书以郢。夫诸侯列爵，并建国都，惟取国名③，不称都号。何为郢之见入④，遗其楚名⑤，比于他例，一何乖踳⑥！寻二传所载⑦，皆云入楚，岂《左氏》之本，独为谬欤？

【注释】

①柏举:春秋时期楚国地名,在今湖北麻城境内。

②子常:囊瓦,生卒年不详,字子常,楚国王族,楚庄王第三子子贞之孙,楚平王时为令尹。

③取:采取,择用。

④见:用在动词前面,表示被动,相当于"被"。

⑤遗:遗失。

⑥乖踳(chuǎn):乖,谬误,差失。踳,差错,谬误。

⑦二传:指解释《春秋》的《公羊传》和《穀梁传》。

【译文】

考察《春秋左氏传》中解释《经》说:消灭一个国家的军队却不占有它的土地叫做"入",例如入陈,入卫,入郑,入许,就是这个意思。到了吴楚柏举之役,楚国子常打了败仗,庚辰吴国军队攻占楚国国都,《春秋》不称楚国而叫"郢"。周王室分封诸侯,都建立了国都,史书记载只称国名,不称国都。为何要说是郢被攻占,舍弃楚国国名不用,相比于书中其他案例,乖离是多么的荒谬! 考察《春秋公羊传》和《春秋穀梁传》两书记载,都说是吴入楚,为何单单《春秋左氏传》的本子,出现这样荒谬的记录呢?

《左氏传》(二条)

【题解】

本目二条,第一条举例说明《左传》叙事内容的丰赡和技巧的卓绝,是《春秋》另外两传所不能比拟的。第二条指出《左传》中存在的不足,引录孔子的戏言视为千载笃论,玷污了圣贤形象,对《左传》的良直之史实在有害无益。

　　《左氏》之叙事也,述行师则簿领盈视①,哤聒沸腾②;论备火③,则区分在目④,修饰峻整⑤;言胜捷,则收获都尽⑥;记奔败,则披靡横前⑦;申盟誓则慷慨有余⑧;称谲诈则欺诬可见⑨;谈恩惠则煦如春日;纪严切则凛若秋霜;叙兴邦则滋味无量;陈亡国则凄凉可悯。或腴辞润简牍⑩,或美句入咏歌,跌宕而不群⑪,纵横而自得⑫。若斯才者,殆将工侔造化⑬,思涉鬼神,著述罕闻,古今卓绝。如二传之叙事也,榛芜溢句⑭,疣赘满行⑮,华多而少实⑯,言拙而寡味。若必方于《左氏》也⑰,非唯不可为鲁、卫之政⑱,差肩雁行⑲,亦有云泥路阻⑳,君臣礼隔者矣㉑。

【注释】

①行师:即行军。师,军队。簿领:此指军队的仪仗队。

②哤(máng):杂乱。聒(guō):喧闹,声音嘈杂。

③备火:指武器装备和士兵。

④区分:指挥有条不紊。在目:好像亲眼所见一样。

⑤修饰:整理。峻整:严密不乱。

⑥收获:收,收缴。获,俘虏。尽:记载完整无遗。

⑦披靡:此处指军队溃败的样子如同野草随风伏倒一般。

⑧申:记录,申述。

⑨称:述说,描述。

⑩腴辞:美妙的语言。润:修饰使有光彩。

⑪跌宕:放荡。不群:不同流俗。

⑫纵横:指描述史事挥洒自如。

⑬工:巧妙,精美。侔:相等,相同。

⑭榛芜:丛杂。溢:充满。

⑮疣赘：此处指文中多余的言辞。

⑯华：浮夸。

⑰方：比拟，相比。

⑱鲁、卫之政：此处喻指相差不远。

⑲差肩雁行：比喻质量相当。差肩，比肩。

⑳云泥：行云与淤泥。比喻书的质量高下悬殊。路阻：道路遥远有阻隔。

㉑礼：名分。隔：悬殊。

【译文】

《左传》叙事，描述行军打仗让人仿佛看见军队的旗帜浩浩荡荡，又仿佛听见军队人吼马嘶车轮轰鸣之声沸腾；记述武器装备和士兵，就好像自己亲眼目睹了一样，语言修饰井井有条；描写军队打胜仗，则把胜利后缴获的战利品、俘获的战俘记载得毫无遗漏；记录军队作战失利，则把军队溃败的惨状生动地摆在眼前；申述诸侯盟誓则充满了慷慨激昂之情；说一个人谲诈无比就仿佛亲眼看见他欺骗诽谤别人一样；谈论某人的恩惠时则让人如同感受着春天的温暖一样；记录严肃急切的事情则让人感到严肃得如同秋霜一样；叙述国家的兴起则让人回味无穷；陈述国家灭亡失德凄凉景象让人不禁去同情怜悯。有时用美妙的语言来修饰书的内容，有时是优雅的语句来称颂，语言跌宕起伏却不同于流俗，描述事情能够挥洒自如而又能把握主旨。像这样的才华，用这样巧妙精美的语言造化，犹如鬼神相助一般，这样的著作实在少有，是千古绝唱。而解释《春秋》的另外两传叙事，到处是杂乱无章的语句，到处是可有可无的语言，浮华有余而纪实不足，语言拙劣缺乏韵味。如果一定要拿来和《左传》相比，不但相差巨大，质量不能相比拟，如同天上的行云和地上的淤泥不能同日而语，就好像君臣之间名分悬殊一样。

《左传》称仲尼曰："鲍庄子之智不如葵，葵犹能卫其足。"夫有生而无识①,有质而无性者②,其唯草木乎?然自古设比兴③,而以草木方人者,皆取其善恶薰莸④,荣枯贞脆而已⑤。必言其含灵畜智,隐身违祸,则无其义也。寻葵之向日倾心,本不卫足,由人睹其形似,强为立名。亦由今俗文士⑥,谓鸟鸣为啼,花发为笑。花之与鸟,安有啼笑之情哉?必以人无喜怒,不知哀乐,便云其智不如花,花犹善笑,其智不如鸟,鸟犹善啼,可谓之谠言者哉⑦?如"鲍庄子之智不如葵,葵犹能卫其足",即其例也。而《左氏》录夫子一时戏言,以为千载笃论⑧。成微婉之深累⑨,玷良直之高范⑩,不其惜乎!

【注释】

①识:见识。

②质:实体。性:思想意识。

③比兴:即比喻。

④薰莸:香草和臭草。比喻善恶、贤愚、好坏等。薰,香味。莸,臭味。

⑤贞脆:贞,坚硬。脆,脆弱。

⑥俗:不高雅,平庸。

⑦谠言:正直的言论。

⑧笃论:真实贴切的评论。

⑨深累:无法去掉的错误。

⑩玷:污染,损害。

【译文】

《左传》记录孔子说:"鲍庄子的智慧还比不上葵,葵还能够用叶子遮蔽太阳保护它的根。"有生命却没有什么见识,有实体却没有思想意识,难道和草木还有差别吗?但是自古以来用比兴手法时,用草木来比拟人,都是喻指其好坏善恶,比喻其坚强脆弱而已。一定要说草木有灵性、有智慧,会趋利避害,就有些不合常理了。考察向日葵之所以向着太阳,并不是因为它保护根部,只是因为人们看到它是那样的形状,强加于它罢了。就好像当下那些平庸的文人一样,把鸟叫称作"啼",称花开为"笑"。花和鸟,哪里有啼笑的意识啊?一定要人没有喜怒,不知道哀乐难过,便说是他的智慧比不上花,花还经常笑,他的智慧比不上鸟,鸟还经常啼叫,怎么称得上是正直的言论呢?像"鲍庄子之智不如葵,葵犹能卫其足"这样的言论,就是其中一例。但《左传》记述了孔夫子一时的戏言,却成了千年以来确切不移的评论。成为了解读微言大义的深深的妨害,玷污了《左传》良直崇高的典范,不是很可惜吗!

《公羊传》(二条)

【题解】

　　本目第一条指出《公羊传》作者在书中出于抬高自己的目的,而妄加弑逆之名,编次不伦不类。第二条以晋灵公派去刺杀赵盾的事为题眼,指出作者因不熟悉齐晋的不同地域,物产也各相异,而妄为解说,和《左传》记述不符,指斥其不符实录之名。

　　《公羊》云:"许世子止弑其君①。""曷为加弑?讥子道之不尽也。"其次因言乐正子春之视疾②,以明许世子之得罪。寻子春孝道,义感神明,固以方驾曾、闵③,连踪丁、郭④。苟事亲不逮乐正⑤,便以弑逆加名,斯亦拟失其流⑥,责非其罪。盖公羊、乐正,俱出孔父门人,思欲更相引重⑦,曲加谈述。所以乐正行事,无理辄书,致使编次不伦,比喻非类,言之可为嗤怪也。

【注释】

①许：春秋时诸侯国，姜姓，子爵，在今河南境内。

②乐正子春：曾参弟子，以孝闻名。乐正，周朝管理乐队的官职，司掌音乐声律，其后代子孙以此为荣，遂以祖上的职官命姓，称乐正氏。

③方驾：同等。曾、闵：即曾参、闵子骞。曾参（前505—前432），字子舆，春秋末年鲁国人。孔子弟子，为孔门七十二贤人之一。他勤奋好学，颇得孔子真传。授业孔子之孙并再传孟子。他倡导的以孝为本的孝道观影响中国两千多年，著述《大学》、《孝经》等，后世儒家尊他为"宗圣"。闵子骞（前536—前487），名损，字子骞，春秋末期鲁国人，孔子高徒，在孔门中以德行与颜回并称，为孔门七十二贤人之一。是二十四孝子之"芦花顺目"之主角，明朝编撰的《二十四孝图》，闵子骞排在第三，是中华民族文化史上的先贤人物。

④丁、郭：丁即丁兰，郭即郭巨。丁兰是二十四孝中"刻木事亲"之主角。郭巨是二十四孝中埋儿奉母之主角。

⑤不逮：赶不上。

⑥拟失其流：比拟不伦不类。

⑦更相：相互。引重：推重。

【译文】

《公羊传》中记录道："许国的世子姜止弑杀了国君。""为什么要说是弑杀呢？目的在于批评他作为儿子却没有尽孝道。"另外还用乐正子春探望母亲病情的事情，来说明许世子被惩戒的原因。探究乐正子春行孝道，感动了神明，所以子春能够与曾参、闵子骞相比较，他的事迹也能够和丁兰、郭巨相联系。如果侍奉父母赶不上乐正子春的话，便给他加上弑逆的罪名,这个比拟也显得不伦不类,谴责的并不是他犯的罪行。大概由于公羊高、乐正子春,都是源于孔子的门人,想要相互推崇,就歪曲事实加以说明。所以拿乐正子春的例子来衡量世人的行为,达不到便称述其不孝,从而导致《公羊传》编写的不伦不类,比喻失当,语言描述平庸而又显得很奇怪。

语曰:"彭蠡之滨,以鱼食犬①。"斯则地之所富②,物不称珍。案齐密迩海隅③,鳞介惟错④,故上客食肉,中客食鱼,斯即齐之旧俗也。然食鲂鲦鲤,诗人所贵,必施诸他国,是曰珍羞⑤。如《公羊传》云:晋灵公使勇士杀赵盾⑥,见其方食鱼飧。曰:子为晋国重卿而食鱼飧,是子之俭也,吾不忍杀子。盖公羊生自齐邦,不详晋物⑦,以东土所贱⑧,谓西州亦然⑨。遂目彼嘉馔,呼为菲食⑩,著之实录,以为格言,非惟与《左氏》有乖,亦于物理全爽者矣⑪。

【注释】

①食:喂养。

②富:充足,丰富。

③密迩:密,安居。迩,接近。

④错:交错,交杂在一起。

⑤珍羞:即"珍馐",美味的食品。

⑥晋灵公使勇士杀赵盾:晋灵公,春秋时晋国国君,公元前620年至公元前607年在位,晋襄公之子。姬姓,名夷皋。公元前620年即位时年龄尚幼,即好声色。后来渐长,宠任屠岸贾,不行君道,荒淫无道,民不聊生。后为赵穿所杀。赵盾(? —前601年):嬴姓,赵氏,名盾,谥号宣,时人尊称其赵孟,史料中多称之赵宣子、宣

孟,春秋中前期晋国卿大夫,赵衰之子,杰出的政治家、战略指挥家。晋文公之后,晋国出现的第一位权臣,集军政大权于一身,担任执政,号称正卿。他在晋国执政期间,权倾朝野,使晋国君权首次受到冲击与削弱,树赵氏之威,使赵氏一族独大晋国。一生侍奉三朝,令晋集举国之力与楚国争衡而不落下风。

⑦详:详知,清楚。

⑧东土:东方地区,此指齐国。

⑨西州:西方地区,此指晋国。

⑩菲:萝卜一类的蔬菜,此指饮食的低劣。

⑪物理:物产情况。爽:违背。

【译文】

俗语说:"生活在彭蠡湖周边的人,用鱼来喂狗。"这是说当地所盛产的东西,当地人就对它不珍视。考察古时齐国靠近海的地方,盛产各种鱼,因此上等宾客吃肉,中等宾客吃鱼,这是齐国的旧俗。但是能够吃到鲂鲦鲤这些鱼类,是《诗经》中诗人所歌咏的,如果一定要推及到其他国家,就会被视作美味佳肴。如《公羊传》中记载:晋灵公派刺客去刺杀赵盾,刺客看到赵盾吃的是鱼。就说道:你身为晋国的重臣却吃的只是鱼,看来你是个节俭的人,我也不忍心杀你。大概因为公羊高是在齐国出生,不清楚晋国的物产,以为在齐国很一般的东西,在晋国也一样。所以才会把晋国的美味佳肴,当做低劣的食物来看待,把它真实记录到书上,把它当作格言,不但与《左传》的记录不同,也是全然违背事物的常理了。

《汲冢纪年》(一条)

【题解】

本条指出《竹书纪年》、《古文琐语》是上古的典籍,虽然出土于晋代,但其内容却有矫正《左传》、《世本》等记事失误的地方,是研究古代历史的人不应该忽视的。

　　语曰:"传闻不如所见。"斯则史之所述,其谬已甚,况乃传写旧记,而违其本录者乎? 至如虞、夏、商、周之《书》,《春秋》所记之说,可谓备矣①。而《竹书纪年》出于晋代,学者始知后启杀益,太甲杀伊尹,文丁杀季历,共伯名和,郑桓公,厉王之子。则与经典所载②,乖剌甚多。又《孟子》曰:晋谓春秋为乘。寻《汲冢琐语》,即乘之流邪? 其《晋春秋》篇云:"平公疾,梦朱罴窥屏。"《左氏》亦载斯事,而云"梦黄熊入门"。必有舍传闻而取所见,则《左传》非而《晋》文实矣。呜呼! 向若二书不出③,学者为古所惑④,则代成聋瞽,无由觉悟也。

【注释】

　　①备:详备,完备。

　　②经典:此指《尚书》和《春秋》。

　　③二书:此指《竹书纪年》(即《汲冢纪年》)和《汲冢琐语》(即《古文琐语》)。

　　④惑:欺骗,使迷惑。

【译文】

　　俗话说:"听说的比不上亲眼所见。"对于历史的记述,谬误已经很严重了,更何况对于过去事情的记述,与真实的记录有相违背的呢? 至于像记述唐虞、夏朝、商朝、周朝历史的《尚书》,《春秋》中的相关记载,可以说已经很完备了。而晋代出土了《竹书纪年》,饱学之士才知道后启杀益,太甲杀伊尹,文丁杀季历,共伯的名字叫和;郑桓公乃是周厉王的儿子。这些事情和《尚书》、《春秋》等经典中的相关记录,相违背的太多了。还有《孟子》说：记录晋国历史的史书叫做乘。考察《汲冢琐语》，难道就是乘这一类的史书吗？其中的《晋春秋》一篇说道："晋平公生病的时候，梦见红色的熊在屏风后面窥伺。"《左传》中也有这一记载，却说"梦见黄熊进门而来"。如果一定要舍弃传闻而采取亲眼所见入史的话，那么《左传》不真实而《晋春秋》的记录才是实录。唉！假如《竹书纪年》和《汲冢琐语》没有被发现的话，学者们就都被古代的人所欺骗了，那么一代又一代都将如同聋子、瞎子一样，无从察觉。

《史记》（八条）

【题解】

《史记》八条指出了《史记》中存在的一系列问题：第一，通过论列《晋书》编撰多引用短部小书而对重要史著却多加遗略的毛病，指出《史记》中也存在类似问题。第二，以其中的《邓通传》和《仓公传》为切入点，指出刘向、扬雄赞扬司马迁擅长叙事其实是不属实的。第三，通过对比《孔子世家》和《管晏列传》，指出司马迁应该对传主本人的作品采取相同态度，或都收录，或都遗略，以达到信史的高度。第四，指出司马迁在品评人物也有失妥帖，主要通过《史记》中对孔子门人的不一致来说明。第五，指出司马迁在自叙中存在语言模糊的问题，语言有歧义容易引起人们误解。第六，通过分析《报任安书》中的举措失当，指出贤如司马迁，在著史的过程中也有认识不清楚、构思不审慎的弊病。第七，举《史记》中用凤沙卫一例来说明，就算是博览群书、游历过天下的人，也会有失误的问题存在。第八，以兴旺成败为例，来说明司马迁《史记》中仍然保有天命论。

夫编年叙事，混杂难辨；纪传成体，区别异观。昔读《太史公书》，每怪其所采多是《周书》、《国语》、《世本》、《战国策》之流①。近见皇家所撰《晋史》，其所采亦多是短部小书②，省功易阅者，若《语林》、《世说》、《搜神记》、《幽明录》之类是也。如曹、干两氏《纪》③，孙、檀二《阳秋》④，则皆不之取。故其中所载美事，遗略甚多。刘遗民、曹缵皆于檀氏《春秋》有传，至于今《晋书》则了无其名。若以古方今，当然则知史公亦同其失矣。斯则迁之所录，甚为肤浅，而班氏称其勤者，何哉？

【注释】

①怪：责怪，埋怨。

②部：类别，门类。

③曹、干两氏《纪》：即曹嘉之《晋纪》、干宝《晋纪》。曹指曹嘉之，生卒年不详。曾任西晋前将军谘议、东莞太守，著有《晋纪》十卷，现有汤球辑本十三条。

④孙、檀：即孙盛、檀道鸾。孙盛著有《晋阳秋》三十二卷。檀道鸾著有《续晋阳秋》二十卷。

【译文】

史书中按编年来记述史事，使许多事情相混杂难以分辨；用纪传体形式来著史，史事便可以一目了然。以前读《史记》，经常埋怨它所援引的大多是《周书》、《国语》、《世本》、《战国策》这一类书。最近见到朝廷编撰的《晋书》，所援引的大多也是一些篇幅短小的书籍，都是省力易读的书，例如《语林》、《世说新语》、《搜神记》、《幽明录》这一类的书。像曹嘉之、干宝二人的《晋纪》，公孙盛的《晋阳秋》、檀道鸾的《续晋阳秋》，则都没有采用。因此书中所据记载的好人好事，遗漏的很多。刘遗民、曹缵在檀道鸾的《晋阳秋》中都有传，而今的《晋书》中却根本没有他们的姓名。假如以当下修史和古代相比，就知道太史公写《史记》也有同样的过失啊。这就是司马迁所记录的史事,很是肤浅,但班固却称赞司马迁著史勤苦,是为什么呢?

　　孟坚又云:刘向、扬雄博极群书,皆服其善叙事。岂时无英秀①,易为雄霸者乎? 不然,何虚誉之甚也。《史记·邓通传》云②:"文帝崩,景帝立。"向若但云景帝立,不言文帝崩,斯亦可知矣,何用兼书其事乎? 又《仓公传》称其"传黄帝、扁鹊之脉书③,五色诊病④,知人死生,决嫌疑,定可治⑤。"诏召问其所长,对曰:"传黄帝、扁鹊之脉书。"以下他文,尽同上说。夫上既有其事,下又载其言,言事虽殊,委曲何别? 案迁之所述,多有此类,而刘、扬服其善叙事也,何哉?

【注释】

①英秀:此指史才卓绝之人。

②邓通:生卒年不详。西汉蜀郡南安(今四川夹江)人,汉文帝宠臣,因文帝赐其铜山铸钱而富甲天下,其所铸铜钱称为"邓通钱",以质地优良而为时人所好。

③仓公:即淳于意(约前205—?),西汉初齐临淄(今山东淄博)人,姓淳于,名意。淳于意曾任齐太仓令,精医道,辨证审脉,治病多验。曾从公孙光学医,并从公乘阳庆学黄帝、扁鹊脉书。后因故获罪当刑,其女缇萦上书文帝,愿以身代,得免。《史记》记载了他的二十五例医案,称为"诊籍",是中国现存最早的病史记录。

④五色:中医认为人的五脏有病都会表现于面部,可依此判断其病源,即"望、闻、问、切"四诊法中的望诊。

【译文】

班固又说,刘向、扬雄博览群书,都佩服司马迁善于叙事。难道是由于当时没有史才卓绝的人,才把才学平平的司马迁看作是不可比及的史家吗? 不然,为何对司马迁的虚美称赞如此严重。《史记·邓通传》记载说:"文帝去世,景帝即位。"要是书写的时候只说景帝即位,不说文帝去世,也是可以的,何必要重复地说这件事呢? 还有《仓公传》称赞他说"传承了黄帝、扁鹊所遗留下来的脉书。看人面部的五种颜色来判断病人的情况,判断病人是生是死,确定疑难病症,定出可治之病还是绝症。"皇帝诏见他询问他的专长,他回答说:"学习黄帝、扁鹊所遗留下来的脉书。"下面的句子,完全同于前面所记的内容。上面既然已经记载了此事,后面又重复他的话,说的虽然不是同一件事,具体内容又有什么内容呢? 考察司马迁《史记》中的记述,有很多这样的问题,而刘向、扬雄钦服于他善于叙事,这又是为什么呢?

太史公撰《孔子世家》,多采《论语》旧说,至《管晏列传》,则不取其本书①。谓《管子》、《晏子》也。以为时俗所有,故不复更载也。案《论语》行于讲肆②,列于学官,重加编勒,只觉烦费。如管、晏者,诸子杂家,经史外事,弃而不录,实杜异闻。夫以可除而不除,宜取而不取,以斯著述,未睹厥义。昔孔子力可翘关③,不以力称。何者? 大圣之德,具美者众④,不可以一介标末⑤,持为百行端首也。至如达者七十⑥,分以四科。而太史公述《儒林》,则不取游、夏之文学⑦;著《循吏》,则不言冉、季之政事⑧;至于《货殖》为传,独以子贡居先。掩恶扬善,既忘此义;成人之美,不其阙如?

【注释】

①其本书:此指《管子》和《晏子》。

②讲肆:讲舍,讲堂。一般为私家教学的处所。

③翘：举起。

④具：才具，才干。

⑤一介标末：一点小小的本领。

⑥达者：学识通达的人。

⑦游：指言偃（前506—前443）字子游，又称叔氏。孔门七十二贤弟子中唯一南方弟子。擅文学，曾任鲁国武城宰，阐扬孔子学说，用礼乐教育士民，境内到处有弦歌之声，为孔子所称赞。夏：指卜商（前507—？），字子夏，孔门七十二贤之一，人称卜子。以"文学"著称，曾为莒父宰。孔子逝后，他到魏国西河进学，主张国君要学习《春秋》，吸取教训。以防止臣下篡权。相传《诗》、《春秋》等书，均是由他传授下来。

⑧冉：指冉求（前522—前489），春秋末鲁国人。字子有，通称冉有。孔子弟子。以政事见称。多才多艺，尤擅长理财，曾担任季氏宰臣。季：指仲由，字子路，又字季路，春秋末鲁国人。孔子得意门生。以政事见称。

【译文】

司马迁撰写《孔子世家》，经常采录《论语》中的旧说，到了《管晏列传》，却不采录他们自己的书。指的是《管子》、《晏子》。认为二书是当时流俗的东西，所以没有加以引录。考察《论语》在私家教学中使用，又被列于学官，在《史记》中却一再引用，只会觉得烦杂费力。像《管子》、《晏子》，诸子百家，没有列于经、史部分的书籍，反而遗弃不加以引用，实在是从来没听过的事情。可以舍弃却不舍弃，应当引用却并没有引用，用这样的方式来著述，真是不明白有什么目的。以前孔子的力气大到可以举起城门，但却并没有以力大而为人所知。为什么呢？像孔子这样的大圣人的德行，具备多方面的美德，不会因为一点小小的本领，当作是他最出众的本领。至于孔子门人中的七十二贤人，时人将他们分为德行、言语、政事、文学四科。但太史公记述《儒林》，却不收录子游、子夏的文学事迹；在《循吏》中，却不提冉求、子路为政的事迹；至于《货殖列传》中，单单把子贡列在孔门弟子中的首位。隐恶扬善，完全舍弃了这个意义；成人之美，这难道不是一句空话吗？

　　司马迁《自序传》云：为太史七年，而遭李陵之祸，幽于缧绁①。乃喟然而叹曰：是予之罪也，身亏不用矣②。自叙如此，何其略哉！夫云"遭李陵之祸，幽于缧绁"者，乍似同陵陷没，以置于刑；又似为陵所间，获罪于国。遂令读者难得而详。赖班固载其《与任安书》③，书中具述被刑所以。傥无此录，何以克明其事者乎④？

【注释】

①幽：囚禁。缧绁：此指监狱。缧，捆绑犯人的绳索。绁，绳索，缰绳。

②身亏：身体残废。李陵投降匈奴以后，司马迁曾为其求情，被处腐刑。

③《与任安书》：司马迁受刑后又出任中书令，其友人益州刺史任安写信给他，以古代贤臣的气节勉励他，司马迁写给其友人任安的回信。司马迁以极其激愤的心情，申述了自己的不幸遭遇，抒发了内心的无限痛苦，大胆揭露了汉武帝的喜怒无常，刚愎自用，提出了人固有一死，或重于泰山、或轻于鸿毛的比较进步的生死观，并表现出了他为实现可贵的理想而甘受凌辱。对于了解作者的生平和思想，有着重要价值。

④克：能，能够。

【译文】

司马迁在《太史公自序》中说：我任太史令的第七年，因为遭受李陵的祸事,被囚禁于监狱。于是喟然叹息道:是我的罪过啊,身体残废不被重用。自叙都这样,多么的简略啊!自称"因为遭受李陵的祸事,被囚禁于监狱",就好像是他和李陵一起战败被俘一样,因此被受刑;又好像是被李陵所挑拨,因此获罪于朝廷。这就使得读者很难清楚地了解事情的原委。幸好班固后来收录了他的《与任安书》,书中具体描述了他受刑的前因后果。假如没有收录这篇文章,怎么能够弄清楚这件事呢?

《汉书》载子长《与任少卿书》①,历说自古述作,皆因患而起。末云:"不韦迁蜀,世传《吕览》②。"案吕氏之修撰也,广招俊客③,比迹春、陵④,共集异闻,拟书《荀》、《孟》,思刊一字⑤,购以千金⑥,则当时宣布,为日久矣。岂以迁蜀之后,方始传乎?且必以身既流移,书方见重,则又非关作者本因发愤著书之义也。而辄引以自喻,岂其伦乎⑦?若要多举故事,成其博学,何不云虞卿穷愁,著书八篇?而曰"不韦迁蜀,世传《吕览》",斯盖识有不该⑧,思之未审耳⑨。

【注释】

①《与任少卿书》:即《与任安书》,任安,字少卿,西汉荥阳(今属河南)人。年轻时比较贫困,后做了大将军卫青的舍人,由于卫青的荐举,当了郎中,后迁为益州刺史,后又任北军都护使者,因巫蛊之祸获罪,判腰斩。

②《吕览》:即《吕氏春秋》,见《本纪》篇注。

③俊客:才学出众的人。

④春:春申君(前314—前238)本名黄歇,楚国江夏(今湖北武汉)人,战国时期楚国公室大臣,是著名的政治家。"战国四公子"之

一,曾任楚相。公元前238年,楚考烈王病逝,春申君在前去奔丧时被李园安排的刺客刺杀。陵:即信陵君魏无忌,战国四君子之首。魏国国君魏安釐王异母弟。魏无忌生活于魏国走向衰落之时,他效仿孟尝君田文、平原君赵胜的辅政方法,延揽食客,养士数千人,自成势力。他礼贤下士,急人之困,曾在军事上两度击败秦军,分别挽救了赵国和魏国危局。但屡遭魏安釐王猜忌而未能予以重任。公元前243年信陵君因伤于酒色而死。

⑤刊:修改,订正。

⑥购:重金征求。

⑦伦:类似,相近。

⑧识:思想,意识。该:兼备,完全。

⑨思:思路,构想。审:详细,周密。

【译文】

《汉书》中记录了司马迁的《报任安书》,逐一记述了自古以来著述之人,都是因为身处困境而发愤著述。最后说道:"吕不韦贬谪到了蜀地,《吕氏春秋》才流传于世。"考察吕不韦修撰《吕氏春秋》时,广招才学出众的人,效仿春申君、信陵君,一起搜集那些奇说异闻,仿照《荀子》、《孟子》那样来撰述,要是有人能够更改一个字,就赏给他千金,这是在当时宣布的,时间已经很久了,难道是吕不韦贬谪蜀地以后,才开始流传这一说法的吗?况且一定要到了被流放的时候,他所著的书方才为世人所重视,那么又和作者本来是因为落魄而发愤著述的意义不一致了。而作者却引此以自述,怎么能够说是同类的事呢?如果是想要多列举典故,来说明自己博学的话,为何不说虞卿穷困落魄的时候,写出了《虞氏春秋》八篇呢?反而要说"不韦迁蜀,世传《吕览》"。这大概是因为作者见识不广,思考不周密吧。

昔春秋之时,齐有夙沙卫者①,拒晋殿师②,郭最称辱;伐鲁行唁，臧坚抉死。此阉官见鄙③，其事尤著者也。而太史公《与任少卿书》，论自古刑余之人为士君子所贱者④，唯以弥子瑕为始⑤，何浅近之甚邪？但夙沙出《左氏传》，汉代其书不行，故子长不之见也。夫博考前古，而舍兹不载，至于乘传车⑥，探禹穴⑦，亦何为者哉？

【注释】

①夙沙卫：齐灵公宠幸的宦官，后为公子牙少傅，公子光即位，高唐叛乱中被杀。

②殿师：掩护军队后退。殿，行军在最后。

③鄙：轻视，看不起。

④贱：轻视，看不起。

⑤弥子瑕：名牟，子瑕为其字，卫国的嬖臣，曾仕卫为将军。

⑥传：驿站所备的马车。

⑦禹穴：禹大会诸侯于会稽山后不久病死，并葬其地，山中有深洞，禹曾进去过，因而叫禹穴。

【译文】

过去春秋时期，齐国有一个叫夙沙卫的阉人，率领军队抗拒晋国的军队保护齐国军队撤退，郭最觉得这是齐国的耻辱；齐国讨伐鲁国的时候派夙沙卫去吊问，臧坚宁愿选择死。这是宦官被轻视的例子，这件事情是很著名的。但司马迁的《报任安书》中，谈论自古以来宦官被士人君子所轻视的例子，却以弥子瑕为开始，还有见识比这浅显粗鄙的吗？但夙沙卫记载于《左传》，汉时《左传》不为时人所重，因此司马迁没能看到。司马迁广博稽考前古史实，唯独这样的事例没有记载，那么他曾经乘驿车云游四海，上会稽探寻禹穴，是去干什么了呢？

　　《魏世家》太史公曰："说者皆曰[①]，魏以不用信陵君，故国削弱至于亡。余以为不然。天方令秦平海内，其业未成，魏虽得阿衡之徒[②]，曷益乎？"夫论成败者，固当以人事为主，必推命而言[③]，则其理悖矣[④]。盖晋之获也[⑤]，由夷吾之愎谏[⑥]；秦之灭也，由胡亥之无道[⑦]；周之季也[⑧]，由幽王之惑褒姒；鲁之逐也，由稠父之违子家[⑨]。然则败晋于韩[⑩]，狐突已志其兆[⑪]；亡秦者胡，始皇久铭其说；檿弧箕服[⑫]，彰于宣、厉之年；征褰与襦[⑬]，显自文、武之世。恶名早著，天孽难逃[⑭]。假使彼四君才若桓、文，德同汤、武，其若之何？苟推此理而言，则亡国之君，他皆仿此，安得于魏无讥者哉？

【注释】

①说：评论，议论。

②阿衡：即伊尹。详见《品藻》篇注。

③推：推断。

④悖：荒谬，违背常理。

⑤晋之获：晋惠公被秦国俘获。

⑥夷吾：即晋惠公。愎谏：固执，不接受谏诤。

⑦胡亥：秦二世姓嬴名胡亥。

⑧季：末年。

⑨稠父：即鲁昭公（前560—前510）名姬禂（《史记》作"稠"），鲁襄公之子，鲁国之二十四代君主。前542年即位，前517年鲁昭公伐季孙氏，大败，逃到齐国，后辗转至晋，晋欲使昭公返鲁，鲁不接收，前510年，昭公死于晋地乾侯。子家：生卒年不详。姬姓，东门氏，名归父，字子家。春秋时鲁国执政大臣，鲁庄公之孙，故亦称公孙归父。

⑩韩:韩原,今陕西韩城西南。秦、晋两国曾战于韩原。

⑪狐突:亦名伯行、伯氏、狐子。原姓姬,因其祖封于狐氏大戎(今
　山西交城西北山区),故改姬姓为大狐。狐突为春秋时晋国大
　夫。志:显示。

⑫檿(yǎn)弧箕服:用山桑木做成的弓,以其草做成的箭袋。此暗
　示西周即将衰亡。

⑬征褰与襦:征集裤子和内衣。此暗示昭公要出逃。

⑭孽:灾祸。

【译文】

《史记·魏世家》中太史公说:"议论的人都说,魏国因为不重用信
陵君,因此导致了国家逐渐衰弱直至灭亡。我认为事实并非如此。上
天既然让秦国平定海内,秦国大业没有实现的时候,魏国就算有伊尹这
样的人物,又有什么用呢?"讨论国家的成败,理应主要从人事去考察,
一定要按照天命观来推论的话,就与国家存亡的规律相违背了。晋惠
公被秦国俘获,是因为晋惠公不接受谏诤;秦朝的灭亡,是因为秦二世
胡亥残暴无道;周朝末年逐渐衰弱,是因为周幽王被褒姒所迷惑;鲁昭
公之所以被驱逐出鲁国,是由于鲁昭公不听子家的劝告。但是晋国战
败于韩原,狐突已经指出其先兆;使秦国灭亡的是"胡",秦始皇的时
候就有了此说;对于西周衰亡的暗示,周宣王、周厉王的时候就已经有
预兆了;鲁昭公会逃亡国外的事情,早在周文王、周武王的时候就有先
兆了。他们的罪恶之名很早以前就为世人所知了,上天的惩罚在劫难
逃。假如上四位君主有齐桓公、晋文公的才干,有商汤、周武王的品德,
结果又会怎么样呢? 如果按照这个道理推论的话,那么致使国家灭亡
的君主,大概都一样,怎么能够单单讥笑魏国的灭亡呢?

　　夫国之将亡也若斯,则其将兴也亦然。盖妫后之为公
子也①,其筮曰②:八世莫之与京。毕氏之为大夫也③,其占

曰:万名其后必大④。姬宗之在水浒也⑤,鸑鷟鸣于岐山⑥;刘姓之在中阳也⑦,蛟龙降于丰泽。斯皆瑞表于先,而福居其后。向若四君德不半古⑧,才不逮人⑨,终能坐登大宝,自致宸极矣乎⑩?必如史公之议也,则亦当以其命有必至⑪,理无可辞⑫,不复嗟其智能⑬,颂其神武者矣。

【注释】

①妫:陈氏之本姓。

②筮:此处指卦象。

③毕氏:即毕万,姬姓,毕氏,名万。毕万是毕公高的后裔,侍奉晋献公诡诸,为司徒。毕万因功封于魏城,子孙以魏为氏。

④大:昌盛。

⑤宗:祖先。

⑥鸑鷟:水鸟名,古代为神鸟,相传就是凤。

⑦中阳:秦时沛郡丰邑中阳里,为刘邦的家乡。

⑧不半古:不及古一半。此指四位君主的品德不及古代明君的一半。

⑨逮:追及,赶上。

⑩致:达到。宸:君王。

⑪命有必至:命运决定到达这种地位。

⑫辞:推辞,不接受。

⑬智能:智,智慧,智谋。能,才干,能力。

【译文】

国家要灭亡的时候是那样,那么国家即将兴起的时候也是一样。妫氏后来之所以为成为贵族,是因那些占卜的人说:八世之后将兴旺昌盛。毕万之所以位列大夫,是因占卜的人说:毕万的后代一定位极尊贵。姬氏祖宗定居浒水的时候,岐山的鸑鷟就开始鸣叫了;刘邦祖宗生活在中阳的时候，就有蛟龙在丰泽降临了。这些都是有好的兆头在前，后来确实大福大贵。假如这四位君主德行不及古代明君的一半，才能赶不上一般人，最后还能成为皇帝，位极人尊吗？如果一定像司马迁所说的那样，那也是他命中注定会达到那样的地位，没理由推辞的，不用再感叹他的智谋才干，歌颂他英明神武了。

　　夫推命而论兴灭，委运而忘褒贬[1]，以之垂诫[2]，不其惑乎？自兹以后，作者著述，往往而然。如鱼豢《魏略议》、虞世南《帝王论》[3]，或叙辽东公孙之败，鱼豢《魏略议》曰：当青龙、景初之际，有彗星出于箕而上彻，是谓扫除辽东而更置也。苟其如此，人不能违，则德教不设而淫滥首施，以取族灭，殆天意也。或述江左陈氏之亡[4]，虞世南《帝王略论》曰：永定元年，有会稽人史溥为扬州从事，梦人着朱衣，武冠，自天而下，手执金版，有文字。溥看之，有文曰："陈氏五主，三十四年。"谅知冥数，不独人事。其理并以命而言，可谓与子长同病者也。

【注释】

①委：委托，归结于。

②垂：施与，给予。

③《帝王论》：即《帝王略论》，是初唐时期的一部通史性著作，其记事上起传说中的包羲、炎、黄，下迄隋朝灭亡，其评论所及则上起夏禹，下至隋文帝，既有史的叙述，又有评论在后，史论结合，是一部名副其实的帝王通史。

④江左陈氏：指南朝时的陈朝。

【译文】

用天命来推论一个王朝的兴衰，归结于命运而忘记了人事得失的褒贬评价，并以此来垂诫后世，难道不使人感到疑惑吗？从这以后，史家撰写史书，往往都这样。例如鱼豢的《魏略议》、虞世南的《帝王略论》，要么叙述辽东公孙氏的衰败，鱼豢《魏略议》说：当青龙、景初年间，有彗星出现在箕宿，并上穿过天空，是表示要扫除辽东而更新政权。如果如此的话，就是人所不能违背的了，那就不施行德教而以刑罚为主要手段，以致灭族，大概就是天意了。**要么记述江南陈朝的灭亡**，虞世南《帝王略论》中说：陈武帝永定元年，有个会稽人史溥官为扬州从事，梦见有人穿朱衣，着儒士之冠从天而降，手执金版，上面有文字。史溥仔细查看，上面的文字说："陈氏五主，三十四年。"可见帝王年限是冥冥之中已有定数，而不仅仅是为政的优劣好坏。**书中也都贯穿着天命论的思想，可以说是和司马迁存在一样的弊病。**

诸汉史（十条）

【题解】

本目十条揭示了各种记载汉代的史书所存在的问题：第一，班固《汉书》中存在记述前后不一致的地方。第二，通过《史记》和《汉书》中的表的对比，指出《汉书》的《古今人表》应该改为志，这样才与它所记述的一致，同时指出，表的内容应该具有前后沿袭的特点。第三，通过指出《史记》中存在的盲目摘抄前人著述的毛病，进一步点出《汉书》中的同样流弊。第四，通过分析《汉书·司马迁传》指出，对于为前人立传，应该对传主的《自叙》采取慎重的态度。第五，通过《汉书·司马相如传》中存在的问题指出写史时应该多加搜索资料，加以订正。第六，指出《汉书》中对于烦琐碎杂信息的处理不尽如人意。第七，通过对苏建、苏武父子和韦贤、韦玄成父子的列传分析指出，父子同传的应该统一命名方式，或以父为首，或以事繁者为首。第八，通过对班固《汉书》中的人事决定成败福祸的观点与其《幽通赋》里面的天命论的分析，指出班固思想的矛盾的特点。第九，利用张辅《班马优劣论》中批判班固记史不如司马迁的分析,指出不应该以史书字数多少来片面地品评好坏优劣。第十,指斥荀悦《汉纪》一书引班彪《王命论》一文,使得本书的断限有违史书断限的义例。

《汉书·孝成纪赞》曰:"成帝善修容仪,升车正立①,不内顾②,不疾言③,不亲指④。临朝渊嘿⑤,尊严若神,可谓穆穆天子之容貌矣⑥。"又《五行志》曰:成帝好微行,选期门郎及私奴客十余人⑦,皆白衣袒帻⑧,自称富平侯家⑨。或乘小车,御者在茵上⑩,或皆骑,出入远至旁县。故谷永谏曰:陛下昼夜在路,独与小人相随。乱服共坐⑪,混淆无别。公卿百寮,不知陛下所在,积数年矣。由斯而言,则成帝鱼服嫚游⑫,乌集无度⑬,虽外饰威重,而内肆轻薄,人君之望,不其缺如。观孟坚《纪》、《志》所言,前后自相矛盾者矣。

【注释】

①升:登,登上。

②内顾:回头。

③不疾言:指谈话雍容不迫。

④不亲指:指不用手指示意。

⑤渊嘿:形容神态深沉。嘿,同"默"。

⑥穆穆:严肃的样子。

⑦期门郎:官名,常持刀器扈从皇帝出入,无定员数,多至千人,后改名虎贲郎。私奴客:皇帝役使的私奴。

⑧袒帻:指着帻而不戴冠。袒,露出。帻,头巾。

⑨富平侯:西汉张汤之子张安世,汉昭帝时以辅佐有功,封富平侯,传子延寿,延寿传勃,勃传临,临传放,五世袭爵。此处指张放。

⑩茵:车垫。

⑪乱:任意,随便。

⑫鱼服:喻指朴素、卑贱之人所穿的衣服。嫚游:不正当的出游。

⑬乌集:像乌鸦一样时集时散。

【译文】

《汉书·孝成纪赞》说:"汉成帝十分注意修饰仪表,登车时保持挺立的姿势,端坐前视,谈话雍容不迫,不用手来示意。上朝时严肃深沉,如同神明一样,真可以说是有穆天子的容仪。"《五行志》中又记载:汉成帝喜欢便服出行,挑选期门郎和私家奴仆门客十几个人,都身穿白色衣服,扎着白色头巾,自称是富平侯张放家的人。有时是乘坐小车,赶车的御者和他一同坐在小车的坐垫上,有的时候都骑马,远到长安之外的郡县。因此大臣谷永进谏说:陛下白天黑夜的在路上,单独和那些身份卑微的人相伴。穿着杂乱的衣服同坐在一起,没有上下尊卑的差别。百官公卿,不知道陛下的行踪,已经有好几年了。从这些记录来看,汉成帝经常穿便服到处游玩,时聚时散没有规律,虽然外表庄重,而内心却轻率鄙薄,作为人君的威望完全没有建立。再看班固《汉书》纪、志中所记载的,就前后自相矛盾了。

观太史公之创表也,于帝王则叙其子孙①,于公侯则纪其年月②,列行萦纡以相属③,编字戢𩛰而相排④。虽燕、越万里,而于径寸之内犬牙可接;虽昭穆九代,而于方尺之中雁行有叙。使读者阅文便睹,举目可详,此其所以为快也。如班氏之《古今人表》者,唯以品藻贤愚⑤,激扬善恶为务尔⑥。既非国家递袭⑦,禄位相承,而以复界重行⑧,狭书细字,比于他表,殆非其类欤!盖人列古今,本殊表限,必吝而不去⑨,则宜以志名篇。始自上上,终于下下,并当明为标榜，显列科条，以种类为篇章，持优劣为次第。仍每于篇后云右若干品，凡若干人。亦犹《地理志》肇述京华，末陈边塞，先列州郡，后言户口也。

【注释】

①于帝王则叙其子孙：此句喻指《史记》中的《三代世表》。

②于公侯则纪其年月：此句喻指《史记》中的《十二诸侯年表》、《六国年表》、《秦楚之际月表》、《高祖功臣年表》、《建元以来侯者年表》、《建元以来王子侯者年表》和《汉兴以来将相名臣年表》。

③萦纡：形容表内线条迁回曲折。属：连接，跟随。

④戢香(yì)：形容表内文字众多。

⑤品：辨别好坏，品评。

⑥激扬善恶：即惩恶扬善。

⑦递袭：承袭，次第继承。

⑧界、行：表格的线条。

⑨吝：舍不得。

【译文】

考察司马迁创造表这一史书记事形式，有记述帝王子孙后代的《三代世表》，有按年月记述公侯贵族的《十二诸侯年表》等，表内的线条迁回曲折的相连续，表中文字密密麻麻地排列着。即使像燕地和越地相隔数万里，在那么尺寸大小的表内也可以井井有条交错连接；即使昭穆相隔着九代，都在表中有次序地叙述完善。让读者看到文章的时候，一眼就可以了解得清清楚楚，这就是读者称道的原因。例如班固的《汉书·古今人表》，唯独以品评鉴定人物的贤愚，以惩恶扬善为主要任务。既不是国家相互沿袭，公卿禄位的子孙承袭，但却用线条来使他们一行一行地排列着，用小字写在密密麻麻的线条间，和其他的表相比，实在不能说是同一类啊！把从古到今的人物都收录，本来就超出了限制，如果舍不得舍弃,就应该将它另列到志里面。开始于上上类,终止于下下类,应该将它们都清楚明了地标明,明确地逐条列出来,按照各篇的种类划分篇章,按照人品的优劣依次排列。在每一篇后面仍然说明有什么品质,各有多少人。就好像《地理志》开篇陈述首都和中原的情况,最后再描述边塞的情况,先列举州郡,后介绍编户和人口情况一样。

自汉已降,作者多门,虽新书已行,而旧录仍在,必校其事,可得而言①。案刘氏初兴,书唯陆贾而已。子长述楚、汉之事,专据此书。譬夫行不由径,出不由户,未之闻也。然观迁之所载,往往与旧不同。如郦生之初谒沛公②,高祖之长歌鸿鹄,非唯文句有别,遂乃事理皆殊。又韩王名信都③,而辄去“都”留“信”,用使称其名姓,全与淮阴不别。班氏一准太史,曾无弛张,静言思之,深所未了。

【注释】

①言:著作,此指史书。

②谒:拜见,请见。

③韩王:秦末汉初的人物,西汉初年被刘邦封为韩王,后来投降匈奴,前196年与汉军作战时被杀。为避免与同时期同名的淮阴侯韩信混淆,史书上多称其为韩王信。

【译文】

从汉朝兴起以后,撰史的作者很多,虽然新写成的书已经在世上出现了,但前人的著述依然还可以见到,一定要核校某事,都可以从旧史书中找到。考查汉朝刚刚建立的时候,流行于世的史书只有陆贾的《楚汉春秋》而已。司马迁记述楚、汉历史时,专门依据这本书的记载。就好像一个人行走的时候不在道路上,出屋的时候不通过门,从来没有听说过这样的事情。但查看司马迁《史记》中记录的许多事情，往往和陆贾书中记录的不一样。例如郦食其初次拜见沛公的事，汉高祖刘邦歌唱《鸿鹄歌》的事，并不仅仅语言文句不一样，就连事情的情节道理都不一样。另外韩王本来叫信都，但《史记》却随便将"都"省去而单独留下一个"信"字，这就使得称呼他的姓和名，和淮阴侯韩信没有区别了。班固又全然依照司马迁，没有什么改变，静下心来好好思考，实在想不通为何会这样。

司马迁之《叙传》也，始自初生，及乎行历①，事无巨细，莫不备陈，可谓审矣②。而竟不书其字者，岂墨生所谓大忘者乎③？而班固仍其本传，了无损益，此又韩子所以致守株之之说也。如固之为《迁传》也，其初宜云"迁字子长，冯翊阳夏人④，其序曰"云云。至于事终，则言"其自叙如此"。著述之体，不当如是耶？

【注释】

①行：所做之事。历：所经历过的。

②审：详细，周密。

③大忘：记忆力很坏。

④冯翊阳夏：今陕西韩城。

【译文】

司马迁的《太史公自序》，从他出生的时候开始记述，直至他之后的经历，不论大事小事，无不加以陈述，真可以说是详细周密了。但文中竟然没有提及他的字号，难道这就是墨子说的记忆力不好吗？而班固《汉书》全文引录司马迁的自传，没有一点增减，这就仿佛《韩非子》中的守株待兔的寓言。如班固《汉书》中为司马迁立传，在开篇应该写"司马迁字子长,冯翊夏阳人,他的自叙这么说"等等。到了列传的结尾,则应该记录"他的自叙是这样写的"。著述史书的体例,不应该这样吗?

　　马卿为《自叙传》,具在其集中。子长因录斯篇①,即为列传,班氏仍旧②,曾无改夺③。寻固于《马》、《扬》传末④,皆云迁、雄之自叙如此。至于《相如》篇下,独无此言⑤。盖止凭太史之书,未见文园之集,故使言无画一,其例不纯。

【注释】

①因:沿袭,承接。

②仍:沿袭,依照。

③夺:裁定,决定取舍。

④寻:考查。

⑤独:偏偏,却。

【译文】

　　司马相如所作的《自叙传》,收录在他的文集中。司马迁沿袭抄录了这一篇,即为列传,班固仍然沿用,不作任何改动。考查班固在《司马迁传》、《扬雄传》的末尾,都说司马迁、扬雄的自叙就这样。但在《司马相如传》的篇末,独独没有这一句话。大概是因为班固仅仅依凭司马迁《史记》,没有见过司马相如的文集,因此使得书中语言前后不一致,体例不纯。

　　《汉书·东方朔传》委琐烦碎①,不类诸篇。且不述其亡殁岁时及子孙继嗣②,正与《司马相如》、《司马迁》、《扬雄》传相类。寻其传体,必曼倩之自叙也③。但班氏脱略,故世莫之知。

【注释】

①委琐：琐碎，细碎。烦碎：繁杂，琐细。

②岁时：一年，四季，时间。

③曼倩：东方朔字曼倩。

【译文】

《汉书·东方朔传》语言繁芜琐碎，和其他篇章不一样。并且不记述他去世的时间和他的子孙后代，恰恰与《司马相如传》、《司马迁传》、《扬雄传》相类似。考察东方朔传的文章内容，一定是根据东方朔自己的自叙。但班固却略去不记，因此世人也无从知道。

苏子卿父建行事甚寡①，韦玄成父贤德业稍多②。《汉书》编苏氏之传，则先以苏建标名；列韦相之篇，则不以韦贤冠首③，并其失也。

【注释】

①苏子卿：苏武（前140—前60）字子卿，西汉杜陵（今陕西西安）人。武帝时为郎。天汉元年（前100）奉命以中郎将持节出使匈奴，被扣留。匈奴贵族多次威胁利诱，欲使其投降。后将他迁到北海（今贝加尔湖）边牧羊，扬言要公羊生子方可释放他回国。苏武历尽艰辛，留居匈奴十九年，持节不屈。至始元六年（前81），方获释回汉。建：即苏建，生卒年不详，西汉武帝时期将领，苏武之父。以校尉随卫青出征匈奴，有功，为平陵侯，以将军筑朔方。后多次随军出征攻打匈奴，因进军迷路，按律当斩，赎为庶人。其后为代郡太守，去世后葬在大犹乡。

②韦玄成（？—前36）：字少翁，鲁国邹（今山东邹城）人，少好学，谦逊侠士，尤敬贫贱。以父任为郎，又以明经擢谏大夫，迁大河都尉。父贤死，玄成佯狂让爵于兄。朝议高其节，拜河南太守。元

帝永光初遂继父相位,封侯。玄成为相七年,守正持重不及父,而文采过之。卒,谥工侯。贤:韦贤(约前148—前67),韦玄成父,字长孺。鲁国邹(今山东邹城)人。性质朴,善求学,精通《诗》、《礼》、《尚书》,号称邹鲁大儒。征为博士,给事中,进宫授昭帝《诗》,迁光禄大夫詹事、大鸿胪。宣帝时,赐爵关内侯,徙为长信少府。前71年,代蔡义为丞相,封扶阳侯。前69年以老病辞官,卒,谥节侯。从韦贤起,汉代始有丞相致仕制度。

③冠:居第一位。

【译文】

苏武的父亲苏建建功立业甚少,韦玄成的父亲韦贤的业绩则相对多一些。《汉书》中编录苏氏父子的列传,却以苏建的名字标列;到了韦相国父子的列传中,却不把父亲韦贤排在首位,都是传记标名的失误啊。

班固称项羽贼义帝①,自取天亡。又云:于公高门以待封②,严母扫地以待丧③。如固斯言,则深信夫天怨神怒,福善祸淫者矣。至于其赋《幽通》也④,复以天命久定,非人理所移,故善恶无征,报施多爽,斯则同现异说,前后自相矛盾者焉。

【注释】

①贼:杀害。义帝(?—前205):即楚义帝,名熊心,楚怀王熊槐的孙子。秦二世二年(前208)被楚地反秦义军首领项梁等拥立为王,仍号"楚怀王"。汉元帝(前206)二月,项羽尊楚怀王为义帝,四月,项羽自立为西楚霸王,分封十八诸侯王。前205年十月,项羽密令九江王英布遣将追杀义帝。

②于公高门以待封：于公，西汉宰相于定国之父。于公为县狱吏，治狱公平，自谓有阴德，子孙必有兴者。故高大其门，令能容高车驷马。后于定国为丞相，封西平侯。

③严母扫地以待丧：严母，西汉河南太守严延年之母。严延年为河南太守时，其治严酷，尝传所属县囚会讯，流血数里，务在摧折豪强，诛杀甚众，被称为"屠伯"。其母从家乡到其所任所洛阳，见到他处理囚犯的手法，认为不久后将有大祸。严延年后为人所告，以诽谤朝廷罪被杀。

④《幽通》：即《幽通赋》，是班固抒发个人思想、情怀的作品。作于班固家乡安陵，是班固突遭家庭变故之际，对宇宙、历史、人生诸问题的思考，可以视为他青年时代的思想自白书。此赋是其家族盛衰的陈述，更是他发愤著述的誓词。从中可以看出班固早年的思想有天命论的观点，以及时代思潮留下的印迹。

【译文】

班固《汉书》中说项羽杀害义帝的行为，是他触怒上天自取灭亡。又说：于公把自家的门修得更高以等待子孙封侯拜相光宗耀祖，严母在家乡打扫墓地等待着不幸的降临。像班固这样的叙述，就表明他深信人使天怒神怒，灾祸就会降临。但他作《幽通赋》的时候，却又说人的命运上天早就注定了，不是人的行为所能改变的，因此善恶并没有什么征兆，报应往往多有违背，这就是对待同样的现象却又有不同的说法，前后自相矛盾。

或问：张辅著《班马优劣论》云：迁叙三千年事，五十万言，固叙二百年事，八十万言，是固不如迁也。斯言为是乎？答曰：不然也。案《太史公书》上起黄帝，下尽宗周，年代虽存，事迹殊略。至于战国已下，始有可观。然迁虽叙三千年事，其间详备者，唯汉兴七十余载而已。其省也则如彼，其烦也则如此，求诸折中，未见其宜。班氏《汉书》全取《史记》，仍去其《日者》、《仓公》等传，以为其事烦芜，不足编次故也。若使马迁易地而处①，撰成《汉书》，将恐多言费辞，有逾班氏，安得以此而定其优劣邪？

【注释】

①易地而处：换一换所处的地方。比喻为对方想一想。

【译文】

有人问：张辅在所写的《班马优劣论》一文中说：司马迁叙述三千多年的事，总共五十万字，班固叙述两百年的事，总共八十万字，可见班固比不上司马迁。这种说法对吗？回答说：不对。考察《史记》记事上起黄帝时候，下到西周时的事，年代跨度虽然很大，记述的事情却很简略。到了战国以后的事迹，才开始详细起来。然而司马迁《史记》虽然叙述的是三千年的事，其中比较详细的，只有西汉初年那七十多年的而已。《史记》简略的地方很简略，详细的地方却也很详细，把它们折中平均的话，也称不上是简繁合宜。班固《汉书》全部依照《史记》，却省去了《日者传》、《仓公传》等篇，认为这些传记内容繁芜杂乱，不值得编入《汉书》中。假如把司马迁和班固的处境相对调，由司马迁撰写《汉书》，恐怕语言烦冗杂芜还会超过班固，怎么能够用篇幅的大小来判定史书质量的优劣呢？

《汉书》断章①，事终新室②。如叔皮存殁③，时入中兴④，而辄引与前书共编者，盖《序传》之恒例者耳。荀悦既删略班史，勒成《汉纪》⑤，而彪《论王命》，列在末篇。夫以规讽隗嚣⑥，翼戴光武⑦，忽以东都之事⑧，擢居西汉之中⑨，必如是，则《宾戏》、《幽通》，亦宜同载者矣。

【注释】

①断章：断限。

②新室：即公元 8 年王莽所建的政权，公元 23 年灭亡。此处指王莽。

③叔皮：班彪字叔皮。

④中兴：指公元 25 年光武帝刘秀建立的东汉。

⑤勒：撰写。

⑥规讽隗嚣：隗嚣以知书通经而闻名陇上。王莽的国师刘歆闻其名，举为国士。刘歆叛逆后，隗嚣归故里。刘玄更始政权建立后，隗嚣趁机占领平襄。因隗嚣"素有名，好经书"，推为上将军。更始二年(24)，隗嚣归顺更始，封为右将军。刘秀即位后，隗嚣劝刘玄东归刘秀，刘玄不允。隗嚣欲挟持东归未遂，逃回天水，自称西州大将军，建武九年(33)，病故。

⑦翼戴：辅佐，拥戴。

⑧东都：此指东汉。

⑨擢：选拔，提升。

【译文】

《汉书》的断限，记事止于王莽篡汉。像班彪所生活的时候，东汉已经建立了，但班固却把他同前代的史事编到了一起，这是史书《序传》的常例。后来荀悦删减班固《汉书》，写成《汉纪》，但班彪的《论王命》，也附在书的最后。文章讲班彪劝告隗嚣，拥戴光武帝，突然把东汉时候的事情，提到记述西汉的史书中来，如果一定要这样的话，那么班固的《宾戏》、《幽通赋》，也应该一同收录其中。

外篇　杂说中第八

诸晋史(六条)

【题解】

本目论列诸家晋史存在问题。第一，品评概括了王隐、何法盛、檀道鸾三家晋史的详略得失。第二，以前秦、后赵疆域的实际大小证明了臧荣绪《晋书》存在的谬误，而张勔却又不加考证任意抄撮，更加无知。第三，列举《十三国春秋》、范晔的《后汉书》以及唐修《晋书》中不加订正，乱采奇闻异说，导致史书中的虚实混淆，指出史家必须以严正的态度对待历史及历史资料。第四，以王乔、应劭等的例子，指出修史应该去伪存真，舍虚就实，以保证史书的真实可信。第五，以唐代编修《晋书》的人对《汉书》的粗心，指出史家钻研前代史的时候，应该要细心谨慎，尤其对于编撰史书的史家，否则便会导致体例上的失误。第六，指出编修史书为人立传的时候要采取审慎的态度，不立那些对当时或后世毫无意义的列传。

东晋之史，作者多门，何氏《中兴》①，实居其最。而为晋学者，曾未之知②，傥湮灭不行，良可惜也③。王、檀著书④，是晋史之尤劣者，方诸前代，其陆贾、褚先生之比欤！道鸾不揆浅才⑤,好出奇语,所谓欲益反损,求妍更媸者矣。

【注释】

①何氏《中兴》:何法盛《晋中兴书》,七十八卷。

②曾:竟然。

③良:很。

④王、檀著书:王隐著《晋史》,檀道鸾著《续晋阳秋》。

⑤揆:度量,揣度。

【译文】

东晋一朝历史,写作的人很多,何法盛的《晋中兴书》,可以说是其中最好的。然而研究东晋历史的学者们,竟然不知道,这本书没有在世上流传,实在是很可惜啊。王隐、檀道鸾记述东晋的史书,是诸晋史中最低劣的,要是和前代的史家相比,大概和陆贾、褚少孙差不多吧!檀道鸾不知道衡量一下自己肤浅的学识,而喜欢用奇闻异说,真可以说是想要获取赞誉反而适得其反,追求美丽而结果却更丑了。

臧氏《晋书》称称苻坚之窃号也①,虽疆宇狭于石虎②,至于人物则过之。案后石之时,田融《赵史》谓勒为前石,虎为后石也。张据瓜、凉③,李专巴、蜀④,自辽而左,人属慕容⑤,涉汉而南,地归司马⑥。逮于苻氏,则兼而有之⑦。《禹贡》九州,实得其八。而言地劣于赵,是何言欤?夫识事未精⑧,而轻为著述⑨,此其不知量也。张勔抄撮晋史⑩,不求异同,而备揭此言⑪,不从沙汰,罪又甚矣。

【注释】

①窃号:僭用帝王尊号。此指苻坚建国称帝。

②石虎(295—349)：字季龙，上党武乡(今山西榆社北)人。羯族。十六国时期后赵君主，公元334至349年在位，后赵开国君主石勒的侄儿。石虎在位期间，生活十分荒淫奢侈，又对百姓施行暴政，表现出种种残暴的一面。不过他厚待来自西域的佛教僧侣佛图澄，客观上对当时佛教的传播有一定贡献。

③张：指十六国时期张骏所建的前凉。

④李：指十六国时期李雄所建的成汉。

⑤慕容：指十六国时期慕容皝所建的前燕。

⑥司马：此指司马睿建立的东晋。

⑦兼：兼并，合并。

⑧识事：懂得。

⑨轻：随便，不慎重。

⑩张勔：生卒年不详。字元长，少勤学，手不释卷，对研究东汉和晋代的众史家很是熟悉，拜豫章内史，后迁侍中，但未除拜便去世。曾抄诸家东汉、晋史，辨其异同，著《后汉纪》四十卷，《晋钞》三十卷。

⑪备揭：掩盖真情。

【译文】

臧荣绪《晋书》称苻坚称帝是僭位窃号，虽然统治区域比石虎建立的后赵狭小，但人才辈出却胜过后赵。考察后赵统治北方的时候，田融的《赵史》称石勒为前石，石虎为后石。张骏占据着瓜州、凉州，李雄专权于巴州、蜀州，自辽河以东，慕容氏独霸一方，汉水以南，土地都在东晋的统治之下。到了前秦苻坚的时候，全都被他吞并了。《尚书·禹贡》所说的九州之地，前秦已占据其八了。《晋书》却说是统治区域不如后赵辽阔，说的到底是什么呢？懂得的事理不多，却轻率地著书立说，这就是自不量力了。张勔抄录诸家晋史，不探求其中的异同，却被这句话蒙蔽，不知道淘汰谬误，罪责比臧氏就更大了。

夫学未该博，鉴非详正①，凡所修撰，多聚异闻，其为蹖驳②，难以觉悟。案应劭《风俗通》载楚有叶君祠，即叶公诸梁庙也③。而俗云孝明帝时有河东王乔为叶令④，尝飞凫入朝⑤。及干宝《搜神记》，乃隐应氏所通⑥，而收流俗怪说⑦。又刘敬升《异苑》称晋武库失火，汉高祖斩蛇剑穿屋而飞，其言不经⑧。故梁武帝令殷芸编诸《小说》⑨，及萧方等撰《三十国史》，乃刊为正言⑩。既而宋求汉事，旁取令升之书⑪；谓范晔《后汉书》。唐征晋语，近凭方等之录。谓皇家撰《晋书》。编简一定，胶漆不移。故令俗之学者⑫，说凫履登朝，则云《汉书》旧记。谈蛇剑穿屋，必曰晋典明文⑬。遮彼虚词，成兹实录。语曰："三人成市虎。"斯言其得之者乎！

【注释】

①鉴：审察，识别。详：详尽。正：公正。

②蹖驳：杂乱。

③诸梁：即《左传》中的叶公子高，姓沈名诸梁。

④王乔：相传是蜀人，在叶地(今河南叶县)为县令数年，后弃官在邢台隆尧的宣务山修炼道术，得道后骑白鹤升天。王乔的事迹在民间广为流传，是下洞八仙中影响较大的一位。王乔的出名不仅仅因为他被列入下洞八仙，更主要是因为他乘鹤仙去的神奇历史和他的行气吐纳术被后世修炼家奉为圭臬。

⑤凫(fú)：野鸭，能飞，善游泳，栖息在沼泽与芦苇间。

⑥通：整个，全部。

⑦收：接受。

⑧经：正常。

⑨殷芸：字灌蔬，陈郡长平(今河南西华东北)人，曾任临川王记室、

昭明太子萧统侍读、直东宫学士省。在任安右长史时，《通史》撰成，梁武帝乃命他将修《通史》所未录用的"不经之说"汇编成《小说》十卷。其取材都系故书雅记，每条注明出处，体例严谨，与六朝随手抄撮者不同，搜集之广泛，实可与《世说新语》相比。

⑩刊：修改，订正。

⑪旁：广泛，普遍。

⑫俗：平庸。

⑬文：记载。

【译文】

学识还没达到博大精深的程度，审察识别事物还未做到详尽公正，但凡所著述，多是汇集些异闻，所写的内容驳杂，作者却还不知醒悟。考察应劭《风俗通》中记载楚地有叶君祠，就是供奉叶公诸梁的庙宇。但民间流传着孝明帝时河东王乔为叶县令，曾化作凫鸟上朝。到了干宝《搜神记》，就把应劭《风俗通》的记载全部略去，而收录民间流传的鬼怪奇闻。另外刘敬升的《异苑》中说晋朝时候武库失火，有人看到汉高祖斩白蛇的那把剑穿过燃着大火的屋子飞走了，其记录荒诞不经。梁武帝让殷芸编入《小说》，到萧方等撰写《三十国史》的时候，才编入史书中。后来宋代编撰汉代史的时候，另外采录干宝书中的相关记载；指范晔《后汉书》。唐朝修撰晋代史的时候，大多依据萧方等书中的记录。指本朝撰《晋书》。史书编成刊刻后，所述内容就成了定论。使普通学者，说到化作野鸭飞入朝，都说是《后汉书》原来的记载。说到汉高祖斩蛇剑穿过房屋的事，一定会称说是晋代典籍中的明确记载。摘录别人述说虚假的事，最后就成了真实的了。俗语说："三个人同时对你说市场上有老虎，你就会真的相信。"这句话说得在理啊！

马迁持论，称尧世无许由；应劭著录，云汉代无王乔，其言谠矣。至士安撰《高士传》①，具说箕山之迹②；令升作《搜神记》，深信叶县之灵。此并向声背实^③，舍真从伪，知而故为，罪之甚者。

【注释】

①《高士传》：皇甫谧撰。原载历代高节人士七十二人，宋朝《太平御览》收录全书，皇甫谧自序，以为"自三代秦汉，达乎魏兴受命，中贤之主未尝不聘岩穴之隐，追遁世之民……然则高让之士，王政所先，厉浊激贪之务也"。今本记载起于唐尧时代的披衣而终于曹魏焦先，收录九十一人，其中东汉人士居三分之一。不少高士如披衣、老聃、庚桑楚、林类、老商氏等人应为后人补述，不见于《太平御览》。后人续作甚多。

②箕山之迹：箕山在今河南登封东南，古时许由避尧禅位，死后葬箕山。

③向声背实：偏信传闻而不顾真相。

【译文】

司马迁主张，上古尧的时候并没有许由这个人；应劭书中的记载，说是汉代并没有王乔这个人，都是很切直的说法。到了皇甫谧撰写《高士传》，清楚地讲述了许由归隐并在死后葬在箕山；干宝著《搜神记》，对王乔在叶县的事迹深信不疑。这都是偏信传言而不顾真相，舍弃真实而信从虚假的，明知事情的真伪还故意为之，罪过就更严重了。

近者，宋临川王义庆著《世说新语》，上叙两汉、三国及晋中朝、江左事^①。刘峻注释，摘其瑕疵，伪迹昭然，理难文饰。而皇家撰《晋史》，多取此书。遂采康王之妄言，违孝标之正说^②。以此书事，奚其厚颜！

【注释】

①晋中朝：指西晋。

②违：避开。正说：合乎史实的记录。

【译文】

近代，南朝宋临川王刘义庆著有《世说新语》，记述上起两汉、三国以及西晋、东晋的名人事迹。刘峻作注释时，摘出书中的错误，不真实的内容昭然可见，事实本身很难用文辞来掩盖。但本朝编撰《晋史》的时候，却过多地采录此书中的记录。所以引用了刘义庆虚妄的说法，违背了刘孝标那些合乎史实的记录。用这种方式来记录史事，是多么的厚颜无耻啊！

汉吕后以妇人称制①，事同王者②。班氏次其年月，虽与诸帝同编；而记其事迹，实与后妃齐贯。皇家诸学士撰《晋书》，首发凡例③，《序例》一卷，《晋书》之首，故云"首发凡例"。而云班《汉》皇后除王、吕之外④，不为作传，并编叙行事，寄出《外戚》篇⑤。所不载者，唯元后耳。安得辄引吕氏以为例乎？盖由读书不精，识事多阙，徒以本纪标目，以编高后之年，遂疑外戚裁篇⑥，辄叙娥姁之事⑦。其为率略⑧，不亦甚邪！

【注释】

①称制：代行帝王的权力叫"称制"。

②事：官职，职事。

③凡例：书前说明本书内容、体例的文字。

④王：汉元帝皇后王政君。

⑤寄：依附。

⑥裁：减除。

⑦娥姁：汉高祖刘邦皇后吕雉的字。

⑧率略：粗疏。

【译文】

汉代吕后以妇人的身份代行皇帝的权力，她的职事犹如帝王一样。班固编次她的年月时，虽然与其他诸帝一同列入本纪；而她个人事迹的记述，实际上又和其他后妃一样。而本朝诸学士修撰《晋书》，在开篇发凡起例，《序例》一卷，在《晋书》的最前面，所以说"发凡起例"。却说班固《汉书》中的诸帝皇后除了王皇后、吕太后各有本纪外，不另外作传，都将她们的事迹汇列于《外戚传》里面。考察《汉书·外戚传》中没有记载的，只有汉元帝的王皇后而已。怎么能引用吕后来作为例子呢？大概是由于读书的时候不认真，认识不全面，单单用本纪的名目，来编载吕后时的事情，就怀疑《外戚》篇，只记述吕氏的事迹。做事那么粗疏，实在太严重了。

　　杨王孙布囊盛尸①，裸身而葬。伊籍对吴②，以"一拜一起，未足为劳"。求两贤立身③，各有此一事而已。而《汉书》、《蜀志》，为其立传。前哲致讥，言之详矣。然杨能反经合义④，足矫奢葬之愆⑤。伊以敏辞辨对⑥，可免"使乎"之辱。列诸篇第，犹有可取。近者皇家撰《晋书》，著《刘伶》、《毕卓传》⑦。其述事也，直载其嗜酒沉湎，悖礼乱德，若斯而已，为传如此，复何所取者哉？《旧晋史》本无刘、毕传，皇家新撰，以补前史所阙。

【注释】

①杨王孙：生卒年不详。西汉前期汉中成固（今属陕西）人，寓居京兆长安（今陕西西安）。崇尚黄老之术，家业千金，厚自奉养，无

所不至。及病且终，令其子曰："吾欲裸葬，以返吾真，必无改吾意。死，则以布袋盛尸，入地七尺；既下，从足部引脱布袋，以身亲土。"

②伊籍：生卒年不详。字机伯，兖州山阳（今河南修武）人，三国时期蜀汉官吏。早年依附刘表。刘表死后，随刘备入蜀。

③两贤：指杨王孙和伊籍。

④反经：违背葬礼的常法。合义：符合通情达理之人的主张。

⑤矫：纠正。

⑥敏辞：答问敏捷。辨对：巧妙的答问。

⑦刘伶（约221—300）：字伯伦，魏晋时期沛国（今安徽淮北濉溪）人，竹林七贤之一，曾为建威将军王戎幕府下的参军。晋武帝泰始初，对朝廷策问，强调无为而治，以无能罢免。平生嗜酒，宣扬老庄思想和纵酒放诞之情趣，对传统"礼法"表示蔑视。在竹林七贤中地位最低。毕卓（322—？）：字茂世，新蔡鲖阳（今安徽临泉鲖城）人。历仕吏部郎、温峤平南长史。晋元帝太兴末年为吏部郎，因饮酒而废职。

【译文】

杨王孙嘱咐后人在他死后用布袋子包裹尸体，裸身下葬。伊籍出使吴国的时候，认为"向先主只是下拜起身，谈不上劳苦"。探求这两位贤人扬名后世，都只有各自的这一件事情而已。但是《汉书》《三国志·蜀书》中，都为他们立传。前贤往哲对此的批评，已经说得很详细了。然而杨王孙能够做到背弃凡俗的葬法，足以纠正那些奢侈葬礼的过失。伊籍以敏捷巧妙的答问，没有辱没"使者"的称号。将它们记录到史书上来，还是有一定道理的。近来本朝编撰《晋书》，有《刘伶传》、《毕卓传》。记述他们的事迹，直接记载他们嗜酒成瘾，违背礼仪道德，这些人物如此，为这样的人立传，还能有什么可取之处呢？《旧晋史》本来没有刘伶、毕卓的传记，本朝新撰史书增补了二人的传记，来补充前代史书的缺漏。

《宋略》(一条)

【题解】

本条指出了《宋略》中存在的诸多毛病,如文字繁芜,对史料的真假不加分辨地乱用,该录不该录的都录,实在是和作者所命名的"略"多相违背。

裴几原删略宋史①,定为二十篇。芟烦撮要②,实有其力。而所录文章,颇伤芜秽。如文帝《除徐傅官诏》、颜延年《元后哀册文》、颜峻《讨二凶檄》、孝武《拟李夫人赋》、裴松之《上注国志表》、孔熙先《罪许曜词》③。凡此诸文,是尤不宜载者。

【注释】

①裴几原:裴子野字几原。详见《六家》篇注。

②芟(shān):除去。撮(cuō):摘取,摄取。

③《除徐傅官诏》:即徐羡之、傅亮二人的授官诏书。徐羡之字宗文,南朝宋东海郯(今浙江嵊县)人。以布衣起家,为宋文帝所倚重,累官至尚书令、司空。少帝刘义符即位,无道,被徐羡之废黜。文帝刘义隆即位,进徐羡之为司徒。傅亮字季友,南朝宋北地灵州(今甘肃灵武)人。博通经史,尤长辞章,深受宋武帝重视。少帝废,傅亮率百官迎立文帝,后因畏惧废少帝被罪,在朝内布植党羽,引起文帝嫉恨,遂被杀。《元后哀册文》:宋文帝宠幸潘淑妃后,袁皇后遂被冷落。袁后病卒,文帝乃令颜延年作哀册文,文辞绮丽。《讨二凶檄》:颜峻所作,宋文帝长子刘劭与始兴王刘浚、东阳公主等并敬事女巫严道育,尊称为天师。遂造作巫蛊,阴谋叛乱。事发,刘劭应废,刘浚赐死,判处方法由刘浚母

潘淑妃转告刘劭、刘濬等。刘劭、刘濬便率兵入宫行弑。刘濬则以宗室举兵裁乱。乱平，刘濬即位，是为文帝。颜峻，字士逊，琅琊临沂(今属山东)人，颜延年长子，受宋孝武帝刘濬重视。刘劭巫蛊案发生，刘濬举兵平乱，任颜峻为咨议参军领录事。出入卧内，断决军机，草发檄文，不久迁散骑常侍。二凶，指刘劭、刘濬。《拟李夫人赋》：宋孝武帝宠幸殷淑仪。淑仪病死，孝武帝哀悼不已，乃仿照汉武帝悼念李夫人词，撰赋一篇。《上注国志表》：即裴松之《上三国志注表》。文帝以陈寿《三国志》记事简略，乃令裴松之广搜资料，精心考核，为《三国志》作注。注毕上呈朝廷，故有此表。《罪许曜词》：孔熙先作。孔熙先为南朝宋孔默之子，孔默因罪当诛，为彭城王刘义康庇护获免。后来刘义康因事被废黜，孔默之子孔熙先为了报恩，便假托天文，扬言"太祖必以非道晏驾，江州应出太子。"义谓刘义康当应此征。同时又阴结皇宫卫队队长许曜为内应，谋弑文帝。事发，被捕处死。

【译文】

裴子野删减宋史为《宋略》，最终定为二十篇。删除繁琐节取精要的部分，确实有很大贡献。但其中所收录的文章，却难免繁杂芜秽的毛病。例如宋文帝时的《除徐傅官诏》、颜延年的《元后哀册文》、颜峻的《讨二凶檄》、宋孝武帝的《拟李夫人赋》、裴松之的《上注国志表》、孔熙先的《罪许曜词》。上面这些文章，都是不应该收录的。

何则？羡、亮威权震主[①]，负芒猜忌[②]，将欲取之，必先与之。既而罪名具列[③]，刑书是正[④]，则先所降诏，本非实录。而乃先后双载，坐令矛盾两伤[⑤]。夫国之不造[⑥]，史有哀册[⑦]。自晋、宋已还，多载于起居注，词皆虚饰，义不足观[⑧]。必以"略"言之，故宜去也。昔汉王数项，袁公檄曹，若不具录其文,难以暴扬其过。至于二凶为恶,不言可知,无俟樷数⑨,始明罪状。必刊诸国史,岂益异同。孝武作赋悼亡,钟心内宠,情在儿女,语非军国。松之所论者,其事甚末⑩,兼复文理非工⑪。熙先构逆怀奸⑫,矫言欺众,且所为稿草,本未宣行⑬。斯并同在编次,不加铨择⑭,岂非芜滥者邪?

【注释】

①震主:使君主受到威胁。

②芒:谷壳外的针状刺。

③具列:完全公布。

④刑书:判刑的诏书。

⑤坐:因此,令使。

⑥不造:不幸。

⑦哀册:皇帝死亡时发布的公告。

⑧义:此指内容。

⑨数:列举。

⑩末:微小。

⑪文理:指文章的构思技巧。

⑫构逆:阴谋叛乱。

⑬宣行:公布施行。

⑭铨择:选择。

【译文】

为什么呢?徐羡之、傅亮权势太重威胁到君主,君主犹如芒刺在背,想要从他手中得到什么,就一定要先将什么给他。接下来把他的全部罪名列出来,判刑的诏书发布,那么前面所下的诏书,本就不是真实的事情。但书中却将前后所发的诏书都收录了,使得前后相矛盾。国家遭遇不幸,史书上才会有哀册。自从晋代、南朝宋以来,多见载于皇帝的起居注,言词都经过虚假的修饰,内容没有什么价值。如果说一定要用"略"来衡量,这些都应该省去。过去汉王刘邦列举项羽的罪过,袁绍发布讨伐曹操的檄文,如果不将这些文章全文收录,很难揭露他们的罪过。至于刘劭、刘浚二凶的罪恶,不用说都知道,无须依凭这篇檄文来列举,才能明白他们的罪状。一定要收录到国史中,对分辨不同的说法能有什么帮助呢?孝武帝作赋悼念死去的殷淑仪,表明钟情于心爱的妃子,写的都是儿女之情,和国家大事没有什么关系。裴松之所论述的,都是些细枝末节的小事,加上文章的构思不够缜密。徐熙先阴谋叛乱、心怀不轨,伪造言论欺骗民众,况且他所写的词仅仅是草稿,本来就没有公布。这些都统统收入《宋略》,不加以选择,难道不是繁芜杂乱吗?

向若除此数文①,别存他说,则宋年美事,遗略盖寡。何乃应取而不取,宜除而不除乎?但近代国史,通多此累②,有同自郐③,无足致讥。若裴氏者,众作之中,所可与言史者,故遍举其事,以申掎摭去④。

【注释】

①除:删除。

②通:共同。累:缺点,累赘。

③自郐:"自郐以下"的简写。郐,本为古代周的国名。在此比喻其他不值一提的就更多了。

④掎摭:忽略的缺点。

【译文】

假如删除这些文章,另外加进其他内容,那么宋代值得记载的史事,遗失略去的就会更少。为什么会应该记录的却不记录,应该省去的而不省去呢? 不过近代史书,大都有这样的毛病,其他不值一提的就更多了,还有什么好讥诮的。像裴子野的《宋略》,在众多的历史著作中,还称得上是真正的史书,所以全面列举该书的例子,以说明那些被忽略的缺点。

后魏书(二条)

【题解】

本目列举说明了魏收《魏书》中存在的两个弊病:其一是魏收在叙述北魏和南朝宋的史事时,诸多偏袒北魏,违背实录原则。其二指出魏收史书中许多抄袭的谬误,同时也披露出沈约的史著也存在着这一问题。

《宋书》载佛狸之入寇也①,其间胜负,盖皆实录焉。《魏史》所书②,谓魏收所撰者。则全出沈本。如事有可耻者,则加减随意,依违饰言。至如刘氏献女请和③,太武以师婚不许,此言尤可怪也。何者? 江左皇族,水乡庶族,若司马、刘、萧、韩、王④,或出于亡命,或起自俘囚,一诣桑乾⑤,皆成禁脔⑥。此皆魏史自述,非他国所传。然则北之重南,其礼如此。安有黄旗之主,亲屈己以求婚,而白登之阵⑦,反怀疑而不纳。其言河汉,不亦甚哉! 观休文《宋典》⑧,诚曰不工,必比伯起《魏书》,更为良史。而收每云:“我视沈约,正如奴耳。”出《关东风俗传》。此可谓饰嫫母而夸西施⑨,持鱼目而笑明月者也。

【注释】

①佛狸：北魏太武帝拓跋焘字佛狸。

②《魏史》：即魏收所著《魏书》。

③刘氏：指南朝刘宋。

④司马、刘、萧、韩、王：指司马楚之、刘昶、萧宝夤、韩延之、王慧龙，都是南北朝时南朝人，后来或投降或避祸北朝，且都受到礼遇。

⑤桑乾：北魏皇族拓跋氏兴起于桑乾县之平城（今山西大同），此处指代北魏。

⑥禁脔（luán）：比喻独自占有、不容别人分享的东西。

⑦白登之阵：公元前201年，匈奴军围困韩王信于马邑（今山西朔县），又进掠晋阳。次年，刘邦亲率大军抗击，匈奴计诱汉军深入，刘邦追至平城白登山（今山西大同东南），陷入匈奴重围，被困七天七夜，始设法逃回。

⑧休文《宋典》：沈约字休文，《宋典》即其所著《宋书》。

⑨嫫母：又名丑女，传说黄帝为了制止部落"抢婚"事件，专门挑选了品德贤淑，性情温柔，面貌丑陋的丑女（封号嫫母）作为自己第四妻室。黄帝还说："重美貌不重德者，非真美也，重德轻色者，才是真贤。"西施：春秋晚期人物，中国古代四大美女之首，是美的化身和代名词。

【译文】

《宋书》中记载北魏太武帝入侵江南时候的事，其中对于战争胜负的记录，都可以说是实录。《魏史》中的相关记载，指魏收所撰《魏书》。几乎都依据沈约的《宋书》。要是有可耻的事情，就会随便增饰或删减，根据皇帝的喜憎随意修改史实。至于像刘宋向北魏献女求和的事，太武帝以在军中联姻不合礼仪而加以拒绝，这条记载实在是离奇。为什么呢？东晋的皇族，江南的庶族贵族，像司马楚之、刘昶、萧宝夤、韩延之、王慧龙这些人，有的是逃亡在外，有的本来是被俘的囚徒，一到了北魏，都成了独特的贵族。这些都是《魏书》中记载的,并不是其他史书中记载的。然而当时北方推重南方的世家贵族,事实上也确实如此。哪有一国的帝王君主,亲自屈尊降贵向臣子求婚的,但自白登之围后,匈奴反而怀有疑虑不接受。这些记录,更让人不解啊!查看沈约的《宋书》,确实是不够精致细密,如果把它和魏收的《魏书》相比较的话,却变成了良史。但魏收还经常说:"沈约在我眼中,就是一个奴仆。"出自《关东风俗传》。这就好比把丑女稍加打扮而在美女前面夸耀,拿着鱼眼珠子却讥笑明月之珠的人。

近者沈约《晋书》,喜造奇说①。称元帝牛金之子②,以应"牛继马后"之征③。邺中学者王劭、宋孝王言之详矣。而魏收深嫉南国,幸书其短④,著《司马睿传》,遂具录休文所言。又崔浩谄事狄君⑤,曲为邪说⑥,称拓跋之祖,本李陵之胄。当时众议抵斥⑦,事遂不行。或有窃其书以渡江者,沈约撰《宋书·索虏传》,仍传伯渊所述。凡此诸妄,其流甚多⑧,傥无迹可寻,则真伪难辨者矣。

【注释】

①造:伪造,虚构。

②牛金之子:意为晋元帝司马睿乃是晋将金牛之子。

③牛继马后:案魏收所著《魏书》在魏明帝时,西柳谷有牛继马后之象,后有两种说法,一为晋元帝乃牛金之子,一为北魏道武帝名拓跋珪,名中有牛,应"牛继马后"之征。

④幸:希望。

⑤崔浩(? —450):字伯渊,小名桃简,清河郡武城(今属山东)人。白马公玄伯之长子。仕北魏道武、明元、太武帝三朝,官至司徒,

参与军国大计，对促进北魏统一北方起了积极作用。后人称颂为"南北朝第一流军事谋略家"。狄君：此指北魏统治者。

⑥曲：偏邪，不正确。

⑦抵斥：批驳，谴责。

⑧流：放纵，谬误。

【译文】

近代沈约著《晋书》，喜欢制造奇闻异说。说晋元帝是晋将牛金的儿子，以应和"牛继马后"的征兆。邺地的文人王劭、宋孝王对此论说很详细了。但魏收对南朝的嫉恨很深，希望记录他们君臣丑陋的事情，撰《司马叡传》时，就全部按照沈约《晋书》中的记载来书写。另外崔浩谄媚北魏的统治者，曲意捏造邪说，称鲜卑拓跋氏的祖先，本来是汉朝名将李陵的后代。当时备受时人谴责，这个说法因此没能流传开来。有人私自携带崔浩的书到南朝，沈约撰写《宋书·索虏传》时，就抄录崔浩书中的原话。这些虚妄之言，在史籍中流传很多，假使寻找不到这些说法的来源，就很难分辨真假。

北齐诸史（三条）

【题解】

本目指出了记述北齐历史的各种史书的优劣得失。第一，论列王劭《齐志》所记载的北齐文宣帝受禅，北齐二王诛杀杨愔、燕子献两位重臣，北齐高祖击败北周军队于邙山，北周武帝攻取邺的战役这四件事中王劭的文笔之精炼，堪与《左传》媲美，以此彰扬王劭的史才。第二，表扬王劭《齐志》能够上承古代优秀的史籍创作传统，能够秉笔直书，同时批评了崔鸿、魏收、李百药、令狐德棻等人记史"务存隐晦"的错误做法。第三，指出修撰新史时，不应该完全摒弃前人的著作，否则会使得后人无从考证所记录事情的真伪。

王劭国史,至于论战争,述纷扰,贾其余勇[1],弥见所长[2]。至如叙文宣逼孝靖以受魏禅,二王杀杨、燕以废乾明[3],虽《左氏》载季氏逐昭公,秦伯纳重耳,栾盈起于曲沃,楚灵败于乾谿,殆可连类也。又叙高祖破宇文于邙山[4],周武自晋阳而平邺,虽《左氏》书城濮之役、鄢陵之战、齐败于鞍、吴师入郢,亦不是过也。

【注释】

①贾(gǔ):出卖,尽力。

②弥:尽,终极。

③杨、燕:指杨愔和燕子献。北齐文宣帝高洋死后,二人为尚书令和右仆射,辅佐废帝高殷。常山王高演和秦王高归彦矫诏诛杀杨愔、燕子献二人并废黜高殷,后高演继位。乾明,废帝高殷年号。

④宇文:此指北周。邙山:北邙山。

【译文】

王劭撰述国史《齐志》,对于战争的描写,各种纷乱的描述,竭尽其能,极尽他的长处。至于像叙述北齐文宣帝逼迫东魏孝靖帝禅位,常山王和秦王矫诏杀死杨愔、燕子献二人并废黜北齐废帝高殷,即使是《左传》中记载季氏驱逐鲁昭公,秦穆公把女儿嫁给晋文公,栾盈崛起于曲沃,楚灵王战败于乾谿,也许可与之相比。另外叙述高欢在邙山击败北周,北周武帝自晋阳率领军队平定邺,就算是《左传》记述城濮之战、鄢陵之战、齐国军队战败于鞍、吴国军队攻入郢,也不过如此。

或问曰:王劭《齐志》多记当时鄙言[1],为是乎?为非乎?

对曰:古往今来,名目各异[2]。区分壤隔[3],称谓不同。

所以晋、楚方言,齐、鲁俗语,《六经》诸子,载之多矣。自汉已降,风俗屡迁,求诸史籍,差睹其事④。或君臣之目,施诸朋友;或尊官之称,属诸君父。曲相崇敬,标以处士、王孙;轻加侮辱,号以仆夫、舍长⑤。亦有荆楚训多为夥⑥,庐江目桥为圯⑦。南呼北人曰伧,西谓东胡曰虏。渠、们、底、个,江左彼此之辞;乃、若、君、卿,中朝汝我之义⑧。斯并因地而变,随时而革,布在方册,无假推寻⑨。足以知甿俗之有殊⑩,验土风之不类。

【注释】

①鄙言:方言,口语。

②名目:事物的名称。

③壤隔:地域不同。

④差:大致,大概。事:指风俗演变的情况。

⑤舍长:守护客馆的负责人。

⑥训:解释词义。夥(huǒ):多。

⑦庐江:今安徽合肥,古属楚国的东部,故称为东楚。圯:桥。

⑧中朝:朝廷。此指中原。

⑨假:凭借,借助。

⑩甿俗:民间习俗。

【译文】

有人问:王劭的《北齐志》,常常记录当时的方言口语,是该肯定呢?还是该否定?

回答说:从古至今,事物的名称各不相同。不同的地域,各种称呼也是不一样的。因此晋国、楚国的地方语言,齐国、鲁国民间俗语,《六经》和诸子著作中,记载的也很多。从汉朝以后,民间的风俗不断变化,访遍各种史籍,大概可以了解风俗演变的原委。要么把君臣间的称呼,用在朋友身上;要么把对于官员的尊称,拿来称谓父母。有的别有用心地尊崇他人,把对方叫做处士、王孙;有的想侮辱别人,把对方叫作仆夫、舍长。也有荆楚之地把多说成夥,庐江人把桥叫作圯。南方的人把北方的人叫作伧,西方的人把东边的人叫作虏。渠、们、底、个,这些词语是江南人彼此之间的称呼;乃、若、君、卿,这些词语,在中原是你我的意思。这些都是因为地域不同而变化,因为时间改变了风俗也改变,都记录在史书上,不需要借助什么来推理考索。足以知道民间风俗多么不一样,体验各地风土的不一样。

  然自二京失守①,四夷称制,夷夏相杂②,音句尤媿③。而彦鸾、伯起④,务存隐讳;重规、德棻⑤,志在文饰。遂使中国数百年内,其俗无得而言。盖语曰:"知古而不知今,谓之陆沉。"又曰:"一物不知,君子所耻。"是则时无远近,事无巨细,必藉多闻以成博识⑥。如今之所谓者,若中州名汉⑦,关右称羌⑧,易臣以奴,呼母云姊。主上有大家之号,师人致儿郎之说⑨。凡如此例,其流甚多。必寻其本源,莫详所出。阅诸《齐志》,则了然可知。由斯而言,勖之所录,其为弘益多矣⑩。足以开后进之蒙蔽⑪,广来者之耳目。微君懋⑫,吾几面墙于近事矣,而子奈何妄加讥诮者哉!

【注释】

①二京:指西晋首都长安和洛阳。公元316年,西晋灭亡。

②杂:杂居。

③音句:语言,言语。

④彦鸾、伯起:崔鸿字彦鸾,著有《十六国春秋》一百零二卷。魏收

字伯起,著有《魏书》一百三十卷。

⑤重规、德棻:李百药字重规,著有《北齐书》五十卷。令狐德棻著有《周书》五十卷。

⑥成:达到。博识:知识渊博。

⑦中州:中原。

⑧关右:关西。关,指潼关。

⑨师人:众人。

⑩弘益:很大的好处。

⑪开:消除,解除。

⑫微:如果不是。

【译文】

然而自从西晋灭亡以后,诸少数民族先后建立政权,汉族和少数民族相互杂居,语言越来越粗俗。但崔鸿、魏收著述,一定要保留隐恶和避讳的习惯;李百药、令狐德棻著书,注重言辞的修饰。因此使得中原地区数百年来的风俗、语言,无从了解。古人说:"只知道古代却不知道当下,可以说他泥古不化。"又说:"只要有一样不知道,都是君子所引以为耻的。"因而应该不论离现在时间远近,不论事情是大是小,一定要勤奋学习,已达到知识渊博的程度。比如现在的很多东西,例如中原地区叫作汉,潼关以西称作羌,改用奴仆来称呼臣子,把母亲称为姐姐。可以称呼君主叫大家,把众人唤作儿郎。与这些例子一样的,还有许许多多。一定要追根溯源的话,都不能详知到底出自哪儿。阅读《北齐志》,就可以一目了然了。由此说来,王劭所收录的,是可以给后人带来很多好处的。足以解开后代人很多的蒙昧无知,开阔后世人的视野。要不是因为有王劭,我们对面前的事情如面对着墙壁一样一无所知,而你怎么对他妄加讥笑议论呢!

皇家修《五代史》①,馆中坠稿仍存②。皆因彼旧事③,定为新史。观其朱墨所图④，铅黄所拂⑤，犹有可识者⑥。或以实为虚，以非为是。其北齐国史，皆称诸帝庙号，及李氏撰《齐书》，谓李百药。其庙号有犯时讳者，谓有"世"字犯太宗文皇帝讳也。即称谥焉⑦。至于变世宗为文襄，改世祖为武成。苟除兹"世"字⑧，而不悟"襄"、"成"有别。诸如此谬，不可胜纪。又其列传之叙事也，或以武定臣佐降在成朝⑨，或以河清事迹擢居襄代⑩。故时日不接而隔越相偶⑪，使读者瞀乱而不测⑫，惊骇而多疑。嗟乎！因斯而言，则自古著书，未能精说⑬，书成绝笔⑭，而遽捐旧章⑮。遂令玉石同烬，真伪难寻者，不其痛哉！

【注释】

①《五代史》：此指唐太宗贞观年间所修的《梁书》、《陈书》、《北齐书》、《北周书》、《隋书》。

②馆：史馆，唐太宗时设立专门的修史机构。坠稿：被抛弃的史稿。

③旧事：指南北朝后期和隋朝诸史家所修撰的当代史。

④图：涂改。

⑤拂：抹掉，删去。

⑥识（zhì）：记述，记载。

⑦谥：即谥号。古代帝王、贵族、大臣等死后依其生前事迹所给予的带有褒贬意义的称号。

⑧苟：随便，无原则。

⑨武定：东魏孝静帝年号（534—543）。成朝：指北齐武成帝高湛在位时期。

⑩河清：北齐武成帝高湛年号（562—565）。襄代：北齐文襄帝高洋时期。

⑪偶：碰上，相混。

⑫瞀(mào)乱：眼花缭乱。不测：不明真情。

⑬精说：精确。

⑭绝笔：搁笔。

⑮捐：抛弃。旧章：指修撰新著作所依据的前人著作。

【译文】

本朝修撰《五代史》时，史馆中仍然保存着先前的史稿。都是依据之前已经修成的史稿，重新刊定为新的史书。查看那些用红、黑笔修改过的，以及那些被删除掉的文字，仍然有很多是可以认识的。有的是把真实的当做虚假的，有的是把错的看作是对的。在北齐时已经修成的国史中，都称呼各个帝王的庙号，等到李氏撰写《北齐书》，指章百药。其中有些帝王的庙号犯了当时在位皇帝的讳时，是说有"世"字犯了太宗皇帝的名讳。就用他们的谥号来代替。例如称世宗为文襄，把世祖改叫武成。随便的去除这个"世"字，却不知道"襄"、"成"所存在的差别。像这类的谬误，数不胜数。另外书中列传叙述史事，有的是把东魏孝靖帝时的大臣放到北齐武成帝时期，有的把武成帝时期的事情放到文襄帝时期讲。因此把本来时间不相衔接的事情相混在一起，让后世读者眼花缭乱而不明事情的真相，让人惊骇而不得不怀疑。唉！由此看来，那些从古至今撰写史书的人，如果没有能够做到很精确，书写好搁笔的时候，就把那些原来的史书全部抛弃了，结果使得好的坏的一起化为灰烬，是真是假难以考究，真是令人痛心啊！

周书(一条)

【题解】

此条通过对令狐德棻修撰《北周书》只注重文辞的弊病进行批评，进而指出史家著史不应该舍本逐末，应该广征博引。

今俗所行周史①，是令狐德棻等所撰。其书文而不实②，雅而无检③，真迹甚寡，客气尤烦④。寻宇文初习华风，事由苏绰⑤。至于军国词令，皆准《尚书》⑥。太祖敕朝廷⑦，他文悉准于此。盖史臣所记，皆禀其规⑧。柳虬之徒，从风而靡。案绰文虽去彼淫丽⑨，存兹典实⑩。而陷于矫枉过正之失，乖夫适俗随时之义⑪。苟记言若是，则其谬逾多。爰及牛弘，弥尚儒雅。即其旧事⑫，因而勒成。务累清言⑬，罕逢佳句。而令狐不能别求他述⑭，用广异闻⑮，唯凭本书，重加润色。案宇文氏事多见于王劭《齐志》、《隋书》及蔡允恭《后梁春秋》。其王褒、庾信等事，又多见于萧韶《太清记》、萧大圜《淮海乱离志》、裴政《太清实录》、杜台卿《齐纪》。而令狐德棻了不兼采，以广其书。盖以其中鄙言，故致遗略。遂使周氏一代之史，多非实录者焉。

【注释】

①俗：普遍，流行。

②文：华美。实：真实，

③检：法度，义例。

④客气：虚骄之气，此喻指虚假不实。

⑤苏绰（498—546）：南北朝时期西魏大臣。字令绰。京兆武功（今属陕西）人。少即好学，博览群书，尤善算术，深得宇文泰信任，拜为大行台左丞，参与机密，助宇文泰改革制度。其文章文辞浮华，并对当时形成极大影响。

⑥准：以……为准。

⑦敕：古代上告下的文书，特指皇帝的诏书。

⑧禀：遵守，遵照。规：范例，典范。

⑨淫丽：妖冶艳丽。

⑩典实:指模拟《尚书》的文章风格的练词造句。

⑪适俗:适应世俗。随时:附和时代的趋势。

⑫即:寻求,根据。

⑬务:力求。累:堆砌。清言:清谈妙语。

⑭他述:别的途径、方法。

⑮用:依据,根据。

【译文】

现在世上所流行的周史,是令狐德棻等人所修撰的。该书文辞华美却并不真实,典雅却没有义理可言,真实的事情少之又少,虚假不实的记述实在是太多。考察北周时最初学习奢华的风气,是由苏绰开始的。对于军国大事的诏令,都以《尚书》为标准。北周太祖宇文泰发布的朝廷其他敕令,都依此为标准。大概史臣所记述的史书,也都遵照这个惯例。柳虬这些人,也都跟从他的这一风格。考察苏绰的文章虽然去除了那些妖冶艳丽的特点,有《尚书》等经典的风格。却又陷入了矫枉过正的泥泞之中,违背了适应世俗、附和时代趋势的意思了。要是著史用这样的方式的话,那么他的谬误就更多了。到了牛弘的时候,更加崇尚儒雅。根据以前存在的史书,沿袭这种风格写成。务求堆砌轻言妙语,很少有好的句子。而令狐德棻并不能开创其他好的记述方式,根据增加奇闻异说的原则,只是依据牛弘所写的著作,重新加以润色修饰。案北周宇文氏事多见于王劭的《齐志》、《隋书》以及蔡允恭的《后梁春秋》。王褒、庾信等人的事则多见于萧韶的《太清记》、萧大圜的《淮海乱离志》、裴政的《太清实录》、杜台卿的《齐纪》。而令狐德棻对这些史书都不采录,以充实自己书的内容。大概认为这些史书中有粗鄙不实之言,所以忽略了它们。因此使得北周一代的史书,大多不是真实的记录了。

《隋书》(一条)

【题解】

本条指责修撰《隋书》的史家不知自省,反而讥诮王劭,殊不知《隋书》中也有许多繁杂琐碎、应该舍弃的事情。

　　昔贾谊上书①，晁错对策②，皆有益军国，足贻劝戒③。而编于汉史，读者犹恨其繁。如《隋书》王劭、袁充两传④，唯录其诡辞妄说，遂盈一篇⑤。寻又申以诋诃⑥，尤其诪惑⑦。夫载言示后者，贵于辞理可观。既以无益而书，岂若遗而不载⑧。盖学者神识有限⑨，而述者注记无涯。以有限之神识，观无涯之注记，必如是，则阅之心目⑩，视听告劳⑪；书之简编，缮写不给⑫。呜呼！苟自古著述其皆若此也，则知李斯之设坑阱⑬，董卓之成帷盖⑭，虽其所行多滥，终亦有可取焉。案《隋史》讥王君懋撰齐、隋二史，叙录烦碎。至如刘臻还宅⑮，访子方知；王劭思书⑯，为奴所侮。此而毕载，为失更多。可谓尤而效之，罪之甚焉者矣。

【注释】

①贾谊上书：汉文帝时，贾谊上《陈政事疏》，针对当时政治、社会风尚以及匈奴问题，主张加强中央集权，削弱封国权势，全力抗击匈奴侵扰，关注民生问题，完善封建礼制，以巩固汉王朝统治。此外还上《论贵粟疏》，力主重视发展农业，积蓄粮食。

②晁错对策：汉景帝时晁错曾上《论贵粟疏》、《言兵事疏》、《守边劝农疏》诸文，力主加强中央集权政治，削弱封国势力；徙民充实边防力量，抗击匈奴；重农抑商，减轻赋役，厚备粮食。

③贻：赠送，遗留给。

④王劭、袁充：王劭、袁充都笃信阴阳谶纬，王劭迷信佛教。袁充字德符，陈郡夏阳（今山西临汾）人。信奉道教。好谈阴阳占候迷信。隋文帝将废太子杨勇，袁充附会天象以赞成帝意。

⑤盈：增加。

⑥寻：随即。申：说明，申诉。诋诃：大声呵斥，斥责。

⑦尤：指责。诇惑：奉承迷惑君主。

⑧遗：忽略。

⑨神识：精力。

⑩阅之心目：阅读并思考。

⑪告：宣布或表示某种情况的实现。

⑫不给：不能够供应。

⑬设坑阱：李斯为秦丞相时，奏请除《秦记》外他国史书一律烧毁。又使御史审讯诸生，诸生转相告发者多至四百六十余人，都坑杀于咸阳。

⑭成帷盖：东汉首都的东观、兰台收藏着图书秘籍需要用二千余车装载，董卓迁都时，便令部属将写于布帛的书籍，大的用来做车篷，小的用来做绑腿布。王允收拾残余，仅存七十多车。后来长安大乱，又全被焚为灰烬。

⑮刘臻还宅：刘臻，字宣挚，沛国相（今安徽宿县）人。隋文帝时，官至仪同三司。刘臻精神恍惚，健忘，沉溺书籍，精通两《汉书》，时人誉为《汉》圣"。与仪同刘讷交好，刘臻住城南，刘讷住城东。刘臻曾经欲拜访刘讷家，问随从的人知不知道刘仪同家，随从以为是刘臻自己想回家，就带领他回到自家。到家门口了刘臻还没发现是回到自己家，让仆人通告刘仪同（刘讷），刚好遇到自己的儿子，还以为儿子也来拜访刘讷，后其子告诉他这就是自己家，看了一会儿才反应过来。

⑯王劭思书：王劭晚年，沉浸于经史，很不留意俗事，精神恍惚，每次吃饭的时候都要闭目凝思，盘子里面的肉经常被仆人偷吃，王劭却不知道，只嫌肉太少，屡次骂他家的厨子。厨子把真实情况告诉他。后来王劭吃饭的时候依旧像以前那样闭目凝思，乘机

抓获了偷肉的奴仆，厨子才免于被杖责。

【译文】

过去贾谊给汉文帝上书，晁错给汉景帝呈递政治策略，都是有益于军国大事的，是给后世留下的劝诫典范。但《汉书》中都收录了，读者都觉得有些繁杂。诸如《隋书》王劭、袁充两篇列传，仅仅记录他们的诡辞妄说，使得《隋书》又多出一篇。接着却又陈述了对于他们的斥责，指责他们奉承迷惑君主。著述史书是给后世启示的，以书中的言辞道理有价值为标准。与其书写那些没有用的，还不如忽略不记载的好。因为后世学者的精力是有限的，但作者的记述是无边无际的。用有限的精力，来阅读这些数不尽的记述，一定要这样的话，就会使读者心劳神伤；书写到简牍之上的东西，是永远也不够写的。唉！假使从古至今的史家著述都这样的话，就知道李斯焚书坑儒，董卓用绢帛书写的书籍来做帷盖，虽然他们的行为多有不对，最终也是有一定的可取之处的。考察《隋史》的作者讥诮王劭撰述北齐、隋两朝史书的时候叙事繁杂琐碎。至于像刘臻回到家，看到自己儿子方才知道是自己家；王劭闭目思书，被家奴所欺辱。这些都记载，他的过失更多。真可以说是指责却又效仿，罪孽岂不是更深重了。

外篇 杂说下第九

诸史（六条）

【题解】

诸史六条指出了近代以来修史时存在的一些弊病。第一，传主的赞、论应该与其实际的所作所为相符，不能顾彼言他。第二，指出近世史家修史应该要追寻古代那些优秀史书的修撰方式，记史是应该衡量宜取或者宜舍。第三，修史不应该仅仅追求语言的典雅，应该把实录放在首位。第四，南北朝时由于受梁代华丽文风的影响，史家修史也存在记述人物语言的时候，调用对偶的骈俪之辞，有违著史追求实录的特点。第五，批评南北朝后期改朝换代的时候，那些禅位诏书多出于伪造，而史家还全部摘录，有悖于信史的要求，同时赞赏王劭《齐志》能够摒弃这一毛病。第六，批评时人对于王劭、魏收在史才方面的错误评论。

夫盛服饰者，以珠翠为先；工缋事者^①，以丹青为主。至若错综乖所^②，分有失宜，则彩绚虽多^③，巧妙不足者矣。观班氏《公孙弘传赞》^④，直言汉之得人，盛于武、宣二代，至于平津善恶，寂蔑无睹⑤。持论如是，其义靡闻。必矜其美辞⑥，爱而不弃，则宜微有改易，列于《百官公卿表》后。庶寻文究理，颇相附会。以兹编录，不犹愈乎？

【注释】

①缋（huì）事：绘画之事。缋，通"绘"。

②乖所：有差失的地方。

③彩：文采。绚：华丽。

④公孙弘：字季，一字次卿，西汉淄川国（大致在今山东淄博）人。历任御史大夫、丞相，封平津侯。

⑤蔑：同"灭"。没有。

⑥矜：崇尚，敬重。

【译文】

服饰华美的装饰，首选的是明珠翡翠；善于绘画的人，选颜料以丹青为主。至于将它们用错了地方，分布不适应，那么即使文采华丽，美的感觉必定有所不足。查看班固写的《公孙弘传赞》，直接表明汉代得到的人才，在汉武帝、汉宣帝的时候最多，对于公孙弘的善恶，就好像没看到一样。这样发表评论，是从来没有听说过的。一定认为赞美的言辞，舍不得舍弃，也应该进行一点小的改动，把它放到《百官公卿表》后面。依据文字的意思来处理，很符合文理。用这种方式进行编写，岂不是更好吗？

又沈侯《谢灵运传论》，全说文体，备言音律，此正可为《翰林》之补亡，《流别》之总说耳。李充撰《翰林论》，挚虞撰《文章流别集》。如次诸史传①，实为乖越②。陆士衡有云："离之则双美，合之则两伤③。"信矣哉！其有事可书而不书者，不应书而书者。至如班固叙事，微小必书，至高祖破项垓下，斩首八万，曾不涉言④。李《齐》于《后主纪》⑤，则书幸于侍中穆提婆第⑥，于《孝昭纪》则不言亲戎以伐奚，于边疆小寇无不毕纪，如司马消难拥数州之地以叛⑦，曾不挂言⑧，略大举小，其流非一。昔刘勰有云："自卿、渊已前，多役才而不课学；向、雄已后，颇引书以助文。"然近史所载，亦多如是。故虽有王平所识⑨，仅通十字；霍光无学，不知一经。而述其言语，必称典诰。良由才乏天然，故事资虚饰者矣。

【注释】

①次：及，到。

②乖越：更加不一致。

③离之则双美，合之则两伤：出自陆士衡《文赋》。

④曾：竟然。

⑤李《齐》：指李百药所著《北齐书》，五十卷。

⑥穆提婆：本姓骆，汉阳（今属湖北）人，其母陆令萱以夫罪配入掖庭，侍奉幼主高恒，受到胡后宠幸，旋引入宫侍奉后主高纬，得到信任，任为录尚书，封封城王。

⑦司马消难：曾任北周大将军。杨坚辅政，司马消难以所管九州八镇归降陈，陈任命为都督九州八镇车骑将军。

⑧挂：涉及，提及。

⑨王平：字子均，巴西宕渠（今四川渠县东北）人，籍贯益州。三国时蜀汉后期大将。官至镇北大将军、汉中太守，封安汉侯。为事实上诸葛亮第一军事接班人。

【译文】

还有沈约的《谢灵运传论》，全篇说的都是文体，全都是诗歌的音律,这倒可以作为《翰林论》的补充,《文章流别集》的总括说明。李充撰《翰林论》,挚虞撰《文章流别集》。要是放到史书的列传中,实际上使得内容不相称了。陆机曾经说:"分开的话对双方都好,放在一起则对双方都有妨碍。"确实是这样啊! 本来有可以记载的却不记载,不应该记载的反而记载。就像班固叙事,很微小的事情也一定记录,到了像汉高祖在垓下击败项羽,杀死八万敌军,竟然只字不提。李百药《北齐书》中的《后主纪》中,记载了后主驾临穆提婆的府邸,在《孝昭纪》中却没有记载他亲自率兵讨伐库莫奚,而对于边疆地区的小骚乱却无不记载,像司马消难以数州之地发动叛乱,竟然一个字都不提及,忽略大事而记录小事,并不只有一处。以前刘勰说过:"在司马相如、王褒以前,文人多是恃才而不倾心学问;刘向、扬雄以后,大多喜欢引经据典来扩充文章内容。"但是近代的历史著作,情况也大多如此。因此虽然如王平所知道的,不过十多个字;霍光没有学问,不擅一经。但史书上记述他们的言语,一定称作是典诰。确实是由于他们本身缺乏天生的才气,因此他们的事迹有虚假的内容。

　　案《宋书》称武帝入关,以镇恶不伐①,远方冯异②;于渭滨游览,追思太公。夫以宋祖无学,愚智所委,安能援引古事,以酬答群臣者乎? 斯不然矣。更有甚于此者,睹周、齐二国,俱出阴山③,必言类互乡④,则宇文尤甚。而牛弘、王劭,并掌策书,其载齐言也,则浅俗如彼;其载周言也,则文雅若此。夫如是,何哉? 非两邦有夷夏之殊,由二史有虚实之异故也。夫以记宇文之言,而动遵经典⑤,多依《史》、《汉》,此何异庄子述鲋鱼之对而辩类苏、张⑥,贾生叙鹏鸟之辞而文同屈、宋⑦,施于寓言则可,求诸实录则否矣。

【注释】

①镇恶：即王镇恶（373—418），东晋名将。北海剧（今山东昌乐）
人。前秦丞相王猛之孙，后随叔父归晋。好读兵书，长于谋略，
为东晋录尚书事、中军将军刘裕所赏识。曾任振武将军和龙骧
将军，随刘裕南征北战，进号征虏将军。418年在随刘裕次子刘
义真留守长安时，因时局混乱，刘义真年幼，不能掌控危局，王镇
恶被中兵参军沈田子诬陷后擅杀。伐：功劳。

②方：类似。冯异（？—34）：字公孙，颍川父城（今河南宝丰）人。
东汉开国名将，云台二十八将之一。在刘秀统一天下的过程中，
任征西大将军，为刘秀平定关中立有大功。作战中不与人争功。

③阴山：北周皇族宇文氏、北齐皇族高氏都是鲜卑贵族，其祖先都
散居阴山，今甘肃北面。

④互乡：地名，在今河南项城东北。据记载其地的语言很难理解。

⑤劢：往往。

⑥苏、张：指苏秦、张仪。

⑦屈、宋：指屈原、宋玉，都是战国末年楚国人，辞赋家。

【译文】

　　考察《宋书》中记载宋武帝进入长安，说是王镇恶不争功，和汉代的
冯异很像；在渭水边游览的时候，追思吕太公。但是宋武帝知识贫乏，
所知道的东西又不多，怎么可能援引古代的事情，来回报答谢他的那些
大臣呢？肯定是不可能的。还有比这个更严重的，考察北周、北齐两个
国家，都发源于阴山下的鲜卑族，他们的语言一定很难理解，而北周尤
其严重。但牛弘、王劢，都掌管着书策的编写，他们记载北齐的语言，就
粗俗如同实际；而记载北周的语言，却是十分的文雅。像这样，为什么
呢？并不是两个国家有蛮夷和华夏的区别，实际上是由于两部国史对
于史实记录的虚实不一样而已。由于记录北周的语言文字，往往引经
据典，多依照《史记》、《汉书》，这和庄子与鲋鱼的对话和苏秦、张仪的言

论主张没有什么区别，贾谊作《鹏鸟赋》，其文辞的文体和屈原、宋玉的作品是一样的，用在寓言当中是没什么问题的，用到直书实录的史书就不行了。

世称近史编语①，唯《周》多美辞。夫以博采古文而聚成今说，是则俗之所传有《鸡九锡》、《酒孝经》、《房中志》、《醉乡记》②，或师范《五经》，或规模《三史》③，虽文皆雅正，而事悉虚无，岂可便谓南、董之才④，宜居班、马之职也？自梁室云季⑤，雕虫道长。平头上尾⑥，尤忌于时；对语丽辞⑦，盛行于俗。始自江外⑧，被于洛中⑨。而史之载言，亦同于此。假有辩如郦叟⑩，吃若周昌⑪，子羽修饰而言⑫，仲田率尔而对⑬，莫不拘以文禁，一概而书，必求实录，多见其妄矣。

【注释】

①语：语言。

②《鸡九锡》：出自袁淑《诽谐文》。《酒孝经》：为刘炫撰，新、旧《唐志》有著录。《房中志》：皇甫松撰。《醉乡记》：王绩撰。

③规：效法，模拟。

④南、董：指春秋时代齐史官南史、晋史官董狐。

⑤季：末期。

⑥平头上尾：沈约提出的八病中的两个。此指当时所流行的永明体。

⑦对语：对偶，文章修辞方法的一种。

⑧江外：江南，指南朝。

⑨被：覆盖。

⑩郦叟：即郦食其，能言善辩。

⑪周昌：西汉初期大臣，敢直言，但口吃。

⑫子羽：即澹台灭明，孔子弟子，孔门七十二贤人之一。

⑬仲由：即子路。率尔：随便，轻率。

【译文】

当世的人都盛赞近代史书所编录的语言，只有《周书》中多雅言美辞。凭借广泛采录古代经史来写成当世的史书，当世民间流传的有《鸡九锡》、《酒孝经》、《房中志》、《醉乡记》，或是仿效学习《五经》，或取法《三史》，虽然文辞都高雅纯正，但事情全是虚构的，怎么能够随便就说有南史、董狐的史才，应该出任班固、司马迁所任的史职呢？自从梁朝末年，追求纤巧末技的风气滋长。批评永明体的言论，特别为时人所憎恨；那种讲求对偶的辞风，在民间尤其盛行。开始于江南的南朝，蔓延到北方中原地区。而且史书的笔法，也和这一样。即使像郦食其一样善辩，像周昌一样口吃，讲话如同澹台灭明那样重加修饰，子路不假思索地回答，都统统加以限制，统一书写模式，一定要追求同实录一样，更多的自然就是虚妄了。

　　夫晋、宋已前，帝王传授，始自锡命①，终于登极②。其间笺疏款曲③，诏策频烦。虽事皆伪迹④，言并饰让，犹能备其威仪，陈其文物，俾礼容可识，朝野具瞻⑤。逮于近古，我则不暇⑥。至如梁武之居江陵⑦，齐宣之在晋阳⑧，或文出荆州⑨，假称宣德之令⑩；或书成并部⑪，虚云孝靖之敕。凡此文诰，本不施行，必也载之起居，编之国史，岂所谓撮其机要⑫，翦截浮辞者哉？但二萧《陈》、《隋》诸史，通多此失，唯王劭所撰《齐志》，独无是焉。夫以暴易暴⑬，古人以为嗤。如彦渊之改魏收也⑭，以非易非，弥见其失矣。而撰《隋史》者，称澹大矫收失者，何哉？且以澹著书方于君懋⑮，岂唯其间可容数人而已？史臣美澹而讥劭者，岂所谓通鉴乎⑯？语曰："蝉翼为重，千钧为轻⑰。"其斯之谓矣！

【注释】

①锡命：指举行九锡的仪节。

②登极：即皇帝位。

③笺：古代文体名，下属给上级的书信。疏：奏章。款曲：委曲殷勤的情意。

④伪迹：篡夺政权的行为。

⑤瞻：参观。

⑥我：本朝。暇：同"假"，假借。

⑦梁武：梁武帝萧衍。

⑧齐宣：北齐文宣帝高洋。

⑨文出荆州：指齐和帝禅位于萧衍的诏书，因齐和帝即位于江陵，所以称禅位诏书为"文出荆州"。

⑩宣德之令：亦指齐和帝禅位于萧衍的诏书，诏书乃是以宣德太后的名誉所发。

⑪并部：晋阳属并州。

⑫撮：摘抄，提取。机要：有关军国大事的文书。

⑬易：改变。

⑭彦渊：魏澹字彦渊，著有《魏史》七十八卷。

⑮方：比拟。

⑯通：达到。

⑰蝉翼为重，千钧为轻：语出《楚辞·卜居》，意思是轻重倒置，违背了常理。

【译文】

在晋代、宋代以前，帝王的传承与授受，都以举行九锡的礼仪为开始,最后才是登上帝位。这期间受位的人总是反复奏呈自己的衷情,诏书策书很多。虽然所做的一切都是假的,表面上加以推让,还能够体现表面上维护帝王的威仪,申明了典章制度,使各种礼数都可以了解到,满朝文武大臣都能够参观。到了近代,本朝则无暇顾及这一套。至于像梁武帝篡夺萧齐建立梁朝,齐文宣帝篡夺东魏政权称帝,要么是禅位的诏书从荆州发出,假称是宣德太后的诏令;要么禅位的诏书是在并州的时候就已经准备好了,而假称是孝靖帝的敕令。所有这些文告诏书,本来没有颁布施行,一定要一起收录到皇帝的起居注里面,编入国史,难道这就是所谓的摘取军国大事,删去那些虚假不实的文辞吗?但是南朝齐、梁两朝史和《陈书》、《隋书》这些史书,大都有这样的毛病,只有王劭所撰写的《齐志》,没有这一毛病。用暴力来代替暴力,古人觉得很可笑。像魏澹修改魏收的《魏书》,就是以错的来更改错的,他的过失就更明显了。但修撰《隋史》的人,说是魏澹矫正了魏收书中许多错误,这是为什么呢?况且以魏澹所著的书和王劭的相比,难道仅仅是见识的差别而已,史臣赞美魏澹而讥诮王劭,难道这就是所谓的达到鉴戒的目的吗?俗话说:"蝉翼很重,千钧是很轻的。"所说的就是这个道理啊!

别传(九条)

【题解】

别传九条列举了古代史家为人立传中存在的诸多问题。第一,揭露刘向《列女传》中有许多记述虚妄不可信,事实不近情理和人物年代颠倒错乱。第二,指出刘向和葛洪书中存在的一个尤其明显的弊病:将纵横家寓言中的人物实际化,以欺骗后世。第三,抨击扬雄虽然苛责司马迁认识事物不清晰,自己却也犯同样的毛病,深为后人诟病。第四,通过对士燮、刘昞著述重要性的揭示,表明除了关注传统的正史之外,还应该兼取各种记录民风民俗的书籍,已达到通识的目标。第五,指斥以文学作品中的寓言人物为真实存在的历史人物,违背了史书记事真性的原则。第六,抨击嵇康《高士传》中将《庄子》、《楚辞》中的不同的渔父核为一人,定为实录,实在是虚妄之说。第七,举杜预撰写《列女传》的谨慎态度来说明著史应该审慎,采录那些有根有据的史料。

　　刘向《列女传》云:"夏姬再为夫人①,三为王后②。"夫为夫人则难以验也,为王后则断可知矣。案其时诸国称王,唯楚而已。如巫臣谏庄将纳姬氏,不言曾入楚宫,则其为后当在周室。盖周德虽衰,犹称秉礼③。岂可族称姬氏而妻厥同姓者乎④?且鲁娶于吴,谓之孟子⑤。聚麀之诮⑥,起自昭公。未闻其先已有斯事,礼之所载,何其阙如!又以女子一身,而作嫔三代⑦,求诸人事,理必不然。寻夫春秋之后,国称王者有七。盖由向误以夏姬之生,当夫战国之世,称三为王后者,谓历嫔七国诸王,校以年代,殊为乖剌。至于他篇兹例甚众。故论楚也,则昭王与秦穆同时;言齐也,则晏婴居宋景之后。今粗举一二,其流可知。

【注释】

①再为夫人:即两次为夫人,此指夏姬前嫁御叔,后嫁巫臣。

②三为王后:此指夏姬私通陈灵公、郑灵公、楚庄王。

③秉礼:推行周王朝礼制。秉,主持,掌管。

④妻:娶纳。

⑤孟子:鲁与吴本同姓,鲁昭公取吴女,名为吴孟子。

⑥聚麀(yōu):指父子共一女的行为,即乱伦行为。聚,共同。

⑦嫔:女子出嫁。三代:指夏姬与楚庄王、襄老及其子通奸。

【译文】

刘向的《列女传》说："夏姬两次为夫人，三次为王后。"夏姬再为夫人已经难以考察验证，但她三为王后的事却可以推知。考察当时各国君主称王的情况，只有楚国而已。例如巫屈向楚王进谏阻止楚王迎娶夏姬，并没有说过夏姬曾经进入楚宫，那么夏姬为王后应当是在周王室。然而当时周朝国势虽然衰微，但仍然能够遵从礼制。怎么可能娶同为姬姓一族的夏姬呢？况且鲁昭公迎娶吴女，称之为吴孟子。乱伦行为的笑话，起自鲁昭公。没听说之前就有这样的事情发生，书中符合礼仪的记载，为何会这么少呢！再以一个女子的身份，而出嫁三次，探求当时的人事礼法，是不可能存在的。考察春秋之后，诸侯国君主称王的一共有七个。就算刘向误以为夏姬所生活的年代，应当是战国时期，因此说她三为王后，说她曾多次嫁给七国诸王，以时间来考校，这种说法显然是违背事实的。至于其他篇章中，类似的错误还有很多。比如谈论楚国，就说楚昭王与秦穆公是同时代的人；说到齐国，说晏婴是生活在宋景公之后。如今粗略地列举一两个例子，就可以知道书中这类的流弊了。

观刘向对成帝，称武、宣行事①，世传失实，事具《风俗通》，其言可谓明鉴者矣②。及自造《洪范》、《五行》及《新序》、《说苑》、《列女》、《神仙》诸传，而皆广陈虚事，多构伪辞。非其识不周而才不足③，盖以世人多可欺故也。呜呼！后生可畏，何代无人，而辄轻忽若斯者哉④！夫传闻失真，书事失实，盖事有不获已，人所不能免也。至于故为异说，以惑后来，则过之尤甚者矣！

【注释】

①称：称颂。

②明鉴：见识高明。

③识：见识，知识。周：周密，深刻。

④轻忽：浅薄，随便。

【译文】

考察刘向回答成帝，称颂汉武帝、汉宣帝的作为，而当时流传的说法却与实际不符，其事都记在《风俗通》里，他的言辞可以说是见识高远了。到了他自己写作的《洪范》、《五行》以及《新序》、《说苑》、《列女》、《神仙》诸传的时候，却大量陈述那些虚无的事情，写了很多虚假不实的言辞。并不是他见识不广、才能不足，而是因为世人多容易欺骗的缘故。唉！后生之辈令人敬畏，哪一代会缺少人才，为什么还要记录那么浅陋的东西呢！传闻不真实，书上记载的事情失实，事情的真实样貌无法获得，任何人都无法避免。至于有意编造奇闻异谈来迷惑后人，那过失就更大了！

　　案苏秦答燕易王①，称有妇人将杀夫，令妾进其药酒，妾佯僵而覆之②。又甘茂谓苏代云：贫人女与富人女会绩③，曰："无以买烛，而子之光有余，子可分我余光，无损子明。"此并战国之时④，游说之士，寓言设理⑤，以相比兴⑥。及向之著书也，乃用苏氏之说，为二妇人立传，定其邦国，加其姓氏，以彼乌有，持为指实，何其妄哉！又有甚于此者，至如伯奇化鸟，对吉甫以哀鸣⑦；宿瘤隐形⑧，干齐王而作后⑨。此则不附于物理者矣。复有怀嬴失节⑩，目为贞女；刘安覆族，定以登仙。立言如是，岂顾丘明之有传⑪，孟坚之有史哉！

【注释】

①答：回话，回答。

②僵：倒下。

③会绩：共同纺织。

④并：全，都。

⑤寓：寄托。设理：申述道理。

⑥兴：比喻并引导出想说的意思。

⑦伯奇化鸟，对吉甫以哀鸣：伯奇为尹吉甫之子，尹吉甫受其后妻
蛊惑而杀伯奇，后吉甫悔悟，怀念其子，外出的时候遇见一只鸟
对他哀鸣，乃为其子。

⑧宿瘤隐形：宿瘤，为齐闵王之后。隐形，本名钟离春，因为极丑，
传说能隐身，为齐宣王后。

⑨干：乞求。

⑩怀嬴失节：怀嬴，秦穆公之女，初嫁晋怀公，晋怀公死后嫁晋文
公。故云"失节"。

⑪顾：顾及，尊重。

【译文】

　　考察苏秦回答燕易王时，说有一个妇人将要杀死她的丈夫，就让小
妾向丈夫端上被她下了毒的酒。小妾假装摔倒把酒杯打翻。还有甘茂
对苏代说：贫困家的女子与富家女在一起纺织，贫困家的女子对富家女
说："我没有钱买蜡烛，而你有用不完的光亮，你可以分给我一部分余
光，这也不会有损你的光亮。"这是战国时期，游说的谋士们寄托事理于
寓言故事之中，用类比方式来说理。等到刘向著书的时候，却用苏秦说
的故事，为两个妇人立传，给她们设定国家，加上姓氏，把本来不存在的
事情，硬说成真实存在的，这是多么荒谬的事情啊！比这件事更过分
的，有说伯奇化为鸟，对着吉甫哀鸣；宿瘤擅长隐形之术，冒犯齐王却做
了王后。这些都是不符合事物常理及其内在规律的。又有怀嬴失节，
却被视为贞女；刘安被灭族，却说他最后位列仙班。著书立说像这样，
哪里顾忌到左丘明写有《左传》，班固著有《汉书》啊！

　　扬雄《法言》,好论司马迁而不及左丘明,常称《左氏传》唯有"品藻"二言而已,是其鉴物有所不明者也。且雄哂子长爱奇多杂①,又曰不依仲尼之笔②,非书也,自序又云不读非圣之书。然其撰《甘泉赋》③,则云"鞭宓妃"云云,刘勰《文心》已讥之矣。然则文章小道,无足致嗤。观其《蜀王本纪》,称杜魄化而为鹃,荆尸变而为鳖,其言如是,何其鄙哉④! 所谓非言之难而行之难也。

【注释】

①杂:驳杂,此指司马迁的思想体系兼采儒家、道家、形名等家成分。

②笔:笔法。

③《甘泉赋》:浦起龙认为是《羽猎赋》。

④鄙:粗俗,浅陋。

【译文】

　　扬雄的《法言》,喜欢议论司马迁而不提及左丘明,他常说《左氏传》只用"品藻"两个字就能概括,这是他鉴别事物不够通达的表现。况且扬雄曾讥笑司马迁喜欢记奇异之事而内容驳杂,又说他不按照孔子的笔法,算不上是史书,在他的自叙中又说他从来不读不是圣贤著的书。但是他所撰写的《甘泉赋》,却说"鞭宓妃"如何如何,刘勰的《文心雕龙》就已经指出并指责这一问题了。然而文章这一小道末技,不足以让人讥笑。看扬雄的《蜀王本纪》,说杜宇的魂魄化为杜鹃,荆人的尸体变成鳖,他的言辞都是如此,是多么浅俗的啊! 这就是所说的做远远要比随口说难得多。

　　夫十室之邑①,必有忠信,欲求不朽,弘之在人②。何者交阯远居南裔③,越裳之俗也④;敦煌僻处西域,昆戎之乡也⑤。求诸人物,自古阙载。盖由地居下国⑥,路绝上京⑦,史官注记,所不能及也。既而士燮著录⑧,刘昞裁书,则磊落英才⑨,粲然盈瞩者矣⑩。向使两贤不出,二郡无记,彼边隅之君子,何以取闻于后世乎? 是知著述之功,其力大矣,岂与夫诗赋小技校其优劣者哉?

【注释】

①邑:村邑。

②弘:表彰。

③裔:边远的地方。

④越裳:本是古越族的一支,这里指士燮的出生地。

⑤昆戎:古代西方戎族的一支,散居于今甘肃敦煌一代。这里指刘昞的出生地。

⑥下国:偏僻的地方。

⑦绝:隔绝。

⑧士燮:字彦威,苍梧广信(今广西梧州)人,东汉末,任交趾太守,好学。

⑨磊落:俊伟的样子。

⑩粲然:鲜明的样子。

【译文】

有十户人家的村邑,必然有忠信之人,要想让他们永垂不朽,就要靠人来表彰。为什么交阯远居于南部边远的地方,尽是越裳的习俗;敦煌处于偏僻的西域,是昆戎人生活的地带。要想研究这些地方的人物风俗,自古都是缺少记载的。因为位于偏僻的地方,通往京城的道路阻绝,史官的注述记录,不能涉及这些地方。后来士燮著书记录,刘昞选取当地风俗物产加以记录,越裳、昆戎的杰出俊伟的人才受到人们瞩目。如果士燮、刘晌这两位贤人,越裳、昆戎就没有记传,那么边远地方的君子,又如何被后世之人知道呢? 由此可知著书立说的功用,著述功劳之大,怎么能与诗词歌赋之类的雕虫小技比较优劣呢?

　　自战国已下,词人属文①,皆伪立客主②,假相酬答③。至于屈原《离骚》辞,称遇渔父于江渚④;宋玉《高唐赋》,云梦神女于阳台⑤。夫言并文章,句结音韵⑥。以兹叙事,足验凭虚。而司马迁、习凿齿之徒,皆采为逸事,编诸史籍,疑误后学,不其甚邪! 必如是,则马卿游梁,枚乘潜其好色⑦;曹植至洛,宓妃睹于岩畔。撰汉、魏史者,亦宜编为实录矣。

【注释】

①词人:辞赋家。属文:写作文章。

②伪立:虚设,虚构。

③酬:报答,酬报。

④渚:江边。

⑤宋玉《高唐赋》,云梦神女于阳台:《高唐赋》云:"昔者先王尝游高唐,梦一妇人,去而辞云:旦为朝云,暮为行雨,朝朝暮暮,阳台之下。"高唐,即高阳,楚国王族的始祖,这里指高阳的台观,亦即阳台,在今四川巫山间。

⑥句结音韵:句末协韵。

⑦枚乘:据浦起龙考校应为邹阳。

【译文】

　　自战国以后,辞赋家写作文章,都虚设宾客主人,借此作为文章中的相互问答。到了屈原的《离骚》,声称在江渚边上遇到渔父;宋玉的

《高唐赋》,说楚襄王曾梦到阳台的神女。用一句句的话组成的文章,句末都追求协调押韵。凭借这些用来叙事,足以证明他们记录的事情是凭空捏造、虚假的。但司马迁、习凿齿这一类人,都把这些采纳为逸事,并且编入各自的史籍之中,后来的学者感到疑惑或者被误导,不良后果岂不是很严重吗!如果一定要这样写作的话,那么司马相如游于梁武王的后宫,枚乘诬陷他好色;曹植到洛水的时候,在洛水岩畔看到宓妃。撰写汉史、魏史的人,也应该把这两件事编入实录中去了。

　　嵇康撰《高士传》,取《庄子》、《楚辞》二渔父事,合成一篇。夫以园吏之寓言①,骚人之假说②,而定为实录,斯已谬矣。况此二渔父者,较年则前后别时,论地则南北殊壤,而辄并之为一③,岂非惑哉?苟如是,则苏代所言双擒蚌鹬④,伍胥所遇渡水芦中⑤,斯并渔父善事⑥,亦可同归一录,何止揄袂缁帷之林⑦,濯缨沧浪之水⑧,若斯而已也。庄周著书,以寓言为主;嵇康述《高士传》,多引其虚辞。至若神有混沌⑨,编诸首录。苟以此为实,则其流甚多,至如蛙鳖竞长,蚿蛇相邻⑩,莺鸠笑而后方⑪,鲋鱼忿以作色⑫。向使康撰《幽明录》、《齐谐记》,并可引为真事矣。夫识理如此,何为而薄周、孔哉?

【注释】

①园吏:指庄周,他曾任宋国蒙(今河南商丘)漆园吏。

②骚人:指屈原。

③并:合并,兼并。

④双擒蚌鹬:此指“鹬蚌相争渔翁得利”中的渔翁。

⑤渡水芦中:此指伍子胥逃亡吴的途中所遇的渔翁。

⑥善：熟悉，熟知。

⑦揄袂缁帷：此指《庄子》中的渔父。

⑧濯缨沧浪：此指《楚辞》中渔父。

⑨混沌：即"太一"、"太皇"，系古代神话传说中的天地未形成前的形体。传说南海之帝名为儵，北海之帝为忽，中央之帝为混沌。

⑩蚿（xián）：蚂蟥。

⑪方：相等，相当。

⑫忿：愤怒，怨恨。色：生气。

【译文】

　　嵇康撰写《高士传》，把《庄子》、《楚辞》中的两个渔父的事情，合成一篇。把庄子的寓言，文人墨客的假说，确定为实录，这已经是个错误了。更何况这里的两个渔父，时间上所生活的年代一前一后，地域上一南一北相距遥远，书中却把他们两人合并为一个人，这难道不让人感到疑惑吗？如果是这样，那么苏代所说的鹬蚌相争即渔翁得利的故事，和伍子胥遇到的送他过河并给他食物的渔父，这都是完整记载关于渔父的事，就可以将这两个渔父合并为一个人来记录了，却又为何只记录《庄子》中的渔父和《楚辞》中的渔父而已。庄子著书，以寓言为主要内容；嵇康撰述《高士传》，多引用虚假不实的说法。就像有一个神叫混沌，把他编入诸子之首。如果认为这是真实的，那么类似的寓言故事有很多，比如蛙与鳖相互比较自己的见识长短，蚂蟥和蛇差别不大，莺鸠相互嘲笑而后又被别的动物讥笑，鲋鱼求水不得愤怒。如果让嵇康来撰写《幽明录》、《齐谐记》，都可能把这些作为真实存在而引用。既然是这样的见识，为什么还要轻视周公、孔子呢？

　　杜元凯撰《列女记》，博采经籍前史，显录古老明言①，而事有可疑，犹阙而不载。斯岂非理存雅正，心嫉邪僻者乎？君子哉若人也！长者哉若人也！

【注释】

①显:显耀,传扬。明言:高明的言论。

【译文】

杜元凯撰写《列女记》,广泛采纳经书和以前的史书,引录过去的贤明的言论,凡是有疑点的事情,就缺漏而不记载。这难道不是贯彻真理原则,憎恶邪恶不正的写作态度吗? 君子就是像他这样的人吧! 长者就是像他这样的人吧!

《李陵集》有《与苏武书》,词采壮丽,音句流靡①。观其文体,不类西汉人,殆后来所为,假称陵作也。迁《史》缺而不载,良有以焉②。编于《李集》中,斯为谬矣。

【注释】

①流靡:流丽华美。

②良:的确,确实。以:凭借,依靠。

【译文】

《李陵集》中有李陵的《与苏武书》,言辞色彩雄壮绚丽,句子音律流丽华美。考查《与苏武书》的文体,不像是西汉人的写作风格,恐怕是后来的人所作,假称是李陵的作品。司马迁的《史记》中没有关于《与苏武书》的记载,确实可以证明它是伪作。却把它编入《李陵集》中,这是多么荒谬的事情啊。

杂识(十条)

【题解】

杂识十条记述了从古至今一些史学家的优缺点,以及提出一些修史过程中应该重视的观念。第一条,概说学者应该博览群史不宜拘泥于一家,以做到通贯洞察。第二,指出经史要籍虽曾遭受压抑于一时,终因其内容具有重大价值而能够在后世盛行不衰,指出史家不可偏废。第三,批评谢承《后汉书》、魏收《魏书》不能秉公执正,有失史家立言的基本立场。第四,倡导后世史家应该以君子之史为目标。第五,提出优秀的史著要将惩恶扬善的思想和优美的行文相融合,明确指出以左丘明为范。第六,指出史家应遵循"直笔"的原则,摒弃繁芜杂碎的记录。第七,告诫后世史家,修史不应立异造奇。第八,指出史书语言应注意区分人物平时的口述语言和记入书中的书面语言,不可只追求书面文辞的华丽而舍弃有实录之效的"语"。第九,提出史著宜收录那些能够千古流传的作品,而不是那些细枝末节、雕虫小技。第十,追思《汉书》、《后汉书》中所立的人物之传,多是以其是否有能力、才德为依据,痛惜魏收以后这一优良传统逐渐被抛弃。

　　夫自古学者,谈称多矣①。精于《公羊》者,尤憎《左氏》;习于《太史》者,偏嫉孟坚。夫能以彼所长而攻此所短,持此之是而述彼之非,兼善者鲜矣②。

　　又观世之学者,或耽玩一经③,或专精一史。谈《春秋》者,则不知宗周既陨,而人有六雄;论《史》、《汉》者,则不悟刘氏云亡,而地分三国。亦犹武陵隐士,灭迹桃源④,当此晋年,犹谓暴秦之地也。假有学穷千载,书总五车,见良直而不觉其善,逢抵牾而不知其失,葛洪所谓藏书之箱箧,《五经》之主人。而夫子有云:"虽多亦安用为?"其斯之谓也。

【注释】

　　①谈称:谈论,述说。

②兼善:兼通,兼备。

③耽:乐于。玩:研究,攻读。

④灭迹:隐居。

【译文】

自古以来的学者,饱学之士很多。精于《公羊》的人,特别厌恶《左传》;研习《史记》的人,偏偏憎恶班固。他们用所喜爱著作的长处去指责所厌恶著作的缺点,拿这个人的正确观点去批判对方的错误观点,兼顾各方面而客观评价的人很少。

再看看当代的学者,有的专心研习某一部经书,有的专门精通于一史。谈论《春秋》的人,则不知道周朝灭亡之后,又有六雄;专门谈论《史记》、《汉书》的人,竟然不知道刘氏的汉朝灭亡以后,中国被割裂而三国鼎立。这就像武陵这个地方的隐士,隐居在桃花源,当时已经是晋朝了,而他们仍然以为外面还是秦朝的残暴统治。如果一个人的学识,可以穷尽千年,学富五车,但发现善良正直的人而没有发觉他的善良,遇到抵触、矛盾而不知道错在哪里,有如葛洪自号为腹中都是诗书,对《五经》十分了解。而孔子却说:"虽懂得的多又有什么用呢?"这句话说的就是这个道理。

夫邹好长缨①,齐珍紫服②,斯皆一时所尚,非百王不易之道也。至如汉代《公羊》,擅名《三传》,晋年《庄子》③,高视《六经》。今并挂壁不行④,缀旒无绝⑤。岂与夫《春秋左氏》、《古文尚书》,虽暂废于一朝,终独高于千载。校其优劣,可同年而语哉?

【注释】

①缨:帽带。

②珍：重视，爱好。

③晋年：晋代。

④挂壁不行：此喻《公羊》、《庄子》已不受重视。

⑤缀旒(liú)无绝：此喻《左传》、《六经》后世盛行不衰。缀，装饰。旒，古代帝王礼帽上前后悬挂的玉串。

【译文】

邹君喜欢长丝带的帽子，齐桓公喜欢穿紫色衣服，这都成为一时的风尚，并不是能够历经百代而不变的东西。例如汉代的《公羊传》，是《春秋三传》中最受推崇的，《庄子》在晋代，地位比《六经》还高。如今都被束之高阁，仅仅存于世间而未失传。而对于《春秋左氏》、《古文尚书》，虽然暂时被一朝所废弃，但终究能独自被推崇千年。核校它们的优劣，能相提并论吗？

　　夫书名竹帛①，物情所竞②，虽圣人无私③，而君子亦党④。盖《易》之作也，本非记事之流，而孔子《系辞》，辄盛述颜子，称其"殆庶"。虽言则无愧，事非虚美，亦由视予犹父，门人日亲，故非所要言，而曲垂编录者矣。既而扬雄寂寞，师心典诰，至于童乌稚子⑤，蜀汉诸贤，谓严、李、郑、司马之徒。《太玄》、《法言》，恣加褒赏⑥，虽内举不避，而情有所偏者焉。夫以宣尼睿哲，子云参圣⑦，在于著述，不能忘私，则自中庸以降⑧，抑可知矣。如谢承《汉书》，偏党吴、越，魏收《代史》⑨，盛夸胡塞⑩，复焉足怪哉？

【注释】

①书：书写，记载。

②物情：人之常情。竞：乐于的意思。

③私：个人的，私心的。

④党：同"谠"，正直。

⑤童乌：扬雄之子。

⑥恣：任意，随意。

⑦参圣：追寻圣人的途径。

⑧中庸：中等才智的人。

⑨《代史》：即魏收所著《魏书》。

⑩胡塞：指鲜卑拓跋部。

【译文】

希望将名字记载在史书上以流传后世，这是人之常情，虽然圣人没有私心，而君子也很正直。大概《易》创作的本意，并不在于记述史事，而孔子作《系辞》，却盛赞颜回，把他称作"殆庶"。虽然语言直白，所述之事不加虚饰，也是由于把孔子当做父亲一样来看待，门人们也很亲近，因此不是重要的言论，也随意的收录进来。等到扬雄寂寞冷清的日子，潜心学习的是典语，对于扬雄年幼的儿子，三国时期的那些贤人，指严君平、李仲元、郑子真、司马相如等。扬雄的《太玄》、《法言》，随意加以褒贬，虽说是举荐有才学的人不需要回避与自己亲近的人，但在情感上还是会有所偏倚。以孔子这样睿智的先贤圣哲，扬雄这样的追随者，在著述时，还不能忘掉私念，那么中等才智以下的人，就可想而知了。如谢承的《汉书》偏私于吴、越，魏收的《魏书》，对北魏大加夸赞，又有什么好奇怪的呢？

子曰："汝为君子儒，无为小人儒①。"儒诚有之，史亦宜然。盖左丘明、司马迁，君子之史也；吴均、魏收，小人之史也。其薰莸不类，何相去之远哉？

礼云礼云，玉帛云乎哉？史云史云，文饰云乎哉？何则？史者固当以好善为主^②，嫉恶为次。若司马迁、班叔皮^③，史之好善者也；晋董狐、齐南史，史之嫉恶者也。必兼此二者，而重之以文饰，其唯左丘明乎！自兹已降，吾未之见也。

【注释】

①汝为君子儒，无为小人儒：语出《论语·雍也》，这是孔子告诫子夏应做品德优异的儒者，不能做品质恶劣的儒士。君子为儒以明道，小人为儒以扬名。

②好善：表彰好人好事。

③班叔皮：即班彪。

【译文】

孔子告诫子夏说："你应当做品德优异的儒者，而不能做品质恶劣的儒者。"儒者确实有君子小人之分，史家也是如此。左丘明、司马迁是品德优异的史家；吴均、魏收则是品德恶劣的史家。左丘明、司马迁和吴均、魏收的品质如香草和臭草一样不同，为什么会相差那么远呢？

日常所讲的礼，岂是指玉帛等礼品而言吗？史书撰著，难道是在讲文辞修饰吗？不然是怎样呢？史著本来应当以表彰好人好事为主，惩戒坏事次之。像司马迁、班彪一样，他们的史著善于表彰好人好事；晋国董狐、齐国的南史，他们的史著多是表达对坏人的憎恨。把这两者相结合，并加以行文修饰的人，也就只有左丘明了！自此以后，我还没有见到像他那样的史家了。

夫所谓直笔者，不掩恶，不虚美，书之有益于褒贬^①，不书无损于劝诫。但举其宏纲^②，存其大体而已^③。非谓丝毫必录，琐细无遗者也。如宋孝王、王劭之徒，其所记也，喜论人帷簿不修④，言貌鄙事，讦以为直⑤，吾无取焉。

【注释】

①书：记录。

②举：总括。宏纲：重要原则。

③大体：重要的史事。

④帷簿不修：妇女不规矩的意思。帷簿，指妇女。帷，室内围在四周的幕布。簿，帘子。修，美好。

【译文】

所谓直笔记史，就是不掩饰罪恶，不虚假地赞美，记入史书的要有益于褒贬，不记入史书的对劝诫也没有什么损失。仅仅需要总括重要的方面，保存重要的历史事实而已。并非是说一丝一毫的小事都要记录，没有任何琐碎细微的遗漏。比如宋孝王、王劭之类的人，他们所记载的内容，喜欢议论妇女不规矩之类的事情，有关言语、状貌方面庸俗浅陋的事情，以攻击和揭发别人的短处为直笔，我认为这是不可取的。

夫故立异端，喜造奇说，汉有刘向，晋有葛洪。近者沈约，又其甚也。后来君子，幸为详焉。

【译文】

故意挑选那些奇怪的事物，喜欢编造奇异之说，在汉代有刘向，在晋代有葛洪。近代又有沈约，比刘向、葛洪更加严重。后来品德优异的人，对他们认识很清楚。

昔魏史称朱异有口才①，挚虞有笔才。故知喉舌翰墨②，其辞本异。而近世作者，撰彼口语，同诸笔文。斯皆以元瑜、孔璋之才③，而处丘明、子长之任④。文之与史，何相乱之甚乎？

【注释】

①朱异(？—257)：字季文，吴郡吴(今江苏苏州)人，三国时曾任吴将，多次击败魏军，后被孙綝杀害，《三国志·吴书》有传。此称魏史，误。

②喉舌：指语言。翰墨：指书面语言。

③元瑜、孔璋：阮瑀字元瑜，陈琳字孔璋。两人均列于建安七子。

④任：指史官职务。

【译文】

过去《魏志》说朱异能言善辩的口才，挚虞作文的笔才。由此知道人的口语和书面语，所用的文辞是不一样的。近代的作者，著述人物的口语同于书面语。这是用阮瑀、陈琳的文学才能，置于左丘明、司马迁的史官位职上。文学和史学，怎么能混淆至此呢？

夫载笔立言，名流今古。如马迁《史记》，能成一家；扬雄《太玄》，可传千载。此则其事尤大，记之于传可也①。至于近代则不然。其有雕虫末伎，短才小说②，或为集不过数卷，或著书才至一篇，莫不一一列名③，编诸传末。事同《七略》，巨细必书，斯亦烦之甚者。

【注释】

①传：指史家的本传。

②短：缺少，欠。说：言论，主张。

③名：此指作品之名。

【译文】

著书立说,可以名传古今。就像司马迁的《史记》,能够自成一家;扬雄的《太玄》,可以流传千年。这是因为他们记录的事件特别重大,值得记录到史传之中。到了近代就不这样了。其中的雕虫小技、短才小说之类的东西,有的编成集才不过数卷,有的写成书才只有一篇。都一一为他们立传,把他们编到史书的人物传末。类似于《七略》,长著短著都一一著录,琐碎烦杂至极。

子曰:"齐景公有马千驷①,死之日,人无德而称焉②。伯夷、叔齐饿于首阳之下,民到于今称之③。"若汉代青翟、刘舍④,位登丞相,而班史无录;姜诗、赵壹⑤,身止计吏⑥,而谢《书》有传⑦。即其例也。今之修史者则不然。其有才德阙如⑧,而位宦通显⑨,史臣载笔,必为立传。其所记也,止具其生前历官,殁后赠谥,若斯而已矣。虽其间伸以状迹⑩,粗陈一二,么么恒事⑪,曾何足观。始自伯起《魏书》,迄乎皇家《五史》,通多此体。流荡忘归,《史》、《汉》之风,忽焉不祀者矣。

【注释】

①驷:匹。

②称:叫,称为。

③称:颂扬,赞扬。

④青翟、刘舍:即庄青翟、刘舍。庄青翟,袭爵武强侯,汉武帝元狩时任丞相,后下狱并死于狱中。刘舍,西汉丞相,桃哀侯。本项羽之亲,赐姓刘氏。项羽败亡后,其宗亲皆赦不诛,刘舍之父项襄以功封桃侯,并被赐姓刘氏。汉文帝十年(前170),刘襄去世,

刘舍袭封桃侯(《汉书·百官公卿表》作姚丘侯)。景帝五年(前152),任太仆。前147年,周亚夫之后,刘舍为丞相,前143年,汉景帝罢免刘舍,以卫绾为丞相。汉武帝建元元年(前141),刘舍病逝,谥号"懿侯"(《史记》作"哀侯")。

⑤姜诗:蜀郡广汉(今属四川)人,事母以孝闻名,汉明帝永平三年(60)举孝廉,后拜郎中,迁江阳令。赵壹:字元叔,汉阳西县(今湖北宜城)人,他恃才倨傲,落拓不羁,受到地方豪强的排斥,仅做过小官吏。他曾写过《刺世疾邪赋》,尖锐批判封建社会的不合理,情绪激昂,是汉代辞赋中的著名作品。

⑥计吏:每年地方政府派赴汉朝中央汇报施政的官吏。

⑦谢《书》:指谢承《后汉书》。

⑧阙如:没有。

⑨位宦:权位。

⑩状迹:具体的言行事迹。

⑪么么:细小。恒事:平常的事。

【译文】

孔子说:"齐景公有马千匹,但他死的那天,人们都说他是一个无德之人。伯夷、叔齐饿死在首阳山下,他们的高尚情操至今被民众称道。"这就像汉代的庄青翟、刘舍,虽位居丞相,而班固的《汉书》却没有记录他二人的事迹;姜诗、赵壹,虽然只是小小的计吏,谢承在《后汉书》却给他们立传。这些都是典型的事例。现在修史的人却不这样做了。一个人没有才德,而权位显赫,史臣修史,就必然为他立传。所记只是列举他生前当官时的经历、死后的谥号,就这些而已。期间虽然述及了他们的具体言行事迹,也不过是粗略的陈述一两件,都是细小平常的事,不值得一看。从魏收的《魏书》开始,到本朝修撰的《五史》,大多是这样的。已经积重难返了,《史记》、《汉书》的著史风气,已经不受重视而无人继承了。

外篇 《汉书·五行志》错误第十

【题解】

《汉书·五行志》为汉朝班氏所作,当时天人感应、谶纬之说盛行,班氏作为传统的经学家,记录灾异与人事,"欲明吉凶,释休咎,惩恶劝善,以戒将来"。刘知幾主要就班固失当之处,归为四类,"引书失宜","叙事乖理","释灾多滥","古学不精",四类之下,又分为诸多杂目。主要从援引书证、叙事体例、解释灾异三方面对班固进行了批评,所论有得有失。

援引书证,主要存在"引书失宜"和"古学不精"两科,其中,"释灾多滥"一科中的最后一目"不循经典,自任胸怀",亦与引书有关。刘知幾认为,"引书失宜"主要有八条谬误:一是先秦与汉时史事,杂乱一处,难以甄别;二是对引书出处,或是缺失,或是重复;三是援引史料时,避短扬长,不用先秦史料,反用董仲舒、刘向的说法;四是记载灾异时,对史书的收罗采集不够完备,如遗漏《尚书》、《风俗通》、《新书》对风、雨等灾异的记载;五是对《左传》中灾异的记述遗漏过多。另外三条,因刘知幾误解"史记"为司马迁《史记》,故所谓"史记、《左氏》,交错相并","《春秋》、史记,杂乱难别","屡举旧事,不知所出"三条批驳皆为不当。

叙事体例,主要存在"叙事乖理"一科。刘知幾认为谬误有五:一是只说事情开端,却没有吉凶的应兆;二是所引《左传》,但只叙述了一半事情,使得后人对《左传》的真实性产生了怀疑;三是只记载了当事人的议论,却没有得出结论;四是归类混乱,使读者摸不着头脑;五是对于年号的标注与否,没有形成统一标准。

释灾多滥,共有八条批驳。其中,"影响不接,牵引相会","敷演多端,准的无主","轻持善政,用配妖祸",此三条批评难免牵强附会;"但伸解释,不显符应","考核虽说,义理非精","妖祥可知,寝默无说",此三条批评班固解释不周备,并作了进一步补充,有积极意义。此外,还就班固不考虑先秦的实情,牵强解释,有悖真实;不用前人解释,而用董仲舒、刘向的言论,进行了批评。

就刘知幾对灾异所作的补充解释,可见其尚未彻底跳出"天人感应"的思想窠臼,其补充解释也多被后人尤其清代学者所批评,讥之为"妄生枝节"、"迂谬更在汉儒上矣"。故对刘知幾的认识,也当持客观求实的态度。

班氏著志,抵牾者多[1]。在于《五行》[2],芜累尤甚。今辄条其错缪,定为四科:一曰引书失宜,二曰叙事乖理[3],三曰释灾多滥,四曰古学不精[4]。又于四科之中,疏为杂目,类聚区分,编之如后。

【注释】

[1]抵牾:矛盾,冲突。

[2]《五行》:即《汉书·五行志》。《五行志》符合董仲舒所提的"天人感应",试图将人事与天象相对应,记述了许多奇异荒诞的事情,也记述了诸多天文记录和其他问题,如太阳黑子、鲸鱼集体自杀等,这些可确定为世界上最早的有关记录。

[3]乖理:违背常理。

④古学：指经学、史学，而不是古文尚书之学。

【译文】

　　班氏父子写的志中，相互矛盾的地方很多。在《五行志》中，杂乱繁冗的现象更是突出。今就列举其错误之处，定为四类：一是引用书籍不适当，二是叙述事情违背常理，三是对灾异的解释过多且不合实际，四是对经学、史学不够精通。又在这四类之中，分条陈述为多目，归类区别，编写在下文中。

第一科

　　引书失宜者，其流有四：一曰史记、《左氏》①，交错相并；二曰《春秋》、史记，杂乱难别；三曰屡举《春秋》，言无定体②；四曰书名去取，所记不同。

【注释】

　　①史记：颜师古在《注》中误认为是司马迁的《史记》，直到清时，钱大昕考证《五行志》注史记名称的地方，除二三条引自《史记》，其他多引自《国语》。汉以前，列国史书，具称史记，故此处史记应指列国史书，刘知幾亦误解为司马迁的《史记》，所以才会有"史记、《左氏》，交错相并"、"《春秋》、史记，杂乱难别"的评述。

　　②言无定体：书写时没有能够形成固定的格式和体例。

【译文】

　　第一类

　　引用书籍不适当的，共有四个方面：一是旧史书与《左传》，交叉错置在一起引用；二是《春秋》与旧史书，混杂一起引用而难以甄别；三是多次列举《春秋》为例，但没有固定的体例；四是对引书名称的省略和使用，记录不统一。

其志叙言之不从也①,先称史记周单襄公告鲁成公曰②,晋将有乱③。又称宣公六年郑公子曼满与王子伯廖语④,欲为卿⑤。案宣公六年,自《左传》所载也。夫上论单襄,则持史记以标首;下列曼满,则遗《左氏》而无言⑥。遂令读者疑此宣公,亦出史记;而不云鲁后,莫定何邦。是非难悟,进退无准⑦。此所谓史记、《左氏》交错相并也。

【注释】

①不从:不同,不一致。

②单襄公:本名朝,西周单氏家族。鲁成公:名姬黑肱,春秋鲁国第二十一任君主。

③晋将有乱:鲁成公十七年(前574),各诸侯国为伐郑而会盟。在盟会上,周卿单襄公见晋厉王趾高气扬,举止失礼,三位晋国卿士中,郤锜言语刻薄犯人;郤犨荒诞,喜欢归罪他人;郤至高傲自夸。当时鲁成公担忧晋国,单襄公对成公说:大可不必,晋国不久就会内乱,三郤与晋国君必然会走向对立,不久之后,果然应验。事见《国语·周语下》。

④曼满、伯廖:两人都为郑国大夫。

⑤欲为卿:曼满对伯廖说想成为卿(卿为大夫之首)。伯廖对他人说:曼满没有德行,却很贪婪,在《周易》中,叫由丰卦变离卦,不过三年,曼满必死。一年之后,曼满为郑人所杀。事见《左传·宣公六年》。

⑥无言:指没有标明后者出自《左传》。

⑦进退:斟酌,考虑。

【译文】

《五行志》叙述的不一致,先说旧史书记载周单襄公告诉鲁成公说,晋国将会有内乱。又说宣公六年郑国大夫曼满对伯廖说，想当卿相。据查宣公六年之事，出自《左传》的记载。上文记叙单襄公，就以史记标注在卷首；下文列举曼满，却遗漏其出处是《左传》。于是使得读者怀疑此处的宣公，也是出自史记；而不记载宣公为鲁国之君，无法确定所说是哪个国家。是非难以明了，斟酌思考没有标准。这就是所说的旧史书与《左传》交叉错杂在一处。

《志》云：史记成公十六年，公会诸侯于周。案成公者，即鲁侯也。班氏凡说鲁之某公，皆以《春秋》为冠。何则？《春秋》者，鲁史之号。言《春秋》则知公是鲁君。今引史记居先，成公在下，书非鲁史，而公舍鲁名①。胶柱不移②，守株何甚。此所谓《春秋》、史记杂乱难别也。

【注释】

①公舍鲁名：指"公会诸侯于周"，省去了鲁成公名号，应记作"鲁成公会诸侯于周"。

②胶柱：胶住瑟上的弦柱，以致不能调节音的高低，比喻固执、拘泥，不知变通。齐人向赵人学瑟，照赵人所弹的调子，把弦用胶粘在弦柱上，然后返回了齐国，三年弹不出一首曲子。事见三国魏邯郸淳《笑林》。

【译文】

《五行志》写道：旧史记载成公十六年，鲁成公与诸侯在周会盟。考查成公，就是鲁国国君。班氏凡是说到鲁国某公，都将《春秋》置于文前。这是为什么呢？《春秋》是对鲁国国史的称呼。说《春秋》就知道此公是鲁国国君。如今引述旧史的内容放在前面，成公的事放在后面，旧史并非鲁国史书，而公之前省去了鲁国的名号。墨守成规、拘泥不化到了这种地步。这就是所说的《春秋》与旧史书交错杂乱难以甄别。

案班《书》为志，本以汉为主。在于汉时，直记其帝号谥耳。至于它代，则云某书、某国君，此其大例也。至如叙火不炎上①，具《春秋》桓公十四年；次叙稼穑不成②，直云严公严公即庄公也。汉避明帝讳，故改曰严。二十八年而已③。夫以火、稼之间，别书汉、莽之事④。年代已隔，去鲁尤疏。洎乎改说异端，仍取《春秋》为始，而于严公之上，不复以《春秋》建名⑤。遂使汉帝、鲁公，同归一揆⑥。必为永例⑦，理亦可容。在诸异科，事又不尔⑧。求之画一⑨，其例无恒⑩。此所谓屡举《春秋》，言无定体也。

【注释】

①火不炎上：指火焰不向上燃烧。《尚书·大传》卷三有载，人君背弃法律，驱逐功臣，杀死太子，以妾为妻子，则火焰不向上燃烧。

②稼穑不成：农业受到严重损害。稼穑，泛指农业生产。《五行志》载，大兴土木，兴建宫室，淫乱与冒犯亲戚，侮辱父亲兄长，就会使得农业受大害；《尚书·洪范》载，君主没有宽容之心，上天就会以雷相惩戒，且农业受大害。

③严公：即鲁庄公（前706—前662），名鲁同，春秋鲁国第十六任国君。为避汉明帝刘庄的讳，班氏书改称严公。

④汉、莽：指西汉和王莽的新朝。

⑤不复以《春秋》建名：这里指，班氏先解释了"火不炎上"，并历数自鲁国至王莽时期的火灾，接着又解释"稼穑不成"，前后两部分相隔时间很久，且不是同一件事情，故而刘子玄认为，在记述鲁庄公"稼穑不成"前，应加《春秋》，以示出处。

⑥同归一揆:引申为同属一个事情。揆,准则,道理。

⑦必:假使,假如。

⑧尔:通"迩",近。

⑨画一:一致,一律。

⑩恒:规律,法律。

【译文】

考查班固《汉书》中的志,本来以汉朝为主。在汉朝时,直接记载帝王的谥号。至于在其他时期,就写某书、某国君,这是《汉书》志的重要体例。至于像叙述火焰不向上燃烧,列举《春秋》鲁桓公十四年的事情;接着叙述农业受大害,直接记载鲁严公严公就是鲁庄公。汉代以为避明帝讳,所以改为严。二十八年的事情。在火灾与农业灾害之间,另外写汉朝、王莽时的灾异。年代已经相隔,距离鲁国时代尤其疏远。到改说异常的征象,仍以《春秋》为开始,而在鲁严公农业大害之上,又不再以《春秋》为首作注释。于是使得汉朝帝王与鲁国国君,同归于一事。假使是相同的事情,常理上也能说通。在诸多奇异征象中,事情相隔时间又不近。寻找它们的一致之处,它们又无规律。这就是所说的多次列举《春秋》为例,但却没有固定的体例。

案本《志》叙汉已前事,多略其书名。至于服妖章①,初云晋献公使太子率师②,佩以金玦③。续云郑子臧好为聚鹬之冠④。此二事之上,每加《左氏》为首。夫一言可悉,而再列其名。省则都捐⑤,繁则太甚。此所谓书名去取,所记不同也。

【注释】

①服妖:穿着奇装异服。

②晋献公(?—前651):名姬诡诸,春秋时晋国国君。在武功上颇

有建树,曾伐骊戎,得骊姬及其妹,骊姬生奚齐。献公欲废太子,
立奚齐,便遣让太子申生居曲沃,公子重耳居蒲,公子夷吾居屈。
后晋骊姬设计陷害太子申生,迫使他自杀。重耳、夷吾亦受骊姬
诬告,被迫离开都城,献公怒二子不辞而去,认为他们逆谋,致使
两人逃亡他国。太子:指申生。晋武公的妾齐姜与晋献公私通
所生,当时寄养于申氏,故而名为申生。献公即位后,立齐姜为
夫人,立申生为太子。

③佩以金玦:晋献公不顾臣子里克的劝阻,而让太子申生去攻打山
东皋落氏。太子统帅军队,献公给他穿左右两色的衣服,佩戴金
玦。晋国大夫狐突解释:晋侯让太子穿杂色,是要与他疏远,让
太子佩金玦,是要遗弃他。冬日出兵是肃杀,金属是寒冷,玦为
离绝。事见《左传·闵公二年》。

④郑子臧好为聚鹬之冠:郑国子华的弟弟子臧逃到了宋国。他喜
欢收集鹬鸟的羽冠。郑伯听了后很厌恶他,派盗贼引诱他,于僖
公二十四年(前636)八月,在陈、宋两国之间杀子臧。当时的君
子说,服饰的不合适,是自身的灾难。鹬,水鸟的名称,传闻能预
测天是否下雨,所以掌管天文的官员会以鹬羽为冠。《礼记》云:
"知天文者冠鹬。"事见《左传·僖公二十四年》。

⑤捐:抛弃,舍弃。

【译文】

《五行志》叙述汉以前的事情,大多省略引书的名称。在写穿着奇
异的篇目中,先说晋献公派太子率领军队,佩戴金属的玦。接着又写郑
国子臧喜欢戴鹬鸟羽毛做成的帽子。这两件事情,都在前面标明出自
《左传》。一句话可以解释明白,却再次列《左传》的名目。要省略就都
省略,要详细则又太多余。这就是所说的对引书名称的省略和使用,记
载时未能统一。

第二科

叙事乖理者,其流有五:一曰徒发首端①,不副征验②;二曰虚编古语,讨事不终③;三曰直引时谈④,竟无它述⑤;四曰科条不整,寻绎难知;五曰标举年号,详略无准。

【注释】

①首端:开端,开始。

②副:辅。征验:证实。此处指没有说明事情的结果,来验证之前的分析。

③讨事不终:记述事情有头无尾。终,结尾。

④直:即"只",单单。

⑤竟无它述:却没有其他的陈述,这里指没有得出议论的结果。

【译文】

第二类

叙述事情违背常理,有五种表现:一是只记载征象,却不谈应兆证明;二是虚构古人的记载,记述事情有头无尾;三是只征引当时对某事的谈论,却缺少其他的说明;四是叙事条理不严密,难以理出头绪;五是标明年号时,详略取舍没有标准。

《志》曰:《左氏》昭公十五年,晋籍谈如周葬穆后①。既除丧而燕②。叔向曰③:王其不终乎④!吾闻之,所乐必卒焉。今王一岁而有三年之丧二焉⑤,于是乎与丧宾燕,乐忧甚矣。礼,王之大经也⑥。一动而失二礼⑦,无大经矣,将安用之。案其后七年,王室终如羊舌所说⑧,此即其效也⑨,而班氏了不言之。此所谓徒发首端,不副征验也。

【注释】

①籍谈：生卒年不详。晋国大夫，姬姓。其九世祖为孙伯黡，晋国正卿，掌管文献典籍，主持重大政事，故而又叫籍氏。籍谈入周祭奠穆后，宴饮时用的壶，是鲁国所献，周景王责问诸侯国都有献礼器，为何晋国没有献礼？籍谈对答，晋国受封时，未拿周王的分封，且晋国地处偏远，与戎狄为邻，忙于征战，无力献礼。周景王历数晋室所得的分封，责籍谈为孙伯黡之后，却是"数典忘祖"。如：往，去。穆后：周景王的妻子。

②燕：浦起龙云"传作'宴'"，宋本、鼎本、黄本都旁注有"宴"字，此处指宴会、宴饮之意。

③叔向（？—前528年或稍后）：姬姓，羊舌氏，名肸，字叔向，又字叔誉，出身于晋国公族，因被封于杨（今山西洪洞县），故而别名杨氏。为春秋后期晋国贤臣，是著名的政治家、外交家。历事晋悼公、平公、昭公三世。曾作为赵武的副手，代表晋国，与楚国达成了弭兵和议。

④终：善终。

⑤丧二：指太子寿卒、穆后卒，两件丧事。

⑥经：常规，原则。

⑦失二礼：指除去丧服和设宴饮乐两件事情。

⑧王室终如羊舌所说：昭公二十二年（前520）四月，周景王死于荣锜氏，在今河南巩县西。

⑨效：证明，征验。

【译文】

《五行志》写道：《左传》昭公十五年，晋大夫籍谈入周参加穆后的葬礼。葬礼结束后参加景王的宴会。后晋国叔向说：景王大约要不得善终了！我听说，人所高兴的事情一定是致他于死的事。如今景王一年内有三年的丧服两个，在这个时候与吊丧的宾客宴饮，将悲伤当做快乐也太过分了。礼制，是天子最大的常法。一个举动就两次与礼不合，国家没有了最大的常法，将如何来管理呢？考察在此事七年之后，周王室最终如叔向所言，这就是它的征验了，但是班固完全不记征验。这就是所说的只记载事件开端，却不辅以征象来证明。

《志》云：《左氏》襄公二十九年，晋女齐语智伯曰①：齐高子容、宋司徒皆将不免②。子容专③，司徒侈④，皆亡家之主也。专则速及，侈则将以力毙⑤。九月，高子出奔北燕，所载至此，更无他说。案《左氏》昭公二十年，宋司徒奔陈。而班氏采诸本传，直写片言⑥。阅彼全书，唯征半事。遂令学者疑丘明之说，有是有非；女齐之言，或得或失。此所谓虚编古语，讨事不终也。

【注释】

①女齐：晋国臣子，即女叔侯，因官为司马，故而又称为司马侯。智伯：姬姓，智氏，名为智盈，因智氏为荀氏旁支，故而又称荀盈。为春秋后期晋国六卿之一。

②齐高子容：即高止，姜姓，高氏。齐国上卿高傒后代。春秋时，为齐国大夫。后因骄傲自大，为人专横，不被其他人接受。公族大夫子尾与子雅（都为齐惠公的孙子）联手，要放逐高止，高止出奔北燕。事见《左传·襄公二十九年》。宋司徒：即华定，春秋时，为宋国大夫。宋元公无信，且不喜华氏与向氏，华氏华定、华亥与向氏相商，设计杀害或劫持了宋氏群公子，宋元公亦有华氏与向氏的人质。后宋元公杀人质，攻打华向，华氏与向氏逃跑到了陈国。向宁要杀太子，为华亥劝阻，并放回宋国。事见《左传·昭公二十年》。

③专:专横,跋扈,自以为是。

④侈:傲慢自大,放肆无忌。

⑤将以力毙:杜预注,"力尽而自毙",以为力尽而死。

⑥直写片言:只记录了少许史事。

【译文】

《五行志》写道:《左传》襄公二十九年,晋司马侯对智伯说,齐国高子容,宋国司徒都将不免于灾祸。子容自以为是,司徒放肆无忌,都是丧失家族的人。专横擅权就会招致大祸,奢侈无忌则将力衰尽而自取灭亡。同年九月,高子容逃亡北燕,所记载的到了这里,再没有其他的解说。据考《左传》昭公二十年,宋司徒出逃陈国。但班氏探寻本传,只引录了部分史事。读完全书,只引用了一半事情。于是使得学者怀疑左丘明的说法,有是有非;司马侯的言语,或对或错。这就是所说的虚构了古人的记载,记述事情有头无尾。

《志》云:成帝于鸿嘉、永始之载①,好为微行②,置私田于民间。谷永谏曰:诸侯梦得田,占为失国③。而况王者蓄私田财物,为庶人之事乎④。已下弗云成帝悛与不悛⑤,谷永言效与不效。谏词虽具,诸事阙如。此所谓直引时谈,竟无它述者也。

【注释】

①成帝(前51—前7):名刘骜,汉元帝与王政君之子,西汉第十二位皇帝。是历史上有名的昏君,专宠赵飞燕姐妹,迷恋酒色,荒淫无道,致使外戚王氏权力日大,留下了王莽夺汉的祸根。鸿嘉、永始:都是汉成帝的年号。鸿嘉,起于公元前20年,止于公元前17年。永始,起于公元前16年,止于公元前13年。

②微行:旧时指帝王或有权势的人,隐匿身份,易服出行或私访。

③占：占卜吉凶。

④庶人：平民百姓。

⑤悛：悔改，改变。

【译文】

《五行志》写道：汉成帝在鸿嘉、永始年间，喜欢微服私访，在民间置了私人田产。谷永谏言：诸侯梦到获得田地，占卜为亡国。更何况君主蓄存私田财物，做平民百姓的事情呢。在这以下没有写成帝是否悔改，谷永的谏言是否有效。谏言虽然具备，事情本身却缺少记载。这就是所说的只引用当时的谈论，却没有其他的说明。

其述庶征之恒寒也①，先云釐公十年冬②，大雨雹③，随载刘向之占，次云《公羊》曰"大雨雹"，续书董生之解④。案《公羊》所说，与上奚殊⑤，而再列其辞，俱云"大雨雹"而已。又此科始言大雪与雹，继言殒霜杀草⑥，起自春秋，讫乎汉代。其事既尽，仍重叙雹灾。分散相离，断绝无趣⑦。夫同是一类，而限成二条⑧。首尾纷挐⑨，而章句错糅。此所谓科条不整，寻绎难知者也。

【注释】

①庶征：各种征候，指人事与天象相对应的各种事情。庶征有五种，雨、旸、燠、寒、风，见《尚书·洪范》。庶，众。征，验。恒寒：连续寒冷或者反常地寒冷。占象者认为，君王偏听偏信，上天就会以"恒寒"来处罚。

②釐公：即鲁僖公，名姬申，春秋鲁国第十八任国君。有作为，颇具政治智慧，应对能力强，一度使鲁国国力发生了质的飞跃。

③雹：浦起龙解释，如今的《五行志》记作"雪"，怀疑唐初版本中，此

处记作"雹"。故而《史通》误认为刘向与董仲舒解释的都是"雨雹",而实际,前者解的是"雨雪",后者解的是"雨雹"。

④续书董生之解:僖公八年(前 652),本聘楚女顷熊为夫人,齐女圣姜为妾,但圣姜凭借齐国实力强(齐桓公时期),先到鲁国,胁迫鲁僖公立自己为夫人。这违背了鲁僖公三年(前 657),阳谷之会上,齐桓公要求大家的"无以妾为妻"的誓约。事见《公羊传·僖公八年》。僖公十年(前 650)冬天,下大雪,刘向认为,僖公立妾为夫人,使得阴居阳位,阴气过盛,故而下雪;董仲舒以为,鲁僖公受齐桓公胁迫,立妾为夫人,君主受威胁,故而下雪。

⑤奚殊:有什么不同。奚,有什么。殊,不同。

⑥殒霜杀草:降霜,杀死百草。这是"恒寒"的表现之一。

⑦趣:通"趋",趋向,趋同。引申为紧凑、紧密。

⑧限:分立,分隔。

⑨纷拏:糅杂,混乱。

【译文】

班固讲述天气长期寒冷的征象时,先说僖公十年冬日,下大雨雹。随之记载刘向的占卜,再讲《公羊传》记"大雨雹",接着记载董仲舒的解释。考查《公羊传》所讲,与前文刘向的占卜有什么不同,却再次列出《公羊传》的言辞,都记"大雨雹"罢了。还有此类在开始讲述雪与雹灾,接着讲霜降冻死百草,所讲的事上起春秋,止于汉代。叙事已经详尽,又重新说雹灾。记述散乱而分离,叙事割裂而不紧凑。同是一类事,而分立两条。首尾混乱,章句错杂。这就是所说的叙事条理不严密,难以理出头绪。

夫人君改元①,肇自刘氏②。史官所录,须存凡例③。案斯《志》之记异也,首列元封年号④,不详汉代何君;次言地节、河平⑤,具述宣、成二帝。宣帝地节四年,成帝河平二年,其纪年号如此。**武称元鼎**⑥，**每岁皆书**；始云元鼎二年，续复云元鼎三年，按三年宜除元鼎之号也。**哀曰建平**⑦，**同年必录**。始云哀帝建平三年，续复云哀帝建平三年，按同是一年，宜云是岁而已，不当言重其年也。**此所谓标举年号，详略无准者也。**

【注释】

①改元：指中国封建时期，皇帝即位时或在位期间改换年号。原为新皇即位后，变更年号。在位期间改变年号，起自西汉，汉文帝即位十六年后，改元后元。后此事常有。

②肇：创始。

③凡例：关于书籍宗旨、内容、体例等的说明，修志时尤为重要。通常讲"发凡起例"。出自晋杜预《春秋左氏经传集解》："其发凡以言例，皆经国之常制。"

④元封：汉武帝年号（前110—前105）。

⑤地节、河平：都为年号。地节，汉宣帝年号（前69—前66）。河平，汉成帝年号（前28—前25）。

⑥元鼎：汉武帝年号（前116—前111）。

⑦建平：汉哀帝年号（前6年——前3）。建平二年（前5）六月曾改元太初元将，八月又改回建平。

【译文】

君主在位期间改变年号，始于汉朝刘氏。史官记录，应保存凡例。考查《五行志》记载的不同，文首记载元封这个年号，没有写是汉代哪位君主；又写地节、河平两个年号，都有说明是汉宣帝与汉成帝。指宣帝地节四年，成帝河平二年，班固纪年号都是这样。武帝改元元鼎后，年号每年都写；开始写元鼎二年，接着又写元鼎三年，按三年之前应当略去元鼎的年号。哀帝建平的年号，同一年也重复记录。开始写哀帝建平三年，接着又写哀帝建平三年，按同一年，应该只写该年，不应重复写年号。这就是所说的标注列举年号时，详略取舍没有标准。

第三科

释灾多滥者,其流有八:一曰商榷前世①,全违故实②;二曰影响不接③,牵引相会④;三曰敷演多端⑤,准的无主⑥;四曰轻持善政⑦,用配妖祸⑧;五曰但伸解释⑨,不显符应;六曰考核虽谠⑩,义理非精;七曰妖祥可知,寝默无说⑪;八曰不循经典⑫,自任胸怀。

【注释】

①前世:指先秦时期。

②故实:历史事实。

③影响:呼应,策应。此处指自然界对人事的征象。

④牵引相会:即牵强附会。牵,牵强,勉强。引,引证。

⑤敷演多端:叙述多种史事,以附会一次征验。敷演,叙述并发挥,亦作敷衍。

⑥准的无主:没有确切的根据。准,依据,根据。

⑦善政:好的政治措施。

⑧妖祸:大自然的特殊现象。

⑨但伸解释:只是空谈某一自然现象的吉凶。

⑩谠:正直。

⑪寝默:沉默,不说明。寝,停止。

⑫经典:此指作为典范的儒家典籍。

【译文】

第三类

记述灾异过多且不合实际,大致分为八类:一是解说先秦的一些史事,完全违背了历史事实;二是自然征象与所举的史事时间上不能联系,牵强附会;三是叙述灾异现象的原因很多,但却没有确切的根据;四是轻率地把正确的政治措施,与特殊的自然现象相验证;五是只空谈自然现象的吉凶,而未写出应验的内容;六是考察核实虽然公正严谨,解说义理却不够精准;七是灾异事件,却没有记载解说;八是不沿袭儒家经典,只凭自己的主观心意。

　　《志》云:"史记周威烈王二十三年①,九鼎震。""是岁,韩、魏、赵篡晋而分其地,威烈王命以为诸侯。天子不恤同姓②,而爵其贼臣③,天下不附矣"。案周当战国之世,微弱尤甚。故君疑窃斧④,台名逃债。正比夫泗上诸侯⑤,附庸小国者耳。至如三晋跋扈,欲为诸侯,虽假王命,实由己出。譬夫近代莽称安汉⑥,匪平帝之至诚⑦;卓号太师⑧,岂献皇之本愿⑨。而作者苟责威烈以妄施爵赏⑩,坐贻妖孽⑪,岂得谓"人之情伪尽知之矣"者乎⑫!此所谓商榷前世,全违故实也。

【注释】

①周威烈王:生卒年不详。名姬午,周朝君主。在位二十六年,期间三家分晋,姬午封晋国大夫韩虔、赵籍、魏斯为侯,表示承认了三家地位。

②恤:同情,支持。

③爵:封爵。

④窃斧:铁钺是周王权威的象征,然周自幽王、平王之后,王势日微,虽然依旧有铁钺,但已然丧失了威仪,铁钺也失去了作用,故而说隐藏了铁钺。

⑤正:为嫡长的意思,代指周王室。泗上诸侯:此处指鲁国。泗,即泗水,在今山东泗水、曲阜、兖州、济宁诸县之间。

⑥莽称安汉:王莽为西汉末年权臣,后建立新朝。王莽曾暗地里吩咐益州官员,让塞外民族来献白雉(周公辅政时,越裳国曾献白雉,以赞扬周公的贡献和当时的治世)。后越裳国果然献上白雉,王莽以白雉代表如今是治世,且自比周公,有安定汉朝的功劳。在他同党的极力举荐下,太后封王莽为安汉公。

⑦平帝(前9—6):名刘衎,在位六年,为西汉末期帝王。

⑧卓号太师:董卓为太师。太师为古时三公之首,辅弼国君的臣子。灵帝以后,外戚宦官相互争斗,董卓借机而起,入洛阳,并独揽军政大权。190 年,挟持献帝都于长安。191 年,董卓授意朝廷,让光禄勋宣璠持节拜他为太师。

⑨献皇(181—234):名刘协,汉朝最后一任皇帝。先为曹操"挟天子以令诸侯",后被迫禅让于曹丕。

⑩苟:轻率地,随意地。

⑪坐贻妖孽:因而招致了灾祸。坐,因为,表原因。贻,招致,导致。妖孽,祸害,危害。

⑫人之情伪尽知之矣:人事的真假,就都知道了。情伪,真假。语出《左传·僖公二十八年》,原为"民之情伪,尽知之矣",避太宗李世民之讳,改为"人"。

【译文】

《五行志》写道:"旧史记载周威烈王二十三年,九鼎震荡。""这一年,韩、赵、魏夺了晋国国君的王位并瓜分了他的土地,周威烈王却分封韩、赵、魏为诸侯。天子不体恤自己的同族,反而分封贼臣,天下自然不归附他了"。据查周在战国时期,国力非常微弱。所以国君隐藏铁钺,避债于台上。周与鲁国相比,为附庸小国罢了。至于像三晋跋扈专横,想成为诸侯,虽然假借了周王的册封,实际上是自己所为。比如近代王莽称安汉公，不是汉平帝的真实希望；董卓成为太师，绝不是汉献帝自身的意愿。而作者轻率地指责威烈王违背常理封爵奖赏，因而招致了灾祸。怎么能称作"人事的真假，都知道了"呢！这就是所谓的解说前秦史实，完全违背了历史事实。

《志》云：昭公十六年九月，大雩①。先是，昭母夫人归氏薨②，昭不戚而大蒐于比蒲③。又曰定公十二年九月，大雩。先是，公自侵郑归而城中城④，二大夫围郓⑤。案大蒐于比蒲，昭之十一年。城中城、围郓，定之六年也。其二役去雩，皆非一载。夫以国家恒事⑥，而坐延灾眚⑦，岁月既遥，而方闻响应。斯岂非乌有成说⑧，扣寂为辞者哉⑨！此所谓影响不接，牵引相会也。

【注释】

①雩：古代祭祀求雨的迷信活动。

②归氏：即齐归，鲁昭公之母，胡女，归姓，齐为她的谥号。

③大蒐于比蒲：在比蒲大规模地检阅军队。蒐，检阅军队。比蒲，当为鲁国地名，如今地址已不可考。

④城中城：修筑国都内城的城墙。城，修筑城墙。中城，指鲁国国都的内城。

⑤二大夫：指季桓子与孟懿子，都为鲁国卿大夫。季桓子即季孙斯，三桓（孟氏、叔孙氏和季氏）势力凌驾于国君之上，后季桓子被家臣阳虎囚禁，阳虎执鲁政三年后，逃走。孔子帮助鲁公室打击三桓，季桓子逼走孔子。鲁哀公三年（前492）去世。孟懿子，名何忌，世称仲孙何忌，三桓孟氏之后，孟僖子的儿子。郓：鲁国邑名，在今山东泰安东平北。

⑥恒：经常的。

⑦坐延灾眚(shěng)：招致灾祸的原因。坐，表原因。延，招致，引来。灾眚，祸害。

⑧成说：既成事实。

⑨扣寂为辞：凭空编造。扣寂，凭空。为辞，编造，捏造。

【译文】

《五行志》写道：鲁昭公十六年九月，大规模祈雨祭祀。先是昭公的母亲齐归去世，昭公不悲伤，却在比蒲大阅军队。又说鲁定公十二年九月，大规模祈雨祭祀。先是鲁定公侵袭郑国而回，修筑国都内城城墙，季桓子和孟懿子两位大夫包围郓。据查在比蒲大阅军队，在昭公十一年。修内城城墙、包围郓，在定公六年。这两次战争离天旱祈雨，都不止一年。把一个国家常发生的事情，说成是招致灾害的原因，时间已经很久远，才听说征象应兆。这岂不是毫无事实，凭空编造吗！这就是所说的自然征象与所举的史事，时间上不相连接，牵强附会。

《志》云：严公七年秋，大水①。董仲舒、刘向以为严母姜与兄齐侯淫，共杀桓公②。严释父仇③，复娶齐女④，未入而先与之淫，一年再出会，于道逆乱⑤，臣下贱之之应也⑥。又云：十一年秋，宋大水。董仲舒以为时鲁、宋比年有乘丘、鄑之战⑦，百姓愁怨，阴气盛，故二国俱水。谓七年鲁大水，今年宋大水也。案此说有三失焉。何者？严公十年、十一年，公败宋师于乘丘及鄑，夫以制胜克敌，策勋命赏⑧，可以欢荣降福，而反愁怨贻灾邪？其失一也。且先是数年，严遭大水⑨，亦谓七年。校其时月，殊在战前⑩，而云与宋交兵，故二国大水，其失二也。况于七年之内，已释水灾，始以齐女为辞，终以宋师为应。前后靡定，向背何依⑪？其失三也。夫以一灾示眚，而三说竞兴，此所谓敷演多端，准的无主也。

【注释】

①严公七年秋，大水：《左传·庄公七年》云："秋，大水，无麦苗。"

②共杀桓公：鲁庄公之母文姜，齐国人，是鲁桓公的夫人。桓公带夫人文姜访问齐国，文姜与她的兄长齐襄公私通，受到鲁桓公的指责。同年四月，齐襄公派公子彭生为桓公驾车，桓公死在车上。后来，人们猜测，齐襄公想与文姜相好，故而杀桓公。鲁人请杀彭生，齐襄公杀之。事见《左传·桓公十八年》。

③释：解脱，消除。此处指借事报复。

④齐女：指哀姜。鲁庄公二十四年（前670），聘齐女哀姜为夫人，无子。其姊妹叔姜为庄公妾，是后来闵公的母亲。哀姜与庆父私通，欲立庆父为鲁王，引起国人暴动。后哀姜逃到邾，齐国将她引渡回国，杀死，将尸体送回鲁国。

⑤逆：反常，违背常理。

⑥贱：轻视，鄙视。

⑦乘丘、鄑之战：为鲁国的两场战争。乘丘之战，庄公十年（前684），齐宋联合伐鲁，公子偃请求出兵打宋军，庄公不许。公子偃私自出兵，以虎皮蒙马，先攻宋军，庄公率军相随，在乘丘打败宋军，齐军亦退走，事见《左传·庄公十年》。鄑之战，宋国因乘丘兵败，庄公十一年（前683）又犯鲁国，庄公率兵击败宋军于鄑，事见《左传·庄公十一年》。

⑧策勋命赏：记录战功，颁发奖赏。

⑨严：指严公，即鲁庄公，代指鲁国。

⑩殊：犹，尚。

⑪向背：正面和背面，此处引申为两个解释，两个方面。

【译文】

《五行志》写道：鲁庄公七年秋，发大水。董仲舒、刘向认为庄公的母亲文姜与兄长齐襄公淫乱，一起合谋杀了桓公。庄公为了报杀父之仇，又娶齐宗室女子，未入鲁国就先与她淫乱，一年多次发生私会的事情，在德行上违背伦常，大水是臣子鄙视他的报应。又说：庄公十一年秋，宋国发大水。董仲舒认为当时鲁、宋两国连年有乘丘、鄑之战，百姓忧愁怨恨，阴气重，所以两国都发大水。指庄公七年鲁国水灾，当年宋国也出现大水灾。考查这种说法有三处失当。是什么呢？鲁庄公十年、十一年，庄公在乘丘与鄑打败宋军。因为打败敌人而胜利，记录战功颁发奖赏，会因高兴荣耀而降临福气，却反因忧愁怨恨而招来灾难吗？这是第一处失当。并且此前几年，鲁国遭遇大水，也是指庄公七年。考核此事时间，尚且在战争之前，而说与宋国战争，所以两国发大水，是第二处失当。况且在庄公七年时，已解释了发大水，开始以齐国之女为解说，后来又用宋国军队为解释。前后不能确定，两个解释该如何选择？这是第三处失当。以一次灾害征兆过失，而三种说法争相兴起，这就是所说的叙述灾异现象的原因很多，但却没有确切的根据。

其释"厥咎舒①，厥罚恒燠②"，以为其政弛慢③，失在舒缓④，故罚之以燠，冬而亡冰。寻其解《春秋》之无冰也，皆主内失黎庶⑤，外失诸侯，不事诛赏，不明善恶，蛮夷猾夏⑥，天子不能讨，大夫擅权，邦君不敢制，若斯而已矣。次至武帝元狩六年冬，亡冰，而云先是遣卫、霍二将军穷追单于，斩首十余万级归⑦，而大行庆赏。上又闵悔勤劳⑧，遣使巡行天下，存赐鳏寡⑨，假与乏困⑩，举遗逸独行君子诣行在所⑪。郡国有以为便宜者⑫，上丞相、御史以闻。于是天下咸喜。案汉帝其武功文德也如彼，其先猛后宽也如此，岂是有懦弱凌迟之失⑬,而无刑罚戡定之功哉⑭! 何得苟以无冰示灾,便谓与昔人同罪。矛盾自己,始末相违,岂其甚邪? 此所谓轻持善政,用配妖祸也。

【注释】

①厥咎舒:厥,助词,无意义。咎,处罚,惩罚。舒,松散,懈怠。

②恒燠:长时间炎热或反常地炎热。

③弛慢:松弛,懈怠,废弛。

④舒缓:懈怠,松懈。

⑤失黎庶:失去民心,失去百姓的拥护。黎,黎民。庶,百姓。

⑥蛮夷猾夏:少数民族侵扰华夏。猾,侵扰。

⑦"次至武帝元狩六年冬"几句:武帝时期,改变了对匈奴的和亲政策,公元前127年,派卫青占领河套地区。前124年,派卫青等人击败入侵的九万匈奴骑兵。前121年,霍去病夺取河西走廊,匈奴将王庭迁到漠北。前119年,卫青、霍去病分两路,攻入漠北,直击单于王庭。匈奴或降或走,至此衰落。

⑧闵悔:闵,同情,怜悯。悔,后悔,懊悔。

⑨鳏寡:指没有劳动能力又无人供养的人。鳏,无妻或丧妻的男子。寡,无丈夫或丧夫的女子。

⑩乏困:都是缺少资用,贫穷的意思。

⑪遗逸:遗落的,未能被选拔为官的有才德的人。独行君子:操守独特的人。行在所:皇帝所在的地方,此处指长安。

⑫便宜:合适,恰当。

⑬凌迟:也称陵迟,死刑的一种,指处死人时将人身上的肉一刀刀割去,残酷至极。此处隐喻政令残暴。

⑭戡定:用武力平定。

【译文】

《五行志》解释:"厥咎舒,厥罚恒燠。"认为国政废弛,过失在于懈怠,所以用反常的炎热来处罚,冬日里没有冰。在《春秋》寻求无冰的解释,都是国君在国内失去百姓的拥护,在国外失去诸侯的支持,不做奖励惩罚的事情,不明白善恶,蛮夷之族侵扰华夏,天子不能征讨,大夫专权,邦国君主不敢管束,像这样罢了。接着讲武帝元狩六年冬天,没有结冰,而解为先是武帝派卫青、霍去病两位将军竭力追讨匈奴单于,斩杀十余万人而回,大加庆祝封赏。武帝又同情天下百姓不辞劳苦,派使臣巡察天下,慰劳赏赐无人供养的平民,赈济生活贫困的百姓,选出未被选拔为官但有才德的人和操守独特的人到长安去。郡国中有认为合适的人,奏报给丞相和御史。如此天下都很高兴。考查汉武帝的武功文治也如这般,他先严厉后宽厚也如这般,哪里有怯弱或残暴的过失,怎没有以法治理国家、用武力平定疆土的功劳啊!如何能随便地用无冰表示的征兆,便说武帝与以前的人罪过相同。自己相互矛盾,前后相互违背,岂不是十分奇怪?这就是所说的轻率地把正确的政治措施,与国君失政、天降灾祸的现象相验证。

《志》云:孝昭元凤三年①,太山有大石立②。眭孟以为当有庶人为天子者③。京房《易传》云④:"太山之石颠而下⑤,圣人受命人君虏⑥。"又曰:"石立于山,同姓为天下雄⑦。"案此当是孝宣皇帝即位之祥也⑧。夫宣帝出自闾阎⑨,坐登宸极⑩,所谓庶人受命者也。以曾孙血属,上篡皇统⑪,所谓同姓雄者。昌邑见废⑫,谪居远方,所谓人君虏者也。班《书》载此征祥,虽具有剖析,而求诸后应,曾不缕陈。叙事之宜,岂其若是?苟文有所阙,则何以载言者哉⑬?此所谓但申解释,不显符应也。

【注释】

①元凤:汉昭帝年号(前80—前75)。

②太山:即泰山。

③眭孟:眭弘,字孟,西汉鲁国蕃县(今山东滕州)人。少年时不务正业,好游侠。后跟随嬴公学习《春秋》,因通晓明经而为议郎,任符节令。喜欢研究董仲舒的阴阳五行之学,并以此解释自然异象。昭帝时,泰山上有大石自行立起,上林苑的枯柳复苏,他推《春秋》意,认为会有百姓称为天子,不久以妖言惑众,大逆不道获罪,被霍光所杀。

④《易传》:一部战国时期解说和发挥《易经》的论文集,其学说本于孔子,具体成于孔子后学之手,共七种十篇,分别是《彖传》上下、《象传》上下、《文言传》、《系辞传》上下、《说卦传》、《序卦传》和《杂卦传》。自汉代起,它们又被称为"十翼"。

⑤颠而下:倒地并坠落。

⑥虏:奴仆,奴隶。

⑦雄:首者,居于前列者,这里指成为国君。

⑧孝宣皇帝(前91—前48):汉宣帝,名刘询,本名刘病已,字次卿。西汉第十位皇帝。汉武帝曾孙,戾太子刘据之孙。巫蛊之祸时,全家蒙难,刘询尚在襁褓,也被下狱,后为祖母史家收养。元平元年(前74),刘贺被废,霍光自民间迎刘询入宫,为宣帝。因宣帝少遭不幸,故而了解民间疾苦,行仁政,文治武功都颇有建树,其统治期间被称为"宣帝中兴"。

⑨间阎:里巷,指民间。

⑩宸极:北极星,借喻国君。

⑪纂:继承。

⑫昌邑:指昌邑王刘贺(前92—前59),汉朝第九任皇帝,即汉废帝。武帝的孙子,昌邑哀王髆的儿子。汉昭帝死后,无子,霍光迎昌邑王刘

贺为帝,然而刘贺不学无术,淫乱失德,在位二十七天,做了一千一百二十七件荒唐事,被废。霍光亲自送他回昌邑,仍为昌邑王。

⑬载言:泛指记录史事。

【译文】

《五行志》写道:孝昭帝元凤三年,泰山上有块大石头自己立起。眭孟认为应会有普通百姓成为天子。京房的《易传》解释说:"泰山上的石头倒下且坠落,贤能之人接受天命而国君成为奴仆。"又说:泰山石头自行立起,同姓的人成为天子。考究此事应该是汉宣帝即位的祥兆。宣帝出身平民,成为皇帝,是所说的百姓接受天命。以武帝曾孙的血统,继承帝位,是所说的同姓为天子。昌邑王刘贺被废,贬谪到远方,是所说的国君成为奴仆。班氏《汉书·五行志》记载了这个祥瑞的征兆,虽然分析完备,但寻找之后的应验,竟然没有记述一点。叙述事情的正确做法,怎么能像这样? 如果文章有所缺失,又如何能记录史事呢? 这就是所说的只空谈自然现象的吉凶,而未写出应验的内容。

《志》云:成帝建始三年①,小女陈持弓年九岁②,走入未央宫③。又云:绥和二年④,男子王褒入北司马门,上前殿⑤。班《志》虽已有证据,言多疏阔。今聊演而申之⑥。案女子九岁者,九则阳数之极也⑦。男子王褒者,王则巨君之姓也⑧。入北司马门上前殿者,王莽始为大司马,至哀帝时就国⑨,帝崩后,仍此官⑩,因以篡位。夫人入司马门而上殿,亦由从大司马而升极⑪。灾祥示兆,其事甚明。忽而不书,为略何甚? 此所谓解释虽说,议理非精也。

【注释】

①建始:汉成帝年号(前32—前28)。

②小女陈持弓：弓，此处指弓箭之弓。《易·系传》，"弧矢之利，以威天下"，弧为木弓，使用弓箭，能有威服天下的能力。《国语·郑语》："檿弧箕服，实亡周国。"故而，也有改朝换代的预兆。女子持弓，走入未央宫，则与元帝皇后王政君掌握汉朝政权的事件相对应。

③未央宫：西汉宫殿，因在长乐宫西边，汉朝时又称为西宫，汉高祖时修建，是汉朝君臣朝会的地方。名字来源于《诗经》"夜如何其？夜未央"。

④绥和：汉成帝年号（前8—前7）。

⑤男子王褒入北司马门，上前殿：郑通里的男子，王褒，穿绛色衣服（古代军服常用绛色），佩着剑，从北司马门，经殿东门，入殿，进入非常室（室名，在未央宫中），招来主管前殿名叫业的官员，说是上天让他居住在这里的。业等人被抓获，下狱而死。王褒本来是公车令的卫士，得了疯病。王褒属于公车司马令，王褒与王莽姓氏一样，王莽当时为大司马，故而此事象征王莽将由大司马而为国君。

⑥演：发挥。申：阐释，阐明。

⑦阳数：奇数。《易》中，九和九的倍数，都为吉祥的数字。

⑧巨君：王莽的字。

⑨就：赴任，就职。

⑩帝崩后，仍此官：哀帝时，王莽是大司马。哀帝崩后，王政君太后曾让群臣举荐大司马人选，王莽得荐，又任大司马。

⑪升极：即位，为皇帝。

【译文】

《五行志》写道：汉成帝建始三年，一个姓陈的九岁小女孩拿着弓，走入未央宫。又说：绥和二年，一个叫王褒的男子，从北司马门进宫，上了前殿。班氏的《五行志》虽然有验证依据，但语言迂阔不着边际。如今姑且发挥阐释此事。考查女孩九岁，九是最大的奇数。男子王襃，王是王莽的姓氏。从北司马门进入前殿，王莽开始为大司马，是在汉哀帝为皇帝时，哀帝死后，仍任此官职，趁机篡位。王襃从司马门进入，上前殿，王莽亦是从大司马而为皇帝。灾异显示征兆，这件事情很明了。班固忽略不记，为何如此省略？这就是所说的考察核实虽然公正严谨，解说义理却不够精准。

《志》云：哀帝建平四年，山阳女子田无啬怀妊①，未生二月，儿啼腹中。及生，不举②，葬之陌上③。三日，人过闻啼声。母掘土收养。寻本《志》虽述此妖灾，而了无解释。案人从胞至育④，含灵受气⑤，始末有成数，前后有定准⑥。至于在孕甫尔⑦，遽发啼声者，亦由物有基业未彰⑧，而形象已兆⑨，即王氏篡国之征。生而不举，葬而不死者，亦由物有期运已定⑩，非诛翦所平⑪，即王氏受命之应也。又案班云小女陈持弓者，陈即莽之所出；如女子田无啬者，田故莽之本宗⑫。事既同占⑬，言无一概⑭。岂非唯知其一，而不知其二者乎？此所谓妖祥可知，寝默无说也。

【注释】

①山阳：山阳郡，治所在今山东金乡西北四十里。怀妊：怀孕。

②不举：不抚养。举，接生，生养。

③陌上：田间。

④胞：包裹胎儿的膜质囊，指胎儿。育：孕育。

⑤含灵受气：含，包含，孕育着。灵，心性，精神。气，人的精神，
　　元气。

⑥始末有成数，前后有定准：二句意思相同。前后生长过程都有固

有的规律。成数、定准,都为一定的规律、法则的意思。

⑦在孕甫尔:指在怀孕期间。甫,开始,起初。尔,语助词。

⑧彰:明显,显著。

⑨形象:象征。

⑩期运:机运,气数,命数。

⑪非诛翦所平:不是使用武力征讨可以平定的。诛、翦,代指武力。

⑫陈即莽之所出;如女子田无啬者,田故莽之本宗:《汉书·王莽传》载,王莽曾说,姚、妫、陈、田、王五姓为同族,都是黄帝、虞舜的后代,故而为同宗本家。

⑬同占:同一个预测结果。

⑭一概:一样,一同。

【译文】

《五行志》写道:汉哀帝建平四年,山阳郡叫田无啬的女子怀孕,胎儿未出生前二月,在腹中啼哭。等到分娩,家里不抚养他,葬在了田间。三天后,人经过听到了啼哭声。老妇人挖开土收留养育了他。探求《五行志》中虽然记录了这次灾异,但完全没有解释。考查人从怀胎到生育,接受天地灵气,前后生长过程都有固有的规律。至于在怀孕期间,就发出啼哭的声音,也是由于事业的根基没有显现,但象征已经出现,也就是王莽篡位的征兆。生下来不抚养,埋葬了又没有死去,也是因为事物的运数已定,不是武力征讨所能平定,即为王莽接受天命的征兆。又考班氏说姓陈的女孩持弓,陈姓与王莽之王姓是本家;像叫田无啬的女子,田姓原是王莽的同宗。事情既然占卜相同,记述却不同。岂不是只知其一,不知其二吗?这就是所说的记述了灾异事件,却没有记载解说。

当春秋之时,诸国贤俊多矣。如沙鹿其坏①,梁山云崩②,鹢退蜚于宋都③,龙交斗于郑水④。或伯宗、子产⑤,具述其非妖;或卜偃、史过⑥,盛言其必应。盖于时有识君子以为美谈。故左氏书之不刊,贻厥来裔⑦。既而古今路阻,闻见壤隔⑧,至汉代儒者董仲舒、刘向之徒,始别构异闻⑨,辅申它说⑩。以兹后学,陵彼先贤⑪,盖今谚所谓"季与厥昆,争知嫂讳"者也⑫。今谚曰:"弟与兄,争嫂字。"以其名鄙,故稍文饰也。而班《志》尚舍长用短,捐旧习新⑬,苟出异同,自矜魁博,多见其无识者矣。此所谓不循经典,自任胸怀也。

【注释】

①沙鹿其坏:鲁僖公十四年(前646)八月,晋国沙鹿山崩塌。晋国卜偃说,一年内将有大灾祸,几乎要亡国。事见《左传·僖公十四年》。沙鹿,晋国山名,山的西边有沙鹿城,在今河北大名。

②梁山云崩:鲁庄公五年(前689),晋国梁山崩塌,晋侯召伯宗询问,伯宗路遇一拉车人,拉车人说梁山有了腐朽的土壤,所以崩塌。国家以山川为主,国君应该减少膳食,撤去乐舞,穿素服,坐没有彩绘的车子,离开寝宫移居别处,祭祀神明。伯宗将他的话告诉了晋景公,晋景公照做。事见《左传·成公五年》。梁山,山名,在今陕西韩城。又,刘向认为,这是臣下背叛君主的预兆,齐桓公死,天下散而从楚。董仲舒认为,这预兆着齐桓公的威严将属于晋文公。董、刘都认为,这是君道崩坏的预兆。

③鹢退蜚于宋都:鲁僖公十六年(前644),因为风的缘故,六只水鸟倒飞过宋国国都。周王朝内史叔兴到宋国聘问,宋襄公询问此事是凶是吉,叔兴对答,今年鲁国有大丧事,明年齐国内乱,君主您能得到诸侯,但没有好结果。叔兴退出来,对别人说,宋襄公所问失当,吉凶在于人事,他之所以回答,是不敢违抗命令罢了。刘歆认为,这是以风为惩罚。后宋襄公与楚国争盟,被楚国拘禁

六年,应兆了水鸟的数目。事见《左传·僖公十六年》。

④龙交斗于郑水:鲁昭公十九年(前523),郑国发了大水,龙在国都时门外的洧渊河相斗。国都的人请求祭祀,以除灾祸。子产不许。说,我们相斗,龙看不见,龙斗,我们为什么要去看他们?祭祀他们,那个地方本来就是他们的住处。我们对龙没有需求,龙对我们也就没有需求。刘向认为,此预兆着郑国作为小国,而处在晋、楚争盟的夹缝中,被波及连累。见《左传·昭公十九年》。

⑤伯宗(? —前576):姬姓,郤氏旁支,春秋时期的晋国大夫。贤臣,好直言进谏。晋景公六年(前594),劝晋国放弃攻打楚国,说"鞭之长,不及马腹",即马腹不是挨鞭子的地方,鞭子纵然长,也不该打到马肚子上去。成语"鞭长莫及"由此而来。子产(? —前522):姬姓,公孙支,名侨,字子产。春秋末期郑国贵族,郑穆公的孙子。自郑简公时被立为卿,前543年到前522年执掌郑国国政,是当时最负盛名的政治家。铸"刑书",开创了古代公布成文法的先例,提出了"宽""猛"相济的治民措施。

⑥卜:春秋时晋国的卜官卜偃,知识广博,智谋过人。为晋文公等君王的霸业贡献了大谋略。史过:此处指春秋时期,周王朝的内史叔兴。

⑦贻厥来裔:流传给后人。贻,遗留,留下。

⑧壤隔:距离很遥远。

⑨始别构异闻:才另外制造新的解说。始,才。

⑩辅申:辅,辅助,从旁帮助。申,阐释,阐明。

⑪陵:侵犯,欺侮。

⑫季与厥昆,争知嫂讳:嫂子腹中有孕,其弟盗嫂,兄弟相争,称自己是腹中孩子的父亲。季,兄弟排行次序最小的。昆,哥哥。刘知幾觉语言粗鄙,故而用文字稍加修饰。

⑬习:因袭。

【译文】

在春秋时期，各国贤能有才的人很多。像沙鹿山崩塌，梁山崩塌，水鸟倒飞过宋国国都，龙在郑国的河中相斗。或伯宗、子产，都说这不是灾异；或卜偃、史过，极言事情必然会应验。大概因为在当时有见识的君子以此为美谈。所以《左传》记录了这些而没有删改，流传给后人。然而古今时隔久远，所闻所见相差太大，到汉代儒生董仲舒、刘向之辈，才另外编造奇异的解释，辅助阐明他们的说法。这样就形成了后学的观点，冒犯了先贤，大概就像今日谚语所说"弟弟与兄长争嫂"罢了。今天流传的谚语说："弟弟与哥哥，争嫂腹中之子。"因为说法粗鄙，所以稍加文饰。而班氏的《五行志》舍长扬短，不用古时记载而因袭新解，随便推新立异，自夸知识渊博，真可见他没有见识啊。这就是所说的不沿袭儒家经典，只凭自己的主观心意。

第四科

古学不精者，其流有三：一曰博引前书，网罗不尽①；二曰兼采《左氏》，遗逸甚多；三曰屡举旧事，不知所出。

【注释】

①网罗：搜罗，囊括。

【译文】

第四类

对古代学术不够精通，具体表现在三个方面：一是虽广泛引用了之前的书籍，但搜寻不够完备；二是大量采用了《左传》，但遗漏很多；三是屡次列举过去的事情，却不知道出处。

《志》云：庶征之恒风①，刘向以为《春秋》无其应。刘歆以为鹙十六年,《左氏传》释六鹢退飞是也。案旧史称刘向学《穀梁》②,歆学《左氏》③。既祖习各异④,而闻见不同,信矣。而周木斯拔⑤,郑车偾济⑥,风之为害,被于《尚书》《春秋》。向则略而不言,歆则知而不传。又详言众怪,历叙群妖。述雨氂为灾⑦,而不录赵毛生地⑧;书异鸟相育⑨,而不载宋雀生鹳⑩。斯皆见小忘大,举轻略重。盖学有不同,识无通鉴故也⑪。且当炎汉之代⑫,厥异尤奇。若景帝承平⑬,赤风如血⑭;于公在职,亢阳为旱⑮。惟纪与传,各具其详,在于《志》中,独无其说者,何哉? 此所谓博引前书,网罗不尽也。

【注释】

①恒风:持续不断的大风。

②刘向学《穀梁》:西汉宣帝五凤三年(前55),刘向二十五岁,学《穀梁春秋》。

③歆学《左氏》:刘歆少年时通习今文《诗》、《书》,后又治今文《易》和《穀梁春秋》等。随父刘向整理秘书,见《左氏春秋》,十分喜欢,又向丞相史尹咸和翟方进请教,并以《左传》解释《春秋》。

④祖:尊崇。

⑤周木斯拔:秋日,粮食长势极好,突然天有大雷电,狂风起,作物倒地,大树也被连根拔起。事见《尚书·金縢》。

⑥郑车偾(fèn)济:鲁隐公三年(前720),冬日庚戌,有大风,郑庄公的车被吹翻在济水中。事见《左传·隐公三年》。偾,倾覆。济,水名,古时与江、淮、河并称四渎。

⑦雨氂(máo):细如毛的雨。氂,牦牛尾。京房《易传》解,邪人当道,贤者离开,天会下如毛的雨。

⑧赵毛生地：公元前 229 年，赵王迁中了秦国离间计，夺名将李牧的兵权，后杀李牧，用赵括，赵国三月而亡。故而有童谣："赵为号，秦为笑，以为不信，视地上毛。"事见应劭《风俗通·皇霸》篇。

⑨异鸟相育：京房《易传》解，燕生雀，表示有贼臣在国家之中，会夺权篡位，国君的子嗣将无法继承国家。

⑩宋雀生鹯(zhān)：宋康王时，城墙的转角处，有雀生鹯。占卜得，以小生大，是吉兆，宋康王将称霸。康王很高兴，向外征伐，最后却被齐国征讨，康王出逃，后死。见贾谊《新书》卷六。

⑪通鉴：共同的认识。通，共同的、普通的。鉴，认识。

⑫炎汉：对汉朝的尊称。据五德终始说，汉朝建立后，对汉朝属性的讨论很多，没有定论。在光武中兴后，采纳刘向的五行相生说，黄帝(土)、夏(金)、商(水)、周(木)、汉(火)，汉朝为火德。

⑬景帝(前 188—前 141)：名刘启，西汉第六位皇帝。在位期间，平定七国之乱，巩固中央集权，勤俭治国。他的统治时期与汉文帝并称为"文景之治"，为汉武帝盛世的开创奠定了基础。

⑭赤风如血：风像血一样红，亦为一种奇异的自然现象。

⑮于公在职，亢阳为旱：于公为东汉东海郯(治在今山东郯城)人，汉相于定国的父亲。精通法律，治狱勤谨，以善于决狱而成名。曾任东海郡决曹，太守不顾于公劝阻，冤杀孝妇，孝妇死前许愿，如冤杀，血将倒流、六月飞雪、大旱三年。郡中果然大旱三年，新太守到任后，询问原因，于公对答。新太守亲自祭奠孝妇之墓并表彰其德行，天才下起雨来。亢阳，指旱灾。

【译文】

《五行志》说：连续大风的征兆，刘向认为《春秋》中没有应兆的事。刘歆认为鲁僖公十六年，《左传》解释六只水鸟倒飞是大风的征象。考查以前的史书称刘向学《春秋榖梁传》，刘歆学《春秋左氏传》。既然尊崇学习的各不相同，那么见闻也不同，是必然的。而周朝树木被风吹倒,郑庄公的车吹倒在济水中,是大风的危害,记录在《尚书》、《左传》之中。刘向省略却不记录,刘歆也知道却不表述。再者详细述说众多奇怪的事情,接着叙述了众多妖异的天象。说天下如毛的细雨,却不写赵国杀李牧而用赵括后的细雨;写鸟儿所生不为自己的同一种类,却不载宋国雀生鹯。这都是只见小事而忘了大事,列举不重要的而忽视了重要的。大概因为所学不同,见识上未能相通的原因吧。而到了汉代,异象尤为奇怪。如景帝太平时期,有风红如血;于公在任时,有旱灾。只有本纪和列传中,各自有详细记载,在《五行志》中,唯独没有这些事情,为什么呢?这就是所说的广泛引用了旧史书的记载,但搜寻不够完备。

《左传》云:宋人逐猈狗,华臣出奔陈①。又云:宋公子地有白马,景公夺而朱其尾鬣。地弟辰以萧叛②。班《志》书此二事,以为犬马之祸③。此二事是班生自释,非引诸儒所言。案《左氏》所载,斯流实繁。如季氏之逆也,由斗鸡而傅介④;卫侯之败也,因养鹤以乘轩⑤。曹亡首于获雁⑥,郑弑萌于解鼋⑦。郤至夺豕而家灭⑧,华元杀羊而卒奔⑨。此亦白黑之祥,羽毛之孽,何独舍而不论,唯征犬马而已。此所谓兼采《左氏》,遗逸甚多也。

【注释】

①宋人逐猈(jiá)狗,华臣出奔陈:华臣为宋国卿士,无德。鲁襄公十七年(前556)十一月,甲午日,国都的人追逐疯狗,疯狗跑进了华臣的家中,国都的人跟着疯狗追了进来,华臣害怕,逃到了陈国。事见《左传·襄公十七年》。

②地弟辰以萧叛:宋景公宠信向魋,向魋想要公子地的四匹白马,景公要来白马,涂红尾巴和马颈,给了向魋。公子地很愤怒,派

人打向魋,并夺回了马。宋景公闭门哭泣。公子地的弟弟辰,认为兄长做得不好,让地出逃陈国,以表示避君,认为宋景公一定会挽留。不料宋景公并没有挽留。辰认为自己欺骗了兄长,愤怒之下,带着国内的两位贤人离开了宋国。事见《左传·定公十年》。

③犬马之祸:犬祸和马祸,两者都是不祥的预兆。

④季氏之逆也,由斗鸡而傅介:季氏(季平子)、郈氏(郈昭伯)两家的鸡相斗,季氏在自家鸡的爪子上撒芥子粉末,郈氏给自家鸡装上金属爪子。季平子很生气,在郈氏的住宅上扩建自己的房屋,并责备郈氏。故而郈昭伯也很怨恨季平子。事见《左传·昭公二十五年》。

⑤卫侯之败也,因养鹤以乘轩:卫懿公喜欢养鹤,让鹤乘坐大夫才能乘坐的车子。鲁闵公二年(前660)十二月,狄人伐卫,出征的国人都说,让鹤去作战吧,它有禄位,我们怎么能打仗呢? 卫国大败,被灭。事见《左传·闵公二年》。

⑥曹亡首于获雁:曹国曹伯阳即位,喜欢打猎。曹国边界一个叫公孙强的射来一只白雁,进献。因公孙强善打猎,被曹君信任,主持政事。曹君听信公孙强的建议,背叛晋国,冒犯宋国,结果宋国来攻打曹国,晋国也不再救援。最终曹国被灭,曹伯阳被杀。

⑦郑弑萌于解鼋(yuán):楚国人送给郑灵公一只大鼋,子公的食指无意识地颤动一下,对子家说,以前自己食指动,预兆着一定能尝到新鲜的美味。子家告诉了郑灵公,等到吃肉时,灵公故意召来诸位大夫分食,却独独不给子公。子公以手指在鼎中沾了沾,尝了一下就出去了,灵公很生气,要杀子公。子公先发制人,与子家一起杀了灵公。

⑧郤(qiè)至夺豕而家灭:晋厉公本来就不信任郤氏,晋厉公去打猎,先跟妇女一道射猎并饮酒,然后让大夫射猎。郤至进献了野

猪给晋厉公，宫中小臣孟张夺走了野猪，郤至射死了孟张。晋厉
公认为郤至欺负他。后来晋厉公发动祸乱，杀了三郤，也就是郤
锜、郤犨、郤至。

⑨华元杀羊而卒奔：郑国将攻打宋国，开战前，宋国卿士华元杀羊
犒赏士兵，但给华元驾车的羊斟却没有分到。次日开战，羊斟故
意驱赶马车冲入郑国军队中，宋国大败，华元被俘虏。后华元被
赎回，羊斟逃亡到了鲁国。

【译文】

《左传》写道：宋国人驱逐疯狗，华臣逃亡到陈国。又说：宋国公子
地有四匹白马，景公强夺去、涂红马尾和马颈送给了司马向魋。公子地
的弟弟辰因此在萧地反叛。班氏《五行志》记载了这两件事情，认为犬
和马是不祥的征象。这两件事是班氏的自释，不是引录其他儒生的言论。据《左
传》所记载，这类事情实际上很多。如季氏臣下的谋逆，是因为季氏与
郈氏斗鸡而季氏给鸡涂芥子粉末；卫侯亡国，是因为卫懿公让鹤乘坐车
子。曹国灭亡开始于得到白雁的预兆，郑国君被杀开始于杀鳖。郤至
夺回野猪而被灭家，华元杀羊而驾车的士兵出逃。这些也是黑色、白色
的征象，鸟羽、兽毛的预兆，为何独独省略而不议论，只引用犬、马之祸
而已。这就是所说的广泛引用了《左传》的记载，但遗漏的很多。

案《太史公书》自《春秋》已前，所有国家灾眚，贤哲占
候，皆出于《左氏》、《国语》者也。今班《志》所引，上自周之
幽、厉，下终鲁之定、哀。而不云《国语》，唯称史记，岂非忘
本徇末，逐近弃远者乎？此所谓屡举旧事，不知所出也。

【译文】

据查《太史公书》从《春秋》之前，所有国家灾祸，贤者哲人的占卜预

测，都出自于《左传》、《国语》。如今班氏《五行志》所引用，上起周幽、厉王，下到鲁国的定公、哀公。但不说《国语》，只提各国史书，岂不是忘记了根本而追求末节，追寻近世放弃远古吗？这就是所说的屡次列举过去的事情，却不知道出处。

　　所定多目，凡二十种。但其失既众，不可殚论①。故每目之中，或时举一事。庶触类而长②，他皆可知。又案斯志之作也，本欲明吉凶，释休咎③，惩恶劝善，以戒将来。至如春秋已还，汉代而往，其间日蚀、地震、石陨、山崩、雨雹、雨鱼、大旱、大水、犬豕为祸④，桃李冬花，多直叙其灾，而不言其应。载春秋时日蚀三十六，而二不言其应。汉时日蚀五十三，而四十不言其应。并下下。又惠帝二年、武帝征和二年、宣帝本始四年、元帝永光三年、绥和二年，皆地震。下上。陨石。下下。凡十一。总不言其验。又高后二年，武都山崩。下上。成帝河平二年，楚国雨雹，大如斧，蜚鸟死。中下。成帝鸿嘉四年，雨鱼于信都。中下。孝景之时，大旱者二。中上。昭、成二代，大雨水三。中上。河平元年，长安有如人状，被甲执兵弩，击之，皆狗也。中上。又鸿嘉中，狗与豕交。中上。惠帝五年十月，桃李花，枣实，皆不言其应也。此乃鲁史之《春秋》、《汉书》之帝纪耳，何用复编之于此志哉！昔班叔皮云：司马迁叙相如则举其郡县，著其字。萧、曹、陈平之属⑤，仲舒并时之人，不记其字，或县而不郡，盖有所未暇也。若孟坚此《志》，错缪殊多，岂亦刊削未周者邪？不然，何脱略之甚也。亦有穿凿成文⑥，强生异义。如蜮之为惑⑦，麋之为迷⑧，陨五石者，齐五子之征⑨。溃七山者，汉七国之象⑩。叔服会葬⑪，郈伯来奔⑫，亢阳所以成妖，郑易许田，鲁谋莱国⑬，食苗所以为祸。诸如此比，其类弘多。徒有解释，无足观采。
知音君子，幸为详焉。

【注释】

①殚：全，都。

②庶：但愿，表希望。

③休：美善，吉庆。

④雨鱼：天上下鱼。

⑤萧、曹：即萧何与曹参，都为西汉相国，都有开国之功。

⑥穿凿：牵强附会。任意牵合意义、强求其通。

⑦蜮：传说中一种在水里暗中害人的怪物，口含沙粒射人或射人的
　影子，被射中的就要生疮，被射中影子的也要生病。

⑧麋之为迷：庄公十七年（前 677）冬天，麋鹿很多。刘歆认为是凶
　兆；刘向认为麋颜色为青，是吉兆。又解麋为迷，意为淫，是后来
　庄公娶齐国淫女的征兆。

⑨陨五石者，齐五子之征：鲁僖公十六年（前 644）正月戊申，有五块
　陨石落在宋国，刘歆认为，这是齐威王死后，五位公子作乱的
　象征。

⑩溃七山者，汉七国之象：文帝元年（前 179）四月，齐楚地区的二十
　九座山，在同一日发大水，山溃。刘向认为汉七个诸侯国同一天
　山溃，是他们不敬畏皇权的征象。

⑪叔服会葬：鲁文公二年（前 625），从十二月开始不下雨，延续到第
　二年秋天七月。文公即位，周襄王让周的内史叔服参加鲁僖公
　葬礼。

⑫郦伯来奔：鲁文公十三年（前 614），自正月开始不下雨，到秋天七
　月，发生诸多事情，其中郦伯逃亡到了鲁国。

⑬郑易许田，鲁谋莱国：鲁国的朝宿之邑是许田，邻近郑国；而郑国

的汤沐之邑是祊田（周天子祭祀泰山时，因汤沐之需而圈定的地域，后作为封邑赐给郑国，习称"祊田"或"邴田"），邻近鲁国，有一年，两国国君私下擅自把两块地交换了。这样做其实就是公开表明废除了对泰山的祭祀。刘向认为，交换封邑，会兴兵役，预兆之后鲁国入齐，伐原来的莱国地区（早先为齐占领）。

【译文】

《汉书·五行志》所定的条目很多，共有二十种。但每一种条目中的错误都很多，不能全部论说。所以每类中，列举一件事情。希望能触类旁通，其他错误就都能知道了。又考查《五行志》的写作，本来想要阐明吉和凶的预兆，解释吉庆和惩罚，惩处奸邪而劝人向善，以告诫后世。至于春秋以来，汉代以前，其间日蚀、地震、落陨石、山崩、雨雹、天上下鱼、大旱、大水、犬和猪引出的灾祸，桃李在冬天开花，《五行志》多直接叙述这些灾异，而不说出这些灾异的应验情况。《五行志》转录《春秋》中记述的春秋时期的日蚀三十六次，其中两次没有说明应验情况。记录汉代日蚀五十三，有四十次未说明应验情况。又惠帝二年、武帝征和二年、宣帝本始四年、元帝永光三年、成帝绥和二年，都发生大地震。陨落星石。共有十一次。《五行志》都不谈应验情况。又有高后二年，武都山崩塌。成帝河平二年，楚国下大冰雹，有斧头般大，飞鸟都被砸死了。成帝鸿嘉四年，信都之地天下大鱼。孝景帝时，发生大旱两次。昭帝、成帝二代，下了大暴雨三次。河平元年，长安有扮成人形状的东西，穿着甲拿着兵器和弓弩，打击它们，发现都是狗。还有成帝鸿嘉年间，狗与猪交配。惠帝五年十月，桃李开花，结出的果实是枣，这些都没有讲到应验的情况。这是鲁国史书《春秋》、《汉书》的帝纪中的记载，何必重复编在这篇志中啊！昔日班彪说：司马迁记述司马相如就举出他所属的郡县，说明他的字号。萧何、曹参、陈平之类，及与董仲舒同时期的人，不记他们的字，有的记县不记郡，大概因为没有时间修改。像班固这篇《五行志》，错误特别多，难道也是删削未能到位吗？不然的话，为什么会这么缺漏省略呢。也有牵强附会成文章，强求义理不通者为通。像解释蜮为惑，解释麋为迷，五颗陨石落在宋国是齐国五子谋反的象征。七国山溃是汉朝七王叛乱的象征。叔服安葬鲁僖公，郤伯逃到鲁国，所以干旱的灾异出现，郑国交易得到了许田，鲁国谋求莱国，所以蝗虫的灾异出现。诸如此类，类似的事例还有很多。只有解释，不值得阅读采用。希望同道的知音君子，能进行详细的考察。

外篇 《五行志》杂驳第十一^①

【题解】

《〈五行志〉杂驳》紧接上篇《〈汉书·五行志〉错误》,继续批驳班氏《汉书·五行志》的不当之处。

本篇中,刘知幾批评的主要有三个方面,一是因为时间问题,导致叙事或解释不合理。此点在内篇《书志》中亦有涉及。例如班氏错误地认为,楚国因夏征舒之事灭陈的时间,是陈国最终亡国的时间;王札子杀昭伯在鲁宣公十五年(前594),而"无冰"发生在鲁成公元年(前590),两事相隔三年,不能相应。二是叙事本身就有错误,如鲁昭公被驱逐,只与季孙氏有关,班氏并责三桓,且叔孙本为忠烈,却被贬损;晋厉公杀三位大夫,班氏讹作四位等。三是空间地理上无法说通。如楚灭江国,讹为晋灭江国,而晋与江,相隔很远;郑国与吴国相隔远,若吴伐中原,郑并非"首当其冲"。

刘知幾要求史家作史必须严肃认真,实事求是,一丝不苟,无疑具有积极意义。

鲁文公二年,不雨。班氏以为自文即位,天子使叔服会葬,毛伯赐命^②,又会晋侯于戚^③。上得天子^④,外得诸侯,沛然自大^⑤,故致亢阳之祸。案周之东迁,日以微弱。故郑取温麦⑥,射王中肩⑦。楚绝苞茅⑧,观兵问鼎⑨。事同列国,变雅为风⑩。如鲁者,方大邦不足⑪,比小国有余。安有暂降衰周使臣,遽以骄矜自恃,坐招厥罚,亢阳为怪。求诸人事,理必不然。天高听卑⑫,岂其若是也。

【注释】

①驳:驳论。论证是非。

②毛伯赐命:鲁文公继任鲁国君,周襄王派遣毛伯阳送去玉圭,以表示对文公的册封。事见《左传·文公元年》。按礼法,诸侯国立,或之后子嗣继承爵位,应到周王朝朝见,得到策命,后周王室衰落,周王遣臣子去诸侯处送策命。

③会晋侯于戚:晋文公死后,晋襄公即位,以卫国未来朝见为由,攻打卫国戚,胜,得戚。鲁国为陪臣执政,鲁国大夫公孙敖与襄公会盟。

④得:得意,满足。

⑤沛然:壮大的样子。

⑥郑取温麦:郑武公、庄公都为周平王卿士,平王分权给虢公,受郑伯责问,平王否认,君臣交质。后平王死,周人将用虢公。祭(zhài)足(郑国大夫)在鲁隐公三年(前720)四月,夺了周温地的麦子,秋日又夺小米。周、郑两国结怨。事见《左传·鲁隐公三年》。

⑦射王中肩:鲁桓公五年(前707),周王剥夺了郑庄公参知周王朝政事的权力,郑庄公不朝见。秋日,周王亲率诸侯讨伐郑国,周国大败,郑国大将祝聃射中周王的肩膀。事见《左传·桓公五年》。

⑧楚绝苞茅:鲁僖公四年(前656),齐侯伐楚国,楚国问原因,管仲以楚国没有上贡苞茅和周昭王死于汉水边为借口。事见《左

　　传·僖公四年》。苞茅,一种用来过滤酒的草。

⑨观兵问鼎:鲁宣公三年(前606),楚庄王率兵到周王畿郊外,询问
　　九鼎的大小轻重。九鼎为周王权力的象征。事见《左传·宣公
　　三年》。观兵,陈兵示威。

⑩变雅为风:指在《诗经》中,因平王东迁,王室衰微,周王朝等同于
　　诸侯国,地位下降,他们的诗歌不能再归入"雅"的范围,而等同
　　于"国风"。

⑪方:比拟,相比。

⑫天高听卑:指上天神明可以洞察人间最卑微的地方。卑,低下。

【译文】

　　鲁文公二年,天不下雨。班氏认为自文公即位,周天子派内史叔
服参加葬礼,派毛伯送来策命,又正逢公孙敖与晋襄公在戚会盟。鲁
文公在上得意于天子,对外自满于诸侯,十分自大,因而招致干旱的灾
祸。据查周王东迁,国力日益衰弱。所以郑国夺取周王温地的麦子,
郑国大将祝聃射中周王肩膀。楚国不上贡苞茅,楚王陈兵周王畿问鼎
的大小轻重。周王的事情与列国等同,诗歌变雅为国风。像鲁国,比
大国不够,相比小国稍强。哪里有偶尔要求周王朝使臣来国,就专横
自大,因此招来灾难的惩罚,带来大旱呢。天降干旱。推之人情,道理
上必然不是这样。上天神明可以洞察人间最卑微的地方,怎么会出现
这样的事呢。

　　《春秋》成公元年,无冰。班氏以为其时王札子杀召伯、
毛伯①。案今《春秋经》札子杀毛、召,事在宣十五年。而此
言成公时,未达其说。下去无冰,凡有三载。

【注释】

　　①王札子杀召伯、毛伯:鲁成公时期,楚国势力强大,杀了周朝的大

夫召伯和毛伯。颜师古注，此事发生于宣公十五年（前594），而班氏所说"成元年，无冰。"即公元前591年。刘知幾用颜师古的注，所以下文说相差三年。

【译文】

《春秋》记载鲁成公元年，冬天没有结冰。班氏认为那个时候王札子杀召伯、毛伯。据今存《春秋经》记载札子杀毛伯、昭伯，事情在鲁宣公十五年。而此处却说在成公时期，未能验证他的解释。下距离不结冰事，共有三年时间。

《春秋》昭公九年，陈火①。董仲舒以为陈夏征舒弑君，楚严王"严"即"庄"，皆依本书不改其字，下同。托欲为陈讨贼，陈国辟门而待之，因灭陈②。陈之臣子毒恨尤甚，极阴生阳，故致火灾。案楚严王之入陈，乃宣十一年事也。始有蹊田之谤，取愧叔时③；终有封国之恩，见贤尼父④。毒恨尤甚，其理未闻。又案陈前后为楚所灭者三，始宣十一年为楚严王所灭，次昭八年为楚灵王所灭，后哀十七年为楚惠王所灭。今董生误以陈次亡之役是楚始灭之时，遂妄有占候，虚辨物色⑤。寻昭之上去于宣，鲁易四公⑥；严之下至于灵，楚经五代⑦。虽悬隔顿别，而混杂无分。嗟乎！下帷三年⑧，诚则勤矣。差之千里，何其阔哉⑨！

【注释】

①陈火：鲁昭公九年（前533），陈国发生火灾。郑国裨灶解释，陈国为水德，楚国为火德，大火预兆着陈国五年后将重新建立，而五十二年后，将彻底为楚国占领。事见《左传·昭公九年》。

②灭陈：鲁宣公十一年（前598），楚国以夏征舒杀君叛乱为由，入陈

国，称只杀夏征舒，百姓不要惊慌，结果杀夏征舒，并将陈国设置为楚国的一个县。事见《左传·宣公十一年》。楚严王即为楚庄王，避汉明帝刘庄之讳而改。

③蹊田之谤，取愧叔时：就楚国以平夏征舒乱为借口灭陈的事情，申叔说，楚王杀夏征舒，是在主持正义。但灭亡陈国，就好比"牵着牛去踩别人的田，可那人却夺走了他的牛"，这样的处罚就太重了。楚王听后，又将陈国归还。事见《左传·宣公十一年》。蹊，践踏。

④见贤尼父：孔子读史书，见到楚庄王因申叔的谏言，就将陈国归还，称赞其贤能。尼父，对孔子的尊称。

⑤物色：指古时祭祀用的牲体的毛色。

⑥鲁易四公：指鲁国换了四任君主，分别是宣公、成公、襄公、昭公。

⑦楚经五代：楚国经历了五任君主，分别是庄王、共王、康王、郏敖（为楚灵王公子围所杀，无谥号）、灵王。

⑧下帷三年：即成语"三年不窥园"。董仲舒年少时读书非常刻苦，经常是夜以继日地读书，他的书房紧靠着姹紫嫣红的花园，但他三年没有进过一次花园，甚至连一眼都没瞧过。后来他被征为博士，公开聚众讲学，弟子遍布四方。

⑨阔：疏略，不切实。

【译文】

《春秋》载鲁昭公九年，陈国有火灾。董仲舒认为陈国夏征舒弑君，楚庄王"严"即"庄"，都依本书体例不改其字，下同。以要为陈国讨伐奸贼为托词，陈国打开城门等待他，楚趁机灭了陈国。陈国的臣子十分怨恨，阴气到了极点转为阳，因而导致火灾。据查楚庄王侵入陈国是鲁宣公十一年的事情。开始有申叔"牵牛以蹊人之田，而夺之牛"的批评，庄王因申叔的话而惭愧；后来有楚王归还陈国的恩德，孔子认为贤能。陈国十分怨恨，这样的道理是没有听过的。又考查陈国前后三次被楚国灭，第一次是鲁宣公十一年被楚庄王所灭，第二次是鲁昭公八年被楚灵王所灭，最后是鲁哀公十七年被楚惠王所灭。如今董仲舒误认为陈国第二次被灭是陈国被彻底灭亡之时，所以有错误的占卜征兆，错误地分辨征象。探求昭公以上追溯到宣公，鲁国换了四个国主；庄王以下到灵王，楚国经历五世。虽然时隔如此久远，却竟然将它们混杂而无分别。唉！董仲舒读书三年不窥园，实在是十分勤奋。居然犯"差之千里"的错误，是多么的迂阔疏漏啊！

　　《春秋》桓公三年，日有蚀之，既①。京房《易传》以为后楚严始称王，兼地千里。案楚自武王僭号②，邓盟是惧③，荆尸久传④，历文、成、缪三王⑤，方至于严。是则楚之为王已四世矣，何得言严始称之者哉？又鲁桓公薨后，历严、闵、釐、文、宣，凡五公而严楚始作霸，安有桓三年日蚀而已应之者邪？非唯叙事有违，亦自占候失中者矣⑥。

【注释】

①既：全部。此处指日全食，日光完全消失。

②僭：超越自己的身份，冒用在上者的职权、礼仪行事。

③邓盟：楚自熊达开始，自号武王，中原小国蔡、郑感到威胁，蔡侯、郑伯在邓（蔡国地名，在今河南郾城东南）相会，开始害怕楚国。事见《左传·桓公二年》。

④荆尸：即荆尸阵，春秋时期楚武王所创兵阵。荆，楚别名。尸，阵地。

⑤文、成、缪：楚国三任国君。文，楚文王熊赀。武，楚成王熊恽。缪，通"穆"，即楚穆王熊商臣。

⑥中：合适，适当。

【译文】

《春秋》载鲁桓公三年，有日全食，日光完全消失。京房在《易传》中认为此后楚庄公开始称王，兼并了广阔的土地。考查楚从楚武王僭号称王，蔡、郑之类小国害怕，创荆尸阵传承很久。经历文王、成王、穆王三位，才到了庄王。这样的话楚称王已经四代了，哪里能说庄王开始称王呢？再者鲁桓公死后，经历了庄公、闵公、僖公、文公、宣公，共五公而后楚庄王才开始称霸，哪里有桓公三年的日蚀却已经预兆了这件事情呢？不仅是因为叙述事情有错误，也是自身占卜的征象不合理。

《春秋》釐公二十九年秋，大雨雹。刘向以为釐公末年公子遂专权自恣①，至于弑君，阴胁阳之象见②。釐公不悟，遂后二年杀公子赤，立宣公③。案遂之立宣杀子赤也，此乃文公末代④。辄谓僖公暮年，世寔悬殊，言何倒错？

【注释】

①公子遂（？—前600）：即东门襄仲。名遂，春秋时鲁国公族，政治家，权倾朝野。

②阴胁阳：阴气挟持阳气。有解为臣子擅权，母后一派权力过盛。

③杀公子赤，立宣公：鲁文公在位时，东门襄仲与文公宠姬敬嬴交好，受敬嬴托，文公死后，在齐惠公支持下，杀公子赤，立敬嬴之子馁。自此，鲁国进入东门氏专政时期。事见《左传·文公十八年》。公子赤，即公子恶，鲁文公之子，前609年，继鲁文公成为国君，不为大夫东门襄仲和叔孙得臣喜欢，被杀。

④文公末代："雨雹"在僖公二十九年，为公元前632年；"杀赤"在文公十八年，为公元前610年，两者相距二十二年。

【译文】

《春秋》载鲁僖公二十九年秋，天下大冰雹。刘向认为僖公末年公子遂独揽大权而任意放肆，甚至杀死国君，阴气挟持阳气的征兆出现。僖公不醒悟，公子遂两年后杀了公子赤，立宣公。考查公子遂立宣公、杀公子赤的事情，在文公末期。却说发生在僖公晚年，时间实在相差太大，为何会前后倒置错误？

《春秋》釐公十二年，日有蚀之。刘向以为是时莒灭杞①。案釐十四年，诸侯城缘陵②。《公羊传》曰："曷为城？杞灭之。孰灭之？盖徐、莒也③。"如中垒所释④，当以《公羊》为本耳。然则《公羊》所说，不如《左氏》之详。《左氏》襄公二十九年，晋平公时，杞尚在云⑤。

【注释】

①莒、杞：国家名称。莒，相传为伯益后裔所建，春秋时期名莒，国都介根在今山东胶州西南，后迁莒（今山东莒县），为楚国所灭。杞，夏禹后裔所建国家，建国始于夏朝，其间时断时续，已不可考，公元前445年，为楚国所灭。

②诸侯城缘陵：鲁僖公十四年（前646），诸侯修缘陵（今山东昌乐东南）的城墙，把杞国迁到此处。事见《左传·僖公十四年》。

③徐：西周、春秋时期的诸侯国，嬴姓，夏至周时，分布在今淮河流域。与莒国同为伯益后裔，东夷中最为强大，后为吴国所灭。

④中垒：指刘向，刘向曾任中垒令。

⑤晋平公时，杞尚在云：事见《左传·襄公二十九年》。晋平公为杞国女子所生，派晋人帮杞国修城墙。鲁国侵犯杞国田地，司马侯与晋悼公夫人（即平公之母）有争执。

【译文】

《春秋》载鲁僖公十二年,有日蚀。刘向认为是当时莒国灭了杞国。据考鲁僖公十四年(前623),诸侯修缘陵的城墙。《公羊传》说:"为何修城墙?杞国被灭。谁灭了杞国?是徐国、莒国。"像刘向所解释的,应当以《公羊传》为依据。然而《公羊传》所记载,不如《左传》详尽。《左传》鲁襄公二十九年,晋平公时期,杞国还存在。

《春秋》文公元年,日有蚀之。刘向以为后晋灭江。案本《经》书文四年,楚人灭江①。今云晋灭,其说无取。且江居南裔,与楚为邻;晋处北方,去江殊远。称晋所灭,其理难通。

【注释】

①楚人灭江:鲁文公四年(前623),楚国人灭亡了江国。事见《左传·文公四年》。江国,国名,亦为伯益后裔所建,春秋时,在楚、宋、齐三国之间。前文"晋灭江",是班氏的错误。

【译文】

《春秋》载鲁文公元年,有日食。刘向认为此后晋国灭江国是征象。据原来《春秋经》所载鲁文公四年,楚人灭了江国。今说晋国灭江国,这种说法没有依据。而且江国在南方,与楚国相邻;晋国在北方,离江国很远。称江国为晋国所灭,道理上很难讲通。

《左氏传》鲁襄公时,宋有生女子赤而毛①,弃之堤下。宋平公母共姬之御者见而收之②,因名曰弃。长而美好,纳之平公③,生子曰佐④。后宋臣伊戾谗太子痤而杀之⑤。事在襄二十六年。先是,大夫华元出奔晋⑥,事在成十五年。华合比奔卫[7]。事在昭六年。刘向以为时则有火灾赤眚之明应也。案灾祥之作，将应后来；事迹之彰，用符前兆。如华元奔晋，在成十五年，参诸弃堤，实难符会。又合比奔卫，在昭六年，而与元奔，俱云"先是"。惟前与后，事并相违者焉。

【注释】

①赤而毛：浑身通红而且有毛。刘向认为红色、有毛这是火灾的凶兆，见于后文。

②御：仆人。

③平公：即宋平公。本名子成，春秋时宋国第二十五任君主。宋平公三十年（前546）时，宋国大夫向戌再次发起弭兵之会，确定楚国与晋国共为霸主。

④佐：即后来的宋元公。本名子佐，春秋时宋国第二十六任君主。

⑤伊戾谮太子痤而杀之：楚国使者访问晋国，经过宋国时，太子痤去款待。伊戾厌恶太子痤，做出假的痕迹，嫁祸太子痤要与楚国使者相商，杀晋平公篡位。晋平公误以为真，囚禁太子痤。太子痤让左师去找弟弟公子佐求情，左师故意拖延时间，使得太子痤自缢。后宋平公知道了真相，烹了伊戾。事见《左传·襄公二十六年》。

⑥华元出奔晋：宋共公死后，华元为右师，负责对君主和臣下的教导。担任司马的荡泽要削弱公族势力，华元以自己没有尽到职责为由，出逃往晋国，左师鱼石制止，华元又返回宋国，讨伐荡泽。事见《左传·成公十五年》。

⑦华合比奔卫：宋国寺人柳受到宋平公宠信，太子佐厌恶柳。华合比（宋国右师）要杀柳。柳知道后，假作痕迹，向平公诬告华合比要接纳逃亡在外的族人，已经在北外城结盟。宋平公驱逐华合比，华合比逃亡卫国。事见《左传·昭公六年》。

【译文】

《左传》载鲁襄公时期，宋国有人生有一个女子，浑身通红而且有毛，丢弃在河堤之下。宋平公母亲共姬的女仆看到就收养了她，因此给她取名为弃。弃长大后很美丽，嫁给宋平公，生子名为佐。后来宋国臣子伊戾诬陷太子痤并杀了痤。此事发生在襄公二十六年。此前，大夫华元逃往晋国，此事发生在成公十五年。华合比逃亡到卫国。此事发生在昭公六年。刘向认为那是红色火灾的明显应兆。考查灾祸、祥瑞的预兆，将会预示将来；事情的显露，应符合之前的预兆。像华元逃往晋国，在鲁成公十五年，检验之前弃女于堤的事情，实在是难以附会。又记华合比逃亡卫国，在昭公六年，这与华元逃往晋国，都说"先是"。联系华合比与宋国生女的前与后，事情都是相违背的。

《春秋》成公五年，梁山崩①。七年，鼹鼠食郊牛角②。襄公十五年，日有蚀之。董仲舒、刘向皆以为自此前后，晋为鸡泽之会，诸侯盟，大夫又盟③。后为溴梁之会④，诸侯在而大夫独相与盟，君若缀旒⑤，不得举手⑥。又襄公十六年五月，地震。刘向以为是岁三月，大夫盟于溴梁，而五月地震矣。又其二十八年春，无冰。班固以为天下异也。襄公时，天下诸侯之大夫皆执国权，君不能制，渐将日甚。《榖梁》云：诸侯始失政，大夫执国征。又曰：诸侯失政，大夫盟，政在大夫，大夫之不臣也。案春秋诸国，权臣可得言者，如三桓、六卿、田氏而已⑦。如鸡泽之会、溴梁之盟，其臣岂有若向之所说者邪？然而《榖梁》谓大夫不臣，诸侯失政，讥其无礼自擅，在兹一举而已。非是如"政由宁人，祭则寡人"⑧，相承世官，遂移国柄。若斯之失也，若董、刘之徒，不窥《左氏》，直凭二传⑨，遂广为它说，多肆苓言⑩。仍云"君若缀旒"，"臣将日甚"，何其妄也!

【注释】

①梁山:山名。在今陕西韩城。

②鼷(xī)鼠食郊牛角:老鼠吃祭天的牛角,事见《春秋·成公六年》。

③鸡泽之会,诸侯盟,大夫又盟:鲁襄公三年(前 570)六月,鲁襄公与单顷公、晋悼公、宋平公、卫献公、郑僖公、莒子、邾子、齐国世子光,在鸡泽(今属河北)结盟。因楚国侵略小国,陈成公派袁侨到鸡泽之会来讲和,晋侯派和组父向诸侯通报。秋,叔孙豹和诸侯的大夫跟陈国袁侨结盟。事见《左传·襄公三年》。

④湨(jú)梁之会:鲁襄公十六年(前 557),晋平公即位。晋平公与鲁襄公、宋公、卫侯、郑伯、曹伯、莒子、邾子、薛伯、杞伯、小邾子在湨梁会见,命令各国归还相互侵占的土地。后晋侯与诸侯在温地宴会,让大夫跳舞,要求唱的诗要与舞一致,后叔孙豹、晋国荀偃、宋国向戌、卫国宁殖、公郑国孙蛮、小邾国大夫盟誓,共同讨伐对盟主不尊敬的人。事见《左传·襄公十六年》。

⑤缀旒(liú):即"赘旒"。赘,连缀。旒,旌旗上的飘带。比喻实权旁落、为大臣挟持的君主。

⑥不得举手:举手表示小事,不得举手,意味小事也做不了主。与"缀旒"所指相同。

⑦三桓、六卿、田氏:春秋时,执掌了国政的权臣家族。三桓,鲁国贵族,鲁桓公之后,孟孙氏、叔孙氏、季孙氏。六卿,晋国权臣,范氏、中行氏、智氏、韩、赵、魏。田氏,齐国权臣。

⑧政由宁人,祭则寡人:意为卫献公衍流亡国外,想回国复位。同胞子鲜为卫国大夫,以卫献公的名义说服宁喜,许诺,事成后宁喜主持国政,即卫献公衍只管祭祀,不问国政。后宁喜答应,后卫献公得以复辟。事见《左传·襄公二十六年》。宁喜并未得到

国政,卫献公担心宁喜专权,遣人杀宁喜,灭宁氏。宁喜被杀之
事,只见于《左传》,故而董仲舒、刘向,只知之前掌国政的约定,
而不知后来的宁喜被杀。

⑨二传:指《公羊传》和《榖梁传》。

⑩夈(chǐ)言:夸张的论调。

【译文】

　　《春秋》载鲁成公五年,梁山崩塌。鲁成公七年,小鼠啃食祭祀的牛
角。鲁襄公十五年,有日食。董仲舒、刘向都认为在此前后,晋国鸡泽
之会,诸侯会盟,大夫又会盟。后来又有溴梁之会,诸侯在场但由大夫
独自相会盟,君主大权旁落,失去了盟誓的权力。又记鲁襄公十六年五
月,地震。刘向认为那年三月,大夫在溴梁会盟,故而五月地震了。又
说鲁襄公二十八年,冬天没有结冰。班固认为天下出现异象了。襄公
时期,天下诸侯的大夫都执掌国政,国君不能管束,一日更甚一日。《榖
梁传》说:诸侯开始失去政权,权力掌握在大夫手里。又说:诸侯没有权力,各国大夫举行
盟誓活动,政权由大夫支配,这是不守臣子本分的表现。考查春秋诸多国家,臣子
掌权能说得出的,像三桓、六卿、田氏罢了。像鸡泽之会,溴梁之盟,他
们的臣子怎么像刘向所说的那样呢?然而《榖梁传》称大夫不臣服,诸
侯失去政权。指责他们违背礼法、恣意专横,在此仅一个记载罢了。并
非像“宁喜主持国政,卫献公衹只管祭祀”,官职世代相承,国家权柄最
终要转移。像这样的错误,是因董仲舒、刘向之流,不看《左传》,只凭
《公羊传》和《榖梁传》,就扩充成别的说法,多为肆意夸张之言。仍说
“君主大权旁落”,“臣子势力日益强大”,这是多么错误啊!

　　《春秋》昭十七年六月,日有蚀之。董仲舒以为时宿在
毕①,晋国象也。晋厉公诛四大夫,失众心,以弑死②。后莫
敢复责大夫,六卿遂相与比周③,专晋国。晋君还事之④。案
晋厉公所尸唯三郤耳⑤,何得云诛四大夫哉?

【注释】

①时宿在毕:毕宿,天区名称。宿,星宿,二十八宿。毕,二十八宿
　之一。

②晋厉公诛四大夫,失众心,以弑死:鲁成公十七年(前574),晋厉
　公杀大夫郤锜、郤犨、郤至。事见《左传·成公十七年》。鲁成公
　十八年(前573),正月庚申,晋国栾书、中行偃派程滑杀了晋厉
　公,埋在翼城东门之外,只用了一辆车送葬。事见《左传·成公
　十八年》。

③比周:结党营私。语出《论语·为政》:"君子周而不比,小人比而
　不周。"

④还:反转,反过来。事:侍奉。

⑤尸:杀。

【译文】

　　《春秋》载鲁昭公十七年六月,有日食。董仲舒认为当时星宿在毕
宿,是晋国的征象。晋厉公诛杀四大夫,失去民心,因此被臣下杀死。
后来晋国国君不敢再责罚大夫,六卿于是结党营私,专擅晋国政权。晋
国君反过来侍奉他们。据查晋厉公所杀的只有三郤,如何能说杀了四
位大夫呢?

　　又州满既死^①,今《春秋左氏传》本皆作"卅蒲",误也。当为州
满,事具王劭《续书志》。悼公嗣立,选六官者皆获其才^②,逐七
人者尽当其罪^③。以辱及扬干,将诛魏绛^④,览书后悟,引愆
授职。此则生杀在己,宠辱自由。故能申五利以和戎^⑤,驰
三驾以挫楚^⑥。威行夷夏,霸复文、襄^⑦。而云不复责大夫,
何厚诬之甚也。自昭公已降,晋政多门^⑧,如以君事臣,居下
僭上者,此乃因昭之失^⑨,渐至陵夷^⑩。匪由惩厉之弑^⑪,自

取沦辱也。岂可辄持彼后事，用诬先代者乎？

【注释】

①州满：晋厉公的名字。

②六官者皆获其才：鲁成公十八年（前573），晋悼公即位，任命各种官员，凡是各个部门的长官，都是民众称赞的人。选拔的人不失职守，封的爵位不超过德行，师的帅不凌驾将的将，旅的帅不侵犯师的帅，百姓没有毁谤的言论。事见《左传·成公十八年》。

③逐七人者尽当其罪：栾书、中行偃杀了晋厉公后，派人迎接十四岁的周子，周子成为国君。周子即位后，为维护自身权利，驱逐了七个不顺从臣服的人。事见《左传·成公十八年》。

④以辱及扬干，将诛魏绛：晋悼公四年（前464），大会诸侯。而他的弟弟扬干却扰乱随从仪卫军队的行列。魏绛冒死戮扬干之仆。晋侯认为魏绛戮辱扬干，就是污辱自己，故一定要杀魏绛。魏绛上书陈述，"军师不武，执事不敬，罪莫大焉"，并说明自己执法是因迫不得已。晋悼公阅书后大受感动，匆忙间赤足出外，向魏绛道歉，归罪自己没有教育好兄弟，并擢升了魏绛的官职。

⑤申五利以和戎：鲁襄公四年（前569），戎族献豹皮请和，晋侯欲攻打，魏绛劝说，与戎和，有五利：戎人常迁徙，重财务轻土地，可购买他们的土地；边境没有恐慌，百姓可安心耕种；四边邻国震惊戎狄臣服，会畏惧晋国威严，怀恋恩德；以德行安抚戎人，不动兵；以后羿为借鉴，使用恩德法度。晋悼公听从。事见《左传·襄公四年》。

⑥驰三驾以挫楚：楚国征伐郑国，郑国背弃盟约，与楚媾和，说只听从强者。晋国在郑国的目的没有达到。回国后，晋悼公休养生息，行德政，以养民。一年后，国家有了一套法规。出兵三次，楚国不能与晋国争强。

⑦霸复文、襄：恢复晋文公、晋襄公时期的霸业。

⑧晋政多门：指晋昭公时，政权被大夫分割。

⑨昭：指晋昭公。

⑩陵夷：衰颓，微弱。

⑪惩：引以为戒。

【译文】

晋厉公已经死去，今日流行的《春秋左氏传》本都写成"卅蒲"，是错误的。应当是州满，在王劭《续书志》可得到详细证实。晋悼公继承君位，所选官员都能发挥其才能，驱逐的七人都应被治罪。因为魏绛侮辱扬干，晋悼公将要诛杀魏绛，晋悼公看完魏绛上书后顿然醒悟，自揽过错而授魏绛新职。这就是国君掌管生杀大权，但宠幸、辱没在大臣自己。所以能在臣子表述和戎有五个利处后与戎和，三次出征挫败楚国。威望遍布夷夏，恢复晋文公、襄公的霸业。而说晋国国君不敢责罚大夫，是严重的欺骗啊。从晋昭公以后，晋国政权分为多种，像君主侍奉臣子，下位者犯上，这乃是因为晋昭公的过失，逐渐导致了国君权力的衰微。没因为以晋厉公被杀，国君引以为戒，导致了自己沦落受辱。怎么能动不动就拿后来的事情，来归罪于先辈呢？

哀公十三年十一月，有星孛于东方①。董仲舒、刘向以为周之十一月，夏九月，日在氐②。出东方者，轸、角、亢也③。或曰：角、亢，大国之象，为齐、晋也。其后田氏篡齐④，六卿分晋⑤。案星孛之后二年，《春秋》之经尽矣⑥。又十一年，《左氏》之传尽矣⑦。自《传》尽后八十二年，齐康公为田和所灭⑧。又七年，晋静公为韩、魏、赵所灭⑨。上去星孛之岁，皆出百余年。辰象所缠⑩，氛祲所指⑪，若相感应，何太疏阔者哉？且当《春秋》既终之后，《左传》未尽之前，其间卫弑君⑫，越灭吴⑬,鲁逊越⑭,贼臣逆子破家亡国多矣。此正得东方之象,大国之征,何故舍而不述,远求他代者乎? 又范与中行,早从殄灭⑮。智入战国,继踵云亡⑯。辄与三晋连名,总以六卿为目,殊为谬也。寻斯失所起,可以意测。何者? 二传所引,事终西狩获麟。《左氏》所书,语连赵襄灭智。汉代学者,唯读二传,不观《左氏》。故事有不周,言多脱略。且春秋之后,战国之时,史官阙书,年祀难记。而学者遂疑篡齐分晋,时与鲁史相邻。故轻引灾祥,用相符会。白圭之玷⑰,何其甚欤?

【注释】

①孛:彗星的别称。

②氐:二十八宿之一,属东方青龙。

③轸、角、亢:二十八星宿名称。轸,属南方朱雀。角、亢,属东方青龙。

④田氏篡齐:指战国初年,齐国田氏历田桓子、田僖子、田成子三代,渐得民心,后取代姜姓成为齐侯。公元前 386 年,周安王正式册命田和为齐侯。

⑤六卿分晋:实为韩、赵、魏灭晋,六卿之说是误。春秋末年,韩、赵、魏三家联合,灭掉了同为晋国四卿的智氏,后瓜分晋国。公元前 403 年,周威烈王封三家为侯国。

⑥《春秋》之经尽矣:《春秋》与《公羊传》、《穀梁传》最晚都是记载到鲁哀公十四年(前 481)狩猎到麒麟为止。

⑦《左氏》之传尽矣:《左传》最晚记载到鲁哀公二十七年(前 468),赵襄子灭智伯。

⑧齐康公:名吕贷,齐国姬姓最后一任君主,田氏代齐后,被迁出国

都,前379年死,姜姓绝祀,姜姓齐国完全为田氏齐国取代。在位二十六年,起于前404年,止于前379年。

⑨晋静公:名俱酒,战国时代晋国的最后一任君主。前376年,韩、赵、魏三国瓜分了晋国公室的土地,废静公为庶民。晋国彻底灭亡。

⑩缠:应作"躔",日月五星在天空中运行。

⑪氛:指预示吉凶的云气,亦特指凶气。祲:一种妖气。

⑫卫弑君:鲁哀公十七年(前479),晋国围卫,卫人赶走卫庄公,与晋国讲和。卫庄公出逃。在戎州,想要驱除石圃,石圃先发制人。卫庄公逃到己氏家。先是看见己氏妻子的头发很漂亮,就剃掉,要给吕姜做假发。到了己氏家,拿出玉璧,说:救我,我给你玉璧。己氏说:杀了你,玉璧也是我的。于是杀了卫庄公。事见《左传·哀公十七年》。

⑬越灭吴:鲁哀公二十二年(前473)十一月,丁卯,越国灭了吴国,越王让吴王到甬冬居住,吴王辞谢:"我老了,哪里还能侍奉君主?"就上吊自杀了。越国人带了他的尸体回去。事见《左传·哀公二十二年》。

⑭鲁逊越:三桓过于放纵,鲁哀公想要用越国攻打鲁国,来除掉三桓。后不得已,逃到了邾国,又去越国。

⑮范与中行,早从殄灭:公元前497年,赵简子因为向赵午索取"卫贡五百家"没有到手,杀了赵午,引起中行氏和范氏的联合进攻,赵简子一度败退。智氏和韩氏、魏氏又因挟嫌争权,起来讨伐范氏、中行氏,迫使范氏、中行氏出奔朝歌(今河南淇县)。赵简子遂回绛复位,并率晋军围攻朝歌。齐国运粟支援范氏,被赵简子劫,得到"齐粟千车"。次年,范氏、中行氏被迫出逃,范氏、中行氏灭亡。智氏、赵氏、韩氏、魏氏尽分范氏、中行氏的土地。

⑯智入战国,继踵云亡:智伯率韩、魏两家攻打赵家,包围晋阳城,

并挖开晋水淹灌晋阳。赵襄子属下张孟谈,以唇亡齿寒之理,说服韩、魏君主。赵襄子挖开晋水灌智伯军营,韩、魏趁机夹击,智伯被灭,三家尽分智伯的土地。

⑰白圭之玷:白玉上的一个斑点。比喻人或物大体很好,只是有些小缺点。圭,古代行礼时用的玉器。典出《诗·大雅·抑》。

【译文】

鲁哀公十三年十一月,有彗星出现于东方。董仲舒、刘向认为彗星运行为周历十一月,夏历九月,太阳在氐宿。出东方的是轸、角、亢三个星宿。有人说,角、亢,是大国的征象,象征齐国、晋国。之后田氏篡齐,三家分晋。考查彗星出现两年后,《春秋》的记载就截止了。又过十一年后,《左传》的记载也结束了。从《左传》记载结束后八十二年,齐康公被田和灭掉。又过了七年,晋静公被韩、赵、魏灭掉。距上文说出现彗星的时间,都超出一百多年。星辰所运行的轨迹,预示着灾难,如果相互感应,如何能相隔这么遥远呢?而且在《春秋》记载已经结束后,《左传》记载没有结束前,这段时间己氏杀了卫国国君,越国灭了吴国,鲁哀公出逃到越国,忤逆、窃权的臣子及破亡的国家很多。这正应了东方的征象,大国的征象,为何舍弃而不论述,寻求时隔遥远的其他事情来代替呢?又有范氏和中行氏,很早就被消灭了。智伯延续到战国,接着也消亡。名称为三晋,却总用六卿的名称,非常荒谬。探究这过失的原因,可以推断。为什么呢?《公羊传》、《穀梁传》所记载,事情以西狩得到麒麟为结束。《左传》所写,记载到赵襄子灭智伯。汉代的学者,只读《公羊传》、《穀梁传》,不看《左传》。所以了解事情不够全面,语言多有脱漏。而且春秋以后,战国时期,史官记载有空缺,年代难以记录。学者所以怀疑田氏篡齐、三家分晋,时间与鲁史相邻。所以轻率地引用灾异,来相互验证。这种小错误,怎么这么多啊?

《春秋》釐公三十三年十二月,陨霜不杀草。成公五年,梁山崩。七年，鼷鼠食郊牛角。刘向以其后三家逐鲁昭公，卒死于外之象①。案乾侯之出，事由季氏。孟、叔二孙，本所不预②。况昭子以纳君不遂，发愤而卒③。论其义烈，道贯幽明。定为忠臣，犹且无愧；编诸逆党，何乃厚诬？夫以罪由一家，而兼云二族。以此题目④，何其滥欤？

【注释】

①三家逐鲁昭公，卒死于外之象：季氏掌权，与郈氏等大夫有怨。鲁昭公率公族与郈氏讨伐季氏，季氏被叔孙氏所救，叔氏杀郈昭伯，并攻打鲁昭公军队。鲁昭公大败，后流亡晋国。季氏和叔氏曾想接鲁昭公回国，但都没有成功。事见《左传·昭公二十五年》。鲁昭公三十二年（前510）十二月，鲁昭公死在了晋国的乾侯。事见《左传·昭公三十二年》。

②预：参与，干涉。

③昭子以纳君不遂，发愤而卒：鲁昭公出逃，叔孙昭子追赶鲁昭公到了齐国，想迎接他回国，鲁昭公不回。十月辛酉，叔孙昭子斋戒，派祝宗为他求死。戊辰的时候，他死了。事见《左传·昭公二十五年》。叔孙昭子，叔孙氏，名婼，叔孙豹之子，春秋时代鲁国政治家、外交家，三桓之一叔孙氏的宗主。发愤，含恨。

④题目：品评。

【译文】

《春秋》载鲁僖公三十三年十二月，降霜没有冻死草。鲁成公五年，梁山崩塌。七年，小鼠啃食祭天的牛角。刘向认为这是之后季、孟、孙三家驱逐鲁昭公，鲁昭公死于国外的征象。考查鲁昭公被驱逐到乾侯，事情起因于季氏。孟氏、叔氏，原来没有参与。况且叔孙昭子因为迎接鲁昭公回国未果，含恨而死。论起他的忠义节烈，道德贯通天地。把他说为忠臣，尚且不羞愧；编入逆乱的行列，岂不是太冤枉了？因为一家犯罪的缘故，却同时说两族。用这个来品评，多么违背常理啊？

　　《左氏传》昭公十九年，龙斗于郑时门之外洧渊。刘向以为近龙孽也①。郑小国摄乎晋、楚之间，重以强吴，郑当其冲，不能修德，将斗三国，以自危亡。是时，子产任政，内惠于民，外善辞令，以交三国，郑卒亡患②，此能以德销灾之道也。案昭之十九年，晋、楚连盟③，干戈不作。吴虽强暴，未扰诸华④。郑无外虞⑤，非子产之力也。又吴为远国，僻在江干⑥，必略中原，当以楚、宋为始。郑居河、颍⑦，地匪夷庚⑧，谓当要冲，殊为乖角⑨。求诸地理，不其爽欤⑩？

【注释】

①龙孽：龙出现的不是时候，会形成灾殃。

②卒亡：终究没有。卒，终究，最终。亡，没有。

③晋、楚连盟：晋、楚争霸，中原小国饱受其苦。公元前579年，在宋国华元的调解下，晋、宋和议。小国尊两国共为盟主。

④诸华：指春秋时期中原的诸多姬姓国家。

⑤虞：忧虑。

⑥江干：意为长江岸边，指在长江附近。

⑦河、颍：河为黄河。颍为颍水。春秋时期，郑国首都新郑，即今河南新郑，其疆域北跨黄河，颍水贯穿郑国，纵横约一二百里。

⑧夷庚：吴、晋两国间能通行车马的平坦大道。

⑨乖角：违背，抵触。

⑩爽：差失，违背。

【译文】

《左传》载鲁昭公十九年,有龙在郑国时门外的洧渊相斗。刘向认为像是龙孽。郑为小国而夹在晋、楚之间,再加上强盛的吴国,郑国首当其冲,若不能修养德行,三国将来相斗,将连及郑国自身灭亡。在这个时候,子产当政,对内给民便利,对外擅长言辞应对,和三国结交,郑国终究没有忧患,这是能用德行抵消灾难之道。考查鲁昭公十九年时,在晋楚结盟后,战事不起。吴国虽然强大凶残,但没有侵扰中原国家。郑国国外没有忧虑,不是子产的功劳。再者,吴国远离郑国,远在长江边上,假如侵略中原,应当以楚国、宋国为开始。郑国处在黄河、颍水之间,不在吴晋之间的要道,称郑国首当其冲,实在是不合理。探求地理地貌,这不是错的吗?

《春秋》昭公十五年六月,日有蚀之。董仲舒以为时宿在毕,晋国象也。又云:"日比再蚀[①],其事在《春秋》后,故不载于经。"案自昭十五年,迄于获麟之岁,其间日蚀复有九焉。事列本经,披文立验[②],安得云再蚀而已,又在《春秋》之后也?且观班《志》编此九蚀,其八皆载董生所占。复不得言董以事后《春秋》,故不存编录。再思其语,三覆所由,斯盖孟坚之误,非仲舒之罪也。

【注释】

①比:接连。
②验:查明。

【译文】

《春秋》载鲁昭公十五年六月,有日食。董仲舒认为当时星宿在毕宿,是晋国的征象。又说:"接连日食,这事情在《春秋》记事年限之后,所以《春秋》没有记载。"考查从鲁昭公十五年起,到获得麒麟的时间为止,这中间日食重复有九次。事情记载在《春秋》,阅读《春秋》就能查明,怎么能说多次日食,是在《春秋》记事结束之后呢?而且看班氏《五行志》记录了这九次日食,其中八次都记载了董仲舒的占卜。又没有说董仲舒因为日食在《春秋》记事结束之后,所以不保留记载。反复思考班氏的话,多次复查其理由,这大概是班固的谬误,不是董仲舒的过错。

《春秋》昭公九年,陈火。刘向以为先是陈侯之弟招杀陈太子偃师,楚因灭陈①。《春秋》不与蛮夷灭中国,故复书陈火也。案楚县中国以为邑者多矣,如邑有宜见于经者,岂可不以楚为名者哉? 盖当斯时,陈虽暂亡,寻复旧国,故仍取陈号,不假楚名。独不见郑裨灶之说乎? 裨灶之说斯灾也,曰:"五年,陈将复封。封五十二年而遂亡。"此其效也。自斯而后,若颛顼之墟②,宛丘之地③,如有应书于国史者,岂可复谓之陈乎?

【注释】

①楚因灭陈:陈哀公有久治不愈的瘤疾,鲁昭公八年(前534)时,陈侯的弟弟公子招、公子过杀掉了偃师,立陈侯第二子公子留为太子。四月,哀公自缢。楚国外交官干征师到楚国报丧,并说有新国君立。陈侯的第三子公子胜,到楚国哭诉原委。楚国杀了干征师,灭陈。

②颛顼之墟:因陈国是帝颛顼的后裔所建,故有此称。

③宛丘:陈国国都所在地,在今河南淮阳东南。

【译文】

《春秋》载鲁昭公九年,陈国有火灾。刘向认为之前是陈侯的弟弟公子招杀了陈国太子偃师，楚国趁机灭了陈国。《春秋》不认同蛮夷灭中原之国，故而就记载陈国有火灾。考查楚国把中原地区国家设为县的地方很多，像这样的地方能够在《春秋》中见到的，怎么会不用楚国为名呢？大概在那个时候，陈国只是暂时亡国，不久又恢复陈国，所以仍然用陈国之名，不用楚国之名。刘向偏偏看不到郑裨灶对这灾异的解说吗？郑裨灶解释陈国灾异说："五年，陈国将再建立。建立五十二年然后亡国。"这是火灾的应兆。自陈国灭亡之后，像是在陈国的旧址，国都宛丘的地域，如果有应当写入国史的，怎会再称它为陈国呢。

外篇　暗惑第十二

【题解】

本篇是刘知幾关于如何编纂史书的讨论。刘知幾就之前史书中的纰漏、谬误,列举典型,欲使得史家能审慎择取史料、严密甄别推敲,客观、平实地记录史书,虽论述中亦有小失,但瑕不掩瑜,其论述颇能见史家的精神,"凡为国史,可不慎诸"!

刘知幾主要论述了史料择取和叙事两个方面。就史料选择来说,一是所选史料有违常理。如《史记》中,舜"为匿空旁出"、优孟装作公孙敖,却无人发觉。此类史料,多涉神怪,荒诞不经;二是所选史料难经推敲。如有若继孔子而为师、诸将谋叛、张良知而不言等诸条。此类史事,初看或许暂能讲通,但细细推敲,却皆是漏洞。对于此种现象,刘知幾认为,史家撰史,当广泛参阅资料,且深入推敲,而不能迷惑于表象。

就叙事而言,刘知幾主张"文之于史,皎然异辙"。有的史家,叙事或刻画人物,为突出艺术效果,而浓墨重彩,夸张不实,使得历史失去原貌。如文鸯侍讲,殿瓦皆飞,赤眉降,铠甲齐山。再者还有对人物的称呼欠推敲,以至于《左传》、《论语》、《史记》,都可见直接称呼对方谥号的可笑之事。

夫人识有不烛①,神有不明,则真伪莫分,邪正靡别。昔人有以发绕炙误其国君者^①，有置毒于胙诬其太子者^③。夫发经炎炭，必致焚灼，毒味经时，无复杀害。而行之者伪成其事，受之者信以为然。故使见咎一时，取怨千载。夫史传叙事，亦多如此。其有道理难凭，欺诬可见，如古来学者，莫觉其非，盖往往有焉。今聊举一二，加以驳难，列之于左。

【注释】

①烛：洞悉，洞察。

②以发绕炙误其国君：晋文公时，炊事官的烤肉上有毛发缠绕。晋文公招来训斥。主管磕头谢罪："我有三条罪，一是刀太锋利，切断肉，而未断发；二是拿木棍烤肉，却没看见毛发；三是用炙热的炉子烤，肉熟了，但毛发没有焦。这屋子里不是暗藏着记恨我的人吧？"晋文公认为有道理，召集众人，果然找到了那个人，训斥了他一顿。事见《韩非子·内储说下》。

③置毒于胙诬其太子：晋献公的夫人骊姬，想要使自己的儿子奚齐为太子，取代申生。骊姬告诉申生，国君梦见了申生的母亲齐姜，让申生去祭祀。申生到曲沃祭祀，把祭祀的酒肉送给献公。献公去打猎，六天后才回来，骊姬放上毒药后，进酒肉给了献公。献公把肉丢在地上，地就突了起来；给狗吃，狗死了；给小臣吃，小臣也死了。骊姬诡辩，说是申生的阴谋。申生被逼无奈，自杀。事见《左传·僖公四年》。胙，祭祀时用的酒肉。

【译文】

人的认知有不明察，神有不贤明，就会真假难辨，好坏不分。古人有用头发缠在烤肉谋害他国君的，有放毒药在祭祀的酒肉中诬陷太子的。头发经过炎热的烤碳，必定会致焚烧，毒药经过一定时间散发，不能再毒杀人。而做这些的人假造了这些事情，听闻的人信以为真。因而使得有人一时被错怪，千百年仍被怨恨。史书叙事，也多如这般。有些事情的依据难以凭证，可以看出是虚构和欺骗，但自古以来的学者，没有察觉它的错误，常常是有的。如今暂且举出一两个例子，进行辩驳诘难，陈述于后。

　　《史记》本纪曰①：瞽叟使舜穿井②，为匿空旁出③。瞽叟与象共下土实井④。瞽叟、象喜，以舜为已死。象乃止舜宫⑤。

【注释】

①《史记》本纪：此指《史记·五帝本纪》。

②瞽叟：名为桥牛，双目失明，是舜的父亲，黄帝八世孙。瞽叟与后妻及后妻所生的儿子象，想趁机杀长子舜，但舜一直恭敬地侍奉瞽叟，后来三人感动，不再怀有陷害舜的心思。

③为匿空旁出：指舜藏于井旁的空洞中，空洞与别井相通，舜从别的井中爬出来。匿，躲藏。空，地洞。

④实：填塞。

⑤止舜宫：霸占了舜的居室。止，霸占。宫，居室。

【译文】

《史记·五帝本纪》写道：瞽叟让舜凿井，舜藏于井旁的空洞中。瞽叟与象一起用土填井谋害他，舜躲入空洞并从井壁上挖一地道逃出。瞽叟、象很高兴，以为舜已经死了。象就霸占了舜的宫室。

　　难曰：夫杳冥不测①，变化无恒，兵革所不能伤，网罗所不能制，若左慈易质为羊②，刘根窜形入壁是也③。时无可移，祸有必至，虽大圣所不能免，若姬伯拘于羑里④，孔父厄于陈、蔡是也⑤。然俗之愚者，皆谓彼幻化，是为圣人。岂知圣人智周万物，才兼百行，若斯而已，与夫方内之士有何异哉⑥！如《史记》云重华入于井中，匿空出去。此则其意以舜是左慈、刘根之类，非姬伯、孔父之徒。苟识事如斯，难以语夫圣道矣。且案太史公云：黄帝、尧、舜轶事，时时见于他说，余择其言尤雅者，著为本纪书首。若如向之所述⑦，岂可谓之雅邪？

【注释】

①杳冥不测：奥秘莫测。杳冥与不测，都为不可预测的意思。

②左慈易质为羊：左慈为东汉方士，擅长变化之术。一次，曹操要杀左慈，左慈变成羊，躲入羊群。追捕的士兵就传达曹操的意思，说曹操只是想见见左慈，让左慈不要害怕。一只大羊上前，跪着说："你们看看我是不是呢？"士兵以为这是左慈，要抓走，但这时所有的羊都跪下，都说相同的话。追捕的人分辨不清，只好作罢。事见《后汉书·方术》。

③刘根窜形入壁：刘根为颍川（今河南禹州）人，有道术。太守史祈认为他招摇撞骗，便拘捕他入狱，让他证明自己的神通。刘根招来鬼魂，为史祈过世的父亲、祖父及近亲，数十人。鬼魂都反绑双手，向刘根叩头谢罪，并斥责史祈。史祈惊惧谢罪，刘根却突然失去踪影。事见《后汉书·方术》。

④姬伯拘于羑里：姬伯即为周文王姬昌。姬昌有德行，诸侯、部落归附者很多。崇侯虎对商纣王说，姬伯的德行会对商王统治形成威胁。商纣王便将姬伯囚禁在了羑里。事见《史记·周本纪》。羑里，在今河南安阳汤阴北。

⑤孔父厄于陈、蔡：楚昭王聘请孔子，孔子去拜见，路经陈国与蔡

国，陈、蔡两国的大夫们相聚谋划说："孔子是一代圣贤，他每次抨击嘲讽的问题都切中诸侯的缺点。他要是被楚国重用，那我们陈、蔡两国就危险了。"于是他们派兵拦住孔子，不让通行。孔子断粮七天，和外面不能联系，连粗劣的饭食都吃不到，随从的人都相继饿倒。事见《史记·孔子世家》。

⑥方内之士：指入世之人。

⑦向：过去，之前。

【译文】

驳难：有一种超然之人奥秘莫测，变幻无常，兵刃不能伤害，网罗不能制服，像左慈变成羊，刘根穿墙而走就是这样的人。时间无法改变，灾祸必有降临，即使大圣人也不能避免，像姬伯被囚在羑里，孔子受困在陈、蔡两国间之类。然而世俗凡人，都说懂那变幻之法的，才是圣人。哪里知道圣人的智慧周知万物，才能涵盖百业，如这样罢了，与入世之凡人，有什么不同呢！像《史记》说舜进入井中，躲在地洞中而逃出，这样他的意思是以舜为左慈、刘根之类，不是姬伯、孔子之列。如果这样认识事情，很难以此说是圣人之道啊。况且考查太史公说：黄帝、尧、舜的轶事，常常在其他论述中看到，太史公选择言语正确可信的，写在本纪之首。如果像上文所描述的，哪里能说它可信呢？

又《史记·滑稽传》：孙叔敖为楚相①，楚王以霸。病死，居数年，其子穷困负薪②。优孟即为孙叔敖衣冠③，抵掌谈语。岁余，象孙叔敖，楚王及左右不能别也。庄王置酒，优孟为寿④，王大惊，以为孙叔敖复生，欲以为相。

【注释】

①孙叔敖（约前630—前593）：蒍氏，名敖，字孙叔，春秋时期楚国名

臣。仕海于湖边被楚庄王举用，后出任楚国令尹，倡导宽刑缓
政，发展经济，政绩赫然。主持兴修了芍陂。对楚庄王称霸出力
很多。

②负薪：背着柴草，指从事樵采的工作。

③优孟：即一个叫孟的杂戏的艺人，常以谈笑旁敲侧击地劝说
楚王。

④寿：祝寿。

【译文】

又有《史记·滑稽传》记载：孙叔敖为楚国相国，楚王因此称霸。孙
叔敖病死，过了几年，他的儿子穷困而为樵夫。艺人孟就穿着孙叔敖的
衣冠，与孙叔敖的儿子抵掌相谈。一年多后，孟装扮成孙叔敖，楚王及
其左右臣子都不能分辨。楚庄王设置酒宴，孟上前祝寿，楚王大惊，以
为是孙叔敖复生，想任命他为相国。

难曰：盖语有之："人心不同，有如其面①。"故窊隆异
等②，修短殊姿，皆禀之自然③，得诸造化。非由仿效，俾有迁
革④。如优孟之象孙叔敖也，衣冠谈说，容或乱真⑤，眉目口
鼻，如何取类？而楚王与其左右曾无疑惑者邪⑥？昔陈焦既
亡，累年而活⑦；秦谍从缢，六日而苏⑧。顾使竹帛显书⑨，古
今称怪。况叔敖之殁，时日已久。楚王必谓其复生也，先当
诘其枯骸再肉所由，阖棺重开所以⑩。岂有片言不接⑪，一见
无疑，遽欲加以宠荣，复其禄位！此乃类梦中行事，岂人伦
所为者哉！

【注释】

①人心不同，有如其面：语出《左传·襄公三十一年》。

②窊(wā)隆：窊，低下。隆，高耸。此处指人容貌不同。

③禀：赋予，给予。

④俾有迁革：使其有所改变。俾，使。

⑤容：或许。

⑥曾：表示出乎意料，竟，却。

⑦陈焦既亡，累年而活：永安四年(261)，安吴民陈焦死去，埋葬六
　天后，又复活，从坟墓中出来。事见《三国志·吴书·景帝纪》。
　文中称"累年"，实应为"日"，而非"年"。

⑧秦谍从缢，六日而苏：鲁宣公八年(前601)，晋国伐秦，俘获一个
　秦国间谍，杀了他。六天后，秦国间谍复活。事见《左传·宣公
　八年》。

⑨显书：大书特书。

⑩所以：表示原因。

⑪片言不接：一句话都未交谈。

【译文】

诘难：常言道："人心不同，就像人的面貌。"所以容貌形象不同，高
矮身姿不同，都是天生的，得之于自然的造化。不是因为模仿，使得容
貌、身形有所改变。像艺人孟模仿孙叔敖，衣服、言语，或许能以假乱
真，眉目口鼻，如何能一样呢？但楚王和他的左右竟然没有怀疑的人
吗？过去陈焦已死，几日后又复活；秦国间谍被勒死，六天后复苏。故
而在史书中大书特书，古今都认为很是奇怪。况且孙叔敖的死，时间
已经很久，楚王如果一定认为他复活，先应该诘问枯骨再生肉的原因，
钉死的棺木重新开启的缘故。哪有一句话都没交谈，一看见就没有疑
虑，立即想要加以宠幸荣誉，恢复他的禄位！这是像梦中做的事情，哪
里是人日常生活所做的呢！

又《史记·田敬仲世家》曰：田常成子以大斗出贷①，以

小斗收。齐人歌之曰："妪乎采芑,归乎田成子②。"

【注释】

①田常成子:春秋时齐国大臣。田(陈)氏,名恒,后为避汉文帝刘恒讳,称他为田常,亦称田成子。公元前 481 年田常杀齐简公,立简公弟骜为平公,自任相国,尽诛公族中强者,自此田氏专国政。

②妪乎采芑,归乎田成子:老妇采的芑菜,要归田成子了。比喻齐国的政权要归田家了。语出《诗·小雅·采芑》。

【译文】

又《史记·田敬仲世家》写道:齐国大臣田常成子用大斗借贷,用小斗收回。齐国人有歌谣唱道:"老夫人采的芑菜,要归于田成子了。"

难曰:夫人既从物故①,然后加以易名②。田常见存③,而遽呼以谥,此之不实,明然可知。又案《左氏传》,石碏曰:"陈桓公方有宠于王④。"《论语》,陈司败问孔子⑤:"昭公知礼乎⑥?"《史记》,家令说太上皇曰⑦:"高祖虽子,人主也。"诸如此说,其例皆同。然而事由过误⑧,易为笔削。若《田氏世家》之论成子也,乃结以韵语,纂成歌词,欲加刊正,无可厘革。故独举其失,以为标冠云。

【注释】

①物故:亡故,去世。

②易名:指谥号。

③见:通"现",现在。

④陈恒公方有宠于王:春秋时,卫庄公的妾生子州吁,受宠,有宠而

好武。石碏的儿子石厚与州吁交往多，石碏劝，儿子弗听。卫桓公十六年(前719)，州吁弑桓公而自立为君，未得到百姓拥护。石厚向其父请教安定君位之法，他假意建议石厚和州吁去陈国，通过陈桓公以朝觐周天子。接着请求陈拘留两人，由卫使右宰丑杀州吁于濮，又派家宰獳羊肩杀石厚于陈。当时称他能"大义灭亲"。事见《左传·隐公四年》

⑤陈司败：一说是陈国掌管司法的官，姓名不详。一说齐国大夫，姓陈，名司败。

⑥昭公：指鲁昭公。

⑦家令说太上皇：刘邦成为皇帝后，以旧礼尊称自己的父亲，家令说："如今高祖虽然是太公之子，但是为国君；太公虽然是您的父亲，但是为人臣。"家令，汉时的官名，是太子属官，主管仓谷饮食。

⑧过误：错误。

【译文】

诘难：人已经去世，然后加上谥号。田常当时在世，而却以谥号称呼，此处的错误，明显可以看出。又考查《左传》，石碏说："陈桓公正得到周王的宠信。"《论语》中，陈司败问孔子："鲁昭公知道礼吗？"《史记》中，家令对太上皇说："高祖虽然是儿子，但是人主、国君。"诸多像这样的说法，都是同一类。不过像这样，撰史者造成的错误，容易进行修改。像《田氏世家》议论田成子，编为押韵的歌谣，想要校正，无法更改。所以单独列举它的错误，以此作为一个典型。

又《史记·仲尼弟子列传》曰：孔子既殁，有若状似孔子^①，弟子相与共立为师，师之如夫子。他日，弟子进问曰："昔夫子当行，使弟子持雨具，已而果雨。""商瞿年长无子^②，母为取室^③。孔子曰：'瞿年四十后，当有五丈夫子。'已而果然。敢问夫子何以知此?"有若默然无应。弟子起曰:"有子避④,此非子之坐也!"

【注释】

①有若(前518—前458):字子有,后被尊称为有子。春秋末年鲁国人。勤奋好学,能较全面深刻地理解孔子的学说。尤其重视"孝"道。主张藏富于民。因他品学兼优,且"状似孔子",孔子死后,曾一度被孔门弟子推举为"师"。

②商瞿(前522—?):春秋末年鲁国人,姓商名瞿,字子木。喜好《易经》,得孔子传授,后来商瞿又传给楚人子弘,是孔门传道者之一。

③取室:娶妻。此处指更换一个妻子。

④避:避让,退让。

【译文】

又《史记·仲尼弟子列传》写道:孔子死去,有若相貌像孔子,弟子一道立有若为师,侍奉他像夫子。有一天,弟子进来问道:"以前夫子要出门,让弟子拿着雨具,后来果然下雨。""商瞿年长无子,母亲为他另娶妻室。孔子说:'瞿年纪到四十后,会有五个男孩。'后来果然这样。敢问夫子如何知道这些的?"有若沉默无应答。弟子起身,说:"有若避开,这不是你的位子!"

难曰:孔门弟子七十二人,柴愚参鲁①,宰言游学②,师、商可方③,回、赐非类④。此并圣人品藻,优劣已详,门徒商榷,臧否又定。如有若者,名不隶于四科,誉无偕于十喆⑤。逮尼父既殁,方取为师。以不答所问,始令避坐。同称达者,何见事之晚乎?且退老西河,取疑夫子,犹使丧明致罚,投杖谢愆⑥。何肯公然自欺，诈相策奉？此乃童儿相戏，非复长老所为。观孟轲著书，首陈此说；马迁裁史，仍习其言。得自委巷⑦，曾无先觉，悲夫！

【注释】

①柴愚参鲁：高柴智慧不足忠厚有余，曾参思虑迟钝而治学笃实。语出《论语·先进》："柴也愚，参也鲁。"高柴，字子羔。曾参，字子舆。

②宰言游学：宰我擅长语言，子游擅长文学。语出《论语·先进》："言语：宰我、子贡……文学：子游、子夏。"宰，宰我，名予。游，子游，姓言，名偃。

③师、商可方：子师与卜商相当。语出《论语·先进》："子贡问：'师与商也孰贤？'子曰：'师也过，商也不及。'曰：'然则师愈欤？'子曰：'过犹不及'。"师，姓颛顼，字子张。商，姓卜，字子夏。

④回、赐非类：颜回与子贡不是同一水平。语出《论语·公治长》："子谓子贡曰：'女与回也，孰愈？'对曰：'赐也何敢望回？回也闻一知十，赐也闻一知二。'子曰：'弗如也，吾与女弗如也。'"回，姓颜，字子渊。赐，姓端木，字子贡。

⑤十喆：指颜回、闵子骞、冉有、仲弓、宰我、子贡、子游、子夏、冉伯牛、季路。

⑥丧明致罚，投杖谢愆：孔子故去后，子夏居西河，教学，为魏文侯老师。后丧子，哭至失明。曾子来吊丧，子夏哭诉自己无罪，曾子怒而数三条罪过：使西河的人们把他比作老师；父母去世，百姓连听都没有听说；儿子死了就哭瞎了眼睛。子夏扔下手杖拜谢曾子道：我错了！我错了！我离开朋友独自居住太久了。事见《礼记·檀弓上》。

⑦得自委巷：指言语出于鄙猥之人，传于僻陋之处。委巷，僻陋

小巷。

【译文】

诘难:孔子门下弟子七十二人,高柴智慧不足忠厚有余,曾参思虑迟钝而治学笃实,宰我擅长言辞,子游擅长文学,子师与卜商相当,颜回与子贡不是同一水平。这些都是孔子的品评,优缺点已经详尽,门徒商讨后,褒贬亦定。像有若,名字不属于四科,称誉不在十哲中。等到孔子故去,才以有若为老师。因为不回答弟子提问,才被要求离开座位。同样为楷模,为何迟迟才有正确认识呢?且子夏告老退守西河,被视作像孔子一般,仍然使子夏失明丧子,丢开拐杖下拜而谢罪。哪敢公然自欺,假装一同商量推举老师?这是小孩子相互戏耍,不是年长之人所做的事。看孟子著述之书,首先叙述这个事情;司马迁编纂史书,仍因袭这个记载。这事是出自鄙猥之人,竟没有先人发现,可悲啊!

又《史记》、《汉书》皆曰:上自洛阳南宫①,从复道望见诸将往往相与坐沙中语②。上曰:"此何语?"留侯曰:"陛下所封皆故人亲爱,所诛皆平生雠忌。此属畏诛③,故相聚谋反尔。"上乃忧曰:"为之奈何?"留侯曰:"上平生所憎,谁最甚者?"上曰:"雍齿④。"留侯曰:"今先封雍齿,以示群臣。群臣见雍齿封,则人人自坚矣⑤。"于是上置酒,封雍齿为侯。

【注释】

①上:指汉高祖刘邦。南宫:在今河南洛阳北二十六里,洛阳故城中。

②复道:楼阁或悬崖间有上下两重通道。往往相与坐沙中语:当时刘邦已经封大功臣二十余人,剩余未能分封的,日夜争功,想要得到封赏,故而常常有人相互偶语。

③属：类。

④雍齿：西汉初年武将，出身豪强，早先随刘邦起兵反秦。刘邦解
　秦军丰邑之围后，命雍齿驻守。雍齿经魏国人周市诱反，背叛，
　几经反复后，最后归向刘邦，邦以其立过许多战功，故未杀他。
　后封雍齿为什邡侯，食邑二千五百户。

⑤坚：安心。

【译文】

　　又有《史记》《汉书》都记载：刘邦从洛阳南宫出，在复道望见诸位将领常常一起坐在沙中说话。刘邦问："他们在说什么？"留侯回答："陛下所封爵的，都是旧友、亲近喜爱之人；所杀的，都是平素仇视憎恨的人。这类人害怕被诛杀，故而聚在一起谋反。"刘邦担忧地说："该怎么办呢？"留侯说："您平时最憎恨的是谁？"刘邦说："雍齿。"留侯说："如今先分封雍齿，给群臣示意。群臣看到雍齿被分封，就每个人都安心了。"于是，刘邦设置酒宴，分封雍齿为侯。

　　难曰：夫公家之事，知无不为①，见无礼于君，如鹰鹯之逐鸟雀②。案子房之少也③，倾家结客，为韩报仇④。此则忠义素彰，名节甚著⑤。其事汉也，何为属群小聚谋⑥，将犯其君，遂默然杜口⑦，俟问方对？倘若高祖不问，竟欲无言者邪？且将而必诛⑧，罪在不测。如诸将屯聚，图为祸乱，密言台上，犹惧觉知；群议沙中，何无避忌？为国之道，必不如斯。然则张良虑反侧不安⑨，雍齿以嫌疑受爵，盖当时实有其事也。如复道之望、坐沙而语，是说者敷演，妄溢其端耳⑩。

【注释】

①公家之事，知无不为：事见《左传·僖公九年》。荀息对晋献公

说:"公家的利益,知道的没有不去做的,这就是忠。"

②鹰鹯之逐鸟雀:莒纪公生了太子仆,又生了季陀,想废太子。太子借莒纪公失民心,杀莒纪公,夺了他的宝玉,逃到了鲁国。鲁宣公要给他一个邑,季文子却要驱逐他,并解释道:"见到对他的君主有礼数的人,对待他就如同孝子养育父母。见到对他的国君没有礼数的人,惩罚他就如同鹰鹯追逐鸟雀。"事见《左传·文公十八年》。

③子房:张良的字。

④倾家结客,为韩报仇:张良先人为韩国人,秦灭韩,张良年少,未在韩国为官。韩国破后,张良倾尽家财,寻求刺客刺秦,为韩报仇。

⑤名节:名誉节操。

⑥属群小聚谋:看到诸将聚合在一起谋划。属,通"瞩",看到。小,小人,贬义词,指诸位将领。

⑦杜口:闭口,意为不言。

⑧将而必诛:庄公临死前欲立庶子斑为嗣君,庄公弟叔牙建议立长弟庆父,另一弟季友则支持立斑,季友以庄公之名逼叔牙饮毒酒自杀。称叔牙有弑君亲的念头,有这个念头就应该把他诛杀掉。事见《公羊传·庄公三十二年》。

⑨反侧:阴谋叛乱。

⑩溢:过分,过度。

【译文】

诘难:公家的事情,知道的没有不去做的,看到有人对国君无礼,像鹰鹯追逐鸟雀一样驱除他。考查留侯年少时,倾尽家财结交宾客,为韩国报仇。他的忠义一向显著,声名节操很好。他侍奉汉朝,为何看到诸将聚集谋划,将要反叛,却沉默无言,等到问他才回答呢?如果高祖不问,难道他就不谈这件事吗?且有谋反的念头也必须诛杀,因为罪孽深重。像诸将领聚拢,意图作乱,在台上秘密交谈,仍担心被察觉;在沙中一起议论,怎没有回避顾忌?治理国家的方式,一定不像这样。然而张良担心反叛而国家不安,雍齿封爵有猜疑,大概那个时候确有其事。像在复道上所看到诸将,坐在沙中谋划,是讲述者夸大其实,胡乱增加的罢。

又《东观汉记》曰:赤眉降后①,积甲与熊耳山齐云云②。

难曰:案盆子既亡③,弃甲诚众④。必与山比峻,则未之有也。昔《武成》云"前徒倒戈","血流漂杵"⑤。孔安国曰:盖言之甚也。如"积甲与熊耳山齐"者,抑亦"血流漂杵"之徒欤?

【注释】

①赤眉:新莽末年兴起于今山东东部的一支农民起义军名称。主要领导人有樊崇、徐宣,军队约一百三十四万。因用赤色染眉,故名。25年赤眉军进攻关中,并拥立汉城阳景王后人刘盆子为帝,徐宣任丞相,任御史大夫。后赤眉军攻入长安,杀死刘玄。不久为刘秀所灭。

②熊耳山:在今陕西商县西。

③盆子:汉高祖刘邦之孙城阳景王刘章之后,王莽篡位后,为庶人。25年六月,赤眉樊崇立十五岁放牛娃刘盆子为帝,号建世(25—27),史称建世帝。

④诚:实在,确实。

⑤前徒倒戈,血流漂杵:见于伪《尚书孔传》:"会于牧野,罔有敌于我师,前徒倒戈,攻于后以北,血流漂杵。"前面的部队投降敌军,掉头来打自己人,血流成河,可以漂起盾牌。

【译文】

又有《东观汉记》写道:赤眉军投降后,铠甲堆积得与熊耳山一样高。

诘难:考查刘盆子已经亡国,丢弃的铠甲确实很多。与山样高,却是没有的事情。以前《武成》写道:"前面的部队倒戈、掉头来打自己人","血流成河,可以漂起盾牌"。孔安国说:说得太夸大了。像"堆积的铠甲与熊耳山一样高",或许也是像"血流漂杵"一样夸张吧?

又《东观汉记》曰:郭伋为并州牧①,行部到西河美稷②,有童儿数百各骑竹马,于道次迎拜。伋问:"儿曹何自远来?"对曰:"闻使君始到,喜,故奉迎。"伋辞谢之。事讫,诸儿送至郭外,问:"使君何日当还?"伋使别驾计日告之③。既还,先期一日。伋为违信,止于野亭,须期乃入④。

【注释】

①郭伋(前39—47):字细侯,东汉扶风茂陵(今陕西兴平)人。官至太中大夫,为人十分讲究信用。

②行部:巡行所属部域,考核政绩。汉朝制度,刺史每年八月巡查所管地区,处理囚犯和考核属吏政绩。美稷:古县名,西汉置。治所在今内蒙古准格尔旗西北。

③别驾:官职名,全称为别驾从事史,也叫别驾从事。汉代设置,为州刺史的佐吏。

④须:等待。

【译文】

又有《东观汉记》写道:郭伋是并州牧,巡行到西河美稷考核政绩,有数百个小孩子各自骑着竹马,在道边迎接拜见。郭伋问:"孩子们为什么自己远来？"孩子对答："听说使君刚到，很高兴，故而来欢迎。"郭伋辞让致谢。等到事情办完，孩子们又送到城郭外，问："使君哪一天能回来？"郭伋叫别驾从事计算日程告诉他们。等巡视返回，早于原来日期一天。郭伋怕失信于孩子，歇宿在野外亭中，等到原定日期才进城。

　　难曰：盖此事不可信者三焉。案汉时方伯^①，仪比诸侯，其行也，前驱竟野^②，后乘塞路^③，鼓吹沸喧^④，旌棨填咽^⑤。彼草莱稚子^⑥，龆龀童儿^⑦，非唯羞赧不见，亦自惊惶失据^⑧。安能犯骖驾^⑨，凌襜帷^⑩，首触威严，自陈襟抱^⑪？其不可信一也。又方伯案部^⑫，举州振肃^⑬。至如墨绶长吏，黄绶群官，率彼吏人^⑭，颙然仵候^⑮。兼复扫除逆旅^⑯，行李有程^⑰，严备供具^⑱，憩息有所。如弃而不就，居止无恒，必公私阙拟^⑲，客主俱窘。凡为良二千石^⑳，固当知人所苦，安得轻赴数童之期，坐失百城之望^㉑？其不可信二也。夫以晋阳无竹^㉒，古今共知，假有传檄它方，盖亦事同大夏^㉓，访知商贾，不可多得。况在童孺，弥复难求，群戏而乘，如何克办？其不可信三也。凡说此事，总有三科。推而论之，了无一实，异哉！

【注释】

①方伯：古代诸侯中的领袖之称，谓一方之长，后泛称地方长官。在汉朝时，指刺史，此处即为刺史。

②前驱：先行的属员。

③后乘：从臣的车马，随从的部署。

④鼓吹：指奏演鼓吹乐的乐队。

⑤旌棨(qǐ)：指仪仗队。棨，古代官吏出行的一种仪仗，木制，形状似戟。常借指贵官。

⑥草莱：草野，指乡野，民间。

⑦齠龀：垂髫换齿的时候，泛指童年。

⑧失据：手足失措。

⑨驺驾：车驾，是敬美之辞。

⑩凌襜帷：触犯车驾，即触犯刺史。凌，触犯。襜帷，车上四周的帷帐，借指车驾。

⑪自陈襟抱：讲述自己内心的打算。陈，述说。襟抱，内心的打算。

⑫案部：同行部。

⑬振肃：受震动而敬慎。

⑭墨绶长吏，黄绶群官，率彼吏人：绂、绶都为官吏所佩丝带，按颜色不同识别品位的高低。汉制，墨绶、黄绶都为一丈七尺。吏人，为官员的助手或属员。

⑮颙(yóng)然：严肃恭敬的样子。

⑯逆旅：引申为旅店。逆，迎接。旅，旅人，行者。

⑰程：行程，日期。

⑱严备：整饬，整备。

⑲拟：拟定，引申为准备。

⑳二千石：汉朝官秩，又为郡守的通称。汉郡守俸禄为两千石，因有此称。

㉑百城：借指各地的地方官。

㉒晋阳无竹：晋阳，即今山西晋阳。此说法有待商榷，唐张读、宋王应麟对此都有考证，认为晋阳无竹，不可信，刘知幾说法欠妥。

㉓事同大夏：据《吕氏春秋》记载，在黄帝时期(前2650年左右)，伶伦被派往大夏之西，到昆仑山之阴，取竹而吹。根据凤凰的叫声制成了十二律，并且根据黄帝的旨意铸成了十二钟。

【译文】

诘难:这件事情不可信的地方有三个。考查汉朝时刺史,礼仪如同诸侯,他们出行时,先行的属员充满田野,随从的部署阻塞道路,音乐演奏的声音嘈杂热闹,仪仗队充塞道路。那乡间小儿,稚龄童子,不是羞涩避开,亦是惊慌失措。怎能冒犯车驾,带头触犯威严,讲述自己内心的打算? 这是不可信之一。再者刺史巡行属地,整个州的人都震动而敬慎。像佩戴墨绶的长官,佩戴黄绶的众多官员,率领他们的属员,严肃恭敬地站着等候。同时打扫客舍,刺史出行日程一站一站预先安排,准备各种供给的器具,休息有固定的地方。如果丢弃而不使用,起居行动没有规划,必然让官员和自己都缺乏准备,客人与主人都尴尬。凡是良好的刺史,本来应当知道人们的难处,怎能随便地奔赴与几个孩子的约定,而导致众多地方官失望呢? 这是不可信之二。晋阳不产竹子,古今都知道,假如有从别的地方传来,大概也像黄帝派人到大夏取竹一样难,探访商人得知,不能得到很多。况且孩童,又是更加难以得到,一群人戏耍乘坐,如何能做到? 这是不可信之三。大概谈起此事,总共有三点不明之处。推究讨论它们,全然没有一点真实,奇怪啊!

又《魏志》注:《语林》曰:匈奴遣使人来朝,太祖令崔琰在座①,而己握刀侍立。既而,使人问匈奴使者曰:"曹公何如?"对曰:"曹公美则美矣②,而侍立者非人臣之相。"太祖乃追杀使者云云。

【注释】

①太祖:指曹操(155—220),字孟德,小字阿瞒,沛国谯县(今安徽亳州)人。东汉末年著名政治家、军事家、文学家、诗人。三国中曹魏政权的开国者,先为东汉大将军、丞相,后为魏王。其子曹

丕称帝后,追尊其为魏武帝。崔琰:字季珪,清河东武城(今山东武城东北)人。东汉末年曹操部下。崔琰相貌俊美,很有威望。建安二十一年(216),崔琰在给杨训的书信中写道"时乎时乎,会当有变时",被有心人曲解,说是对曹操不满,曹操因而将崔琰下狱,不久崔琰即被曹操赐死。

③美:俊美。

【译文】

又《三国志·魏书》注引《语林》记载:匈奴派遣使臣来朝贡,太祖曹操让崔琰坐在自己位子上,自己握着刀站着侍奉。然后,让人问匈奴使臣说:"曹公怎么样啊?"使臣回答:"曹公俊美是俊美,但站着侍奉的人不是臣子的气度。"曹操就派人追杀使臣等等。

难曰:昔孟阳卧床,诈称齐后①;纪信乘轝,矫号汉王②。或主遘屯蒙③,或朝罹兵革。故权以取济④,事非获已⑤。如崔琰本无此急,何得以臣代君者哉?且凡称人君,皆慎其举措⑥,况魏武经纶霸业,南面受朝⑦,而使臣居君座,君处臣位,将何以使万国具瞻,百寮金瞩也⑧!又汉代之于匈奴,其为绥抚勤矣⑨。虽复赂以金帛,结以亲姻,犹恐虺毒不悛⑩,狼心易扰。如辄杀其使者,不显罪名,复何以怀四夷于外蕃⑪,建五利于中国⑫?且曹公必以所为过失,惧招物议⑬,故诛彼行人⑭,将以杜滋谤口⑮,而言同纶綍⑯,声遍寰区,欲盖而彰,止益其辱⑰。虽愚暗之主,犹所不为,况英略之君,岂其若是?夫刍荛鄙说,闾巷谰言⑱,凡如此书,通无击难⑲。而裴引《语林》斯事,编入《魏史注》中,持彼虚词,乱兹实录。盖曹公多诈,好立诡谋,流俗相欺,遂为此说。故特申掎撅^⑳，辩其疑误者焉。

【注释】

①孟阳卧床，诈称齐后：齐侯在贝丘打猎，因受到惊吓，摔伤了脚，丢了鞋子。回来后，仆人费去找鞋子，因没找到鞋子，被齐侯鞭打，背上都是血，逃出宫。在宫门口遇到了叛贼，叛贼挟持了费，费给叛军看自己的背，得到了信任。费率先进入宫中，藏起了齐襄公，又跑出去与叛军战斗，战死。后叛贼进入了宫中，孟阳装作齐襄公躺在他床上，叛贼杀了孟阳，却说他不像是君主。在门扇之下看到了齐襄公的脚，就杀了襄公。事见《左传·庄公八年》。孟阳，齐襄公的小臣，代替襄公躺在床上，被杀。

②纪信乘纛(dào)，矫号汉王：项羽围困荣阳，汉将领纪信自愿请求装作刘邦骗项羽，让刘邦趁机逃走。纪信乘坐着刘邦的车驾，说城中的食物没有了，汉王投降。楚军欢呼。同时刘邦与数十人，骑马从城西门逃走。项羽后来烧死了纪信。事见《史记·项羽本纪》。纛，古代用毛羽做的舞具或帝王车舆上的饰物。

③遘(gòu)屯蒙：遭遇灾祸。遘，遭遇。屯蒙，《周易》卦名，主灾祸。

④取济：取得帮助。

⑤非获已：不得已。

⑥举措：举动，举止。

⑦南面受朝：古代以坐北朝南为尊位，故天子、诸侯见群臣，或卿大夫见僚属，皆面南而坐。帝位面朝南，南面代指帝位。

⑧具瞻、佥瞩：具、佥皆为都的意思。瞻、瞩皆为看的意思。

⑨绥抚：安定抚慰。

⑩虺(huǐ)毒不悛(quān)：虺毒，蛇虺之毒。虺，即为毒蛇。悛，改过，悔改。

⑪怀：安抚。

⑫五利：即和戎的五个利处，见《〈汉书·五行志〉杂驳》篇注。

⑬物议：众人的议论。

⑭行人：使臣的通称。

⑮谤口：毁谤人的嘴。

⑯纶綍：綍为大绳的意思。《礼记·缁衣》载》："王言如丝，其出如纶；王言如纶，其出如綍。"后以纶綍指皇帝的诏敕。

⑰止益其辱：只是增加了他的耻辱。止，只是，仅仅。

⑱闾巷谰言：闾巷，即里巷，泛指乡里民间。谰言，诬妄之言，无稽之谈。

⑲通无击难：从来没有受到批驳。

⑳掎摭：摘取。

【译文】

诘难：昔日孟阳躺在床上，诈称是齐襄王；纪信乘坐帝王的车子，假称是汉王刘邦。或是国主遇到灾祸，或是朝廷遭到反叛。故而变通来取得帮助，事情紧急不得已而为之。像崔琰本来没有这样急迫的处境，哪能以臣子的身份代替国君呢？而且凡是称为国君，都对自己的举止很慎重，况且魏武帝治理国家大事，面向南面接受臣子朝拜，而让臣子在君主的位置，君主在臣子的位置，将以什么面目让万国都瞻仰，百官都瞩目！再者汉代对于匈奴，多是经常安定抚慰。虽然也送给金帛，结为姻亲，仍然担心匈奴像毒蛇般不悔改，有狼子野心来经常侵扰。如果杀了他们的使臣，却不能说出他的罪名，又用什么来安抚外邦的少数民族，实现中原的五个和戎之利？而且曹公假如因为他的所作不当，担心遭到众人议论，故而诛杀了那个使臣，想要堵塞议论的嘴，但他的话如同帝王的诏敕，传遍宇内，想要掩盖结果却更加明显地暴露，只是增加了自己的耻辱。即使是愚昧昏庸的君主，尚且都不做，何况英明有谋略的君主，哪里会像这样？鄙陋之人的浅陋言辞，乡里间的无稽之谈，都像这样记录，却从来没有受到批驳。裴松之引用《语林》的这事情，编进了的《三国志·魏书注》中，用那虚假的记载，扰乱了这实录。大概因为曹操狡诈，喜欢阴谋诡计，世俗平庸之人欺凌他，所以有了这个说法。故而特别摘取出，辨别它的疑点、错误。

又魏世诸小书，皆云文鸯侍讲^①，殿瓦皆飞云云。

难曰：案《汉书》云：项王叱咤，慑伏千人^②。然则呼声之极大者，不过使人披靡而已。寻文鸯武勇，远惭项籍，况侍君侧，固当屏气徐言^③，安能檐瓦皆飞，有逾武安鸣鼓^④！且瓦既飘陨，则人心震惊，而魏帝与其群臣焉得岿然无害也？

【注释】

①文鸯：本名文俶（chù），字次骞，谯郡（今安徽亳州）人。魏晋时期虎将，文钦之子。初仕魏，再随父投吴。后来诸葛诞在淮南叛魏，东吴遣文钦父子援之，因内讧，诸葛诞手刃其父，乃出城降司马昭。晋代魏后仕晋，在晋官至东夷校尉，封关内侯。八王之乱中被杀，惨遭灭族之祸。

②项王叱咤，慑伏千人：项羽逃至东城，追着的有数千人，项羽怒吼，汉军都感到恐惧。见《汉书·项籍传》。

③屏气：谨慎畏惧的样子。徐言：缓缓说话。

④武安鸣鼓：见于《史记·赵奢传》，秦军正在攻打韩国的武安城，军营扎在武安城西边。二十万秦军进行击鼓冲杀的军事演习，呐喊声震动了武安城的屋瓦。

【译文】

又有魏时期的各种小书，都说文鸯为皇帝讲学，殿上的瓦都被震飞了等等。

诘难：考查《汉书》说：项羽怒吼，使千人恐惧。如此看来呼声十分大的，不过使人恐惧罢了。探求文鸯的勇武，远不如项籍，况且侍奉在君主旁，本应该谨慎慢语，怎能说话声音把檐瓦都震飞，有超过秦军在武安演习时的击鼓声！而且屋瓦坠落，则人心受到惊吓，而魏帝与他的众多臣子怎能安然无惧而没有受到惊吓呢？

又《晋阳秋》曰①：胡质为荆州刺史②，子威自京都省之，见父十余日，告归。质赐绢一匹，为路粮。威曰："大人清高③，不审于何得此绢？"质曰："是吾俸禄之余。"

【注释】

①《晋阳秋》：东晋孙盛撰，三十二卷。该书记述两晋史事，久佚。今辑本有《说郛》(宛委山堂本)、《黄氏逸书考》等，从《古今说部丛书》整理而来。

②胡质：字文德，淮南寿春(今安徽寿县)人，死后追封阳陵亭侯，谥贞侯。得蒋济推荐，被曹操召为顿丘令。魏文帝时，官至东莞太守。在东莞九年，政通人和，上下称颂。后迁荆州任刺史，政绩依然卓著。他为官清廉，不经营家产私业，家中没有多余财产。

③大人：对父母叔伯等长辈的敬称。

【译文】

又有《晋阳秋》写道：胡质为荆州刺史，他儿子胡威从京都来看他，居住十多天，告辞回家。胡质赠送绢一匹，作为路费。胡威说："父亲大人清廉高洁，不清楚为何有这绢？"胡质说："是我俸禄的剩余。"

难曰：古今谓方牧为二千石者①，以其禄有二千石故也。名以定体②，贵实甚焉。设使廉如伯夷，介若黔敖③，苟居此职,终不患于贫馁者。如胡威之别其父也,一缣之财④,犹且发问,则千石之俸,其费安施⑤?料以牙筹,推之食箸⑥,察其厚薄,知不然矣。或曰观诸史所载,兹流非一。如张堪为蜀郡,乘折辕车;吴隐之为广川,货犬待客,并其类也。必以多为证,则足可无疑。然人自有身安弊缊⑦,口甘粗粝⑧,而多藏锱帛⑨,无所散用者。故公孙弘位至三公,而卧布被,食脱粟饭⑩。汲黯所谓齐人多诈者是也。安知胡威之徒其俭亦皆如此,而史臣不详厥理,直谓清白当然⑪,谬矣哉!

【注释】

①方牧:古时统治一方的军政长官方伯与州牧的并称。

②名以定体:名,官名。体,实际,指俸禄。

③黔敖:据《礼记·檀弓》记载,齐国遭遇饥荒,黔敖在路上准备饭食以赈济饥民。有一个饥民蒙着脸经过,黔敖说:"过来吃!"饥民扬目而视,说:"我就是不吃嗟来之食,才到这个地步。"终于不食而去,最后饿死。浦起龙说,此处的"介若黔敖"疑有误,有骨气的并非黔敖,而是饥民。也疑为黔娄,曾辞谢君王所赐的三千钟粟。事见皇甫谧《高士传》。

④缣:厚重的织物,双丝的缯。汉以后,多用作赏赠酬谢之物,或作货币。

⑤其费安施:费,费用。施,使用,开销。

⑥牙筹、食箸:此处两者都是计算工具。牙筹,指用象牙做的筹码。食箸,吃饭的筷子。

⑦身安弊缊:安于穿着破旧的衣袍。语出《论语·子罕》:"衣敝缊袍,与衣狐貉者立,而不耻者,其由也与。"弊缊,以乱麻、乱棉絮做成的袍子。

⑧口甘粗粝：吃饭满足于粗劣的食物。粗粝，糙米，泛指粗劣的食物。

⑨镪帛：镪，钱贯，引申为成串的钱。帛，对丝织品的总称。

⑩脱粟饭：指脱去壳的粗米。

⑪清白：廉洁，不贪污。当然：应当这样。

【译文】

诘难：古今称刺史为二千石，因为他的俸禄有两千石的缘故。名称是因为俸禄而定的，可见刺史十分高贵富裕。假使廉洁如同伯夷，有骨气如同黔敖，若处在这个职位，最终不会担忧贫困饥饿。像胡威告别他的父亲，一匹缣的财产，尚且要问，那千石的俸禄，费用怎么开销的呢？用牙筹计，用筷子算，探查数量的多少，也不能知道啊。再者阅读诸多史书的记载，这样的事情不止一件。如张堪为蜀郡守，乘坐的只是辕木折断的破车；吴隐做广川太守，嫁女没钱，让女仆去卖狗待客，都属于这一类。假若以这种人很多为证据，也完全可以不用怀疑胡质。然而人中自有满足于身穿破旧衣服，安心于吃粗劣饭食，却储存很多钱币丝帛，不用来使用的。故而公孙弘官位到了宰相，睡觉却用布被子，吃粗米饭。汲黯所说的齐国人多狡诈就是这样的。怎知道胡威之类的，他们的节俭也都像这样，而史官不审慎其中的道理，只说清正廉洁应当如此，错了啊！

又《新晋书·阮籍传》曰①：籍至孝。母终，正与人围棋。对者求止，籍留与决②。既而饮酒二斗，举声一号③，吐血数升。及葬，食一蒸独④，饮二斗酒。然后临穴⑤，直言"穷矣！"举声一号，因复吐血数斗。毁瘠骨立⑥，殆致灭性⑦。

【注释】

①《新晋书》：即今日流行的《晋书》。

②决：确定胜负。

③号：大声喊叫。

④㹠：通"豚"，小猪。

⑤临穴：埋葬。穴，坟墓填土前的坑道。

⑥毁瘠骨立：形容身体非常消瘦。

⑦灭性：死亡。

【译文】

又有《新晋书·阮籍传》写道：阮籍十分孝顺。母亲去世，阮籍正与人下棋。对弈的人请求停止，阮籍留下与他决胜负。过了一会儿饮酒两斗，放声长啸，吐血数升。等到母亲下葬，阮籍吃了一头蒸小猪，喝了两斗酒。然后来到坟旁，只说："走投无路了啊！"放声大喊，接着吐血几斗。阮籍身体十分消瘦，几乎到了死亡的地步。

难曰：夫人才虽下愚①，识虽不肖②，始亡天属③，必致其哀。但有苴绖未几④，悲荒遽辍⑤，如谓本无戚容，则未之有也。况嗣宗当圣善将殁⑥，闵凶所钟⑦，合门惶恐，举族悲咤。居里巷者犹停舂相之音⑧；在邻伍者尚申匍匐之救⑨。而为其子者，方对局求决，举杯酣畅。但当此际，曾无感恻⑩，则心同木石，志如枭獍者，安有既临泉穴⑪，始知摧恸者乎⑫？求诸人情，事必不尔⑬。又孝子之丧亲也，朝夕孺慕⑭，盐酪不尝⑮，斯可至于癃瘠矣⑯。如甘旨在念⑰，则筋肉内宽⑱；醉饱自得，则饥肤外博⑲。况乎溺情狙酒，不改平素。虽复时一呕恸，岂能柴毁骨立乎⑳？盖彼阮生者，不修名教㉑，居丧过失，而说者遂言其无礼如彼。又以其志操本异，才识甚高，而谈者遂言其至性如此。惟毁及誉，皆无取焉。

【注释】

①下愚:极愚蠢的人。

②不肖:品行不好,没有出息。

③天属:指母亲。《诗·鄘风·柏舟》有"母也天只"。毛传:"天谓父也。"故而以母为天属。

④苴绖(jū dié):丧服中麻布制的无顶冠与腰带。亦指居丧。

⑤悲荒遽辍:悲荒,悲伤恍惚。辍,停止,消失。

⑥嗣宗:阮籍的字。圣善:代指母亲。《诗·邶风·凯风》有"母氏圣善"。

⑦闵凶所钟:指亲人亡故。《左传·宣公十二年》:"寡君少遭闵凶,不能文。"闵,忧患。

⑧舂相之音:住在里巷里的人,舂米时都会停止唱歌。《礼记·曲礼上》有"邻有丧,舂不相"。

⑨匍匐之救:作为邻居的都会尽力救治。语出《诗·邶风·谷风》:"凡民有丧,匍匐救之。"

⑩感恻:感伤悲痛。

⑪泉穴:墓穴。

⑫摧恸:摧,悲伤。恸,极其悲痛。

⑬尔:代词。如此,这样。

⑭孺慕:原意是小孩哭悼追思死去的父母,后来用以指对父母的孝敬。语出《礼记·檀弓下》。孺,指幼童。慕,追思。

⑮盐酪:盐和乳酪。代指食物。

⑯癯(qú)瘠:消瘦的意思。

⑰甘旨:指美好的饮食。

⑱内宽:丰满的样子。

⑲饥肤外博:外博,肥胖的意思。"饥",今本已经改作"肌"。

⑳柴毁骨立:形容因居父母丧过度哀痛,身体受到摧残,消瘦憔悴的

样子。柴,如木柴一样。毁,哀毁。骨立,消瘦到仿佛只剩下骨架。

㉑名教:指以正名定分为主的封建礼教。

【译文】

诘难:人的能力即使十分愚蠢,见识即使再没出息,若因母亲亡故,一定会感到悲伤。只有人服丧不久,悲伤恍惚突然停止,若说一直没悲伤样子的人,却从来没有过。况且阮籍正处在母亲刚去世,亲人亡故的时候,全家都惊慌不已,全族都悲伤哭泣。住在里巷里的人,舂米时都停止了唱歌;作为邻居,尚且尽力救治,而作为儿子的,却还在对弈以决胜负,举杯畅饮。但凡在这个时候,竟然没有感伤悲痛,那心就像木头石头,心意就像枭獍般忘恩负义,哪有已经到了坟墓旁,才感到极其悲伤的呢?探寻人的情理,事情一定不像这样。再者孝顺的人丧失亲人,从早到晚追思,食不下咽,如此才会导致十分消瘦。像是总想吃美味的食物,就会筋骨丰满;快意地喝醉酒,就身体肥胖。况且沉湎在酒肉中,不改平时,即使后来有吐血悲痛,哪能到极其消瘦的地步?大概因为这个阮籍,不遵循名教,在丧期行为不当,故而说他如此没有礼仪。又因为他的志向节操本来就独特,才学见识非常高,人们所以说他品性如这样卓绝。只是这诽谤与夸奖,都无根据。

又《新晋书·王祥传》曰①:祥汉末遭乱,扶母携弟览②,避地庐江③,隐居三十余年,不应州郡之命,母终,徐州刺史吕虔檄为别驾④,年垂耳顺⑤,览劝之,乃应召。于时,寇贼充斥,祥率励兵士,频讨破之。时人歌曰:“海、沂之康,实赖王祥。”年八十五,太始五年薨⑥。

【注释】

①王祥(185—269):字休征,琅琊临沂(今属山东)人,历汉、魏、西

晋三代。东汉末年隐居二十年,仕晋官至太尉、太保。以孝著
　　称,为二十四孝之一,"卧冰求鲤"的故事就是关于他的。

②览(206—278):即王览,字玄通,琅琊临沂(今属山东)人。王祥
　　的同父异母弟。"书圣"王羲之的五世祖。王览的母亲,即王祥
　　后母,经常虐待王祥,王览多有劝解,并陪王祥一起受苦,兄弟二
　　人关系极好。

③庐江:在今安徽庐江。

④檄:古代官府用以征召或声讨的文书,此处是举荐、征召。

⑤耳顺:耳听人言,就能知其深意。后世以此为六十岁的代称。语
　　出《论语·为政》:"吾十有五而志于学,三十而立,四十而不惑,
　　五十而知天命,六十而耳顺,七十而从心所欲不逾矩。"

⑥太始:应为"泰始",此处是西晋司马炎的年号(265—274)。

【译文】

　　又有《新晋书·王祥传》记载:王祥在东汉末年经历了社会动荡,带
着母亲和弟弟王览,躲避到庐江,隐居三十余年,不接受州郡的任命,母
亲故去,徐州刺史吕虔举荐他为别驾从事时,他年龄接近六十岁了,王
览劝说他,王祥才接受了征召。这个时候,土匪盗贼十分多,王祥亲自
率领激励士兵,多次讨伐打败他们。当时的人唱道:"海、沂的太平,实
在是依靠王祥。"王祥享年八十五岁,在泰始五年去世。

　　难曰:祥为徐州别驾,寇盗充斥,固是汉建安中徐州未
清时事耳①。有魏受命凡四十五年,上去徐州寇贼充斥,下
至晋太始五年,当六十年已上矣。祥于建安中年垂耳顺②,
更加六十载,至晋太始五年薨,则当年一百二十岁矣。而史
云年八十五薨者,何也? 如必以终时实年八十五,则为徐州
别驾,止可年二十五六矣。又云其未从官已前,隐居三十余

载者,但其初被檄时,止年二十五六,自此而往,安得复有三十余年乎? 必谓祥为别驾在建安后,则徐州清晏③,何得云"于时,寇贼充斥,祥率励兵士,频讨破之"乎? 求其前后,无一符会也。

【注释】

①寇盗充斥,固是汉建安中徐州未清时事耳:此为刘知幾之误。按吕虔为泰山太守时,属魏文帝曹丕,文帝 220 年代汉即位,226 年卒,建元黄初。寇盗充斥应是魏黄初时期的事情。三国鼎立时,战火未熄,徐州为魏吴必争,多战乱,为"寇盗充斥"的缘由。

②建安:东汉末年汉献帝年号(196—220)。

③清晏:清平安宁。

【译文】

诘难:王祥为徐州别驾从事,盗贼极多,定然是东汉建安时期徐州未安宁时的事情。魏承天命总共四十五年,向上距离徐州盗贼极多,向下到西晋泰始五年,应该有六十年以上了。王祥在建安时期,接近六十岁,再加上六十年,到西晋泰始五年去世,就应该一百二十岁了。而史书说王祥八十五岁去世,为什么呢? 假如以王祥去世时实际为八十五岁,那么为徐州别驾从事,只能二十五六岁。又说他在这之前从未为官,隐居三十多年,但他被征召时,只二十五六,由此而看,哪能有隐居三十多年呢? 假如说王祥为别驾从事在建安之后,那么徐州清平,哪能说"那个时候,盗贼很多,王祥亲自率领激励士兵,多次打败他们"呢? 探求此事前后,没有一项能符合的。

凡所驳难,具列如右。盖精《五经》者,讨群儒之别义①;练《三史》者,征诸子之异闻。加以探赜索隐②,然后辨其纰缪。如向之诸史所载则不然，何者？其叙事也，唯记一途，直论一理③，而矛盾自显，表里相乖。非复抵牾，直成狂惑者尔④！寻兹失所起，良由作者情多忽略⑤，识惟愚滞。或采彼流言，不加铨择；或传诸缪说，即从编次。用使真伪混淆，是非参错。盖语曰：君子可欺不可罔⑥。至如邪说害正，虚词损实，小人以为信尔，君子知其不然。又语曰：尽信书不如无书⑦。盖为此也。夫书彼竹帛，事非容易，凡为国史，可不慎诸！

【注释】

①别义：注释。

②探赜索隐：探究深奥的道理，搜索隐秘的事情。探，寻求。赜，幽深玄妙。索，搜求。隐，隐秘。

③唯记一途，直论一理：都指史家著史不能广泛参考书籍。

④狂惑：不明事理，糊涂。

⑤良：确实。

⑥君子可欺不可罔：语出《孟子·万章上》：“君子可欺以其方，难罔以非其道。”意为君子可以拿合乎情理的事去欺骗他，却不可以拿不合情理的事去欺骗他。

⑦尽信书不如无书：语出《孟子·尽心下》，要求读者深入地思考问题，不能盲从盲信。

【译文】

所有的辩驳诘难，都列在上面。对精通《五经》的人，参考诸多儒生的注释；对精熟《三史》的人，引征诸位学者的不同说法。进而探究深奥的道理、搜索隐秘的事情，这样之后辨明其中的错误。像过去诸多史书的编写却不是这样，是什么样呢？叙述事情，只记载一个方面，只论述一个道理,那么矛盾自然显露,表象和实际相违背。不仅仅内容自相矛盾,而且简直成了混乱糊涂的东西啊!探寻这种错误出现的原因,实在是由于作者对实情的疏忽,见识的愚钝滞后。或是采用民间流俗之言,不加以选择;或是转用错误的说法,盲从照搬编入书中。使用的史料真假混杂,对错交织。孟子说:君子可以拿合乎情理的事去欺骗他,却不可以拿不合情理的事去迷惑他。像这样用荒谬的言论妨害正确的事情,用虚假的言辞损害事实,小人以此为真,君子却知道其谬误。又说:过于相信书本不如没有书本。大概是因为这些吧。著书于竹帛,此事并非简单,凡是著述国史的人,怎能不谨慎啊!

外篇　忤时第十三

【题解】

《忤时》与《自叙》为表里之文,《自叙》篇概述刘知幾"三为史臣,再入东观",但难以实现自己的史学抱负,只好请求辞官,私自撰著《史通》。《忤时》篇则详尽叙述了自己请辞史官的具体原因,乃刘知幾述志之作。

本篇主要内容实是刘知幾给萧至忠的信,信中讲述了自己无法修成史书的五点原因,充分揭示了史馆修史的五大弊端。

其一,史著乃专家之事,集体修史,相互推诿,旷费时日。"每欲记一事,载一言,皆搁笔相视,含毫不断。故首白可期,而汉青无日"。

其二,郡国计书不见,视听不该,询采受限,簿籍难见,史料难求。

其三,士多如林,志大才疏,学风不正,易生忌畏。

其四,监修者众,无所适从。"十羊九牧,其令难行;一国三公,适从何在"?

其五,指授不明,遵奉无准。"监之者既不指授,修之者又无遵奉,用使争学苟且,务相推避,坐变炎凉,徒延岁月"。

此五条,直斥当时史馆修史流弊,一针见血,发人深省。清人浦起龙《史通通释》言:"《忤时》与《自叙》相表里,《自叙》主衡史,《忤时》主职史。衡史本于识定,识定故论定。《史通》作,而识寓焉。职史期于道行,道行故直行。《史通》成,而道存焉。是二篇者,函古砥今,屹然分峙,为内、外篇之殿。器鉴风棱,不规不随。"可谓深得《自叙》、《忤时》两篇文心。

孝和皇帝时①,韦、武弄权②,母媪预政③。士有附丽之者④,起家而绾朱紫⑤,予以无所傅会⑥,取摈当时。一为中允,四载不迁。会天子还京师⑦,朝廷愿从者众。予求番次,在大驾后发日,因逗留不去,守司东都。杜门却扫⑧,凡经三载。或有谮予躬为史臣,不书国事而取乐丘园,私自著述者。由是驿召至京,令专执史笔。于时小人道长,纲纪日坏,仕于其间,忽忽不乐⑨,遂与监修国史萧至忠等诸官书求退⑩,曰:

【注释】

①孝和皇帝:唐中宗李显最初的谥号。见《史通·自叙》篇注。

②韦、武弄权:韦即韦氏,韦皇后。韦氏,京兆万年(今陕西西安西北)人,为中宗皇后。中宗被弑后,温王李重茂以皇太子身份即位,而韦氏以皇太后身份临朝听政,垄断政务,滥封官爵。后李隆基发动政变,韦氏为乱兵所杀。武指武三思(?—707),唐并州文水(今属陕西)人。武则天侄,武则天临朝后,累进春官、夏官尚书,封梁王,参预军国政事。其私通韦后,专事排斥大臣。神龙三年(707)又谋废立太子重俊,为重俊所杀。弄权,超过规定而滥用权力。

③母媪(ǎo)预政:指武则天干预朝政。媪,古时对老年妇女的通称。

④附丽:依附,依靠。

⑤绾(wǎn)朱紫:比喻高官。绾,佩戴,穿着。按唐制,三品以上的

　　文武官吏服紫色袍,五品以下服朱色袍。

⑥傅会:依附,攀附。

⑦天子还京师:武则天建立武周政权后,武则天废中宗李显为庐陵王,迁居房州(今湖北房县)。武则天退位后,中宗李显恢复帝位,并从洛阳迁回长安,故云"天子还京师"。

⑧杜门却扫:意即谢绝宾客来访。典出《北史·李谧传》:"遂绝迹下帷,杜门却扫。"杜门,堵塞院门。却扫,扫除,力求清净。

⑨忽忽不乐:按彼时修史者意见不一,侍中韦巨源、中书令杨再思、兵部尚书宗楚客、中书侍郎萧至忠等人,或主张修史"必须直辞",或主张修史"宜多隐恶",意见分歧不一,致使史官难以着笔,故刘知幾方有"忽忽不乐"之语。

⑩监修国史萧至忠:萧至忠是一个貌似方正而品质低劣的官僚,因逢迎武三思、安乐公主等权势人物而得以升任宰相。事见《旧唐书》本传。

【译文】

　　唐中宗李显在位时,韦皇后、武三思滥用职权,武则天临朝干政。士人中凡是有依附他们的,都赐予高官厚禄,我因为没有依附他们,所以当时就遭到他们的排斥。担任中允一职来,四年没有得到升迁。恰逢天子重返京师,朝中官员愿意跟随天子的人不可胜数。而我则请求在皇帝车驾出发时留后,因此得以留守未离去,留守东都洛阳。一个人闭门谢客,历经三年之久。有人造谣诽谤我身为史臣,却不修撰国史而终日隐居园圃取乐,私自撰写著作。于是驿使传诏召我进京,让我专门修撰国史。但那时正是小人横行当道,朝廷法纪一天比一天败坏,在这样的环境里做官,心情抑郁而无丝毫快乐。于是给监修国史的萧至忠等人写信请求辞去史官职务,信是这样写的:

　　仆幼闻诗、礼,长涉艺文①,至于史传之言,尤所耽悦②。

寻夫左史、右史，是曰《春秋》、《尚书》；素王、素臣③，斯称微婉志晦。两京、三国④，班、谢、陈、习阐其谟⑤；中朝、江左⑥，王、陆、干、孙纪其历⑦。刘、石僭号⑧，方策委于和、张⑨；宋、齐应箓⑩，惇史归于萧、沈⑪。亦有汲冢古篆，禹穴残编⑫。孟坚所亡⑬，葛洪刊其《杂记》；休文所缺⑭，荀绰裁其《拾遗》⑮。凡此诸家，其流盖广。莫不赜彼泉薮⑯，寻其枝叶⑰，原始要终，备知之矣。

【注释】

①涉：涉及，涉猎。

②耽悦：喜好，爱好。耽，沉溺。

③素王、素臣：杜预《春秋左传序》："说者谓仲尼自卫返鲁，修《春秋》，立素王，丘明为素臣。答曰：异乎余所闻。子路欲使门人为臣，孔子以为欺天。而云仲尼素王、丘明素臣，非通论也。"素王，有王者之道而无王者之位。素臣，有素王的贤臣品德而没有其权位。

④两京：指代西汉、东汉两朝。

⑤班、谢、陈、习：指班固《汉书》、谢承《后汉书》、陈寿《三国志》、习凿齿《晋阳春秋》。

⑥中朝、江左：指代西晋、东晋。

⑦王、陆、干、孙：王隐《晋书》、陆机《晋纪》、干宝《晋纪》、孙盛《晋阳秋》。前三书记西晋历史；而孙盛书记东晋历史。纪其历：指纪述史事。

⑧刘、石僭号：刘指前赵刘渊，石指后赵石勒。刘渊（？—310），字元海，十六国时期汉国的建立者，304至310年在位。其幼年从汉儒习经，尤好《春秋左氏传》、孙吴兵法。

⑨方策：指修史的任务。和：指和苞，前赵史官，撰有《前赵记》十卷，已亡佚。张：未详。

⑩宋、齐应箓：指刘裕、萧道成当上皇帝。箓，即符，古代帝王为宣称自己帝位得自上天，而假托上天赐予符箓，以正舆论。

⑪惇史：惇厚之史。萧、沈：指萧子显、沈约。萧子显见《世家》篇注。沈约见《序传》篇注。

⑫汲冢古篆，禹穴残编：《晋书·束皙传》："初，太康二年，汲郡人不准（fōu biāo）盗发魏襄王墓，或言安厘王冢，得竹书数十车。其《纪年》十三篇，记夏以来至周幽王为犬戎所灭，以事接之，三家分，仍述魏事至安釐王之二十年。"即西晋太康二年（281），汲郡人不准盗发魏襄王墓（或言安釐王冢），得竹书数十车，经整理得《竹书纪年》一书，是中国最早的一部史书。禹穴，指禹藏书的地方。一说在浙江绍兴会稽山。残编，指绍兴摹刻的《岣嵝碑》，传说碑文是大禹治水时所刻，计有七十余字，似篆似古文，实为伪造。

⑬亡（wú）：通"无"，没有。

⑭休文：沈约的字，详见《二体》篇注。

⑮荀绰裁其《拾遗》：当指梁谢绰著《宋拾遗》。

⑯赜（zé）：探索，探讨。泉薮当为"渊薮"，避李渊讳而改为"泉"。薮，湖泊，水少而草木茂盛的湖泽。

⑰枝叶：本义指远族旁支，此指流派、流变。

【译文】

我幼年时便开始学习《诗》、《礼》，长大后广泛涉猎文学作品，对于史传著作，尤为喜爱。追寻以往的左史、右史，撰有《春秋》《尚书》；素王、素臣之称，这是称道孔子、左丘明的史书记载精深微妙。两汉、三国，有班固、谢承、陈寿、习凿齿阐明其国家大事；西晋、东晋，有王隐、陆机、干宝、孙盛记述其历史发展。刘裕、石勒僭号称帝，把修纂史书的任务交给了和苞、张氏；宋、齐的刘裕、萧道成建国，国史的修编由沈约、萧子显担任。还有在汲郡古墓中发现的《竹书纪年》，从禹穴中发现的古代残书。班固《汉书》里所没有的，葛洪整理写成《西京杂记》；沈约《宋书》所遗漏的，谢绰补撰成《宋拾遗》。所有这些著作，其源流深远博大，我无不探讨它们的渊源，考察了它们的流变，原其始察其终，都有全面的了解了。

若乃刘峻作传，自述长于论才^①；范晔为书，盛言矜其赞体^②。斯又当仁不让，庶几前哲者焉。然自策名仕伍^③，待罪朝列^④，三为史臣，再入东观，竟不能勒成国典^⑤，贻彼后来者，何哉？静言思之，其不可有五故也。

【注释】

①长于论才：指刘峻（字孝标）著《辨命论》，论述人才的遭遇。

②范晔为书，盛言矜其赞体：范晔撰《后汉书》，对其中的论赞部分颇为自得。《狱中与甥侄书》云："吾杂传皆有精意深旨，既有裁味，故约其辞句。至于《循吏》以下及六夷诸《序论》，笔势纵放，实天下奇作。其中合者，往往不减《过秦篇》。尝共比方班氏所作，非但不愧之而已"。又说："《赞》自是吾文之杰思，殆无一字空设。奇变不穷，同含异体，乃自不知所称之。此书行故应有赏音者。"故刘知幾云"盛言矜其赞体"。

③策名：出仕，做官。仕伍：官僚群体。

④待罪：指为官、做官。封建官吏的自谦之词。

⑤勒：编纂。国典：国史。

【译文】

至于刘峻写作自传，自认为自己擅长论辩人才；范晔撰《后汉书》，非常自负地夸耀自己的论赞写得好。这些都是当仁不让,大概与前代圣贤差不多了。然而自己入朝为官,经历了几代帝王,三次被任命为史官,再度进入史馆修撰国史,终究未能撰成国史,以留给后人,为什么会这样呢? 我静心思考,认为没能写成国史的原因有五点。

　　何者? 古之国史,皆出自一家,如鲁、汉之丘明、子长,晋、齐之董狐、南史①,咸能立言不朽,藏诸名山。未闻藉以众功②,方云绝笔。唯后汉东观,大集群儒③,著述无主,条章靡立④。由是伯度讥其不实⑤,公理以为可焚⑥,张、蔡二子纠之于当代⑦,傅、范两家嗤之于后叶⑧。今者史司取士,有倍东京。人自以为荀、袁⑨,家自称为政、骏⑩。每欲记一事,载一言,皆阁笔相视⑪,含毫不断⑫。故头白可期,而汗青无日⑬。其不可一也。

【注释】

①董狐、南史:春秋时晋国、齐国史官,以书史不隐而闻名,后世史家多将董狐、南史并称,视为秉笔直书的典范。

②藉以众功:依靠众人的力量。

③后汉东观,大集群儒:指东汉集群儒撰写本朝纪传史《东观汉记》,汉安帝时始撰,以后累朝增修,到桓灵时,共修一百四十三卷,尚未最终定稿。参加编写的先后有刘珍、李尤、伏无忌、边韶等群儒,并包括了班固等人此前所撰写的《世族本纪》等篇章。后世以东观代指史家修史之处所。

④条章:修撰史书的规章制度。靡立:没有制订。

⑤伯度讥其不实:伯度为李法的字,东汉时曾任侍中。曾指出史官记事缺乏实录的史才,褒贬任由自己的感情,这样做必将为后世

所讥笑。

⑥公理以为可焚：公理为仲长统的字。仲长统（179—220），东汉末政论家，山阳高平（今山东金乡西北）人。少聪明好学、博览群书，其为人不拘小节，性倜傥，敢直言，时人称之狂生。《后汉书·仲长统传》："统字公理。博涉书记，每论说古今及时俗行事，恒发愤叹息。著论名《昌言》，凡三十四篇。"他曾写诗以表其志，其中有"寄愁天下，埋忧地下，叛散五经，灭弃风雅，百家杂碎，请用从火"的主张。故云"公理以为可焚"。

⑦张、蔡二子：指张衡、蔡邕。张衡见《自叙》篇注。张衡曾上疏称司马迁、班固所叙与典籍不合者十余事，提议王莽本传只宜载篡位王事，灾祥年月归元后本纪，未被采纳。蔡邕见《书志》篇注。被流放时曾上书，要求回来续成十志。

⑧傅、范两家：指傅玄、范晔。傅玄详见《序传》篇注。

⑨荀、袁：指荀悦、袁宏。

⑩政、骏：政指刘向，骏指刘歆。分别见《六家》篇注、《书志》篇注。

⑪阁笔：停笔。阁，通"搁"。

⑫含毫：用笔套笼着笔毛。毫，毛笔。不断：不下结论。

⑬汗青：杀青，指国史修成。

【译文】

是什么原因呢？古代修成的国史，都出自一人之手，如鲁国的左丘明、汉代的司马迁，晋国的董狐、齐国的南史，他们都能撰述不朽的著作，藏之于名山。从来没有听说过要依靠众人的力量，才能写成出色的著作。只有后汉的东观，集中了一大批名儒在此修撰国史，然而著述没有主见，条例规章也没有订立。因此侍中李伯度讥讽其记载不实，仲长统认为可以把它全部烧掉，张衡、蔡邕二人当时就纠正了《东观汉记》的错误，后代人傅玄、范晔对该书大加嘲笑。今天史馆遴选的修史人士，比东汉多了不止一倍。人人自以为是荀悦、袁宏，个个自称是刘向、刘歇。每准备记录一件事情，记载一段言论，都搁笔观望，犹犹豫豫做不了决断。因此，头白的日子指日可待，而国史修成的日子却遥遥无期。这是未能写成国史的第一个原因。

　　前汉郡国计书①，先上太史，副上丞相。后汉公卿所撰，始集公府②，乃上兰台③。由是史官所修，载事为博。爰自近古，此道不行。史官编录，唯自询采④，而左、右二史，阙注起居，衣冠百家⑤，罕通行状。求风俗于州郡，视听不该；讨沿革于台阁⑥，簿籍难见⑦。虽使尼父再出，尤且成于管窥⑧；况仆限以中才，安能遂其博物！其不可二也。

【注释】

①计书：计簿。载录人事、户口、赋税的簿籍。每年年末，由郡县统计上交朝廷。

②公府：指大司马、大司徒、大司空三公之府。

③兰台：本指汉代宫内藏书的地方。因兰台令史班固修撰《汉书》，故又以兰台代指史官。

④询采：访问采集。

⑤衣冠：门阀世族。

⑥台阁：中央机构。

⑦簿籍难见：意即在文书档案中难以窥见。

⑧管窥：比喻见识狭小短浅。

【译文】

　　西汉时各郡县每年年底上报给朝廷的簿册，要先上报太史令，再将副本上奏丞相。东汉公卿所撰写的文籍，先集中在三公府邸，再送到兰台收藏。由此史官所修撰的史书，记事就会很广博。但到近代以来，这种制度不再推行了。史官们编撰记录，只能靠自己去寻访搜集，而左、右二史，不记皇帝的起居，门阀世家，很少上报他们的生平事迹。到各州郡搜求风土人情，看到听到的都不完备；到中央机构寻讨规章制度的沿革变化，文籍档案又很难见到。即使让孔子再生，也只能如管中窥豹；更何况我这样才智中等的平庸人，怎能写成博物多闻的史书呢！这是未能写成国史的第二个原因。

昔董狐之书法也，以示于朝；南史之书弑也，执简以往。而近代史局，皆通籍禁门①，深居九重，欲人不见。寻其义者②，盖由杜彼颜面，防诸请谒故也③。然今馆中作者，多士如林，皆愿长喙④，无闻舴舌⑤。傥有五始初成⑥，一字加贬，言未绝口而朝野具知，笔未栖毫而搢绅咸诵⑦。夫孙盛实录，取嫉权门；王劭直书，见仇贵族⑧。人之情也，能无畏乎？其不可三也。

【注释】

①通籍禁门：指进宫中门卫都验证悬挂于门上的籍。蔡邕《独断》："天子门户有禁，非侍御者不得入。"《汉书·元帝纪》颜师古注引应劭曰："籍者，为二尺竹牒，记其年纪、名字、物色，县之宫门。案省相应，乃得入也。"

②寻：推寻，思考。义：用意。

③请谒：拉关系。

④长喙：即长嘴。比喻多嘴多舌、搬弄是非。

⑤舴（zé）舌：咬舌，闭嘴不言。形容悔恨无言或忍气吞声的样子。

⑥五始：本指《公羊传》所说的《春秋》笔法，此指史稿初成书。

⑦笔未栖毫：比喻未脱稿。栖毫，将笔毛插入笔套。搢绅：即"缙

绅"，原意是插笏（古代朝会时官宦所执的手板，有事就写在上面，以备遗忘）于带，旧时官宦的装束，转用为官宦、士大夫的代称。

⑧王劭直书，见仇贵族：刘宋时，王劭修晋史，叙述内容涉及王珣贪婪财货，王庾起兵叛乱。当时，王珣的儿子王弘，王庾的儿子王华正深得皇帝赏识，王劭因惧怕受到他们迫害，而依附徐、傅等以求自保。

【译文】

　　过去晋国史官董狐直书"赵盾杀害君主"，在朝廷上公开示人；南史为记载"崔杼杀害庄公"，执简前往无所顾忌。然而近代以来的修史机构，都设在皇宫之内，史官们深居宫中，想让人见不到。推寻这样做的本意，大概出于杜绝彼此情面，防止请托拉关系的缘故。但如今史馆中的史官，人多如林，都夸夸而谈搬弄是非，没听说谁闭口不言。倘若修史刚刚开始，稍有微词，话没说完朝野上下就都知道了，甚至笔还没有停下，而官宦之中就都在传诵了。晋代孙盛《晋阳秋》如实记载，招致权门的嫉恨；王劭《晋史》秉笔直书，被贵族所仇视。人之常情，能不畏惧吗？这是未能写成国史的第三个原因。

　　古者刊定一史，纂成一家，体统各殊，指归咸别。夫《尚书》之教也，以疏通知远为主①；《春秋》之义也，以惩恶劝善为先。《史记》则退处士而进奸雄，《汉书》则抑忠臣而饰主阙。斯并曩时得失之列，良史是非之准，作者言之详矣。顷史官注记，多取禀监修，杨令公则云"必须直词"②，宗尚书则云"宜多隐恶"③。十羊九牧④，其令难行；一国三公⑤，适从何在？其不可四也。

【注释】

①疏通知远：《礼记·经解》云："入其国，其教可知也。其为人温柔敦厚，《诗》教也；疏通知远，《书》教也；广博良易，《乐》教也；洁净精微，《易》教也；恭俭庄敬，《礼》教也；属辞比事，《春秋》之教也。"疏通知远，喻指通达而具有远见。

②杨令公：指杨再思。《旧唐书·杨再思传》记载：再思为人佞而智。张昌宗坐事，武后问："昌宗于国有功乎？"再思言："昌宗为陛下治丹，饵而愈，此为有功。"戴令言赋《两脚狐》讥之。中宗即位，拜中书令，监修国史。

③宗尚书：指宗楚客。《旧唐书·宗楚客传》记载：楚客字叔敖。武后从姊子，同凤阁鸾台平章事。韦后、安乐公主亲信之，与纪处讷为党，世号"宗、纪"。韦氏败，诛。楚客冒于权利，尝讽陈延禧陈符命以媚帝，曰："陛下承母禅，周、唐一统。"《新唐书·子玄传》："时宰相韦巨源、纪处讷、杨再思、宗楚客、萧至忠皆领监修。"可知宗楚客亦在监修之列。

④十羊九牧：十头羊倒用九个人放牧。比喻使令不一，无所适从。

⑤一国三公：语出《左传·僖公五年》："士𫇭（wěi）退而赋曰：'狐裘龙（méng）茸，一国三公，吾谁适从？'"三公指的是晋献公、夷吾、重耳。这里指由于官员众多，意见不一，而致使下属无所适从。

【译文】

古时候刊定一部史书，编成一家之言，体裁、体例各不相同，宗旨意趣都有差别。《尚书》的宗旨，以疏通知远为主；而《春秋》的目的，以惩恶劝善为先。《史记》则是贬低处士而举进奸雄，《汉书》则是压抑大臣而掩饰君主过失。这些都是从前史书修撰得失的先例，判定良史是非的标准，历来作者论述得很详尽了。近来史官修史，大多听从监修的旨意，杨令公说"必须据实直书"，宗尚书却说"应该多隐讳错误"。十羊九牧，命令难以执行；一国三公，该听从谁的意见呢？这是未能写成国史的第四个原因。

　　窃以史置监修,虽古无式①,寻其名号,可得而言。夫言监者,盖总领之义耳。如创纪编年,则年有断限;草传叙事,则事有丰约②。或可略而不略,或应书而不书,此刊削之务也。属词比事③,劳逸宜均,挥铅奋墨④,勤惰须等。某帙某篇,付之此职;某传某志,归之彼官。此铨配之理也。斯并宜明立科条,审定区域⑤。傥人思自勉,则书可立成。今监之者既不指授⑥,修之者又无遵奉,用使争学苟且,务相推避,坐变炎凉⑦,徒延岁月。其不可五也。

【注释】

①式:法式,规制。

②丰约:指史书记事的多寡详略。

③属词比事:本指连缀文辞,排列史事。后泛指编年体史书的记事
　方法。

④挥铅奋墨:即挥笔动墨,指写作。古时在绢帛上写字,用铅粉涂
　改错字。奋,举。

⑤审定区域:确定撰写的范围。

⑥指授:指示,规定。

⑦炎凉:形容季节的冷热变换。代指时间的流逝

【译文】

　　我认为修史设置监修一职,虽然过去没有定规,但追寻监修名称,可以来说一说。所谓监修,大概是总领的意思罢了。如用编年体来记事,那么年代就应该有上下起止范围;草拟传记叙事,那么记事就应该有一个详略的标准。有的可以简略而没有简略,有的应该记载而没有

记载,这些都是监修删改的任务。撰文记事,劳逸应该平均,挥笔动墨,勤惰必须相等。某卷某篇,交给这个职位的人;某传某志,分给那个史官。这是合理分配任务的道理。同时应该制定工作规划,划定撰写的范围。如果人人都自觉勤勉地工作,那么史书可以很快修成。现如今监修者既不能具体指导安排,修史的人又没有可遵循的制度规范,致使史官们争相苟且度日,遇有工作便相互推诿,坐等时节变换,白白拖延时间。这是未能写成国史的第五个原因。

凡此不可,其流实多,一言以蔽,三隅自反①。而时谈物议,安得笑仆编次无闻者哉!比者伏见明公,每汲汲于劝诱②,勤勤于课责③,或云:"坟籍事重,努力用心。"或云:"岁序已淹,何时辍手?"④切以纲维不举⑤,而督课徒勤⑥,虽威以刺骨之刑⑦,勖以悬金之赏,终不可得也。语曰:"陈力就列,不能者止。"⑧所以比者布怀知己⑨,历抵群公,屡辞载笔之官,愿罢记言之职者,正为此尔。

【注释】

①三隅自反:即"举一反三"。语见《领域·述而》:"举一隅而不以三隅反,则不复也。"隅,方面,角落。反,类推。

②汲汲:心情迫切的样子。劝:勉励。诱:教导,开导。

③课责:按职责进行考核。

④岁序已淹,何时辍手:岁序,时间。淹,迟缓。辍手,完成史稿。

⑤纲维:修史的规章制度。举:制订。

⑥督课:监督考察。

⑦威:威胁。刺骨:残酷。

⑧陈力就列,不能者止:施展才力以就位,不能胜任则当辞去。语

出《论语·季氏》,子曰:"求(冉有)! 周任有言曰:'陈力就列,不能者止。'危而不持,颠而不扶,则将焉用彼相矣? 且尔言过矣。"陈力,施展才力。

⑨布怀:坦陈心思。

【译文】

　　所有这些"不可",其表现还有很多,用一句话来概括,其他则可举一反三地类推。而时人的称道和众人的议论,又怎能笑我编撰史书没有取得成效呢! 近来拜见明公您,时常见您热心于劝勉诱导,勤勤恳恳地考核督促,有时说:"修撰史书事关重大,应当努力用心。"有时说:"时间一天天过去了,什么时候才能完稿?"我以为修史的工作制度没有制订,监督考核再勤也是徒劳,即使用残酷的刑法相威胁,用重金悬赏来勉励,最终还是不能完成修史任务。《论语》上说:"在一个职位上就应该充分施展自己的才力,如果不能胜任就应当辞去这个职位。"所以近来我向知己好友坦陈心事,多次触犯各位史官,多次请求辞去修史的官职,正是因为这个原因。

　　抑又有所未谕,聊复一二言之。比奉高命,令隶名修史,而其职非一。如张尚书,崔、岑二吏部、郑太常等①,既迫以吏道②,不可拘之史任。以仆曹务多闲③,勒令专知下笔。夫以惟寂惟寞,乃使记事记言。苟如其例,则柳常侍、刘秘监、徐礼部等④,并门可张罗,府无堆案⑤,何事置之度外,而使各无羁束乎!

【注释】

①张尚书,崔、岑二吏部、郑太常:张尚书指张锡,中宗时,累迁工部尚书,兼修国史。韦后临朝,出为绛州刺史,封平原公。新、旧

《唐书》有传。崔,指崔湜,字澄澜。少以文词见称。曾任检校吏部侍郎,后因掌典选举舞弊,贬江州司马,改襄州刺史。韦后临朝,任吏部侍郎同中书门下三品,后因事赐死。新、旧《唐书》有传。岑,指岑羲,《岑文本传》记载:"其孙羲,字伯华。中宗时,迁秘书少监,进吏部侍郎。时崔湜、郑愔等分掌选,皆以贿闻。独羲劲廉,为时议嘉仰。但不能抑退,坐豫太平公主谋,诛。"郑太常,疑为郑愔。新、旧《唐书》无传,事见岑文本、崔湜诸传。

②迫:限制。吏道:官吏的职责。

③曹务多闲:曹,机构,这里指修撰史书的史馆。

④柳常侍、刘秘监、徐礼部:柳常侍,指柳冲,虞乡(今属山西)人。中宗时,曾与萧至忠等改修《氏族志》。景龙中,迁左散骑常侍兼修国史。刘秘监、徐礼部,未详。

⑤门可张罗,府无堆案:门前可以张下网来捕雀,公府里也没有堆积下来需要处理的文件。形容来往行人少,事情不多,无事可做。

【译文】

我还有一些没有说完的话,请允许我再说几句。最近我接到朝廷的命令,让我兼任史官的职务,而以他官"兼修国史"并非仅仅我一个人。如张尚书、崔岑二吏部、郑太常等都是这种情况,我想既然已经担任某一官职,就不应该再兼任修史官员的职务。因为我在中允的位子上没有什么事情可做,才让我担任修史的任务。如果认为我寂寞无聊,才让我出来记事记言。果真这样,那么柳常侍、刘秘监、徐礼部等人,他们的门前可张下网来捕麻雀,公府里也没有堆积需要处理的公文,为什么让他们置之此事之外,使他们无拘无束、闲散自在呢!

必谓诸贤载削非其所长,以仆枪枪铰铰①,故推为首最。就如斯理,亦有其说。何者?仆少小从仕,早蹑通班②。当皇上初临万邦,未亲庶务③,而以守兹介直④,不附奸回⑤,遂使官若土牛⑥,弃同刍狗⑦。逮銮舆西幸,百寮毕从,自惟官曹务简,求以留后。居台常谓朝廷不知,国家于我已矣。岂谓一旦忽承恩旨⑧,州司临门⑨,使者结辙⑩。既而驱驷马入函关,排千门谒天子。引贾生于宣室⑪,虽叹其才;诏季布于河东⑫,反增其愧。明公既位居端揆⑬,望重台衡⑭,飞沉属其顾盼⑮,荣辱由其俯仰。曾不上祈宸极⑯,申之以宠光;金议搢绅,縻我以好爵⑰。其相见也,直云:"史笔阙书,为日已久;石渠扫第⑱,思子为劳。"今之仰追,唯此而已。

【注释】

①枪枪绞铰:比喻人的才能出众。

②蹑:跟随,跟从。通班:指朝廷的官班,谓显要的官职。

③庶务:指政事。

④介直:耿直。

⑤奸回:奸诈小人。

⑥土牛:泥塑的牛,这里形容官员冗滥。

⑦刍狗:草和狗,古代祭祀时用草扎成的狗。后用以比喻微贱无用的言论或事物。

⑧承:接受。恩旨:诏令。

⑨州司:州官,指刺史。

⑩结辙:辙迹交错在一起,形容车辆不绝于道路。

⑪贾生:指贾谊。班固《汉书·贾谊传》:"后岁余,文帝思谊,征之。至,入见上,方受釐(xī,祭祀用过的肉),坐宣室。上因感鬼神事,而问鬼神之本。谊具道所以然之故,文帝前席。既罢,曰:'吾久不见贾生,自以为过之,今不及也。'"唐李商隐作《贾生》一诗:

"宣室求贤访逐臣，贾生才调更无伦。可怜夜半虚前席，不问苍生问鬼神。"讽刺汉文帝名为求贤，而却无求贤之实，鞭挞文帝不重视人才，感慨贾谊满腹才学却得不到重用。

⑫季布：《史记·季布栾布列传》："季布为河东守，孝文时，人有言其贤者，孝文召，欲以为御史大夫。复有言其勇，使酒难近。至留邸一月，见罢。季布因进曰：'臣无功窃宠，待罪河东。陛下无故召臣，此人必有以臣欺陛下者；今臣至，无所受事，罢去，此人必有以毁臣者。夫陛下以一人之誉而召臣，一人之毁而去臣，臣恐天下有识闻之有以窥陛下也。'上默然，良久曰：'河东吾股肱郡，故时召君耳。'布辞之官。"

⑬端揆：宰相，指宰相位居百官的首位。

⑭台衡：宰相。

⑮飞沉：比喻官位的变迁、升降。属：取决于。顾盼：重视与否。

⑯宸极：皇上代称。

⑰縻我以好爵：语出《易·中孚·九二》："鸣鹤在阴，其子和之；我有好爵，吾与尔靡之"。好爵，待遇丰厚的差事。

⑱石渠：指石渠阁，西汉皇室藏书之处，位于长安未央宫北，为汉初丞相萧何主持建造。因其阁周围以磨制的石块筑成渠，故名。扫：打扫。第：下榻的房舍。

【译文】

如果非要说编修史书不是他们的长处，认为我在这方面的才能出众，所以把我排在最前面。即使确实如此，我也有自己的理由。是什么呢？我自年轻时便出来任职，很早就位列朝官。当皇上初登帝位，还没有亲临执政时，因为我坚守自己耿直的品性，不依附奸邪小人，就使自己一直得不到升迁的机会，被视为泥牛、草狗。等到皇上返回长安，百官都争相随从，我自认为官员要少而且要精干，请求留在洛阳。那时我常常认为国家不会了解我，国家对我已无意义。岂料有一天突然接到皇帝的恩旨,州郡官员纷纷登门拜访,传信使者络绎不绝。随即让我乘着驷马大车进入函谷关,穿越一道道宫门而谒见天子。当年孝文皇帝接见贾谊,虽赞叹他的才能而不重用;孝文皇帝召见季布,听信人言反而不信任。明公您已经位居百官之首,位高权重,官员的升迁贬黜取决于您的重视与否,官员荣辱随您的好恶。您也曾竭力请求皇上,希望能给我以宠幸;又在大臣中夸赞提携我,让我得到更好的职位。然而皇上召见我时,直截了当地说:"国史无人编修,时间已经很久了;史馆已打扫出来,希望你担当起修史的任务吧。"今日回想当时情景,大概就是样。

抑明公足下独不闻刘炫蜀王之说乎①?昔刘炫仕隋,为蜀王侍读。尚书牛弘尝问之曰:"君王遇子,其礼如何?"曰:"相期高于周、孔②,见待下于奴仆。"弘不悟其言,请闻其义。炫曰:"吾王每有所疑,必先见访,是相期高于周、孔。酒食左右皆餍③,而我余沥不沾④,是见待下于奴仆也。"仆亦窃不自揆,轻敢方于鄙宗⑤。何者?求史才则千里降追,语宦途则十年不进。意者得非相期高于班、马,见待下于兵卒乎!

【注释】

①刘炫(约546—613):字光伯,隋朝河间景城(今河北献县)人。为人聪敏,能左手画方、右手画圆、口诵、目数、耳听五事同举。周武帝时,与王劭同修国史,又参与修订天文律历。隋时,曾自述说,《周礼》、《礼记》、《毛诗》、《尚书》、《公羊》、《左传》、《论语》,孔安国、郑玄、王弼、何休、服虔、杜预等十三家,皆可讲授;《周易》、《仪礼》、《穀梁》,用功差少;史子文集,咸诵于心。又说"天文、律历,穷核微妙。至于公私文翰。未当假手吏部。"当朝

名士十余人保其所言不谬,遂拜殿内将军。因伪造《连山易》、《鲁史记》被人告发,遭免官。隋朝末年,妻离子散,饥饿无所依,冻馁而死。

②周、孔:指周公、孔子。

③餍:满足,酒足饭足。

④余沥:剩余的酒。沥,液体的点滴。

⑤方:比拟。宗:宗姓。

【译文】

难道明公您没有听说过刘炫与蜀王的故事吗?过去刘炫在隋朝做官时,曾为蜀王的侍读。尚书牛弘曾问刘炫:“蜀王待你怎么样啊?”刘炫回答说:“蜀王对我才能的期望高于周公、孔子,而给我的待遇却低于奴仆。”牛弘不理解,问刘炫是什么意思。刘炫说:“蜀王每当有什么疑难问题时,总是前来拜访请教,这是对我才能的期望高于周公、孔子。而在吃饭时他手下的人都酒足饭饱了,而我却连残羹冷炙都分不到,这是给我的待遇低于奴仆。”我不自量力,觉得自己的遭遇与同宗同姓的刘炫相似。为什么这样说呢?皇家赏识我的史学才能而不惜将我从千里之外的地方调来京师,说到官职却十年间没有升迁。想想看,这不是对我史才的期望高于班固、司马迁,而给我的待遇却比兵卒还要低吗!

又人之品藻,贵识其性。明公视仆于名利何如哉?当其坐啸洛城①,非隐非吏,惟以守愚自得②,宁以充诎撄心③。但今者黾勉从事④,挛拘就役⑤,朝廷厚用其才,竟不薄加其礼。求诸隗始⑥,其义安施?傥使士有澹雅若严君平,清廉如段干木⑦,与仆易地而处,亦将弹铗告劳⑧,积薪为恨⑨。况仆未能免俗,能不蒂芥于心者乎⑩!

【注释】

①坐啸洛城：指刘知幾"守司东都"时，闲暇安坐，无所事事的样子。

②守愚：以愚钝为安，不与世人相争。

③诎(qū)：因欢喜而忘乎所以的样子。撄(yīng)：扰乱，打扰。

④黾勉：努力。

⑤牵拘：沾滞，固执。役：指修史的差事。

⑥隗始：《战国策·燕策》云：郭隗曰："今王诚欲致士，先从隗始，隗且见事，况贤于隗者乎？"

⑦段干木：战国初年魏国人。姓段干，名木。原为晋的市侩，求学于子夏。因魏成子推荐，受到魏文侯的礼敬。赐以爵禄官职，皆不接受。文侯乘车经过他的住所门口，必伏轼致敬。

⑧弹铗告劳：弹击剑把，作说劳苦。《战国策·齐策四》记载：齐人冯谖寄食孟尝君门下，每过一段时间就倚柱弹铗，要求给他鱼吃，给他车坐，给他老母送衣食，使他的家里不缺乏用度。弹，击。铗，剑把。

⑨积薪为恨：据《史记·汲黯传》记载：黯列为九卿，当时丞相史皆与黯同列，或尊用过之。黯褊心，不能无少望。见上，前言曰："陛下用群臣如积薪耳，后来者居上。"

⑩蒂芥：心里有疙瘩，思想上想不通。

【译文】

还有，对一个人的品评，最主要的是看他的品性。明公您看我对于名利的态度怎样呢？当年我留守东都十分闲逸，既不像是隐居也不像是官吏，惟有以愚钝为乐而不与世人相争，宁愿忘乎所以而打扰了自己静谧的生活。但现在接受了朝廷的任命，便要竭力完成好修史的任务，朝廷重用我的史学才能，却不能多给我一点点礼遇。若燕国郭隗身处我的位置、要求厚赏从他开始，又怎么能够实现呢？倘若有生性淡泊如严君平，清廉正直像段干木那样的人，他们处于我现在的位置，也会像冯谖那样弹剑要回家,像汲黯那样对皇上用人如积薪后来者居上的做法表示不满。更何况我只是个未能免俗的世俗之人,心里能没有意见吗?

　　当今朝号得人,国称多士。蓬山之下①,良直差肩②;芸阁之中③,英奇接武。仆既功亏刻鹄④,笔未获麟,徒殚太官之膳⑤,虚索长安之米⑥。乞已本职,还其旧居,多谢简书,请避贤路。唯明公足下,哀而许之。

【注释】

①蓬山:藏书之处。此指史馆。程千帆《〈史通〉笺记》引《后汉书·窦融传》附玄孙章传:"是时(昌按:谓安帝永初中),学者称东观为老氏藏室、道家蓬莱山。"《史官建置》:"自章、和以后,图籍盛于东观。凡撰汉记,相继在其中乎。"故刘知幾以比唐之史局。

②差肩:比肩,比喻人多的意思。

③芸阁:东汉兰台藏书,多用芸香以避虫蠹,故又称兰台为芸台或芸阁。

④功亏刻鹄:《东观汉记·马援传》:援与兄子严敦书曰:"学龙伯高不就,犹为谨敕士,所谓刻鹄不成尚类鹜者。效杜季良而不成,陷为天下轻薄子,所谓画虎不成反类狗也。"比喻好高骛远、终无成就。或比喻好事做不成,反而变成了坏事。

⑤殚:竭尽。

⑥虚索长安之米:语出《汉书·东方朔传》:"臣言可用,幸异其礼。不可用,罢之,无令但索长安米。"此指代俸禄。

【译文】

当今朝中号称得了很多人才,国家可谓人才济济。史馆之中,优秀正直的人摩肩接踵；藏书的兰台内，英奇之士一个接一个。我既然未能修成史书，修史工作也迟迟不能结束，白白地浪费着朝廷的粮食，白白地拿着国家的俸禄。所以请求免去我的职务，让我回到老家，不再参与史书的编撰，为贤良之才让路。恳求明公足下，同情我而答应我的请求。

至忠得书大惭，无以酬答，又惜其才，不许解史任。而宗楚客、崔湜、郑愔等，皆恶闻其短，共仇嫉之①。俄而萧、宗等相次伏诛，然后获免于难。

【注释】

①共仇嫉之：《唐会要》卷六四："至忠惜其才，不许解史职。宗楚客嫉其正直，谓诸史官曰：此人作书如是，欲置我于何地也？"《新唐书·刘知幾传》："至忠得书，怅惜不许。楚客等恶其言诋切，谓诸史官曰：'是子做书，欲置吾何地！'"

【译文】

萧至忠看到我的书信后大为惭愧，找不到合适理由来答复我，但又舍不得我这样的史才，不允许我辞去史官职务。而宗楚客、崔湜、郑愔等人，都憎恨我批评了他们的短处，他们都忌恨我。不久萧至忠、宗楚客等相继获罪被杀，这样我才获免于难。

中华经典名著
全本全注全译丛书
（已出书目）

世说新语

弘明集

齐民要术

刘子

颜氏家训

中说

群书治要

帝范·臣轨·庭训格言

坛经

大慈恩寺三藏法师传

长短经

蒙求·童蒙须知

茶经·续茶经

玄怪录·续玄怪录

酉阳杂俎

历代名画记

化书·无能子

梦溪笔谈

北山酒经（外二种）

容斋随笔

近思录

洗冤集录

传习录

焚书

菜根谭

增广贤文

呻吟语

了凡四训

龙文鞭影

长物志

智囊全集

天工开物

溪山琴况·琴声十六法

温疫论

明夷待访录·破邪论

陶庵梦忆

西湖梦寻

幼学琼林

笠翁对韵

声律启蒙

老老恒言

随园食单

阅微草堂笔记

格言联璧

曾国藩家书

曾国藩家训

劝学篇

楚辞

文心雕龙

文选

玉台新咏

二十四诗品·续诗品